No.7

CHINESE THINK TANK
DIRECTORY

中国智库
名录

冀祥德　蔡继辉　主　编

陈　青　张铭晏　副主编

社会科学文献出版社

SOCIAL SCIENCES ACADEMIC PRESS (CHINA)

出版说明

一　智库中英文名称确定标准

以智库官网公布的信息为准，并参考其主管单位官网信息。

二　主管单位确定标准

结合中国的行政管理体制，并以智库官网公布信息为准。

三　成立时间确定标准

以智库官网公布信息为准，其中，智库名称发生变化的，如果仅改名，改名前的时间记为机构的成立时间；机构联合重组的，按照联合重组前的时间记；撤销后重建或停办后恢复的，重建或恢复日期记为成立时间；前身的成立时间不记为机构的成立时间。一般采取"××××年××月"的形式。

四　第一负责人确定标准

一般指现任第一负责人。院长、所长、主任、会长等记为第一负责人；没有院长、所长、主任、会长但是有执行院长、执行所长、执行主任、执行会长的机构，将执行院长、执行所长、执行主任、执行会长记为第一负责人；创制主任和主任同时出现的，创制主任为第一负责人；名誉院长、名誉所长、名誉主任、名誉会长等不记为第一负责人。如果第一负责人担任中央领导职务，则将无中央领导职务的排名第一的负责人记为第一负责人。

五　办公地址确定标准

指办公地址而非通信地址，一般采取"××省（自治区、直辖市）××市（自治州）××区××路"（邮政编码）的形式。除党校（行政学院）外，每家机构限列一个办公地址，一般以机构公布的第一个地址或以总部所在地址为准。

考虑到读者的阅读习惯，将办公地址中的"广西壮族自治区"简称为"广西","内蒙古自治区"简称为"内蒙古","宁夏回族自治区"简称为"宁夏","新疆维吾尔自治区"简称为"新疆","西藏自治区"简称为"西藏"。

六 电话（传真、邮箱）确定标准

一般以机构官网公布的联系电话（传真、邮箱）为准，若未公布机构联系电话，则以机构办公室的电话（传真、邮箱）或者第一负责人的电话（传真、邮箱）为准。每家机构限列一个电话（传真、邮箱）。

七 合作机构确定标准

合作机构指合作建立智库的政府部门、科研院所、高校、企业、社会组织等机构，一般以智库官网信息为准。

八 缺失信息展示方式

缺失信息或未采集到信息的条目内容显示为空白。

九 智库排序方式

智库详情页按智库名称首字母音序排列。

十 索引制作方法

1. 智库类别索引

先按党政智库、科研院所智库、高校智库、社会智库、合作智库，以及高端智库、智库研究与评价机构分类并排序，同类智库再按智库名称首字母音序排列。

2. 地区索引

根据智库注册地址或第一办公地址，按地区进行排序。地区排序中，先排4个直辖市，其余省区按首字母音序排列，同类智库再按智库名称首字母音序排列。

十一 特别说明

根据国家机构改革方案，同级党校、行政学院合并，合并后的党校（行政学院）的地址、电话等信息应为一个，但也有部分党校（行政学院）的相关信息包含两个，按照"党校信息（行政学院信息）"的形式展示。

联系方式

欢迎智库提供本单位的相关信息。

联 系 人：《中国智库名录》编辑部 陈青

联系电话：010-59366421

传 真：010-59367224

电子邮件：ThinkTankresearch@ ssap. cn

通信地址：北京市西城区北三环中路甲 29 号院华龙大厦 A 座 1205 室

邮政编码：100029

声　明

社会科学文献出版社出版研究院/皮书研究院在对本名录所收录智库的相关信息进行整理时，均已注明信息来源，对信息的内容与其来源是否匹配进行比对，保证两者匹配的准确性。信息内容的准确性由信息原始来源方负责。因数据整理录入失误造成的信息失实，由社会科学文献出版社出版研究院/皮书研究院负责。

社会科学文献出版社出版研究院/皮书研究院对智库名录的收集与整理工作投入了大量的人力、物力与财力，但受条件所限，难免存在疏漏与不足之处，欢迎社会各界人士批评指正！

目　录

智库名录

1　21 世纪教育研究院
21st Century Education Research Institute

所 属 类 别 / 社会智库—民办非企业
主 管 单 位 /
成 立 时 间 / 2002 年
第 一 负 责 人 / 熊丙奇
合 作 机 构 /
办 公 地 址 / 北京市朝阳区裕民路 12 号华展国际公寓 C406 室（100029）
电话(传真) / 010-62236842（010-62234332）
邮　　　箱 / editor@ 21cedu. org
网　　　址 / http://www. 21cedu. cn
主要研究领域:
农村教育；政策研究及倡导；教育创新；教育咨询评估

2　APEC 可持续能源中心
APEC Sustainable Energy Center

所 属 类 别 / 合作智库—政校合作
主 管 单 位 / 国家能源局、天津大学
成 立 时 间 / 2014 年 9 月
第 一 负 责 人 / 朱丽
合 作 机 构 / 国家能源局、天津大学
办 公 地 址 / 天津市南开区卫津路 92 号科学图书馆 216 室（300072）
电话(传真) / 022-27400847
邮　　　箱 / apsec2014@ 126. com
网　　　址 /
主要研究领域:
APEC 可持续城市合作网络；亚太地区清洁煤技术转移；亚太地区能源转型方案

3　安徽财经大学安徽经济社会发展研究院
Anhui University of Finance and Economic, Institute of Anhui's Economic and Social Development Research

所 属 类 别 / 高校智库
主 管 单 位 / 安徽财经大学
成 立 时 间 / 2002 年 10 月
第 一 负 责 人 / 徐旭初
合 作 机 构 /
办 公 地 址 / 安徽省蚌埠市蚌山区宏业路 255 号安徽财经大学西校区 3 号通慧楼 13 层
　　　　　　（233040）
电话(传真) / 0552-3111482
邮　　　箱 /
网　　　址 / http://ahjj. aufe. edu. cn
主要研究领域:
地方经济、区域经济发展理论与现实研究

A

4 安徽财经大学中国合作社研究院
Anhui University of Finance & Economics, China Cooperation Research Institute

所 属 类 别 / 高校智库
主 管 单 位 / 安徽财经大学
成 立 时 间 / 2011 年 5 月
第一负责人 / 秦立建
合 作 机 构 /
办 公 地 址 / 安徽省蚌埠市蚌山区宏业路 255 号（233040）
电话(传真) / 0552-3123496
邮　　箱 /
网　　址 / http://zghzs. aufe. edu. cn
主要研究领域：
中国合作经济研究；"三农"问题研究

5 安徽大学安徽生态与经济发展研究中心
Anhui Research Center for Ecological and Economic Development, Anhui University

所 属 类 别 / 高校智库
主 管 单 位 / 安徽大学
成 立 时 间 / 2015 年 12 月
第一负责人 / 李光龙
合 作 机 构 /
办 公 地 址 / 安徽省合肥市蜀山区九龙路 111 号安徽大学磬苑校区社科 D 楼 407 室（230601）
电话(传真) / 0551-63861070
邮　　箱 /
网　　址 / http://arceed. ahu. edu. cn
主要研究领域：
绿色发展战略和政策；生态文化建设；生态技术与规划

6 安徽大学财政税收与公共政策研究中心

所 属 类 别 / 高校智库
主 管 单 位 / 安徽大学
成 立 时 间 /
第一负责人 / 李光龙
合 作 机 构 / 北京中经阳光税收筹划事务所、安徽皖瑞税务师事务所、安徽财经大学
　　　　　　 财政与公共管理学院财税干部培训中心
办 公 地 址 / 安徽省合肥市蜀山区九龙路 111 号安徽大学磬苑校区社科 D 楼 407 室（230601）
电话(传真) / 0551-63861070（0551-63861070）
邮　　箱 / 674035711@ qq. com
网　　址 / http://czss. ahu. edu. cn
主要研究领域：
财政税收；公共政策；公共管理；税收筹划；经济法制；财税制度

A

7 安徽大学长三角经济社会发展研究中心

所属类别／高校智库

主管单位／安徽大学

成立时间／

第一负责人／胡艳

合作机构／

办公地址／安徽省合肥市蜀山区肥西路 3 号安徽大学龙河校区主教学楼西 411 室（230039）

电话(传真)／0551-65108897（0551-65108897）

邮　　箱／

网　　址／

主要研究领域：

长三角区域经济与城市发展理论研究、应用研究

8 安徽大学创新发展战略研究院
Academy of Strategies for Innovation and Development, Anhui University

所属类别／高校智库

主管单位／安徽大学

成立时间／2018 年 4 月

第一负责人／程雁雷

合作机构／

办公地址／安徽省合肥市蜀山区肥西路 3 号安徽大学龙河校区（230039）

电话(传真)／

邮　　箱／

网　　址／http://ahucfy.ahu.edu.cn

主要研究领域：

创新战略与管理；城乡发展与区域；开放发展与国别；社会治理与法治；绿色发展与资源环境

9 安徽大学高等教育研究所
Institute of Higher Education, Anhui University

所属类别／高校智库

主管单位／安徽大学

成立时间／2005 年 11 月

第一负责人／蔡敬民

合作机构／

办公地址／安徽省合肥市蜀山区肥西路 3 号安徽大学龙河校区（230039）

电话(传真)／0551-65107046

邮　　箱／gjs@ahu.edu.cn

网　　址／http://ihe.ahu.edu.cn

主要研究领域：

高等教育管理；高等教育改革与发展；高等学校稳定机制

A

10 安徽大学合肥区域经济与城市发展研究院
Hefei Regional Economic and Urban Development Institute, Anhui University

所 属 类 别／高校智库

主 管 单 位／安徽大学

成 立 时 间／

第一负责人／胡艳

合 作 机 构／合肥市人民政府、安徽大学

办 公 地 址／安徽省合肥市蜀山区肥西路 3 号安徽大学龙河校区主教学楼西 411 室
（230039）

电话（传真）／0551-65108897（0551-65108897）

邮 箱／

网 址／https://reud. ahu. edu. cn

主要研究领域：

合肥地区经济与城市发展理论研究、应用研究

11 安徽大学淮河流域环境与经济社会发展研究中心

所 属 类 别／高校智库

主 管 单 位／安徽大学

成 立 时 间／2009 年 9 月

第一负责人／吴春梅

合 作 机 构／

办 公 地 址／安徽省合肥市蜀山区肥西路 3 号安徽大学龙河校区（230039）

电话（传真）／

邮 箱／596372671@ qq. com

网 址／http://hhyjzx. ahu. edu. cn

主要研究领域：

淮河流域经济社会发展；淮河流域环境与灾害治理；淮河流域政治变迁与思想文化

12 安徽大学经济法制研究中心
Research Center for Economic Law of Anhui University

所 属 类 别／高校智库

主 管 单 位／安徽大学

成 立 时 间／2002 年 9 月

第一负责人／华国庆

合 作 机 构／

办 公 地 址／安徽省合肥市蜀山区九龙路 111 号安徽大学磬苑校区社科 A 楼法学院
507 室、508 室（230601）

电话（传真）／0551-63861932（0551-63861932）

邮 箱／ahdx2007@ 126. com

网 址／http://jjfz. ahu. edu. cn

主要研究领域：

宏观调控法；市场规制法；经济法主体制度

A

13　安徽大学经济与社会发展高等研究院
Institute for Advanced Study of Economic and Social Development, Anhui University

所 属 类 别／高校智库
主 管 单 位／安徽大学
成 立 时 间／
第一负责人／史正富
合 作 机 构／
办 公 地 址／安徽省合肥市蜀山区肥西路 3 号安徽大学龙河校区主教学楼 304 室（230039）
电话（传真）／0551-65108280
邮　　　箱／969860575@qq.com
网　　　址／http://ias.ahu.edu.cn
主要研究领域：
现实经济社会发展问题

14　安徽大学拉丁美洲研究所
Institute of Latin America Studies at Anhui University

所 属 类 别／高校智库
主 管 单 位／安徽大学
成 立 时 间／2013 年 8 月
第一负责人／范和生
合 作 机 构／安徽大学、苏里南大使馆
办 公 地 址／安徽省合肥市蜀山区肥西路 3 号安徽大学龙河校区（230039）
电话（传真）／0551-65107107
邮　　　箱／fhs117@sina.com
网　　　址／http://ilas.ahu.edu.cn
主要研究领域：
拉美政治、经济、历史、文化、社会、生态、族群和妇女问题

15　安徽大学农村改革与经济社会发展研究院

所 属 类 别／高校智库
主 管 单 位／安徽大学
成 立 时 间／2012 年
第一负责人／
合 作 机 构／宿州市人民政府、安徽大学、浙江大学卡特中心、安徽省社会科学院、
　　　　　　　宿州学院、合肥学院
办 公 地 址／安徽省合肥市蜀山区肥西路 3 号安徽大学龙河校区主教学楼西 403 室
　　　　　　　（230039）
电话（传真）／0551-65108001（0551-65108001）
邮　　　箱／ahnyy@sina.cn
网　　　址／
主要研究领域：
农村综合改革；农村金融改革

A

16 安徽大学农村社会发展研究中心
Research Center for Social Development in Rural Areas of Anhui University

所 属 类 别／高校智库
主 管 单 位／安徽大学
成 立 时 间／2003 年 10 月
第 一 负 责 人／陈义平
合 作 机 构／
办 公 地 址／安徽省合肥市蜀山区九龙路 111 号安徽大学磬苑校区（230601）
电话（传真）／0551-65108525（0551-65106014）
邮　　　箱／sunzhf-a@163.com
网　　　址／http://rsdrc.ahu.edu.cn
主要研究领域：
农村社会发展与基层治理创新；农村人口与可持续发展；农村社会结构与文化变迁

17 安徽大学中国乡村振兴研究院

所 属 类 别／高校智库
主 管 单 位／安徽大学
成 立 时 间／2021 年
第 一 负 责 人／崔宝玉
合 作 机 构／
办 公 地 址／安徽省合肥市蜀山区肥西路 3 号安徽大学龙河校区主教学楼西 403 室
　　　　　　（230039）
电话（传真）／0551-65108001（0551-65108001）
邮　　　箱／ahnyy@sina.cn
网　　　址／http://zgsn.ahu.edu.cn
主要研究领域：
乡村振兴

18 安徽工业大学安徽创新驱动发展研究院（安徽创新驱动与产业转型升级发展研究中心）

所 属 类 别／高校智库
主 管 单 位／安徽工业大学
成 立 时 间／2017 年 6 月
第 一 负 责 人／洪功翔、季传舜
合 作 机 构／安徽工业大学、马鞍山市人民政府
办 公 地 址／安徽省马鞍山市花山区湖东路 59 号安徽工业大学秀山校区商学院
　　　　　　（243032）
电话（传真）／0555-2315478
邮　　　箱／fdc3018@ahut.edu.cn
网　　　址／http://cxqd.ahut.edu.cn
主要研究领域：创新与可持续发展；公司治理与风险管控；国有企业创新力；产业创新与区域转型发展；民营经济；开放型经济；金融创新与发展；大宗商品与产业发展

A

19 安徽工业大学大学生思想政治教育与管理研究中心

所 属 类 别／高校智库

主 管 单 位／安徽工业大学

成 立 时 间／2007 年 3 月

第一负责人／高敏

合 作 机 构／

办 公 地 址／安徽省马鞍山市花山区湖东路 59 号安徽工业大学秀山校区（243032）

电话(传真)／0555-2316541

邮 箱／

网 址／http://szjd. ahut. edu. cn

主要研究领域：

思想政治教育与管理理论；思想政治教育与管理方法；思想政治教育管理体制与运行机制创新

20 安徽工业大学公司治理与运营研究中心

所 属 类 别／高校智库

主 管 单 位／安徽工业大学

成 立 时 间／2002 年 4 月

第一负责人／林钟高

合 作 机 构／

办 公 地 址／安徽省马鞍山市花山区湖东路 59 号安徽工业大学秀山校区人文社科基地（243032）

电话(传真)／0555-2311752

邮 箱／skjd@ ahut. edu. cn

网 址／http://skjd. ahut. edu. cn

主要研究领域：

公司治理与运营；企业改革和企业管理创新

21 安徽建筑大学安徽省城市管理研究中心

所 属 类 别／高校智库

主 管 单 位／安徽建筑大学

成 立 时 间／2014 年

第一负责人／丁仁船

合 作 机 构／

办 公 地 址／安徽省合肥市包河区金寨南路 856 号 D 楼（230022）

电话(传真)／

邮 箱／drch285@ 163. com

网 址／http://www. ahjzu. edu. cn/rwskzdsys

主要研究领域：

城市规划管理；城市公共服务管理；城市资源环境；城市社会安全管理

22　安徽建筑大学安徽省城镇化发展研究中心

所 属 类 别 / 高校智库

主 管 单 位 / 安徽建筑大学

成 立 时 间 / 2012 年 2 月

第 一 负 责 人 / 陈晓华

合 作 机 构 / 安徽建筑大学、安徽省城乡规划设计研究院

办 公 地 址 / 安徽省合肥市包河区金寨南路 856 号 （230022）

电话(传真) / 0551-63513060

邮　　　箱 / xh-chen@ ahjzu. edu. cn

网　　　址 /

主要研究领域：

新型城镇化与城乡融合发展；国土空间规划与空间治理；城乡遗产与传统聚落保护发展；城市更新与社区营造

23　安徽建筑大学安徽省建筑经济与房地产管理研究中心（安徽省房地产与住房公积金研究院）

所 属 类 别 / 高校智库

主 管 单 位 / 安徽建筑大学

成 立 时 间 / 2008 年 12 月

第 一 负 责 人 / 彭志胜

合 作 机 构 /

办 公 地 址 / 安徽省合肥市包河区金寨南路 856 号 （230022）

电话(传真) / 0551-63828127

邮　　　箱 / pzs@ ahjzu. edu. cn

网　　　址 / https://www.ahjzu. edu. cn/jzjj

主要研究领域：

建筑经济与房地产管理；技术经济评价；城市社会管理

24　安徽建筑大学安徽省乡村振兴研究院

所 属 类 别 / 高校智库

主 管 单 位 / 安徽建筑大学

成 立 时 间 / 2019 年 3 月

第 一 负 责 人 / 张亚新

合 作 机 构 /

办 公 地 址 / 安徽省合肥市蜀山区紫云路 292 号安徽建筑大学南校区实验综合楼 14 层 （230031）

电话(传真) / 0551-63828396

邮　　　箱 / 530249448 @ qq. com

网　　　址 / http://www. ahjzu. edu. cn/xczx

主要研究领域：

乡村振兴产业政策；生态宜居；可持续发展；文创与治理

A

25　安徽省经济研究院

所 属 类 别／党政智库

主 管 单 位／安徽省发展和改革委员会

成 立 时 间／2007 年 12 月

第 一 负 责 人／樊明怀

合 作 机 构／

办 公 地 址／安徽省合肥市包河区福州路与安徽路交口西南角（230041）

电话(传真)／0551-62636941

邮　　　箱／

网　　　址／http://fzggw. ah. gov. cn/jgsz/wsdw/sjjyjy

主要研究领域：

宏观经济决策和管理；农业资源和农业生态环境；重大农业自然灾害的调查、监测和损失评估

26　安徽省人民政府发展研究中心
Development Research Center of Anhui Provincial People's Government

所 属 类 别／党政智库—省/区/市政府所属

主 管 单 位／安徽省人民政府

成 立 时 间／

第 一 负 责 人／于静波

合 作 机 构／

办 公 地 址／安徽省合肥市包河区中山路 1 号省行政中心 1 号楼 8 层（230001）

电话(传真)／0551-62663533

邮　　　箱／ahfzyjzx@ sina. com

网　　　址／http://dss. ah. gov. cn

主要研究领域：

宏观经济；产业经济；财政金融；国际经济；农村经济；社会发展

27　安徽省社会科学院
Anhui Academy of Social Sciences

所 属 类 别／科研院所智库

主 管 单 位／安徽省人民政府

成 立 时 间／1978 年

第 一 负 责 人／曾凡银

合 作 机 构／

办 公 地 址／安徽省合肥市包河区徽州大道 1009 号（230051）

电话(传真)／0551-63438366

邮　　　箱／ahsky3438321@ 126. com

网　　　址／http://www. aass. ac. cn

主要研究领域：

经济社会发展战略；城乡经济；新闻传播；当代安徽；安徽旅游；文化扶贫；企业管理创新；房地产；社会结构与分层

B

28 北方工业大学新兴风险研究院
Institute for Emerging Risk Management, North China University of Technology

所 属 类 别 / 高校智库
主 管 单 位 / 北方工业大学
成 立 时 间 / 2017 年 11 月
第一负责人 / 闪淳昌
合 作 机 构 /
办 公 地 址 / 北京市石景山区晋元庄路 5 号博远楼 7 层（100041）
电话(传真) /
邮　　箱 /
网　　址 / http://xxfx.ncut.edu.cn/sy.htm
主要研究领域：
新兴技术；预警与应急管理；城市安全；防灾减灾技术开发和成果管理

29 北化中国工业碳中和研究院
BUCT Institute for Carbon-neutrality of Chinese Industries

所 属 类 别 / 高校智库
主 管 单 位 / 北京化工大学
成 立 时 间 / 2021 年 4 月
第一负责人 / 雷涯邻
合 作 机 构 /
办 公 地 址 / 北京市朝阳区北三环东路 15 号北京化工大学计算机楼 401 室（100029）
电话(传真) /
邮　　箱 /
网　　址 / https://bicci.buct.edu.cn/main.htm
主要研究领域：
行业、地方和企业绿色转型；能源化工行业绿色低碳发展

30 北京城市发展研究院
Beijing Institute of Urban Development

所 属 类 别 / 科研院所智库
主 管 单 位 /
成 立 时 间 / 1984 年
第一负责人 / 金良浚
合 作 机 构 /
办 公 地 址 / 北京市西城区复兴门内大街 45 号 3 号楼 5 层（100801）
电话(传真) / 010-66094248（010-66094247）
邮　　箱 / city100801@163.com
网　　址 / http://www.citydlp.com
主要研究领域：
城镇发展战略规划；名城名镇与文化遗产保护；生态文明与环境建设

B

31　北京城市学院首都城市治理与综合执法研究所

所 属 类 别／高校智库
主 管 单 位／北京城市学院
成 立 时 间／2014 年 7 月
第一负责人／王连峰
合 作 机 构／北京城市学院、北京市城市管理综合行政执法局
办 公 地 址／北京市海淀区北四环中路 269 号教一楼 513 室（100083）
电话(传真)／010-62322709
邮　　　箱／huyafen239@126.com
网　　　址／https://www.bcu.edu.cn/xsky/sdcszlyzhzfyjs/jj.htm
主要研究领域：
城市治理与综合执法

32　北京城市运行与发展研究中心

所 属 类 别／合作智库—政研合作
主 管 单 位／中国科学院
成 立 时 间／2008 年 5 月
第一负责人／陈锐
合 作 机 构／北京市市政市容管理委员会、中国科学院科技政策与管理科学研究所
办 公 地 址／北京市海淀区中关村北一条 15 号（100190）
电话(传真)／010-59358514
邮　　　箱／cccod@casipm.ac.cn
网　　　址／
主要研究领域：
城市与区域发展规划；城市综合运行管理；城乡环境协同治理

33　北京大学—林肯研究院城市发展与土地政策研究中心
Peking University-Lincoln Institute Center for Urban Development and Land Policy

所 属 类 别／合作智库—中外合作
主 管 单 位／北京大学、美国林肯土地政策研究院
成 立 时 间／2007 年 10 月
第一负责人／刘志
合 作 机 构／北京大学、美国林肯土地政策研究院
办 公 地 址／北京市海淀区颐和园路 5 号北京大学廖凯原楼 508 室（100871）
电话(传真)／010-62756535（010-62757884）
邮　　　箱／contactus@plc.pku.edu.cn
网　　　址／http://plc.pku.edu.cn
主要研究领域：
房地产税与公共财政；土地政策；住房政策；城市发展与规划；环境与可持续发展

B

34 北京大学财经法研究中心
Peking University Fiscal Law Research Center

所 属 类 别／高校智库
主 管 单 位／北京大学
成 立 时 间／2003 年 12 月
第一负责人／刘剑文
合 作 机 构／
办 公 地 址／北京市海淀区颐和园路 5 号北京大学（100871）
电话(传真)／
邮　　　箱／
网　　　址／
主要研究领域：
财税法

35 北京大学城市治理研究院
PKU Institute of Urban Governance

所 属 类 别／高校智库
主 管 单 位／北京大学
成 立 时 间／
第一负责人／俞可平
合 作 机 构／北京大学、中国政治学研究中心、林肯城市发展与土地政策研究中心、
　　　　　　城市与环境学院、产业技术研究院、数字中国研究院
办 公 地 址／北京市海淀区颐和园路 5 号北京大学廖凯原楼 414-416 室、435 室
　　　　　　（100871）
电话(传真)／010-62760097
邮　　　箱／745279773@qq.com
网　　　址／https://www.iug.pku.edu.cn
主要研究领域：
城市治理现代化

36 北京大学当代俄罗斯研究中心
The Russian Research Center of Peking University

所 属 类 别／高校智库
主 管 单 位／北京大学
成 立 时 间／2001 年 6 月
第一负责人／关贵海
合 作 机 构／
办 公 地 址／北京市海淀区颐和园路 5 号北京大学（100871）
电话(传真)／010-62751972（010-62751639）
邮　　　箱／ghguan@pku.edu.cn
网　　　址／https://www.russiancenter.pku.edu.cn
主要研究领域：
俄罗斯（苏联）的政治、文化、教育、社会等；中俄关系的发展特征及前景预测

37 北京大学德国研究中心

所 属 类 别／高校智库
主 管 单 位／北京大学
成 立 时 间／
第 一 负 责 人／黄燎宇
合 作 机 构／
办 公 地 址／北京市海淀区颐和园路 5 号北京大学陈守仁国际中心伟利楼 201-205 室
　　　　　　（100871）
电话(传真)／010-62767336（010-62751409）
邮　　　箱／pkuzdspeking@gmail.com
网　　　址／https://www.zds.pku.edu.cn
主要研究领域：
德国政治、经济、社会、文化等

38 北京大学法治与发展研究院

所 属 类 别／高校智库
主 管 单 位／北京大学
成 立 时 间／2011 年 5 月
第 一 负 责 人／张守文
合 作 机 构／
办 公 地 址／北京市海淀区颐和园路 5 号北京大学法学院四合院（100871）
电话(传真)／010-62756486（010-62756486）
邮　　　箱／lda@pku.edu.cn
网　　　址／
主要研究领域：
经济与社会协调发展、可持续发展、政治体制改革、国家统一和地方自治、城乡统
筹、国际关系、国际贸易、公共安全、人权保障等法律问题

39 北京大学非洲研究中心
Center for African Studies, Peking University

所 属 类 别／高校智库
主 管 单 位／北京大学
成 立 时 间／1998 年
第 一 负 责 人／李安山
合 作 机 构／
办 公 地 址／北京市海淀区颐和园路 5 号北京大学（100871）
电话(传真)／010-62751999（010-62751639）
邮　　　箱／pkucas@vip.163.com
网　　　址／http://caspu.pku.edu.cn
主要研究领域：非洲政治与经济；非洲社会与发展；非洲历史与考古；非洲文学与文
化；非洲与世界；中非关系；世界文明

B

40 北京大学港澳研究中心
Center for Hong Kong and Macau Studies, Peking University

所 属 类 别／高校智库
主 管 单 位／北京大学
成 立 时 间／1994 年
第一负责人／饶戈平
合 作 机 构／
办 公 地 址／北京市海淀区颐和园路 5 号北京大学静园一院（100871）
电话(传真)／010-62751978（010-62751978）
邮　　箱／raogp@ pku. edu. cn
网　　址／
主要研究领域：
港澳问题

41 北京大学公共传播与社会发展研究中心
Center for Public Communication and Social Development, Peking University

所 属 类 别／高校智库
主 管 单 位／北京大学
成 立 时 间／2012 年 11 月
第一负责人／师曾志
合 作 机 构／
办 公 地 址／北京市海淀区颐和园路 1 号北大资源宾馆 1501 室（100871）
电话(传真)／
邮　　箱／shizengzhi@ pku. edu. cn
网　　址／
主要研究领域：
公益传播；公共传播；传播哲学；国学经典与智慧传播；生命传播

42 北京大学公共治理研究所
Institute of Public Governance, Peking University

所 属 类 别／高校智库
主 管 单 位／北京大学
成 立 时 间／2019 年 9 月
第一负责人／燕继荣
合 作 机 构／
办 公 地 址／北京市海淀区颐和园路 5 号北京大学廖凯原楼（100871）
电话(传真)／010-62750616
邮　　箱／ggzl@ pku. edu. cn
网　　址／
主要研究领域：
新时代地方治理；国家治理；全球治理

43 北京大学国际安全与和平研究中心
Center for International Security and Peace Studies, Peking University

所 属 类 别 / 高校智库
主 管 单 位 / 北京大学
成 立 时 间 / 1998 年 6 月
第 一 负 责 人 / 于铁军
合 作 机 构 /
办 公 地 址 / 北京市海淀区颐和园路 5 号北京大学 （100871）
电话(传真) / 010-62767672
邮　　箱 / yutiejun@ pku. edu. cn
网　　址 / http://www. cisap. pku. edu. cn
主要研究领域：
国际安全与国家安全；国际安全与和平；国际安全与防务

44 北京大学国际经济研究所
Institute of International Economic Research, Peking University

所 属 类 别 / 高校智库
主 管 单 位 / 北京大学
成 立 时 间 / 1997 年
第 一 负 责 人 / 王跃生
合 作 机 构 / 北京大学经济学院、香港尚贤教育机构
办 公 地 址 / 北京市海淀区颐和园路 5 号北京大学 （100871）
电话(传真) / 010-62758453
邮　　箱 / wangysh@ pku. edu. cn
网　　址 /
主要研究领域：
全球化条件下的中国经济发展；当代国际经济；中国对外开放的宏观、微观经济问题

45 北京大学国际战略研究院
Institute of International and Strategic Studies, Peking University

所 属 类 别 / 高校智库
主 管 单 位 / 北京大学
成 立 时 间 / 2013 年 10 月
第 一 负 责 人 / 王缉思
合 作 机 构 /
办 公 地 址 / 北京市海淀区颐和园路 5 号北京大学北阁 （100871）
电话(传真) / 010-62756376 （010-62753063）
邮　　箱 / IISS@ pku. edu. cn
网　　址 / http://www. iiss. pku. edu. cn
主要研究领域：
世界政治；国际安全；国家战略；中国外交；大国战略；地区安全；全球治理

46　北京大学国际政治经济研究中心
Center for International Political Economy, Peking University

所 属 类 别／高校智库
主 管 单 位／北京大学
成 立 时 间／2001 年
第一负责人／王勇
合 作 机 构／
办 公 地 址／北京市海淀区颐和园路 5 号北京大学国际关系学院大楼 B201 室（100871）
电话(传真)／010-62756057（010-62751639）
邮　　　箱／yowang@pku.edu.cn
网　　　址／
主要研究领域：
中国对外经贸战略与策略；国际竞争政策；国家发展战略；国际政治、经济和安全战略

47　北京大学国际知识产权研究中心
Institute of International Intellectual Property, Peking University

所 属 类 别／高校智库
主 管 单 位／北京大学
成 立 时 间／2008 年 12 月
第一负责人／易继明
合 作 机 构／
办 公 地 址／北京市海淀区颐和园路 5 号北京大学理科 5 号楼 415 室（100871）
电话(传真)／010-62756064（010-62754023）
邮　　　箱／kjyfl_bj@126.com
网　　　址／
主要研究领域：
知识产权；科技与法律；国家知识产权战略

48　北京大学国家对外文化交流研究基地
National Center for Research into Intercultural Communication of Arts, Peking University

所 属 类 别／高校智库
主 管 单 位／文化和旅游部、北京大学
成 立 时 间／2019 年 12 月
第一负责人／林一
合 作 机 构／
办 公 地 址／北京市海淀区颐和园路 5 号北京大学红六楼、红三楼（100871）
电话(传真)／010-62760023
邮　　　箱／
网　　　址／https://ncrica.pku.edu.cn
主要研究领域：
国家对外文化政策与战略；跨文化交流与传播；艺术管理与文化产业

49　北京大学国家发展研究院
National School of Development, Peking University

所 属 类 别／高端智库，高校智库
主 管 单 位／北京大学
成 立 时 间／2008 年 10 月
第一负责人／姚洋
合 作 机 构／
办 公 地 址／北京市海淀区颐和园路 5 号北京大学（100871）
电话(传真)／010-62759033（010-62751474）
邮　　　箱／webmaster@nsd.pku.edu.cn
网　　　址／http://nsd.pku.edu.cn
主要研究领域：
人口政策；经济结构调整；政府与市场关系；土地问题

50　北京大学国家现代公共文化研究中心

所 属 类 别／高校智库
主 管 单 位／北京大学
成 立 时 间／2015 年 11 月
第一负责人／李国新
合 作 机 构／
办 公 地 址／北京市海淀区颐和园路 5 号北京大学（100871）
电话(传真)／
邮　　　箱／
网　　　址／
主要研究领域：
文化改革；现代公共文化服务体系建设

51　北京大学国家治理研究院
Institute of National Governance Studies, Peking University

所 属 类 别／高校智库
主 管 单 位／北京大学
成 立 时 间／1999 年 7 月
第一负责人／王浦劬
合 作 机 构／
办 公 地 址／北京市海淀区颐和园路 5 号北京大学廖凯原楼 3 层（100871）
电话(传真)／010-62767093
邮　　　箱／gjzlxtcx@pku.edu.cn
网　　　址／https://www.isgs.pku.edu.cn
主要研究领域：
政治体制；政府管理；国家治理；公共管理

B

52　北京大学海洋研究院
Institute of Ocean Research, Peking University

所 属 类 别／高校智库
主 管 单 位／北京大学
成 立 时 间／2010 年
第一负责人／胡永云
合 作 机 构／
办 公 地 址／北京市海淀区颐和园路 5 号北京大学廖凯原楼 511 室 （100871）
电话(传真)／010-62752344 （010-62752344）
邮　　　箱／pkuocean@ pku. edu. cn
网　　　址／https://ocean. pku. edu. cn
主要研究领域：
海洋基础科学研究及海洋观测；海洋工程技术与工程装备；海洋资源、能源开发；海洋生物技术、生物资源及海洋药物；海洋生态环境保护；国家海洋战略；海洋信息、海洋大数据；海洋经济、法律、历史、文化；"一带一路"倡议；区域与国别；全球互联互通

53　北京大学环境与能源经济研究中心

所 属 类 别／高校智库
主 管 单 位／北京大学
成 立 时 间／2011 年 6 月
第一负责人／徐晋涛
合 作 机 构／
办 公 地 址／北京市海淀区颐和园路 5 号北京大学国家发展研究院 （100871）
电话(传真)／010-62767629
邮　　　箱／xujt@ nsd. pku. edu. cn
网　　　址／
主要研究领域：
能源安全；新能源技术；低碳环保；自然资源

54　北京大学汇丰金融研究院
The HSBC Financial Research Institute at Peking University

所 属 类 别／高校智库
主 管 单 位／北京大学
成 立 时 间／2008 年 12 月
第一负责人／海闻
合 作 机 构／北京大学、汇丰银行慈善基金会
办 公 地 址／广东省深圳市南山区西丽大学城 （518055）
电话(传真)／0755-26033507
邮　　　箱／hfri@ phbs. pku. edu. cn
网　　　址／http://hfri. phbs. pku. edu. cn
主要研究领域：国际金融体制改革；中国金融业发展；中国金融政策

55 北京大学教育经济研究所
Institute of Economics of Education，Peking University

所 属 类 别／高校智库

主 管 单 位／北京大学

成 立 时 间／1999 年

第 一 负 责 人／丁小浩

合 作 机 构／

办 公 地 址／北京市海淀区颐和园路 5 号北京大学（100871）

电话(传真)／010-62755662（010-62755662）

邮　　　箱／netgroup@ gse. pku. edu. cn

网　　　址／http：//iee. gse. pku. edu. cn

主要研究领域：

教育经济与财政；教育管理

56 北京大学教育信息化国际研究中心
International Research Center for Education and Information，Peking University

所 属 类 别／高校智库

主 管 单 位／北京大学

成 立 时 间／2009 年 12 月

第 一 负 责 人／贾积有

合 作 机 构／

办 公 地 址／北京市海淀区颐和园路 5 号北京大学（100871）

电话(传真)／

邮　　　箱／pkueic@ 163. com

网　　　址／

主要研究领域：

语言和文化教育与信息技术关系；教育管理与决策信息化

57 北京大学金融法研究中心
Peking University Finance Law Research Center

所 属 类 别／高校智库

主 管 单 位／北京大学

成 立 时 间／1993 年 9 月

第 一 负 责 人／吴志攀

合 作 机 构／

办 公 地 址／北京市海淀区颐和园路 5 号北京大学（100871）

电话(传真)／

邮　　　箱／

网　　　址／https：//www. finlaw. pku. edu. cn

主要研究领域：

金融法律制度及相关理论

58　北京大学金融信息化研究中心
PKU-ACOM Financial Information Research Center

所 属 类 别／高校智库
主 管 单 位／北京大学
成 立 时 间／
第 一 负 责 人／陈钟
合 作 机 构／
办 公 地 址／北京市海淀区中关村北大街 151 号资源大厦 1011 室（100080）
电话(传真)／010-62765808
邮　　　箱／chz@pku.edu.cn
网　　　址／
主要研究领域：
个人金融消费体系；个人信用系统

59　北京大学金融与产业发展研究中心

所 属 类 别／高校智库
主 管 单 位／北京大学
成 立 时 间／2005 年 8 月
第 一 负 责 人／冯科
合 作 机 构／
办 公 地 址／北京市海淀区颐和园路 5 号北京大学经济学院 342 室（100871）
电话(传真)／010-62754603
邮　　　箱／fengke@pku.edu.cn
网　　　址／
主要研究领域：
产业发展基金；金融科技；金融改革与创新；资本市场

60　北京大学经济研究所

所 属 类 别／高校智库
主 管 单 位／北京大学
成 立 时 间／1985 年
第 一 负 责 人／张辉
合 作 机 构／
办 公 地 址／北京市海淀区颐和园路 5 号北京大学经济学院 227 室（100871）
电话(传真)／
邮　　　箱／nk94zhang@126.com
网　　　址／
主要研究领域：
中国宏观经济；中国经济改革和发展；中国社会主义市场经济；转轨经济；货币经济学

61　北京大学经济与人类发展研究中心
Center for Human and Economic Development Studies，Peking University

所 属 类 别／高校智库
主 管 单 位／北京大学
成 立 时 间／2005 年 12 月
第一负责人／夏庆杰
合 作 机 构／
办 公 地 址／北京市海淀区颐和园路 5 号北京大学经济学院 242 室（100871）
电话(传真)／010-62753163（010-62753163）
邮　　　箱／cheds_pku@163.com
网　　　址／http://www.cheds.pku.edu.cn
主要研究领域：
经济与人类发展；贫困与收入差距测算；国际发展援助；健康问题

62　北京大学流通经济与管理研究中心

所 属 类 别／高校智库
主 管 单 位／北京大学
成 立 时 间／2009 年 5 月
第一负责人／王翀
合 作 机 构／
办 公 地 址／北京市海淀区颐和园路 5 号北京大学光华管理学院 2 号楼 453 室（100871）
电话(传真)／010-62747566
邮　　　箱／chenlh@gsm.pku.edu.cn
网　　　址／
主要研究领域：
流通经济；流通政策；流通技术；流通产业组织与管理；流通型企业创新运营模式

63　北京大学美国研究中心
American Studies Center，Peking University

所 属 类 别／高校智库
主 管 单 位／北京大学
成 立 时 间／1980 年
第一负责人／王勇
合 作 机 构／
办 公 地 址／北京市海淀区颐和园路 5 号北京大学图书馆 5 层（100871）
电话(传真)／010-62751635（010-62751633）
邮　　　箱／yming@pku.edu.cn
网　　　址／http://www.asc.pku.edu.cn
主要研究领域：
美国经济、教育、历史、法律、宗教、新闻传播等

B

B

64　北京大学能源经济与可持续发展研究中心

所属类别／高校智库
主管单位／北京大学
成立时间／
第一负责人／龚六堂
合作机构／
办公地址／北京市海淀区颐和园路 5 号北京大学光华管理学院 2 号楼 308 室
　　　　　（100871）
电话(传真)／010-62747500
邮　　箱／
网　　址／https://www.gsm.pku.edu.cn/info/1068/19619.htm
主要研究领域：
能源经济与可持续发展

65　北京大学全球风险政治分析实验室
PKU Analystics Lab for Global Risk Politics

所属类别／高校智库
主管单位／北京大学
成立时间／
第一负责人／庞珣
合作机构／
办公地址／北京市海淀区颐和园路 5 号北京大学（100871）
电话(传真)／010-62751634（010-62751639）
邮　　箱／support@sis.pku.edu.cn
网　　址／https://riskalab.pku.edu.cn
主要研究领域：
全球风险政治学；数据、方法与计算；全球安全与地缘政治风险；全球发展与生态风险；中国海洋安全风险

66　北京大学全球健康发展研究院
Institute for Global Health and Development, Peking University

所属类别／高校智库
主管单位／北京大学
成立时间／2020 年 12 月
第一负责人／刘国恩
合作机构／
办公地址／北京市海淀区颐和园路 5 号北京大学（100871）
电话(传真)／010-62757318
邮　　箱／ghd@pku.edu.cn
网　　址／http://www.ghd.pku.edu.cn
主要研究领域：全球健康与经济发展；全球健康与环境治理；非传染疾病预测防控；健康计量与智慧医疗；突发新发传染病防控；全球治理与卫生外交

67　北京大学人口研究所
Institute of Population Research，Peking University

所 属 类 别 / 高校智库

主 管 单 位 / 北京大学

成 立 时 间 / 1984 年

第一负责人 / 陈功

合 作 机 构 /

办 公 地 址 / 北京市海淀区颐和园路 5 号北京大学经济学院大楼 2 层（100871）

电话(传真) / 010-62751974（010-62751974）

邮　　箱 / rkyjs@ pku. edu. cn

网　　址 / http://ipr. pku. edu. cn

主要研究领域：

人口健康与空间科学；老龄与健康；人口、健康、环境与可持续发展

68　北京大学日本研究中心
Center for Japanese Studies，Peking University

所 属 类 别 / 高校智库

主 管 单 位 / 北京大学

成 立 时 间 / 1988 年 4 月

第一负责人 / 李玉

合 作 机 构 /

办 公 地 址 / 北京市海淀区颐和园路 5 号北京大学三院（100871）

电话(传真) / 010-62751971（010-62751971）

邮　　箱 / cjs@ pku. edu. cn

网　　址 / http://www. bjlogras. com/bj/index. html

主要研究领域：

日本问题

69　北京大学世界新能源战略研究中心
Centre for Global New Energy Strategy Studies，Peking University

所 属 类 别 / 高校智库

主 管 单 位 / 北京大学

成 立 时 间 / 2011 年 3 月

第一负责人 / 王缉思

合 作 机 构 /

办 公 地 址 / 北京市海淀区颐和园路 5 号北京大学国际关系学院 B 座 116 室（100871）

电话(传真) / 010-62754243（010-62754243）

邮　　箱 / cgness@ pku. edu. cn

网　　址 /

主要研究领域：

大国能源外交和能源战略；能源安全；新能源技术与政策

70 北京大学市场经济研究中心
Peking University Research Center for Market Economy

所 属 类 别／高校智库
主 管 单 位／北京大学
成 立 时 间／1996 年 3 月
第一负责人／秦雪征
合 作 机 构／
办 公 地 址／北京市海淀区颐和园路 5 号北京大学经济学院 436 室（100871）
电话(传真)／010-62757237
邮　　箱／zzzl@ pku. edu. cn
网　　址／https: //econ. pku. edu. cn/kxyj/yjzx
主要研究领域：
宏观市场经济培养和发展；中国企业走向市场经济中的体制改革、经营管理、市场营
销和名牌战略

71 北京大学首都发展研究院
Beijing Development Institute，Peking University

所 属 类 别／高校智库
主 管 单 位／中共北京市委、北京市人民政府、北京大学
成 立 时 间／1999 年 3 月
第一负责人／李国平
合 作 机 构／中共北京市委、北京市人民政府、北京大学
办 公 地 址／北京市海淀区成府路 298 号方正大厦 3 层（100871）
电话(传真)／010-82529538
邮　　箱／bjdi@ pku. edu. cn
网　　址／http: //www. bjdi. pku. edu. cn
主要研究领域：
城市与区域发展；京津冀协同发展；首都发展战略；空间大数据与政策模拟

72 北京大学数字金融研究中心
Institute of Digital Finance，Peking University

所 属 类 别／高校智库
主 管 单 位／北京大学
成 立 时 间／2015 年 10 月
第一负责人／黄益平
合 作 机 构／
办 公 地 址／北京市海淀区颐和园路 5 号北京大学理科 5 号楼（100871）
电话(传真)／010-62760171
邮　　箱／pkuiif@ nsd. pku. edu. cn
网　　址／https: //www. idf. pku. edu. cn
主要研究领域：
数字金融学术、政策、行业研究

73 北京大学数字中国研究院
Institute of Digital China，Peking University

所 属 类 别／高校智库
主 管 单 位／北京大学
成 立 时 间／2004 年 2 月
第一负责人／童庆禧
合 作 机 构／
办 公 地 址／北京市海淀区颐和园路 5 号北京大学遥感楼 410 室（100871）
电话(传真)／010-62750393
邮　　　箱／idc@ pku. edu. cn
网　　　址／
主要研究领域：
政策与战略；空间数据；智慧城市；数字流域；信息化创新与治理；数字减灾与应急
管理；数字家庭与智慧健康

74 北京大学文化产业研究院
Institute for Cultural Industries，Peking University

所 属 类 别／高校智库
主 管 单 位／北京大学
成 立 时 间／1999 年 10 月
第一负责人／向勇
合 作 机 构／
办 公 地 址／北京市海淀区颐和园路 5 号北京大学燕南园 51 号院（100871）
电话(传真)／010-62767249
邮　　　箱／ici@ pku. edu. cn
网　　　址／http://www. ici. pku. edu. cn
主要研究领域：
国家文化产业创新与发展；两岸文创；文化金融；中国品牌

75 北京大学文化与国家行为研究中心
Center for Culture and National Behavior Studies，Peking University

所 属 类 别／高校智库
主 管 单 位／北京大学
成 立 时 间／
第一负责人／尚会鹏
合 作 机 构／
办 公 地 址／北京市海淀区颐和园路 5 号北京大学国际关系学院大楼 B102 室（100871）
电话(传真)／010-62751639（010-62751639）
邮　　　箱／huipengs@ pku. edu. cn
网　　　址／
主要研究领域：
文化与国际关系；危机管理

76 北京大学宪法与行政法研究中心

所 属 类 别／高校智库

主 管 单 位／北京大学

成 立 时 间／1999 年 12 月

第 一 负 责 人／王锡锌

合 作 机 构／

办 公 地 址／北京市海淀区颐和园路 5 号北京大学法学院四合院（100871）

电话(传真)／

邮　　箱／pkupubliclaw@ 126. com

网　　址／

主要研究领域：

宪法和行政法；公法基础理论

77 北京大学乡村振兴研究院（光华管理学院县域经济与地方金融研究中心）

Institute on Rural Vitalization at Peking University（Center for Country Economy and Local Finance，Guanghua School of Management）

所 属 类 别／高校智库

主 管 单 位／北京大学

成 立 时 间／2005 年 11 月

第 一 负 责 人／雷明

合 作 机 构／

办 公 地 址／北京市海淀区颐和园路 5 号北京大学光华管理学院 1 号楼 531 室（100871）

电话(传真)／010－62756243

邮　　箱／xczx@ gsm. pku. edu. cn

网　　址／https: //xczx. pku. edu. cn

主要研究领域：

可持续性减贫；贫困地区可持续发展

78 北京大学信息化与信息管理研究中心

所 属 类 别／高校智库

主 管 单 位／北京大学

成 立 时 间／2009 年

第 一 负 责 人／黄文彬

合 作 机 构／

办 公 地 址／北京市海淀区中关村北大街 151 号北京大学三院 125 室（100871）

电话(传真)／

邮　　箱／huangwb@ pku. edu. cn

网　　址／

主要研究领域：

云计算；数字城市；企业集团信息化管控

79　北京大学亚太研究院

所 属 类 别／高校智库

主 管 单 位／北京大学

成 立 时 间／2002 年 3 月

第一负责人／吴志攀

合 作 机 构／

办 公 地 址／北京市海淀区中关村北大街 151 号北京大学太平洋大厦（王克桢楼）516 室（100871）

电话(传真)／010-62756800（010-62756794）

邮　　箱／apri@ pku. edu. cn

网　　址／

主要研究领域：

亚太问题

80　北京大学政府管理研究中心
Peking University Research Center of Government Administration

所 属 类 别／高校智库

主 管 单 位／北京大学

成 立 时 间／

第一负责人／阎雨

合 作 机 构／

办 公 地 址／北京市海淀区颐和园路 5 号北京大学政府管理学院 3 层 326-333 室（100871）

电话(传真)／010-62766925（010-62767092）

邮　　箱／gmc@ pku. edu. cn

网　　址／

主要研究领域：

产业发展与政府管理关系；政治发展与产业政策关系；文化资源与文化产业关系

81　北京大学中国保险与社会保障研究中心
China Center for Insurance and Social Security Research，Peking University

所 属 类 别／高校智库

主 管 单 位／北京大学

成 立 时 间／2003 年 9 月

第一负责人／郑伟

合 作 机 构／

办 公 地 址／北京市海淀区颐和园路 5 号北京大学经济学院大楼 343 室（100871）

电话(传真)／010-62767308（010-62767308）

邮　　箱／ccissr@ 126. com

网　　址／http：//econ. pku. edu. cn/ccissr

主要研究领域：

保险与社会保障

82　北京大学中国低碳发展研究中心

所 属 类 别 / 高校智库

主 管 单 位 / 北京大学

成 立 时 间 / 2010 年 5 月

第一负责人 / 符国群

合 作 机 构 /

办 公 地 址 / 北京市海淀区颐和园路 5 号北京大学光华管理学院 2 号楼 311 室（100871）

电话(传真) / 010-62755140

邮　　　箱 / lowco2@pku.edu.cn

网　　　址 /

主要研究领域：

低碳政策和发展战略；低碳文化和环境；低碳发展理论与管理；低碳转型；新能源应用与政策；合同能源管理；碳金融与碳税

83　北京大学中国都市经济研究基地

所 属 类 别 / 高校智库

主 管 单 位 / 北京大学

成 立 时 间 / 2004 年 9 月

第一负责人 / 张辉

合 作 机 构 /

办 公 地 址 / 北京市海淀区颐和园路 5 号北京大学经济学院大楼 509 室（100871）

电话(传真) /

邮　　　箱 / nk94zhang@126.com

网　　　址 / https://econ.pku.edu.cn/kxyj/yjzx/348236.htm

主要研究领域：

国内外大型都市、都市圈和都市连绵区发生、发展和衰弱的社会经济机制

84　北京大学中国国情研究中心

The Research Center For Contemporary China，Peking University

所 属 类 别 / 高校智库

主 管 单 位 / 北京大学

成 立 时 间 / 1988 年

第一负责人 / 严洁

合 作 机 构 /

办 公 地 址 / 北京市海淀区颐和园路 5 号北京大学廖凯原楼 340 室（100871）

电话(传真) / 010-62755443（010-62751079）

邮　　　箱 / rccc@rcccpku.org

网　　　址 / http://www.rccc.pku.edu.cn

主要研究领域：

中国政治、经济、社会、环境保护、公共政策、卫生、文化、交通等

85 北京大学中国教育财政科学研究所
China Institute for Educational Finance Research，Peking University

所 属 类 别／高校智库
主 管 单 位／财政部、教育部、北京大学
成 立 时 间／2005 年 10 月
第一负责人／王蓉
合 作 机 构／财政部、教育部、北京大学
办 公 地 址／北京市海淀区颐和园路 5 号北京大学教育学院大楼 4 层（100871）
电话(传真)／010-62753138（010-62756183）
邮　　　箱／ciefr@ pku. edu. cn
网　　　址／http://ciefr. pku. edu. cn
主要研究领域：
教育财政

86 北京大学中国社会科学调查中心
Institute of Social Science Survey，Peking University

所 属 类 别／高校智库
主 管 单 位／北京大学
成 立 时 间／2006 年 9 月
第一负责人／张志学
合 作 机 构／
办 公 地 址／北京市海淀区颐和园路 5 号北京大学理科 5 号楼 4 层（100871）
电话(传真)／010-62767908（010-62759641）
邮　　　箱／isss@ pku. edu. cn
网　　　址／http://www. isss. pku. edu. cn
主要研究领域：
中国家庭追踪调查；中国健康与养老追踪调查

87 北京大学中国社会与发展研究中心
The Center for Sociological Research and Development Studies of China，Peking University

所 属 类 别／高校智库
主 管 单 位／北京大学
成 立 时 间／1988 年 4 月
第一负责人／邱泽奇
合 作 机 构／
办 公 地 址／北京市海淀区颐和园路 5 号北京大学出版社 4 层（100871）
电话(传真)／010-62757985（010-62751922）
邮　　　箱／sachina@ sachina. pku. edu. cn
网　　　址／
主要研究领域：
中国社会运行机制与发展；社会学理论与方法；社会人类学

B

88　北京大学中国卫生发展研究中心
PKU China Center for Health Development Studies

所 属 类 别／高校智库
主 管 单 位／北京大学
成 立 时 间／2010 年 4 月
第 一 负 责 人／孟庆跃
合 作 机 构／美国中华医学基金会
办 公 地 址／北京市海淀区学院路 38 号 （100191）
电话(传真)／
邮　　　箱／cchds@ pku. edu. cn
网　　　址／https: //www. cchds. pku. edu. cn
主要研究领域：
健康转型及健康影响因素；卫生体制与政策

89　北京大学中国与世界研究中心
Center for Chinese and Global Affairs，Peking University

所 属 类 别／高校智库
主 管 单 位／北京大学
成 立 时 间／2005 年 7 月
第 一 负 责 人／潘维
合 作 机 构／
办 公 地 址／北京市海淀区颐和园路 5 号北京大学国际关系学院大楼 A220 室 （100871）
电话(传真)／010-62765667 （010-62751639）
邮　　　箱／
网　　　址／
主要研究领域：
中国与世界面临的重大问题；中国社会发展和改革开放中的突出问题

90　北京大学中国战略研究中心
Peking University's China Center for Strategic Studies

所 属 类 别／高校智库
主 管 单 位／北京大学
成 立 时 间／2004 年
第 一 负 责 人／叶自成
合 作 机 构／
办 公 地 址／北京市海淀区颐和园路 5 号北京大学国际关系学院大楼 B115 室 （100871）
电话(传真)／010-62759017 （010-62760354）
邮　　　箱／yezi0015@ sina. com
网　　　址／http: //strategy. pku. edu. cn
主要研究领域：
中国大战略；发展战略；对外战略；经济战略；教育战略；国际战略；文化战略；安全战略

91　北京大学中外人文交流研究基地
Institute for Global Cooperation and Understanding，Peking University

所 属 类 别 / 高校智库
主 管 单 位 / 北京大学
成 立 时 间 / 2011 年 10 月
第一负责人 / 贾庆国
合 作 机 构 /
办 公 地 址 / 北京市海淀区颐和园路 5 号北京大学国际关系学院大楼 B110 室
　　　　　　（100871）
电话(传真) / 010-62755785
邮　　　箱 / igcu@ pku. edu. cn
网　　　址 / http: www. igcu. pku. edu. cn
主要研究领域：
全球治理；人文交流；科技发展

92　北京第二外国语学院北京旅游发展研究基地
Research Center for Beijing Tourism Development，Beijing International Studies University

所 属 类 别 / 高校智库
主 管 单 位 / 北京第二外国语学院
成 立 时 间 / 2004 年
第一负责人 / 厉新建
合 作 机 构 / 北京市教育委员会、北京市旅游发展委员会、北京市哲学社会科学规划
　　　　　　办公室、北京第二外国语学院
办 公 地 址 / 北京市朝阳区定福庄南里 1 号 （100024）
电话(传真) / 010-65778253
邮　　　箱 / lishuhong@ bisu. edu. cn
网　　　址 / http: bjtourism. bisu. edu. cn
主要研究领域：
旅游经济理论；产业政策与建设；旅游规划

93　北京第二外国语学院波兰研究中心

所 属 类 别 / 高校智库
主 管 单 位 / 北京第二外国语学院
成 立 时 间 / 2015 年 6 月
第一负责人 /
合 作 机 构 /
办 公 地 址 / 北京市朝阳区定福庄南里 1 号 （100024）
电话(传真) /
邮　　　箱 /
网　　　址 / http: poland. bisu. edu. cn
主要研究领域：
波兰文化

B

94　北京第二外国语学院国家文化发展国际战略研究院（国家文化贸易学术研究平台、中国服务贸易研究院、首都国际交往中心研究院）
National Institute of Cultural Developmer, Beijing International Studies University（China Institute for Cultural Trade Research, China Institute for Service Trade, Beijing Institute for International Comunication）

所 属 类 别／高校智库
主 管 单 位／北京第二外国语学院
成 立 时 间／2010 年
第一负责人／李嘉珊
合 作 机 构／
办 公 地 址／北京市朝阳区定福庄南里 1 号（100024）
电话(传真)／010-65778155（010-65767468）
邮　　箱／nicd@ bisu. edu. cn
网　　址／http://nicdnews. bisu. edu. cn
主要研究领域：
国家文化发展；全球文化发展战略；国际文化贸易；国际文化经营管理

95　北京第二外国语学院首都对外文化传播研究院
Beijing Institute of Intercultural Communication, Beijing International Studies University

所 属 类 别／高校智库
主 管 单 位／北京第二外国语学院
成 立 时 间／
第一负责人／曲茹
合 作 机 构／
办 公 地 址／北京市朝阳区定福庄南里 1 号求是楼 907 室（100024）
电话(传真)／010-65778604
邮　　箱／biic@ bisu. edu. cn
网　　址／http://biic. bisu. edu. cn
主要研究领域：北京文化发展

96　北京第二外国语学院首都对外文化贸易研究基地
Beijing Research Institute of Cultural Trade, Beijing International Studies University

所 属 类 别／高校智库
主 管 单 位／北京第二外国语学院
成 立 时 间／2015 年 7 月
第一负责人／李小牧
合 作 机 构／
办 公 地 址／北京市朝阳区定福庄南里 1 号（100024）
电话(传真)／010-65778155（010-65778155）
邮　　箱／
网　　址／http://brict. bisu. edu. cn
主要研究领域：国际文化贸易基础理论建构；首都对外文化贸易战略政策措施体系；首都文化企业跨国经营与国际化发展

97 北京第二外国语学院希腊研究中心
Center for Greek Studies，Beijing International Studies University

所 属 类 别 / 高校智库
主 管 单 位 / 北京第二外国语学院
成 立 时 间 / 2006 年
第 一 负 责 人 / 王柯平
合 作 机 构 /
办 公 地 址 / 北京市朝阳区定福庄南里 1 号 （100024）
电话(传真) /
邮　　箱 /
网　　址 / http://greece.bisu.edu.cn
主要研究领域：
希腊社会及其文化传统

98 北京第二外国语学院政党政治与政党外交研究院

所 属 类 别 / 高校智库
主 管 单 位 / 北京第二外国语学院
成 立 时 间 / 2019 年 11 月
第 一 负 责 人 / 石晓虎
合 作 机 构 /
办 公 地 址 / 北京市朝阳区定福庄南里 1 号北京第二外国语学院竞先楼 B 座 1 层
　　　　　　（100024）
电话(传真) /
邮　　箱 / zdwj@bisu.edu.cn
网　　址 / http:ipp.bisu.edu.cn
主要研究领域：
国外政党政治；区域国别政党；政党外交；国际热点问题

99 北京第二外国语学院中阿改革发展研究院（阿拉伯研究中心）

所 属 类 别 / 高校智库
主 管 单 位 / 北京第二外国语学院
成 立 时 间 /
第 一 负 责 人 / 李宁
合 作 机 构 /
办 公 地 址 / 北京市朝阳区定福庄南里 1 号北京第二外国语学院人文楼 8 层 （100024）
电话(传真) / 010-65778153
邮　　箱 /
网　　址 / http://smes.bisu.edu.cn
主要研究领域：
阿拉伯义化

100　北京第二外国语学院中国旅游人才发展研究院
China Academy for Tourism Talent Development，Beijing International Studies University

所 属 类 别 / 高校智库
主 管 单 位 / 北京第二外国语学院
成 立 时 间 / 2010 年 6 月
第一负责人 / 计金标
合 作 机 构 / 文化和旅游部、北京第二外国语学院
办 公 地 址 / 北京市朝阳区定福庄南里 1 号 （100024）
电话(传真) /
邮　　箱 /
网　　址 / http://lyrc. bisu. edu. cn
主要研究领域：
中国旅游人才需求特征与发展规律

101　北京第二外国语学院中国生态文明治理现代化研究院

所 属 类 别 / 高校智库
主 管 单 位 / 北京第二外国语学院
成 立 时 间 / 2019 年
第一负责人 / 崔莉
合 作 机 构 / 北京第二外国语学院、福建省南平市人民政府
办 公 地 址 / 北京市朝阳区定福庄南里 1 号北京第二外国语学院求是楼 1010 室
　　　　　　（100024）
电话(传真) / 010-65778353
邮　　箱 / ztwmzl@ 163. com
网　　址 / http://zgstwmxdhzl. bisu. edu. cn
主要研究领域：
生态文明理论；生态治理现代化

102　北京第二外国语学院中国文化和旅游产业研究院
China Academy of Culture and Tourism，Beijing International Studies University

所 属 类 别 / 高校智库
主 管 单 位 / 北京第二外国语学院
成 立 时 间 / 2018 年 11 月
第一负责人 / 邹统钎
合 作 机 构 /
办 公 地 址 / 北京市朝阳区定福庄南里 1 号北京第二外国语学院求是楼 1005 室
　　　　　　（100024）
电话(传真) / 010-65771736
邮　　箱 / cact@ bisu. edu. cn
网　　址 / http://cact. bisu. edu. cn
主要研究领域：
文化和旅游市场监督；文化和旅游产业发展；文化遗产保护和旅游利用

103　北京第二外国语学院中国文化和旅游大数据研究院
China Academy of Culture and Tourism，Beijing International Studies University

所 属 类 别／高校智库
主 管 单 位／北京第二外国语学院
成 立 时 间／2013 年
第一负责人／邹统钎
合 作 机 构／
办 公 地 址／北京市朝阳区定福庄南里 1 号（100024）
电话(传真)／010-65778579
邮　　箱／
网　　址／http://bigdata.bisu.edu.cn
主要研究领域：
文化和旅游产业

104　北京第二外国语学院中国一带一路战略研究院
China Academy of the Belt and Road Initiative，Beijing International Studies University

所 属 类 别／高校智库
主 管 单 位／北京第二外国语学院
成 立 时 间／2014 年
第一负责人／计金标
合 作 机 构／
办 公 地 址／北京市朝阳区定福庄南里 1 号北京第二外国语学院求是楼 901 室
　　　　　　（100024）
电话(传真)／010-65778676
邮　　箱／obor@bisu.edu.cn
网　　址／http://obor.bisu.edu.cn
主要研究领域：
投资安全；人文外交；语言战略

105　北京恩玖非营利组织发展研究中心

所 属 类 别／社会智库—民办非企业
主 管 单 位／北京市社会科学界联合会
成 立 时 间／2010 年 7 月
第一负责人／程刚
合 作 机 构／
办 公 地 址／北京市东城区东四北大街 107 号科林大厦 B 座 205 室（100007）
电话(传真)／010-65691826（010-65691926）
邮　　箱／cfc@foundationcenter.org.cn
网　　址／
主要研究领域：
非营利组织能力、公信力、自律力；非营利组织行业自律标准和社会评价体系；非
营利组织信息交流平台建设

B

106　北京方迪经济发展研究院
Beijing Fangdi Institute of Economic Development

所 属 类 别／社会智库—民办非企业
主 管 单 位／北京市社会科学界联合会
成 立 时 间／2004 年 6 月
第 一 负 责 人／王林风
合 作 机 构／
办 公 地 址／北京市西城区北三环中路乙 6 号京版大厦 B 座 13 层（100120）
电话(传真)／010-58572828（010-58572827）
邮　　　箱／zbjjlt@126.com
网　　　址／http://www.fdyjy.org
主要研究领域：产业发展规划；区域发展规划；城市（城区）发展规划；园区（功能区）发展规划；总部经济发展规划；重大商业项目策划

107　北京服装学院首都服饰文化与服装产业研究基地
Research Center of Capital Garment Culture and Industry, Beijing Institute of Fashion Technology

所 属 类 别／高校智库
主 管 单 位／北京服装学院
成 立 时 间／2004 年 9 月
第 一 负 责 人／刘元风
合 作 机 构／北京市哲学社会科学规划办公室、北京市教育委员会、北京服装学院
办 公 地 址／北京市朝阳区芍药居甲 1 号北京服装学院（100029）
电话(传真)／010-64288062（010-64288062）
邮　　　箱／sxymyp@bift.edu.cn
网　　　址／http://jd.bift.edu.cn
主要研究领域：
服饰文化；艺术设计；服装市场营销及国际贸易；服装企业管理和品牌策略

108　北京工商大学首都流通业研究基地

所 属 类 别／高校智库
主 管 单 位／北京工商大学
成 立 时 间／2005 年 4 月
第 一 负 责 人／黄先开
合 作 机 构／
办 公 地 址／北京市海淀区阜成路 33 号北京工商大学（100048）
电话(传真)／
邮　　　箱／
网　　　址／
主要研究领域：流通产业组织与资本运营；流通产业与市场波动分析；北京流通产业结构创新；流通产业与区域经济协调发展；期货业组织及其运营；流通产业规划与布局；物流体系创新；流通业服务营销；北京生产性服务业；流通产业竞争力；流通产业发展指数；流通企业国际化经营

109 北京工业大学北京现代制造业发展研究基地

所 属 类 别／高校智库

主 管 单 位／北京工业大学

成 立 时 间／2004 年 11 月

第一负责人／黄鲁成

合 作 机 构／

办 公 地 址／北京市朝阳区平乐园 100 号北京工业大学经管楼（100124）

电话(传真)／010-67392160（010-67391993）

邮　　箱／

网　　址／

主要研究领域：

产业政策；资源政策；科技政策；环境政策

110 北京工业大学高等教育研究院
Higher Education Institute of Beijing University of Technology

所 属 类 别／高校智库

主 管 单 位／北京工业大学

成 立 时 间／2006 年 6 月

第一负责人／苏林琴

合 作 机 构／

办 公 地 址／北京市朝阳区平乐园 100 号北京工业大学人文楼 437 室（100124）

电话(传真)／010-67396375

邮　　箱／sulinqin@ bjut. edu. cn

网　　址／

主要研究领域：

高等教育与大学管理；高校学生事务管理；高等工程教育；大学教学；现代教育技术

111 北京工业大学循环经济研究院
Institute of Recycling Economy, Beijing University of Technology

所 属 类 别／高校智库

主 管 单 位／北京工业大学

成 立 时 间／2005 年 4 月

第一负责人／吴玉锋

合 作 机 构／

办 公 地 址／北京市朝阳区平乐园 100 号（100124）

电话(传真)／010-67396234（010-67396251）

邮　　箱／zuoty@ bjut. edu. cn

网　　址／

主要研究领域：

资源、环境与循环经济

B

112 北京观恒文化发展研究院

所 属 类 别／社会智库
主 管 单 位／
成 立 时 间／2018 年 11 月
第 一 负责人／祁述裕
合 作 机 构／
办 公 地 址／北京市东城区法华寺街 91 号国际文化创意中心 6 幢 120 室（100061）
电话(传真)／
邮　　箱／
网　　址／
主要研究领域：
文化理论与实践

113 北京国际城市发展研究院
International Institute for Urban Development，Beijing

所 属 类 别／社会智库—民办非企业
主 管 单 位／北京市社会科学界联合会
成 立 时 间／2001 年 11 月
第 一 负责人／连玉明
合 作 机 构／
办 公 地 址／北京市朝阳区金台西路 2 号 3 号楼（100026）
电话(传真)／010-85993596
邮　　箱／
网　　址／
主要研究领域：
城市发展；城市决策与预测；城市战略设计和行动计划

114 北京国民经济研究所
National Economic Research Institute

所 属 类 别／社会智库—民办非企业
主 管 单 位／北京市社会科学界联合会
成 立 时 间／1996 年
第 一 负责人／樊纲
合 作 机 构／
办 公 地 址／北京市西城区木樨地北里甲 11 号国宏大厦 C 座 510 室（100038）
电话(传真)／010-63906531（010-63906530）
邮　　箱／neri@neri.org.cn
网　　址／http://www.neri.org.cn
主要研究领域：
宏观经济学与宏观经济政策；发展经济学与中国经济发展战略和政策；转轨经济学
与经济体制改革政策

115 北京航空航天大学廉洁研究与教育中心
The Centre for Integrity Research and Education at Beihang University

所 属 类 别／高校智库
主 管 单 位／北京航空航天大学
成 立 时 间／2009 年 12 月
第一负责人／任建明
合 作 机 构／
办 公 地 址／北京市海淀区学院路 37 号北京航空航天大学人文社会科学学院（公共
　　　　　　管理学院）（100191）
电话(传真)／010-82313702（010-82313702）
邮　　　箱／renjm@ tsinghua. edu. cn
网　　　址／
主要研究领域：
腐败与反腐败理论及应用；廉政政策咨询；廉洁教育和培训

116 北京航空航天大学人文与社会科学高等研究院
Institute for Advanced Studies in Humanities and Social Sciences, Beihang University

所 属 类 别／高校智库
主 管 单 位／北京航空航天大学
成 立 时 间／2010 年 11 月
第一负责人／龙卫球
合 作 机 构／
办 公 地 址／北京市海淀区学院路 37 号北京航空航天大学图书馆西配楼 3 层、5 层
　　　　　　（100191）
电话(传真)／010-82316778
邮　　　箱／gyy29@ buaa. edu. cn
网　　　址／http://gyy. buaa. edu. cn
主要研究领域：文科精英人才培养；文科通识教育；大文科博雅教育

117 北京航空航天大学通用航空产业研究中心
General Aviation Industry Research Center, Beihang University

所 属 类 别／高校智库
主 管 单 位／北京航空航天大学
成 立 时 间／2010 年
第一负责人／高远洋
合 作 机 构／国家民航局运输司、北京航空航天大学、中国民航科普基金会、首都
　　　　　　公务机有限公司、中国民用航空杂志社
办 公 地 址／北京市海淀区知春路 7 号北航致真大厦 D 座 2204 室（100191）
电话(传真)／010-82315846
邮　　　箱／chnga@ sina. com
网　　　址／http://ga. buaa. edu. cn
主要研究领域：通用航空领域产业发展政策；行业监管模式和管理体系；产业发展
环境；产业发展模式；运营保障系统；商业机会；商业模式；运营管理

B

118 北京化工大学低碳经济与管理研究中心

所 属 类 别／高校智库

主 管 单 位／北京化工大学

成 立 时 间／

第一负责人／刘学之

合 作 机 构／

办 公 地 址／北京市朝阳区北三环东路 15 号北京化工大学化纤楼 215 室（100029）

电话(传真)／010-64434892

邮　　箱／liuxz@ mail. buct. edu. cn

网　　址／

主要研究领域：

新能源的技术创新和产业化；碳交易和碳金融；低碳经济发展战略和产业政策；区域节能规划；碳计量和碳减排潜力评估；环境污染评价；水环境

119 北京化工大学运营管理与战略决策研究中心

所 属 类 别／高校智库

主 管 单 位／北京化工大学

成 立 时 间／

第一负责人／辛春林

合 作 机 构／

办 公 地 址／北京市朝阳区北三环东路 15 号北京化工大学化纤楼 428 室（100029）

电话(传真)／010-64416739

邮　　箱／xinchl71@ 163. com

网　　址／

主要研究领域：

石油化工产业发展政策、战略与规划；化工物流业产业发展政策、战略与规划

120 北京健康城市建设研究中心（中国城市报中国健康城市研究院）

所 属 类 别／社会智库

主 管 单 位／

成 立 时 间／2013 年 10 月

第一负责人／王鸿春

合 作 机 构／

办 公 地 址／北京市丰台区方庄芳古园二区 16 号鲁弘宾馆 502 室（100053）

电话(传真)／010-63602765

邮　　箱／jiankangchengshi@ 126. com

网　　址／

主要研究领域：

健康城市应用；健康城市理论

121 北京建筑大学北京北建大城市规划设计研究院

所属类别／高校智库

主管单位／北京建筑大学

成立时间／2017 年 8 月

第一负责人／王玮

合作机构／北京建筑大学、清华大学、中国建筑设计研究院、中国城市规划设计
　　　　　研究院、北京市建筑设计研究院、北京市城市规划设计研究院

办公地址／北京市西城区展览馆路 1 号（100044）

电话(传真)／010-88332623

邮　　箱／

网　　址／

主要研究领域：法定规划；专项规划；其他非法定性规划（设计）

122 北京建筑大学北京未来城市设计高精尖创新中心
Beijing Advanced Innovation Center for Future Urban Design, Beijing University of Civil Engineering and Architecture

所属类别／高校智库

主管单位／北京建筑大学

成立时间／2016 年

第一负责人／崔愷

合作机构／北京建筑大学、清华大学、中国建筑设计研究院、中国城市规划设计
　　　　　研究院、北京市建筑设计研究院、北京市城市规划设计研究院

办公地址／北京市西城区展览馆路 1 号（100044）

电话(传真)／010-68322519

邮　　箱／udc@bucea.edu.cn

网　　址／http://udc.bucea.edu.cn

主要研究领域：
城市设计的理论与方法体系；文化遗产保护与城市有机更新；绿色城市与绿色建筑；城市地下基础设施更新优化与海绵城市建设；城市设计与管理大数据支撑技术

123 北京建筑大学建筑遗产研究院
Academy of Architectural Heritage, Beijing University of Civil Engineering and Architecture

所属类别／高校智库

主管单位／北京建筑大学

成立时间／2013 年 6 月

第一负责人／张大玉

合作机构／

办公地址／北京市西城区展览馆路 1 号（100044）

电话(传真)／010-68322519

邮　　箱／aah@bucea.edu.cn

网　　址／http://aah.bucea.edu.cn

主要研究领域：历史城市与古村镇保护；建筑遗产保护修缮；建筑遗产遥感监测与数字化；建筑遗产环境影响评估；建筑遗产法律法规

124　北京交通大学北京交通发展研究基地

所 属 类 别 / 高校智库

主 管 单 位 / 北京交通大学

成 立 时 间 / 2005 年

第一负责人 / 林晓言

合 作 机 构 /

办 公 地 址 / 北京市海淀区西直门外上园村 3 号北京交通大学（100044）

电话(传真) / 010-51685065

邮　　箱 / xylin@ bjtu. edu. cn

网　　址 /

主要研究领域：

运输经济；物流管理

125　北京交通大学北京社会建设研究院

所 属 类 别 / 高校智库

主 管 单 位 / 北京交通大学

成 立 时 间 / 2012 年 3 月

第一负责人 / 颜吾佴

合 作 机 构 / 北京交通大学、北京市委社会工作委员会、北京市社会建设办公室

办 公 地 址 / 北京市海淀区西直门外上园村 3 号北京交通大学思源西楼 713 室
　　　　　　 （100044）

电话(传真) / 010-51685202

邮　　箱 /

网　　址 / http://bjshjsyjy. bjtu. edu. cn

主要研究领域：

社会诚信领域重大问题

126　北京交通大学中国产业安全研究中心
China Center for Industrial Security Research, Beijing Jiaotong University

所 属 类 别 / 高校智库

主 管 单 位 / 北京交通大学

成 立 时 间 / 2007 年 11 月

第一负责人 / 李孟刚

合 作 机 构 /

办 公 地 址 / 北京市海淀区西直门外上园村 3 号北京交通大学 7 号公寓楼（100044）

电话(传真) / 010-51684567（010-51684567）

邮　　箱 /

网　　址 /

主要研究领域：

产业安全；产业发展；产业政策

127　北京交通大学中国企业兼并重组研究中心

所 属 类 别 / 高校智库

主 管 单 位 / 北京交通大学

成 立 时 间 / 1998 年

第一负责人 / 张秋生

合 作 机 构 /

办 公 地 址 / 北京市海淀区西直门外上园村 3 号北京交通大学机械工程楼 D601 室
（100044）

电话（传真）/ 010-51688044

邮　　　箱 / wjhe@ bjtu. edu. cn

网　　　址 / http://sem. bjtu. edu. cn/chinamerger

主要研究领域：

企业兼并重组

128　北京交通发展研究院
Beijing Transportation Research Center

所 属 类 别 / 科研院所智库

主 管 单 位 / 中共北京市委、北京市人民政府

成 立 时 间 / 2002 年 1 月

第一负责人 / 郭继孚

合 作 机 构 /

办 公 地 址 / 北京市丰台区六里桥南路甲 9 号首发大厦 A 座 （100073）

电话（传真）/ 010-57079900 （010-57079800）

邮　　　箱 / dir@ bjtrc. org. cn

网　　　址 / http://www. bjtrc. org. cn

主要研究领域：

北京城市交通发展战略；智能交通；交通模型

129　北京科技大学北京企业低碳运营战略研究基地
The Institute of Low Carbon Operations Strategy for Beijing Enterprises，University of Science
and Technology Beijing

所 属 类 别 / 高校智库

主 管 单 位 / 北京科技大学

成 立 时 间 / 2012 年

第一负责人 / 罗维东

合 作 机 构 /

办 公 地 址 / 北京市海淀区学院路 30 号北京科技大学 （100083）

电话（传真）/

邮　　　箱 /

网　　　址 /

主要研究领域：

北京市重点工业企业低碳运营战略；北京市公共事业"绿色运营服务链"；北京企
业低碳文化与市民低碳行为

130 北京科技大学城镇化与城市安全研究院
Research Institute of Urbanization and Urban Safety, University of Science and Technology Beijing

所 属 类 别 / 高校智库
主 管 单 位 / 北京科技大学
成 立 时 间 / 2020 年 11 月
第一负责人 / 岳清瑞
合 作 机 构 /
办 公 地 址 / 北京市海淀区学院路 30 号北京科技大学（100083）
电话(传真) / 010-62334196
邮　　　箱 / iuus@ustb.edu.cn
网　　　址 / https://iuus.ustb.edu.cn
主要研究领域：
新型城镇化建设；城市安全与防灾减灾

131 北京科技大学教育经济与管理研究所

所 属 类 别 / 高校智库
主 管 单 位 / 北京科技大学
成 立 时 间 / 2009 年 11 月
第一负责人 / 郭德侠
合 作 机 构 /
办 公 地 址 / 北京市海淀区学院路 30 号北京科技大学文法学院 4 层（100083）
电话(传真) / 010-62333499
邮　　　箱 / gdx2001b@139.com
网　　　址 /
主要研究领域：
教育经济与管理；科技与教育管理

132 北京科技大学碳中和研究院
Institute for Carbon Neutrality, University of Science and Technology Beijing

所 属 类 别 / 高校智库
主 管 单 位 / 北京科技大学
成 立 时 间 / 2021 年 6 月
第一负责人 / 毛新平
合 作 机 构 /
办 公 地 址 / 北京市海淀区学院路 30 号北京科技大学（100083）
电话(传真) /
邮　　　箱 / icn@ustb.edu.cn
网　　　址 / https://icn.ustb.edu.cn
主要研究领域：
钢铁工业低碳发展技术

133 北京理工大学北京经济社会可持续发展研究基地

所 属 类 别／高校智库

主 管 单 位／北京理工大学

成 立 时 间／2015 年 7 月

第 一 负 责 人／魏一鸣

合 作 机 构／

办 公 地 址／北京市海淀区中关村南大街 5 号北京理工大学（100081）

电话（传真）／010-68918451

邮　　　箱／sdri@ bit. edu. cn

网　　　址／

主要研究领域：

北京市经济社会可持续发展过程中的重大理论、实践问题

134 北京理工大学能源与环境政策研究中心
Center for Energy & Environmental Policy Research，BIT

所 属 类 别／高校智库

主 管 单 位／北京理工大学

成 立 时 间／2009 年

第 一 负 责 人／魏一鸣

合 作 机 构／

办 公 地 址／北京市海淀区中关村南大街 5 号北京理工大学东门主楼 6 层（100081）

电话（传真）／010-68918651（010-68918651）

邮　　　箱／CEEPER@ vip. 163. com

网　　　址／http:／ceep. bit. edu. cn

主要研究领域：

能源与经济发展；能源供需预测；能源消费模式；能源可持续发展；能源技术政策

135 北京林业大学高等教育研究中心
Institute of Higher Education，Beijing Forestry University

所 属 类 别／高校智库

主 管 单 位／北京林业大学

成 立 时 间／1999 年

第 一 负 责 人／崔一梅

合 作 机 构／

办 公 地 址／北京市海淀区清华东路 35 号北京林业大学第四教学楼 5 层（100083）

电话（传真）／010-62338399（010-62338399）

邮　　　箱／gj@ bjfu. edu. cn

网　　　址／

主要研究领域：

高等农林教育

136 北京农学院北京新农村建设研究基地
Beijing Research Center for Rural Development, Beijing University of Agriculture

所 属 类 别／高校智库

主 管 单 位／北京农学院

成 立 时 间／2007 年

第一负责人／王有年

合 作 机 构／

办 公 地 址／北京市昌平区回龙观北农路 7 号北京农学院科技综合楼 A0218 室
（102206）

电话(传真)／010-80796153 （010-80791883）

邮　　　箱／bjxncjsyjjd@ 126. com

网　　　址／https://www. bua. edu. cn/bjxnc/index. htm

主要研究领域：

新农村建设与发展；新农村建设与传统文化现代转换；科教兴村的理论与实践；北京农业科技园区发展；北京地区都市农业发展

137 北京融智企业社会责任研究院
Beijing Rongzhi Corporate Social Responsibility Institute

所 属 类 别／社会智库

主 管 单 位／北京市社会科学界联合会

成 立 时 间／2009 年 3 月

第一负责人／王晓光

合 作 机 构／

办 公 地 址／北京市西城区车公庄大街 9 号五栋大楼 B2 座 302 室 （100044）

电话(传真)／010-88395152 （010-88393579）

邮　　　箱／rzcsri@ rzcsri. org

网　　　址／http://www. rzcsri. com

主要研究领域：

社会责任与可持续发展

138 北京生态文明工程研究院
Beijing Academy of Ecocivilization

所 属 类 别／社会智库—民办非企业

主 管 单 位／北京市民政局

成 立 时 间／2002 年

第一负责人／刘宗超

合 作 机 构／

办 公 地 址／北京市通州区通胡大街 70 号百合湾 25 栋 1005 室 （101118）

电话(传真)／010- 59920458

邮　　　箱／375978686@ qq. com

网　　　址／http://www. stwmclub. org

主要研究领域：

全球经济发展；生态保护；文化传承；社会进步

139　北京师范大学出版科学研究院

所 属 类 别／高校智库
主 管 单 位／国家新闻出版署、北京师范大学
成 立 时 间／2005 年 1 月
第一负责人／柳斌杰
合 作 机 构／国家新闻出版署、北京师范大学
办 公 地 址／北京市海淀区新街口外大街 19 号京师大厦 601 室（100875）
电话（传真）／010-58800018
邮　　　箱／chuban@bnu.edu.cn
网　　　址／https://pub.bnu.edu.cn
主要研究领域：
出版业改革与发展

140　北京师范大学创新发展研究院
China Institute of Innovation and Development，Beijing Normal University

所 属 类 别／高校智库
主 管 单 位／北京师范大学
成 立 时 间／2015 年 7 月
第一负责人／关成华
合 作 机 构／
办 公 地 址／北京市海淀区新街口外大街 19 号北京师范大学后主楼 17 层（100875）
电话（传真）／010-58805875
邮　　　箱／cgpis@bnu.edu.cn
网　　　址／https://chinaiid.bnu.edu.cn
主要研究领域：
中国真实进步微观调查与研究；中药创新与资源经济；创新经济与管理

141　北京师范大学俄罗斯研究中心

所 属 类 别／高校智库
主 管 单 位／北京师范大学
成 立 时 间／2011 年
第一负责人／刘娟
合 作 机 构／教育部、北京师范大学
办 公 地 址／北京市海淀区新街口外大街 19 号北京师范大学后主楼 1004 室（100875）
电话（传真）／010-58804929（010-58804929）
邮　　　箱／
网　　　址／http://rus.bnu.edu.cn
主要研究领域：
俄罗斯及苏联独联体国家问题

142 北京师范大学发展研究院
Beijing Normal University School of Development Studies

所 属 类 别 / 高校智库
主 管 单 位 / 北京师范大学
成 立 时 间 / 2011 年 6 月
第 一 负 责 人 / 胡必亮
合 作 机 构 /
办 公 地 址 / 北京市海淀区新街口外大街 19 号北京师范大学后主楼 1728 室（100875）
电话（传真）/ 010-58804258
邮 箱 / sds@bnu.edu.cn
网 址 / http://www.sds.bnu.edu.cn
主要研究领域：
发展理论与发展政策；中国与新兴市场经济体

143 北京师范大学高等教育研究院

所 属 类 别 / 高校智库
主 管 单 位 / 北京师范大学
成 立 时 间 / 2004 年
第 一 负 责 人 / 周海涛
合 作 机 构 /
办 公 地 址 / 北京市海淀区新街口外大街 19 号北京师范大学主楼 A 区 407 室（100875）
电话（传真）/ 010-58802689
邮 箱 / zht@bnu.edu.cn
网 址 /
主要研究领域：
高等教育原理；高等教育管理；学位与研究生教育；比较高等教育

144 北京师范大学国际与比较教育研究院
Institute of International and Comparative Education, Beijing Normal University

所 属 类 别 / 高校智库
主 管 单 位 / 北京师范大学
成 立 时 间 / 1999 年
第 一 负 责 人 / 刘宝存
合 作 机 构 /
办 公 地 址 / 北京市海淀区新街口外大街 19 号北京师范大学（100875）
电话（传真）/ 010-58805294（010-58800597）
邮 箱 / yinhj@bnu.edu.cn
网 址 / http://www.compe.cn
主要研究领域：
教育改革与发展的重大理论、政策和实践前沿问题；国际文化教育交流与合作

145 北京师范大学国家职业教育研究院
National Institute of Vocational Education，Beijing Normal University

所 属 类 别／高校智库
主 管 单 位／北京师范大学
成 立 时 间／2011 年 2 月
第一负责人／和震
合 作 机 构／
办 公 地 址／北京市海淀区新街口外大街 19 号北京师范大学（100875）
电话(传真)／010-58803863
邮　　箱／
网　　址／http：//nive.bnu.edu.cn
主要研究领域：
职业教育的国家战略、国家制度和国家政策

146 北京师范大学教师教育研究中心

所 属 类 别／高校智库
主 管 单 位／北京师范大学
成 立 时 间／2004 年 11 月
第一负责人／朱旭东
合 作 机 构／
办 公 地 址／北京市海淀区新街口外大街 19 号北京师范大学英东教育楼 6 层
　　　　　　（100875）
电话(传真)／010-58804318（010-58804318）
邮　　箱／bnucter@bnu.edu.cn
网　　址／https：//cter.bnu.edu.cn
主要研究领域：
教师教育

147 北京师范大学教育学部儿童发展与家庭教育研究院

所 属 类 别／高校智库
主 管 单 位／北京师范大学
成 立 时 间／
第一负责人／
合 作 机 构／
办 公 地 址／北京市海淀区学院南路 12 号北京师范大学（南院）D 座（100875）
电话(传真)／
邮　　箱／feicdfe@bnu.edu.cn
网　　址／https：//icdfe.bnu.edu.cn
主要研究领域：
儿童发展与家庭教育

148 北京师范大学经济与资源管理研究院
Beijing Normal University School of Economics and Resource Management

所 属 类 别／高校智库
主 管 单 位／北京师范大学
成 立 时 间／2001 年 6 月
第一负责人／关成华
合 作 机 构／
办 公 地 址／北京市海淀区新街口外大街 19 号北京师范大学后主楼 17 层（100875）
电话(传真)／010-58805462（010-58805462）
邮　　　箱／jzy@ bnu. edu. cn
网　　　址／http://serm. bnu. edu. cn
主要研究领域：
宏观经济理论；区域经济与城市经济

149 北京师范大学人本发展与管理研究中心
Research Center for Human Resource Development and Management，Beijing Normal University

所 属 类 别／高校智库
主 管 单 位／北京师范大学
成 立 时 间／2006 年 11 月
第一负责人／李宝元
合 作 机 构／
办 公 地 址／北京市海淀区新街口外大街 19 号北京师范大学新主楼 1626 室（100875）
电话(传真)／010-58807634（010-58807634）
邮　　　箱／byli@ 163. com
网　　　址／http://rchrdm. bnu. edu. cn
主要研究领域：
人力资源开发与管理

150 北京师范大学首都教育经济研究院
Beijing Normal University Capital Institute for Economics of Education

所 属 类 别／高校智库
主 管 单 位／北京师范大学
成 立 时 间／2003 年
第一负责人／王善迈
合 作 机 构／
办 公 地 址／北京市海淀区新街口外大街 19 号北京师范大学科技楼 C 区 3 层（100875）
电话(传真)／
邮　　　箱／
网　　　址／http://www. ciee. bnu. edu. cn
主要研究领域：
教育经济；教育财政；劳动经济

151 北京师范大学新兴市场研究院
Emerging Markets Institute, Beijing Normal University

所 属 类 别 / 高校智库
主 管 单 位 / 北京师范大学
成 立 时 间 / 2011 年 12 月
第一负责人 / 胡必亮
合 作 机 构 / 北京师范大学、新兴市场论坛
办 公 地 址 / 北京市海淀区新街口外大街 19 号北京师范大学京师学堂 2 层（100875）
电话(传真) / 010-58804258
邮 　 箱 / emi@bnu.edu.cn
网 　 址 / https://emi.bnu.edu.cn
主要研究领域:
新兴市场发展

152 北京师范大学政府管理研究院
Academy of Government, Beijing Normal University

所 属 类 别 / 高校智库
主 管 单 位 / 北京师范大学
成 立 时 间 / 2011 年
第一负责人 / 唐任伍
合 作 机 构 /
办 公 地 址 / 北京市海淀区新街口外大街 19 号北京师范大学主楼 B 区 501 室（100875）
电话(传真) / 010-58809191
邮 　 箱 /
网 　 址 / https://ag.bnu.edu.cn
主要研究领域:
民生问题；政府效率

153 北京师范大学中国公益研究院
China Philanthropy Research Institute, Beijing Normal University

所 属 类 别 / 高校智库
主 管 单 位 / 北京师范大学
成 立 时 间 /
第一负责人 / 王振耀
合 作 机 构 / 北京师范大学、上海李连杰壹基金
办 公 地 址 / 北京市海淀区新街口外大街 19 号北京师范大学京师大厦 1003A 室
　　　　　　　（100875）
电话(传真) / 010-58801928-801（010-58801966）
邮 　 箱 /
网 　 址 / http://www.bnu1.org
主要研究领域:
公益慈善战略规划；社会福利发展规划、管理模式、业务发展和项目委托管理

154 北京师范大学中国教育创新研究院
China Education Innovation Institute of BNU

所 属 类 别 / 高端智库，高校智库
主 管 单 位 / 北京师范大学
成 立 时 间 / 2014 年 12 月
第一负责人 / 刘坚
合 作 机 构 /
办 公 地 址 / 北京市海淀区新街口外大街 19 号北京师范大学（100875）
电话(传真) / 010-58803920/58803968
邮　　　箱 / CEIE1@ bnu. edu. cn
网　　　址 / https://www. ceie. org. cn
主要研究领域：
学校课程；学生学习；质量评价；教师发展；校长领导力

155 北京师范大学中国教育与社会发展研究院
China Institute of Education and Social Development, Beijing Normal University

所 属 类 别 / 高端智库，高校智库
主 管 单 位 / 北京师范大学
成 立 时 间 / 2016 年 10 月
第一负责人 / 程建平
合 作 机 构 /
办 公 地 址 / 北京市海淀区新街口外大街 19 号北京师范大学（100875）
电话(传真) / 010-58808178 （010-58805549）
邮　　　箱 / think@ bnu. edu. cn
网　　　址 / http://www. esidea. bnu. edu. cn
主要研究领域：
教育政策；社会治理创新

156 北京师范大学中国社会管理研究院
China Academy of Social Management, Beijing Normal University

所 属 类 别 / 高校智库
主 管 单 位 / 北京师范大学
成 立 时 间 / 2010 年 10 月
第一负责人 / 魏礼群
合 作 机 构 /
办 公 地 址 / 北京市海淀区新街口外大街 19 号北京师范大学后主楼 22 层（100875）
电话(传真) / 010-58802885 （010-58804062）
邮　　　箱 / casm@ bnu. edu. cn
网　　　址 / http://casm. bnu. edu. cn
主要研究领域：
社会管理

157　北京师范大学中国收入分配研究院
China Institute for Income Distribution，Beijing Normal University

所 属 类 别／高校智库

主 管 单 位／北京师范大学

成 立 时 间／2011 年 11 月

第一负责人／宋晓梧

合 作 机 构／

办 公 地 址／北京市海淀区新街口外大街 19 号北京师范大学京师学堂 4 层、京师大
厦 9504 室（100875）

电话(传真)／

邮　　箱／

网　　址／http://www. ciidbnu. org

主要研究领域：

工资与收入分配；中国贫困问题；政策模拟与评价

158　北京师范大学中国医疗卫生政策研究院
China Institute of Health，Beijing Normal University

所 属 类 别／高校智库

主 管 单 位／北京师范大学

成 立 时 间／2011 年 5 月

第一负责人／张文康

合 作 机 构／

办 公 地 址／北京市海淀区新街口外大街 19 号北京师范大学后主楼 20 层（100875）

电话(传真)／010-58800366

邮　　箱／cih@ bnu. edu. cn

网　　址／https://cih. bnu. edu. cn

主要研究领域：

农村医疗卫生服务体系；精神卫生服务模式

159　北京石油化工学院北京现代产业新区发展研究基地

所 属 类 别／高校智库

主 管 单 位／北京石油化工学院

成 立 时 间／2012 年 8 月

第一负责人／郭文莉

合 作 机 构／北京市大兴区人民政府、北京石油化工学院

办 公 地 址／北京市大兴区黄村清源北路 19 号北京石油化工学院（102617）

电话(传真)／010-81292257

邮　　箱／yangqiushi@ bipt. edu. cn

网　　址／

主要研究领域：

现代产业新区发展

160　北京石油化工学院旅游可持续发展研究中心

所 属 类 别／高校智库

主 管 单 位／北京石油化工学院

成 立 时 间／2018 年 3 月

第一负责人／闫笑非

合 作 机 构／

办 公 地 址／北京市大兴区黄村清源北路 19 号北京石油化工学院（102617）

电话(传真)／010-81292255

邮　　　箱／yanxiaofei@ bipt. edu. cn

网　　　址／

主要研究领域：

旅游规划与服务管理；旅游基础理论；旅游形象与品牌；旅游体验；绿色旅游；会展旅游

161　北京石油化工学院能源经济研究中心

所 属 类 别／高校智库

主 管 单 位／北京石油化工学院

成 立 时 间／2005 年

第一负责人／王凤云

合 作 机 构／

办 公 地 址／北京市大兴区黄村清源北路 19 号北京石油化工学院（102617）

电话(传真)／010-60228016

邮　　　箱／Wangfengyun@ bipt. edu. cn

网　　　址／

主要研究领域：

区域能源供应与投融资；特大城市能源需求与效率；清洁能源发展机制和政策；京津冀低碳发展与协同减排；新能源与区域能源产业发展政策

162　北京市朝阳区自然之友环境研究所（自然之友）
Friends of Nature

所 属 类 别／社会智库—民办非企业

主 管 单 位／北京市朝阳区科学技术委员会

成 立 时 间／1993 年

第一负责人／张世秋

合 作 机 构／

办 公 地 址／北京市北三环中路甲 29 号院 3 号楼华龙大厦 B 座 2106 室（100029）

电话(传真)／010-65232040

邮　　　箱／office@ fonchina. org

网　　　址／http://www. fon. org. cn

主要研究领域：

固体废弃物处理技术及相关政策；固体废弃物对生态环境的影响

163　北京市经济信息中心
Beijing Economic Information Centre

所 属 类 别 / 党政智库
主 管 单 位 / 北京市发展和改革委员会
成 立 时 间 / 1990 年 10 月
第一负责人 / 李虹
合 作 机 构 /
办 公 地 址 / 北京市通州区运河东大街 55 号院（101160）
电话(传真) / 010-55591399
邮　　　箱 /
网　　　址 / http://www.beic.org.cn
主要研究领域：
经济形势分析、预测预警和舆情监测

164　北京市人力资源研究中心

所 属 类 别 / 党政智库—其他政党系统
主 管 单 位 / 中共北京市委组织部
成 立 时 间 / 2005 年
第一负责人 / 刘敏华
合 作 机 构 /
办 公 地 址 / 北京市东城区和平里民旺 19 号北京市老干部活动中心 7 层（100013）
电话(传真) /
邮　　　箱 /
网　　　址 /
主要研究领域：
人力资源

165　北京市社会科学院
Beijing Academy of Social Sciences

所 属 类 别 / 科研院所智库
主 管 单 位 / 中共北京市委、北京市人民政府
成 立 时 间 / 1986 年 1 月
第一负责人 / 贺亚兰
合 作 机 构 /
办 公 地 址 / 北京市朝阳区北四环中路 33 号（100101）
电话(传真) / 010-64870891（010-64872765）
邮　　　箱 / admin@bass.org.cn
网　　　址 / http://www.bass.org.cn
主要研究领域：
首都经济；企业文化；城市问题；文化产业；社区建设

B

166 北京体育大学冬奥文化研究中心

所 属 类 别／高校智库

主 管 单 位／北京体育大学

成 立 时 间／

第一负责人／邹新娴

合 作 机 构／

办 公 地 址／北京市海淀区信息路 48 号北京体育大学（100084）

电话(传真)／010-62989586

邮　　　箱／zouxx@ bsu. edu. cn

网　　　址／

主要研究领域：

奥林匹克精神与中国精神的融合；北京冬奥会重大理论和实践；奥运会对首都北京城市发展的影响；冬奥会与京津冀协调发展；奥林匹克文化与中国文化传播发展

167 北京体育大学中国运动与健康研究院

所 属 类 别／高校智库

主 管 单 位／北京体育大学

成 立 时 间／2017 年 5 月

第一负责人／刘卉

合 作 机 构／

办 公 地 址／北京市海淀区信息路 48 号北京体育大学（100084）

电话(传真)／

邮　　　箱／liuhuibupe@ 163. com

网　　　址／https://cishs. bsu. edu. cn/index. htm

主要研究领域：

国际运动与健康科学

168 北京外国语大学爱尔兰研究中心
Irish Studies Center, Beijing Foreign Studies University

所 属 类 别／高校智库

主 管 单 位／北京外国语大学

成 立 时 间／2007 年 3 月

第一负责人／王展鹏

合 作 机 构／

办 公 地 址／北京市海淀区西三环北路 2 号北京外国语大学东院英语学院楼 212 室（100089）

电话(传真)／010-88817287（010-88816282）

邮　　　箱／ireland@ bfsu. edu. cn

网　　　址／https://isc. bfsu. edu. cn

主要研究领域：

爱尔兰文学、文化、历史、政治、经济、国际关系的跨学科研究；中爱关系

169　北京外国语大学澳大利亚研究中心
Australian Studies Center, Beijing Foreign Studies University

所 属 类 别 / 高校智库
主 管 单 位 / 北京外国语大学
成 立 时 间 / 1983 年
第一负责人 / 李建军
合 作 机 构 /
办 公 地 址 / 北京市海淀区西三环北路 2 号北京外国语大学 （100089）
电话(传真) /
邮　　箱 / australianstudies@ bfsu. edu. cn
网　　址 / https://ausc. bfsu. edu. cn
主要研究领域：
澳大利亚语言、文化、政治、经济、社会等；中澳关系

170　北京外国语大学奥地利研究中心

所 属 类 别 / 高校智库
主 管 单 位 / 北京外国语大学
成 立 时 间 / 2017 年 9 月
第一负责人 / 王建斌
合 作 机 构 /
办 公 地 址 / 北京市海淀区西三环北路 2 号北京外国语大学 （100089）
电话(传真) /
邮　　箱 /
网　　址 /
主要研究领域：
奥地利国别问题；奥地利语言、文化、社会、教育等；中奥关系

171　北京外国语大学巴尔干研究中心

所 属 类 别 / 高校智库
主 管 单 位 / 北京外国语大学
成 立 时 间 / 2017 年
第一负责人 / 柯静
合 作 机 构 /
办 公 地 址 / 北京市海淀区西三环北路 2 号北京外国语大学 （100089）
电话(传真) /
邮　　箱 /
网　　址 /
主要研究领域：
巴尔干地区身份认同；巴尔干地区的经济政治发展与走向；"一带一路"倡议下中
国与巴尔干合作

B

172　北京外国语大学保加利亚研究中心

所 属 类 别／高校智库

主 管 单 位／北京外国语大学

成 立 时 间／2018 年 4 月

第一负责人／林温霜

合 作 机 构／

办 公 地 址／北京市海淀区西三环北路 2 号北京外国语大学（100089）

电话(传真)／

邮　　箱／

网　　址／

主要研究领域：

保加利亚语言、文学、社会、历史、文化等；中保关系

173　北京外国语大学北京日本学研究中心

所 属 类 别／高校智库

主 管 单 位／北京外国语大学

成 立 时 间／1985 年 9 月

第一负责人／郭连友

合 作 机 构／北京外国语大学、教育部、日本国际交流基金会

办 公 地 址／北京市海淀区西三环北路 2 号、19 号北京外国语大学（100089）

电话(传真)／010-88816584

邮　　箱／ry6584@163.com

网　　址／https://bjryzx.bfsu.edu.cn

主要研究领域：

日本语言、文学、文化、社会等

174　北京外国语大学波兰研究中心

所 属 类 别／高校智库

主 管 单 位／北京外国语大学

成 立 时 间／2011 年 12 月

第一负责人／赵刚

合 作 机 构／

办 公 地 址／北京市海淀区西三环北路 2 号北京外国语大学（100089）

电话(传真)／

邮　　箱／zhaogang@bfsu.edu.cn

网　　址／

主要研究领域：

当代波兰社会；中波关系

175 北京外国语大学丹麦研究中心

所 属 类 别／高校智库

主 管 单 位／北京外国语大学

成 立 时 间／

第一负责人／王宇辰

合 作 机 构／

办 公 地 址／北京市海淀区西三环北路 2 号北京外国语大学（100089）

电话(传真)／

邮　　箱／

网　　址／

主要研究领域：

丹麦语言、政治、经济、文化、社会等；中丹关系

176 北京外国语大学东南亚研究中心

所 属 类 别／高校智库

主 管 单 位／北京外国语大学

成 立 时 间／

第一负责人／米良

合 作 机 构／

办 公 地 址／北京市海淀区西三环北路 2 号北京外国语大学（100089）

电话(传真)／

邮　　箱／

网　　址／

主要研究领域：

东南亚十国社会文化及本地区共同问题；东南亚历史；当代东南亚政治与经济；中国与东南亚关系

177 北京外国语大学俄罗斯研究中心

所 属 类 别／高校智库

主 管 单 位／北京外国语大学

成 立 时 间／2009 年 3 月

第一负责人／黄玫

合 作 机 构／

办 公 地 址／北京市海淀区西三环北路 2 号北京外国语大学（100089）

电话(传真)／

邮　　箱／

网　　址／

主要研究领域：

俄罗斯语言、文学、社会、文化等

B

178 北京外国语大学二十国集团研究中心
G20-BFSU Center, Beijing Foreign Studies University

所 属 类 别／高校智库
主 管 单 位／北京外国语大学
成 立 时 间／2010 年
第 一 负 责 人／彭龙
合 作 机 构／
办 公 地 址／北京市海淀区西三环北路 19 号北京外国语大学综合楼 953 室
　　　　　　　（100089）
电话(传真)／010-88818121
邮　　　箱／g20@ bfsu. edu. cn
网　　　址／https://g20. bfsu. edu. cn
主要研究领域:
区域与国别经济

179 北京外国语大学法语国家与地区研究中心

所 属 类 别／高校智库
主 管 单 位／北京外国语大学
成 立 时 间／2015 年 9 月
第 一 负 责 人／丁一凡
合 作 机 构／
办 公 地 址／北京市海淀区西三环北路 2 号北京外国语大学 （100089）
电话(传真)／010-88818701
邮　　　箱／fayuguojia@ 163. com
网　　　址／
主要研究领域:
法语国家与地区语言、政治、经济、文化等

180 北京外国语大学非洲研究中心

所 属 类 别／高校智库
主 管 单 位／北京外国语大学
成 立 时 间／
第 一 负 责 人／孙晓萌
合 作 机 构／
办 公 地 址／北京市海淀区西三环北路 2 号北京外国语大学 （100089）
电话(传真)／
邮　　　箱／
网　　　址／
主要研究领域:
南非、尼日利亚、肯尼亚、坦桑尼亚、埃塞俄比亚、津巴布韦等非洲重点国别研
究；非洲国家与区域研究；中非关系

181 北京外国语大学芬兰研究中心

所 属 类 别／高校智库

主 管 单 位／北京外国语大学

成 立 时 间／2007 年 11 月

第一负责人／李颖

合 作 机 构／

办 公 地 址／北京市海淀区西三环北路 2 号北京外国语大学（100089）

电话(传真)／

邮　　箱／

网　　址／

主要研究领域：

芬兰政治、经济、文化等

182 北京外国语大学公共外交研究中心
Center for Public Diplomacy Studies，Beijing Foreign Studies University

所 属 类 别／高校智库

主 管 单 位／北京外国语大学

成 立 时 间／2010 年 8 月

第一负责人／孙有中

合 作 机 构／

办 公 地 址／北京市海淀区西三环北路 2 号北京外国语大学东校区 1 号楼 614 室
（100089）

电话(传真)／010-88810852（010-88810852）

邮　　箱／cpds@bfsu.edu.cn

网　　址／http://cpds.bfsu.edu.cn

主要研究领域：

公共外交

183 北京外国语大学国际中国文化研究院
International Institute of Chinese Studies，Beijing Foreign Studies University

所 属 类 别／高校智库

主 管 单 位／北京外国语大学

成 立 时 间／1996 年 11 月

第一负责人／梁燕

合 作 机 构／

办 公 地 址／北京市海淀区西三环北路 19 号北京外国语大学（100089）

电话(传真)／010-88816430（010-88810318）

邮　　箱／

网　　址／https://iics.bfsu.edu.cn

主要研究领域：

文化政策

B

184 北京外国语大学国家语言能力发展研究中心
National Research Centre for State Language Capacity, Beijing Foreign Studies University

所 属 类 别／高校智库
主 管 单 位／北京外国语大学
成 立 时 间／2014 年 7 月
第一负责人／王文斌
合 作 机 构／
办 公 地 址／北京市海淀区西三环北路 2 号北京外国语大学西院国际大厦 6 层
（100089）
电话(传真)／010-88816612
邮　　箱／daimanchun@ bfsu. edu. cn
网　　址／https://gynf. bfsu. edu. cn
主要研究领域：
语言理论；语言政策

185 北京外国语大学哈萨克斯坦研究中心

所 属 类 别／高校智库
主 管 单 位／北京外国语大学
成 立 时 间／2015 年 12 月
第一负责人／蔡晖
合 作 机 构／
办 公 地 址／北京市海淀区西三环北路 2 号北京外国语大学（100089）
电话(传真)／
邮　　箱／
网　　址／
主要研究领域：
哈萨克斯坦区域国别问题

186 北京外国语大学加拿大研究中心
The National Centre for Canadian Studies, Beijing Foreign Studies University

所 属 类 别／高校智库
主 管 单 位／北京外国语大学
成 立 时 间／2006 年 5 月
第一负责人／刘琛
合 作 机 构／
办 公 地 址／北京市海淀区西三环北路 2 号北京外国语大学东院英语学院楼（100089）
电话(传真)／
邮　　箱／
网　　址／https://csc. bfsu. edu. cn
主要研究领域：
加拿大政治与外交、公共政策、经济、文学与文化等

187 北京外国语大学柬埔寨研究中心

所 属 类 别／高校智库

主 管 单 位／北京外国语大学

成 立 时 间／

第一负责人／顾佳赟

合 作 机 构／

办 公 地 址／北京市海淀区西三环北路 2 号北京外国语大学（100089）

电话(传真)／

邮　　箱／

网　　址／

主要研究领域：

柬埔寨政治、经济、社会、文化等

188 北京外国语大学拉美研究中心

所 属 类 别／高校智库

主 管 单 位／北京外国语大学

成 立 时 间／2018 年 1 月

第一负责人／刘建

合 作 机 构／北京外国语大学、中国社会科学院拉丁美洲研究所

办 公 地 址／北京市海淀区西三环北路 2 号北京外国语大学（100089）

电话(传真)／010-88816348

邮　　箱／liujian@ bfsu. edu. cn

网　　址／

主要研究领域：

拉美语言文学、社会、经济等；中拉关系

189 北京外国语大学老挝研究中心

所 属 类 别／高校智库

主 管 单 位／北京外国语大学

成 立 时 间／

第一负责人／陆蕴联

合 作 机 构／

办 公 地 址／北京市海淀区西三环北路 2 号北京外国语大学（100089）

电话(传真)／

邮　　箱／

网　　址／

主要研究领域：

老挝文化、语言、经济、政治等；中老关系；中老人文交流

190 北京外国语大学联合国与国际组织研究中心
BFSU Research Center of United Nations and International Organizations

所 属 类 别／高校智库
主 管 单 位／北京外国语大学
成 立 时 间／2010 年 12 月
第 一 负 责 人／李永辉
合 作 机 构／
办 公 地 址／北京市海淀区西三环北路 2 号北京外国语大学东院行政楼 702 室（100089）
电话(传真)／
邮　　箱／
网　　址／
主要研究领域：
国际组织与联合国及其相关领域的理论与实证研究

191 北京外国语大学罗马尼亚研究中心

所 属 类 别／高校智库
主 管 单 位／北京外国语大学
成 立 时 间／
第 一 负 责 人／董希骁
合 作 机 构／
办 公 地 址／北京市海淀区西三环北路 2 号北京外国语大学（100089）
电话(传真)／
邮　　箱／
网　　址／
主要研究领域：
罗马尼亚语言、政治、经济、文化等；中罗关系

192 北京外国语大学美国研究中心
American Studies Center, Beijing Foreign Studies University

所 属 类 别／高校智库
主 管 单 位／北京外国语大学
成 立 时 间／1979 年
第 一 负 责 人／付美榕
合 作 机 构／
办 公 地 址／北京市海淀区西三环北路 2 号北京外国语大学英语学院楼 203 室
　　　　　　　（100089）
电话(传真)／010-88817287
邮　　箱／asc@ bfsu. edu. cn
网　　址／https: //asc. bfsu. edu. cn
主要研究领域：
美国经济；中美关系

193　北京外国语大学南亚研究中心

所 属 类 别／高校智库

主 管 单 位／北京外国语大学

成 立 时 间／

第一负责人／佟加蒙

合 作 机 构／

办 公 地 址／北京市海淀区西三环北路 2 号北京外国语大学（100089）

电话(传真)／

邮　　箱／

网　　址／

主要研究领域：

南亚国家国别与地区；中国与南亚各国关系；"一带一路"与中国南亚互联互通

194　北京外国语大学区域与全球治理高等研究院

Academy of Regional and Global Governance，Beijing Foreign Studies University Academy of Regional and Global Governance

所 属 类 别／高校智库

主 管 单 位／北京外国语大学

成 立 时 间／2016 年 10 月

第一负责人／李永辉

合 作 机 构／

办 公 地 址／北京市海淀区西三环北路 2 号北京外国语大学（100089）

电话(传真)／

邮　　箱／

网　　址／https://argg.bfsu.edu.cn

主要研究领域：

国别和区域研究

195　北京外国语大学乌克兰研究中心

所 属 类 别／高校智库

主 管 单 位／北京外国语大学

成 立 时 间／2016 年 6 月

第一负责人／劳华夏

合 作 机 构／

办 公 地 址／北京市海淀区西三环北路 2 号北京外国语大学（100089）

电话(传真)／

邮　　箱／

网　　址／

主要研究领域：

乌克兰语言、文化和国情

B

196　北京外国语大学希腊研究中心

所 属 类 别／高校智库
主 管 单 位／北京外国语大学
成 立 时 间／2017 年 5 月
第 一 负 责 人／尹亚利
合 作 机 构／
办 公 地 址／北京市海淀区西三环北路 2 号北京外国语大学（100089）
电话(传真)／
邮　　　箱／
网　　　址／
主要研究领域：
希腊政治、外交、经济、社会等；中希关系

197　北京外国语大学匈牙利研究中心

所 属 类 别／高校智库
主 管 单 位／北京外国语大学
成 立 时 间／2017 年 5 月
第 一 负 责 人／许衍艺
合 作 机 构／
办 公 地 址／北京市海淀区西三环北路 2 号北京外国语大学（100089）
电话(传真)／
邮　　　箱／
网　　　址／
主要研究领域：
匈牙利语言、文化、国别等；中匈关系

198　北京外国语大学伊朗研究中心

所 属 类 别／高校智库
主 管 单 位／北京外国语大学
成 立 时 间／
第 一 负 责 人／穆宏燕
合 作 机 构／
办 公 地 址／北京市海淀区西三环北路 2 号北京外国语大学（100089）
电话(传真)／
邮　　　箱／
网　　　址／
主要研究领域：
波斯语研究；伊朗文化传播；伊朗社会、经济、政治等；中伊关系

199　北京外国语大学意大利研究中心

所 属 类 别 / 高校智库

主 管 单 位 / 北京外国语大学

成 立 时 间 / 2015 年 11 月

第 一 负 责 人 / 文铮

合 作 机 构 /

办 公 地 址 / 北京市海淀区西三环北路 2 号北京外国语大学（100089）

电话(传真) /

邮 　 箱 /

网 　 址 /

主要研究领域：

意大利语言、文学、社会等；中意关系

200　北京外国语大学印度研究中心

所 属 类 别 / 高校智库

主 管 单 位 / 北京外国语大学

成 立 时 间 /

第 一 负 责 人 / 佟加蒙

合 作 机 构 /

办 公 地 址 / 北京市海淀区西三环北路 2 号北京外国语大学（100089）

电话(传真) /

邮 　 箱 /

网 　 址 /

主要研究领域：

印度国别问题

201　北京外国语大学英国研究中心
British Studies Centre, Beijing Foreign Studies University

所 属 类 别 / 高校智库

主 管 单 位 / 北京外国语大学

成 立 时 间 / 1989 年

第 一 负 责 人 / 王展鹏

合 作 机 构 /

办 公 地 址 / 北京市海淀区西三环北路 2 号北京外国语大学东院英语学院楼 209 室
　　　　　　（100089）

电话(传真) /

邮 　 箱 / britishstudies@ bfsu. edu. cn

网 　 址 / https: //brsc. bfsu. edu. cn

主要研究领域：

英国政治、历史、社会、外交、经济、文化等

202　北京外国语大学越南研究中心

所 属 类 别 / 高校智库
主 管 单 位 / 北京外国语大学
成 立 时 间 / 2016 年 12 月
第一负责人 / 王嘉
合 作 机 构 / 北京外国语大学、越南河内国家大学人文与社会科学大学
办 公 地 址 / 北京市海淀区西三环北路 2 号北京外国语大学（100089）
电话(传真) /
邮　　箱 /
网　　址 /
主要研究领域：
越南语言文化及区域；中越文化交流；中越关系

203　北京外国语大学中东欧研究中心

所 属 类 别 / 高校智库
主 管 单 位 / 北京外国语大学欧洲语言文化学院
成 立 时 间 / 2011 年
第一负责人 / 丁超
合 作 机 构 /
办 公 地 址 / 北京市海淀区西三环北路 2 号、19 号北京外国语大学（100089）
电话(传真) / 010-88818672
邮　　箱 / ccees@ bfsu. edu. cn
网　　址 / https://cees. bfsu. edu. cn
主要研究领域：
中东欧地区政治、经济、文化、社会等

204　北京外国语大学中国马来研究中心

所 属 类 别 / 高校智库
主 管 单 位 / 北京外国语大学
成 立 时 间 / 2005 年
第一负责人 / 吴宗玉
合 作 机 构 /
办 公 地 址 / 北京市海淀区西三环北路 2 号北京外国语大学（100089）
电话(传真) /
邮　　箱 /
网　　址 /
主要研究领域：
马来西亚、印度尼西亚、文莱、新加坡等马来语区国家的政治、经济、文化以及与
中国的关系

205　北京文化发展研究院
Beijing Cultural Development Research Institute

所 属 类 别／高校智库
主 管 单 位／北京师范大学
成 立 时 间／2002 年 12 月
第一负责人／张曙光
合 作 机 构／教育部、北京市人民政府、北京师范大学
办 公 地 址／北京市海淀区新街口外大街 19 号前主楼 A 区（100875）
电话(传真)／
邮 　 箱／
网 　 址／
主要研究领域：
北京文化发展

206　北京印刷学院北京文化产业发展研究院

所 属 类 别／高校智库
主 管 单 位／北京印刷学院
成 立 时 间／2021 年 7 月
第一负责人／
合 作 机 构／北京印刷学院、北京市国有文化资产管理中心
办 公 地 址／北京市大兴区兴盛街 206 号北京印刷学院（102600）
电话(传真)／
邮 　 箱／
网 　 址／
主要研究领域：
北京文化产业研究与发展

207　北京印刷学院文化产业安全研究院
Institute for Culture Industrial Security Research，Beijing Institute of Graphic Communication

所 属 类 别／高校智库
主 管 单 位／北京印刷学院
成 立 时 间／2013 年 4 月
第一负责人／李孟刚
合 作 机 构／
办 公 地 址／北京市大兴区兴盛街 206 号北京印刷学院（102600）
电话(传真)／
邮 　 箱／
网 　 址／
主要研究领域：
文化产业安全

208 北京邮电大学南太平洋地区研究中心
Center for South Pacific Studies, Beijing University of Posts and Telecommunications

所 属 类 别 / 高校智库
主 管 单 位 / 北京邮电大学
成 立 时 间 /
第一负责人 / 杨京鹏
合 作 机 构 /
办 公 地 址 / 北京市海淀区西土城路 10 号北京邮电大学 （100876）
电话(传真) /
邮　　箱 /
网　　址 / https://csps. bupt. edu. cn/index. htm
主要研究领域：
南太平洋地区的历史、政治、经济、科技和社会状况

209 北京邮电大学数字文化产业北京市国际科技合作基地

所 属 类 别 / 高校智库
主 管 单 位 / 北京邮电大学
成 立 时 间 /
第一负责人 /
合 作 机 构 /
办 公 地 址 / 北京市海淀区西土城路 10 号北京邮电大学 （100876）
电话(传真) /
邮　　箱 /
网　　址 /
主要研究领域：
数字文化产业

210 北京语言大学阿拉伯研究中心

所 属 类 别 / 高校智库
主 管 单 位 / 北京语言大学
成 立 时 间 / 2012 年 4 月
第一负责人 / 罗林
合 作 机 构 /
办 公 地 址 / 北京市海淀区学院路 15 号北京语言大学 （100083）
电话(传真) / 010-82303334
邮　　箱 /
网　　址 / http://ayan1. blcu. edu. cn
主要研究领域：
阿拉伯国家地区政治安全形势、对外关系、经济贸易和金融投资发展；阿拉伯国家地区环境、社会文化和传媒等

211　北京中医药大学北京中医药文化研究基地
Beijing Traditional Chinese Medicine Culture Research Base，Beijing University of Chinese Medicine

所 属 类 别／高校智库
主 管 单 位／北京中医药大学
成 立 时 间／2010 年 12 月
第一负责人／靳琦
合 作 机 构／北京市哲学社会科学规划办公室、北京市教育委员会、北京中医药大学
办 公 地 址／北京市朝阳区北三环东路 11 号北京中医药大学（100013）
电话(传真)／
邮　　箱／
网　　址／
主要研究领域：首都市民中医药健康促进；北京地区中医药文化资源挖掘整理与利用；中医药文化内涵及中医药科普知识传播

212　北京中医药大学卫生政策与管理研究所

所 属 类 别／高校智库
主 管 单 位／北京中医药大学
成 立 时 间／
第一负责人／房耘耘
合 作 机 构／北京市中医管理局、北京中医药大学
办 公 地 址／北京市朝阳区北三环东路 11 号北京中医药大学（100029）
电话(传真)／
邮　　箱／fyybj@ vip. sina. com
网　　址／
主要研究领域：
北京市中医药事业发展中的政策、机制、体制等

213　渤海大学东北亚走廊研究院（东北亚研究中心）
The Institute of Northeast Asia Corridor，Bohai University（Northeast Asian Research Center）

所 属 类 别／高校智库
主 管 单 位／渤海大学
成 立 时 间／2017 年 6 月
第一负责人／崔向东
合 作 机 构／
办 公 地 址／辽宁省锦州市松山新区科技路 19 号渤海大学（121013）
电话(传真)／0416-3404627
邮　　箱／wenrg2011@ 126. com
网　　址／http://210. 47. 176. 3/page/depart/dbyyjy/index. asp
主要研究领域：东北亚走廊与丝绸之路；东北民族与社会发展；东北亚走廊旅游开发；东北亚海洋问题；东北亚国际关系；东北亚区域经济合作；东北生态环境与生态文明；东北民族文化遗产保护；东北近现代社会变迁

214 财政部关税政策研究中心

所 属 类 别／党政智库—国务院组成部门所属

主 管 单 位／财政部

成 立 时 间／

第 一 负 责 人／

合 作 机 构／

办 公 地 址／北京市西城区三里河南三巷 3 号（100820）

电话(传真)／010-68551114

邮 箱／webmaster@ mof. gov. cn

网 址／

主要研究领域：

进出口关税；进口环节税；关税政策

215 财政部国际财经中心

International Economics and Finance Institute

所 属 类 别／党政智库—国务院组成部门所属

主 管 单 位／财政部

成 立 时 间／2007 年

第 一 负 责 人／杨英明

合 作 机 构／

办 公 地 址／北京市西城区三里河南三巷 3 号国际财经中心（100820）

电话(传真)／010-68141100

邮 箱／afdc@ afdc. org. cn

网 址／http：//iefi. mof. gov. cn

主要研究领域：国际国内财经热点；重大财经事件走向；财经对外合作与交流

216 财政部政府和社会资本合作中心

所 属 类 别／党政智库—国务院组成部门所属

主 管 单 位／财政部

成 立 时 间／

第 一 负 责 人／

合 作 机 构／

办 公 地 址／北京市西城区三里河东路 5 号中商大厦 10 层（100045）

电话(传真)／010-88659333（010-88659222）

邮 箱／

网 址／https：//www. cpppc. org

主要研究领域：

政府和社会资本合作政策

217 察哈尔学会
The Charhar Institute

所 属 类 别 / 社会智库—民办非企业
主 管 单 位 /
成 立 时 间 / 2009 年 10 月
第 一 负 责 人 / 韩方明
合 作 机 构 /
办 公 地 址 / 北京市海淀区西三环北路甲 2 号院（北京理工大学国防科技园）2 号
楼 （100081）
电话(传真) / 010-88411147
邮　　　箱 / secretariat@ charhar. org. cn
网　　　址 / http://www. charhar. org. cn
主要研究领域：
公共外交与国际关系学；和平学

218 长安大学长安文化产业研究中心（长安大学公共文化服务研究中心）
Chang'an Cultural Industries Research Center，Chang'an University

所 属 类 别 / 高校智库
主 管 单 位 / 长安大学
成 立 时 间 / 2004 年
第 一 负 责 人 / 刘吉发
合 作 机 构 / 陕西省文化厅、长安大学
办 公 地 址 / 陕西省西安市雁塔区南二环路中段长安大学 418 室（710064）
电话(传真) / 029-82335070
邮　　　箱 / chdjin@ 126. com
网　　　址 / http://cacirc. chd. edu. cn
主要研究领域：
文化产业

219 长安大学陕西文化发展与融合创新智库

所 属 类 别 / 高校智库
主 管 单 位 / 长安大学
成 立 时 间 / 2018 年
第 一 负 责 人 / 陈怀平
合 作 机 构 /
办 公 地 址 / 陕西省西安市雁塔区南二环中段长安大学（710064）
电话(传真) /
邮　　　箱 / chenhp0929@ chd. edu. cn
网　　　址 / http://cacirc. chd. edu. cn
主要研究领域：
陕西文化发展与融合

C

220 长安大学综合运输经济与管理研究中心

所 属 类 别／高校智库
主 管 单 位／长安大学
成 立 时 间／2008 年 10 月
第 一 负 责 人／吴群琪
合 作 机 构／
办 公 地 址／陕西省西安市雁塔区南二环中段长安大学（710064）
电话(传真)／029-62630071
邮　　箱／wqq@ chd. edu. cn
网　　址／
主要研究领域：
交通运输系统经济分析；产业经济与交通运输；技术经济与管理；信息管理

221 长策智库
ChangCe Think Tank

所 属 类 别／社会智库—企业
主 管 单 位／
成 立 时 间／2009 年 8 月
第 一 负 责 人／陈志武
合 作 机 构／
办 公 地 址／北京市大兴区荣华南路 7 号院 4 号楼 208 室（100176）
电话(传真)／010-82190570
邮　　箱／changcethinktank@ gmail. com
网　　址／http://www. changce. org. cn
主要研究领域：
气候变化；绿色能源；低碳交通；能源资源；环境治理；医疗服务规章制度；教育改革；食品安全

222 长春工程学院吉林省城市建设发展研究中心
Urban Construction Development Research Center of Jilin Province，Changchun Institute of Technology

所 属 类 别／高校智库
主 管 单 位／长春工程学院
成 立 时 间／2011 年
第 一 负 责 人／谭敬胜
合 作 机 构／
办 公 地 址／吉林省长春市朝阳区宽平大路 395 号长春工程学院逸夫图书馆（130012）
电话(传真)／0431-85711610（0431-85711611）
邮　　箱／tjs@ ccit. edu. cn
网　　址／http://jlcjf. ccit. edu. cn
主要研究领域：
房地产；建设项目与投资管理；生态城市规划管理

223 长春工程学院吉林省房地产研究中心

所 属 类 别 / 高校智库
主 管 单 位 / 长春工程学院
成 立 时 间 / 2017 年 6 月
第一负责人 / 谭敬胜
合 作 机 构 / 吉林省住房和城乡建设厅、长春工程学院
办 公 地 址 / 吉林省长春市朝阳区宽平大路 395 号长春工程学院（130012）
电话(传真) /
邮　　　箱 / tjs@ ccit. edu. cn
网　　　址 / http://yjzx16. ccit. edu. cn
主要研究领域：
房地产

224 长春工程学院吉林省政府和社会资本合作（PPP）研究中心

所 属 类 别 / 高校智库
主 管 单 位 / 长春工程学院
成 立 时 间 / 2017 年
第一负责人 / 王莉
合 作 机 构 /
办 公 地 址 / 吉林省长春市朝阳区宽平大路 395 号长春工程学院（130012）
电话(传真) /
邮　　　箱 /
网　　　址 / http://ppp. ccit. edu. cn
主要研究领域：
吉林省政府和社会资本合作

225 长春市社会科学院

所 属 类 别 / 科研院所智库
主 管 单 位 /
成 立 时 间 / 1987 年
第一负责人 /
合 作 机 构 /
办 公 地 址 / 吉林省长春市朝阳区锦水路 1097 号（130051）
电话(传真) /
邮　　　箱 /
网　　　址 /
主要研究领域：
长春市经济、社会发展

C

C

226 长江产业经济研究院
Yangtze Industrial Economic Institute

所 属 类 别 / 高校智库
主 管 单 位 / 南京大学
成 立 时 间 / 2015 年 11 月
第 一 负 责 人 / 刘志彪
合 作 机 构 / 中共江苏省委宣传部、南京大学
办 公 地 址 / 江苏省南京市鼓楼区汉口路 22 号南京大学鼓楼校区北园丙丁楼
　　　　　　　（210094）
电话(传真) / 025-83576316
邮　　　箱 / idei@nju.edu.cn
网　　　址 / http://idei.nju.edu.cn
主要研究领域：
产业经济；产业政策；宏观经济；企业发展战略

227 长江教育研究院

所 属 类 别 / 合作智库—校企合作
主 管 单 位 / 长江出版集团
成 立 时 间 / 2006 年 12 月
第 一 负 责 人 / 周洪宇
合 作 机 构 / 华中师范大学、长江出版集团
办 公 地 址 / 湖北省武汉市洪山区雄楚大道 268 号 B 座 5 层（430070）
电话(传真) / 027-87671589
邮　　　箱 / cjjy2006@cjjy.com.cn
网　　　址 /
主要研究领域：
中部地区教育发展

228 长三角城市合作（复旦大学）研究中心

所 属 类 别 / 合作智库—政校合作
主 管 单 位 / 复旦大学
成 立 时 间 / 2009 年 9 月
第 一 负 责 人 /
合 作 机 构 / 长江三角洲城市经济协调会、复旦大学
办 公 地 址 / 上海市杨浦区国权路 600 号复旦大学经济学院文科大楼（200433）
电话(传真) /
邮　　　箱 /
网　　　址 /
主要研究领域：
长三角城市发展

229　常州大学非物质文化遗产研究基地

所 属 类 别／高校智库
主 管 单 位／常州大学
成 立 时 间／2014 年 11 月
第一负责人／胡学琦
合 作 机 构／江苏省文化厅、常州大学
办 公 地 址／江苏省常州市武进区滆湖中路 21 号常州大学（213164）
电话(传真)／
邮　　　箱／
网　　　址／
主要研究领域：
非物质文化遗产

230　常州大学苏南现代化研究院
Collaborative Innovation Center for Studies on Modernization of Southern Jiangsu，Changzhou University

所 属 类 别／高校智库
主 管 单 位／常州大学
成 立 时 间／2015 年 12 月
第一负责人／宋林飞
合 作 机 构／
办 公 地 址／江苏省常州市武进区滆湖路 1 号（213164）
电话(传真)／0519-86330280
邮　　　箱／sunan@cczu.edu.cn
网　　　址／http://sunan.cczu.edu.cn
主要研究领域：
苏南经济社会发展；江苏和国家现代化建设

231　常州大学中国财税法治战略研究院

所 属 类 别／高校智库
主 管 单 位／常州大学
成 立 时 间／
第一负责人／刘剑文
合 作 机 构／
办 公 地 址／江苏省常州市武进区滆湖中路 21 号常州大学（213164）
电话(传真)／0519-86330231
邮　　　箱／
网　　　址／http://taxlaw.cczu.edu.cn
主要研究领域：
财税法治战略

C

C

232　成都市社会科学院

所 属 类 别 / 科研院所智库
主 管 单 位 / 中共成都市委
成 立 时 间 / 1989 年 10 月
第 一 负 责 人 / 熊平
合 作 机 构 /
办 公 地 址 / 四川省成都市锦江区晨晖北路 1 号（610000）
电话（传真）/ 028-68106633
邮　　　箱 / webmaster@ cdss. gov. cn
网　　　址 / http://www. cdsk. org. cn
主要研究领域：
成都市经济、社会发展；哲学社会科学

233　成都信息工程大学四川省电子商务与现代物流研究中心
Sichuan E-commerce and Modern Logistics Research Center, Chengdu University of Information Technology

所 属 类 别 / 高校智库
主 管 单 位 / 成都信息工程大学
成 立 时 间 /
第 一 负 责 人 / 施莉
合 作 机 构 /
办 公 地 址 / 四川省成都市龙泉驿区阳光城幸福路 10 号（610103）
电话（传真）/ 028 -84624757
邮　　　箱 / wlxybgs@ cuit. edu. cn
网　　　址 / http://wlxyyjzx. cuit. edu. cn/index. htm
主要研究领域：
电子商务与产业融合；电子商务与区域经济；物流与供应链管理

234　重庆大学发展研究中心
Development Research Center, Chongqing University

所 属 类 别 / 高校智库
主 管 单 位 / 重庆大学
成 立 时 间 / 2003 年 10 月
第 一 负 责 人 / 李华
合 作 机 构 /
办 公 地 址 / 重庆市沙坪坝区沙正街 174 号重庆大学 A 区主楼 8 层（400030）
电话（传真）/
邮　　　箱 / lihua_cba@ cqu. edu. cn
网　　　址 /
主要研究领域：
三峡库区移民与建设；统筹城乡发展与改革；区域经济社会可持续发展

235　重庆大学公共经济与公共政策研究中心
Center for Public Economy & Public Policy，Chongqing University

所 属 类 别／高校智库

主 管 单 位／重庆大学

成 立 时 间／2001 年 4 月

第一负责人／刘渝琳

合 作 机 构／

办 公 地 址／重庆市沙坪坝区沙正街 174 号重庆大学公共管理学院 214 室（400044）

电话(传真)／023-65106009（023-65111107）

邮　　箱／longshaobo@ cqu. edu. cn

网　　址／http：//pep. cqu. edu. cn

主要研究领域：

经济政策与福利制度；地方财政与社会保障；公共服务与政策支持

236　重庆大学经略研究院
Consilium Research Institute，Chongqing University

所 属 类 别／高校智库

主 管 单 位／重庆大学

成 立 时 间／2015 年 7 月

第一负责人／唐杰

合 作 机 构／

办 公 地 址／重庆市沙坪坝区沙正街 174 号重庆大学 A 区文字斋（400044）

电话(传真)／023-65106805

邮　　箱／tangjie@ cqu. edu. cn

网　　址／

主要研究领域：

外交政策；国防政策；军事政策；财政政策；劳动政策

237　重庆大学可持续发展研究院
Institute Sustainable Development Center of Chongqing University

所 属 类 别／高校智库

主 管 单 位／重庆大学

成 立 时 间／1997 年 12 月

第一负责人／陈德敏

合 作 机 构／

办 公 地 址／重庆市沙坪坝区沙正街 174 号重庆大学 A 区主教 8 层（400044）

电话(传真)／023-65110731

邮　　箱／kcxfz@ cqu. edc. cn

网　　址／http：//kcxfz. cqu. edu. cn

主要研究领域：

区域经济；三峡库区；西部开发；科技创新发展；资源综合利用

C

C

238　重庆大学西部环境资源法制建设研究中心
Research Centre of Western China Environment and Resources Law of Chongqing University

所 属 类 别 / 高校智库
主 管 单 位 / 重庆大学
成 立 时 间 / 2002 年 6 月
第 一 负 责 人 / 黄锡生
合 作 机 构 /
办 公 地 址 / 重庆市沙坪坝区沙正街 174 号重庆大学（400044）
电话（传真）/ 023-6661058
邮　　　箱 / huangxisheng@ cqu. edu. cn
网　　　址 / http: //law. cqu. edu. cn/zqdxxbhjzyfzjsyjzx/shoye. htm
主要研究领域：
资源保护与综合利用法；环境与资源法学基础理论；经济发展与环境资源保护法；
西部对外贸易与环境资源保护法

239　重庆工商大学长江上游经济研究中心
Research Center for Economy of Upper Reaches of the Yangtse River, Chongqing Technology and Business University

所 属 类 别 / 高校智库
主 管 单 位 / 重庆工商大学
成 立 时 间 / 2002 年 9 月
第 一 负 责 人 / 孙芳城
合 作 机 构 /
办 公 地 址 / 重庆市南岸区学府大道 19 号重庆工商大学（400067）
电话（传真）/ 023-62769376
邮　　　箱 / fcsun28@ ctbu. edu. cn
网　　　址 / https: //cjsy2014. ctbu. edu. cn
主要研究领域：
长江上游地区经济、社会发展

240　重庆工商大学重庆市产业经济研究院
Institute of Industrial Economy, Chongqing Technology and Business University

所 属 类 别 / 高校智库
主 管 单 位 / 重庆工商大学
成 立 时 间 / 2005 年 1 月
第 一 负 责 人 / 廖元和
合 作 机 构 / 重庆工商大学、重庆社会科学院、重庆邮电大学、重庆交通大学
办 公 地 址 / 重庆市南岸区学府大道 19 号重庆工商大学（400067）
电话（传真）/ 023-62769376
邮　　　箱 /
网　　　址 /
主要研究领域：
产业发展与政策；物流业；国有企业改革与工业经济

241 重庆交通大学西部交通与经济社会发展研究中心

Western China Transportation - Economy - Society Development Study Center, Chongqing Jiaotong University

所 属 类 别 / 高校智库

主 管 单 位 / 重庆交通大学

成 立 时 间 / 2000 年

第一负责人 / 黄承锋

合 作 机 构 /

办 公 地 址 / 重庆市南岸区学府大道 66 号重庆交通大学明德楼 B 栋 4 层（400074）

电话(传真) / 023-62651999

邮　　　箱 / wtdsc@cqjtu.edu.cn

网　　　址 / http://wtdsc.cqjtu.edu.cn/index.htm

主要研究领域：

交通可持续发展；交通、经济、社会可持续发展关系

242 重庆廉政与审计治理研究中心

所 属 类 别 / 高校智库

主 管 单 位 / 重庆工商大学

成 立 时 间 / 2008 年 7 月

第一负责人 / 朱伯兰

合 作 机 构 /

办 公 地 址 / 重庆市南岸区学府大道 19 号重庆工商大学慧智楼（400067）

电话(传真) / 023-62769968

邮　　　箱 / cqlzyjzx@ctbu.edu.cn

网　　　址 / https://lzyjzx2014.ctbu.edu.cn

主要研究领域：

廉政文化与廉政建设；廉政与法治建设；廉政与公共治理；大数据与廉政建设；商务廉政理论与实践

243 重庆人才发展研究院

所 属 类 别 / 高校智库

主 管 单 位 / 重庆大学

成 立 时 间 / 2020 年 11 月

第一负责人 / 李华

合 作 机 构 / 重庆大学、中国人事科学院

办 公 地 址 / 重庆市沙坪坝区沙正街 174 号重庆大学 A 区主教楼 8 层（400044）

电话(传真) / 023-65110731

邮　　　箱 / kcxfz@cqu.edu.cn

网　　　址 / http://cqrcfz.cqu.edu.cn/index.htm

主要研究领域：

人才理论和政策创新

C

C

244 重庆社会科学院（重庆市人民政府发展研究中心）
Chongqing Academy of Social Sciences（The Development Research Center of Chongqing Municipal People's Government）

所 属 类 别／科研院所智库
主 管 单 位／中共重庆市委、重庆市人民政府
成 立 时 间／1987 年 3 月
第 一 负 责 人／刘嗣方
合 作 机 构／
办 公 地 址／重庆市江北区桥北村 270 号（400020）
电话(传真)／023-67996600
邮　　箱／
网　　址／http://www.cqass.net.cn/index
主要研究领域：农村发展；城市发展；产业经济；区域经济；公共政策；装备制造业；公共财政；开放性金融；科技创新；宗教与社会；和谐重庆；非公有经济；现代文化产业发展；国民经济运行与可持续发展

245 重庆市经济信息中心（重庆市综合经济研究院）

所 属 类 别／党政智库—省/区/市政府所属
主 管 单 位／重庆市发展和改革委员会
成 立 时 间／2016 年
第 一 负 责 人／易小光
合 作 机 构／
办 公 地 址／重庆市渝北区黄泥塝黄龙路 18 号（400017）
电话(传真)／023-67085540
邮　　箱／bangs@cqcei.cn
网　　址／http:www.cqcei.cn
主要研究领域：
宏观经济分析预测；重大改革事项决策咨询服务；公共资源产品的咨询评估、政务信息资源开发服务

246 重庆邮电大学网络社会发展问题研究中心

所 属 类 别／高校智库
主 管 单 位／重庆邮电大学
成 立 时 间／2004 年
第 一 负 责 人／陈纯柱
合 作 机 构／
办 公 地 址／重庆市南岸区崇文路 2 号（400065）
电话(传真)／
邮　　箱／
网　　址／http://wlsh.cqupt.edu.cn/index.htm
主要研究领域：
网络文化；信息法学；网络经济

247 大连海事大学国际海事公约研究中心
International Maritime Conventions Research Center of Dalian Maritime University

所 属 类 别／高校智库

主 管 单 位／大连海事大学

成 立 时 间／2004 年 7 月

第 一 负责人／张仁平

合 作 机 构／

办 公 地 址／辽宁省大连市甘井子区凌海路 1 号大连海事大学综合楼 2 层（116024）

电话(传真)／

邮　　箱／

网　　址／http://imcrc.dlmu.edu.cn

主要研究领域：

国际海事公约前瞻性及国内履约；海事相关国际组织动态；国际海事发展战略

248 大连交通大学一带一路研究院

所 属 类 别／高校智库

主 管 单 位／大连交通大学

成 立 时 间／

第 一 负责人／阙澄宇

合 作 机 构／

办 公 地 址／辽宁省大连市沙河口区黄河路 794 号（116028）

电话(传真)／

邮　　箱／

网　　址／http://ydyl.djtu.edu.cn

主要研究领域：

"一带一路"交通与区域合作；"一带一路"交通与区域经济发展

249 大连理工大学高等教育研究院
Dalian University of Technology Graduate School of Education

所 属 类 别／高校智库

主 管 单 位／大连理工大学

成 立 时 间／2015 年 4 月

第 一 负责人／李枭鹰

合 作 机 构／

办 公 地 址／辽宁省大连市甘井子区凌工路 2 号（116024）

电话(传真)／0411-84707273

邮　　箱／zhangdx@dlut.edu.cn

网　　址／http://gdjyyjzx.dlut.edu.cn

主要研究领域：

高等教育战略与政策；大学组织与管理；大学课程与教学；国际与比较高等教育

D

250 大连民族大学中华民族共同体研究院

所 属 类 别 / 高校智库

主 管 单 位 / 大连民族大学

成 立 时 间 / 2005 年

第一负责人 / 张利国

合 作 机 构 /

办 公 地 址 / 辽宁省大连市金州新区辽河西路 18 号（116600）

电话（传真）/ 0411-87656297（0411-87656297）

邮　　　箱 / zlg7610@ 163. com

网　　　址 / https://gtt. dlnu. edu. cn/index. htm

主要研究领域：

中国东北地区及内蒙古东部少数民族的历史、文化、生态、经济和社会发展

251 当代绿色经济研究中心
Institution of Green Economy

所 属 类 别 / 社会智库

主 管 单 位 / 国务院参事室

成 立 时 间 / 2013 年 7 月

第一负责人 / 郭长建

合 作 机 构 /

办 公 地 址 / 北京市东城区崇文门西大街 9 号（100005）

电话（传真）/ 010-65260068

邮　　　箱 / institutiongc@ gcgreen. org

网　　　址 / http://www. gcgreen. org

主要研究领域：

绿色发展；低碳发展；循环发展

252 电子科技大学未来媒体研究中心
Center for Future Media，University of Electronic Science and Technology of China

所 属 类 别 / 高校智库

主 管 单 位 / 电子科技大学

成 立 时 间 /

第一负责人 /

合 作 机 构 /

办 公 地 址 / 四川省成都市高新区（西区）西源大道 2006 号电子科技大学清水河校
区创新中心三楼四区（611731）

电话（传真）/ 028-61830856

邮　　　箱 / cfm@ uestc. edu. cn

网　　　址 / https://cfm. uestc. edu. cn/index

主要研究领域：

未来媒体

D

253 电子科技大学西非研究中心
Center for West African Studies of UESTC

所 属 类 别 / 高校智库
主 管 单 位 / 电子科技大学
成 立 时 间 / 2017 年 4 月
第 一 负 责 人 / 赵蜀蓉
合 作 机 构 /
办 公 地 址 / 四川省成都市高新区（西区）西源大道 2006 号电子科技大学清水河校
　　　　　　　区西非研究中心综合楼 450 室（611731）
电话(传真) / 028-61831756
邮　　　箱 / cwasuestc@163.com
网　　　址 / https://cwas.uestc.edu.cn/sy.htm
主要研究领域：
中国-西非经贸合作；中国-西非政府间关系

254 电子科技大学中国文化产业战略研究中心

所 属 类 别 / 高校智库
主 管 单 位 / 电子科技大学
成 立 时 间 / 2011 年 12 月
第 一 负 责 人 / 谢梅
合 作 机 构 /
办 公 地 址 / 四川省成都市高新西区西源大道 2006 号综合楼 413 室（611731）
电话(传真) /
邮　　　箱 / xiemei001@163.com
网　　　址 /
主要研究领域：文化产业发展；文化软实力；文化体制改革；信息化战略与信息资
源管理；文化政策

255 东北大学中国东北振兴研究院
China Academy of Northeast Revitalization

所 属 类 别 / 高校智库
主 管 单 位 / 东北大学
成 立 时 间 / 2015 年 10 月
第 一 负 责 人 / 唐立新
合 作 机 构 / 中国（海南）改革发展研究院、东北大学
办 公 地 址 / 辽宁省沈阳市浑南区创新路 195 号（110169）
电话(传真) / 024-83656509（024-83689000）
邮　　　箱 / zgdbzxyjy@126.com
网　　　址 / http://canr.neu.edu.cn
主要研究领域：
东北振兴理论和政策

D

256 东北林业大学黑龙江省生态文明建设与绿色发展智库
Think Tank of Ecological Civilization Construction and Green Development in Heilongjiang Province, Northeast Forestry University

所 属 类 别 / 高校智库
主 管 单 位 / 东北林业大学
成 立 时 间 / 2001 年
第一负责人 / 刘经伟
合 作 机 构 /
办 公 地 址 / 黑龙江省哈尔滨市香坊区和兴路 26 号东北林业大学文博楼 9 楼
　　　　　　（150040）
电话(传真) / 0451-829162
邮　　　箱 /
网　　　址 / https://hljstwmzk. nefu. edu. cn
主要研究领域：地方生态文明建设

257 东北林业大学环境与资源保护法研究中心
Research Center for Environment and Resources Protection Law in Northeast Forestry University

所 属 类 别 / 高校智库
主 管 单 位 / 东北林业大学
成 立 时 间 / 2005 年
第一负责人 / 王宏巍
合 作 机 构 /
办 公 地 址 / 黑龙江省哈尔滨市香坊区和兴路 26 号东北林业大学 （150040）
电话(传真) /
邮　　　箱 / 53196594@ qq. com
网　　　址 /
主要研究领域：森林法；野生动物保护法；自然保护区法；湿地保护法；环境行政法；生态法

258 东北农业大学黑龙江省村镇发展研究中心

所 属 类 别 / 高校智库
主 管 单 位 / 东北农业大学
成 立 时 间 / 2004 年 12 月
第一负责人 / 杜国明
合 作 机 构 /
办 公 地 址 / 黑龙江省哈尔滨市香坊区长江路 600 号东北农业大学 （150030）
电话(传真) /
邮　　　箱 /
网　　　址 /
主要研究领域：
农村居民点建设模式研究；农村城镇化问题；村镇土地利用与管理

259 东北农业大学新农村发展研究院

所 属 类 别 / 高校智库

主 管 单 位 / 东北农业大学

成 立 时 间 / 2012 年 4 月

第一负责人 / 朱志猛

合 作 机 构 /

办 公 地 址 / 黑龙江省哈尔滨市香坊区长江路 600 号东北农业大学（150030）

电话(传真) / 0451-55190828

邮　　箱 /

网　　址 / http://xnc.neau.edu.cn

主要研究领域：

区域现代化大农业发展；新农村建设

D

260 东北师范大学东亚研究院

所 属 类 别 / 高校智库

主 管 单 位 / 东北师范大学

成 立 时 间 / 2004 年

第一负责人 / 韩东育

合 作 机 构 /

办 公 地 址 / 吉林省长春市南关区人民大街 5268 号东北师范大学（130024）

电话(传真) / 0431-85098739（0431-85098587）

邮　　箱 / handy916@nenu.edu.cn

网　　址 / http://ieas.nenu.edu.cn

主要研究领域：

东亚形势；东亚文明

261 东北师范大学思想政治教育研究中心

所 属 类 别 / 高校智库

主 管 单 位 / 东北师范大学

成 立 时 间 / 2007 年

第一负责人 / 杨晓慧

合 作 机 构 /

办 公 地 址 / 吉林省长春市南关区人民大街 5268 号东北师范大学（130024）

电话(传真) / 0431-85099705

邮　　箱 /

网　　址 / http://sjzx.nenu.edu.cn

主要研究领域：

大学生思想政治教育；社会主义核心价值体系与青年

262 东北师范大学中国农村教育发展研究院
China Institute of Rural Education Development, Northeast Normal University

所 属 类 别／高校智库
主 管 单 位／东北师范大学
成 立 时 间／1999 年 8 月
第一负责人／邬志辉
合 作 机 构／
办 公 地 址／吉林省长春市南关区人民大街 5268 号东北师范大学 （130024）
电话(传真)／0431-85099422 （0431-85684171）
邮　　　箱／rire@ nenu. edu. cn
网　　　址／http://ire. nenu. edu. cn
主要研究领域：
基础教育政策；基础教育改革

263 东南大学反腐败法治研究中心

所 属 类 别／高校智库
主 管 单 位／东南大学
成 立 时 间／2015 年 1 月
第一负责人／刘艳红
合 作 机 构／
办 公 地 址／江苏省南京市江宁区东南大学路 2 号东南大学 （211189）
电话(传真)／025-52091142
邮　　　箱／
网　　　址／http://law. seu. edu. cn/fanfufazhi
主要研究领域：
反腐败法律机制；反腐败法律文化；反腐败国际合作

264 东南大学国家发展与政策研究院
National School of Development and Policy, Southeast University

所 属 类 别／高校智库
主 管 单 位／东南大学
成 立 时 间／2016 年 11 月
第一负责人／华生
合 作 机 构／
办 公 地 址／北京市海淀区北四环中路 211 号太极大厦 9 层 （100083）
电话(传真)／010-89056899
邮　　　箱／
网　　　址／https://ind. seu. edu. cn
主要研究领域：
发展改革与创新；人口与健康；生态文明；公共安全

265 东南大学人权研究院
Institute for Human Rights, Southeast University

所 属 类 别 / 高校智库
主 管 单 位 / 东南大学
成 立 时 间 / 2006 年
第一负责人 / 左惟
合 作 机 构 /
办 公 地 址 / 江苏省南京市江宁区东南大学路 2 号东南大学九龙湖校区法学院
　　　　　　（211189）
电话(传真) /
邮　　箱 /
网　　址 / https://rqyjy.seu.edu.cn
主要研究领域：
社会权；数字人权；特殊主体人权；人权理论；自由权；国际人权

266 东南大学最高人民法院司法大数据研究基地
Research Base for Judicial Big Data of Supreme Court, Southeast University

所 属 类 别 / 高校智库
主 管 单 位 / 东南大学
成 立 时 间 / 2016 年 7 月
第一负责人 / 刘艳红
合 作 机 构 / 江苏省高级人民法院、东南大学
办 公 地 址 / 江苏省南京市江宁区东南大学路 2 号东南大学九龙湖校区法学院
　　　　　　（211189）
电话(传真) /
邮　　箱 / lyhmaggie007@163.com
网　　址 /
主要研究领域：
司法政策；司法大数据

267 东吴智库
Soochow University Think Tank

所 属 类 别 / 社会智库—民办非企业
主 管 单 位 / 苏州大学
成 立 时 间 / 2011 年
第一负责人 / 段进军
合 作 机 构 /
办 公 地 址 / 江苏省苏州市十梓街 1 号子实堂（215006）
电话(传真) / 0512-65228625（0512-65222481）
邮　　箱 / sutt@suda.edu.cn
网　　址 / http://sutt.suda.edu.cn
主要研究领域：城镇化与城市发展；城市经济与管理；城市与社会治理；城市文化
与传播；城市规划与建设

D

268　东中西部区域发展和改革研究院
China Region Development & Reform Institute

所 属 类 别／党政智库—国务院组成部门所属
主 管 单 位／国家民族事务委员会
成 立 时 间／2002 年 9 月
第一负责人／于今
合 作 机 构／
办 公 地 址／
电话(传真)／
邮　　箱／
网　　址／
主要研究领域：
国家政治战略；宏观经济；公共政策；区域与城市发展战略；全球化与国际问题

269　对外经济贸易大学国际经济研究院
Institute of International Economy, University of International Business and Economics

所 属 类 别／高校智库
主 管 单 位／对外经济贸易大学
成 立 时 间／1982 年 10 月
第一负责人／桑百川
合 作 机 构／
办 公 地 址／北京市朝阳区惠新东街 10 号对外经济贸易大学科研楼 11 层 （100029）
电话(传真)／010-64492251 （010-64493899）
邮　　箱／
网　　址／http://iie. uibe. edu. cn
主要研究领域：
世界经济；国际区域经济合作；国别经济；国际贸易；国际投资；台港澳地区经济

270　对外经济贸易大学国家对外开放研究院（对外经济贸易大学北京对外开放研究院）
Academy of China Open Economy Studies （Beijing Open Economy Research Institute）, UIBE

所 属 类 别／高校智库
主 管 单 位／对外经济贸易大学
成 立 时 间／2017 年 8 月
第一负责人／赵忠秀
合 作 机 构／
办 公 地 址／北京市朝阳区惠新东街 10 号对外经济贸易大学科研楼 602 室
　　　　　　（100029）
电话(传真)／010-64494672 （010-64494672）
邮　　箱／guokaiyuan@ uibe. edu. cn
网　　址／http://acoes. uibe. edu. cn
主要研究领域：
国家对外开放基础理论；中国经验及中国模式的普遍性；中国对外开放面临的中期
和长期挑战及战略抉择；服务政府和社会的应急性

271 对外经济贸易大学开放经济与公共财政研究中心
Centre for Open Economy and Public Finance of UIBE

所 属 类 别／高校智库

主 管 单 位／对外经济贸易大学

成 立 时 间／

第一负责人／胡若痴

合 作 机 构／

办 公 地 址／北京市朝阳区惠新东街 10 号对外经济贸易大学科研楼 1026 室（100029）

电话(传真)／010-64492251

邮　　箱／huruochi@ sina. com

网　　址／http: //kyc. uibe. edu. cn/yjjg/qtyjjg/91557. htm

主要研究领域：

新时期财税体制改革；财政学科建设；政府部门治理水平

272 对外经济贸易大学区域国别研究院
Institute of Regional and International Studies，University of International Business and Economics

所 属 类 别／高校智库

主 管 单 位／对外经济贸易大学

成 立 时 间／2017 年 6 月

第一负责人／吴军

合 作 机 构／

办 公 地 址／北京市朝阳区惠新东街 10 号对外经济贸易大学国际交流大厦 B 座 2 层
　　　　　　（100029）

电话(传真)／010-64494056

邮　　箱／uibeiris@ 126. com

网　　址／http: //iris. uibe. edu. cn/index. htm

主要研究领域：

改革开放；中国特色社会主义现代化事业

273 对外经济贸易大学全球价值链研究院
Research Institute for Global Value Chains，University of International Business and Economics

所 属 类 别／高校智库

主 管 单 位／对外经济贸易大学

成 立 时 间／2015 年 5 月

第一负责人／殷晓鹏

合 作 机 构／

办 公 地 址／北京市朝阳区惠新东街 10 号对外经济贸易大学（100029）

电话(传真)／

邮　　箱／xyin@ uibe. edu. cn

网　　址／http: //rigvc. uibe. edu. cn

主要研究领域：

全球价值链；国际贸易谈判；产业结构调整升级；企业战略决策制定

D

274　对外经济贸易大学中国国际低碳经济研究所

所 属 类 别／高校智库

主 管 单 位／对外经济贸易大学

成 立 时 间／2010 年

第一负责人／赵忠秀

合 作 机 构／对外经济贸易大学、日本名古屋大学

办 公 地 址／北京市朝阳区惠新东街 10 号对外经济贸易大学（100029）

电话(传真)／010-64493675

邮　　箱／

网　　址／

主要研究领域：

低碳经济理论与模型创新；低碳发展政策；低碳城市建设；气候变化对策；能源战略

275　对外经济贸易大学中国企业国际化经营研究中心

The Research Centre for Internationalization of Chinese Enterprises，UIBE

所 属 类 别／高校智库

主 管 单 位／对外经济贸易大学

成 立 时 间／2008 年 10 月

第一负责人／张新民

合 作 机 构／

办 公 地 址／北京市朝阳区惠新东街 10 号对外经济贸易大学诚信楼 711 室、714 室
　　　　　　（100029）

电话(传真)／010-64494028

邮　　箱／

网　　址／

主要研究领域：

企业国际化经营

276　对外经济贸易大学中国世界贸易组织研究院

China Institute for WTO Studies of University of International Business and Economics

所 属 类 别／高校智库

主 管 单 位／对外经济贸易大学

成 立 时 间／1991 年 5 月

第一负责人／屠新泉

合 作 机 构／

办 公 地 址／北京市朝阳区惠新里东街 10 号对外经济贸易大学逸夫科研楼 5 层
　　　　　　（100029）

电话(传真)／010-64495778（010-64495779）

邮　　箱／ciwto_uibe@163.com

网　　址／http://ciwto.uibe.edu.cn

主要研究领域：

世界贸易组织规则体系和运行机制

277 福建农林大学茶产业发展研究中心

所 属 类 别／高校智库
主 管 单 位／福建农林大学
成 立 时 间／2015 年 5 月
第一负责人／范水生
合 作 机 构／
办 公 地 址／福建省福州市仓山区上下店路 15 号（350002）
电话(传真)／0595-26163118
邮　　　箱／348694206@qq.com
网　　　址／
主要研究领域：
茶产业发展战略；茶庄园规划与建设；茶叶经济与电子商务；茶叶创意与品牌设计；茶文化与旅游

278 福建农林大学海峡两岸乡村振兴研究院

所 属 类 别／高校智库
主 管 单 位／福建农林大学
成 立 时 间／
第一负责人／
合 作 机 构／
办 公 地 址／福建省福州市仓山区上下店路 15 号福建农林大学（350002）
电话(传真)／
邮　　　箱／
网　　　址／https://yczx.fafu.edu.cn/xczx/main.htm
主要研究领域：
海峡两岸乡村振兴研究

279 福建农林大学南太平洋岛国研究中心
Research Center for South Pacific Island Countries, Fujian Agriculture and Forestry University

所 属 类 别／高校智库
主 管 单 位／福建农林大学
成 立 时 间／2017 年 6 月
第一负责人／庄佩芬
合 作 机 构／教育部、福建农林大学
办 公 地 址／福建省福州市仓山区上下店路 15 号（350002）
电话(传真)／0591-86398151
邮　　　箱／rcspic@fafu.edu.cn
网　　　址／
主要研究领域：
南太平洋岛国国际援助与合作；南太平洋岛国对外经贸及法律制度；南太平洋岛国国际关系；南太平洋岛国人文教育；南太平洋岛国旅游与发展

F

280　福建农林大学区域特色发展研究院（区域特色发展智库）

所 属 类 别／高校智库
主 管 单 位／福建农林大学
成 立 时 间／2012 年 10 月
第一负责人／郑庆昌
合 作 机 构／
办 公 地 址／福建省福州市仓山区上下店路 15 号（350002）
电话(传真)／0591-88261383
邮　　　箱／fjauss2003@163.com
网　　　址／
主要研究领域：
区域特色发展理论；海峡西岸经济区建设与福建发展战略；创新驱动与产业发展；
新型城镇化与农村发展

281　福建农林大学乡村旅游研究中心

所 属 类 别／高校智库
主 管 单 位／福建农林大学
成 立 时 间／2015 年 3 月
第一负责人／陈秋华
合 作 机 构／
办 公 地 址／福建省福州市仓山区上下店路 15 号（350002）
电话(传真)／0591-83748972
邮　　　箱／xbf126@126.com
网　　　址／
主要研究领域：
闽台乡村旅游合作；生态文明与美丽乡村建设；乡村旅游产业经济

282　福建社会科学院
Fujian Academy of Social Sciences

所 属 类 别／科研院所智库
主 管 单 位／中共福建省委、福建省人民政府
成 立 时 间／1978 年 2 月
第一负责人／宋建晓
合 作 机 构／
办 公 地 址／福建省福州市鼓楼区柳河路 18 号（350001）
电话(传真)／0591-83791486
邮　　　箱／
网　　　址／http://www.fass.net.cn
主要研究领域：
科学发展观；社会主义和谐社会；海峡两岸经济区

283 福建省经济信息中心

所 属 类 别 / 党政智库—省/区/市政府所属
主 管 单 位 / 福建省发展和改革委员会
成 立 时 间 / 1988 年 1 月
第一负责人 / 林联捷
合 作 机 构 /
办 公 地 址 / 福建省福州市鼓楼区屏西路 27 号（350003）
电话(传真) / 0591-86303728（0591-86303737）
邮　　箱 /
网　　址 / http://xxzx.fujian.gov.cn
主要研究领域：
经济指标监测、预测和预警；国民经济与社会发展中长期规划；数字福建；电子政务；温室气体排放；适应气候变化；信息安全

284 福建省人民政府发展研究中心
Development Research Center of Fujian Provincial People's Government

所 属 类 别 / 党政智库—省/区/市政府所属
主 管 单 位 / 福建省人民政府
成 立 时 间 / 1983 年
第一负责人 / 廖荣天
合 作 机 构 /
办 公 地 址 / 福建省福州市鼓楼区华林路 76 号省政府大院 8 号（350003）
电话(传真) /
邮　　箱 /
网　　址 / http://www.fjdrc.org.cn
主要研究领域：
福建经济社会中长期发展战略；产业经济；财政金融；对外经济；社会发展

285 福建师范大学竞争力研究中心

所 属 类 别 / 高校智库
主 管 单 位 / 福建师大大学
成 立 时 间 / 2006 年 1 月
第一负责人 / 李建平
合 作 机 构 / 福建师范大学、国务院发展研究中心管理世界杂志社、福建省人民政府发展研究中心
办 公 地 址 / 福建省福州市仓山区上三路 32 号福建师范大学仓山校区文科楼 9 层（350007）
电话(传真) / 0591-83423549（0591-83465205）
邮　　箱 / fjnujzl@sina.com
网　　址 /
主要研究领域：省域经济综合竞争力；环境竞争力；国家创新竞争力；低碳经济竞争力；创意经济竞争力

F

286 福建师范大学闽台区域研究中心
The Center for Studies of Fujian and Taiwan, Fujian Normal University

所 属 类 别 / 高校智库
主 管 单 位 / 福建师范大学
成 立 时 间 / 1999 年 10 月
第一负责人 / 李小荣
合 作 机 构 /
办 公 地 址 / 福建省福州市仓山区上三路 8 号福建师范大学仓山校区邵逸夫楼（350007）
电话(传真) / 0591-87318037
网　　　址 / https://mtzx. fjnu. edu. cn/main. htm
主要研究领域：
台湾文学；台湾文化；台湾政治；台湾经济社会；闽学

287 福建师范大学碳中和研究院
Academy of Carbon Neutrality, Fujian Normal University

所 属 类 别 / 高校智库
主 管 单 位 / 福建师范大学
成 立 时 间 /
第一负责人 / 陈镜明
合 作 机 构 /
办 公 地 址 / 福建省福州市仓山区上三路 8 号福建师范大学（350007）
电话(传真) /
邮　　　箱 /
网　　　址 / https://facn. fjnu. edu. cn/main. htm
主要研究领域：
气候变化与陆地碳汇；清洁能源和节能减碳；节材增效与固废资源化

288 福州大学决策科学研究所
Decision Sciences Institute, Fuzhou University

所 属 类 别 / 高校智库
主 管 单 位 / 福州大学
成 立 时 间 / 2008 年 9 月
第一负责人 / 王应明
合 作 机 构 /
办 公 地 址 / 福建省福州市大学新区学园路 2 号（350116）
电话(传真) / 0591-22866677
邮　　　箱 / ymwang@ fzu. edu. cn
网　　　址 / http://dsi. fzu. edu. cn
主要研究领域：
决策科学；科技创新

289　福州大学软科学研究所
Institute of Soft Science Fuzhou University

所 属 类 别 / 高校智库
主 管 单 位 / 福州大学
成 立 时 间 / 1987 年
第一负责人 / 张良强
合 作 机 构 /
办 公 地 址 / 福建省福州市鼓楼区工业路 523 号（350002）
电话(传真) / 0591-87893307
邮　　　箱 / iss@fzu.edu.cn
网　　　址 / http://iss.fzu.edu.cn
主要研究领域：
区域和企业发展战略与规划；海峡两岸科技交流与合作；系统科学理论与方法；高技术产业化；科技管理；科技创新与政策；人力资源开发

290　福州大学循环经济研究中心

所 属 类 别 / 高校智库
主 管 单 位 / 福州大学
成 立 时 间 / 2005 年
第一负责人 / 郗永勤
合 作 机 构 /
办 公 地 址 / 福建省福州市闽侯县大学新区学园路 2 号（350108）
电话(传真) / 0591-87893611
邮　　　箱 / xiyq9105@126.com
网　　　址 /
主要研究领域：
循环经济；环境保护；生态文明

291　阜阳师范大学安徽优秀传统文化研究中心
The Center of Excellent Traditional Culture Research in Anhui, Fuyang Normal University

所 属 类 别 / 高校智库
主 管 单 位 / 阜阳师范大学
成 立 时 间 / 2015 年 12 月
第一负责人 / 吴海涛
合 作 机 构 /
办 公 地 址 / 安徽省阜阳市清河东路 741 号阜阳师范大学（236041）
电话(传真) / 0558-2595776
邮　　　箱 /
网　　　址 / http://www.fynu.edu.cn/ahyxctwh
主要研究领域：
皖北地区传统文化的挖掘与整理；皖北地区非物质文化遗产保护与传承；皖北地区形象建构与传播；皖北地区文化事业与文化产业协调发展

F

292 阜阳师范大学农民工研究中心

所属类别／高校智库
主管单位／阜阳师范大学
成立时间／2003 年 10 月
第一负责人／韦向阳
合作机构／
办公地址／安徽省阜阳市清河东路 741 号阜阳师范大学（236041）
电话(传真)／0558-2593576
邮　箱／
网　址／http://www.fynu.edu.cn/nmyjx/zxgk.htm
主要研究领域：
农民工问题

293 复旦大学—香港中文大学沪港发展联合研究所
Shanghai-Hongkong Development Institute

所属类别／高校智库
主管单位／复旦大学
成立时间／2001 年 1 月
第一负责人／杜巨澜、陈诗一
合作机构／复旦大学、香港中文大学
办公地址／上海市杨浦区邯郸路 220 号光华楼 7 楼（200433）
电话(传真)／021-55664590（021-55670203）
邮　箱／shdi@fudan.edu.cn
网　址／https://shdi.fudan.edu.cn
主要研究领域：
城市、区域和农村经济

294 复旦大学城市发展研究院
Urban Development Institute of Fudan University

所属类别／高校智库
主管单位／复旦大学
成立时间／2014 年 11 月
第一负责人／
合作机构／
办公地址／上海市杨浦区邯郸路 220 号复旦大学（200433）
电话(传真)／
邮　箱／
网　址／
主要研究领域：
城镇化发展中的人口、治理、生态、安全、文化等

F

295　复旦大学城市规划与发展研究中心

所 属 类 别／高校智库

主 管 单 位／复旦大学

成 立 时 间／2006 年

第一负责人／王新军

合 作 机 构／

办 公 地 址／上海市杨浦区邯郸路 220 号复旦大学（200433）

电话（传真）／021-55663898

邮　　　箱／fudanplanning@ vip. 163. com

网　　　址／

主要研究领域：

城市空间与交通一体化规划；城市空间发展与城市经济发展关系探索；低碳城市规划；城市规划决策支持系统开发

296　复旦大学城市环境管理研究中心

所 属 类 别／高校智库

主 管 单 位／上海市市容环境卫生管理局、复旦大学

成 立 时 间／2006 年 5 月

第一负责人／包存宽

合 作 机 构／上海市市容环境卫生管理局、复旦大学

办 公 地 址／上海市杨浦区邯郸路 220 号复旦大学（200433）

电话（传真）／13044673815

邮　　　箱／baock@ fudan. edu. cn

网　　　址／

主要研究领域：

公共政策与公共选择；循环经济；城市景观与环境管理；低端经济活动与城市形象管理；城市景观管理标准；大都市郊区农村的环境建设

297　复旦大学当代国外马克思主义研究中心
Center for Contemporary Marxism in Foreign Countries, Fudan University

所 属 类 别／高校智库

主 管 单 位／复旦大学

成 立 时 间／1999 年

第一负责人／吴晓明

合 作 机 构／

办 公 地 址／上海市杨浦区邯郸路 220 号复旦大学光华楼西主楼 2602 室（200433）

电话（传真）／021-55665645

邮　　　箱／marxstudy@ fudan. edu. cn

网　　　址／https://wmarxism. fudan. edu. cn

主要研究领域：国外马克思主义基础理论和前沿发展；国外马克思主义在中国的接受史和西方马克思主义百年发展史；重大现实问题

F

298 复旦大学复旦发展研究院
Fudan Development Institute, Fudan University

所 属 类 别 / 高校智库
主 管 单 位 / 复旦大学
成 立 时 间 / 1993 年 2 月
第 一 负 责 人 / 黄昊
合 作 机 构 /
办 公 地 址 / 上海市杨浦区邯郸路 220 号复旦大学智库楼（200433）
电话(传真) / 021-55670203（021-55670203）
邮　　　箱 / fdifudan@ fudan. edu. cn
网　　　址 / http://fddi. fudan. edu. cn
主要研究领域：
国家与上海发展

299 复旦大学复旦平安宏观经济研究中心
Fudan-Pingan Research Institute for Macroeconomy, Fudan University

所 属 类 别 / 高校智库
主 管 单 位 / 复旦大学
成 立 时 间 / 2018 年 6 月
第 一 负 责 人 / 章俊
合 作 机 构 / 复旦大学、平安集团
办 公 地 址 / 上海市杨浦区国权路 600 号复旦大学（200433）
电话(传真) / 021-55665708
邮　　　箱 / rim_fp@ fudan. edu. cn
网　　　址 / https://fprim. fudan. edu. cn
主要研究领域：
新时代国家和地区宏观经济治理政策以及企业宏观决策

300 复旦大学高等教育研究所
Research Institute for Higher Education, Fudan University

所 属 类 别 / 高校智库
主 管 单 位 / 复旦大学
成 立 时 间 / 1986 年
第 一 负 责 人 / 高国希
合 作 机 构 /
办 公 地 址 / 上海市杨浦区邯郸路 220 号光华楼东主楼 2422 室（200433）
电话(传真) / 021-65641173
邮　　　箱 / fdgjs@ fudan. edu. cn
网　　　址 / http://www. ihe. fudan. edu. cn
主要研究领域：
高等教育；教育经济与管理

301 复旦大学国际公共关系研究中心
International Public Relations Research Center of Fudan University

所 属 类 别 / 高校智库
主 管 单 位 / 复旦大学
成 立 时 间 / 2005 年 4 月
第一负责人 / 孟建
合 作 机 构 / 复旦大学新闻学院、中国国际公共关系协会
办 公 地 址 / 上海市杨浦区国定路 400 号复旦大学新闻学院内（200433）
电话(传真) /
邮　　箱 / mediamj@ 163. net
网　　址 /
主要研究领域:
国家、城市软实力；国家、城市形象战略；公共外交；公共关系；文化战略与文化
产业；政府与企业危机传播管理；新闻发布与新闻发言人

302 复旦大学国际问题研究院
Institution of International Studies, Fudan University

所 属 类 别 / 高校智库
主 管 单 位 / 复旦大学
成 立 时 间 / 2000 年
第一负责人 / 吴心伯
合 作 机 构 /
办 公 地 址 / 上海市杨浦区国权路 680 号复旦大学（200433）
电话(传真) / 021-55664940（021-55664941）
邮　　箱 / xbwu@ fudan. edu. cn
网　　址 / http://www. iis. fudan. edu. cn
主要研究领域:
美国、日本、朝鲜、韩国、俄罗斯、巴基斯坦、法国问题；中欧关系；亚太区域合
作与治理；国际组织；中国与周边国家关系；中国人文外交

303 复旦大学国土与文化资源研究中心
Center for Land and Cultural Resources Research, Fudan University

所 属 类 别 / 高校智库
主 管 单 位 / 复旦大学
成 立 时 间 / 2015 年
第一负责人 / 杜晓帆
合 作 机 构 /
办 公 地 址 / 上海市杨浦区邯郸路 220 号复旦大学（200433）
电话(传真) / 021-65642222
邮　　箱 / clcrr@ fudan. edu. cn
网　　址 / http://clcrr. fudan. edu. cn/Default/Index
主要研究领域:
文化遗产

F

304 复旦大学国土资源经济研究中心

所 属 类 别／高校智库
主 管 单 位／上海市规划和自然资源局、复旦大学
成 立 时 间／2010 年 1 月
第一负责人／戴星翼
合 作 机 构／上海市规划和自然资源局、复旦大学
办 公 地 址／上海市杨浦区国定路 400 号复旦大学（200433）
电话(传真)／
邮　　　箱／
网　　　址／
主要研究领域：
国土资源经济；土地管理与利用

305 复旦大学环境经济研究中心
Center for Environment Economics Studies, Fudan University

所 属 类 别／高校智库
主 管 单 位／复旦大学
成 立 时 间／2000 年 11 月
第一负责人／李志青
合 作 机 构／
办 公 地 址／上海市杨浦区邯郸路 220 号复旦大学 11 号楼 217 室（200433）
电话(传真)／021-65643145
邮　　　箱／zhiqingli@ fudan. edu. cn
网　　　址／
主要研究领域：
可持续发展战略与区域发展规划；中国环境问题的跨学科研究；环境经济

306 复旦大学就业与社会保障研究中心
Employment and Social Security Research Center, Fudan University

所 属 类 别／高校智库
主 管 单 位／复旦大学
成 立 时 间／1999 年 3 月
第一负责人／袁志刚
合 作 机 构／
办 公 地 址／上海市杨浦区国权路 600 号复旦大学（200433）
电话(传真)／
邮　　　箱／essrc@ fudan. edu. cn
网　　　址／https://essrc. fudan. edu. cn
主要研究领域：
人口老龄化与社会保障制度改革；"刘易斯拐点"与建立城乡统一的劳动力市场政策

307 复旦大学可持续发展研究中心
Research Center of Sustainable Development, Fudan University

所 属 类 别 / 高校智库

主 管 单 位 / 复旦大学

成 立 时 间 / 2015 年

第一负责人 / 陈诗一

合 作 机 构 /

办 公 地 址 / 上海市杨浦区国权路 600 号复旦大学（200433）

电话(传真) / 021-65643821

邮　　　箱 / fudan_rcsd@fudan.edu.cn

网　　　址 / https://rcsd.fudan.edu.cn

主要研究领域：

可持续发展学术

308 复旦大学美国研究中心
Center for American Studies, Fudan University

所 属 类 别 / 高校智库

主 管 单 位 / 复旦大学

成 立 时 间 / 1985 年

第一负责人 / 吴心伯

合 作 机 构 /

办 公 地 址 / 上海市杨浦区邯郸路 220 号复旦大学（200433）

电话(传真) / 021-65642269（021-65119567）

邮　　　箱 / cas@fudan.edu.cn

网　　　址 / http://www.cas.fudan.edu.cn

主要研究领域：

美国问题；中美关系

309 复旦大学能源经济与战略研究中心

所 属 类 别 / 高校智库

主 管 单 位 / 复旦大学

成 立 时 间 /

第一负责人 / 吴力波

合 作 机 构 /

办 公 地 址 / 上海市杨浦区国权路 600 号复旦大学 726 室（200433）

电话(传真) / 021-55665293

邮　　　箱 / ceess@fudan.edu.cn

网　　　址 / http://ceess.fudan.edu.cn

主要研究领域：

能源科学

F

310　复旦大学欧洲问题研究中心
Centre for European Studies, Fudan University

所 属 类 别 / 高校智库
主 管 单 位 / 复旦大学
成 立 时 间 / 1993 年 1 月
第 一 负 责 人 / 丁纯
合 作 机 构 /
办 公 地 址 / 上海市杨浦区邯郸路 220 号复旦大学 （200433）
电话(传真) / 021-65642668
邮　　箱 / postmaster@ cesfd. org. cn
网　　址 / http://www. cesfd. org. cn
主要研究领域：
欧洲经济、政治、法律、社会、文化等

311　复旦大学企业发展与创新管理研究中心

所 属 类 别 / 高校智库
主 管 单 位 / 复旦大学
成 立 时 间 / 2003 年
第 一 负 责 人 / 芮明杰
合 作 机 构 /
办 公 地 址 / 上海市杨浦区国顺路 670 号复旦大学思源楼 328 室 （200433）
电话(传真) / 021-25011100
邮　　箱 / mjrui@ fudan. edu. cn
网　　址 / http://www. iie. fudan. edu. cn
主要研究领域：
经济发展；产业发展；结构调整；产业规划与政策

312　复旦大学上海物流研究院
Shanghai Logistics Institute, Fudan University

所 属 类 别 / 合作智库—政校合作
主 管 单 位 / 上海市人民政府、复旦大学
成 立 时 间 / 2006 年
第 一 负 责 人 / 徐以汎
合 作 机 构 / 上海市人民政府、复旦大学
办 公 地 址 / 上海市杨浦区邯郸路 220 号复旦大学 （200433）
电话(传真) /
邮　　箱 /
网　　址 /
主要研究领域：
高端物流；城市配送与快递；物流金融；低碳物流

313　复旦大学社会科学高等研究院
Fudan Institute for Advanced Study in Social Sciences

所 属 类 别 / 高校智库

主 管 单 位 / 复旦大学

成 立 时 间 / 2008 年

第一负责人 / 郭苏建

合 作 机 构 /

办 公 地 址 / 上海市杨浦区邯郸路 220 号复旦大学光华楼东主楼 2807 室（200433）

电话(传真) / 021-55665552

邮　　　箱 / ias_fudan@ 126. com

网　　　址 / http: //www. ias. fudan. edu. cn/htmlfudan

主要研究领域：

社会科学综合问题

314　复旦大学世界经济研究所
Institute of World Economy of Fudan University

所 属 类 别 / 高校智库

主 管 单 位 / 复旦大学

成 立 时 间 / 1964 年

第一负责人 / 万广华

合 作 机 构 /

办 公 地 址 / 上海市杨浦区国权路 600 号复旦大学经济学院 7 楼（200433）

电话(传真) / 021-65643332

邮　　　箱 /

网　　　址 / http: //www. fdiwe. fudan. edu. cn/index. htm

主要研究领域：

世界经济理论；国际金融；国际贸易；国际投资；区域与国别经济

315　复旦大学司法研究中心
Center for Judicial Studies, Fudan University

所 属 类 别 / 高校智库

主 管 单 位 / 复旦大学

成 立 时 间 /

第一负责人 / 章武生

合 作 机 构 /

办 公 地 址 / 上海市杨浦区淞沪路 2005 号复旦大学法学院（200438）

电话(传真) /

邮　　　箱 /

网　　　址 / https: //cjs. fudan. edu. cn/index. htm

主要研究领域：

司法改革；司法哲学；司法文化（法律史）；司法社会学

F

316 复旦大学司法与诉讼制度研究中心
Judicial and Procedural System Research Center of Fudan University

所 属 类 别 / 高校智库
主 管 单 位 / 复旦大学
成 立 时 间 / 2007 年
第一负责人 / 段厚省
合 作 机 构 /
办 公 地 址 / 上海市杨浦区淞沪路 2005 号复旦大学法学院（200438）
电话(传真) /
邮　　箱 / hsduan@ fudan. edu. cn
网　　址 /
主要研究领域：
司法与诉讼制度

317 复旦大学新闻传播与媒介化社会研究国家哲学社会科学创新基地

所 属 类 别 / 高校智库
主 管 单 位 / 复旦大学
成 立 时 间 / 2006 年 3 月
第一负责人 / 童兵
合 作 机 构 /
办 公 地 址 / 上海市杨浦区邯郸路 220 号复旦大学（200433）
电话(传真) / 18901681818
邮　　箱 / fudantb@ fudan. edu. cn
网　　址 /
主要研究领域：
当代媒介发展；媒介化社会；传播行为；传播社会调控

318 复旦大学选举与人大制度研究中心

所 属 类 别 / 高校智库
主 管 单 位 / 复旦大学
成 立 时 间 / 2006 年 12 月
第一负责人 / 浦兴祖
合 作 机 构 /
办 公 地 址 / 上海市杨浦区邯郸路 220 号复旦大学国际关系与公共事务学院
　　　　　　（200433）
电话(传真) / 021-65642485
邮　　箱 / justmaybe@ citiz. net
网　　址 /
主要研究领域：
选举与人大制度

319 复旦大学亚洲研究中心
Asia Research Center, Fudan University

所 属 类 别 / 高校智库

主 管 单 位 / 复旦大学

成 立 时 间 / 2002 年

第一负责人 / 金光耀

合 作 机 构 / 韩国高等教育财团、复旦大学

办 公 地 址 / 上海市杨浦区邯郸路 220 号复旦大学光华楼西主楼 8 层（200433）

电话(传真) / 021-55664196（021-55664259）

邮　　箱 / arcfd@ fudan. edu. cn

网　　址 / http://arcfd. fudan. edu. cn

主要研究领域：

亚洲历史、语言、文化艺术、教育、宗教、政治、经济、社会、国际关系等

320 复旦大学一带一路及全球治理研究院

所 属 类 别 / 高校智库

主 管 单 位 / 复旦大学

成 立 时 间 /

第一负责人 / 焦扬

合 作 机 构 /

办 公 地 址 / 上海市杨浦区邯郸路 220 号复旦大学智库楼 313 室（200433）

电话(传真) / 021-65641298（21-55670203）

邮　　箱 / brgg@ fudan. edu. cn

网　　址 / https://brgg. fudan. edu. cn

主要研究领域：

战略与国际安全；全球与国家治理；国际产业与投资

321 复旦大学知识产权研究中心
The Center for Intellectual Property Study, Fudan University

所 属 类 别 / 高校智库

主 管 单 位 / 复旦大学

成 立 时 间 / 1995 年 5 月

第一负责人 / 张乃根

合 作 机 构 / 飞利浦（中国）投资公司知识产权及标准部、复旦大学

办 公 地 址 / 上海市杨浦区淞沪路 2005 号法学楼 410 室（200438）

电话(传真) / 021-51630042（021-51630112）

邮　　箱 / zhangng@ fudan. edu. cn

网　　址 / http://www. ipcenter. fudan. edu. cn

主要研究领域：

知识产权

F

322 复旦大学制度建设研究中心
Center for Institutional Building Studies，Fudan University

所 属 类 别 / 高校智库
主 管 单 位 / 复旦大学
成 立 时 间 /
第 一 负 责 人 /
合 作 机 构 /
办 公 地 址 / 上海市杨浦区邯郸路 220 号复旦大学国际关系与公共事务学院制度建
　　　　　　设研究中心（200433）
电话(传真) / 021-55664561（021-65647267）
邮　　　箱 / RASC_SIRPA @ fudan. edu. cn
网　　　址 / https: // sirpa. fudan. edu. cn/87/7b/c35091a427899/page. htm
主要研究领域：
制度与国家成长；制度与全球治理

323 复旦大学中国反洗钱研究中心
China Centre for Anti-Money Laundering Studies，Fudan University

所 属 类 别 / 高校智库
主 管 单 位 / 复旦大学
成 立 时 间 / 2005 年 10 月
第 一 负 责 人 / 严立新
合 作 机 构 /
办 公 地 址 / 上海市杨浦区国权路 600 号复旦大学（200433）
电话(传真) / 021-51093128（4008266163-01161）
邮　　　箱 / service@ ccamls. org
网　　　址 / http: www. ccamls. org
主要研究领域：
反洗钱与金融犯罪

324 复旦大学中国经济研究中心
Research Institute of Chinese Economy，Fudan University

所 属 类 别 / 高校智库
主 管 单 位 / 复旦大学
成 立 时 间 / 2013 年 8 月
第 一 负 责 人 / 张军
合 作 机 构 /
办 公 地 址 / 上海市杨浦区国权路 680 号复旦大学（200433）
电话(传真) / 021-55665708
邮　　　箱 / rice@ fudan. edu. cn
网　　　址 / https: //rice. fudan. edu. cn
主要研究领域：
经济体制改革；财政与货币政策；产业升级与产业政策；城市化与区域发展；农村
经济发展；能源环境与可持续发展

325 复旦大学中国社会主义市场经济研究中心
China Center for Economic Studies, Fudan University

所 属 类 别／高校智库
主 管 单 位／复旦大学
成 立 时 间／2000 年 2 月
第一负责人／张军
合 作 机 构／
办 公 地 址／上海市杨浦区国权路 600 号复旦大学经济学院 7 层（200433）
电话(传真)／021-65643054（021-65643056）
邮　　箱／cces@ fudan. edu. cn
网　　址／https://cces. fudan. edu. cn/index. htm
主要研究领域：
当代中国经济；转型与发展经济学；区域经济学；产业经济学

326 复旦大学中国研究院
China Institute, Fudan University

所 属 类 别／高端智库，高校智库
主 管 单 位／复旦大学
成 立 时 间／2015 年
第一负责人／张维为
合 作 机 构／
办 公 地 址／上海市杨浦区邯郸路 220 号复旦大学（200433）
电话(传真)／
邮　　箱／zgyjy@ fudan. edu. cn
网　　址／http://www. cifu. fudan. edu. cn
主要研究领域：
中国道路；中国模式；中国话语

327 复旦大学中外现代化进程研究中心
Center for Comparative Studies of Modernization, Fudan University

所 属 类 别／高校智库
主 管 单 位／复旦大学
成 立 时 间／2000 年 3 月
第一负责人／章清
合 作 机 构／
办 公 地 址／上海市杨浦区邯郸路 220 号复旦大学光华楼西主楼 1803 室（200433）
电话(传真)／021-55665195（021-55665020）
邮　　箱／fdccsm@ fudan. edu. cn
网　　址／http://www. modernization. fudan. edu. cn
主要研究领域：
上海现代化国际大都市；中国现代化进程；世界现代化进程；比较文明与比较现代化

328 复旦大学住房政策研究中心
Center For Housing Policy Studies, Fudan University

所 属 类 别 / 高校智库
主 管 单 位 / 复旦大学
成 立 时 间 / 2009 年 8 月
第 一 负 责 人 / 姚志勇
合 作 机 构 /
办 公 地 址 / 上海市杨浦区国顺路 670 号复旦大学管理学院李达三楼 617 室（200433）
电话(传真) / 021-25011066
邮　　　箱 / yzy@ fudan. edu. cn
网　　　址 /
主要研究领域：
住房保障；公共住房政策；住房市场调控；住房金融；国际住房政策比较

329 复旦丁铎尔中心
Fudan Tyndall Centre

所 属 类 别 / 合作智库—中外合作
主 管 单 位 / 复旦大学、英国丁铎尔中心
成 立 时 间 / 2000 年
第 一 负 责 人 / 陈建民、Trevor Davies
合 作 机 构 / 复旦大学、英国丁铎尔中心
办 公 地 址 / 上海市杨浦区国定路 400 号复旦大学新闻学院综合楼 4 层（200433）
电话(传真) / 021-65648728 （021-65648728）
邮　　　箱 / jiangping@ fudan. edu. cn
网　　　址 / http://tyndallcentre. fudan. edu. cn
主要研究领域：
全球变化影响综合评估；全球变化背景下经济、能源、人类健康和可持续发展的相互关系

330 甘肃省社会科学院
Gansu Academy of Social Sciences

所 属 类 别 / 科研院所智库
主 管 单 位 / 甘肃省人民政府
成 立 时 间 / 1978 年
第 一 负 责 人 / 李兴文
合 作 机 构 /
办 公 地 址 / 甘肃省兰州市安宁区建宁东路 277 号（730070）
电话(传真) /
邮　　　箱 /
网　　　址 / http://www. gsass. net. cn
主要研究领域：
国情调查；甘肃省情；西北创造与发展；社会政策与人口；文化产业；西北民族宗教；金融发展；社会政策与社会救助

331 甘肃政法大学法治甘肃建设理论研究中心

所属类别／高校智库
主管单位／甘肃政法大学
成立时间／
第一负责人／
合作机构／
办公地址／甘肃省兰州市安宁区安宁西路 6 号（730070）
电话(传真)／0931-7652053
邮　　箱／
网　　址／https://fzgsjsllyjzx.gsupl.edu.cn
主要研究领域：
法治甘肃建设理论；法律实务；法治建设现状科学评估

332 甘肃政法大学甘肃省循环经济与可持续发展法制研究中心
Research Center on Circular Economy and Sustainable Development of Gansu Province, Gansu University of Political Science and Law

所属类别／高校智库
主管单位／甘肃政法大学
成立时间／
第一负责人／李玉基
合作机构／
办公地址／甘肃省兰州市安宁区安宁西路 6 号（730070）
电话(传真)／13919039886
邮　　箱／996067866@qq.com
网　　址／https://xhjjfzyj.gsupl.edu.cn
主要研究领域：
循环经济法制建设；环境资源法制建设；区域生态法制建设；生态金融法制建设

333 公安部公安发展战略研究所

所属类别／合作智库
主管单位／中国人民公安大学
成立时间／2015 年 9 月
第一负责人／曹诗权
合作机构／公安部、中国人民公安大学
办公地址／北京市西城区木樨地南里 1 号（100038）
电话(传真)／010-83903438
邮　　箱／20050177@ppsuc.edu.cn
网　　址／
主要研究领域：
公安学；公安技术学；法学；管理学

G

334　公安部现代警务改革研究所

所 属 类 别 / 合作智库

主 管 单 位 / 江苏警官学院

成 立 时 间 / 2015 年 9 月

第 一 负 责 人 / 张兰青

合 作 机 构 / 公安部、江苏警官学院

办 公 地 址 / 江苏省南京市浦口区石佛寺三宫 48 号 （210031）

电话(传真) /

邮　　箱 /

网　　址 /

主要研究领域：

现代警务机制改革；公安队伍管理机制改革；警务治理能力现代化理论与实际

335　工业和信息化部工业文化发展中心
Industrial Culture Development Center of MIIT

所 属 类 别 / 党政智库—国务院组成部门所属

主 管 单 位 / 工业和信息化部

成 立 时 间 / 2014 年 6 月

第 一 负 责 人 / 何映昆

合 作 机 构 /

办 公 地 址 / 北京市海淀区万寿路 27 号 （100846）

电话(传真) / 010-68200615 （010-68200615）

邮　　箱 /

网　　址 / http://www.miit-icdc.org

主要研究领域：

工业文化遗产保护和利用；工业设计产业；工艺美术产业；文化创意产业；工业文化遗产项目评估；企业技术创新；名牌和品牌发展策略

336　工业和信息化部国际经济技术合作中心
Center for International Economic and Technological Cooperation of the Ministry of Industry and Information Technology

所 属 类 别 / 党政智库—国务院组成部门所属

主 管 单 位 / 工业和信息化部

成 立 时 间 / 2011 年 7 月

第 一 负 责 人 / 郑红

合 作 机 构 /

办 公 地 址 / 北京市海淀区万寿路 27 号院 8 号楼 9 层 （100846）

电话(传真) / 010-68207965

邮　　箱 / cietc@ cietc. org. cn

网　　址 / http://www.cietc. org. cn/View/default. aspx

主要研究领域：

工业经济；电子信息产业与信息化；信息技术产业；工业和信息化领域涉外法律；全球区域经济合作；节能环保；电子商务

337 工业和信息化部中小企业发展促进中心（中国中小企业发展促进中心）
China Centre for Promotion of SME Development

所 属 类 别／党政智库—国务院组成部门所属
主 管 单 位／工业和信息化部
成 立 时 间／1986 年 3 月
第 一 负责人／单立坡
合 作 机 构／
办 公 地 址／北京市海淀区西直门北大街 32 号枫蓝国际 A 座 1209 室（100082）
电话(传真)／010-82292016（010-82292013）
邮　　箱／prosme@126.com
网　　址／http://www.chinasme.org.cn
主要研究领域：
中小企业法律法规；中小企业政策；中小企业服务体系

338 光明日报文化产业研究中心

所 属 类 别／社会智库
主 管 单 位／光明日报社
成 立 时 间／2013 年 3 月
第 一 负责人／
合 作 机 构／
办 公 地 址／北京市东城区珠市口东大街 5 号光明日报社（100062）
电话(传真)／010-67078570
邮　　箱／
网　　址／
主要研究领域：
中国文化产业发展

339 光明日报智库研究与发布中心
Think Tank Research and Release Center of Guangming Daily

所 属 类 别／智库研究与评价机构，社会智库
主 管 单 位／光明日报社
成 立 时 间／2015 年 5 月
第 一 负责人／
合 作 机 构／
办 公 地 址／北京市东城区珠市口东大街 5 号光明日报社（100062）
电话(传真)／010-67078979
邮　　箱／gmthinktank@126.com
网　　址／
主要研究领域：
报道中外智库建设情况；发布各类智库成果；组织开展智库研究；举办各类智库活动

G

340 广东财经大学"一带一路"国际商务研究中心

所 属 类 别／高校智库

主 管 单 位／广东财经大学

成 立 时 间／2019 年 9 月

第一负责人／黄庆安

合 作 机 构／

办 公 地 址／广东省佛山市云东海旅游区学海中路 1 号（528100）

电话(传真)／0757-87828632

邮　　　箱／qingan. huang@ outlook. com

网　　　址／

主要研究领域：

非洲国家经贸投资合作；共建"一带一路"国家国情；自贸试验区与"一带一路"融合；与共建国家旅游合作

341 广东财经大学城市与区域治理研究中心
Center for Urban and Regional Governance, Guangdong University of Finance and Economics

所 属 类 别／高校智库

主 管 单 位／广东财经大学

成 立 时 间／2020 年 12 月

第一负责人／尹来盛

合 作 机 构／

办 公 地 址／广东省广州市海珠区仑头路 21 号广东财经大学（510320）

电话(传真)／

邮　　　箱／ls-yin@ gdufe. edu. cn

网　　　址／https://kyc. gdufe. edu. cn/2021/0105/c6145a125743/page. htm

主要研究领域：

市政管理与城市运营；城市规划与城市更新

342 广东财经大学大健康与康养产业研究中心

所 属 类 别／高校智库

主 管 单 位／广东财经大学

成 立 时 间／2019 年 12 月

第一负责人／艾战胜

合 作 机 构／

办 公 地 址／广东省广州市海珠区仑头路 21 号广东财经大学综合楼 922 室（510320）

电话(传真)／15920898009

邮　　　箱／aizsheng@ 126. com

网　　　址／

主要研究领域：

健康促进政策的理论与实践；康养服务与健康老龄化；大健康与康养产业调查与数据分析

343 广东财经大学大湾区双循环发展研究院（商贸流通研究院）

所 属 类 别 / 高校智库

主 管 单 位 / 广东财经大学

成 立 时 间 / 2005 年

第一负责人 / 陈甬军

合 作 机 构 /

办 公 地 址 / 广东省广州市海珠区仑头路 21 号广东财经大学（510320）

电话(传真) / 020-84096050（020-84096050）

邮　　箱 /

网　　址 / https://lts.gdufe.edu.cn

主要研究领域：

商贸流通

344 广东财经大学东亚国际关系研究中心
Center for International Relations of East Asia Studies，Guangdong University of Finance and Economics

所 属 类 别 / 高校智库

主 管 单 位 / 广东财经大学

成 立 时 间 / 2014 年 2 月

第一负责人 / 刘颖

合 作 机 构 /

办 公 地 址 / 广东省广州市海珠区仑头路 21 号广东财经大学（510320）

电话(传真) / 15992492268

邮　　箱 / liuying65@163.com

网　　址 / https://kyc.gdufe.edu.cn/2014/0306/c6145a1025/page.htm

主要研究领域：

东亚海域安全；中国-东盟关系；当代国际政治思潮

345 广东财经大学法治与经济发展研究所

所 属 类 别 / 高校智库

主 管 单 位 / 广东财经大学

成 立 时 间 / 2003 年 12 月

第一负责人 /

合 作 机 构 /

办 公 地 址 / 广东省广州市海珠区仑头路 21 号广东财经大学北三 802 室（510320）

电话(传真) /

邮　　箱 / fzs609@163.com

网　　址 / https://kyc.gdufe.edu.cn/2012/1205/c6146a111791/pagem.htm

主要研究领域：

法治基本理论；法治与司法体制改革；法治与经济发展

G

346　广东财经大学公益诉讼与公益法研究中心

所 属 类 别 / 高校智库
主 管 单 位 / 广东财经大学
成 立 时 间 / 2019 年
第 一 负 责 人 / 颜运秋
合 作 机 构 /
办 公 地 址 / 广东省广州市海珠区仑头路 21 号广东财经大学法学院 729 室（510320）
电话(传真) /
邮　　　箱 / yyq_xtu@163.com
网　　　址 /
主要研究领域：
公益法基本理论与制度；民事公益诉讼理论与制度；行政公益诉讼理论与制度

347　广东财经大学广东省财税大数据重点实验室

所 属 类 别 / 高校智库
主 管 单 位 / 广东财经大学、广州盛祺信息科技股份有限公司
成 立 时 间 / 2019 年 11 月
第 一 负 责 人 / 黄光
合 作 机 构 / 广州盛祺信息科技股份有限公司、广东财经大学
办 公 地 址 / 广东省广州市海珠区仑头路 21 号广东财经大学北 4-204 室（510320）
电话(传真) / 020-84096884
邮　　　箱 / 1160810325@qq.com
网　　　址 / https://csdsj.gdufe.edu.cn/main.htm
主要研究领域：
财税大数据基础理论；应用技术和管理模式

348　广东财经大学广东镇域经济研究中心

所 属 类 别 / 高校智库
主 管 单 位 / 广东财经大学
成 立 时 间 / 2011 年 3 月
第 一 负 责 人 / 马建会
合 作 机 构 /
办 公 地 址 / 广东省广州市海珠区仑头路 21 号广东财经大学（510320）
电话(传真) / 13829745861
邮　　　箱 / ma1511@163.com
网　　　址 / https://kyc.gdufe.edu.cn/2010/0816/c6145a937/page.htm
主要研究领域：
广东镇域经济

G

349 广东财经大学国家安全与发展研究院

所 属 类 别 / 高校智库
主 管 单 位 / 广东财经大学
成 立 时 间 / 2022 年 6 月
第一负责人 / 郑贤操
合 作 机 构 /
办 公 地 址 / 广东省广州市海珠区仑头路 21 号广东财经大学（510320）
电话(传真) / 020-84096452
邮　　　箱 /
网　　　址 / https://kyc.gdufe.edu.cn/2022/0822/c6146a165250/page.htm
主要研究领域：
国家安全理论与战略；国家安全治理；粤港澳大湾区发展与安全

350 广东财经大学国民经济研究中心

所 属 类 别 / 高校智库
主 管 单 位 / 广东财经大学
成 立 时 间 / 2008 年 5 月
第一负责人 /
合 作 机 构 /
办 公 地 址 / 广东省广州市海珠区仑头路 21 号广东财经大学（510320）
电话(传真) /
邮　　　箱 /
网　　　址 / https://gsjm.gdufe.edu.cn/2022/0621/c9245a162094/page.htm
主要研究领域：
国民经济发展与国民经济核算

G

351 广东财经大学国土空间信息与规划研究中心

所 属 类 别 / 高校智库
主 管 单 位 / 广东财经大学
成 立 时 间 /
第一负责人 / 邹春洋
合 作 机 构 /
办 公 地 址 / 广东省广州市海珠区仑头路 21 号广东财经大学（510320）
电话(传真) / 020-84095118
邮　　　箱 / cyzou66@126.com
网　　　址 /
主要研究领域：
国土空间信息与规划；空间信息技术与城乡低碳生态理论与实践

352   广东财经大学海洋经济研究院

所 属 类 别／高校智库
主 管 单 位／广东财经大学
成 立 时 间／2018 年
第一负责人／于海峰
合 作 机 构／
办 公 地 址／广东省广州市海珠区仑头路 21 号广东财经大学（510320）
电话(传真)／
邮　　　箱／wff@ gdufe. edu. cn
网　　　址／
主要研究领域：
海洋自然资源资产管理；海洋生态环境；智能海洋经济；海洋发展战略；海洋经济
与法律；海洋权益保护

353   广东财经大学会计与财务研究院

所 属 类 别／高校智库
主 管 单 位／广东财经大学
成 立 时 间／2016 年 5 月
第一负责人／陈建林
合 作 机 构／
办 公 地 址／广东省广州市海珠区仑头路 21 号广东财经大学（510320）
电话(传真)／020-84222959
邮　　　箱／
网　　　址／https：//kyc. gdufe. edu. cn/2017/0601/c6145a1069/page. htm
主要研究领域：
非正式制度对公司财务的影响机理

354   广东财经大学老龄社会法治问题研究院

所 属 类 别／高校智库
主 管 单 位／广东财经大学
成 立 时 间／2018 年 10 月
第一负责人／鲁晓明
合 作 机 构／
办 公 地 址／广东省广州市海珠区仑头路 21 号广东财经大学（510320）
电话(传真)／
邮　　　箱／675085820@ qq. com
网　　　址／
主要研究领域：
老龄社会的法治问题

355 广东财经大学社会保障政策研究中心

所 属 类 别 / 高校智库

主 管 单 位 / 广东财经大学

成 立 时 间 /

第一负责人 / 李晓燕

合 作 机 构 /

办 公 地 址 / 广东省广州市海珠区仑头路 21 号广东财经大学（510320）

电话（传真）/ 15820638740

邮　　箱 / xiechanqing2002@ 163. com

网　　址 / https://kyc. gdufe. edu. cn/2014/0306/c6145a1039/page. htm

主要研究领域：

社会保障政策

356 广东财经大学文化产业研究中心

所 属 类 别 / 高校智库

主 管 单 位 / 广东财经大学

成 立 时 间 / 2013 年 4 月

第一负责人 / 于霞

合 作 机 构 /

办 公 地 址 / 广东省广州市海珠区仑头路 21 号广东财经大学（510320）

电话（传真）/ 13570327977

邮　　箱 / yuxia77509@ 163. com

网　　址 / https://kyc. gdufe. edu. cn/2013/0417/c6145a1016/page. htm

主要研究领域：

广东省文化产业人才战略；广东省产业升级与文化产业发展；广东省文化资源开发与文化旅游

357 广东财经大学新发展研究院（广东经济与社会发展研究院）
Institute of New Development，Guangdong University of Finance and Economics

所 属 类 别 / 高校智库

主 管 单 位 / 广东财经大学

成 立 时 间 / 2021 年

第一负责人 / 彭荣

合 作 机 构 /

办 公 地 址 / 广东省广州市海珠区仑头路 21 号广东财经大学（510320）

电话（传真）/ 020-84095630

邮　　箱 / rongpeng13@ 163. com

网　　址 / https://xfz. gdufe. edu. cn/main. htm

主要研究领域：

经济社会高质量发展

G

358 广东财经大学粤港澳大湾区创新竞争力研究院
Research Institute of Innovation Competitiveness of Guangdong, HongKong and Macao Bay Area, Guangdong University of Finance&Economics

所 属 类 别 / 高校智库
主 管 单 位 / 广东财经大学
成 立 时 间 / 2019 年 5 月
第 一 负 责 人 / 于海峰
合 作 机 构 /
办 公 地 址 / 广东省广州市海珠区仑头路 21 号广东财经大学北 2-1005 室、北 2-813 室（510320）
电话(传真) / 020-84096984
邮　　箱 /
网　　址 / http://riicba.gdufe.edu.cn
主要研究领域：
产业创新竞争力；制度创新竞争力；人力资源开发创新竞争力

359 广东财经大学粤港澳大湾区法治研究中心

所 属 类 别 / 高校智库
主 管 单 位 / 广东财经大学
成 立 时 间 / 2010 年
第 一 负 责 人 / 朱孔武
合 作 机 构 /
办 公 地 址 / 广东省广州市海珠区仑头路 21 号广东财经大学（510320）
电话(传真) / 020-84096583
邮　　箱 / zhukongwu@gdufe.edu.cn
网　　址 / https://kyc.gdufe.edu.cn/2012/1204/c6145a995/page.htm
主要研究领域：
港澳基本法；大湾区协同立法；区域贸易法

360 广东财经大学粤港澳大湾区人才评价与开发研究院

所 属 类 别 / 高校智库
主 管 单 位 / 广东财经大学
成 立 时 间 / 2020 年 12 月
第 一 负 责 人 / 萧鸣
合 作 机 构 /
办 公 地 址 / 广东省广州市海珠区仑头路 21 号广东财经大学（510320）
电话(传真) / 020-84096250
邮　　箱 / rcpjkf@gdufe.edu.cn
网　　址 / https://gbarc.gdufe.edu.cn
主要研究领域：
粤港澳大湾区人才评价与开发

361 广东财经大学粤港澳大湾区研究中心

所 属 类 别／高校智库

主 管 单 位／广东财经大学

成 立 时 间／

第一负责人／林仲豪

合 作 机 构／

办 公 地 址／广东省广州市海珠区仑头路 21 号广东财经大学（510320）

电话(传真)／13928573998

邮 箱／linzhonghao8218@ 163. com

网 址／

主要研究领域：

粤港澳大湾区建设发展

362 广东财经大学粤港澳旅游研究中心

所 属 类 别／高校智库

主 管 单 位／广东财经大学

成 立 时 间／2019 年 12 月

第一负责人／吴开军

合 作 机 构／

办 公 地 址／广东省广州市海珠区仑头路 21 号广东财经大学北二楼 643 室（510320）

电话(传真)／

邮 箱／guwenjing@ gdufe. edu. cn

网 址／

主要研究领域：

粤港澳城市旅游；粤港澳旅游与文化；粤港澳旅游新业态

363 广东财经大学智慧法治研究中心

所 属 类 别／高校智库

主 管 单 位／广东财经大学

成 立 时 间／2019 年 8 月

第一负责人／孙占利

合 作 机 构／

办 公 地 址／广东省广州市海珠区仑头路 21 号广东财经大学（510320）

电话(传真)／

邮 箱／sunzhanli@ vip. 126. com

网 址／

主要研究领域：

智慧法治理论；智慧立法；智慧监管执法；智慧司法及智慧法律服务

G

364 广东财经大学智能社会与人的发展研究中心

所 属 类 别 / 高校智库

主 管 单 位 / 广东财经大学

成 立 时 间 /

第一负责人 / 袁继红

合 作 机 构 /

办 公 地 址 / 广东省广州市海珠区仑头路 21 号广东财经大学 （510320）

电话(传真) / 020-84096467

邮　　　箱 / 15302245830@ 163. com

网　　　址 /

主要研究领域：

智能社会与人的发展

365 广东财经大学中国特色社会主义政治经济学研究中心

所 属 类 别 / 高校智库

主 管 单 位 / 广东财经大学

成 立 时 间 / 2017 年 3 月

第一负责人 / 方兴起

合 作 机 构 /

办 公 地 址 / 广东省广州市海珠区仑头路 21 号广东财经大学 （510320）

电话(传真) / 15918887980

邮　　　箱 / fangxq@ scnu. edu. cn

网　　　址 / https://kyc. gdufe. edu. cn/2021/0119/c6145a126061/page. htm

主要研究领域：

中国特色社会主义理论与实践

366 广东海洋大学广东沿海经济带发展研究院
Guangdong Academy of Coastal Economic Belt Development, Guangdong Ocean University

所 属 类 别 / 高校智库

主 管 单 位 / 广东海洋大学

成 立 时 间 / 2019 年 2 月

第一负责人 / 宁凌

合 作 机 构 / 广东海洋大学、湛江市人民政府

办 公 地 址 / 广东省湛江市麻章区海大路 1 号广东海洋大学 （524088）

电话(传真) /

邮　　　箱 / xzb@ gdou. edu. cn

网　　　址 / https://yhjj. gdou. edu. cn

主要研究领域：

海洋经济发展战略；海域海岛管理；海洋文化与社会治理

367 广东决策研究院
Guangdong Policy-Making Institute

所 属 类 别 / 社会智库
主 管 单 位 / 广东省社会科学界联合会
成 立 时 间 / 2007 年
第 一 负 责 人 / 张仲宇
合 作 机 构 /
办 公 地 址 / 广东省广州市越秀区沿江东路 463 号珠岛宾馆湖宾楼 1 楼 （510100）
电话(传真) / 020-87783999
邮　　箱 / amyhr@ 163. com
网　　址 / http://www. gdjc. org. cn
主要研究领域：
广东决策

368 广东南方金融创新研究院
Guangdong Southern Finance Innovation Research

所 属 类 别 / 社会智库
主 管 单 位 /
成 立 时 间 / 2014 年
第 一 负 责 人 /
合 作 机 构 /
办 公 地 址 / 广东省广州市越秀区广州大道北 197 号新达城广场北塔 2005 室 （510075）
电话(传真) / 020-89993197
邮　　箱 / 1019672173@ qq. com
网　　址 /
主要研究领域：
金融发展；金融风险防范

369 广东农村研究院
Guangdong Institute for Rural Studies

所 属 类 别 / 社会智库
主 管 单 位 /
成 立 时 间 /
第 一 负 责 人 / 颜学亮
合 作 机 构 / 广东省农业科学院、广东省农业产业化龙头企业协会、中共广东省委
　　　　　　　农村工作办公室、广东省农业农村厅、广东省人民政府发展研究中心
办 公 地 址 / 广东省广州市天河区金颖路 31 号 （510640）
电话(传真) / 020-38261363 （020-38261327）
邮　　箱 / gdncyjy@ 163. com
网　　址 / http://www. gdirs. org
主要研究领域：
"三农" 问题

G

370 广东省人民政府发展研究中心
Development Research Center of Guangdong

所 属 类 别 / 党政智库—省/区/市政府所属

主 管 单 位 / 广东省人民政府

成 立 时 间 / 1986 年

第一负责人 / 钟旋辉

合 作 机 构 /

办 公 地 址 / 广东省广州市越秀区东风中路 305 号大院 8 号楼 5 层、6 层（510040）

电话(传真) / 020-83132970（020-83344485）

邮　　箱 / yjzxmsc@ gd. gov. cn

网　　址 / http://gdyjzx. gd. gov. cn

主要研究领域：

宏观经济；发展战略和区域经济；产业经济和产业；农村经济；对外经济关系；社会发展；企业改革和发展；财税金融

371 广东省社会科学院
Guangdong Academy of Social Sciences

所 属 类 别 / 科研院所智库

主 管 单 位 / 中共广东省委、广东省人民政府

成 立 时 间 / 1972 年

第一负责人 / 王廷惠

合 作 机 构 /

办 公 地 址 / 广东省广州市天河区天河北路 618 号（510635）

电话(传真) / 020-38809459

邮　　箱 /

网　　址 / http://www. gdass. org

主要研究领域：

财政金融；现代化战略；文化产业；经济问题；社会与人口

372 广东省社会治理研究中心

所 属 类 别 / 高校智库

主 管 单 位 / 华南理工大学

成 立 时 间 / 2015 年 3 月

第一负责人 / 吴克昌

合 作 机 构 /

办 公 地 址 / 广东省广州市天河区五山路 381 号华南理工大学公共管理学院（510640）

电话(传真) /

邮　　箱 / hgwukechang@ 126. com

网　　址 /

主要研究领域：

社会保障政策；民政政策；社会建设与社会政策

373　广东外语外贸大学低碳经济与环境能源法研究中心

所 属 类 别／高校智库

主 管 单 位／广东外语外贸大学

成 立 时 间／

第 一 负 责 人／杨解君

合 作 机 构／

办 公 地 址／广东省广州市白云区白云大道北 2 号广东外语外贸大学（510420）

电话(传真)／

邮　　箱／

网　　址／

主要研究领域：

低碳经济与能源；应对气候变化与环境法

374　广东外语外贸大学广东国际战略研究院
Guangdong Institute for International Strategies, Guangdong University of Foreign Studies

所 属 类 别／高校智库

主 管 单 位／广东外语外贸大学

成 立 时 间／2009 年 11 月

第 一 负 责 人／隋广军

合 作 机 构／

办 公 地 址／广东省广州市白云区白云大道北 2 号广东国际战略研究院（510420）

电话(传真)／020-36205613（020-86253521）

邮　　箱／giis2015@ qq. com

网　　址／https://giis. gdufs. edu. cn

主要研究领域：

广东国际化战略理论、实践与政策

375　广东外语外贸大学广州国际商贸中心重点研究基地
Institute of City Strategy Studies, Guangdong University of Foreign Studies

所 属 类 别／高校智库

主 管 单 位／广东外语外贸大学

成 立 时 间／2010 年

第 一 负 责 人／张昱

合 作 机 构／

办 公 地 址／广东省广州市番禺区广州大学城外环东路 178 号（510006）

电话(传真)／020-39328916

邮　　箱／200311137@ oamail. gdufs. edu. cn

网　　址／https://gzsm. gdufs. edu. cn

主要研究领域：

开放型经济；区域与城市问题；现代产业体系

G

376 广东外语外贸大学广州绿色发展法治研究中心

所 属 类 别／高校智库
主 管 单 位／广东外语外贸大学
成 立 时 间／2015 年 9 月
第一负责人／谈萧
合 作 机 构／
办 公 地 址／广东省广州市白云区白云大道北 2 号广东外语外贸大学（510420）
电话(传真)／020-36641756
邮　　箱／
网　　址／
主要研究领域：
粤港澳大湾区绿色发展协同法制；广州对外经贸中的绿色壁垒法律问题；广州对外经贸中的绿色壁垒法律问题

377 广东外语外贸大学国际服务外包研究院（国际服务经济研究院）

所 属 类 别／高校智库
主 管 单 位／广东外语外贸大学
成 立 时 间／2009 年 10 月
第一负责人／林吉双
合 作 机 构／
办 公 地 址／广东省广州市白云区白云大道北 2 号广东外语外贸大学（510420）
电话(传真)／020-39328926（020-39328926）
邮　　箱／201120065@ oamail. gdufs. edu. cn
网　　址／https://riiso-e. gdufs. edu. cn
主要研究领域：
国际服务外包；国际服务经济理论和实践前沿

378 广东外语外贸大学国际经济贸易研究院
Institute of International Trade and Economics, Guangdong University of Foreign Studies

所 属 类 别／高校智库
主 管 单 位／广东外语外贸大学
成 立 时 间／2006 年 4 月
第一负责人／王俊
合 作 机 构／
办 公 地 址／广东省广州市番禺区广州大学城广东外语外贸大学（南校区）校行政
　　　　　　楼 412 室（510006）
电话(传真)／020-39328818
邮　　箱／
网　　址／https://rcite. gdufs. edu. cn
主要研究领域：
WTO 与中国外经贸发展理论；区域经济一体化与粤港澳合作；国际投资与跨国公司

379　广东外语外贸大学加拿大研究中心
Center for Canadian Studies, Guangdong University of Foreign Studies

所 属 类 别 / 高校智库
主 管 单 位 / 广东外语外贸大学
成 立 时 间 / 1995 年
第一负责人 / 唐小松
合 作 机 构 /
办 公 地 址 / 广东省广州市白云区白云大道北 2 号广东外语外贸大学科研楼 507 室
　　　　　　（510420）
电话(传真) / 020-36602075（020-36602075）
邮　　　箱 / gdufsccs@163.com
网　　　址 / http://ccs.gdufs.edu.cn
主要研究领域：
加拿大政治与外交、经济与贸易、社会与法律、文化与教育

380　广东外语外贸大学欧洲研究中心
Center for European Studies, Guangdong University of Foreign Studies

所 属 类 别 / 高校智库
主 管 单 位 / 广东外语外贸大学
成 立 时 间 / 1997 年
第一负责人 / 孙楚仁
合 作 机 构 /
办 公 地 址 / 广东省广州市白云区白云大道北 2 号广东外语外贸大学（510420）
电话(传真) / 020-36641366
邮　　　箱 / esc@gdufs.edu.cn
网　　　址 / https://ces.gdufs.edu.cn
主要研究领域：
欧洲问题

381　广东外语外贸大学区域一体化法治研究中心（广东省地方立法研究评估与咨询服务基地、信访法治与国家治理研究中心、党内法规研究中心）

所 属 类 别 / 高校智库
主 管 单 位 / 广东外语外贸大学
成 立 时 间 / 2010 年 12 月（2013 年 5 月；2014 年 3 月；2017 年 7 月）
第一负责人 / 于安
合 作 机 构 / 广东省人民代表大会常务委员会、广东省依法治省办公室、广东省人民
　　　　　　政府法治办公室、北京市信访矛盾分析研究中心、广东外语外贸大学
办 公 地 址 / 广东省广州市白云区白云大道北 2 号广东外语外贸大学（510420）
电话(传真) /
邮　　　箱 /
网　　　址 / https://fzw2008.gdufs.edu.cn
主要研究领域：区域一体化进程中法律领域的重大理论和实践问题

G

382 广东外语外贸大学粤港澳大湾区研究院
Institute of Studies for the Greater Bay Area（Guangdong，Hong-kong，Macau），Guangdong University of Foreign Studies

所 属 类 别／高校智库
主 管 单 位／广东外语外贸大学
成 立 时 间／2017 年 6 月
第一负责人／申明浩
合 作 机 构／
办 公 地 址／广东省广州市白云区白云大道北 2 号广东外语外贸大学（510420）
电话(传真)／020-86253521
邮　　箱／smh@ gdufs. edu. cn
网　　址／https://ygadwq. gdufs. edu. cn
主要研究领域：
粤港澳大湾区的理论、政策和实践问题

383 广东外语外贸大学粤商研究中心
Center for Cantonese Merchants Research，Guangdong University of Foreign Studies

所 属 类 别／高校智库
主 管 单 位／广东外语外贸大学
成 立 时 间／
第一负责人／申明浩
合 作 机 构／
办 公 地 址／广东省广州市白云区白云大道北 2 号广东外语外贸大学院系办公楼粤商研究中心（510420）
电话(传真)／020-39327245（020-39328916）
邮　　箱／GDCCMR@ 163. com
网　　址／https://ys. gdufs. edu. cn
主要研究领域：粤商兴衰与社会经济发展规律

384 广东亚太创新经济研究院
Asia-Pacific Innovation Economic Research Institute of Guangdong

所 属 类 别／社会智库
主 管 单 位／广东省社会科学界联合会
成 立 时 间／2013 年 11 月
第一负责人／李志坚
合 作 机 构／
办 公 地 址／广东省广州市天河区珠江西路 5 号广州国际金融中心 3511 室、3512 室（510063）
电话(传真)／020-87350188
邮　　箱／apimkt@ bizdao. com. cn
网　　址／https://www. guangdongaper. com
主要研究领域：
全球经济；国内经济改革；经济社会发展

385 广西创新发展研究院
Guangxi Research Institute for Innovation and Development

所 属 类 别 / 高校智库
主 管 单 位 / 广西大学
成 立 时 间 / 2016 年 11 月
第一负责人 / 王乃学
合 作 机 构 /
办 公 地 址 / 广西南宁市大学东路 100 号广西大学（530004）
电话(传真) / 0771-3242090
邮　　　箱 / gxcxfzyjy@ gxu. edu. cn
网　　　址 / https: //cfy. gxu. edu. cn
主要研究领域：
创新发展

386 广西大学中国—东盟研究院
China-ASEAN Research Institute of Guangxi University

所 属 类 别 / 高校智库
主 管 单 位 / 广西大学
成 立 时 间 / 2005 年 1 月
第一负责人 / 梁颖
合 作 机 构 /
办 公 地 址 / 广西南宁市西乡塘区大学路 100 号广西大学国际学院（530000）
电话(传真) / 0771-3274451
邮　　　箱 / webmaster@ gxu. edu. cn
网　　　址 / https: //cacic. gxu. edu. cn
主要研究领域：
中国—东盟自由贸易区发展；大湄公河次区域（GMS）；泛北部湾区域发展；中马产业园发展；中国—东盟生态；中国—东盟财政金融政策；国际关系；民族文化；法律关系

G

387 广西旅游科学研究所
Guangxi Tourism Research Institute

所 属 类 别 / 社会智库
主 管 单 位 /
成 立 时 间 /
第一负责人 / 梁业章
合 作 机 构 /
办 公 地 址 / 广西桂林市雁山区雁山镇良丰路 26 号（541006）
电话(传真) / 0773-3569673
邮　　　箱 / gxta@ gltu. edu. cn
网　　　址 / https: //gxlykxyjs. gltu. edu. cn
主要研究领域：
区域旅游发展规划；旅游项目策划；乡村旅游开发；旅游景区开发设计

388　广西民族大学东盟研究中心（中国—东盟研究中心）

所 属 类 别／高校智库

主 管 单 位／广西民族大学

成 立 时 间／2011 年

第一负责人／李珍刚

合 作 机 构／

办 公 地 址／广西南宁市西乡塘区大学西路 158 号广西民族大学思源湖校区
（530004）

电话(传真)／0771-3267011

邮　　箱／

网　　址／https://dnyjzx.gxmzu.edu.cn

主要研究领域：

东南亚国别与区域问题；中国—东盟关系的发展

389　广西社会科学院
Guangxi Academy of Social Sciences

所 属 类 别／科研院所智库

主 管 单 位／广西壮族自治区人民政府

成 立 时 间／1977 年 9 月

第一负责人／陈立生

合 作 机 构／

办 公 地 址／广西南宁市青秀区新竹路 5 号（530022）

电话(传真)／0771-5869199（0771-5865753）

邮　　箱／

网　　址／http://www.gass.gx.cn

主要研究领域：

中国特色社会主义；区域经济；工业经济；农村发展；文化建设；东南亚及东盟问题；当代广西

390　广西西大旅游科学研究院

所 属 类 别／高校智库

主 管 单 位／广西大学

成 立 时 间／2007 年

第一负责人／阳国亮

合 作 机 构／

办 公 地 址／广西南宁市青秀区民族大道 12 号丽原天际大厦 3807 室（530001）

电话(传真)／0771-3809536

邮　　箱／

网　　址／

主要研究领域：

旅游资源开发与规划；生态旅游；旅游经济；旅游教育；旅游管理

391 广西西大县域经济发展研究院
Guangxi Xida County Economic Development Research Institute

所 属 类 别 / 高校智库
主 管 单 位 / 广西大学
成 立 时 间 /
第 一 负 责 人 / 宁旭初
合 作 机 构 /
办 公 地 址 / 广西南宁市西乡塘区大学东路 100 号广西大学校友之家 5 楼（530004）
电话(传真) / 0771-3394896（0771-3394896）
邮　　箱 / xdxyjj@126.com
网　　址 / https://xyjj.gxu.edu.cn
主要研究领域：
县域发展战略与创新；乡村振兴；文化与旅游经济；区域金融；县域治理；产业发展；县域经济大数据；生态农业发展

392 广西壮族自治区人民政府发展研究中心

所 属 类 别 / 党政智库—省/区/市政府所属
主 管 单 位 / 广西壮族自治区人民政府
成 立 时 间 / 2001 年 4 月
第 一 负 责 人 / 杨丛
合 作 机 构 /
办 公 地 址 / 广西南宁市青秀区民生路 2 号政府大院（530012）
电话(传真) / 0771-2807651（0771-2619178）
邮　　箱 /
网　　址 / http://www.gxyjzx.com
主要研究领域：
西部大开发；产业政策；对外贸易；周边国家和地区经济与社会；人力资源开发；收入分配；社会保障；自然资源合理开发与利用；环境保护

393 广州大学当代文化研究中心

所 属 类 别 / 高校智库
主 管 单 位 / 广州大学
成 立 时 间 /
第 一 负 责 人 / 陶东风
合 作 机 构 /
办 公 地 址 / 广东省广州市番禺区大学城外环西路 230 号广州大学（510006）
电话(传真) /
邮　　箱 / lvheying@126.com
网　　址 / http://iccs.gzhu.edu.cn
主要研究领域：
当代文化

G

394 广州大学电子商务研究院

所属类别／高校智库

主管单位／广州大学

成立时间／2016 年 10 月

第一负责人／孙延明

合作机构／

办公地址／广东省广州市番禺区大学城外环西路 230 号广州大学行政东楼前座 408
室（510006）

电话(传真)／

邮　　箱／somhuanglj@ gzhu. edu. cn

网　　址／http://iec. gzhu. edu. cn

主要研究领域：

农业电子商务；冷链物流；电商数据与风险防控

395 广州大学高等教育研究所

所属类别／高校智库

主管单位／广州大学

成立时间／2001 年 10 月

第一负责人／汤晓蒙

合作机构／

办公地址／广东省广州市番禺区大学城外环西路 230 号广州大学（510006）

电话(传真)／

邮　　箱／1826197534@ qq. com

网　　址／http://ihe. gzhu. edu. cn

主要研究领域：

高等教育

396 广州大学公法研究中心
The Research Center for Public Law, Guangzhou University

所属类别／高校智库

主管单位／广州大学

成立时间／2010 年 11 月

第一负责人／应松年

合作机构／

办公地址／广东省广州市番禺区大学城外环西路 230 号广州大学（510006）

电话(传真)／

邮　　箱／publiclawgz@ 163. com

网　　址／http://pl. gzhu. edu. cn

主要研究领域：

宪政与宪法；司法制度改革及评价；国家义务、责任政府；行政法、行政诉讼与行政复议制度；社会管理体制问题

397　广州大学广州发展研究院（广东发展研究院）

Guangzhou Development Research Institute, Guangzhou University （Guangdong Development Research Institute）

所 属 类 别 / 高校智库
主 管 单 位 / 广州大学
成 立 时 间 / 2003 年 2 月
第一负责人 / 谭苑芳
合 作 机 构 /
办 公 地 址 / 广东省广州市越秀区桂花岗东 1 号广州大学桂花岗校区 3 号楼（数理
　　　　　　楼）5 层（510405）
电话(传真) / 020-86236001（020-86236001）
邮　　　箱 /
网　　　址 / http: //gda. gzhu. edu. cn
主要研究领域:
特大城市经济社会发展战略；新型城镇化；科技创新与文化软实力

398　广州大学华南人文地理与城市发展研究中心

Center for Human Geography and Urban Development, Guangzhou University

所 属 类 别 / 高校智库
主 管 单 位 / 广州大学
成 立 时 间 / 2018 年 10 月
第一负责人 / 朱竑
合 作 机 构 /
办 公 地 址 / 广东省广州市番禺区大学城外环西路 230 号广州大学（510006）
电话(传真) /
邮　　　箱 / zhuhong@ gzhu. edu. cn
网　　　址 / http: //hgud. gzhu. edu. cn
主要研究领域:
社会文化地理；旅游地理；城市地理

399　广州大学金融研究院（广州国际金融研究院）

Institute of Finance, Guangzhou University （Guangzhou Institute of International Finance）

所 属 类 别 / 高校智库
主 管 单 位 / 广州大学
成 立 时 间 /
第一负责人 / 李正辉
合 作 机 构 /
办 公 地 址 / 广东省广州市番禺区大学城外环西路 230 号广州大学（510006）
电话(传真) / 020-26097393
邮　　　箱 /
网　　　址 / http: //afr. gzhu. edu. cn
主要研究领域:
金融统计；金融工程；产业金融

G

400　广州大学科技创新法治研究中心

所 属 类 别 / 高校智库
主 管 单 位 / 广州大学
成 立 时 间 / 2020 年 3 月
第 一 负 责 人 / 董皞
合 作 机 构 /
办 公 地 址 / 广东省广州市番禺区大学城外环西路 230 号广州大学（510006）
电话(传真) / 020-39366461
邮　　箱 /
网　　址 / http://kjcxfz.gzhu.edu.cn
主要研究领域:
科技创新法治

401　广州大学岭南文化艺术研究院
Academy of Lingnan Culture and Arts, Guangzhou University

所 属 类 别 / 高校智库
主 管 单 位 / 广州大学
成 立 时 间 /
第 一 负 责 人 / 纪德君
合 作 机 构 /
办 公 地 址 / 广东省广州市番禺区大学城外环西路 230 号广州大学行政东楼前座 646
　　　　　　　室、648 室（510006）
电话(传真) /
邮　　箱 /
网　　址 / http://lncaa.gzhu.edu.cn
主要研究领域:
岭南文化艺术口述史；岭南非遗文创设计体系构建与活态化传承；广东音乐传承基地

402　广州大学南方治理研究院
Institute of Southern Governance, Guangzhou University

所 属 类 别 / 高校智库
主 管 单 位 / 广州大学
成 立 时 间 /
第 一 负 责 人 / 陈潭
合 作 机 构 /
办 公 地 址 / 广东省广州市番禺区大学城外环西路 230 号广州大学（510006）
电话(传真) /
邮　　箱 /
网　　址 / http://gz-nfzl.gzhu.edu.cn
主要研究领域:
南方区域治理

G

403　广州大学人权研究院
Institute for Human Rights，Guangzhou University

所 属 类 别／高校智库
主 管 单 位／广州大学
成 立 时 间／2004 年 7 月
第一负责人／刘云生
合 作 机 构／
办 公 地 址／广东省广州市番禺区大学城外环西路 230 号广州大学（510006）
电话(传真)／020-39366733（020-39366717）
邮　　　箱／gzhumanrights@163.com
网　　　址／http://humanrights.gzhu.edu.cn
主要研究领域：
人权

404　广州大学台湾研究院

所 属 类 别／高校智库
主 管 单 位／广州大学
成 立 时 间／2013 年 10 月
第一负责人／陈潭
合 作 机 构／
办 公 地 址／广东省广州市番禺区大学城外环西路 230 号广州大学图书馆四楼台湾
　　　　　　研究院（510006）
电话(传真)／020-39341960
邮　　　箱／twyjy2016@163.com
网　　　址／http://tyy.gzhu.edu.cn
主要研究领域：
两岸农村治理；两岸教育政策；两岸婚姻家庭；两岸民间宗教信仰

405　广州大学现代产业高质量发展研究中心

所 属 类 别／高校智库
主 管 单 位／广州大学
成 立 时 间／
第一负责人／孙延明
合 作 机 构／
办 公 地 址／广东省广州市番禺区大学城外环西路 230 号广州大学（510006）
电话(传真)／
邮　　　箱／
网　　　址／http://xdcy.gzhu.edu.cn
主要研究领域：
制造业高质量发展；现代服务业高质量发展；先进制造业与现代服务业融合

G

406　广州大学新结构经济学研究中心

所 属 类 别 / 高校智库

主 管 单 位 / 广州大学

成 立 时 间 /

第一负责人 / 邓宏图

合 作 机 构 / 广州大学、北京大学

办 公 地 址 / 广东省广州市番禺区大学城外环西路 230 号广州大学（510006）

电话(传真) /

邮　　箱 / gzdx_nse@163.com

网　　址 / http://inse.gzhu.edu.cn

主要研究领域：

新结构经济学

407　广州大学粤港澳传媒研究中心

所 属 类 别 / 高校智库

主 管 单 位 / 广州大学

成 立 时 间 / 2017 年 11 月

第一负责人 / 田秋生

合 作 机 构 /

办 公 地 址 / 广东省广州市番禺区大学城外环西路 230 号广州大学（510006）

电话(传真) /

邮　　箱 /

网　　址 / http://media.gzhu.edu.cn

主要研究领域：

粤港澳台新闻传播史；粤港澳台政治传播；粤港澳台传媒产业

408　广州大学粤港澳大湾区社会发展与教育政策研究院

Bay Area Education Policy Institute for Social Development, Guangzhou University

所 属 类 别 / 高校智库

主 管 单 位 / 广州大学

成 立 时 间 /

第一负责人 / 谢爱磊

合 作 机 构 /

办 公 地 址 / 广东省广州市番禺区大学城外环西路 230 号广州大学（510006）

电话(传真) /

邮　　箱 /

网　　址 / http://baepi.gzhu.edu.cn

主要研究领域：

粤港澳大湾区社会发展与教育政策

G

409　广州大学智慧交通与安全研究中心

所属类别／高校智库

主管单位／广州大学

成立时间／2019 年

第一负责人／

合作机构／

办公地址／广东省广州市番禺区大学城外环西路 230 号广州大学（510006）

电话(传真)／020-39366955

邮　　箱／

网　　址／http://zhjtaq.gzhu.edu.cn

主要研究领域：

粤港澳大湾区城市群的交通基础设施安全营运

410　广州大学中国特色社会主义理论体系研究中心

所属类别／高校智库

主管单位／广州大学

成立时间／

第一负责人／赵中源

合作机构／

办公地址／广东省广州市番禺区大学城外环西路 230 号广州大学（510006）

电话(传真)／

邮　　箱／

网　　址／http://ztgzdxjd.gzhu.edu.cn

主要研究领域：

习近平新时代中国特色社会主义思想；科学社会主义理论与中国实践；科学社会主义理论与中国实践

411　广州廉政建设研究中心（广州大学廉政研究中心）

所属类别／高校智库

主管单位／广州大学

成立时间／

第一负责人／刘雪明

合作机构／

办公地址／广东省广州市番禺区大学城外环西路 230 号广州大学（510006）

电话(传真)／020-39366152

邮　　箱／

网　　址／http://gzlz.gzhu.edu.cn

主要研究领域：

廉政建设与党政治理；廉政政策与廉政法规；廉洁文化与廉政信息

G

412　广州市社会科学院
Guangzhou Academy of Social Sciences

所 属 类 别 / 科研院所智库
主 管 单 位 / 中共广州市委
成 立 时 间 / 1981 年 7 月
第一负责人 / 张跃国
合 作 机 构 /
办 公 地 址 / 广东省广州市白云区云城街润云路 119 号（510410）
电话(传真) / 020-86464336（020-86464123）
邮　　　箱 /
网　　　址 / http://www.gzass.gd.cn
主要研究领域：
社会学与社会政策；宏观经济；区域经济；城市管理；现代市场；数量经济；产业经济与企业管理；国际问题；科技政策；政治法律

413　广州中医药大学高等教育研究所

所 属 类 别 / 高校智库
主 管 单 位 / 广州中医药大学
成 立 时 间 /
第一负责人 / 陈建南
合 作 机 构 /
办 公 地 址 / 广东省广州市番禺区广州大学城外环东路 232 号（510006）
电话(传真) /
邮　　　箱 /
网　　　址 /
主要研究领域：
高等教育

414　贵州大学东盟研究院
Association of Southeast Asian Nations Research Institute, Guizhou University

所 属 类 别 / 高校智库
主 管 单 位 / 贵州大学
成 立 时 间 / 2009 年
第一负责人 / 杨达
合 作 机 构 /
办 公 地 址 / 贵州省贵阳市花溪区甲秀南路贵州大学西校区（550025）
电话(传真) / 0851-88305159（0851-88305159）
邮　　　箱 / asean_gzu@163.com
网　　　址 / http://asean.gzu.edu.cn
主要研究领域：
东盟国家教育、文化、农业经济、国际政治

415 贵州大学人口·社会·法制研究中心

所 属 类 别 / 高校智库
主 管 单 位 / 贵州大学
成 立 时 间 / 2004 年 5 月
第一负责人 / 杨军昌
合 作 机 构 /
办 公 地 址 / 贵州省贵阳市花溪区甲秀南路贵州大学西校区（550025）
电话(传真) /
邮 箱 /
网 址 /
主要研究领域：
人口与社会发展；人口与法制；人的全面发展与政治文明建设

416 贵州大学新农村发展研究院

所 属 类 别 / 高校智库
主 管 单 位 / 贵州大学
成 立 时 间 / 2013 年 12 月
第一负责人 / 张明生
合 作 机 构 /
办 公 地 址 / 贵州省贵阳市花溪区甲秀南路贵州大学西校区崇德楼251室（550025）
电话(传真) /
邮 箱 /
网 址 / http://nrdi.gzu.edu.cn
主要研究领域：
畜禽养殖污染控制与资源化利用；产地环境质量与农产品安全；山地生态农业与智
慧农业

G

417 贵州大学中国喀斯特地区乡村振兴研究院

所 属 类 别 / 高校智库
主 管 单 位 / 贵州大学
成 立 时 间 / 2010 年
第一负责人 / 王红蕾
合 作 机 构 /
办 公 地 址 / 贵州省贵阳市花溪区甲秀南路贵州大学北校区出版社3层（550025）
电话(传真) / 0851-83624001
邮 箱 /
网 址 /
主要研究领域：
新时代文明实践与乡村治理创新；数字化改革与基层治理现代化

418 贵州民族大学贵州民族科学研究院

所属类别／高校智库
主管单位／贵州民族大学
成立时间／2004 年 9 月
第一负责人／王国勇
合作机构／
办公地址／贵州省贵阳市花溪区花溪大道南段贵州民族大学（550025）
电话(传真)／0851-83610003（0851-83610003）
邮　　箱／mzyjy@gzmu.edu.cn
网　　址／http://mkyjy.gzmu.edu.cn
主要研究领域：
民族学人类学理论；民族经济；民族教育；民族语言文字；民族历史文化；彝文文献；傩戏和傩文化

419 贵州民族大学贵州山地旅游与民族经济研究院

所属类别／高校智库
主管单位／贵州民族大学
成立时间／2016 年
第一负责人／龚锐
合作机构／
办公地址／贵州省贵阳市花溪区花溪大道南段贵州民族大学（550025）
电话(传真)／
邮　　箱／
网　　址／
主要研究领域：
山地旅游与民族经济

420 贵州民族大学民族文化产业发展研究中心
Development Research Center of National Culture Industries in Guizhou Minzu University

所属类别／高校智库
主管单位／贵州民族大学
成立时间／2012 年 12 月
第一负责人／喻健
合作机构／
办公地址／贵州省贵阳市花溪区溪大道南段贵州民族大学（老校区）实训大楼 2 层（550025）
电话(传真)／0851-8526785
邮　　箱／mzwhcy@126.com
网　　址／http://whcyzx.gzmu.edu.cn
主要研究领域：
民族文化产业

421 贵州民族大学社会建设与反贫困研究院

所 属 类 别／高校智库
主 管 单 位／贵州民族大学
成 立 时 间／
第 一 负 责 人／黄路
合 作 机 构／
办 公 地 址／贵州省贵阳市花溪区花溪大道南段贵州民族大学（550025）
电话(传真)／
邮　　箱／
网　　址／
主要研究领域：
社会建设与反贫困

422 贵州省大数据产业发展应用研究院
Guizhou Big Data Academy

所 属 类 别／高校智库
主 管 单 位／贵州大学
成 立 时 间／2014 年 5 月
第 一 负 责 人／梅宏
合 作 机 构／贵阳市人民政府、贵安新区管理委员会、贵州大学
办 公 地 址／贵州省贵阳市南明区沙冲南路 32 号（550007）
电话(传真)／
邮　　箱／
网　　址／
主要研究领域：
大数据产业

423 贵州省人民政府发展研究中心
Development Research Center of Guizhou Provincial People's Government

所 属 类 别／党政智库—省/区/市政府所属
主 管 单 位／中共贵州省委、贵州省人民政府
成 立 时 间／1986 年
第 一 负 责 人／陈朝伦
合 作 机 构／
办 公 地 址／贵州省贵阳市云岩区八角岩省政府大院 9 号楼（550004）
电话(传真)／0851－86892633（0851－86892633）
邮　　箱／drc332@ 126. com
网　　址／http：//drc. guizhou. gov. cn
主要研究领域：
贵州省经济社会发展战略与规划；农村经济；工业经济；财政金融贸易；社会发展；对外经济

G

424　贵州省社会科学院
Guizhou Academy of Social Sciences

所 属 类 别／科研院所智库
主 管 单 位／中共贵州省委、贵州省人民政府
成 立 时 间／1978 年 3 月
第一负责人／张学立
合 作 机 构／
办 公 地 址／贵州省贵阳市南明区梭石巷 19 号（550002）
电话(传真)／0851-85929673（0851-85929673）
邮　　箱／gzskydzb@126.com
网　　址／http://sky.guizhou.gov.cn
主要研究领域：
传媒与舆情；区域经济；城市经济；农村发展；对外经济；文化产业；扶贫

425　国观智库
Grandview Institution

所 属 类 别／社会智库—企业
主 管 单 位／
成 立 时 间／2013 年
第一负责人／任力波
合 作 机 构／
办 公 地 址／北京市西城区宣武门外南柳巷 3 号（100052）
电话(传真)／010-62158609（010-62158609）
邮　　箱／Info@grandviewcn.com
网　　址／http://www.grandviewcn.com
主要研究领域：
海洋战略与安全；"一带一路"投资与风险；边疆综合治理与周边安全；东北亚安全与合作；中欧关系；中美关系

426　国家毒品问题治理研究中心（毒品犯罪与对策研究中心）
National Research Center of Drug Issues Governance（Research Center of Drug Crime and Countermeasures）

所 属 类 别／合作智库
主 管 单 位／最高人民法院刑事审判第五庭、国家禁毒委员会办公室、西南政法大学
成 立 时 间／2017 年 6 月
第一负责人／梅传强
合 作 机 构／最高人民法院刑事审判第五庭、国家禁毒委员会办公室、西南政法大学
办 公 地 址／重庆市渝北区宝圣大道 301 号西南政法大学敬业楼（401120）
电话(传真)／023-67258429（023-67258429）
邮　　箱／dpyjzx@swupl.edu.cn
网　　址／http://dcppc.swupl.edu.cn
主要研究领域：
周边国家毒品犯罪形势；法律规定和司法政策

427 国家工业信息安全发展研究中心（工业和信息化部电子第一研究所）

所 属 类 别／党政智库—国务院组成部门所属

主 管 单 位／工业和信息化部

成 立 时 间／1959 年

第一负责人／赵岩

合 作 机 构／

办 公 地 址／北京市石景山区鲁谷路 35 号（100040）

电话(传真)／010-68632898

邮　　　箱／suoban@ cics-cert. org. cn

网　　　址／https://cics-cert. org. cn

主要研究领域：

两化融合；物联网；信息安全；工业经济；基础软件；战略情报；知识产权

428 国家广播电视总局广播电视规划院
Academy of Broadcasting Planning，NRTA

所 属 类 别／党政智库—国务院直属机构所属

主 管 单 位／国家广播电视总局

成 立 时 间／2004 年 4 月

第一负责人／袁敏

合 作 机 构／

办 公 地 址／北京市西城区复兴门外大街 2 号（100866）

电话(传真)／

邮　　　箱／

网　　　址／http://www. abp2003. cn/index. html

主要研究领域：

广播电视标准和规划；广播电视及网络视听信息；广播电视技术政策

429 国家广播电视总局广播电视科学研究院
Academy of Broadcasting Science，NRTA

所 属 类 别／党政智库—国务院直属机构所属

主 管 单 位／国家广播电视总局

成 立 时 间／1958 年 10 月

第一负责人／刘建国

合 作 机 构／

办 公 地 址／北京市西城区复兴门外大街 2 号（100866）

电话(传真)／010-86092098（010-86092048）

邮　　　箱／

网　　　址／http://www. abs. ac. cn

主要研究领域：

广播电视技术标准；广播影视技术发展战略；广播影视公共服务；广播影视产业发展

G

430　国家海洋信息中心
National Marine Data and Information Service

所 属 类 别 / 党政智库—国务院部委管理的国家局所属
主 管 单 位 / 自然资源部
成 立 时 间 / 1958 年
第一负责人 / 石绥祥
合 作 机 构 /
办 公 地 址 / 天津市河东区六纬路 93 号 （300171）
电话(传真) /
邮　　箱 / hych@ nmdis. org. cn
网　　址 / https://www. webmap. cn/store. do？ method＝store&storeId＝960
主要研究领域：
国家海洋信息发展规划及其管理制度；海洋信息的国家标准和规范；国家海洋政策
与法规；海洋事务对策

431　国家教育发展研究中心（教育部教育发展研究中心）
National Center for Education Development Research

所 属 类 别 / 党政智库—国务院组成部门所属
主 管 单 位 / 教育部
成 立 时 间 / 1986 年
第一负责人 / 彭斌柏
合 作 机 构 /
办 公 地 址 / 北京市西城区西单大木仓胡同 37 号 （100816）
电话(传真) / 010-66097042
邮　　箱 / ncedr@ moe. edu. cn
网　　址 /
主要研究领域：
教育发展战略；教育体制改革；国际教育政策比较

432　国家教育行政学院
National Academy of Education Administration

所 属 类 别 / 党政智库—国务院组成部门所属
主 管 单 位 / 教育部
成 立 时 间 / 1980 年 8 月
第一负责人 / 怀进鹏
合 作 机 构 /
办 公 地 址 / 北京市大兴区清源北路 8 号 （102617）
电话(传真) / 010-69248888
邮　　箱 / webmaster@ naea. edu. cn
网　　址 / https://www. naea. edu. cn
主要研究领域：
教育管理；教育行政；教育改革；比较教育；教育公共关系；现代教育信息技术；
教育经济学

G

433　国家金融与发展实验室
National Institution for Finance & Development

所 属 类 别／高端智库，科研院所智库

主 管 单 位／中国社会科学院

成 立 时 间／2015 年 5 月

第一负责人／张晓晶

合 作 机 构／

办 公 地 址／北京市朝阳区京广中心商务楼 9 层（100020）

电话(传真)／010-65973608（010-65973508）

邮　　　箱／office@ nifd. cn

网　　　址／http://www. nifd. cn

主要研究领域：

货币金融政策；金融改革与发展；金融创新与监管；金融安全与风险管理；全球协调与政策协调

434　国家粮食和物资储备局科学研究院
Academy of National Food and Strategic Reserves Administration

所 属 类 别／党政智库—国务院部委管理的国家局所属

主 管 单 位／国家粮食和物资储备局

成 立 时 间／1957 年 1 月

第一负责人／徐高鹏

合 作 机 构／

办 公 地 址／北京市西城区百万庄大街 11 号（100037）

电话(传真)／

邮　　　箱／bgs@ chinagrain. org

网　　　址／http://106. 38. 157. 59

主要研究领域：

粮油储藏与品质保鲜；粮油资源加工转化及综合利用；粮油食品营养与安全控制；粮油标准及检测；粮食物流工程；粮食技术经济与产业发展战略

435　国家林业和草原局发展研究中心（国家林业和草原局法律事务中心）

所 属 类 别／党政智库—国务院直属机构所属

主 管 单 位／国家林业和草原局

成 立 时 间／2000 年

第一负责人／袁继明

合 作 机 构／

办 公 地 址／北京市东城区和平里东街 18 号（100714）

电话(传真)／

邮　　　箱／

网　　　址／

主要研究领域：林业发展与"三农"；农村林业减贫；林业宏观发展战略与对策；林业发展理论与政策；林业就业与生物质能源；林业法制；林业碳汇市场机制

G

436 国家林业和草原局西北自然保护区研究中心
Northwest Nature Reserve Research Center of State Forestry Administration

所 属 类 别 / 党政智库—国务院直属机构所属
主 管 单 位 / 西北农林科技大学
成 立 时 间 / 2007 年 1 月
第 一 负 责 人 / 张文辉
合 作 机 构 /
办 公 地 址 / 陕西省咸阳市杨凌区邰城路 3 号西北农林科技大学林学院（712100）
电话(传真) /
邮　　　箱 / 839951676@qq.com
网　　　址 /
主要研究领域：
保护区科学管理；保护区规范化评价、监测与数据共享；保护区生态与生物多样性

437 国家林业和草原局自然保护区研究中心
Nature Reserve Research Center of State Forestry Administration，P. R. China

所 属 类 别 / 高校智库
主 管 单 位 / 北京林业大学、国家林业和草原局
成 立 时 间 / 2001 年 12 月
第 一 负 责 人 / 杜华
合 作 机 构 /
办 公 地 址 / 北京市海淀区清华东路 35 号（100083）
电话(传真) / 010-62338266（010-62338547）
邮　　　箱 / nrrc8266@fnrrc.com
网　　　址 / http://www.fnrrc.com
主要研究领域：
野生动植物资源；自然保护区经济与政策

438 国家税务总局税收科学研究所
Taxation Institute of State Administration of Taxation

所 属 类 别 / 党政智库—国务院直属机构所属
主 管 单 位 / 国家税务总局
成 立 时 间 / 1998 年 10 月
第 一 负 责 人 /
合 作 机 构 /
办 公 地 址 / 北京市海淀区羊坊店西路 5 号（100038）
电话(传真) /
邮　　　箱 /
网　　　址 /
主要研究领域：
税收理论；税收政策；税收制度；税收管理；国外税收理论、政策、制度和管理

439　国家体育总局体育科学研究所
China Institute of Sport Science

所 属 类 别／党政智库—国务院直属机构所属
主 管 单 位／国家体育总局
成 立 时 间／1958 年
第一负责人／曹景伟
合 作 机 构／
办 公 地 址／北京市东城区体育馆路 11 号（100061）
电话(传真)／010-87182527（010-87182600）
邮　　箱／kys@ ciss. cn
网　　址／http://www. ciss. cn
主要研究领域：
国民体质监测和健身；优秀运动员竞技能力；体育产业发展与政策；体育工程技术

440　国家统计局统计科学研究所

所 属 类 别／党政智库—国务院直属机构所属
主 管 单 位／国家统计局
成 立 时 间／1980 年
第一负责人／闫海琪
合 作 机 构／
办 公 地 址／北京市西城区月坛南街 75 号（100826）
电话(传真)／010-68783979
邮　　箱／yjsinfo@ stats. gov. cn
网　　址／http://www. nssc. stats. gov. cn
主要研究领域：
统计学基础理论；统计制度方法改革；数理统计与抽样技术；宏观经济运行监测和
预警

**441　国家统计局统计科学研究所山东大学研究基地（山东大学生活质量与公共
政策研究中心）**

所 属 类 别／高校智库
主 管 单 位／山东大学
成 立 时 间／2009 年（2010 年）
第一负责人／邢占军
合 作 机 构／
办 公 地 址／山东省青岛市即墨区鳌山卫街道滨海路 72 号（266237）
电话(传真)／0532-58630326
邮　　箱／webmaster@ sdu. edu. cn
网　　址／http://www. shzlyj. qd. sdu. edu. cn
主要研究领域：
中国国民幸福感；居民生活质量；生活质量与公共政策；公共部门人力资源评价

G

442 国家卫生健康委员会人口文化发展中心
Population Culture Development Center, NHC

所 属 类 别／党政智库—国务院组成部门所属
主 管 单 位／国家卫生健康委员会
成 立 时 间／2006 年 8 月
第 一 负 责 人／张建兵
合 作 机 构／
办 公 地 址／北京市丰台区菜户营天伦北里小区 7 号楼（100054）
电话(传真)／010-63505117
邮　　　箱／
网　　　址／http://www.nhfpcpcdc.org.cn
主要研究领域：
人口与发展政策；人口与计划生育公共管理及服务

443 国家卫生健康委员会卫生发展研究中心
China National Health Development Research Center

所 属 类 别／党政智库—国务院组成部门所属
主 管 单 位／国家卫生健康委员会
成 立 时 间／1991 年
第 一 负 责 人／付强
合 作 机 构／
办 公 地 址／北京市西城区车公庄大街 9 号五栋大楼 B3 座 3 层、4 层（100044）
电话(传真)／010-88385597（010-88385597）
邮　　　箱／
网　　　址／http://www.nhei.cn
主要研究领域：
卫生政策；卫生财政；医疗保障制度；医院管理与改革；农村卫生；社区卫生；公共卫生与风险；卫生人力资源；卫生发展战略；卫生经济信息；新型农村合作医疗

444 国家卫生健康委员会医药卫生科技发展研究中心
Development Center for Medical Science and Technology, National Health Commission of the People's Republic of China

所 属 类 别／党政智库—国务院组成部门所属
主 管 单 位／国家卫生健康委员会
成 立 时 间／
第 一 负 责 人／郑忠伟
合 作 机 构／
办 公 地 址／北京市西城区车公庄大街 9 号五栋大楼 B3 座 2 层、5 层（100044）
电话(传真)／010-88387015（010-88387015）
邮　　　箱／dcmst@dcmst.org.cn
网　　　址／
主要研究领域：
卫生健康科技发展重大政策；战略和规划

445　国家卫生健康委员会医院管理研究所
National Institute of Hospital Administration，NHC

所 属 类 别／党政智库—国务院组成部门所属
主 管 单 位／国家卫生健康委员会
成 立 时 间／1991 年 8 月
第一负责人／叶全富
合 作 机 构／
办 公 地 址／北京市海淀区首体南路 6 号院 3 号楼（100044）
电话(传真)／
邮　　　箱／s62026607@163.com
网　　　址／
主要研究领域：医院管理科学；医疗质量管理；医疗服务评价；医疗安全与风险管理；医院战略与发展；药事管理

446　国家卫生健康委员会职业安全卫生研究中心（国家卫生健康委员会煤炭工业职业医学研究中心）
National Center for Occupational Safety and Health（National Center for Occupation Medicine of Coal Indysty），NHC

所 属 类 别／党政智库—国务院直属机构所属
主 管 单 位／国家卫生健康委员会
成 立 时 间／1986 年 5 月
第一负责人／樊晶光
合 作 机 构／
办 公 地 址／北京市门头沟区石龙北路 27 号（102308）
电话(传真)／010-69805342（010-69805342）
邮　　　箱／niosh@niosh.org.cn
网　　　址／http://www.niosh.org.cn
主要研究领域：
职业卫生政策、法律规章、标准规范；职业卫生基础理论；职业危害防治；职业危害事故调查

447　国家文化产业创新与发展研究基地
Cultural Industry Innovation & Development Academe

所 属 类 别／合作智库—政校合作
主 管 单 位／文化和旅游部、上海交通大学
成 立 时 间／1999 年 12 月
第一负责人／胡惠林
合 作 机 构／文化和旅游部、上海交通大学
办 公 地 址／上海市徐汇区华山路 1954 号（200030）
邮　　　箱／h-huilin@163.com
网　　　址／
主要研究领域：WTO 与中国文化产业；文化发展战略；文化产业发展；文化体制改革；中国文化安全形势与对策；中国文化消费；文化资本与文化投融资体系

G

448 国家信息中心（国家电子政务外网管理中心）

所 属 类 别／党政智库—国务院组成部门所属

主 管 单 位／国家发展和改革委员会

成 立 时 间／1987 年 1 月

第 一 负责人／刘宇南

合 作 机 构／

办 公 地址／北京市西城区三里河路 58 号（100045）

电话(传真)／010-68557000（010-68533919）

邮　　　箱／xinfang@ sic. gov. cn

网　　　址／http://www. sic. gov. cn

主要研究领域：

信息化决策；电子政务；电子商务；信息资源开发；信息安全

449 国家药品监督管理局南方医药经济研究所
National Medical Products Adminstration Institute of Mediacal Economics

所 属 类 别／党政智库—国务院直属机构所属

主 管 单 位／国家药品监督管理局

成 立 时 间／1996 年 10 月

第 一 负责人／卢忠

合 作 机 构／

办 公 地址／广东省广州市越秀区东风东路 753 号天誉商务大厦西塔 6 层（510080）

电话(传真)／020-37886766

邮　　　箱／nfshr888@ 126. com

网　　　址／http://www. smei. net. cn

主要研究领域：

食品药品监督管理政策法规；保健食品、化妆品、医药产业政策

450 国家应对气候变化战略研究和国际合作中心
National Center for Climate Change Strategy and International Cooperation

所 属 类 别／党政智库—国务院组成部门所属

主 管 单 位／国家发展和改革委员会

成 立 时 间／2012 年 6 月

第 一 负责人／徐华清

合 作 机 构／

办 公 地址／北京市西城区后英房胡同 5 号环境国际公约履约大楼 4 层（100035）

电话(传真)／010-82200550

邮　　　箱／

网　　　址／http://www. ncsc. org. cn

主要研究领域：

应对气候变化；碳市场

G

451 国家邮政局发展研究中心
Development & Research Center of the State Post Bureau

所 属 类 别／党政智库—国务院部委管理的国家局所属
主 管 单 位／国家邮政局
成 立 时 间／2010 年 1 月
第一负责人／王丰
合 作 机 构／
办 公 地 址／北京市西城区北礼士路甲 8 号 （100868）
电话(传真)／010-88323307 （010-88323333）
邮　　　箱／
网　　　址／http://www.spbdrc.org.cn
主要研究领域：
邮政业发展战略和纲要规划；邮政业发展政策；邮政业法规、法制体系及管理体制

452 国家知识产权局知识产权发展研究中心
Intellectual Property Development & Research Center，State Intellectual Property Office

所 属 类 别／党政智库—国务院直属机构所属
主 管 单 位／国家知识产权局
成 立 时 间／2001 年 5 月
第一负责人／白剑锋
合 作 机 构／
办 公 地 址／北京市海淀区蓟门桥西土城路 6 号 （100088）
电话(传真)／010-62083816 （010-62083849）
邮　　　箱／gaoxiaobin@sipo.gov.cn
网　　　址／http://www.cnipa-ipdrc.org.cn
主要研究领域：
知识产权战略；知识产权相关法律；知识产权政策及实务

453 国家宗教事务局宗教研究中心
Center for Religious Research of China

所 属 类 别／党政智库—国务院直属机构所属
主 管 单 位／国家宗教事务局
成 立 时 间／1989 年
第一负责人／张训谋
合 作 机 构／
办 公 地 址／北京市西城区后海北沿 44 号 （100009）
电话(传真)／
邮　　　箱／
网　　　址／
主要研究领域：
党的宗教理论政策；国内外宗教形式

G

454 国网能源研究院有限公司

所属类别 / 社会智库—企业
主管单位 / 国家电网公司
成立时间 / 2009 年 10 月
第一负责人 / 欧阳昌裕
合作机构 /
办公地址 / 北京市昌平区北七家镇未来科学城滨河大道 18 号国家电网公司园区（102209）
电话(传真) / 010-66603900（010-66603901）
邮　　箱 / sgeri@ sgeri. sgcc. com. cn
网　　址 / https://sgerisgcc. solarbe. com
主要研究领域：电力行业规划；能源与环保；电力供需分析；企业战略与管理；体制改革与电力市场；智能电网；新能源；电力价格

455 国务院参事室长江经济带发展研究中心①

所属类别 / 党政智库—国务院组成部门所属
主管单位 / 国务院参事室
成立时间 / 2018 年
第一负责人 /
合作机构 /
办公地址 / 北京市东城区崇文门西大街 9 号（100005）
电话(传真) /
主要研究领域：生态环境保护；一体化综合交通；产业转型升级和现代化；城镇化及城市群建设；保护传承弘扬长江文化

456 国务院发展研究中心
Development Research Center of the State Council

所属类别 / 高端智库，党政智库
主管单位 / 国务院
成立时间 / 1980 年
第一负责人 / 陆昊
合作机构 /
办公地址 / 北京市东城区朝阳门内大街 225 号（100010）
电话(传真) / 010-65233111
邮　　箱 / drc@ drc. gov. cn
网　　址 / http://www. drc. gov. cn
主要研究领域：宏观经济形势；产业经济；产业政策；对外开放；人力资源开发；收入分配；社会保障政策；自然资源开发与利用；生态平衡与环境保护政策

G

---

① 由国务院参事室官网可知，国务院参事室同有关单位合作搭建的非实体机制化研究平台包括国务院参事室国际战略研究中心、国务院参事室金融研究中心、国务院参事室社会调查中心、国务院参事室公共政策研究中心、国务院参事室自贸区建设研究中心、国务院参事室长江经济带发展研究中心，但除国务院参事室长江经济带发展研究中心外，其余机构信息不全，故不收录。

457 国务院发展研究中心产业经济研究部

> 所 属 类 别 / 党政智库—国务院直属事业单位所属
> 主 管 单 位 / 国务院发展研究中心
> 成 立 时 间 /
> 第一负责人 / 王金照
> 合 作 机 构 /
> 办 公 地 址 / 北京市东城区朝阳门内大街 225 号（100010）
> 电话(传真) /
> 邮　　箱 /
> 网　　址 /
> 主要研究领域：
> 产业结构；产业组织；产业布局；产业政策；产业竞争力

458 国务院发展研究中心创新发展研究部

> 所 属 类 别 / 党政智库—国务院直属事业单位所属
> 主 管 单 位 / 国务院发展研究中心
> 成 立 时 间 / 1981 年
> 第一负责人 / 马名杰
> 合 作 机 构 /
> 办 公 地 址 / 北京市东城区朝阳门内大街 225 号（100010）
> 电话(传真) /
> 邮　　箱 /
> 网　　址 /
> 主要研究领域：
> 国家创新发展的战略、制度与政策；国家和区域创新体系建设、体制机制和战略；高新技术产业发展、传统产业升级、创业和新业态培育的战略与政策；创新在经济发展和转型中的作用

459 国务院发展研究中心对外经济研究部

> 所 属 类 别 / 党政智库—国务院直属事业单位所属
> 主 管 单 位 / 国务院发展研究中心
> 成 立 时 间 /
> 第一负责人 / 张琦
> 合 作 机 构 /
> 办 公 地 址 / 北京市东城区朝阳门内大街 225 号（100010）
> 电话(传真) /
> 邮　　箱 /
> 网　　址 /
> 主要研究领域：
> 对外贸易；国际金融；港澳台经济及其与大陆经济的联系；区域经济合作和多边贸易体制；世界经济发展动态；世界主要国家发展

G

460 国务院发展研究中心发展战略和区域经济研究部

所 属 类 别／党政智库—国务院直属事业单位所属

主 管 单 位／国务院发展研究中心

成 立 时 间／

第一负责人／侯永志

合 作 机 构／

办 公 地 址／北京市东城区朝阳门内大街 225 号（100010）

电话(传真)／

邮　　箱／

网　　址／

主要研究领域：

国家中长期发展战略；区域经济；应对气候变化和绿色发展；政策分析模型

461 国务院发展研究中心公共管理与人力资源研究所

所 属 类 别／党政智库—国务院直属事业单位所属

主 管 单 位／国务院发展研究中心

成 立 时 间／

第一负责人／李佐军

合 作 机 构／

办 公 地 址／北京市东城区朝阳门内大街 225 号（100010）

电话(传真)／

邮　　箱／

网　　址／

主要研究领域：

公共政策；公共服务；公共预算；公共危机与管理；人力资源

462 国务院发展研究中心宏观经济研究部

所 属 类 别／党政智库—国务院直属事业单位所属

主 管 单 位／国务院发展研究中心

成 立 时 间／

第一负责人／冯俏彬

合 作 机 构／

办 公 地 址／北京市东城区朝阳门内大街 225 号（100010）

电话(传真)／

邮　　箱／

网　　址／

主要研究领域：

宏观经济形势；财政政策；货币政策

463　国务院发展研究中心金融研究所

所 属 类 别／党政智库—国务院直属事业单位所属

主 管 单 位／国务院发展研究中心

成 立 时 间／1981 年

第一负责人／吴振宇

合 作 机 构／

办 公 地 址／北京市东城区朝阳门内大街 225 号（100010）

电话(传真)／

邮　　箱／

网　　址／

主要研究领域：

货币政策；银行监管政策；保险监管政策；证券监管政策；汇率监管政策

464　国务院发展研究中心民族发展研究所
National Development Research Institute Under the State Council Development Research Center

所 属 类 别／党政智库—国务院直属事业单位所属

主 管 单 位／国务院发展研究中心

成 立 时 间／

第一负责人／廖跃文

合 作 机 构／

办 公 地 址／北京市东城区朝阳门内大街 225 号（100010）

电话(传真)／

邮　　箱／

网　　址／

主要研究领域：

民族地区经济社会发展问题

G

465　国务院发展研究中心农村经济研究部

所 属 类 别／党政智库—国务院直属事业单位所属

主 管 单 位／国务院发展研究中心

成 立 时 间／

第一负责人／叶兴庆

合 作 机 构／

办 公 地 址／北京市东城区朝阳门内大街 225 号（100010）

电话(传真)／

邮　　箱／

网　　址／

主要研究领域：

食品安全与监管；农民收入与消费；农村土地制度改革；农村金融；农村公共财政；农业基础设施；生态环境；农业科技；农村非农产业；农民工权益；城镇化；农村教育、卫生与扶贫

466 国务院发展研究中心企业研究所

所 属 类 别／党政智库—国务院直属事业单位所属
主 管 单 位／国务院发展研究中心
成 立 时 间／1981 年
第一负责人／袁东明
合 作 机 构／
办 公 地 址／北京市东城区朝阳门内大街 225 号（100010）
电话(传真)／
邮　　箱／
网　　址／
主要研究领域：
国有企业改革与发展；中小企业创新与发展；民营企业创新与发展；外资企业发展；中国企业"走出去"；企业制度；公司金融；企业创新

467 国务院发展研究中心社会和文化发展研究部

所 属 类 别／党政智库—国务院直属事业单位所属
主 管 单 位／国务院发展研究中心
成 立 时 间／1998 年
第一负责人／李建伟
合 作 机 构／
办 公 地 址／北京市东城区朝阳门内大街 225 号（100010）
电话(传真)／
邮　　箱／
网　　址／
主要研究领域：
社会保障；收入分配；人口与就业；公共服务体制改革；社会治理与社会资源；环境可持续发展

468 国务院发展研究中心市场经济研究所

所 属 类 别／党政智库—国务院直属事业单位所属
主 管 单 位／国务院发展研究中心
成 立 时 间／1981 年
第一负责人／王微
合 作 机 构／
办 公 地 址／北京市东城区朝阳门内大街 225 号（100010）
电话(传真)／
邮　　箱／
网　　址／
主要研究领域：
市场体系；市场竞争环境；市场发展形势；企业改革与发展

469 国务院发展研究中心信息中心

所 属 类 别 / 党政智库—国务院直属事业单位所属
主 管 单 位 / 国务院发展研究中心
成 立 时 间 /
第一负责人 / 徐东良
合 作 机 构 /
办 公 地 址 / 北京市东城区朝阳门内大街 225 号（100010）
电话(传真) /
邮　　箱 /
网　　址 /
主要研究领域：
智库信息交流与智库评价研究；信息化政策研究

470 国务院发展研究中心资源与环境政策研究所

所 属 类 别 / 党政智库—国务院直属事业单位所属
主 管 单 位 / 国务院发展研究中心
成 立 时 间 /
第一负责人 / 高世楫
合 作 机 构 /
办 公 地 址 / 北京市东城区朝阳门内大街 225 号（100010）
电话(传真) /
邮　　箱 /
网　　址 /
主要研究领域：
生态文明；可持续发展；资源能源开发与利用；国家资源能源安全；环境保护和治理；绿色发展；循环发展；低碳发展；国土空间开发；海洋生态环境

471 国务院法制办公室政府法制研究中心

所 属 类 别 / 党政智库—国务院办事机构所属
主 管 单 位 / 国务院法制办公室
成 立 时 间 / 1954 年 11 月
第一负责人 / 李明征
合 作 机 构 /
办 公 地 址 / 北京市西城区平安里西大街 33 号（100035）
电话(传真) /
邮　　箱 /
网　　址 /
主要研究领域：
政府法制；依法行政基础理论；政府立法、行政执法；行政执法监督；宪法、国家法、行政法、民法、商法等的应用研究；世界贸易组织规则

G

472　国务院港澳事务办公室港澳研究所

所 属 类 别／党政智库—国务院办事机构所属

主 管 单 位／国务院港澳事务办公室

成 立 时 间／

第 一 负责人／

合 作 机 构／

办 公 地 址／北京市西城区月坛南街 77 号（100045）

电话(传真)／

邮　　　箱／

网　　　址／

主要研究领域：

香港、澳门的政治、经济、社会、文化、法律等

473　哈尔滨工程大学南海研究院

Nanhai Institute of Haerbin Engineering University

所 属 类 别／高校智库

主 管 单 位／哈尔滨工程大学

成 立 时 间／2020 年 7 月

第 一 负责人／严汝建

合 作 机 构／海南省教育厅、三亚市人民政府、招商海南、哈尔滨工程大学

办 公 地 址／海南省三亚市崖州区崖州湾科技城创新路用友产业园 6 号楼（572025）

电话(传真)／0898–88831340

邮　　　箱／heusanya@ hrbeu. edu. cn

网　　　址／http: //nanhai. hrbeu. edu. cn

主要研究领域：

南海维权装备技术；深远海信息技术

474　哈尔滨工程大学企业创新研究所

所 属 类 别／高校智库

主 管 单 位／哈尔滨工程大学经济管理学院

成 立 时 间／2005 年 11 月

第 一 负责人／李柏洲

合 作 机 构／

办 公 地 址／黑龙江省哈尔滨市南岗区南通大街 145 号哈尔滨工程大学 31 号楼
　　　　　　　（150001）

电话(传真)／0451–82533025

邮　　　箱／libaizhou@ 126. com

网　　　址／

主要研究领域：

区域创新系统；企业技术创新与成长；知识管理理论与方法；国防科技工业创新管理

475　哈尔滨工程大学人工智能研究院

所 属 类 别／高校智库
主 管 单 位／哈尔滨工程大学
成 立 时 间／2018 年 6 月
第一负责人／赵玉新
合 作 机 构／
办 公 地 址／黑龙江省哈尔滨市南岗区南通大街 145 号哈尔滨工程大学（150001）
电话(传真)／
邮　　　箱／zhaoyuxin@hrbeu.edu.cn
网　　　址／
主要研究领域：
人工智能

476　哈尔滨市社会科学院

所 属 类 别／科研院所智库
主 管 单 位／中共哈尔滨市委、哈尔滨市人民政府
成 立 时 间／1979 年 9 月
第一负责人／
合 作 机 构／
办 公 地 址／黑龙江省哈尔滨市道里区柳树街 9 号（150010）
电话(传真)／0451-87283010（0451-87283011）
邮　　　箱／hrbass@126.com
网　　　址／
主要研究领域：
改革开放和社会主义现代化建设；哈尔滨市改革、发展和全面建设小康社会进程中面临的重大问题

477　海国图智研究院
Intellisia

所 属 类 别／社会智库—企业
主 管 单 位／
成 立 时 间／2015 年
第一负责人／陈定定
合 作 机 构／
办 公 地 址／广东省广州市天河区谭村路 348 号马赛国际商务中心 2710-2714 室
　　　　　　（510635）
电话(传真)／020-37276476
邮　　　箱／media@intellisia.org
网　　　址／http://www.intellisia.org
主要研究领域：
国际安全；全球政治经济；中国外交

H

478 海南大学"一带一路"研究院
Hainan University Belt and Road Research Institute

所 属 类 别／高校智库
主 管 单 位／海南大学
成 立 时 间／2019 年 3 月
第一负责人／梁海明
合 作 机 构／
办 公 地 址／海南省海口市美兰区人民大道 58 号海南大学（570228）
电话(传真)／0898-66271812
邮　　箱／ydylyjy@ hainanu. edu. cn
网　　址／https://hb. hainanu. edu. cn/ydylyjy
主要研究领域：
"一带一路"倡议；海南自由贸易港建设

479 海南大学海南省公司治理研究院

所 属 类 别／高校智库
主 管 单 位／海南大学
成 立 时 间／2019 年 12 月 8 日
第一负责人／唐宁玉
合 作 机 构／
办 公 地 址／海南省海口市美兰区人民大道 58 号海南大学社科楼（570228）
电话(传真)／0898-66290798
邮　　箱／992771@ hainanu. edu. cn
网　　址／
主要研究领域：
海南自由贸易港建设与公司治理

480 海南大学海南省开放型经济研究院

所 属 类 别／高校智库
主 管 单 位／海南大学
成 立 时 间／2019 年 9 月
第一负责人／赵晋平
合 作 机 构／国务院发展研究中心对外经济研究部、海南大学、商务部国际贸易经济合作研究院、海南省委政策研究室
办 公 地 址／海南省海口市美兰区人民大道 58 号海南大学（570228）
电话(传真)／0898-66253605
邮　　箱／hnioes@ hainanu. edu. cn
网　　址／
主要研究领域：
中国特色自由贸易港建设

H

481　海南大学澜沧江—湄公河次区域研究中心

所 属 类 别／高校智库
主 管 单 位／海南大学
成 立 时 间／2017 年 6 月
第 一 负 责 人／
合 作 机 构／
办 公 地 址／海南省海口市美兰区人民大道 58 号海南大学（570228）
电话(传真)／0898-66286673（0898-66263581）
邮　　　箱／lmsrc@ hainanu. edu. cn
网　　　址／https://hb. hainanu. edu. cn/lmyj
主要研究领域：
澜湄次区域国别国情研究；公共外交研究；热带农业技术推广与人才常态化培养；
国际教育合作交流

482　海南大学中国（海南）竞争政策研究中心
China Center for Competition Policy, Hainan University

所 属 类 别／高校智库
主 管 单 位／海南大学
成 立 时 间／
第 一 负 责 人／樊燕
合 作 机 构／国家市场监督管理总局发展研究中心、海南省市场监督管理局、海南
　　　　　　　大学
办 公 地 址／海南省海口市美兰区人民大道 58 号海南大学（570228）
电话(传真)／0898-66292530
邮　　　箱／
网　　　址／https://hb. hainanu. edu. cn/cccp
主要研究领域：
区域竞争政策；地方政府规制政策；竞争政策与政府规制的关系和协调

H

483　海南低碳经济政策与产业技术研究院
Hainan Policy and Industrial Research Institute of Low-Carbon Economy

所 属 类 别／合作智库—多方合作
主 管 单 位／海南省发展和改革委员会
成 立 时 间／2010 年 2 月
第 一 负 责 人／金志扬
合 作 机 构／海南大学、清华大学、中国可再生能源学会、海南省发展和改革委员会
办 公 地 址／海南省海口市美兰区人民大道 58 号海南大学泰坚楼 305 室（570228）
电话(传真)／0898-66276232
邮　　　箱／hndty@ hainu. edu. cn
网　　　址／https://hb. hainanu. edu. cn/ditan
主要研究领域：
海南低碳经济政策及发展战略；新能源及节能减排技术

484　海南国际旅游岛发展研究院

所 属 类 别 / 高校智库
主 管 单 位 / 海南大学、南开大学
成 立 时 间 / 2010 年 5 月
第 一 负 责 人 / 侯自新
合 作 机 构 / 海南大学、南开大学
办 公 地 址 / 海南省海口市美兰区人民大道 58 号海南大学社会科学学科楼 A 栋（570228）
电话(传真) / 0898-66270393
邮　　　箱 / hainanyjy@126.com
网　　　址 /
主要研究领域：
现代旅游业与文化产业；区域经济；现代物流；金融制度；现代农业

485　海南省科学发展研究院

所 属 类 别 / 社会智库—民办非企业
主 管 单 位 /
成 立 时 间 / 2013 年 7 月
第 一 负 责 人 / 李全
合 作 机 构 /
办 公 地 址 / 海南省海口市美兰区国兴大道北侧国兴城三期 10 栋 23 层（570203）
电话(传真) / 0898-65256501
邮　　　箱 / hkyhxy@126.com
网　　　址 /
主要研究领域：
经济问题；管理科学；生态环境；社会问题；南海问题

486　海南省社会科学院

所 属 类 别 / 科研院所智库
主 管 单 位 / 海南省人民政府
成 立 时 间 / 2013 年 12 月
第 一 负 责 人 / 张君玉
合 作 机 构 /
办 公 地 址 / 海南省海口市琼山区红城湖路 100 号省机关红城湖办公区 18 号办公楼
　　　　　　（571199）
电话(传真) / 0898-65316887
邮　　　箱 /
网　　　址 / http://www.hnskl.net
主要研究领域：
海南经济社会发展；地方历史文化

487　海南师范大学菲律宾研究中心

所 属 类 别 / 高校智库
主 管 单 位 / 海南师范大学
成 立 时 间 / 2017 年 3 月
第一负责人 / 刘锋
合 作 机 构 /
办 公 地 址 / 海南省海口市琼山区龙昆南路 99 号（571158）
电话(传真) /
邮　　　箱 /
网　　　址 /
主要研究领域：
菲律宾国别问题；中菲关系

488　海南师范大学南海区域文化研究中心

所 属 类 别 / 高校智库
主 管 单 位 / 海南师范大学
成 立 时 间 / 2008 年 7 月
第一负责人 / 张兴吉
合 作 机 构 /
办 公 地 址 / 海南省海口市琼山区龙昆南路 99 号（571158）
电话(传真) / 0898-65813193（0898-65813193）
邮　　　箱 / nhqywh@ 163. com
网　　　址 / http: // nhyj. hainnu. edu. cn
主要研究领域：
南海区域历史文化

489　海南亚太观察研究院
Hainan Institute for World Watch （HNIWW）

所 属 类 别 / 社会智库
主 管 单 位 /
成 立 时 间 / 2009 年
第一负责人 / 孙杨
合 作 机 构 /
办 公 地 址 / 海南省海口市美兰区人民大道 70-3 号（570203）
电话(传真) / 0898-66272452（0898-66272492）
邮　　　箱 / hniww@ hniww. cn
网　　　址 / http: // www. hniww. cn
主要研究领域：
中国与南亚及东盟国家关系；南亚及东南亚地区区域经济合作与经济一体化；海洋
问题；气候变化、跨境水资源纠纷、粮食安全、网络安全等非传统安全问题

H

490 海峡两岸关系研究中心

所 属 类 别／党政智库—中国共产党中央各部门所属
主 管 单 位／中共中央台湾工作办公室、国务院台湾事务办公室
成 立 时 间／2000 年 9 月
第一负责人／唐树
合 作 机 构／
办 公 地 址／北京市西城区广安门南街 6 号（100053）
电话(传真)／
邮　　　箱／
网　　　址／
主要研究领域：
台湾政治、经济、法律、军事、历史、社会、媒体及对外关系等

491 杭州电子科技大学信息化发展智库（浙江省信息化与经济社会发展研究中心）

所 属 类 别／高校智库
主 管 单 位／杭州电子科技大学
成 立 时 间／2012 年 6 月
第一负责人／刘淑春
合 作 机 构／
办 公 地 址／浙江省杭州市钱塘区 2 号大街杭州电子科技大学科技馆 605 室（310018）
电话(传真)／0571-86873882
邮　　　箱／wljj@ hdu. edu. cn
网　　　址／http://xxhzk. hdu. edu. cn
主要研究领域：
信息化与社会治理创新；信息化与市场发展监管；信息化与产业转型升级

492 杭州市社会科学院

所 属 类 别／科研院所智库
主 管 单 位／中共杭州市委宣传部
成 立 时 间／1983 年
第一负责人／周国如
合 作 机 构／
办 公 地 址／浙江省杭州市上城区新业路 311 号市民中心 D 座（310002）
电话(传真)／
邮　　　箱／
网　　　址／https://www. hzsk. org. cn/gateway/home
主要研究领域：
社会科学基础与应用

H

493　合肥工业大学安徽科技与产业发展研究院

所属类别／合作智库

主管单位／安徽省委宣传部

成立时间／

第一负责人／

合作机构／安徽省委宣传部、合肥工业大学

办公地址／安徽省合肥市包河区屯溪路193号合肥工业大学（230003）

电话(传真)／

邮　　箱／

网　　址／

主要研究领域：

科技与产业发展

494　合肥工业大学产业转移与创新发展研究中心

所属类别／合作智库

主管单位／安徽省教育厅

成立时间／2003年10月

第一负责人／

合作机构／安徽省教育厅、合肥工业大学

办公地址／安徽省合肥市包河区屯溪路193号合肥工业大学（230003）

电话(传真)／

邮　　箱／

网　　址／

主要研究领域：

产业转移与创新发展的过程机理；产业转移与创新发展的战略规划及政策体系；产业转移与创新发展的区域合作

495　合肥工业大学工业信息与经济研究中心

所属类别／合作智库

主管单位／安徽省教育厅

成立时间／

第一负责人／

合作机构／安徽省教育厅、合肥工业大学

办公地址／安徽省合肥市包河区屯溪路193号合肥工业大学（230003）

电话(传真)／

邮　　箱／

网　　址／

主要研究领域：

工业信息与经济

H

496 合肥市社会科学院

所 属 类 别 / 科研院所智库
主 管 单 位 / 中共合肥市委、合肥市人民政府
成 立 时 间 / 2013 年 11 月
第 一 负 责 人 / 曹加山
合 作 机 构 /
办 公 地 址 / 安徽省合肥市蜀山区东流路 100 号合肥市政务中心 A 座 1113 室
　　　　　　（230071）
电话（传真）/ 0551-63537557
邮　　　箱 / hfskljst@ 126. com
网　　　址 / http://www. hfsskl. org. cn
主要研究领域：
合肥经济、政治、文化、社会以及生态文明建设等

497 河北大学雄安新区研究院

所 属 类 别 / 高校智库
主 管 单 位 / 河北大学
成 立 时 间 / 2017 年 5 月
第 一 负 责 人 / 康乐
合 作 机 构 /
办 公 地 址 / 河北省保定市莲池区七一东路 2666 号河北大学 （071000）
电话（传真）/ 0312-5073002
邮　　　箱 / lkang@ hbu. edu. cn
网　　　址 / http://xa. hbu. edu. cn
主要研究领域：
雄安新区产业转型升级；生态环境保护；历史文化

498 河北地质大学经济研究所

所 属 类 别 / 高校智库
主 管 单 位 / 河北地质大学
成 立 时 间 / 1987 年 7 月
第 一 负 责 人 / 周兴荣
合 作 机 构 /
办 公 地 址 / 河北省石家庄市裕华区槐安东路 136 号河北地质大学 （050031）
电话（传真）/ 18931152788
邮　　　箱 / zhouxingrong@ 188. com
网　　　址 /
主要研究领域：
河北省战略；河北欠发达地区发展；"三农"问题；科技教育；循环经济；资源问
题；财税改革；西部开发；构建和谐社会

499 河北地质大学网络信息安全实验室

所 属 类 别 / 高校智库

主 管 单 位 / 河北地质大学

成 立 时 间 / 2005 年

第一负责人 / 吴文盛

合 作 机 构 /

办 公 地 址 / 河北省石家庄市裕华区槐安东路 136 号河北地质大学（050031）

电话(传真) / 0311-87208114

邮　　　箱 / xywmail@ sjzue. edu. cn

网　　　址 / http://wlaqsys. hgu. edu. cn

主要研究领域：

信息安全；网络舆情监控；Web 智能；社团发现；云计算

500 河北工业大学京津冀发展研究中心

所 属 类 别 / 高校智库

主 管 单 位 / 河北工业大学

成 立 时 间 / 2012 年 6 月

第一负责人 / 李子彪

合 作 机 构 /

办 公 地 址 / 天津市红桥区光荣道 8 号河北工业大学东院 7 教 1306 室（300130）

电话(传真) /

邮　　　箱 / lizibiao2008@ 126. com

网　　　址 /

主要研究领域：

经济发展；社会管理；高等教育

H

501 河北省发展和改革委员会宏观经济研究所
Macroeconomic Research of Hebei Development and Reform Commission

所 属 类 别 / 党政智库—省/区/市政府所属

主 管 单 位 / 河北省发展和改革委员会

成 立 时 间 / 1995 年 8 月

第一负责人 / 高智

合 作 机 构 /

办 公 地 址 / 河北省石家庄市桥西区中山西路 469 号 7 层（050000）

电话(传真) / 0311-87801897

邮　　　箱 /

网　　　址 /

主要研究领域：

区域经济；产业经济；技术经济；资源经济；生态经济；环境经济；社会发展

502 河北省社会科学院
Hebei Academy of Social Sciences

所 属 类 别 / 科研院所智库
主 管 单 位 / 中共河北省委、河北省人民政府
成 立 时 间 / 1981 年
第一负责人 / 吕新斌
合 作 机 构 /
办 公 地 址 / 河北省石家庄市桥西区裕华西路 67 号 （050051）
电话(传真) / 0311-83035743 （0311-83018546）
邮　　　箱 / hebskyxxzx@ 163. com
网　　　址 / http://www. hebsky. org. cn
主要研究领域：
农村经济；区域经济；当代文化（文学）发展；人口社会；服务经济；人力资源开发；地方法制建设；新闻传播；宏观经济政策

503 河北师范大学秘鲁研究中心
Peru Research Center, Heibei Normal University

所 属 类 别 / 高校智库
主 管 单 位 / 河北师范大学
成 立 时 间 / 2013 年 4 月
第一负责人 / 宋晓丽
合 作 机 构 / 河北师范大学、秘鲁里卡多·帕尔玛大学
办 公 地 址 / 河北省石家庄市裕华区南二环东路 20 号河北师范大学 （050024）
电话(传真) /
邮　　　箱 /
网　　　址 /
主要研究领域：
秘鲁文化、教育、政治和经济等；中秘关系；中秘人文交流

504 河北师范大学印尼研究中心
Indonesia Research Center, Hebei Normal University

所 属 类 别 / 高校智库
主 管 单 位 / 河北师范大学
成 立 时 间 / 2012 年 11 月
第一负责人 / 戴建兵
合 作 机 构 / 河北师范大学、印度尼西亚玛拉拿达基督教大学
办 公 地 址 / 河北省石家庄市裕华区南二环东路 20 号河北师范大学 （050024）
电话(传真) /
邮　　　箱 / gjhzc@ hebtu. edu. cn
网　　　址 /
主要研究领域：
印度尼西亚国别研究；中印关系

H

505 河北师范大学中国—俄罗斯远东研究中心

所 属 类 别／高校智库
主 管 单 位／河北师范大学
成 立 时 间／2016 年 11 月
第一负责人／郭小丽
合 作 机 构／河北师范大学、俄罗斯远东太平洋国立大学
办 公 地 址／河北省石家庄市裕华区南二环东路 20 号河北师范大学（050024）
电话(传真)／
邮　　箱／
网　　址／
主要研究领域：
俄罗斯政治、经济、文化、外交等；中俄历史及关系

506 河海大学东部资源环境与持续发展研究中心
Research Center of Eastern Resource Environment and Sustainable Development，Hohai University

所 属 类 别／高校智库
主 管 单 位／河海大学
成 立 时 间／1994 年 12 月
第一负责人／郑垂勇
合 作 机 构／中国科学院南京分院、南京大学、河海大学、南京农业大学
办 公 地 址／江苏省南京市鼓楼区西康路 1 号河海大学闻天馆 7 层（210098）
电话(传真)／025-83733096
邮　　箱／zhaomin3451@sina.com
网　　址／
主要研究领域：
人口、资源、环境与可持续发展；东部沿海区域发展与城乡建设

507 河海大学老年保障研究所

所 属 类 别／高校智库
主 管 单 位／河海大学
成 立 时 间／
第一负责人／李静
合 作 机 构／
办 公 地 址／江苏省南京市佛城西路 8 号河海大学江宁校区厚学楼 606 室（211100）
电话(传真)／
邮　　箱／yanjing721@sina.com
网　　址／https://ggy.hhu.edu.cn/lnbzyjs
主要研究领域：
养老服务；智慧养老；农村老年保障

H

508　河海大学人口研究所

所 属 类 别／高校智库

主 管 单 位／河海大学

成 立 时 间／2013 年

第一负责人／黄健元

合 作 机 构／

办 公 地 址／江苏省南京市佛城西路 8 号（211100）

电话(传真)／

邮　　箱／hjy1964@ sina. com

网　　址／https：//ggy. hhu. edu. cn/rkyjs

主要研究领域：

人口迁移流动和城镇化；人口老龄化和养老保障；人口与经济社会

509　河海大学社区研究中心
Community Research Center of Hohai University

所 属 类 别／高校智库

主 管 单 位／河海大学

成 立 时 间／2007 年

第一负责人／孙其昂

合 作 机 构／

办 公 地 址／江苏省南京市江宁区佛城西路 8 号（211100）

电话(传真)／025-83786075（025-83786075）

邮　　箱／sun-qia@ 163. com

网　　址／

主要研究领域：

马克思主义理论；马克思主义社会学；马克思主义政治学

H

510　河海大学水利经济研究所
Institute Research of Water Economy, Hohai University

所 属 类 别／高校智库

主 管 单 位／水利部计划司、河海大学

成 立 时 间／1985 年

第一负责人／袁汝华

合 作 机 构／水利部计划司、河海大学

办 公 地 址／江苏省南京市江宁区佛城西路 8 号河海大学博学楼 B504 室（211100）

电话(传真)／025-68514715

邮　　箱／yrh@ hhu. edu. cn

网　　址／

主要研究领域：

水利经济；建设项目评价；经济政策；能源经济；企业管理；资产评估

511 河海大学中国移民研究中心（水利部水库移民经济研究中心）
National Research Center for Resettlement, Hohai University

所 属 类 别 / 合作智库—政校合作
主 管 单 位 / 水利部移民局
成 立 时 间 / 1993 年 2 月
第一负责人 / 施国庆
合 作 机 构 / 水利部移民局、河海大学
办 公 地 址 / 江苏省南京市佛城西路 8 号河海大学江宁校区厚学楼 （211100）
电话(传真) / 025-83786503 （025-83718914）
邮　　箱 / nrcr@ hhu. edu. cn
网　　址 /
主要研究领域：
工程移民；生态移民；环境移民；灾害移民

512 河南财经政法大学产业经济研究所

所 属 类 别 / 高校智库
主 管 单 位 / 河南财经政法大学
成 立 时 间 / 2007 年 3 月
第一负责人 / 刘美平
合 作 机 构 /
办 公 地 址 / 河南省郑州市文化路 80 号 （450002）
电话(传真) / 0371-63519797
邮　　箱 /
网　　址 /
主要研究领域：
循环经济与环境规制；产业结构升级动力；城乡规划与再城市化模式；服务业创新
机理

513 河南财经政法大学东北亚研究中心
Northeast Asian Research Center, Henan University of Economics and Law

所 属 类 别 / 高校智库
主 管 单 位 / 河南财经政法大学
成 立 时 间 / 2017 年
第一负责人 / 郭宏
合 作 机 构 /
办 公 地 址 / 河南省郑州市金水区金水东路 180 号河南财经政法大学综合实验楼 C
　　　　　　　座 3 层 （450000）
电话(传真) /
邮　　箱 / naschuel@ 163. com
网　　址 / http://nasc. huel. edu. cn
主要研究领域：
东北亚国家和区域政治、经济、文化、社会等

H

514　河南财经政法大学法治政府研究中心

所 属 类 别／高校智库
主 管 单 位／河南财经政法大学
成 立 时 间／2017 年 5 月
第 一 负 责 人／华小鹏
合 作 机 构／
办 公 地 址／河南省郑州市金水东路 180 号河南财经政法大学法学院（450046）
电话(传真)／
邮　　箱／
网　　址／https://fxy. huel. edu. cn/info/1063/3729. htm
主要研究领域：
法治政府

515　河南财经政法大学高等教育研究所

所 属 类 别／高校智库
主 管 单 位／河南财经政法大学
成 立 时 间／2009 年 5 月
第 一 负 责 人／赵增彦
合 作 机 构／
办 公 地 址／河南省郑州市郑东新区金水东路 180 号（450000）
电话(传真)／
邮　　箱／hncjzfdxgjs@ 163. com
网　　址／https://gjs. huel. edu. cn
主要研究领域：
高等教育

H

516　河南财经政法大学河南经济研究中心

所 属 类 别／高校智库
主 管 单 位／河南财经政法大学
成 立 时 间／1994 年
第 一 负 责 人／薛玉莲
合 作 机 构／
办 公 地 址／河南省郑州市金水区金水东路 180 号（450046）
电话(传真)／0371-86547508
邮　　箱／
网　　址／http://hnerc. huel. edu. cn
主要研究领域：
河南经济；农户与农区经济发展；现代企业发展战略与公司治理

517 河南财经政法大学区域可持续发展研究中心

所 属 类 别 / 高校智库
主 管 单 位 / 河南财经大学
成 立 时 间 /
第 一 负 责 人 / 樊新生
合 作 机 构 /
办 公 地 址 / 河南省郑州市文化路 80 号（450002）
电话(传真) / 0371-63519797
邮 　 箱 /
网 　 址 / http://yjy. huel. edu. cn/info/1004/1080. htm
主要研究领域:
农户地理学；农户与农区发展关系；农区产业集群与农村工业化

518 河南财经政法大学政府经济发展与社会管理创新研究中心

所 属 类 别 / 高校智库
主 管 单 位 / 河南财经政法大学
成 立 时 间 / 2012 年 12 月
第 一 负 责 人 / 司林胜
合 作 机 构 /
办 公 地 址 / 河南省郑州市金水区金水东路 1 号行政楼 308 室（450046）
电话(传真) /
邮 　 箱 /
网 　 址 / http://zfjjfz. huel. edu. cn
主要研究领域:
政府经济发展与社会管理创新

H

519 河南财经政法大学中国（河南）自由贸易试验区研究院

China（Henan）Pilot Free Trade Zone Research Institute, Henan University of Economics and Law

所 属 类 别 / 高校智库
主 管 单 位 / 河南财经政法大学
成 立 时 间 / 2019 年 10 月
第 一 负 责 人 /
合 作 机 构 /
办 公 地 址 / 河南省郑州市郑东新区金水东路 180 号河南财经政法大学综合实验楼
　　　　　　C 座 3 楼（450000）
电话(传真) /
邮 　 箱 / zmqhuel@ 163. com
网 　 址 / https://zmq. huel. edu. cn
主要研究领域:
中国（河南）自由贸易试验区

520　河南财政金融学院高等教育研究中心

所 属 类 别／高校智库
主 管 单 位／河南财政金融学院
成 立 时 间／2004 年 12 月
第一负责人／刘筠
合 作 机 构／
办 公 地 址／河南省郑州市郑东新区龙子湖高校园区龙子湖北路 22 号（450046）
电话(传真)／0371-61625106
邮　　箱／gjs707@126.com
网　　址／https://gjyjzx.hafu.edu.cn
主要研究领域：
高等教育

521　河南大学黄河文明与可持续发展研究中心
Yellow River Civilization and Sustainable Development，Henan University

所 属 类 别／高校智库
主 管 单 位／河南大学
成 立 时 间／2004 年
第一负责人／傅伯杰
合 作 机 构／
办 公 地 址／河南省开封市龙亭区金明大道河南大学（475000）
电话(传真)／0371-22826115
邮　　箱／
网　　址／https://yrcsd.henu.edu.cn
主要研究领域：
黄河文明与沿岸地区可持续发展

522　河南大学区域发展与规划研究中心
Research Center of Regional Development and Planning，Henan University

所 属 类 别／高校智库
主 管 单 位／河南大学
成 立 时 间／2002 年
第一负责人／乔家君
合 作 机 构／
办 公 地 址／河南省开封市龙亭区金明大道河南大学（475000）
电话(传真)／0371-23881850
邮　　箱／
网　　址／http://irdp.henu.edu.cn
主要研究领域：
区域经济；城市与区域发展；资源开发与规划

H

523 河南大学人文社会科学高等研究院
Institute for Advanced Humanities Studies of Henan University

所 属 类 别／高校智库
主 管 单 位／河南大学
成 立 时 间／2017 年 7 月
第一负责人／张宝明
合 作 机 构／
办 公 地 址／河南省开封市龙亭区金明大道河南大学（475000）
电话(传真)／0371-25551950
邮 箱／hndxgyy@163.com
网 址／http://gyy.henu.edu.cn
主要研究领域：
人文学科综合

524 河南大学以色列研究中心

所 属 类 别／高校智库
主 管 单 位／河南大学
成 立 时 间／2002 年
第一负责人／胡浩
合 作 机 构／
办 公 地 址／河南省开封市龙亭区金明大道河南大学（475000）
电话(传真)／
邮 箱／
网 址／
主要研究领域：
犹太史；以色列史；中东问题

H

525 河南大学中原发展研究院

所 属 类 别／高校智库
主 管 单 位／河南大学
成 立 时 间／2013 年
第一负责人／耿明斋
合 作 机 构／河南大学、河南省人民政府研究室、河南省发展和改革委员会
办 公 地 址／河南省开封市龙亭区金明大道河南大学金明校区图书馆 8 层（475000）
电话(传真)／0371-23881986
邮 箱／
网 址／http://zyzk.henu.edu.cn
主要研究领域：
中原经济社会发展

526　河南牧业经济学院爱尔兰研究中心

所 属 类 别 / 高校智库
主 管 单 位 / 河南牧业经济学院
成 立 时 间 / 2017 年 6 月
第一负责人 / 罗士喜
合 作 机 构 /
办 公 地 址 / 河南省郑州市郑东新区龙子湖北路 6 号 （450046）
电话(传真) /
邮　　　箱 /
网　　　址 /
主要研究领域：
爱尔兰经济、社会、政治、文化等；中爱关系

527　河南省公共文化研究中心
Henan Research Center for Public Culture

所 属 类 别 / 高校智库
主 管 单 位 / 洛阳师范学院
成 立 时 间 / 2016 年 1 月
第一负责人 / 郭改英
合 作 机 构 /
办 公 地 址 / 河南省洛阳市洛龙区伊滨区吉庆路 6 号 （471934）
电话(传真) / 0379-68618586
邮　　　箱 / hnsggwhyjzx@163.com
网　　　址 / https://sites.lynu.edu.cn/ggwhyjzx
主要研究领域：
公共文化服务社会化、均等化、标准化、信息化

528　河南省社会科学院

所 属 类 别 / 科研院所智库
主 管 单 位 / 中共河南省委、河南省人民政府
成 立 时 间 / 1979 年 12 月
第一负责人 / 王承哲
合 作 机 构 /
办 公 地 址 / 河南省郑州市金水区丰产路 21 号 （450002）
电话(传真) / 0371-63936112
邮　　　箱 / zzhnass@163.com
网　　　址 / http://www.hnass.com.cn
主要研究领域：
河南省经济社会发展战略；中国特色社会主义；河南区域经济；中原文化；农村发展；城市与环境；社会发展

H

529　河南师范大学公共政策与社会管理创新研究中心
Institute for Public Policy and Social Management Innovation, Henan Normal University

所 属 类 别／高校智库
主 管 单 位／河南师范大学
成 立 时 间／2012 年 12 月
第一负责人／程秀波
合 作 机 构／
办 公 地 址／河南省新乡市牧野区建设东路 46 号河南师范大学东校区政管楼 519 室
　　　　　　（453007）
电话(传真)／
邮　　　箱／ipsa2012@163.com
网　　　址／
主要研究领域：
公共政策与社会管理创新

530　河南师范大学科技与社会研究所

所 属 类 别／高校智库
主 管 单 位／河南师范大学
成 立 时 间／1986 年 9 月
第一负责人／梁立明
合 作 机 构／
办 公 地 址／河南省新乡市牧野区建设东路 46 号河南师范大学（453007）
电话(传真)／
邮　　　箱／
网　　　址／https://www.htu.edu.cn/kjysh
主要研究领域：
科技与社会

531　河南师范大学青少年问题研究中心
Research Center of Teenager Issues, Henan Normal University

所 属 类 别／高校智库
主 管 单 位／河南师范大学
成 立 时 间／2003 年 3 月
第一负责人／高中建
合 作 机 构／
办 公 地 址／河南省新乡市牧野区建设东路 46 号河南师范大学（453007）
电话(传真)／0373-3329311
邮　　　箱／Qshn@henannu.edu.cn
网　　　址／https://www.htu.edu.cn/qsnyj
主要研究领域：
青年科学社会学；青年发展与问题；青少年教育

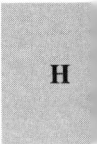

H

532　河南师范大学三农法律问题研究中心
Research Center on Legal Issues of Agriculture, Rural Areas and Farmers, Henan Normal University

所 属 类 别 / 高校智库
主 管 单 位 / 河南师范大学
成 立 时 间 / 2005 年
第一负责人 / 黄进才
合 作 机 构 /
办 公 地 址 / 河南省新乡市牧野区建设东路 46 号河南师范大学（453007）
电话(传真) / 0373-3830353
邮　　　箱 / hnsnfh@163.com
网　　　址 / https://www.htu.edu.cn/sannong
主要研究领域：
农村土地制度；农民（农民工）权益；农村社会保障；农产品质量安全；乡村治理

533　河南师范大学中原非物质文化遗产保护研究中心
Zhongyuan Non-material Cultural Heritage Protection and Research Center, Henan Normal University

所 属 类 别 / 高校智库
主 管 单 位 / 河南师范大学
成 立 时 间 / 2009 年
第一负责人 / 丁永祥
合 作 机 构 /
办 公 地 址 / 河南省新乡市牧野区建设东路 46 号河南师范大学（453007）
电话(传真) /
邮　　　箱 / dyx1586@126.com
网　　　址 /
主要研究领域：
中原民间艺术保护与产业开发；非物质文化遗产保护理论；中原方言与民俗文化；中原非物质文化遗产文献整理

534　黑龙江省社会科学院
Heilongjiang Provincial Academy of Social Sciences

所 属 类 别 / 科研院所智库
主 管 单 位 / 黑龙江省人民政府
成 立 时 间 / 1979 年
第一负责人 / 冯延平
合 作 机 构 /
办 公 地 址 / 黑龙江省哈尔滨市松北区世博路 1000 号（150028）
电话(传真) / 0451-58670434（0451-58670020）
邮　　　箱 /
网　　　址 / http://www.hlass.org.cn
主要研究领域：世界经济；农业经济管理；产业经济；东北亚区域经济；中俄关系；县域经济；黑龙江流域文明；旅游经济；城市社会

535 衡水学院河北省生态文明建设与县域经济发展研究基地

所 属 类 别 / 高校智库

主 管 单 位 / 衡水学院

成 立 时 间 / 2013 年 12 月

第一负责人 / 王守忠

合 作 机 构 / 河北省社会科学界联合会、衡水学院

办 公 地 址 / 河北省衡水市桃城区和平西路 1088 号衡水学院（053000）

电话(传真) / 0318-6012979

邮　　箱 /

网　　址 / http://stxyjd.hsnc.edu.cn

主要研究领域：

生态文明建设；区域生态文化与非物质文化遗产；生态系统与环境保护；县域经济
与可持续发展

536 洪范法律与经济研究所
Hongfan Legal and Economic Studies

所 属 类 别 / 社会智库—企业

主 管 单 位 /

成 立 时 间 / 2002 年

第一负责人 / 王涌

合 作 机 构 /

办 公 地 址 / 北京市海淀区翠微中里 14 号楼四层 B 区（100081）

电话(传真) /

邮　　箱 / office@hongfan.org.cn

网　　址 / http://www.hongfan.org.cn/web/index.php

主要研究领域：

中国经济改革；法治；法律与社会；公共经济；发展与转型经济

537 湖北大学高等人文研究院
Institute for Advanced Humanistic Studies, Hubei University

所 属 类 别 / 高校智库

主 管 单 位 / 湖北大学

成 立 时 间 / 2013 年 6 月

第一负责人 / 陈荣卓

合 作 机 构 /

办 公 地 址 / 湖北省武汉市武昌区友谊大道 368 号湖北大学人文逸夫楼 4 层
　　　　　　　（430062）

电话(传真) / 027-88046421

邮　　箱 / ifahs@hubu.edu.cn

网　　址 / http://ifahs.hubu.edu.cn

主要研究领域：

中国文化；湖北文化；世界文化

H

538　湖北大学湖北省开放经济研究中心

所属类别 / 高校智库

主管单位 / 湖北大学

成立时间 / 2015 年 12 月

第一负责人 /

合作机构 /

办公地址 / 湖北省武汉市武昌区友谊大道 368 号湖北大学（430062）

电话(传真) /

邮　箱 /

网　址 / http://bs.hubu.edu.cn/kxyj/kfjjzx.htm

主要研究领域：

开放经济理论

539　湖北大学湖北休闲体育发展研究中心

所属类别 / 高校智库

主管单位 / 湖北大学

成立时间 /

第一负责人 / 李勇

合作机构 /

办公地址 / 湖北省武汉市武昌区友谊大道 368 号湖北大学体育学院 8201（430062）

电话(传真) /

邮　箱 / hbleisuresport@sina.com

网　址 / http://hbleisuresport.hubu.edu.cn

主要研究领域：

湖北休闲体育

540　湖北民族大学湖北民族学院鄂西生态文化旅游研究中心

所属类别 / 高校智库

主管单位 / 湖北民族大学

成立时间 / 2012 年 2 月

第一负责人 / 胡静

合作机构 /

办公地址 / 湖北省恩施土家族苗族自治州恩施市学院路 39 号（445000）

电话(传真) / 0718-8438945（0718-8437832）

邮　箱 / webmaster@hbmy.edu.cn

网　址 / https://www.hbmzu.edu.cn/jjglxy/exstwhlyyjzx/sy.htm

主要研究领域：

鄂西生态文化旅游圈体制创新；旅游资源规划与开发；文化品牌建设；绿色低碳产业

H

541　湖北省社会科学院
Hubei Academy of Social Sciences

所 属 类 别 / 科研院所智库
主 管 单 位 / 湖北省政府
成 立 时 间 / 1978 年 6 月
第 一 负 责 人 / 黄学龙
合 作 机 构 /
办 公 地 址 / 湖北省武汉市武昌区东湖路 165 号（430077）
电话（传真）/ 027-86783511（027-86783511）
邮　　　箱 / bgs@ hbsky. cn
网　　　址 / http://www. hbsky. cn
主要研究领域：
社会主义商品经济；老工业基地改造；国企改革；武汉城市圈；长江经济带开放开
发；长江中游城市群；鄂西生态文化旅游圈；新农村建设

542　湖北文理学院鄂北区域发展研究中心

所 属 类 别 / 高校智库
主 管 单 位 / 湖北文理学院
成 立 时 间 / 2003 年 6 月
第 一 负 责 人 / 张弢
合 作 机 构 /
办 公 地 址 / 湖北省襄阳市襄城区隆中路 296 号湖北文理学院（441053）
电话（传真）/
邮　　　箱 / geozht@ 126. com
网　　　址 / http://zt-ebqy. hbuas. edu. cn
主要研究领域：
鄂北区域发展

543　湖北中医药大学中医药发展研究中心

所 属 类 别 / 高校智库
主 管 单 位 / 湖北中医药大学
成 立 时 间 /
第 一 负 责 人 / 黄明安
合 作 机 构 /
办 公 地 址 / 湖北省武汉市洪山区黄家湖西路 16 号湖北中医药大学（430065）
电话（传真）/
邮　　　箱 /
网　　　址 /
主要研究领域：
中医药发展

H

544 湖南大学国际贸易研究基地

所 属 类 别／高校智库
主 管 单 位／湖南大学
成 立 时 间／2003 年 8 月
第一负责人／张亚斌
合 作 机 构／
办 公 地 址／湖南省长沙市岳麓区麓山南路 2 号湖南大学（410082）
电话（传真）／0731-88822866
邮　　　箱／yabinzhang@hnu.edu.cn
网　　　址／
主要研究领域：
国际贸易与经济增长；中国对外贸易发展；产业与区域发展

545 湖南大学教育科学研究院
Education Science Research Institute of Hunan University

所 属 类 别／高校智库
主 管 单 位／湖南大学
成 立 时 间／1981 年
第一负责人／罗仲尤
合 作 机 构／
办 公 地 址／湖南省长沙市岳麓区麓山南路 2 号湖南大学（410082）
电话（传真）／0731-88822454
邮　　　箱／jxtan@hnu.edu.cn
网　　　址／http://edu.hnu.edu.cn
主要研究领域：
教育质量与评价；有效教学；教师教育；高等教育管理；大学分层与定位

546 湖南大学金融发展与信用管理研究中心

所 属 类 别／高校智库
主 管 单 位／湖南大学
成 立 时 间／2006 年 2 月
第一负责人／杨胜刚
合 作 机 构／湖南省信用体系建设领导小组成员单位，部分中央驻湘单位、企业，
　　　　　　　湖南大学
办 公 地 址／湖南省长沙市岳麓区麓山南路 2 号湖南大学（410082）
电话（传真）／
邮　　　箱／
网　　　址／
主要研究领域：
信用理论；信用评估

H

547 湖南大学经济管理研究中心
Center for Economics, Finance and Management Studies, Hunan University

所 属 类 别 / 高校智库
主 管 单 位 / 湖南大学
成 立 时 间 / 2013 年
第 一 负 责 人 /
合 作 机 构 /
办 公 地 址 / 湖南省长沙市岳麓区石佳冲路 109 号湖南大学北校区行政大楼 1 楼 122
　　　　　　室 （410082）
电话(传真) / 0731-88684822
邮　　　箱 / cefms_fina@ hnu. edu. cn
网　　　址 / http://cefms. hnu. edu. cn
主要研究领域：
中国经济国际化；金融与管理科学国际化

548 湖南大学廉政研究中心 （湖南省廉政研究基地）
Center for Corruption Studies, Hunan University (Hunan Provincial Research Base of Corruption Studies)

所 属 类 别 / 高校智库
主 管 单 位 / 湖南大学
成 立 时 间 / 2002 年 12 月 （2003 年 3 月）
第 一 负 责 人 / 曹升元
合 作 机 构 /
办 公 地 址 / 湖南省长沙市岳麓区麓山南路 2 号湖南大学 （410082）
电话(传真) /
邮　　　箱 / wy@ hunanlz. com
网　　　址 / http://hunanlz. com
主要研究领域：
中外廉政思想；廉政制度；廉政政策分析；廉政发展

H

549 湖南大学中非经贸合作研究院
China-Africa Economic and Trade Research Institute,

所 属 类 别 / 高校智库
主 管 单 位 / 湖南大学
成 立 时 间 /
第 一 负 责 人 / 邓卫
合 作 机 构 / 中南大学、湘潭大学、湖南农业大学
办 公 地 址 / 湖南省长沙市岳麓区麓山南路麓山门 （410082）
电话(传真) /
邮　　　箱 / xiaoban@ hnu. edu. cn
网　　　址 / http://caeti. hnu. edu. cn
主要研究领域：
中非地方经贸合作

550 湖南大学中国文化软实力研究中心

所 属 类 别／高校智库
主 管 单 位／湖南大学
成 立 时 间／2009 年 3 月
第一负责人／张国祚
合 作 机 构／
办 公 地 址／湖南省长沙市岳麓区麓山南路 2 号湖南大学（410082）
电话(传真)／0731-8823372（0731-88823372）
邮　　　箱／whrsl@ hnu. edu. cn
网　　　址／http://www. zgwhrsl. com
主要研究领域：
马克思主义软实力；中国传统文化软实力；文化产业；文化软实力评价；信用文化；廉洁文化；教育文化；中国文化国际传播

551 湖南大学自由贸易区研究院

所 属 类 别／高校智库
主 管 单 位／湖南大学
成 立 时 间／2020 年 9 月
第一负责人／许和连
合 作 机 构／
办 公 地 址／湖南省长沙市岳麓区石佳冲路 109 号（410082）
电话(传真)／
邮　　　箱／
网　　　址／
主要研究领域：
自由贸易区

552 湖南警察学院湖南省公安理论与公共安全研究基地

所 属 类 别／高校智库
主 管 单 位／湖南警察学院
成 立 时 间／2011 年 1 月
第一负责人／王周
合 作 机 构／
办 公 地 址／湖南省长沙市经济技术开发区远大三路 9 号（410138）
电话(传真)／
邮　　　箱／
网　　　址／
主要研究领域：
公安理论与公共安全

H

553 湖南农业大学乡村振兴中心（新农村发展研究院）

所 属 类 别／高校智库

主 管 单 位／湖南农业大学

成 立 时 间／2012 年 8 月

第 一 负 责 人／朱华武

合 作 机 构／

办 公 地 址／湖南省长沙市芙蓉区农大路 1 号湖南农业大学行政楼 229 室（410128）

电话(传真)／0731-84635263

邮　　　箱／xczxxny@ hunau. edu. cn

网　　　址／https: //xczx. hunau. edu. cn

主要研究领域：

乡村振兴

554 湖南省—中南大学妇女儿童健康与发展研究中心

所 属 类 别／高校智库

主 管 单 位／

成 立 时 间／

第 一 负 责 人／

合 作 机 构／湖南省妇女儿童联合会、中南大学

办 公 地 址／湖南省长沙市岳麓区桐梓坡路 172 号（410013）

电话(传真)／

邮　　　箱／

网　　　址／

主要研究领域：

妇女儿童健康与发展

H

555 湖南省社会科学院
Hunan Academy of Social Sciences

所 属 类 别／科研院所智库

主 管 单 位／中共湖南省委、湖南省人民政府

成 立 时 间／1969 年

第 一 负 责 人／钟君

合 作 机 构／

办 公 地 址／湖南省长沙市开福区德雅路浏河村巷 37 号（410003）

电话(传真)／0731-84219501

邮　　　箱／hnass2008@ 126. com

网　　　址／http: //www. hnass. cn

主要研究领域：

区域经济；"三农"问题；两型社会；城乡社会发展；人力资源

556 湖南师范大学"一带一路"文化交流与传播中心

所 属 类 别／高校智库
主 管 单 位／湖南师范大学
成 立 时 间／2017 年 6 月
第一负责人／陈小法
合 作 机 构／
办 公 地 址／湖南省长沙市岳麓区麓山路 36 号湖南师范大学中和楼 616 室（410081）
电话(传真)／
邮　　箱／
网　　址／
主要研究领域：
共建"一带一路"国家和地区的文化交流与传播

557 湖南师范大学大国经济研究中心
Center of Large Country Economy Research, Hunan Normal University

所 属 类 别／高校智库
主 管 单 位／湖南师范大学
成 立 时 间／2014 年 12 月
第一负责人／欧阳峣
合 作 机 构／
办 公 地 址／湖南省长沙市岳麓区麓山路 36 号湖南师范大学（410081）
电话(传真)／
邮　　箱／ouyangyao@ hunnu. edu. cn
网　　址／https://dgjj. hunnu. edu. cn
主要研究领域：
大国经济发展理论；大国区域协调发展；大国经济内外平衡

558 湖南师范大学道德文化研究中心（道德文化研究院）
Moral Culture Research Institute of Hunan Normal University

所 属 类 别／高校智库
主 管 单 位／湖南师范大学
成 立 时 间／1983 年
第一负责人／向玉乔
合 作 机 构／
办 公 地 址／湖南省长沙市岳麓区麓山路 36 号湖南师范大学（410081）
电话(传真)／0731-88872593（0731-88872593）
邮　　箱／447308275@ qq. com
网　　址／https://ethics. hunnu. edu. cn
主要研究领域：
道德文化

H

559　湖南师范大学东北亚研究中心

所 属 类 别 / 高校智库

主 管 单 位 / 湖南师范大学

成 立 时 间 / 2018 年 6 月

第 一 负 责 人 / 蔡美花

合 作 机 构 /

办 公 地 址 / 湖南省长沙市岳麓区麓山路 36 号湖南师范大学中和楼 617 室（410081）

电话(传真) /

邮　　箱 / caimeihua@ ybu. edu. cn

网　　址 /

主要研究领域：

东北亚历史与文化；"一带一路"与东北亚区域合作；周边大国与东北亚战略

560　湖南师范大学俄罗斯研究中心（湖南省俄罗斯文化研究与交流中心）

所 属 类 别 / 高校智库

主 管 单 位 / 湖南师范大学

成 立 时 间 / 2014 年 1 月

第 一 负 责 人 / 高荣国

合 作 机 构 /

办 公 地 址 / 湖南省长沙市岳麓区麓山路 36 号湖南师范大学腾龙楼 507 室（410081）

电话(传真) / 15116115206

邮　　箱 /

网　　址 /

主要研究领域：

俄罗斯国情与文化

H

561　湖南师范大学非洲研究中心

所 属 类 别 / 高校智库

主 管 单 位 / 湖南师范大学

成 立 时 间 / 2017 年 3 月

第 一 负 责 人 / 陈晓红

合 作 机 构 /

办 公 地 址 / 湖南省长沙市岳麓区麓山路 36 号湖南师范大学（410081）

电话(传真) /

邮　　箱 /

网　　址 /

主要研究领域：

中非经贸博览会的机制和举措；非洲国家投资法、环境法、贸易法及劳工法；中非旅游及人文合作

562 湖南师范大学国家治理研究所

所 属 类 别 / 高校智库

主 管 单 位 / 湖南师范大学

成 立 时 间 / 2017 年

第一负责人 / 王敏

合 作 机 构 /

办 公 地 址 / 湖南省长沙市岳麓区麓山路 36 号湖南师范大学（410081）

电话(传真) /

邮　　箱 /

网　　址 /

主要研究领域：

政治发展理论；国家治理现代化；当代中国政府管理与发展；"放管服"改革

563 湖南师范大学湖南省传媒发展研究基地

所 属 类 别 / 高校智库

主 管 单 位 / 湖南师范大学新闻与传播学院

成 立 时 间 / 2010 年

第一负责人 / 蔡骐

合 作 机 构 /

办 公 地 址 / 湖南省长沙市岳麓区麓山路 36 号湖南师范大学（410081）

电话(传真) /

邮　　箱 / 732067696@qq.com

网　　址 /

主要研究领域：

传播学

H

564 湖南师范大学湖南省中外文化传播研究基地

所 属 类 别 / 高校智库

主 管 单 位 / 湖南师范大学

成 立 时 间 / 2002 年

第一负责人 / 郑燕虹

合 作 机 构 /

办 公 地 址 / 湖南省长沙市岳麓区麓山路 36 号湖南师范大学中和楼 618 室
（410081）

电话(传真) /

邮　　箱 / 1023599289@qq.com

网　　址 /

主要研究领域：

中外文化传播

565　湖南师范大学美国研究中心

American Studies Center, Hunan Normal University

所 属 类 别／高校智库

主 管 单 位／湖南师范大学

成 立 时 间／2014 年 1 月

第一负责人／曾艳钰

合 作 机 构／湖南师范大学、美国南犹他大学

办 公 地 址／湖南省长沙市岳麓区麓山路 36 号湖南师范大学腾龙楼 513 室（410081）

电话(传真)／

邮　　　箱／yzeng2646@ hunnu. edu. cn

网　　　址／

主要研究领域：

美国文学与文化；美国文化外交与文化传播

566　湖南师范大学南亚研究中心

所 属 类 别／高校智库

主 管 单 位／湖南师范大学

成 立 时 间／2019 年 6 月

第一负责人／刘曙雄

合 作 机 构／

办 公 地 址／湖南省长沙市岳麓区麓山路 36 号湖南师范大学腾龙楼 503 室（410081）

电话(传真)／

邮　　　箱／nyyjzx@ hunnu. edu. cn

网　　　址／

主要研究领域：

外国文学；比较文学与跨文化；国别与区域

567　湖南师范大学人口研究所

所 属 类 别／高校智库

主 管 单 位／湖南师范大学公共管理学院

成 立 时 间／2003 年

第一负责人／王翠绒

合 作 机 构／

办 公 地 址／湖南省长沙市岳麓区麓山路 36 号湖南师范大学（410081）

电话(传真)／

邮　　　箱／

网　　　址／

主要研究领域：

人口学原理及当代人口政策；人口伦理；婚姻与家庭；人口迁移与城市融合；老年人口养护

H

568 湖南师范大学社会治理与社会政策研究所

所 属 类 别 / 高校智库
主 管 单 位 / 湖南师范大学
成 立 时 间 /
第 一 负 责 人 / 肖汉仕
合 作 机 构 /
办 公 地 址 / 湖南省长沙市岳麓区麓山路 36 号湖南师范大学（410081）
电话(传真) /
邮　　箱 /
网　　址 /
主要研究领域：
社会治理理论；社会政策；社区治理；社会工作；社会保障；全民健心工程；人口政策

569 湖南师范大学生态文明研究院

所 属 类 别 / 高校智库
主 管 单 位 / 湖南师范大学
成 立 时 间 / 2013 年 6 月
第 一 负 责 人 / 刘湘溶
合 作 机 构 /
办 公 地 址 / 湖南省长沙市岳麓区麓山路 36 号湖南师范大学（410081）
电话(传真) /
邮　　箱 /
网　　址 /
主要研究领域：
生态文明

570 湖南师范大学思想政治教育研究所
Institute of Ideological and Political Education, Hunan Normal University

所 属 类 别 / 高校智库
主 管 单 位 / 湖南师范大学
成 立 时 间 / 2009 年 7 月
第 一 负 责 人 / 李超民
合 作 机 构 /
办 公 地 址 / 湖南省长沙市岳麓区麓山路 36 号湖南师范大学景德楼中栋 303 室（410081）
电话(传真) /
邮　　箱 /
网　　址 / https://szs.hunnu.edu.cn
主要研究领域：
网络思想政治教育；中外德育；思政课课程建设；思政史；企业思想政治工作

H

571　湖南师范大学外交研究中心
The Center for Diplomatic Studies, Hunan Normal University

所 属 类 别 / 高校智库

主 管 单 位 / 湖南师范大学

成 立 时 间 / 2019 年 3 月

第 一 负 责 人 / 滕建群

合 作 机 构 /

办 公 地 址 / 湖南省长沙市岳麓区麓山路 36 号湖南师范大学 （410081）

电话(传真) /

邮　　　箱 / howardhqk@ hunnu. edu. cn

网　　　址 /

主要研究领域:

国际关系；对外政策

572　湖南师范大学英国—爱尔兰研究中心

所 属 类 别 / 高校智库

主 管 单 位 / 湖南师范大学

成 立 时 间 / 2014 年 4 月

第 一 负 责 人 / 曹波

合 作 机 构 /

办 公 地 址 / 湖南省长沙市岳麓区麓山路 36 号湖南师范大学腾龙楼 511 室
　　　　　　　（410081）

电话(传真) /

邮　　　箱 /

网　　　址 / https://fsc. hunnu. edu. cn/info/1148/4251. htm

主要研究领域:

英国文学、文化；爱尔兰文学、文化

573　湖南师范大学中国—东盟文化传播研究中心

所 属 类 别 / 高校智库

主 管 单 位 / 湖南师范大学

成 立 时 间 /

第 一 负 责 人 / 刘白

合 作 机 构 / 湖南师范大学、中国外文局中国报道杂志社

办 公 地 址 / 湖南省长沙市岳麓区麓山路 36 号湖南师范大学腾龙楼 511 室
　　　　　　　（410081）

电话(传真) /

邮　　　箱 /

网　　　址 / https://fsc. hunnu. edu. cn/info/1148/7921. htm

主要研究领域:

中国—东盟文化传播

574 湖南师范大学中国乡村振兴研究院

所 属 类 别／高校智库

主 管 单 位／湖南师范大学

成 立 时 间／

第一负责人／陈文胜

合 作 机 构／

办 公 地 址／湖南省长沙市岳麓区麓山路 36 号湖南师范大学里仁楼（410081）

电话(传真)／0731-88872694（0731-88872694）

邮　　　箱／hnsdxyy2019@163.com

网　　　址／http://www.zgxcfx.com/xczx

主要研究领域：

乡村振兴战略理论

575 华北电力大学北京能源发展研究基地
Beijing Energy Development Research Center，North China Electric Power University

所 属 类 别／高校智库

主 管 单 位／华北电力大学

成 立 时 间／2006 年 11 月

第一负责人／王伟

合 作 机 构／北京市教育委员会、北京市哲学社会科学规划办公室、华北电力大学

办 公 地 址／北京市昌平区回龙观北农路 2 号华北电力大学教三楼 A 区 227 室
　　　　　　（102206）

电话(传真)／010-61773367（010-61773367）

邮　　　箱／energybase@126.com

网　　　址／https://bjnyjd.ncepu.edu.cn

主要研究领域：

能源法；能源教育；能源信息

576 华北电力大学高等教育研究所
Institute for Higher Education Research，North China Electric Power University

所 属 类 别／高校智库

主 管 单 位／华北电力大学

成 立 时 间／2004 年

第一负责人／荀振芳

合 作 机 构／

办 公 地 址／北京市昌平区朱辛庄华北电力大学高等教育研究所（102206）

电话(传真)／010-61772229

邮　　　箱／gaojiaosuo@ncepu.edu.cn

网　　　址／http://gjs.ncepu.edu.cn

主要研究领域：

工程教育；能源教育；比较高等教育；高等教育管理；高水平大学发展；教学评价；研究生教育评价

577 华北电力大学国家能源发展战略研究院

所 属 类 别 / 高校智库

主 管 单 位 / 华北电力大学

成 立 时 间 /

第 一 负 责 人 / 王鹏

合 作 机 构 /

办 公 地 址 / 北京市昌平区回龙观镇北农路 2 号华北电力大学国家能源发展战略研
究院（102206）

电话(传真) / 010-61771768

邮　　　箱 /

网　　　址 / https://energy.ncepu.edu.cn

主要研究领域：国家能源发展战略

578 华北电力大学新型能源系统与碳中和研究院

所 属 类 别 / 高校智库

主 管 单 位 / 华北电力大学

成 立 时 间 /

第 一 负 责 人 / 王志轩

合 作 机 构 /

办 公 地 址 / 北京市昌平区回龙观镇北农路 2 号华北电力大学国家能源发展战略研
究院（102206）

电话(传真) / 010-61771768

邮　　　箱 /

网　　　址 / https://energy.ncepu.edu.cn

主要研究领域：

新型能源系统；碳中和

579 华东检察研究院

所 属 类 别 / 高校智库

主 管 单 位 / 华东政法大学

成 立 时 间 / 2015 年 11 月

第 一 负 责 人 / 叶青

合 作 机 构 / 最高人民检察院检察理论研究所、华东地区检察机关、华东政法大学

办 公 地 址 / 上海市长宁区万航渡路 1575 号（200042）

电话(传真) /

邮　　　箱 /

网　　　址 /

主要研究领域：

检察政策；检察改革

H

580 华东理工大学公共政策与公共管理研究所

所 属 类 别／高校智库
主 管 单 位／华东理工大学
成 立 时 间／2003 年 2 月
第 一 负 责 人／吴开泽
合 作 机 构／
办 公 地 址／上海市徐汇区梅陇路 130 号华东理工大学（200237）
电话(传真)／
邮　　箱／
网　　址／https://cpsa. ecust. edu. cn/12379/list. htm
主要研究领域：
公共政策与公共管理前沿理论；公共管理体制改革与公共政策实践；公共政策与公共管理国际比较

581 华东理工大学华东社会发展研究所

所 属 类 别／高校智库
主 管 单 位／华东理工大学
成 立 时 间／1994 年 6 月
第 一 负 责 人／朱忆天
合 作 机 构／
办 公 地 址／上海市徐汇区梅陇路 130 号华东理工大学（200237）
电话(传真)／
邮　　箱／
网　　址／https://marx. ecust. edu. cn/2021/1106/c10855a136576/page. htm
主要研究领域：
中国特色可持续城市化

582 华东理工大学能源经济与环境管理研究中心

所 属 类 别／高校智库
主 管 单 位／华东理工大学
成 立 时 间／2009 年
第 一 负 责 人／马铁驹
合 作 机 构／
办 公 地 址／上海市徐汇区梅陇路 130 号华东理工大学（200237）
电话(传真)／
邮　　箱／tjma@ ecust. edu. cn
网　　址／
主要研究领域：
能源产业政策；能源技术系统；能源金融；能源产业空间经济计量与优化；能源与低碳供应链管理

583　华东理工大学社会福利与社会政策研究所

所 属 类 别 / 高校智库
主 管 单 位 / 华东理工大学
成 立 时 间 / 2006 年
第 一 负 责 人 / 范斌
合 作 机 构 /
办 公 地 址 / 上海市徐汇区梅陇路 130 号华东理工大学（200237）
电话(传真) /
邮 　 箱 /
网 　 址 / https://cpsa.ecust.edu.cn/12378/list.htm
主要研究领域：
福利社会与社会政策理论与方法；社会福利与社会工作；社会福利与社会保障政策；社会组织发展与政策

584　华东理工大学中国城乡发展研究中心

所 属 类 别 / 高校智库
主 管 单 位 / 华东理工大学
成 立 时 间 /
第 一 负 责 人 / 熊万胜
合 作 机 构 /
办 公 地 址 / 上海市徐汇区梅陇路 130 号华东理工大学（200237）
电话(传真) / 021-64252541
邮 　 箱 /
网 　 址 / https://kjc.ecust.edu.cn/2011/0321/c8372a62057/page.htm
主要研究领域：
东部地区农村发展

585　华东理工大学中国特色可持续城市化研究基地

所 属 类 别 / 高校智库
主 管 单 位 / 华东理工大学
成 立 时 间 / 2015 年 11 月
第 一 负 责 人 / 鲍宗豪
合 作 机 构 /
办 公 地 址 / 上海市徐汇区梅陇路 130 号华东理工大学（200237）
电话(传真) /
邮 　 箱 /
网 　 址 /
主要研究领域：
城市科学发展；城市社会治理；城市环境治理；城市文明测评

H

586 华东师范大学澳大利亚研究中心

所 属 类 别／高校智库
主 管 单 位／华东师范大学
成 立 时 间／1985 年
第一负责人／陈弘
合 作 机 构／
办 公 地 址／上海市普陀区中山北路 3663 号华东师范大学（200062）
电话(传真)／021-62238888
邮　　箱／ ecnudaisy@163.com
网　　址／
主要研究领域：
澳大利亚文学、文化、历史、国际关系、经济、贸易与金融、教育、城市规划、社
会福利等

587 华东师范大学白俄罗斯研究中心

所 属 类 别／高校智库
主 管 单 位／华东师范大学
成 立 时 间／2012 年
第一负责人／贝文力
合 作 机 构／
办 公 地 址／上海市普陀区中山北路 3663 号华东师范大学（200062）
电话(传真)／
邮　　箱／
网　　址／ http://www.brgd.ecnu.edu.cn/bd/01/c16642a179457/page.htm
主要研究领域：
白俄罗斯政治文化

588 华东师范大学长三角区域一体化创新基地
Institute for Yangtze River Delta Regional Integration, East China Normal University

所 属 类 别／高校智库
主 管 单 位／华东师范大学
成 立 时 间／2010 年 1 月
第一负责人／曾刚
合 作 机 构／
办 公 地 址／上海市普陀区中山北路 3663 号华东师范大学（200062）
电话(传真)／021-62233661
邮　　箱／ gzeng@re.ecnu.edu.cn
网　　址／ http://www.yangtze.ecnu.edu.cn
主要研究领域：
生态文明建设；区域经济协调发展战略

589　华东师范大学城市发展研究院

所 属 类 别／高校智库

主 管 单 位／华东师范大学

成 立 时 间／2013 年 10 月

第一负责人／曾刚

合 作 机 构／

办 公 地 址／上海市普陀区中山北路 3663 号华东师范大学地理馆 308 室（200062）

电话(传真)／021-62232980

邮　　　箱／office@ iud. ecnu. edu. cn

网　　　址／http://www. iud. ecnu. edu. cn

主要研究领域：

中国现代城市；地产与城市管理政策；长三角区域一体化

590　华东师范大学俄罗斯研究中心

所 属 类 别／高校智库

主 管 单 位／华东师范大学

成 立 时 间／1999 年

第一负责人／冯绍雷

合 作 机 构／

办 公 地 址／上海市普陀区中山北路 3663 号华东师范大学理科楼 A 座 403 室
　　　　　　（200062）

电话(传真)／021-62232113（021-62232113）

邮　　　箱／zry_abc@ hotmail. com

网　　　址／https://rus. ecnu. edu. cn

主要研究领域：

俄罗斯与欧亚问题

H

591　华东师范大学俄罗斯与欧亚研究院

所 属 类 别／高校智库

主 管 单 位／华东师范大学

成 立 时 间／2021 年 11 月

第一负责人／曲文轶

合 作 机 构／

办 公 地 址／上海市普陀区中山北路 3663 号华东师范大学理科楼 A 座 403 室
　　　　　　（200062）

电话(传真)／

邮　　　箱／

网　　　址／https://saias. ecnu. edu. cn

主要研究领域：

俄罗斯与欧业问题

592　华东师范大学非洲研究所

所 属 类 别／高校智库
主 管 单 位／华东师范大学
成 立 时 间／2010 年 6 月
第一负责人／沐涛
合 作 机 构／
办 公 地 址／上海市闵行区东川路 500 号华东师范大学（200241）
电话(传真)／
邮　　箱／
网　　址／https://history.ecnu.edu.cn/b6/d1/c33856a374481/page.htm
主要研究领域：
东非地区的历史文化；中非关系；非洲教育问题

593　华东师范大学高等教育研究所
Institute of Higher Education, East China Normal University

所 属 类 别／高校智库
主 管 单 位／华东师范大学
成 立 时 间／1985 年
第一负责人／阎光才
合 作 机 构／
办 公 地 址／上海市普陀区中山北路 3663 号华东师范大学文科大楼 1415 室（200062）
电话(传真)／021-62232291（021-62229173）
邮　　箱／ecnugjs@126.com
网　　址／http://www.ihe.ecnu.edu.cn
主要研究领域：
高等教育哲学；高等教育管理；高等教育评估；高等教育政策；国际和比较高等教育；教师教育；学生发展与就业辅导

594　华东师范大学国际关系与地区发展研究院
School of Advanced International and Area Studies, East China Normal University

所 属 类 别／高校智库
主 管 单 位／华东师范大学
成 立 时 间／2004 年 9 月
第一负责人／刘军
合 作 机 构／
办 公 地 址／上海市普陀区中山北路 3663 号华东师范大学理科楼 A 座 403 室（200062）
电话(传真)／021-62232110（021-62232113）
邮　　箱／liujun48@gmail.com
网　　址／
主要研究领域：
俄罗斯与欧亚问题；周边合作与发展；欧盟与欧洲国家问题；国际发展

H

595 华东师范大学国际与比较教育研究所
Institute of International and Comparative Education，East China Normal University

所 属 类 别 / 高校智库
主 管 单 位 / 华东师范大学
成 立 时 间 / 1964 年
第一负责人 / 彭正梅
合 作 机 构 /
办 公 地 址 / 上海市普陀区中山北路 3663 号华东师范大学（200062）
电话(传真) /
邮 箱 /
网 址 / https://iice.ecnu.edu.cn
主要研究领域：
跨文化交流；杜威教育思想；国际教育创新

596 华东师范大学基础教育改革与发展研究所
Institute of Schooling Reform and Development，East China Normal University

所 属 类 别 / 高校智库
主 管 单 位 / 华东师范大学
成 立 时 间 / 2000 年 3 月
第一负责人 / 李政涛
合 作 机 构 /
办 公 地 址 / 上海市普陀区中山北路 3663 号华东师范大学（200062）
电话(传真) / 021-62233197
邮 箱 / isrd@ecnu.edu.cn
网 址 / http://isrd.ecnu.edu.cn
主要研究领域：
学校综合改革；教育政策理论；教育与学生发展；教师教育

H

597 华东师范大学旅游规划与发展研究中心
Research Center of Tourism Planning and Development，East China Normal University

所 属 类 别 / 高校智库
主 管 单 位 / 华东师范大学
成 立 时 间 / 2002 年 5 月
第一负责人 / 冯学钢
合 作 机 构 /
办 公 地 址 / 上海市闵行区东川路 500 号华东师范大学法商楼商学院 402 室
　　　　　　（200241）
电话(传真) / 021-62233912
邮 箱 / xgfeng@bs.ecnu.edu.cn
网 址 /
主要研究领域：
旅游规划；景观设计；遗产保护；城市、区域发展与管理战略

598 华东师范大学全球创新与发展研究院
Institute for Innovation and Strategic Studies, East China Normal University

所 属 类 别 / 高校智库
主 管 单 位 / 华东师范大学
成 立 时 间 / 2009 年
第 一 负 责 人 / 杜德斌
合 作 机 构 /
办 公 地 址 / 上海市普陀区中山北路 3663 号华东师范大学 (200062)
电话(传真) / 021-62237315 (021-62237315)
邮　　　箱 /
网　　　址 / http://iss.ecnu.edu.cn
主要研究领域：
科技创新战略；区域创新发展；国家地缘安全战略

599 华东师范大学人口研究所
East China Normal University Population Research Institute

所 属 类 别 / 高校智库
主 管 单 位 / 华东师范大学
成 立 时 间 / 1983 年 6 月
第 一 负 责 人 / 丁金宏
合 作 机 构 /
办 公 地 址 / 上海市闵行区东川路 500 号华东师范大学法商楼 509 室 (200241)
电话(传真) / 021-54342981 (021-54345171)
邮　　　箱 / jhding@ re.ecnu.edu.cn
网　　　址 / https://pri.ecnu.edu.cn
主要研究领域：
人口迁移与城市化；人口社会经济问题；老龄化和社会保障；国际移民、海外人才
与侨务政策

600 华东师范大学社会学研究所

所 属 类 别 / 高校智库
主 管 单 位 / 华东师范大学
成 立 时 间 / 2000 年
第 一 负 责 人 / 文军
合 作 机 构 /
办 公 地 址 / 上海市闵行区东川路 500 号华东师范大学法商楼北楼 511 室 (200241)
电话(传真) / 021-53432977 (021-54345171)
邮　　　箱 / jwen@ soci.ecnu.edu.cn
网　　　址 /
主要研究领域：
当代西方社会学理论；城市社会学；教育社会学；女性主义及文化

H

601 华东师范大学一带一路与全球发展研究院
Institute of Belt and Road and Global Development, East China Normal University

所 属 类 别 / 高校智库

主 管 单 位 / 华东师范大学

成 立 时 间 /

第 一 负 责 人 /

合 作 机 构 /

办 公 地 址 / 上海市普陀区中山北路 3663 号华东师范大学（200062）

电话(传真) /

邮 箱 /

网 址 / http://www.brgd.ecnu.edu.cn

主要研究领域：

"一带一路"倡议；新型全球化与社会治理；中国与全球共同发展

602 华东师范大学中国特色商会发展研究中心

所 属 类 别 / 高校智库

主 管 单 位 / 华东师范大学

成 立 时 间 /

第 一 负 责 人 /

合 作 机 构 / 华东师范大学、上海市工商联

办 公 地 址 / 上海市普陀区中山北路 3663 号华东师范大学（200062）

电话(传真) /

邮 箱 /

网 址 / http://www.brgd.ecnu.edu.cn/bd/04/c16642a179460/page.htm

主要研究领域：

"一带一路"沿线地区商户组织合作；国外城市群发展中的商会组织作用；在沪外国商会发展情况

603 华东师范大学中国现代城市研究中心
Center for Modern Chinese City Studies, East China Normal University

所 属 类 别 / 高校智库

主 管 单 位 / 华东师范大学

成 立 时 间 / 2003 年 3 月

第 一 负 责 人 / 曾刚

合 作 机 构 /

办 公 地 址 / 上海市普陀区中山北路 3663 号华东师范大学地理馆 308 室（200062）

电话(传真) / 021-62232980

邮 箱 / cmccs@mail.ecnu.edu.cn

网 址 / http://ccmc.ecnu.edu.cn

主要研究领域：

城市经济与可持续发展；城市人口与社会发展；城市史；城市文化；城市制度

H

604 华东师范大学中国现代思想文化研究所

所 属 类 别／高校智库
主 管 单 位／华东师范大学
成 立 时 间／1999 年
第 一 负责人／杨国荣
合 作 机 构／
办 公 地 址／上海市闵行区东川路 500 号华东师范大学 (200241)
电话(传真)／021-54341146
邮 箱／sixiangsuo@126.com
网 址／http://chinese-thought.ecnu.edu.cn
主要研究领域：
中国现代思想文化；中西思想文化比较；中国现代城市文化；中国现代农村文化；
当代中国文化建设

605 华东师范大学周边国家研究院 (冷战国际史研究中心)

Institute for Studies of China`s Neighboring Countries and Regions Center for Cold War International History Studies, East China Normal University

所 属 类 别／高校智库
主 管 单 位／华东师范大学
成 立 时 间／2001 年
第 一 负责人／沈志华
合 作 机 构／
办 公 地 址／上海市普陀区中山北路 3663 号华东师范大学 (200062)
电话(传真)／
邮 箱／shenzhihua0420@vip.163.com
网 址／
主要研究领域：
冷战国际史

606 华东政法大学中国法治战略研究院

Academy for China's Rule-of-Law, East China University of Political Science and Law

所 属 类 别／高校智库
主 管 单 位／华东政法大学
成 立 时 间／2016 年 8 月
第 一 负责人／
合 作 机 构／
办 公 地 址／上海市松江区龙源路 555 号华东政法大学实训大楼北 346 室 (201620)
电话(传真)／021-57090173
邮 箱／
网 址／https://crlss.ecupl.edu.cn
主要研究领域：
司法改革；法治政府；法治经济

607 华坤女性生活调查中心
Huakun Women's Life Survey Center

所 属 类 别 / 社会智库—民办非企业
主 管 单 位 / 中华全国妇女联合会
成 立 时 间 / 2002 年 9 月
第一负责人 / 韩湘景
合 作 机 构 /
办 公 地 址 / 北京市东城区史家胡同甲 24 号（100010）
电话(传真) /
邮　　　箱 /
网　　　址 /
主要研究领域：
女性生活；女性调查

608 华南理工大学公共政策研究院
Institute of Public Policy at South China University of Technology

所 属 类 别 / 高校智库
主 管 单 位 / 华南理工大学
成 立 时 间 / 2012 年
第一负责人 / 张锋
合 作 机 构 /
办 公 地 址 / 广东省广州市天河区五山路 381 号华南理工大学汽车大楼 15 层
　　　　　　（510640）
电话(传真) / 020-87111850（020-87111856）
邮　　　箱 / liujincheng@ipp.org.cn
网　　　址 / http://ipp.scut.edu.cn
主要研究领域：
知识创新；公共政策

609 华南理工大学现代服务业研究院

所 属 类 别 / 高校智库
主 管 单 位 / 广东省发展和改革委员会、华南理工大学
成 立 时 间 / 2009 年 1 月
第一负责人 / 宋海
合 作 机 构 / 广东省发展和改革委员会、华南理工大学
办 公 地 址 / 广东省广州市番禺区广州大学城华南理工大学 B5 楼、B10 楼（510006）
电话(传真) / 15014201144
邮　　　箱 / msehsong@scut.edu.cn
网　　　址 /
主要研究领域：
现代服务业宏观战略；现代服务业中观产业；现代服务业微观企业；现代服务业技术进步；现代服务业管理

610 华南理工大学政府绩效评价中心

所 属 类 别 / 高校智库
主 管 单 位 / 华南理工大学
成 立 时 间 /
第 一 负 责 人 / 郑方辉
合 作 机 构 /
办 公 地 址 / 广东省广州市天河区五山路 381 号（510641）
电话(传真) /
邮 箱 /
网 址 /
主要研究领域：
政府绩效评价的理论方法与实证研究

611 华南理工大学珠海现代产业创新研究院

所 属 类 别 / 高校智库
主 管 单 位 / 华南理工大学
成 立 时 间 /
第 一 负 责 人 / 章熙春
合 作 机 构 / 珠海市人民政府 \ 华南理工大学
办 公 地 址 / 广东省珠海市斗门区富山工业园珠峰大道西 1 号（519175）
电话(传真) / 0756-5659090（0756-5659090）
邮 箱 /
网 址 / http://www2. scut. edu. cn/innovation
主要研究领域：
现代产业创新

612 华南农业大学广东农村经济研究中心

所 属 类 别 / 高校智库
主 管 单 位 / 华南农业大学
成 立 时 间 / 2003 年 12 月
第 一 负 责 人 / 熊启泉
合 作 机 构 /
办 公 地 址 / 广东省广州市天河区五山路 483 号华南农业大学经济管理学院
（510642）
电话(传真) /
邮 箱 / xkjs@ scau. edu. cn
网 址 / https://cem. scau. edu. cn/2018/0329/c5630a150098/page. htm
主要研究领域：
现代农业发展；乡村振兴战略；农产品贸易

613 华南农业大学广东农业企业发展研究中心

所 属 类 别 / 高校智库
主 管 单 位 / 华南农业大学
成 立 时 间 / 2008 年 5 月
第 一 负 责 人 / 万俊毅
合 作 机 构 /
办 公 地 址 / 广东省广州市天河区五山路 483 号华南农业大学经济管理学院
　　　　　　（510642）
电话（传真）/
邮　　　箱 / jywan@ scau. edu. cn
网　　　址 / https://cem. scau. edu. cn/2018/0903/c5630a150106/page. htm
主要研究领域：
农业产业与企业发展战略；农业企业治理与制度创新；企业家精神与人力资源管理；农业企业国际化

614 华南农业大学广东乡村振兴与贫困治理研究中心

所 属 类 别 / 高校智库
主 管 单 位 / 华南农业大学
成 立 时 间 / 2020 年 9 月
第 一 负 责 人 / 罗明忠
合 作 机 构 /
办 公 地 址 / 广东省广州市天河区五山路 483 号华南农业大学经济管理学院
　　　　　　（510642）
电话（传真）/
邮　　　箱 / luomingzhong@ scau. edu. cn
网　　　址 / https://cem. scau. edu. cn/2022/0418/c5630a312207/page. htm
主要研究领域：
乡村振兴与贫困治理

615 华南农业大学林业经济研究中心

所 属 类 别 / 高校智库
主 管 单 位 / 华南农业大学
成 立 时 间 / 2008 年
第 一 负 责 人 / 高岚
合 作 机 构 /
办 公 地 址 / 广东省广州市天河区五山路 483 号华南农业大学经济管理学院
　　　　　　（510642）
电话（传真）/
邮　　　箱 / gaolan@ scau. edu. cn
网　　　址 / https://cem. scau. edu. cn/2018/0329/c5630a150102/page. htm
主要研究领域：
生物多样性保护；集体林权制度改革

H

616 华南农业大学农村电商研究中心

所 属 类 别 / 高校智库
主 管 单 位 / 华南农业大学
成 立 时 间 / 2016 年 1 月
第 一 负 责 人 / 易法敏
合 作 机 构 /
办 公 地 址 / 广东省广州市天河区五山路 483 号华南农业大学经济管理学院（510642）
电话(传真) /
邮　　箱 / yifamin@ 126. com
网　　址 / https://cem. scau. edu. cn/2022/0419/c5630a312705/page. htm
主要研究领域：
农村电商创新生态系统；农村电商在线行为；农村电商安全与技术

617 华南农业大学农村金融研究中心

所 属 类 别 / 高校智库
主 管 单 位 / 华南农业大学
成 立 时 间 / 2015 年 10 月
第 一 负 责 人 / 张乐柱
合 作 机 构 /
办 公 地 址 / 广东省广州市天河区五山路 483 号华南农业大学经济管理学院（510642）
电话(传真) /
邮　　箱 / lzzhang@ scau. edu. cn
网　　址 / https://cem. scau. edu. cn/2022/0419/c5630a312706/page. htm
主要研究领域：
中小金融管理与涉农金融；金融产品设计与农产品期货；金融分析与投资理财

618 华南农业大学农业产业发展研究中心

所 属 类 别 / 高校智库
主 管 单 位 / 华南农业大学
成 立 时 间 / 2015 年
第 一 负 责 人 / 万俊毅
合 作 机 构 /
办 公 地 址 / 广东省广州市天河区五山路 483 号华南农业大学经济管理学院（510642）
电话(传真) /
邮　　箱 / jywan@ scau. edu. cn
网　　址 / https://cem. scau. edu. cn/2022/0418/c5630a312202/page. htm
主要研究领域：
农商前沿理论与管理实践；农村一二三产业融合发展；农业产业链与重要农产品供给安全

619 华南农业大学普惠金融与"三农"经济研究院

所 属 类 别 / 高校智库
主 管 单 位 / 华南农业大学
成 立 时 间 / 2020 年 11 月
第 一 负 责 人 / 米运生
合 作 机 构 /
办 公 地 址 / 广东省广州市天河区五山路 483 号华南农业大学经济管理学院
　　　　　　　（510642）
电话（传真）/
邮　　　箱 / miyunsheng@ scau. edu. cn
网　　　址 / https://cem. scau. edu. cn/2022/0419/c5630a312703/page. htm
主要研究领域：
数字普惠金融；绿色金融；农户金融素养；农地金融

620 华南农业大学人力资源与发展战略研究中心

所 属 类 别 / 高校智库
主 管 单 位 / 华南农业大学
成 立 时 间 / 2007 年 12 月
第 一 负 责 人 / 罗明忠
合 作 机 构 /
办 公 地 址 / 广东省广州市天河区五山路 483 号华南农业大学经济管理学院
　　　　　　　（510642）
电话（传真）/
邮　　　箱 / luomingzhong@ scau. edu. cn
网　　　址 / https://cem. scau. edu. cn/2022/0421/c5630a312975/page. htm
主要研究领域：
人力资源管理；劳动经济学；农业经济学

621 华南农业大学数字乡村研究院

所 属 类 别 / 高校智库
主 管 单 位 / 华南农业大学
成 立 时 间 / 2020 年
第 一 负 责 人 / 米运生
合 作 机 构 /
办 公 地 址 / 广东省广州市天河区五山路 483 号华南农业大学经济管理学院
　　　　　　　（510642）
电话（传真）/
邮　　　箱 / miyunsheng@ scau. edu. cn
网　　　址 / https://cem. scau. edu. cn/2022/0505/c5630a314109/page. htm
主要研究领域：
农村大数据；农业物联网；农村电商；乡村数字经济；农村数字治理

H

622 华南农业大学土地与经济管理研究中心

所 属 类 别 / 高校智库
主 管 单 位 / 华南农业大学
成 立 时 间 / 2008 年
第 一 负 责 人 / 李尚蒲
合 作 机 构 /
办 公 地 址 / 广东省广州市天河区五山路 483 号华南农业大学经济管理学院 （510642）
电话(传真) /
邮　　箱 / qspli@ scau. edu. cn
网　　址 / https://cem. scau. edu. cn/2022/0509/c5630a314491/page. htm
主要研究领域:
土地政策的动态变化

623 华南农业大学乡村文化产业发展研究中心

所 属 类 别 / 高校智库
主 管 单 位 / 华南农业大学
成 立 时 间 / 2017 年 7 月
第 一 负 责 人 / 孙良媛
合 作 机 构 /
办 公 地 址 / 广东省广州市天河区五山路 483 号华南农业大学经济管理学院 （510642）
电话(传真) /
邮　　箱 / bettyzheng@ scau. edu. cn
网　　址 / https://cem. scau. edu. cn/2022/0419/c5630a312704/page. htm
主要研究领域:
乡村文化资源保护传承与产业化；乡村文化建设与乡村治理；乡村文化发展与美丽乡村建设

624 华南农业大学新农村发展研究院 （科学研究院）

Office of Scientific Research and Development （Institute of New Rural Development）, South China Agricultural University

所 属 类 别 / 高校智库
主 管 单 位 / 华南农业大学
成 立 时 间 /
第 一 负 责 人 / 谢青梅
合 作 机 构 /
办 公 地 址 / 广东省广州市天河区华南农业大学行政楼 （510642）
电话(传真) / 020-85280071 （020-85280071）
邮　　箱 /
网　　址 / https://kyy. scau. edu. cn
主要研究领域:
新农村发展

H

625　华南师范大学东南亚研究中心

所 属 类 别／高校智库
主 管 单 位／华南师范大学
成 立 时 间／2021 年 11 月
第一负责人／吴坚
合 作 机 构／教育部中外语言交流合作中心、华南师范大学
办 公 地 址／广东省广州市天河区中山大道西 55 号华南师范大学石牌校区东南亚研
　　　　　　究中心（510631）
电话(传真)／020-85215312
邮　　　箱／ydylscnu@126.com
网　　　址／http://dny.scnu.edu.cn
主要研究领域：
教师教育；国际中文教育；东南亚

626　华南师范大学民族体质与健康研究中心

所 属 类 别／高校智库
主 管 单 位／华南师范大学
成 立 时 间／2004 年
第一负责人／杨文轩
合 作 机 构／
办 公 地 址／广东省广州市番禺区广州大学城外环西路 378 号艺体 3 号楼（510006）
电话(传真)／
邮　　　箱／
网　　　址／
主要研究领域：
青少年学生心理健康；教育、体育与青少年学生全面发展；青少年学生体质健康

627　华侨大学海峡两岸传播创新研究中心

所 属 类 别／高校智库
主 管 单 位／华侨大学
成 立 时 间／2019 年 1 月
第一负责人／曾峰
合 作 机 构／
办 公 地 址／福建省厦门市集美区集美大道 668 号华侨大学（361021）
电话(传真)／
邮　　　箱／
网　　　址／https://sjc.hqu.edu.cn/info/1039/2973.htm
主要研究领域：
两岸传播交流史；两岸传媒文化；两岸传播机制创新

H

628 华侨大学华侨华人研究院（国际关系研究院）

所 属 类 别／高校智库
主 管 单 位／国务院侨务办公室
成 立 时 间／2009 年 9 月
第 一 负 责 人／
合 作 机 构／
办 公 地 址／福建省厦门市集美区集美大道 668 号 A 区 14 层（361021）
电话(传真)／0592-6162101（0592-6162102）
邮　　　箱／qyy@ hqu. edu. cn
网　　　址／
主要研究领域：
华侨华人；国际关系

629 华侨大学华侨华人与区域国别研究院
Research Institute of Global Chinese and Area Studies，Huaqiao University

所 属 类 别／高校智库
主 管 单 位／华侨大学
成 立 时 间／2021 年 11 月
第 一 负 责 人／吴小安
合 作 机 构／
办 公 地 址／福建省厦门市集美区集美大道 668 号（361021）
电话(传真)／
邮　　　箱／rigcas2@ hqu. edu. cn
网　　　址／https：//rigcas. hqu. edu. cn
主要研究领域：
华侨华人；区域国别

630 华侨大学泰国研究所

所 属 类 别／高校智库
主 管 单 位／华侨大学
成 立 时 间／2011 年 4 月
第 一 负 责 人／刘文正
合 作 机 构／华侨大学、泰国国家研究院
办 公 地 址／福建省厦门市集美区集美大道 668 号（361021）
电话(传真)／
邮　　　箱／chres@ 163. com
网　　　址／
主要研究领域：
泰国政治、经济、文化、外交等；中泰关系

631 华夏新供给经济学研究院
China Academy of New Supply-side Economics

所 属 类 别 ／社会智库—民办非企业
主 管 单 位 ／北京市民政局
成 立 时 间 ／2013 年 9 月
第 一 负 责 人 ／王广宇
合 作 机 构 ／
办 公 地 址 ／北京市海淀区西三环北路 89 号中国外文大厦 A 座 1106 室（100089）
电话(传真) ／010-88820134（010-88820942）
邮 箱 ／
网 址 ／http://www. newsupplyecon. org
主要研究领域：
新供给经济学理论与政策

632 华中科技大学创新发展研究中心

所 属 类 别 ／高校智库
主 管 单 位 ／华中科技大学
成 立 时 间 ／2011 年 4 月
第 一 负 责 人 ／张建华
合 作 机 构 ／
办 公 地 址 ／湖北省武汉市洪山区珞喻路 1037 号华中科技大学（430074）
电话(传真) ／027-87542253
邮 箱 ／
网 址 ／http://cids. hust. edu. cn/cxfzyjzx. htm
主要研究领域：
创新发展

633 华中科技大学非传统安全研究中心

所 属 类 别 ／高校智库
主 管 单 位 ／华中科技大学
成 立 时 间 ／2008 年 12 月
第 一 负 责 人 ／杨勇
合 作 机 构 ／
办 公 地 址 ／湖北省武汉市洪山区珞喻路 1037 号华中科技大学（430074）
电话(传真) ／
邮 箱 ／33811022@ qq. com
网 址 ／http://cpa. hust. edu. cn/info/2024/9800. htm
主要研究领域：
网络舆情与社会安全；粮食和食品安全；新能源与环境安全；金融工程与政权安全；跨流域调水实时监控与应急响应

H

634 华中科技大学国家治理研究院
The Institute of State Governance, Huazhong University of Science and Technology

所 属 类 别 / 高校智库
主 管 单 位 / 华中科技大学
成 立 时 间 / 2014 年 2 月
第一负责人 / 欧阳康
合 作 机 构 /
办 公 地 址 / 湖北省武汉市洪山区珞喻路 1037 号华中科技大学 （430074）
电话(传真) / 027-87793020
邮　　箱 / isg@ hust. edu. cn
网　　址 / http://isg. hust. edu. cn
主要研究领域：
国家治理和中国未来发展；国家治理体系和治理能力现代化

635 华中科技大学国土资源与不动产研究中心

所 属 类 别 / 高校智库
主 管 单 位 / 华中科技大学
成 立 时 间 / 2006 年
第一负责人 / 卢新海
合 作 机 构 /
办 公 地 址 / 湖北省武汉市洪山区珞喻路 1037 号华中科技大学 （430074）
电话(传真) /
邮　　箱 /
网　　址 / http://cpa. hust. edu. cn/info/2018/9796. htm
主要研究领域：
粮食安全与海外耕地投资；土地财政与城市治理；土地冲突与乡村振兴；耕地保护与生态文明建设

636 华中科技大学教育科学研究院
School of Education, Huazhong University of Science and Technology

所 属 类 别 / 高校智库
主 管 单 位 / 华中科技大学
成 立 时 间 / 2000 年 12 月
第一负责人 / 陈廷柱
合 作 机 构 /
办 公 地 址 / 湖北省武汉市洪山区珞喻路 1037 号华中科技大学 （430074）
电话(传真) / 027-87543693
邮　　箱 / jky@ hust. edu. cn
网　　址 / http://jky. hust. edu. cn
主要研究领域：
高等教育政策与管理；国际与比较教育；学位与研究生教育；基础教育理论与改革

H

637 华中科技大学张培刚发展研究院
Peikang Chang Institute for Development Studies, Huazhong University of Science and Technology

所 属 类 别 / 高校智库
主 管 单 位 / 华中科技大学
成 立 时 间 / 2011 年 4 月
第 一 负 责 人 / 张建华
合 作 机 构 /
办 公 地 址 / 湖北省武汉市洪山区珞喻路 1037 号华中科技大学经济学院 506 室（430074）
电话（传真）/ 027-87542253（027-87542253）
邮　　　箱 / hao_zhang@ hust. edu. cn
网　　　址 / http://cids. hust. edu. cn
主要研究领域：
农业与工业化；大国经济发展；贫困与福利问题；结构调整与产业发展；低碳与循环经济；城市化与区域发展

638 华中农业大学高等教育研究所（发展规划部）

所 属 类 别 / 高校智库
主 管 单 位 / 华中农业大学
成 立 时 间 / 1985 年
第 一 负 责 人 / 王平祥
合 作 机 构 /
办 公 地 址 / 湖北省武汉市洪山区狮子山街 1 号华中农业大学（430070）
电话（传真）/ 027-87281368
邮　　　箱 / fzhghc@ mail. hzau. edu. cn
网　　　址 / http://fzc. hzau. edu. cn
主要研究领域：
高等农业教育；教育经济与管理；教育行政管理；农业科技组织与服务

639 华中农业大学宏观农业研究院
Macro Agriculture Research Institute, Huazhong Agricultural University

所 属 类 别 / 高校智库
主 管 单 位 / 华中农业大学经济管理学院、植物科学技术学院、资源与环境学院、信息学院
成 立 时 间 /
第 一 负 责 人 / 游良志
合 作 机 构 /
办 公 地 址 / 湖北省武汉市洪山区狮子山街 1 号华中农业大学（430070）
电话（传真）/ 027-87285015
邮　　　箱 / mari@ hzau. edu. cn
网　　　址 / http://mari. hzau. edu. cn
主要研究领域：
宏观农业

H

640 华中农业大学湖北农村发展研究中心
Hubei Rural Development Research Center, Huazhong Agricultural University

所 属 类 别 / 高校智库
主 管 单 位 / 华中农业大学
成 立 时 间 / 2002 年 12 月
第一负责人 / 张俊飚
合 作 机 构 /
办 公 地 址 / 湖北省武汉市洪山区狮子山街 1 号华中农业大学（430070）
电话(传真) / 027-68756919（027-68756919）
邮　　箱 / zhangjb513@126.com
网　　址 / http://nfzx.hzau.edu.cn
主要研究领域:
湖北农业经济发展（品牌农业、现代农业、循环农业等）；农村小康建设；食品安全；农产品生产优势布局；土地资源利用；农村社会保障

641 华中师范大学国家文化产业研究中心
National Research Center of Cultural Industries in Center China Normal University

所 属 类 别 / 高校智库
主 管 单 位 / 文化和旅游部、湖北省文化厅、华中师范大学
成 立 时 间 / 2006 年
第一负责人 / 黄永林
合 作 机 构 / 文化和旅游部、湖北省文化厅、华中师范大学
办 公 地 址 / 湖北省武汉市洪山区珞喻路 152 号华中师范大学逸夫苑（科学会堂）
　　　　　　　南楼 3 层（430079）
电话(传真) / 027-67867695
邮　　箱 / nrcc2006@163.com
网　　址 / http://nrcci.ccnu.edu.cn
主要研究领域:
文化产业发展

642 华中师范大学可持续发展研究中心
Research Institute of Sustainable Development of Central China Normal University

所 属 类 别 / 高校智库
主 管 单 位 / 华中师范大学
成 立 时 间 / 1996 年 8 月
第一负责人 / 龚胜生
合 作 机 构 /
办 公 地 址 / 湖北省武汉市洪山区珞喻路 152 号华中师范大学（430079）
电话(传真) / 13517292161
邮　　箱 / shshgong@sina.com
网　　址 / http://risd.ccnu.edu.cn
主要研究领域:
可持续发展；历史；医学；地理学

H

643 华中师范大学乡村振兴研究院
Institute for Rural Revitalization, Central China Normal University

所 属 类 别 / 高校智库

主 管 单 位 / 华中师范大学

成 立 时 间 / 2014 年 10 月

第 一 负 责 人 / 徐勇

合 作 机 构 /

办 公 地 址 / 湖北省武汉市洪山区珞喻路 152 号华中师范大学 （430079）

电话(传真) /

邮 箱 /

网 址 / http://irr.ccnu.edu.cn

主要研究领域:

乡村振兴理论

644 华中师范大学中国农村研究院
Institute of Chinese Rural Studies, China Normal University

所 属 类 别 / 高校智库

主 管 单 位 / 华中师范大学

成 立 时 间 / 1990 年

第 一 负 责 人 / 徐勇

合 作 机 构 /

办 公 地 址 / 湖北省武汉市洪山区珞喻路 152 号华中师范大学 （430079）

电话(传真) / 027-67865189 （027-67865189）

邮 箱 / newccrs@126.com

网 址 / http://ccrs.ccnu.edu.cn

主要研究领域:

中国农村经济、社会、文化、教育等

645 淮北师范大学高等教育研究中心

所 属 类 别 / 高校智库

主 管 单 位 / 淮北师范大学

成 立 时 间 /

第 一 负 责 人 / 文胜利

合 作 机 构 /

办 公 地 址 / 安徽省淮北市相山区东山路 100 号淮北师范大学 （235000）

电话(传真) / 0561-3803809

邮 箱 / hbsdgjzx@163.com

网 址 / http://gjyj.chnu.edu.cn

主要研究领域:

高等教育

H

646 淮北师范大学社会治理研究中心

所 属 类 别 / 高校智库
主 管 单 位 / 淮北师范大学
成 立 时 间 / 2020 年 11 月
第一负责人 / 张训
合 作 机 构 /
办 公 地 址 / 安徽省淮北市相山区东山路 100 号淮北师范大学（235000）
电话(传真) /
邮 箱 /
网 址 / http://shzl.chnu.edu.cn
主要研究领域：
法学；社会学；政治学

647 淮北师范大学碳中和研究中心

所 属 类 别 / 高校智库
主 管 单 位 / 淮北师范大学
成 立 时 间 / 2022 年 4 月
第一负责人 / 查道中
合 作 机 构 /
办 公 地 址 / 安徽省淮北市相山区东山路 100 号淮北师范大学（235000）
电话(传真) /
邮 箱 /
网 址 / http://tzh.chnu.edu.cn
主要研究领域：
淮北市低碳发展

648 淮北师范大学皖北经济与社会发展研究中心

所 属 类 别 / 高校智库
主 管 单 位 / 淮北师范大学
成 立 时 间 / 2009 年 9 月
第一负责人 / 贾敬全
合 作 机 构 /
办 公 地 址 / 安徽省淮北市相山区东山路 100 号淮北师范大学（235000）
电话(传真) / 0561-3801658
邮 箱 / wwjj1304@126.com
网 址 / http://wbjj.chnu.edu.cn
主要研究领域：
皖北区域经济发展；皖北社会管理创新；皖北"四化"统筹发展；皖北文化旅游

H

649　淮北师范大学新闻与传播研究所
Institute of Journalism and Communication, Huaibei Normal University

所 属 类 别 / 高校智库
主 管 单 位 / 淮北师范大学
成 立 时 间 /
第 一 负 责 人 / 谢天勇
合 作 机 构 /
办 公 地 址 / 安徽省淮北市相山区东山路 100 号淮北师范大学（235000）
电话(传真) /
邮 　 箱 /
网 　 址 / http://xwcb.chnu.edu.cn
主要研究领域：
媒体融合理论与实务；新媒体与社会；皖北文化传播与开发

650　淮北师范大学政治经济学研究中心

所 属 类 别 / 高校智库
主 管 单 位 / 淮北师范大学
成 立 时 间 / 2018 年 7 月
第 一 负 责 人 / 伯娜
合 作 机 构 /
办 公 地 址 / 安徽省淮北市相山区东山路 100 号淮北师范大学（235000）
电话(传真) /
邮 　 箱 /
网 　 址 / http://zzjj.chnu.edu.cn
主要研究领域：
《资本论》及其当代价值；马克思主义政治经济学；马克思主义经济学与西方经济学比较；习近平新时代中国特色社会主义经济思想

651　淮北师范大学中国特色社会主义理论体系研究基地

所 属 类 别 / 高校智库
主 管 单 位 / 淮北师范大学
成 立 时 间 / 2018 年 7 月
第 一 负 责 人 / 王磊
合 作 机 构 /
办 公 地 址 / 安徽省淮北市相山区东山路 100 号淮北师范大学（235000）
电话(传真) / 0561-3802069
邮 　 箱 /
网 　 址 /
主要研究领域：
中国特色社会主义理论体系

H

652　淮南师范学院淮南市文化产业发展研究中心

所 属 类 别／高校智库

主 管 单 位／淮南师范学院

成 立 时 间／2015 年 9 月

第 一 负 责 人／

合 作 机 构／淮南师范学院、淮南市委宣传部

办 公 地 址／安徽省淮南市田家庵区洞山西路淮南师范学院泉山校区（232038）

电话(传真)／

邮　　箱／

网　　址／https://kjc.hnnu.edu.cn/2018/1128/c2944a61711/page.htm

主要研究领域：

淮南市文化产业发展战略；文化创意与传播；少儿音乐与舞蹈艺术；工艺美术创意设计；文化旅游产业发展

653　淮南师范学院资源型城市发展研究中心

所 属 类 别／高校智库

主 管 单 位／淮南师范学院

成 立 时 间／2011 年

第 一 负 责 人／白林

合 作 机 构／

办 公 地 址／安徽省淮南市田家庵区洞山西路淮南师范学院泉山校区（232038）

电话(传真)／

邮　　箱／

网　　址／

主要研究领域：

采煤沉陷区综合治理机制和路径；资源型城市中小企业转型发展；资源型城市新型城镇化发展

654　黄河科技学院河南中原创新发展研究院

Henan Zhongyuan Innovation Development Institute, Huanghe S&T University

所 属 类 别／高校智库

主 管 单 位／黄河科技学院

成 立 时 间／2016 年 9 月

第 一 负 责 人／喻新安

合 作 机 构／

办 公 地 址／河南省郑州市二七区紫荆山南路 666 号（450063）

电话(传真)／0371-68787369

邮　　箱／zhcfyjy@126.com

网　　址／http://cxyjy.hhstu.edu.cn

主要研究领域：

区域经济；产业经济；体制改革

H

655　黄河科技学院民办教育研究院

所 属 类 别 / 高校智库

主 管 单 位 / 黄河科技学院

成 立 时 间 /

第 一 负 责 人 / 王建庄

合 作 机 构 /

办 公 地 址 / 河南省郑州市二七区航海中路 94 号（450015）

电话（传真）/

邮　　箱 /

网　　址 /

主要研究领域：

民办教育

656　机械工业经济管理研究院
Research Institute of Machinery Industry Economic & Management

所 属 类 别 / 党政智库—国务院直属特设机构所属

主 管 单 位 / 国务院国有资产监督管理委员会

成 立 时 间 / 1982 年

第 一 负 责 人 / 徐东华

合 作 机 构 /

办 公 地 址 / 北京市西城区广安门外大街甲 397 号（100055）

电话（传真）/ 010-83069019（010-83069020）

邮　　箱 /

网　　址 / http://www.miem.org.cn

主要研究领域：

政策研究；战略规划；产业经济；技术引进；政府采购；网络经济；国际贸易；企业融资；两化融合；精益管理；电子商务；环境能源

657　吉林大学东北亚研究院
Northeast Asian Studies College of Jilin University

所 属 类 别 / 高校智库

主 管 单 位 / 吉林大学

成 立 时 间 / 1994 年 4 月

第 一 负 责 人 / 吴昊

合 作 机 构 /

办 公 地 址 / 吉林省长春市朝阳区前进大街 2699 号吉林大学（130012）

电话（传真）/ 0431-85155440

邮　　箱 / wuh@jlu.edu.cn

网　　址 / http://nasa.jlu.edu.cn

主要研究领域：

世界经济；区域经济；国际政治；历史与文化；人口、资源与环境；图们江国际开发

658 吉林大学东北亚研究中心
Noretheast Asian Research Center of Jinlin University

所 属 类 别 / 高校智库
主 管 单 位 / 吉林大学
成 立 时 间 / 1999 年 10 月
第 一 负 责 人 /
合 作 机 构 /
办 公 地 址 / 吉林省长春市朝阳区前进大街 2699 号吉林大学匡亚明楼（130012）
电话(传真) / 0431-85166393（0431-85166393）
邮　　箱 / ylying@jlu.edu.cn
网　　址 / http://narc.jlu.edu.cn
主要研究领域：
东北亚区域经济；东北亚区域政治；东北亚区域历史与社会发展

659 吉林大学东北振兴发展研究院

所 属 类 别 / 高校智库
主 管 单 位 / 吉林大学
成 立 时 间 / 2019 年 10 月
第 一 负 责 人 / 邴正
合 作 机 构 /
办 公 地 址 / 吉林省长春市朝阳区前进大街 2699 号吉林大学（130012）
电话(传真) / 0431-85168543
邮　　箱 /
网　　址 / http://dbzx.jlu.edu.cn
主要研究领域：
东北区域经济建设；东北区域政府治理；东北区域法治建设

660 吉林大学高等教育研究所
Institute for Higher Education of Jilin University

所 属 类 别 / 高校智库
主 管 单 位 / 吉林大学
成 立 时 间 / 1986 年 5 月
第 一 负 责 人 / 赵俊芳
合 作 机 构 /
办 公 地 址 / 吉林省长春市朝阳区前进大街 2699 号吉林大学（130012）
电话(传真) / 0431-85168784
邮　　箱 / zhaojf@jlu.edu.cn
网　　址 / http://gjs.jlu.edu.cn
主要研究领域：
现代大学制度；网络教育研究与应用；学位与研究生教育；超越式学习

J

661 吉林大学国际关系研究所
The Institute of International Studies, Jilin University

所 属 类 别 / 高校智库
主 管 单 位 / 吉林大学
成 立 时 间 / 2002 年
第一负责人 / 刘德斌
合 作 机 构 /
办 公 地 址 / 吉林省长春市朝阳区前进大街 2699 号吉林大学（130012）
电话(传真) / 0431-85167192
邮　　　箱 / iis@jlu.edu.cn
网　　　址 / http://iis.jlu.edu.cn
主要研究领域：
国际关系；东亚国际关系；美国外交与软权力

662 吉林大学国家发展与安全研究院
Institute of National Development and Security Studies, Jilin University

所 属 类 别 / 高校智库
主 管 单 位 / 吉林大学
成 立 时 间 / 2019 年 6 月
第一负责人 / 肖晞
合 作 机 构 /
办 公 地 址 / 吉林省长春市朝阳区前进大街 2699 号吉林大学（130012）
电话(传真) / 0431-85166795
邮　　　箱 / menziyang@jlu.edu.cn
网　　　址 / http://indss.jlu.edu.cn
主要研究领域：
国家发展与安全

663 吉林大学廉政研究院
Integrity Research Institute, Jilin University

所 属 类 别 / 高校智库
主 管 单 位 / 吉林大学
成 立 时 间 / 2013 年 7 月
第一负责人 /
合 作 机 构 / 中共吉林省纪律检查委员会、吉林大学
办 公 地 址 / 吉林省长春市朝阳区前进大街 2699 号吉林大学东荣大厦 B 区三楼（130012）
电话(传真) / 0431-85166801
邮　　　箱 /
网　　　址 / http://acre.jlu.edu.cn
主要研究领域：
国家和地方党风廉政建设

J

664 吉林大学农村发展研究中心

所 属 类 别／高校智库
主 管 单 位／吉林大学
成 立 时 间／2009 年 12 月
第 一 负 责 人／韩喜平
合 作 机 构／
办 公 地 址／吉林省长春市朝阳区前进大街 2699 号吉林大学（130012）
电话(传真)／0431-85151043（0431-85151041）
邮　　　箱／hanxp@jlu.edu.cn
网　　　址／
主要研究领域：
农村社会经济结构；农村土地制度；农村生产的组织和管理；农村经济管理体制；
农村人口与就业

665 吉林大学欧洲研究中心

所 属 类 别／高校智库
主 管 单 位／吉林大学
成 立 时 间／1998 年 11 月
第 一 负 责 人／杜莉
合 作 机 构／
办 公 地 址／吉林省长春市朝阳区前进大街 2699 号吉林大学（130012）
电话(传真)／0431-85168008
邮　　　箱／escjlu@126.com
网　　　址／http://esc.jlu.edu.cn
主要研究领域：
欧洲经贸与金融；欧洲法律；欧洲政治和国际关系；欧洲哲学；欧洲文化与教育

666 吉林大学社会公正与政府治理研究中心
Research Center for Social Justice and Governance, Jilin University

所 属 类 别／高校智库
主 管 单 位／吉林大学
成 立 时 间／
第 一 负 责 人／殷冬水
合 作 机 构／
办 公 地 址／吉林省长春市朝阳区前进大街 2699 号吉林大学匡亚明楼（130012）
电话(传真)／0431-85167283
邮　　　箱／liangsq@jlu.edu.cn
网　　　址／http://just-gov.jlu.edu.cn
主要研究领域：
社会正义；当代中国民主建设；政府治理；公民文化

J

667 吉林大学数量经济研究中心
Center for Quantitative Economics of Jilin University

所 属 类 别／高校智库
主 管 单 位／吉林大学
成 立 时 间／1999 年 10 月
第一负责人／孙巍
合 作 机 构／
办 公 地 址／吉林省长春市朝阳区前进大街 2699 号吉林大学（130012）
电话(传真)／0431-85166059（0431-5168766）
邮　　箱／
网　　址／http://jlucqe.jlu.edu.cn
主要研究领域：
经济增长；经济波动与经济政策；金融与投资；区域经济和产业经济；经济系统模
拟实验和经济权力范式；经济博弈论

668 吉林大学中国地方政府创新研究中心
Center for Chinese Local Government Innovations Jilin University

所 属 类 别／高校智库
主 管 单 位／吉林大学
成 立 时 间／2011 年 10 月
第一负责人／李靖
合 作 机 构／
办 公 地 址／吉林省长春市朝阳区前进大街 2699 号吉林大学（130012）
电话(传真)／0431-85166271
邮　　箱／jluinnovation@gmail.com
网　　址／
主要研究领域：
政治改革；行政改革；公共服务；社会管理

669 吉林大学中国国有经济研究中心
China Center for Public Sector Economy Research at Jilin University

所 属 类 别／高校智库
主 管 单 位／吉林大学
成 立 时 间／1999 年
第一负责人／宋冬林
合 作 机 构／
办 公 地 址／吉林省长春市朝阳区前进大街 2699 号吉林大学（130012）
电话(传真)／0431-85168829
邮　　箱／ccpser@jlu.edu.cn
网　　址／http://ccpser.jlu.edu.cn
主要研究领域：
国有经济调整和发展；国有企业战略改组与改革

J

670 吉林大学中国人口老龄化与经济社会发展研究中心

所 属 类 别／高校智库

主 管 单 位／吉林大学

成 立 时 间／2009 年 5 月

第 一 负 责 人／王晓峰

合 作 机 构／国家卫生健康委员会、吉林大学

办 公 地 址／吉林省长春市朝阳区前进大街 2699 号吉林大学 （130012）

电话(传真)／

邮　　　箱／ew@ jlu. edu. cn

网　　　址／

主要研究领域:

人口老龄化；人口发展战略

671 吉林建筑大学吉林建筑文化研究基地
Jilin Architecture Culture Research Cente，Jilin Institute of Architecture and Civil Engineering

所 属 类 别／高校智库

主 管 单 位／吉林建筑大学

成 立 时 间／2015 年 9 月

第 一 负 责 人／张俊峰

合 作 机 构／

办 公 地 址／吉林省长春市南关区新城大街 5088 号吉林建筑大学 （130118）

电话(传真)／0431-84566083 （0431-84566083）

邮　　　箱／dbacrc@ 126. com

网　　　址／

主要研究领域:

地域建筑历史；文化和遗产保护

672 吉林省农业科学院东北区域农业发展研究中心

所 属 类 别／党政智库

主 管 单 位／吉林省农业科学院

成 立 时 间／2008 年 11 月

第 一 负 责 人／郭庆海

合 作 机 构／

办 公 地 址／吉林省长春市南关区彩宇大街 1363 号 （130033）

电话(传真)／0431-87063153 （0431-87063153）

邮　　　箱／nfzc@ cjaas. com

网　　　址／

主要研究领域:

东北区域农业发展

J

673　吉林省人民政府发展研究中心（吉林省人民政府发展战略研究院）
Development Research Center（The People's Government of Jilin Province）

所 属 类 别／党政智库—省/区/市政府所属
主 管 单 位／吉林省人民政府
成 立 时 间／1983 年 5 月
第一负责人／张立民
合 作 机 构／
办 公 地 址／吉林省长春市朝阳区人民大街 1485 号（130051）
电话(传真)／0431-88906681（0431-88906543）
邮　　　箱／
网　　　址／http://fzzx.jl.gov.cn
主要研究领域：
政治管理；经济管理；社会管理；生态文明；工业化；信息化；城镇化；农业现代化；老工业基地建设；开发开放；农村发展；社会发展

674　吉林省社会科学院
Jilin Academy of Social Sciences

所 属 类 别／科研院所智库
主 管 单 位／中共吉林省委
成 立 时 间／1978 年 10 月
第一负责人／刘立新
合 作 机 构／
办 公 地 址／吉林省长春市二道区自由大路 5399 号（130033）
电话(传真)／
邮　　　箱／
网　　　址／http://www.jlass.org.cn
主要研究领域：
吉林经济与社会发展；东北边疆历史与文化；东北亚国际关系问题

675　吉林体育学院吉林省体育产业研究基地

所 属 类 别／高校智库
主 管 单 位／吉林体育学院
成 立 时 间／2011 年 12 月
第一负责人／
合 作 机 构／山东泰山体育集团、国家体育用品工程技术研究中心、吉林体育学院
办 公 地 址／吉林省长春市南关区自由大路 2476 号（130022）
电话(传真)／
邮　　　箱／
网　　　址／
主要研究领域：
体育产业发展战略；体育用品共性技术；体育彩票业；冰雪旅游业；运动健康养老业；自主知识产权新产品研发；体育用品标准化生产

J

676 吉林外国语大学民办高等教育研究院

所 属 类 别 / 高校智库
主 管 单 位 / 吉林外国语大学
成 立 时 间 / 2004 年
第 一 负 责 人 / 刘惠林
合 作 机 构 /
办 公 地 址 / 吉林省长春市南关区净月大街 3658 号吉林外国语大学 （130117）
电话(传真) /
邮　　　箱 /
网　　　址 / http: //jkyc. jisu. edu. cn/mbgdjyyjy/sy. htm
主要研究领域：
民办高等教育基本理论；民办高等教育政策与法律；非营利性民办高校办学模式

677 吉林外国语大学中外文化研究院

所 属 类 别 / 高校智库
主 管 单 位 / 吉林外国语大学
成 立 时 间 / 2007 年 5 月
第 一 负 责 人 /
合 作 机 构 /
办 公 地 址 / 吉林省长春市南关区净月大街 3658 号吉林外国语大学综合楼 503 室
　　　　　　 （130117）
电话(传真) / 0431-84565029
邮　　　箱 /
网　　　址 / http: //jkyc. jisu. edu. cn/zwwhyjy. htm
主要研究领域：
中外文化

678 吉首大学人类学民族学研究所

所 属 类 别 / 高校智库
主 管 单 位 / 吉首大学
成 立 时 间 / 2004 年
第 一 负 责 人 / 罗康隆
合 作 机 构 /
办 公 地 址 / 湖南省湘西土家族苗族自治州吉首市人民南路 120 号吉首大学
　　　　　　 （416000）
电话(传真) /
邮　　　箱 /
网　　　址 /
主要研究领域：
人类学；民族学

679 吉首大学武陵山区扶贫开发研究中心

所 属 类 别 / 高校智库

主 管 单 位 / 吉首大学

成 立 时 间 / 1982 年

第一负责人 / 丁建军

合 作 机 构 /

办 公 地 址 / 湖南省湘西土家族苗族自治州吉首市人民南路 120 号吉首大学
（416000）

电话(传真) /

邮　　箱 / 10512799@ qq. com

网　　址 /

主要研究领域：

武陵山区扶贫开发

680 济南大学冰岛研究中心

所 属 类 别 / 高校智库

主 管 单 位 / 济南大学

成 立 时 间 / 2018 年 1 月

第一负责人 / 张守凤

合 作 机 构 /

办 公 地 址 / 山东省济南市市中区南辛庄西路 336 号济南大学（250022）

电话(传真) /

邮　　箱 / sm_zhangsf@ ujn. edu. cn

网　　址 /

主要研究领域：

冰岛经济、社会发展

681 济南大学非洲研究中心
Center for African Studies, University of Jinan

所 属 类 别 / 高校智库

主 管 单 位 / 济南大学

成 立 时 间 / 2018 年 1 月

第一负责人 / 李常磊

合 作 机 构 /

办 公 地 址 / 山东省济南市市中区南辛庄西路 336 号济南大学（250022）

电话(传真) /

邮　　箱 / sfl_licl@ ujn. edu. cn

网　　址 / http://asc. ujn. edu. cn

主要研究领域：

非洲问题

J

682 济南社会科学院

所 属 类 别 / 科研院所智库
主 管 单 位 / 中共济南市委
成 立 时 间 / 1992 年 4 月
第一负责人 /
合 作 机 构 /
办 公 地 址 / 山东省济南市历下区龙鼎大道 1 号龙奥大厦 15 楼 F 区 （250099）
电话(传真) / 0531-66602154
邮　　箱 / jnskybgs@ jn. shandong. cn
网　　址 /
主要研究领域：
政府决策服务；社会科学基础理论

683 暨南大学产业经济研究院
Institute of Industrial Economics, Jinan University

所 属 类 别 / 高校智库
主 管 单 位 / 暨南大学
成 立 时 间 / 2006 年 4 月
第一负责人 / 陶锋
合 作 机 构 /
办 公 地 址 / 广东省广州市天河区黄埔大道西 601 号暨南大学惠全楼 3 层 （510632）
电话(传真) / 020-85228911 （020-85228911）
邮　　箱 / oiie@ jnu. edu. cn
网　　址 / http://iie. jnu. edu. cn
主要研究领域：
产业竞争力；产业发展规划；创新政策与企业发展战略

684 暨南大学东南亚研究所
Institute of Southeast Asian Studies, Jinan University

所 属 类 别 / 高校智库
主 管 单 位 / 暨南大学
成 立 时 间 / 1978 年
第一负责人 /
合 作 机 构 /
办 公 地 址 / 广东省广州市天河区黄埔大道西 601 号暨南大学第二文科楼 （510632）
电话(传真) /
邮　　箱 /
网　　址 /
主要研究领域：
东南亚地区的政治、经济、国际关系；华侨华人问题

685 暨南大学菲律宾研究中心

所 属 类 别／高校智库

主 管 单 位／暨南大学

成 立 时 间／

第 一 负责人／代帆

合 作 机 构／

办 公 地 址／广东省广州市天河区黄埔大道西 601 号暨南大学（510632）

电话(传真)／

邮　　　箱／tdaifan@jnu.edu.cn

网　　　址／

主要研究领域：

菲律宾政治、经济、文化、社会等

686 暨南大学广东产业发展与粤港澳台区域合作研究中心
Research Center for the Industrial Development of Guangdong and its Regional Cooperation with HongKong, Macau and Taiwan, Jinan University

所 属 类 别／高校智库

主 管 单 位／暨南大学

成 立 时 间／2009 年 1 月

第 一 负责人／胡军

合 作 机 构／

办 公 地 址／广东省广州市天河区黄埔大道西 601 号暨南大学（510632）

电话(传真)／

邮　　　箱／

网　　　址／https://ogo.jnu.edu.cn

主要研究领域：

产业布局与区域协调发展；产业发展与产业规划；粤港澳台区域合作

687 暨南大学华侨华人研究院
Academy of Overseas Chinese Studies, Jinan University

所 属 类 别／高校智库

主 管 单 位／暨南大学

成 立 时 间／2006 年 11 月

第 一 负责人／张振江

合 作 机 构／

办 公 地 址／广东省广州市天河区黄埔大道西 601 号暨南大学（510632）

电话(传真)／020-85220514（020-85220514）

邮　　　箱／ohqhr@jnu.edu.cn

网　　　址／https://hqhryj.jnu.edu.cn

主要研究领域：

华侨华人问题

J

688 暨南大学金融研究所
Institute of Finance of Jinan University

所 属 类 别／高校智库
主 管 单 位／暨南大学
成 立 时 间／1998 年
第一负责人／刘少波
合 作 机 构／
办 公 地 址／广东省广州市天河区黄埔大道西 601 号暨南大学经济学院（510632）
电话(传真)／020-85220465（020-85220465）
邮　　　箱／ojrs@ jnu. edu. cn
网　　　址／http://fi. jnu. edu. cn
主要研究领域：
资本市场；公司金融；微观金融

689 暨南大学经济与社会研究院（政策研究中心）
Center for Policy Research, Jinan University

所 属 类 别／高校智库
主 管 单 位／暨南大学
成 立 时 间／
第一负责人／冯帅章
合 作 机 构／
办 公 地 址／广东省广州市天河区黄埔大道西 601 号暨南大学（510632）
电话(传真)／
邮　　　箱／iesr@ jnu. edu. cn
网　　　址／https://cpr-iesr. jnu. edu. cn
主要研究领域：
劳动就业；流动人口随迁子女教育

690 暨南大学拉美研究中心

所 属 类 别／高校智库
主 管 单 位／暨南大学
成 立 时 间／2016 年 8 月
第一负责人／
合 作 机 构／
办 公 地 址／广东省广州市天河区黄埔大道西 601 号暨南大学（510632）
电话(传真)／
邮　　　箱／
网　　　址／
主要研究领域：
中拉经贸合作、学术交流等

J

691　暨南大学绿色与低碳发展研究院（资源环境与可持续发展研究所）
Institute of Resource，Environment and Sustainable Development Research，Jinan University

所 属 类 别／高校智库
主 管 单 位／暨南大学
成 立 时 间／2011 年 4 月
第 一 负 责 人／傅京燕
合 作 机 构／
办 公 地 址／广东省广州市天河区黄埔大道西 601 号暨南大学中惠楼 501（510632）
电话(传真)／020-85226192
邮　　　箱／iresd2011@163.com
网　　　址／http://iresd.jnu.edu.cn
主要研究领域：
低碳与可持续发展；碳排放权交易；生态补偿

692　暨南大学文化遗产创意产业研究院
Academy of Cultural Heritage and Creativity of Jinan University

所 属 类 别／高校智库
主 管 单 位／暨南大学
成 立 时 间／2017 年 5 月
第 一 负 责 人／陈平
合 作 机 构／
办 公 地 址／广东省广州市天河区黄埔大道西 601 号暨南大学（510632）
电话(传真)／020-85220537
邮　　　箱／oaccjnu@jnu.edu.cn
网　　　址／https://ccjd.jnu.edu.cn
主要研究领域：
文化遗产和创意产业

693　暨南大学印度尼西亚研究中心

所 属 类 别／高校智库
主 管 单 位／暨南大学
成 立 时 间／
第 一 负 责 人／李皖南
合 作 机 构／
办 公 地 址／广东省广州市天河区黄埔大道西 601 号暨南大学（510632）
电话(传真)／
邮　　　箱／tliwn@jnu.edu.cn
网　　　址／
主要研究领域：
印度尼西亚政治、经济、文化等

J

694　暨南大学中国（广东）自由贸易试验区研究院

所 属 类 别／高校智库

主 管 单 位／广州南沙开发区管委会、中山大学、暨南大学

成 立 时 间／2015 年 5 月

第一负责人／胡军

合 作 机 构／广州南沙开发区管委会、中山大学、暨南大学

办 公 地 址／广东省广州市天河区黄埔大道西 601 号暨南大学（510632）

电话(传真)／

邮　　箱／

网　　址／

主要研究领域：

构建与高标准的国际投资贸易规则相适应的制度、政策体系

695　江汉大学城市研究中心
Jiang Han University City Research Center

所 属 类 别／高校智库

主 管 单 位／江汉大学

成 立 时 间／38322

第一负责人／涂文学

合 作 机 构／

办 公 地 址／湖北省武汉经济技术开发区江汉大学（430056）

电话(传真)／027-84733009

邮　　箱／

网　　址／https://csc.jhun.edu.cn

主要研究领域：

区域城市史；20 世纪中国城市化与城市现代化

696　江南大学产品创意与文化研究中心
Creative and Cultural products Research Centre, Jiangnan University

所 属 类 别／高校智库

主 管 单 位／江南大学

成 立 时 间／2010 年 1 月

第一负责人／张凌浩

合 作 机 构／

办 公 地 址／江苏省无锡市滨湖区蠡湖大道 1800 号江南大学（214122）

电话(传真)／0510-85919712

邮　　箱／sodcn@jiangnan.edu.cn

网　　址／http://ccprc.jiangnan.edu.cn

主要研究领域：

产品创意与文化

697　江南大学江苏省食品安全研究基地

所 属 类 别／高校智库

主 管 单 位／江南大学

成 立 时 间／2008 年 8 月

第一负责人／徐立青

合 作 机 构／

办 公 地 址／江苏省无锡市滨湖区蠡湖大道 1800 号江南大学（214122）

电话(传真)／

邮　　　箱／

网　　　址／

主要研究领域：

食品安全与消费行为；食品安全与生产者行为；食品安全与政府咨询决策

698　江南大学历史研究院（江南文化研究院、无锡大运河文化带建设研究院）

所 属 类 别／高校智库

主 管 单 位／江南大学

成 立 时 间／2019 年 2 月

第一负责人／

合 作 机 构／

办 公 地 址／江苏省无锡市滨湖区蠡湖大道 1800 号江南大学（214122）

电话(传真)／0510-85910351

邮　　　箱／fchshxy@ jiangnan. edu. cn

网　　　址／https://jnwhyjy. jiangnan. edu. cn

主要研究领域：

无锡大运河文化带建设

699　江南大学食品安全风险治理研究院

所 属 类 别／高校智库

主 管 单 位／江南大学

成 立 时 间／2016 年 7 月

第一负责人／吴林海

合 作 机 构／江苏省食品药品监督管理局、南京大学

办 公 地 址／江苏省无锡市滨湖区蠡湖大道 1800 号江南大学（214122）

电话(传真)／0510-85325277（0510-85326659）

邮　　　箱／wyy@ jiangnan. edu. cn

网　　　址／

主要研究领域：

食品安全风险治理；食品安全消费；食品产业政策；食品安全监管体制

J

700 江南大学无锡旅游与区域发展研究基地

所 属 类 别 / 高校智库
主 管 单 位 / 江南大学
成 立 时 间 / 2013 年 3 月
第 一 负 责 人 / 曹炳汝、蒋蕴洁
合 作 机 构 / 无锡市人民政府、江南大学
办 公 地 址 / 江苏省无锡市滨湖区蠡湖大道 1800 号江南大学（214122）
电话(传真) /
邮　　箱 /
网　　址 / http://busi. jiangnan. edu. cn/info/1536/2779. htm
主要研究领域：
旅游资源开发与规划策划；旅游行业（企业）管理；区域经济社会发展规划

701 江苏长江经济带研究院

所 属 类 别 / 高校智库
主 管 单 位 / 南通大学
成 立 时 间 / 2014 年 12 月
第 一 负 责 人 / 成长春
合 作 机 构 /
办 公 地 址 / 江苏省南通市崇川路 79 号国际青创园 602 室（226019）
电话(传真) / 0513-85012971（0513-85012972）
邮　　箱 / ntuyfh@ 163. com
网　　址 / https://jscjy. ntu. edu. cn
主要研究领域：
长江经济带生态与可持续发展；长江经济带综合交通运输；长江经济带产业创新发展；长江经济带农业农村现代化

702 江苏大学产业经济研究院（江苏省新材料产业政策评估中心、镇江市现代产业经济研究中心）

所 属 类 别 / 高校智库
主 管 单 位 / 江苏大学
成 立 时 间 / 2016 年 4 月
第 一 负 责 人 / 胡绪华
合 作 机 构 /
办 公 地 址 / 江苏省镇江市京口区学府路 301 号江苏大学（212013）
电话(传真) / 0511-88792188
邮　　箱 /
网　　址 / https://cyjj. ujs. edu. cn
主要研究领域：
产业经济

J

703　江苏大学环境健康与生态安全研究院
Institute of Environmental Health and Ecological Security, Jiangsu University

所 属 类 别 / 高校智库
主 管 单 位 / 江苏大学
成 立 时 间 / 2016 年 4 月
第一负责人 / 徐婉珍
合 作 机 构 /
办 公 地 址 / 江苏省镇江市京口区学府路 301 号江苏大学（212013）
电话(传真) / 0511-88790955
邮　　　箱 / ddl@ujs.edu.cn
网　　　址 / https://hanyjy.ujs.edu.cn
主要研究领域：
环境与健康；环境生态；污染控制理论与技术

704　江苏大学碳中和发展研究院
Institute of Carbon Neutrality Development, Jiangsu University

所 属 类 别 / 高校智库
主 管 单 位 / 江苏大学
成 立 时 间 / 2022 年 11 月
第一负责人 / 田立新
合 作 机 构 /
办 公 地 址 / 江苏省镇江市京口区学府路 301 号江苏大学（212013）
电话(传真) / 0511-87654321
邮　　　箱 /
网　　　址 / https://cndi.ujs.edu.cn
主要研究领域：
全球变化下我国可持续转型的复杂演变规律；数据背景下的能源消费与生产行为及传播模式

705　江苏大学一带一路产学融合研究院

所 属 类 别 / 高校智库
主 管 单 位 / 江苏大学
成 立 时 间 / 2017 年
第一负责人 /
合 作 机 构 /
办 公 地 址 / 江苏省镇江市京口区学府路 301 号江苏大学（212013）
电话(传真) / 0511-88796366
邮　　　箱 / br@ujs.edu.cn
网　　　址 / https://briei.ujs.edu.cn
主要研究领域：
"一带一路"产学融合

J

706 江苏大学中国农业装备产业发展研究院（新农村发展研究院、江苏乡村振兴研究院）

China Research Institute for Agricultural Equipment Industry Development（Research Institute for New Rural Development of Jiangsu University）

所 属 类 别 / 高校智库
主 管 单 位 / 江苏大学
成 立 时 间 / 2013 年 12 月
第一负责人 / 李洪波
合 作 机 构 /
办 公 地 址 / 江苏省镇江市京口区学府路 301 号江苏大学（212013）
电话(传真) / 0511-88780008
邮 箱 /
网 址 / https://aeid.ujs.edu.cn
主要研究领域：
新农村战略

707 江苏第二师范学院江苏省教育科学研究院（教育现代化研究院）

所 属 类 别 / 高校智库
主 管 单 位 / 江苏第二师范学院
成 立 时 间 /
第一负责人 / 李洪天
合 作 机 构 /
办 公 地 址 / 江苏省南京市鼓楼区北京西路 77 号江苏第二师范学院（210013）
电话(传真) /
邮 箱 /
网 址 /
主要研究领域：
教育科学

708 江苏理工学院常州民营经济研究所

所 属 类 别 / 高校智库
主 管 单 位 / 江苏理工学院
成 立 时 间 / 2003 年 10 月
第一负责人 / 谢忠秋
合 作 机 构 /
办 公 地 址 / 江苏省常州市钟楼区中吴大道 1801 号江苏理工学院（213001）
电话(传真) / 0519-86953301
邮 箱 /
网 址 /
主要研究领域：
民营经济发展；产业经济管理；政府宏观决策

709　江苏省公共安全研究院（江苏警官学院现代警务研究中心）

所 属 类 别 / 高校智库

主 管 单 位 / 江苏警官学院

成 立 时 间 /

第一负责人 / 张兰青

合 作 机 构 / 公安部、江苏省公安厅、江苏警官学院

办 公 地 址 / 江苏省南京市浦口区石佛寺三宫 48 号江苏警官学院（210031）

电话(传真) / 025-52881585

邮　　箱 / jwyj@jspi.cn

网　　址 / http://zq.jspi.cn/jwzx

主要研究领域：

公共安全理论与战略；社会稳定与风险治理；社会治安防控体系建设

710　江苏省社会科学院

Jiangsu Provincial Academy of Social Sciences

所 属 类 别 / 科研院所智库

主 管 单 位 / 江苏省人民政府

成 立 时 间 / 1980 年

第一负责人 / 夏锦文

合 作 机 构 /

办 公 地 址 / 江苏省南京市秦淮区建邺路 168 号（210004）

电话(传真) /

邮　　箱 /

网　　址 / http://www.jsass.org.cn

主要研究领域：

市场经济理论；江苏经济发展战略；现代化；农村工业化；城市化；社会保障；新社会阶层；WTO 法规

711　江苏省苏科创新战略研究院

Jiangsu Suke Academy of Innovation Strategy

所 属 类 别 / 社会智库

主 管 单 位 / 江苏省科协技术协会

成 立 时 间 / 2016 年 10 月

第一负责人 / 陈雯

合 作 机 构 /

办 公 地 址 / 江苏省南京市建邺区梦都大街 50 号科技工作者活动中心 511 室（210019）

电话(传真) / 025-68155912

邮　　箱 / skzlyjy@163.com

网　　址 / http://www.skzlyjy.org.cn

主要研究领域：

科技创新发展战略；科技创新政策和评估；科技创新文化；科技环境与人才

J

712　江苏省战略与发展研究中心

所 属 类 别 / 党政智库
主 管 单 位 / 江苏省发展和改革委员会
成 立 时 间 / 2019 年 8 月
第一负责人 / 孙志高
合 作 机 构 /
办 公 地 址 / 江苏省南京市鼓楼区浦江路 30 号鸿瑞大厦 1 号楼（210013）
电话(传真) / 025-83390411（025-83390400）
邮　　　箱 /
网　　　址 /
主要研究领域：现代产业体系；投资消费；数字经济；区域协调发展；乡村振兴；
人口与社会；绿色发展；能源环境

713　江苏师范大学"一带一路"研究院

所 属 类 别 / 高校智库
主 管 单 位 / 江苏师范大学
成 立 时 间 / 2015 年 11 月
第一负责人 / 华桂宏
合 作 机 构 / 徐州市人民政府、江苏师范大学
办 公 地 址 / 江苏省徐州市云龙区和平路 57 号江苏师范大学（221009）
电话(传真) / 0516-83866318（0516-83867791）
邮　　　箱 / jsnubri@ qq. com
网　　　址 / http://bri. jsnu. edu. cn
主要研究领域：
江苏发展；国际经贸与国别关系；历史文化与旅游发展；人才培养；国际交流

714　江苏师范大学澳大利亚研究中心
Australian Studies Center, Jiangsu Normal University

所 属 类 别 / 高校智库
主 管 单 位 / 江苏师范大学
成 立 时 间 / 1993 年
第一负责人 / 张秋生
合 作 机 构 /
办 公 地 址 / 江苏省徐州市铜山新区上海路 101 号江苏师范大学（221116）
电话(传真) / 0516-83536381
邮　　　箱 / qiushengzhang2004@ 126. com
网　　　址 / http://ayzx. jsnu. edu. cn
主要研究领域：
澳大利亚移民政策与华侨华人；澳中关系与澳大利亚政治和外交；澳大利亚教育文
化与中澳合作交流

715　江苏师范大学巴基斯坦研究中心

所 属 类 别／高校智库

主 管 单 位／江苏师范大学

成 立 时 间／2011 年 3 月

第一负责人／孙红旗

合 作 机 构／

办 公 地 址／江苏省徐州市铜山新区上海路 101 号江苏师范大学（221116）

电话(传真)／0516-83403255

邮　　箱／prc@ jsnu. edu. cn

网　　址／http://prc. jsnu. edu. cn

主要研究领域：

国别和区域问题

716　江苏师范大学淮海发展研究院

所 属 类 别／高校智库

主 管 单 位／江苏师范大学

成 立 时 间／

第一负责人／

合 作 机 构／

办 公 地 址／江苏省徐州市云龙区和平路 57 号江苏师范大学（221009）

电话(传真)／0516-83866318

邮　　箱／hhfzyjy@ jsnu. edu. cn

网　　址／http://hhdri. jsnu. edu. cn

主要研究领域：

江苏区域协调发展；淮海经济区协调发展；国内外及"一带一路"相关区域协调发展

717　江苏师范大学江苏区域协调发展研究基地

所 属 类 别／高校智库

主 管 单 位／江苏师范大学

成 立 时 间／2011 年 11 月

第一负责人／

合 作 机 构／

办 公 地 址／江苏省徐州市云龙区和平路 57 号江苏师范大学（221009）

电话(传真)／0516-83866318

邮　　箱／

网　　址／http://hhdri. jsnu. edu. cn

主要研究领域：

江苏区域协调发展；淮海经济区协调发展；国内外及"一带一路"相关区域协调发展

J

718　江苏师范大学智慧教育研究中心
Research Center of Wisdom Education, Jiangsu Normal University

所 属 类 别 / 高校智库

主 管 单 位 / 江苏师范大学

成 立 时 间 /

第一负责人 /

合 作 机 构 /

办 公 地 址 / 江苏省徐州市铜山新区上海路 101 号江苏师范大学（221116）

电话(传真) / 0516-83403356

邮　　箱 / chenl6666@ 126. com

网　　址 / http: //wisdom. jsnu. edu. cn

主要研究领域：

智慧教育

719　江苏沿海发展研究基地
Jiangsu Coastal Development Research Base

所 属 类 别 / 高校智库

主 管 单 位 / 盐城师范学院

成 立 时 间 /

第一负责人 / 张宏如

合 作 机 构 /

办 公 地 址 / 江苏省盐城市亭湖区开放大道 50 号（224002）

电话(传真) / 0515-88213020

邮　　箱 /

网　　址 / https: //jsyhjd. yctu. edu. cn

主要研究领域：

江苏沿海发展

720　江西财经大学财税研究中心（中国税票研究中心）
Jiangxi University of Finance and Economics Research Center of Finance and Taxation

所 属 类 别 / 高校智库

主 管 单 位 / 江西财经大学

成 立 时 间 / 2009 年 7 月

第一负责人 / 席卫群

合 作 机 构 /

办 公 地 址 / 江西省南昌市昌北国家经济技术开发区双港东大街 169 号江西财经大学（330013）

电话(传真) / 0791-83816063

邮　　箱 / csyjzx@ jxufe. edu. cn

网　　址 / http: //csyjzx. jxufe. edu. cn

主要研究领域：

税收理论与政策；财政理论与政策

721 江西财经大学财政大数据分析中心

所 属 类 别 / 高校智库

主 管 单 位 / 江西财经大学

成 立 时 间 /

第一负责人 / 夏家莉

合 作 机 构 / 江西财经大学、江西省财政部、江西省人民政府

办 公 地 址 / 江西省南昌市昌北国家经济技术开发区双港东大街 169 号江西财经大学（330013）

电话(传真) /

邮　　　箱 / xiajL65824@ 263. com

网　　　址 / http://czdsj. jxufe. edu. cn

主要研究领域：

财政大数据分析

722 江西财经大学产业集群与企业发展研究中心
Research Center of Cluster and Enterprise Development, Jiangxi University of Finance and Economics

所 属 类 别 / 高校智库

主 管 单 位 / 江西财经大学

成 立 时 间 / 1998 年 7 月

第一负责人 / 曹元坤

合 作 机 构 /

办 公 地 址 / 江西省南昌市昌北国家经济技术开发区双港东大街 169 号江西财经大学综合楼（330013）

电话(传真) / 0791-83816363（0791-83816363）

邮　　　箱 / 81605876@ qq. com

网　　　址 / http://qyzx. jxufe. edu. cn

主要研究领域：

产业集群成长；工业园区发展；企业经营与管理

723 江西财经大学产业经济研究院
Institute of Industrial Economics, Jiangxi University of Finance and Economics

所 属 类 别 / 高校智库

主 管 单 位 / 江西财经大学

成 立 时 间 /

第一负责人 / 王自力

合 作 机 构 /

办 公 地 址 / 江西省南昌市昌北国家经济技术开发区双港东大街 169 号江西财经大学（330013）

电话(传真) / 0791-83816310（0791-83816310）

邮　　　箱 / cyjj901@ jxufe. edu. cn

网　　　址 / http://cyjj. jxufe. edu. cn

主要研究领域：产业经济

J

724 江西财经大学高等教育研究所
Institute of Higher Education, Jiangxi University of Finance and Economics

所 属 类 别 / 高校智库
主 管 单 位 / 江西财经大学
成 立 时 间 / 2006 年
第 一 负 责 人 / 刘仁彪
合 作 机 构 /
办 公 地 址 / 江西省南昌市昌北国家经济技术开发区双港东大街 169 号江西财经大学南区八楼（330013）
电话(传真) /
邮　　箱 /
网　　址 / http://gjs. jxufe. edu. cn
主要研究领域：高等教育

725 江西财经大学公共政策评价中心

所 属 类 别 / 高校智库
主 管 单 位 / 江西财经大学
成 立 时 间 / 2020 年 6 月
第 一 负 责 人 / 杨得前
合 作 机 构 /
办 公 地 址 / 江西省南昌市昌北国家经济技术开发区双港东大街 169 号江西财经大学（330013）
电话(传真) / 0791-83868067
邮　　箱 / xkxtzx@ 163. com
网　　址 / http://xkxtzx. jxufe. edu. cn
主要研究领域：
江西全面建成小康社会决策支持

726 江西财经大学规制与竞争研究中心
Center for Regulation and Ccompetition, Jiangxi University of Finance and Economics

所 属 类 别 / 高校智库
主 管 单 位 / 江西财经大学
成 立 时 间 / 1999 年 12 月
第 一 负 责 人 / 陈明
合 作 机 构 /
办 公 地 址 / 江西省南昌市昌北国家经济技术开发区双港东大街 169 号江西财经大学（330013）
电话(传真) / 0791-3816310（0791-3816310）
邮　　箱 / cygz@ jxufe. edu. cn
网　　址 / http://cygz. jxufe. edu. cn
主要研究领域：
规制理论与政策；公共行政管理与政府管理；竞争政策

J

727 江西财经大学会计发展研究中心

所属类别 / 高校智库

主管单位 / 江西财经大学

成立时间 / 2005 年

第一负责人 / 张蕊

合作机构 /

办公地址 / 江西省南昌市昌北国家经济技术开发区双港东大街 169 号江西财经大学蛟桥园北区综合楼（330013）

电话（传真）/ 0791-83816795

邮　　箱 / kfzx@ jxufe. edu. cn

网　　址 / http://xtcxzx. jxufe. edu. cn

主要研究领域：

会计发展

728 江西财经大学江西法治政府研究中心

所属类别 / 高校智库

主管单位 / 江西财经大学

成立时间 / 2010 年 9 月

第一负责人 / 易有禄

合作机构 /

办公地址 / 江西省南昌市昌北国家经济技术开发区玉屏大道江西财经大学（330032）

电话（传真）/ 0791-83816810

邮　　箱 /

网　　址 / http://fzjx. jxufe. edu. cn

主要研究领域：

法治政府

729 江西财经大学江西经济发展与改革研究院

Institute of Jiangxi Economic Development and Reform, Jiangxi University of Finance and Economics

所属类别 / 高校智库

主管单位 / 江西财经大学

成立时间 /

第一负责人 / 吴志军

合作机构 /

办公地址 / 江西省南昌市昌北国家经济技术开发区双港东大街 169 号江西财经大学（330013）

电话（传真）/ 0791-83816902

邮　　箱 / jjys902@ 163. com

网　　址 / http://jjys. jxufe. edu. cn

主要研究领域：区域金融；区域政策；区域旅游；区域产业；乡村振兴；科技创新；区域协调；对外开放

J

730 江西财经大学江西生态法律研究中心

所 属 类 别 / 高校智库
主 管 单 位 / 江西财经大学
成 立 时 间 /
第 一 负 责 人 / 王柱国
合 作 机 构 /
办 公 地 址 / 江西省南昌市昌北国家经济技术开发区江西财经大学麦庐园法体楼
（330032）
电话(传真) / 0791-83816810
邮 箱 /
网 址 / http://stfl.jxufe.edu.cn
主要研究领域：
江西生态法律

731 江西财经大学江西省经济预测与决策研究中心
Jiangxi Economic Forecasting and Decision Research Center，Jiangxi University of Finance and Economics

所 属 类 别 / 高校智库
主 管 单 位 / 江西财经大学
成 立 时 间 / 2015 年
第 一 负 责 人 /
合 作 机 构 /
办 公 地 址 / 江西省南昌市昌北国家经济技术开发区双港东大街 169 号江西财经大学（330013）
电话(传真) /
邮 箱 /
网 址 / http://efdrc.jxufe.edu.cn
主要研究领域：经济预测与决策

732 江西财经大学金融发展与风险防范研究中心
Research Center for Financial Development and Risk Prevention，Jiangxi University of Finance and Economics

所 属 类 别 / 高校智库
主 管 单 位 / 江西财经大学
成 立 时 间 / 2006 年 7 月
第 一 负 责 人 / 胡援成
合 作 机 构 /
办 公 地 址 / 江西省南昌市昌北国家经济技术开发区双港东大街 169 号江西财经大学财税楼四层（330013）
电话(传真) / 0791-83802306
邮 箱 / iifs@jxufe.edu.cn
网 址 / http://jrzx.jxufe.edu.cn
主要研究领域：金融发展和金融风险与防范

733 江西财经大学金融管理国际研究院
International Institute for Financial Studies, Jiangxi University of Finance and Economics

所 属 类 别／高校智库
主 管 单 位／江西财经大学
成 立 时 间／2011 年 11 月
第一负责人／石劲
合 作 机 构／
办 公 地 址／江西省南昌市昌北国家经济技术开发区双港东大街 169 号江西财经大学（330013）
电话(传真)／0791-83802306
邮　　　箱／jshi666@gmail.com
网　　　址／http://iifs.jxufe.edu.cn
主要研究领域：金融管理国际

734 江西财经大学经济与社会发展研究院（现代产业发展研究院、江西省战略性新兴产业发展监测、预警与决策支持协同创新中心）

所 属 类 别／高校智库
主 管 单 位／江西财经大学
成 立 时 间／
第一负责人／徐斌
合 作 机 构／
办 公 地 址／江西省南昌市昌北国家经济技术开发区双港东大街 169 号江西财经大学（330013）
电话(传真)／
邮　　　箱／
网　　　址／
主要研究领域：
经济与社会发展

735 江西财经大学科技金融研究中心

所 属 类 别／高校智库
主 管 单 位／江西财经大学
成 立 时 间／2008 年 8 月
第一负责人／桂荷发
合 作 机 构／江西财经大学、江西省科技金融促进会
办 公 地 址／江西省南昌市昌北国家经济技术开发区庐山南大道江西财经大学（330013）
电话(传真)／0791-83816691
邮　　　箱／
网　　　址／
主要研究领域：
科技金融

J

736 江西财经大学社会工作与社会政策研究中心

所 属 类 别／高校智库

主 管 单 位／江西财经大学

成 立 时 间／2013 年 6 月

第一负责人／陈家琪

合 作 机 构／

办 公 地 址／江西省南昌市昌北国家经济技术开发区玉屏大道江西财经大学人文学
院 4 层（330013）

电话(传真)／0791-83843789（0791-83983526）

邮　　　箱／jxcjq@ yahoo. com. cn

网　　　址／http://swc. jxufe. edu. cn

主要研究领域：社会工作与社会政策

737 江西财经大学生态经济研究院
Institue of Ecologica Economices, Jiangxi University of Finance and Economics

所 属 类 别／高校智库

主 管 单 位／江西财经大学

成 立 时 间／2012 年 11 月

第一负责人／潘丹

合 作 机 构／

办 公 地 址／江西省南昌市昌北国家经济技术开发区双港东大街 169 号江西财经大
学麦庐园校区图文信息大楼 6 层（330013）

电话(传真)／0791-83810553（0791-83810793）

邮　　　箱／985848070@ qq. com

网　　　址／http://pyhee. jxufe. edu. cn

主要研究领域：生态经济

738 江西财经大学生态文明研究院（江西省生态文明制度建设协同创新中心）
Institute of Ecological Civilization, Jiangxi University of Finance and Economics

所 属 类 别／高校智库

主 管 单 位／江西财经大学

成 立 时 间／2016 年 9 月

第一负责人／谢花林

合 作 机 构／江西财经大学、中国科学院地理科学与资源研究所、江西省发展与改
革委员会、江西农业大学、江西省山江湖开发治理委员会办公室、江
西省环境保护科学研究院

办 公 地 址／江西省南昌市昌北国家经济技术开发区双港东大街 169 号江西财经大
学综合楼 11 层（330013）

电话(传真)／0791-83820732

邮　　　箱／

网　　　址／http://stwm. jxufe. edu. cn

主要研究领域：主体功能区和生态保护红线制度；生态补偿机制

J

739　江西财经大学生态文明与现代中国研究中心

所属类别／高校智库

主管单位／江西财经大学

成立时间／2008年6月

第一负责人／温锐

合作机构／

办公地址／江西省南昌市昌北国家经济技术开发区双港东大街169号（330013）

电话（传真）／0791-83820732（0791-83820732）

邮　　箱／jcstwmzx@126.com

网　　址／http://stzg.jxufe.edu.cn

主要研究领域：

生态文明与现代中国

740　江西财经大学现代金融研究院
Research Institute of Finance, Jiangxi University of Finance and Economics

所属类别／高校智库

主管单位／江西财经大学

成立时间／2017年12月

第一负责人／王小平

合作机构／

办公地址／江西省南昌市昌北国家经济开发区庐山南大道江西财经大学（330013）

电话（传真）／0791-83816691

邮　　箱／

网　　址／http://kjjr.jxufe.edu.cn

主要研究领域：

现代金融

741　江西科技师范大学数字化社会与地方文化发展研究中心

所属类别／高校智库

主管单位／江西科技师范大学

成立时间／

第一负责人／习罡华

合作机构／

办公地址／江西省南昌市东湖区红角洲学府大道589号江西科技师范大学（330038）

电话（传真）／0791-83883066

邮　　箱／

网　　址／http://dffz.jxstnu.edu.cn

主要研究领域：

数字化社会与地方文化发展

J

742 江西科技师范大学职业教育研究院

所 属 类 别 / 高校智库
主 管 单 位 / 江西科技师范大学
成 立 时 间 / 1985 年
第一负责人 / 施晶晖
合 作 机 构 /
办 公 地 址 / 江西省南昌市昌北国家经济开发区枫林大道 605 号江西科技师范大学
（330013）
电话(传真) / 0791-83847542
邮 箱 /
网 址 /
主要研究领域：
职业教育

743 江西农业大学三农问题研究中心

所 属 类 别 / 高校智库
主 管 单 位 / 江西农业大学
成 立 时 间 / 2002 年 7 月
第一负责人 / 朱述斌
合 作 机 构 /
办 公 地 址 / 江西省南昌市国家经济技术开发区志敏大道 1101 号江西农业大学
（330045）
电话(传真) / 0791-3828107
邮 箱 / shubinzhu@163.com
网 址 / https://sannong.jxau.edu.cn
主要研究领域：
农业与农村制度经济；农业与农村资源管理；农业与农村产业经济

744 江西省党风廉政建设研究中心（南昌大学廉政研究中心）
Jiangxi Center for Anti-Corruption Studies（Center for Anti-Corruption Studies, Nanchang University）

所 属 类 别 / 合作智库—政校合作
主 管 单 位 / 中共江西省纪委、南昌大学
成 立 时 间 / 2009 年 5 月
第一负责人 / 廖晓明
合 作 机 构 / 中共江西省纪委、南昌大学
办 公 地 址 / 江西省南昌市红谷滩新区学府大道 999 号法学楼 4 层（330031）
电话(传真) / 0791-83969236
邮 箱 / cacs@ncu.edu.cn
网 址 / http://cacs.ncu.edu.cn
主要研究领域：
反腐倡廉理论；反腐倡廉建设

J

745　江西省区域经济与社会发展研究院
Jiangxi Provincial Institute of Regional Economic and Social Development

所 属 类 别 / 社会智库

主 管 单 位 /

成 立 时 间 /

第一负责人 / 张泰城

合 作 机 构 /

办 公 地 址 / 江西省南昌市青山湖区高新大道 1807 号世界之窗 A 座 4 层（330791）

电话(传真) / 0791-86371886（0791-86371886）

邮　　　箱 /

网　　　址 / http://jxsyjy.com.cn

主要研究领域：

江西省区域经济与社会发展

746　江西省社会科学院
Jiangxi Academy of Social Sciences

所 属 类 别 / 科研院所智库

主 管 单 位 / 江西省人民政府

成 立 时 间 / 1984 年

第一负责人 / 肖洪波

合 作 机 构 /

办 公 地 址 / 江西省南昌市东湖区洪都北大道 649 号（330077）

电话(传真) / 0791-88596284（0791-88596284）

邮　　　箱 / webmaster@ jxsky. org. cn

网　　　址 / http://www. jxsky. org. cn

主要研究领域：

执政党建设；区域经济学与应用对策；生态经济；生态文明

747　江西师范大学管理决策评价研究中心

所 属 类 别 / 高校智库

主 管 单 位 / 江西师范大学

成 立 时 间 / 2011 年

第一负责人 / 梅国平

合 作 机 构 /

办 公 地 址 / 江西省南昌市南昌县紫阳大道 99 号（330022）

电话(传真) / 0791-88120001

邮　　　箱 /

网　　　址 / https://gljcpj. jxnu. edu. cn

主要研究领域：

管理决策评价

J

748　江西师范大学江西经济发展研究院（区域发展研究院）

所 属 类 别 / 高校智库

主 管 单 位 / 江西师范大学

成 立 时 间 / 2014 年 9 月

第一负责人 / 季凯文

合 作 机 构 /

办 公 地 址 / 江西省南昌市南昌县紫阳大道 99 号江西师范大学瑶湖校区音乐艺术广
场侧 （330022）

电话(传真) / 0791-88122877

邮　　　箱 / jxfzyj@ jxnu. edu. cn

网　　　址 / https://jxfzyjy. jxnu. edu. cn

主要研究领域：

经济发展

749　江西师范大学教师教育高等研究院
Institute of Teacher Education for Advanced Study，Jiangxi Normal University

所 属 类 别 / 高校智库

主 管 单 位 / 江西师范大学

成 立 时 间 / 2003 年 5 月

第一负责人 / 钟志贤

合 作 机 构 /

办 公 地 址 / 江西省南昌市南昌县紫阳大道 99 号江西师范大学 （330022）

电话(传真) / 0791-88121769

邮　　　箱 /

网　　　址 / https://iteas. jxnu. edu. cn

主要研究领域：

课程与教学；远程教育

750　江西师范大学教育研究院

所 属 类 别 / 高校智库

主 管 单 位 / 江西师范大学

成 立 时 间 / 2005 年 5 月

第一负责人 / 张意忠

合 作 机 构 /

办 公 地 址 / 江西省南昌市南昌县紫阳大道 99 号江西师范大学瑶湖校区实验楼 504
室 （330022）

电话(传真) / 0791-88120870

邮　　　箱 /

网　　　址 / https://jyyjy. jxnu. edu. cn

主要研究领域：

宏观教育政策

J

751 江西师范大学马达加斯加研究中心

所 属 类 别 / 高校智库
主 管 单 位 / 江西师范大学
成 立 时 间 / 2015 年 6 月
第 一 负 责 人 / 李勇忠
合 作 机 构 /
办 公 地 址 / 江西省南昌市南昌县紫阳大道 99 号江西师范大学（330022）
电话(传真) / 0791-88121752
邮　　箱 / madagascarstudies@163.com
网　　址 / http://mrc.jxnu.edu.cn
主要研究领域：
马达加斯加的政治、经济、文化、社会等

752 江西师范大学苏区振兴研究院

所 属 类 别 / 高校智库
主 管 单 位 / 江西师范大学
成 立 时 间 / 2012 年
第 一 负 责 人 / 刘善庆
合 作 机 构 /
办 公 地 址 / 江西省南昌市南昌县紫阳大道 99 号江西师范大学瑶湖校区名达楼 6 层
　　　　　　（330022）
电话(传真) / 0791-88506720
邮　　箱 / liushanqing88@163.com
网　　址 / https://sqzxyjy.jxnu.edu.cn
主要研究领域：
苏区振兴

753 交通运输部公路科学研究院
Research Institute of Highway Ministry of Transport

所 属 类 别 / 党政智库—国务院组成部门所属
主 管 单 位 / 交通运输部
成 立 时 间 / 1956 年
第 一 负 责 人 / 张劲泉
合 作 机 构 /
办 公 地 址 / 北京市海淀区西土城路 8 号（100088）
电话(传真) / 010-62079548
邮　　箱 /
网　　址 / http://www.rioh.cn
主要研究领域：
道路工程；桥梁工程；交通工程；智能交通；汽车运用工程；道路运输与物流；公路生态与环境保护工程

J

754 交通运输部规划研究院
Transport Planning and Research Institute，Ministry of Transport

所 属 类 别／党政智库—国务院组成部门所属
主 管 单 位／交通运输部
成 立 时 间／1998 年 3 月
第一负责人／刘昕
合 作 机 构／
办 公 地 址／北京市朝阳区曙光西里甲 6 号 2 号楼（100028）
电话(传真)／010-57802777
邮 箱／
网 址／http://www.tpri.org.cn
主要研究领域：综合运输体系建设；交通运输行业发展战略；交通运输行业物流发展；环境保护；节能减排；安全应急；信息化

755 交通运输部科学研究院
China Academy of Transportation Sciences

所 属 类 别／党政智库—国务院组成部门所属
主 管 单 位／交通运输部
成 立 时 间／1999 年 9 月
第一负责人／周晓航
合 作 机 构／
办 公 地 址／北京市朝阳区惠新里 240 号（100029）
电话(传真)／010-58278413（010-58278432）
邮 箱／
网 址／http://www.motcats.com.cn
主要研究领域：
交通信息化；交通环境保护与安全；城市交通；交通标准计量；公路工程技术

756 交通运输部水运科学研究院
China Waterborne Transport Research Institute

所 属 类 别／党政智库—国务院组成部门所属
主 管 单 位／交通运输部
成 立 时 间／1956 年 6 月
第一负责人／刘书斌
合 作 机 构／
办 公 地 址／北京市海淀区西土城路 8 号（100088）
电话(传真)／010-65290216（010-62011059）
邮 箱／leader@wtiac.cn
网 址／http://www.wti.ac.cn
主要研究领域：
水运经济；安全应急；环保节能；现代物流；智能交通

757 教育部—北京大学人力资本与国家政策研究中心
Center for Human Capital and Policy（CHCP），MOE-PKU

所 属 类 别／合作智库—政校合作
主 管 单 位／教育部、北京大学
成 立 时 间／2011 年 9 月
第一负责人／
合 作 机 构／教育部、北京大学
办 公 地 址／北京市海淀区颐和园路 5 号北京大学国家发展研究院（100871）
电话(传真)／
邮　　　箱／webmaster@ nsd. pku. edu. cn
网　　　址／https：//chcp. nsd. pku. edu. cn
主要研究领域：
教育资源配置对城镇化进程的影响；人力资源强国与基本公共教育服务体系；中国经济发展方式与人力资本投资

758 教育部高等学校社会科学发展研究中心

所 属 类 别／党政智库—国务院组成部门所属
主 管 单 位／教育部
成 立 时 间／1986 年 11 月
第一负责人／王炳林
合 作 机 构／
办 公 地 址／北京市海淀区中关村大街 35 号（100080）
电话(传真)／010-62514703（010-62514703）
邮　　　箱／
网　　　址／
主要研究领域：
哲学社会科学理论；中国特色社会主义；哲学社会科学发展动态

759 教育部语言文字应用研究所
Institute of Applied Linguistics Ministry of Education

所 属 类 别／党政智库—国务院组成部门所属
主 管 单 位／教育部
成 立 时 间／1984 年 9 月
第一负责人／刘朋建
合 作 机 构／
办 公 地 址／北京市东城区朝阳门内南小街 51 号（100010）
电话(传真)／
邮　　　箱／
网　　　址／
主要研究领域：
语言文字应用；语言政策；语言规划

J

760 晋中信息学院非物质文化遗产研究中心

所 属 类 别 / 高校智库

主 管 单 位 / 晋中信息学院

成 立 时 间 / 2015 年 9 月

第 一 负 责 人 / 盛卓立

合 作 机 构 /

办 公 地 址 / 山西省晋中市太谷县学院路 8 号晋中信息学院（030800）

电话(传真) / 13545503866

邮　　箱 /

网　　址 / http://www.cisau.com.cn/html/list_2088.html

主要研究领域：

山西非物质文化遗产研究、保护与传承

761 经济日报社中国经济趋势研究院

所 属 类 别 / 社会智库

主 管 单 位 / 经济日报（集团）

成 立 时 间 / 2015 年 9 月

第 一 负 责 人 / 孙世芳

合 作 机 构 /

办 公 地 址 / 北京市西城区白纸坊东街（100054）

电话(传真) / 010-58392840

邮　　箱 /

网　　址 /

主要研究领域：

经济理论基础；经济趋势应用；中国经济趋势；经济预期分析

762 九江学院柬埔寨研究中心
Center for Cambodian Studies, Jiujiang University

所 属 类 别 / 高校智库

主 管 单 位 / 九江学院

成 立 时 间 / 2017 年 5 月

第 一 负 责 人 / 陈春生

合 作 机 构 /

办 公 地 址 / 江西省九江市濂溪区前进东路 551 号九江学院（332005）

电话(传真) /

邮　　箱 /

网　　址 / https://cambodia.jju.edu.cn

主要研究领域：

柬埔寨问题

763 九江学院江西长江经济带研究院
Jiangxi Yangtze River Economic Zone Research Institute, Jiujiang University

所 属 类 别 / 高校智库
主 管 单 位 / 九江学院
成 立 时 间 / 2018 年 11 月
第一负责人 / 赵伟
合 作 机 构 /
办 公 地 址 / 江西省九江市濂溪区前进东路 551 号九江学院厚德楼 7 层（332005）
电话(传真) / 0792-8312256
邮　　箱 /
网　　址 / https://cjjjd.jju.edu.cn
主要研究领域：
江西长江经济带

764 九江学院鄱阳湖生态经济研究中心
Poyang Lake Eco-economy Research Centerm, Jiujiang University

所 属 类 别 / 高校智库
主 管 单 位 / 九江学院
成 立 时 间 / 2008 年 3 月
第一负责人 / 甘筱青
合 作 机 构 / 九江学院、江西省山江湖开发治理委员会办公室
办 公 地 址 / 江西省九江市濂溪区前进东路 551 号九江学院厚德楼 624 室（332005）
电话(传真) /
邮　　箱 /
网　　址 /
主要研究领域：
鄱阳湖生态经济

765 九江学院沿江产业开发研究中心

所 属 类 别 / 高校智库
主 管 单 位 / 九江学院
成 立 时 间 / 2008 年 9 月
第一负责人 / 纪岗昌
合 作 机 构 /
办 公 地 址 / 江西省九江市濂溪区前进东路 551 号九江学院（332005）
电话(传真) / 0792-8312081（0792-8312081）
邮　　箱 /
网　　址 / http://yjcyyjzx.jju.edu.cn
主要研究领域：
沿江产业开发

J

766 喀什大学南疆经济与社会发展研究中心

所 属 类 别 / 高校智库

主 管 单 位 / 喀什大学

成 立 时 间 / 2011 年 5 月

第一负责人 / 胡爱莲

合 作 机 构 /

办 公 地 址 / 新疆喀什地区喀什市学院路 29 号喀什大学（844008）

电话(传真) /

邮　　　箱 / hal0918@ 126. com

网　　　址 /

主要研究领域：

南疆经济与社会发展

767 喀什大学中巴经济走廊研究中心
Research Center of China-Pakistan Economic Corridor

所 属 类 别 / 高校智库

主 管 单 位 / 喀什大学

成 立 时 间 / 2020 年 12 月

第一负责人 / 陈瑞华

合 作 机 构 /

办 公 地 址 / 新疆喀什地区喀什市学府大道喀什大学新泉校区（844006）

电话(传真) / 998-2899986

邮　　　箱 / zbjjzl@ ksu. edu. cn

网　　　址 / https://zbjjzl. ksu. edu. cn

主要研究领域：

"一带一路"国别和区域问题

768 昆明市社会科学院（昆明社会治理研究院）
Kunming Academy of Social Sciences（Kunming Academy of Social Governance）

所 属 类 别 / 科研院所智库

主 管 单 位 / 昆明市人民政府

成 立 时 间 / 1998 年 5 月

第一负责人 / 赵龙

合 作 机 构 /

办 公 地 址 / 云南省昆明市呈贡区锦绣大街 1 号昆明市级行政中心 7 号楼（北）2
层（650500）

电话(传真) / 0871-65955258（0871-63172905）

邮　　　箱 / kmskybgs@ 126. com

网　　　址 /

主要研究领域：

昆明经济、社会、财政、教育科学等

K

769　昆山杜克大学全球健康研究中心
Global Health Research Center，Duke Kunshan University

所 属 类 别 / 高校智库
主 管 单 位 / 昆山杜克大学
成 立 时 间 / 2013 年
第一负责人 / 汤胜蓝
合 作 机 构 / 昆山杜克大学、杜克大学全球健康研究所
办 公 地 址 / 江苏省苏州市昆山市杜克大道 8 号昆山杜克大学（215316）
电话(传真) /
邮　　箱 / shenglan. tang@ duke. edu
网　　址 / http: //sky. kmorg. cn
主要研究领域：
慢性非传染性疾病；环境卫生；卫生政策及卫生体系

770　兰州城市学院城市社会心理研究中心

所 属 类 别 / 高校智库
主 管 单 位 / 兰州城市学院
成 立 时 间 / 2011 年 10 月
第一负责人 / 张海钟
合 作 机 构 /
办 公 地 址 / 甘肃省兰州市安宁区街坊路 11 号兰州城市学院（730070）
电话(传真) /
邮　　箱 /
网　　址 /
主要研究领域：
城市社会心理

771　兰州大学"一带一路"研究中心
Research Center for the Belt and Road of Lanzhou University

所 属 类 别 / 高校智库
主 管 单 位 / 兰州大学
成 立 时 间 / 2014 年 12 月
第一负责人 / 沙勇忠
合 作 机 构 /
办 公 地 址 / 甘肃省兰州市城关区天水南路 222 号兰州大学（730000）
电话(传真) / 0931－8915895（0931－8915895）
邮　　箱 / ldbr@ lzu. edu. cn
网　　址 / http: //ldbr. lzu. edu. cn
主要研究领域：
民族政策；外交政策；金融政策；财政政策；资源政策

772 兰州大学阿富汗研究中心
The Center for Afghanistan Studies, Lanzhou University

所 属 类 别／高校智库
主 管 单 位／兰州大学
成 立 时 间／2017 年 6 月
第一负责人／朱永彪
合 作 机 构／
办 公 地 址／甘肃省兰州市城关区天水南路 222 号兰州大学（730000）
电话(传真)／
邮　　　箱／afhlzu@ 163. com
网　　　址／http://afuhan. org
主要研究领域：
阿富汗问题；反恐问题

773 兰州大学高等教育研究院
Institute of Higher Education, Lanzhou University

所 属 类 别／高校智库
主 管 单 位／兰州大学
成 立 时 间／2018 年 6 月
第一负责人／邬大光
合 作 机 构／
办 公 地 址／甘肃省兰州市城关区天水南路 222 号兰州大学（730000）
电话(传真)／0931-8912927
邮　　　箱／
网　　　址／http://eos. lzu. edu. cn
主要研究领域：
西部高等教育；红色文化传承；西部基础教育

774 兰州大学格鲁吉亚研究中心
Georgia Research Center, Lanzhou University

所 属 类 别／高校智库
主 管 单 位／兰州大学
成 立 时 间／2017 年 3 月
第一负责人／汪金国
合 作 机 构／
办 公 地 址／甘肃省兰州市城关区天水南路 222 号兰州大学（730000）
电话(传真)／0931-8912343 （0931-8912343）
邮　　　箱／wangjinguo@ lzu. edu. cn
网　　　址／http://grc. lzu. edu. cn
主要研究领域：
中格关系；格鲁吉亚对外政策、经济政策与形势；格鲁吉亚民族个性；格鲁吉亚历史与地理；格鲁吉亚文化

L

775 兰州大学黄河国家文化公园研究院
Research Institute for The Yellow River National Cultural Park，Lanzhou University

所 属 类 别 / 高校智库
主 管 单 位 / 兰州大学
成 立 时 间 / 2021 年 7 月 12 日
第一负责人 / 沙勇忠
合 作 机 构 / 中共甘肃省委宣传部、兰州大学
办 公 地 址 / 甘肃省兰州市城关区天水南路 222 号兰州大学齐云楼 446 室（730000）
电话(传真) / 0931-8913738
网　　　址 / https://hhwhy.lzu.edu.cn
主要研究领域：国家文化公园文化资源普查与数据库建设；国家文化公园生态治理与修复；国家文化公园形象识别系统设计展示文化创意；黄河文化旅游融合发展；甘肃黄河文化产业

776 兰州大学黄河流域绿色发展研究院

所 属 类 别 / 高校智库
主 管 单 位 / 兰州大学
成 立 时 间 / 2019 年 10 月
第一负责人 / 潘保田
合 作 机 构 /
办 公 地 址 / 甘肃省兰州市城关区天水南路 222 号兰州大学贵勤楼 A212 室（730000）
电话(传真) / 0931-8915885
邮　　　箱 / hhyjy@lzu.edu.cn
网　　　址 / https://hhyjy.lzu.edu.cn
主要研究领域：黄河流域高质量发展；黄土高原水土保持与生态治理；新时代小流域综合治理模式与对策；流域地质灾害预警与防治

777 兰州大学绿色金融研究院
Institute of Green Finance，Lanzhou University

所 属 类 别 / 高校智库
主 管 单 位 / 兰州大学
成 立 时 间 / 2019 年 10 月
第一负责人 / 魏丽莉
合 作 机 构 / 兰州大学、中国人民大学重阳金融研究院、甘肃省金融学会、甘肃省地方金融监督管理局、兰州新区管理委员会、甘肃银行股份有限公司、中国银行股份有限公司甘肃省分行
办 公 地 址 / 甘肃省兰州市城关区天水南路 222 号兰州大学齐云楼 1814 室（730000）
电话(传真) / 0931-8912977（0931-8912977）
邮　　　箱 / dlj@lzu.edu.cn
网　　　址 / https://lsjr.lzu.edu.cn
主要研究领域：绿色金融政策；绿色金融与产业发展；绿色金融产品创新；绿色金融与"一带一路"国际合作

L

778　兰州大学马克思主义民族理论与民族政策研究所

所 属 类 别／高校智库

主 管 单 位／兰州大学

成 立 时 间／

第一负责人／闫丽娟

合 作 机 构／

办 公 地 址／甘肃省兰州市城关区嘉峪关西路 3 号兰州大学一分部衡山堂（730030）

电话(传真)／

邮　　　箱／ljyan@ lzu. edu. cn

网　　　址／http://history. lzu. edu. cn

主要研究领域：

中国特色的民族理论与政策；铸牢中华民族共同体意识

779　兰州大学欧盟研究中心
Center for European Union Studies of Lanzhou University

所 属 类 别／高校智库

主 管 单 位／兰州大学

成 立 时 间／

第一负责人／田烨

合 作 机 构／

办 公 地 址／甘肃省兰州市城关区天水南路 222 号兰州大学（730000）

电话(传真)／

邮　　　箱／leexue2021@ sina. com

网　　　址／https://eu. lzu. edu. cn

主要研究领域：

欧盟经济政策；社会政策；民族政策；外交政策

780　兰州大学社会与经济发展研究评价中心
Institute of Sociology & Center of Social and Economic Development Research, Lanzhou University

所 属 类 别／高校智库

主 管 单 位／兰州大学

成 立 时 间／1995 年

第一负责人／陈文江

合 作 机 构／

办 公 地 址／甘肃省兰州市城关区天水南路 222 号兰州大学齐云楼 1821 室（730000）

电话(传真)／

邮　　　箱／chen-wj@ 163. com

网　　　址／

主要研究领域：

资源环境与社会发展；社会政策评估；民族社会发展；民族社会学与文化人类学

L

781 兰州大学世界历史与国际关系研究所

所 属 类 别 / 高校智库

主 管 单 位 / 兰州大学

成 立 时 间 /

第 一 负 责 人 / 敏敬

合 作 机 构 /

办 公 地 址 / 甘肃省兰州市城关区嘉峪关西路 3 号兰州大学一分部衡山堂（730030）

电话(传真) /

邮　　　箱 / mig9812@ 163. com

网　　　址 / http://history. lzu. edu. cn

主要研究领域：

世界近现代史；世界文明史与国别史

782 兰州大学土库曼斯坦研究中心
Center for Turkmenisatan Studies，Lanzhou University

所 属 类 别 / 高校智库

主 管 单 位 / 兰州大学

成 立 时 间 /

第 一 负 责 人 /

合 作 机 构 /

办 公 地 址 / 甘肃省兰州市城关区天水南路 222 号兰州大学（730000）

电话(传真) /

邮　　　箱 / shwang@ lzu. edu. cn

网　　　址 / http://tkmst. lzu. edu. cn

主要研究领域：

土库曼斯坦问题

783 兰州大学西北少数民族研究中心
Publications Center for Studies of Ethnic Minorities in Northwest China of Lanzhou University
（Ethnology Institute of Lanzhou University）

所 属 类 别 / 高校智库

主 管 单 位 / 兰州大学

成 立 时 间 / 2000 年

第 一 负 责 人 / 赵利生

合 作 机 构 /

办 公 地 址 / 甘肃省兰州市城关区嘉峪关西路 9 号兰州大学一分部衡山堂 4 层
　　　　　　（730020）

电话(传真) / 0931-8913764

邮　　　箱 / lzdxmyzx@ 163. com

网　　　址 / http://rcenw. lzu. edu. cn

主要研究领域：中国民族关系；西北少数民族及地区史；西北跨国民族；民族社会

L

784 兰州大学县域经济发展研究院（兰州大学乡村振兴战略研究院）
Institute of Country Economic Development（Institute of Rural Revitalization Strategy），
Lanzhou University

所 属 类 别／高校智库
主 管 单 位／兰州大学
成 立 时 间／2017 年 6 月（2018 年 7 月）
第一负责人／毛锦凰
合 作 机 构／
办 公 地 址／甘肃省兰州市城关区天水南路 222 号兰州大学（730000）
电话(传真)／0931-8912895
邮　　　箱／xyjj@lzu.edu.cn
网　　　址／http://xyjj.lzu.edu.cn/sy.htm
主要研究领域：县域经济与产业发展；乡村振兴与城乡融合发展；生态补偿与经济
高质量发展

785 兰州大学意大利研究中心

所 属 类 别／高校智库
主 管 单 位／兰州大学
成 立 时 间／2011 年 11 月
第一负责人／刘光华
合 作 机 构／
办 公 地 址／甘肃省兰州市城关区天水南路 222 号兰州大学（730000）
电话(传真)／0931-8911802
邮　　　箱／ghliu@lzu.edu.cn
网　　　址／
主要研究领域：
中意关系

786 兰州大学印度研究中心

所 属 类 别／高校智库
主 管 单 位／兰州大学
成 立 时 间／2009 年
第一负责人／毛世昌
合 作 机 构／
办 公 地 址／甘肃省兰州市城关区天水南路 222 号兰州大学（730000）
电话(传真)／0931-8899432（0931-8899432）
邮　　　箱／ydyj@lzu.edu.cn
网　　　址／http://idzx.lzu.edu.cn
主要研究领域：
印度文化；中印关系；印度文学、宗教；中印文化交流

L

787 兰州大学中亚研究所
Institute for Central Asian Studies Lanzhou University

所 属 类 别／高校智库
主 管 单 位／兰州大学
成 立 时 间／1994 年 3 月
第 一 负责人／杨恕
合 作 机 构／
办 公 地 址／甘肃省兰州市城关区天水南路 222 号兰州大学（730000）
电话(传真)／0931-8912982（0931-8912982）
邮　　　箱／icas@lzu.edu.cn
网　　　址／http://icas.lzu.edu.cn
主要研究领域：
中亚政治、经济、民族、宗教、历史、文化、科教、资源环境及人口等；反分裂主
义；反恐怖主义

788 兰州市社会科学院

所 属 类 别／科研院所智库
主 管 单 位／兰州市人民政府
成 立 时 间／1985 年 7 月
第 一 负责人／曾月梅
合 作 机 构／
办 公 地 址／甘肃省兰州市城关区皋兰路 12 号（730070）
电话(传真)／
邮　　　箱／
网　　　址／http://sky.lanzhou.gov.cn
主要研究领域：
兰州经济、社会发展

789 蓝迪国际智库（中国社会科学院"一带一路"国际智库）
RDI Think-Tank Platform（BRI International Think Tank of Chinese of Social Sciences,
CASS）

所 属 类 别／社会智库
主 管 单 位／中国社会科学院
成 立 时 间／2015 年 4 月
第 一 负责人／王伟光
合 作 机 构／
办 公 地 址／北京市朝阳区日坛路 1 号 204 室（100007）
电话(传真)／010-85635860
邮　　　箱／office@rdi.org.cn
网　　　址／http://www.rdi.org.cn
主要研究领域：
"一带一路"倡议

L

790　乐山师范学院老挝研究中心
Leshan Teachers College Laos Research Center

所 属 类 别／高校智库
主 管 单 位／乐山师范学院
成 立 时 间／2016 年 4 月
第一负责人／邓健
合 作 机 构／
办 公 地 址／四川省乐山市市中区滨河路 778 号乐山师范学院 （614004）
电话(传真)／0833-2276382 （0833-2276382）
邮　　箱／
网　　址／http://lwyjzx.lsnu.edu.cn
主要研究领域：
老挝经济发展；中老经济合作

791　乐山师范学院乐山市廉政研究中心

所 属 类 别／高校智库
主 管 单 位／乐山师范学院
成 立 时 间／
第一负责人／陈范华
合 作 机 构／
办 公 地 址／四川省乐山市市中区滨河路 778 号乐山师范学院 （614004）
电话(传真)／
邮　　箱／
网　　址／http://lzyjzx.lsnu.edu.cn
主要研究领域：
廉政

792　乐山师范学院四川基层公共文化服务研究中心
Sichuan Grassroots Public Cultural Service Research Center

所 属 类 别／高校智库
主 管 单 位／乐山师范学院
成 立 时 间／2014 年 7 月
第一负责人／刘瑶瑶
合 作 机 构／乐山师范学院、乐山市文化广电新闻出版局
办 公 地 址／四川省乐山市市中区滨河路 778 号四川基层公共文化服务研究中心
　　　　　　（614004）
电话(传真)／0833-2277396
邮　　箱／
网　　址／http://scwh.lsnu.edu.cn
主要研究领域：
四川省基层公共文化服务

L

793 乐山师范学院四川基础社会风险防控治理研究中心
Sichuan Grassroots Social Risk Prevention and Governance Research Center, Leshan Normal University

所 属 类 别 / 高校智库
主 管 单 位 / 乐山师范学院
成 立 时 间 / 2020 年 12 月
第 一 负 责 人 /
合 作 机 构 /
办 公 地 址 / 四川省乐山市市中区滨河路 788 号乐山师范学院博雅楼 5 楼（614004）
电话(传真) /
邮　　箱 /
网　　址 / http: //fxfkzl. lsnu. edu. cn
主要研究领域：
四川基层社会风险防控治理

794 乐山师范学院四川旅游发展研究中心

所 属 类 别 / 高校智库
主 管 单 位 / 乐山师范学院
成 立 时 间 / 2002 年
第 一 负 责 人 / 郑元同
合 作 机 构 /
办 公 地 址 / 四川省乐山市市中区滨河路 778 号乐山师范学院（614000）
电话(传真) / 0833-2276355
邮　　箱 /
网　　址 / http: //lyfz. lsnu. edu. cn
主要研究领域：
旅游科学

795 乐山师范学院四川特殊教育发展研究中心
Sichuan Special Education Development Research Center, Leshan Normal University

所 属 类 别 / 高校智库
主 管 单 位 / 乐山师范学院
成 立 时 间 / 2014 年 7 月
第 一 负 责 人 / 汪红烨
合 作 机 构 /
办 公 地 址 / 四川省乐山市市中区滨河路 778 号乐山师范学院（614000）
电话(传真) / 0833-2277955
邮　　箱 /
网　　址 / http: //tjfzyjzx. lsnu. edu. cn
主要研究领域：
特殊儿童权益与社会支持系统；教康整合；特殊教育教师教育；残疾人高等教育

L

796 乐山师范学院四川乡村教育发展研究中心
Sichuan Center foe Rucal Education Development Research, Leshan Normal University

所 属 类 别 / 高校智库
主 管 单 位 / 乐山师范学院
成 立 时 间 / 2021 年 4 月
第 一 负 责 人 / 汪红烨
合 作 机 构 /
办 公 地 址 / 四川省乐山市市中区滨河路 788 号乐山师范学院 （614004）
电话(传真) / 0833-2272751
邮　　箱 / scxcjypt@ 163. com
网　　址 / http: //scxj. lsnu. edu. cn
主要研究领域：
四川乡村教育发展

797 辽宁大学东北振兴研究中心

所 属 类 别 / 高校智库
主 管 单 位 / 辽宁大学
成 立 时 间 / 2003 年 12 月
第 一 负 责 人 / 林木西
合 作 机 构 /
办 公 地 址 / 辽宁省沈阳市沈北新区道义南大街 58 号辽宁大学 （110136）
电话(传真) /
邮　　箱 /
网　　址 / https: //econ. lnu. edu. cn/info/1026/1970. htm
主要研究领域：
东北振兴

798 辽宁大学俄罗斯东欧中亚研究中心
Research Center for Rssia, Eastern European and Central Asian Countries, Liaoning University

所 属 类 别 / 高校智库
主 管 单 位 / 辽宁大学
成 立 时 间 /
第 一 负 责 人 /
合 作 机 构 /
办 公 地 址 / 辽宁省沈阳市沈北新区道义南大街 58 号辽宁大学 （110136）
电话(传真) / 024-62602446
邮　　箱 /
网　　址 / https: //rcreecac. lnu. edu. cn
主要研究领域：
俄罗斯、中亚及东欧国家的经济转轨历程

L

799 辽宁大学高等教育研究所
Institute of Higher Education，Liaoning University

所 属 类 别／高校智库
主 管 单 位／辽宁大学
成 立 时 间／2018 年 7 月
第一负责人／王少媛
合 作 机 构／
办 公 地 址／辽宁省沈阳市沈北新区道义南大街 58 号辽宁大学高等教育研究所
　　　　　　　（110136）
电话(传真)／024-62602565（024-62602565）
邮　　　箱／gdjyyjs@ lnu. edu. cn
网　　　址／https://gdjyyjs. lnu. edu. cn
主要研究领域：
辽宁省教育与经济社会发展

800 辽宁大学金融研究中心
Center for Financial Studies Liaoning University

所 属 类 别／高校智库
主 管 单 位／辽宁大学
成 立 时 间／2007 年 7 月
第一负责人／白钦先
合 作 机 构／
办 公 地 址／辽宁省沈阳市沈北新区道义南大街 58 号辽宁大学蒲河校区则行楼 4 层
　　　　　　　（110136）
电话(传真)／
邮　　　箱／
网　　　址／
主要研究领域：
区域金融理论和应用；金融改革和地方经济社会发展

801 辽宁大学李安民经济研究院
Li Anmin Institute of Economic Research，Liaoning University

所 属 类 别／高校智库
主 管 单 位／辽宁大学
成 立 时 间／2017 年 12 月
第一负责人／姚树洁
合 作 机 构／
办 公 地 址／辽宁省沈阳市沈北新区道义南大街 58 号辽宁大学（110136）
电话(传真)／
邮　　　箱／yaoshujie@ lnu. edu. cn
网　　　址／https://lier. lnu. edu. cn
主要研究领域：
辽宁和东北地区经济发展

L

802　辽宁大学辽宁经济高质量发展研究中心

所 属 类 别 / 高校智库
主 管 单 位 / 辽宁大学
成 立 时 间 / 2022 年 9 月
第一负责人 /
合 作 机 构 /
办 公 地 址 / 辽宁省沈阳市沈北新区道义南大街 58 号辽宁大学 （110136）
电话(传真) /
邮　　　箱 /
网　　　址 / https://coba. lnu. edu. cn/info/1190/3594. htm
主要研究领域：
辽宁经济高质量发展政策

803　辽宁大学辽宁省区域经济发展研究基地

所 属 类 别 / 高校智库
主 管 单 位 / 辽宁大学
成 立 时 间 / 2009 年
第一负责人 / 潘一山
合 作 机 构 /
办 公 地 址 / 辽宁省沈阳市沈北新区道义南大街 58 号辽宁大学 （110136）
电话(传真) /
邮　　　箱 /
网　　　址 / https://econ. lnu. edu. cn/info/1026/1973. htm
主要研究领域：
辽宁省区域经济发展

804　辽宁大学人口研究所
Institute of Population Research of Liaoning University

所 属 类 别 / 高校智库
主 管 单 位 / 辽宁大学
成 立 时 间 / 1983 年
第一负责人 / 边恕
合 作 机 构 / 辽宁大学、联合国人口基金
办 公 地 址 / 辽宁省沈阳市沈北新区道义南大街 58 号辽宁大学 （110136）
电话(传真) /
邮　　　箱 / bianshu@ lnu. edu. cn
网　　　址 /
主要研究领域：
资源型城市可持续发展；社会保障；人口与就业

L

805　辽宁大学日本研究所
Liaoning University Institute of Japan Studies

所 属 类 别／高校智库
主 管 单 位／辽宁大学
成 立 时 间／1971 年
第一负责人／刘志中
合 作 机 构／
办 公 地 址／辽宁省沈阳市皇姑区崇山中路 66 号辽宁大学（110036）
电话(传真)／
邮　　　箱／liuzhizhong@ lnu. edu. cn
网　　　址／http://rbyjs. lnu. edu. cn
主要研究领域：
日本经济体制；中日经济关系；日本官僚制度；中日关系

806　辽宁大学土地资源管理研究中心

所 属 类 别／高校智库
主 管 单 位／辽宁大学
成 立 时 间／
第一负责人／王永超
合 作 机 构／
办 公 地 址／辽宁省沈阳市沈北新区道义南大街 58 号辽宁大学（110136）
电话(传真)／
邮　　　箱／
网　　　址／https://pm. lnu. cn/xygk/jxkyjg/tdzyglyjzx. htm
主要研究领域：
城市与区域发展；土地开发与整理；耕地利用转型；农用地产权演化；耕地保护利
用；土地开发中的社会福利问题

807　辽宁大学亚洲研究中心
The Asia Research Centre of Liaoning University

所 属 类 别／高校智库
主 管 单 位／辽宁大学
成 立 时 间／
第一负责人／陆杰荣
合 作 机 构／韩国高等教育财团、辽宁大学
办 公 地 址／辽宁省沈阳市沈北新区道义南大街 58 号辽宁大学（110136）
电话(传真)／024-62602345
邮　　　箱／
网　　　址／http://arc. lnu. edu. cn
主要研究领域：
亚洲政治、经济、文化、历史、宗教、哲学、政策、制度

L

808 辽宁大学中国经济研究院
China Economic Research Institute, Liaoning University

所 属 类 别 / 高校智库
主 管 单 位 / 辽宁大学
成 立 时 间 / 2022 年 10 月
第一负责人 / 余淼杰
合 作 机 构 /
办 公 地 址 / 辽宁省沈阳市皇姑区崇山中路 66 号辽宁大学（崇山校区）唐铎楼
       （110036）
电话(传真) /
邮   箱 / CERI@ lnu. edu. cn
网   址 / https://ceri. lnu. edu. cn
主要研究领域:
国际经济学；宏观经济学；劳动经济学；发展经济学

809 辽宁大学中国开放经济研究院
China Open Economy Research Institute, Liaoning University

所 属 类 别 / 高校智库
主 管 单 位 / 辽宁大学
成 立 时 间 / 2022 年 12 月
第一负责人 / 余淼杰
合 作 机 构 /
办 公 地 址 / 辽宁省沈阳市沈北新区道义南大街 58 号辽宁大学蒲河校区则行楼
       （110136）
电话(传真) / 024-62602446
邮   箱 / coeri@ lnu. edu. cn
网   址 / https://coeri. lnu. edu. cn
主要研究领域:
对外开放理论与实践

810 辽宁大学中国特色反腐败研究中心

所 属 类 别 / 高校智库
主 管 单 位 / 辽宁大学
成 立 时 间 /
第一负责人 / 余淼杰
合 作 机 构 /
办 公 地 址 / 辽宁省沈阳市沈北新区道义南大街 58 号辽宁大学（110136）
电话(传真) /
邮   箱 /
网   址 / https://acrccc. lnu. edu. cn
主要研究领域:
中国特色反腐败

811 辽宁大学中国特色社会主义理论体系研究中心
Chinese Characteristic Socialism Research Center，Liaoning University

所 属 类 别 / 高校智库
主 管 单 位 / 辽宁大学
成 立 时 间 / 1994 年 6 月
第一负责人 / 潘一山
合 作 机 构 /
办 公 地 址 / 辽宁省沈阳市沈北新区道义南大街 58 号辽宁大学（110136）
电话(传真) / 024-62205265
邮 箱 /
网 址 / https://shzyyjzx.lnu.edu.cn
主要研究领域：
中国特色社会主义理论

812 辽宁对外经贸学院财务与会计研究中心

所 属 类 别 / 高校智库
主 管 单 位 / 辽宁对外经贸学院
成 立 时 间 / 2022 年 4 月
第一负责人 / 王伯伦
合 作 机 构 /
办 公 地 址 / 辽宁省大连市旅顺经济开发区顺乐街 33 号辽宁对外经贸学院（116052）
电话(传真) / 0411-86208772
邮 箱 /
网 址 / https://www.luibe.edu.cn/cwyj
主要研究领域：
企业价值与房地产评估；财务与会计

813 辽宁对外经贸学院大数据研究院

所 属 类 别 / 高校智库
主 管 单 位 / 辽宁对外经贸学院
成 立 时 间 / 2019 年 3 月
第一负责人 / 陈广山
合 作 机 构 /
办 公 地 址 / 辽宁省大连市旅顺经济开发区顺乐街 33 号辽宁对外经贸学院主楼 4002
室（116052）
电话(传真) / 0411-86208813
邮 箱 /
网 址 / https://www.luibe.edu.cn/sjyjy
主要研究领域：
应用理论；技术应用；教育科学

L

814　辽宁对外经贸学院高等教育研究院

所 属 类 别 / 高校智库

主 管 单 位 / 辽宁对外经贸学院

成 立 时 间 / 2004 年 5 月

第一负责人 / 崔丽英

合 作 机 构 /

办 公 地 址 / 辽宁省大连市旅顺经济开发区顺乐街 33 号辽宁对外经贸学院（116052）

电话(传真) /

邮　　箱 /

网　　址 / https://www.luibe.edu.cn/gdjy

主要研究领域：

高校战略与规划；高等教育理论与实践；高等教育政策与法规；应用型高校学科建设；高等教育质量评价

815　辽宁对外经贸学院国际经济与贸易研究院
Academy for International Trade & Economics of Liaoning University of International Business and Economics

所 属 类 别 / 高校智库

主 管 单 位 / 辽宁对外经贸学院

成 立 时 间 /

第一负责人 / 张颖

合 作 机 构 /

办 公 地 址 / 辽宁省大连市旅顺经济开发区顺乐街 33 号辽宁对外经贸学院（116052）

电话(传真) / 0411-86208230

邮　　箱 /

网　　址 / https://www.luibe.edu.cn/gjmy2022

主要研究领域：

国际服务贸易；国际经济；中国对外贸易；跨境电子商务

816　辽宁对外经贸学院会展经济研究中心
MICE Economy Research Center, Liaoning University of International Business and Economics

所 属 类 别 / 高校智库

主 管 单 位 / 辽宁对外经贸学院

成 立 时 间 / 2014 年

第一负责人 / 高欣

合 作 机 构 /

办 公 地 址 / 辽宁省大连市旅顺经济开发区顺乐街 33 号辽宁对外经贸学院（116052）

电话(传真) / 0411-86208813

邮　　箱 /

网　　址 / https://www.luibe.edu.cn/dlhzzx

主要研究领域：

会展产业政策；发展规划；战略布局；会展产业结构调整与升级

L

817　辽宁对外经贸学院老龄科学研究院

所 属 类 别 / 高校智库

主 管 单 位 / 辽宁对外经贸学院

成 立 时 间 / 2010 年 10 月

第 一 负 责 人 / 阎永胜

合 作 机 构 /

办 公 地 址 / 辽宁省大连市旅顺经济开发区顺乐街 33 号辽宁对外经贸学院主楼 6006
室 （116052）

电话(传真) / 0411-86208203

邮　　箱 /

网　　址 / https://www.luibe.edu.cn/lnkyy

主要研究领域：

老年福利学；社会福祉国际比较研究；养老机构管理；老年服务人才

818　辽宁对外经贸学院辽宁省民办高等教育可持续发展研究基地

所 属 类 别 / 高校智库

主 管 单 位 / 辽宁对外经贸学院

成 立 时 间 / 2004 年 5 月

第 一 负 责 人 / 吕红军

合 作 机 构 /

办 公 地 址 / 辽宁省大连市旅顺经济开发区顺乐街 33 号辽宁对外经贸学院 （116052）

电话(传真) / 0411-86208003

邮　　箱 / gaojiaoyanjiu@luibe.edu.cn

网　　址 / https://www.luibe.edu.cn/lnmbjd

主要研究领域：

高等教育

819　辽宁对外经贸学院企业创新和发展研究中心 （辽宁省学习型组织理论研究会）

所 属 类 别 / 高校智库

主 管 单 位 / 辽宁对外经贸学院

成 立 时 间 / 2009 年 11 月

第 一 负 责 人 / 关可卿

合 作 机 构 /

办 公 地 址 / 辽宁省大连市旅顺经济开发区顺乐街 33 号辽宁对外经贸学院 （116052）

电话(传真) / 0411-86208813

邮　　箱 /

网　　址 / https://www.luibe.edu.cn/qycx

主要研究领域：

区域创新发展；大连市科技型中小企业成长

L

820　辽宁对外经贸学院区域经济合作与发展研究院
Research Center for Regional Economic Development, Liaoning University of International
Business and Economics

所 属 类 别 / 高校智库

主 管 单 位 / 辽宁对外经贸学院

成 立 时 间 / 2014 年 12 月

第一负责人 / 常虹

合 作 机 构 /

办 公 地 址 / 辽宁省大连市旅顺经济开发区顺乐街 33 号辽宁对外经贸学院（116052）

电话(传真) / 0411-86208230

邮　　箱 /

网　　址 / https://www. luibe. edu. cn/qyjj2022

主要研究领域：

区域经贸发展；"互联网+"外贸；金融创新与发展；地区金融服务与应用

821　辽宁对外经贸学院区域旅游研究中心（辽宁文化融合创新管理研究中心）
Research Center for Regional Tourism, Liaoning University of International Business and
Economics

所 属 类 别 / 高校智库

主 管 单 位 / 辽宁对外经贸学院

成 立 时 间 / 2012 年 11 月

第一负责人 / 江海旭

合 作 机 构 /

办 公 地 址 / 辽宁省大连市旅顺经济开发区顺乐街 33 号辽宁对外经贸学院（116052）

电话(传真) / 0411-86208121

邮　　箱 /

网　　址 / https://www. luibe. edu. cn/qylyn

主要研究领域：

区域旅游开发；区域旅游管理

822　辽宁对外经贸学院现代物流研究中心

所 属 类 别 / 高校智库

主 管 单 位 / 辽宁对外经贸学院

成 立 时 间 / 2017 年 12 月

第一负责人 / 王智泓

合 作 机 构 /

办 公 地 址 / 辽宁省大连市旅顺经济开发区顺乐街 33 号辽宁对外经贸学院（116052）

电话(传真) / 0411-86208803

邮　　箱 /

网　　址 / http://www. luibe. edu. cn/qywl

主要研究领域：

区域物流；区域电商

L

823 辽宁对外经贸学院中国国际贸易学会中日韩经济合作与发展研究中心
China Associaltion of International Trade Research Center of China-Japan-South Korea Economic Cooperation and Development，Liaoning University of International Business and Economics

所 属 类 别 / 高校智库

主 管 单 位 / 辽宁对外经贸学院

成 立 时 间 / 2019 年 11 月

第一负责人 /

合 作 机 构 / 中国国际贸易学会、辽宁对外经贸学院

办 公 地 址 / 辽宁省大连市旅顺经济开发区顺乐街 33 号辽宁对外经贸学院
　　　　　　　（116052）

电话(传真) / 0411-86208233

邮　　箱 /

网　　址 / https://www.luibe.edu.cn/zrhfz

主要研究领域：

中日韩经济合作与发展

824 辽宁社会科学院
Liaoning Academy of Social Sciences

所 属 类 别 / 科研院所智库

主 管 单 位 / 辽宁省人民政府

成 立 时 间 / 1977 年

第一负责人 / 宋泽华

合 作 机 构 /

办 公 地 址 / 辽宁省沈阳市皇姑区泰山路 86 号 （110031）

电话(传真) / 024-86806061

邮　　箱 / lassorg@163.com

网　　址 / http://www.lass.net.cn

主要研究领域：

东北亚问题；农村发展；低碳发展；边疆史；城市发展；产业经济与 WTO；人力资源

825 辽宁师范大学澳大利亚研究中心
Centre for Australian Studies at Liaoning Normal University

所 属 类 别 / 高校智库

主 管 单 位 / 辽宁师范大学

成 立 时 间 / 2010 年 9 月

第一负责人 / 冷慧

合 作 机 构 /

办 公 地 址 / 辽宁省大连市沙河口区黄河路 850 号辽宁师范大学 （116038）

电话(传真) / 15641127245

邮　　箱 / caslnnu@163.com

网　　址 /

主要研究领域：

澳大利亚问题

L

826 辽宁师范大学海洋可持续发展研究院
Institute of Marine Sustainable Development, Liaoning Normal University

所 属 类 别／高校智库
主 管 单 位／辽宁师范大学
成 立 时 间／2000 年
第一负责人／郭建科
合 作 机 构／
办 公 地 址／辽宁省大连市沙河口区黄河路 850 号辽宁师范大学（116029）
电话(传真)／0411-82158390（0411-82158390）
邮 箱／coebgs@lnnu.edu.cn
网 址／https://hys.lnnu.edu.cn
主要研究领域：
海洋资源与环境经济；区域海洋经济与产业布局

827 瞭望智库（新华社大数据智库云平台）

所 属 类 别／社会智库—企业
主 管 单 位／
成 立 时 间／
第一负责人／
合 作 机 构／
办 公 地 址／北京市西城区宣武门外大街甲 1 号环球财讯中心（100052）
电话(传真)／010-63158885
邮 箱／lwinst@lwinst.com
网 址／http://www.lwinst.com
主要研究领域：
国情国策；区域发展；行业运行

828 洛阳师范学院河洛文化国际研究中心

所 属 类 别／高校智库
主 管 单 位／洛阳师范学院
成 立 时 间／2002 年 7 月
第一负责人／梁留科
合 作 机 构／
办 公 地 址／河南省洛阳市伊滨区吉庆路 1 号（471934）
电话(传真)／0379-68618036
邮 箱／hlwhzx@126.com
网 址／http://www.heluowenhua.net
主要研究领域：
洛阳文化

L

829 洛阳师范学院河南省公共文化研究中心
Henan Research Center for Public Culture，Luoyang Normal University

所 属 类 别 / 高校智库

主 管 单 位 / 洛阳师范学院

成 立 时 间 / 2016 年 1 月

第一负责人 / 郭改英

合 作 机 构 /

办 公 地 址 / 河南省洛阳市洛龙区龙门大道 71 号洛阳师范学院（471023）

电话（传真）/ 0379-68618586

邮　　箱 / hnsggwhyjzx@ 163. com

网　　址 / http://sites. lynu. edu. cn/ggwhyjzx

主要研究领域：

公共文化

830 洛阳师范学院意大利研究中心
International and Regional Research Center of the Ministry of Education Italian Research
Center，Luoyang Normal University

所 属 类 别 / 高校智库

主 管 单 位 / 洛阳师范学院

成 立 时 间 /

第一负责人 / 梁留科

合 作 机 构 /

办 公 地 址 / 河南省洛阳市洛龙区龙门大道 71 号洛阳师范学院（471023）

电话（传真）/

邮　　箱 / lnuitaliancenter@ 163. com

网　　址 / http://sites. lynu. edu. cn/italy

主要研究领域：

意大利问题

831 绵阳师范学院生态安全与保护四川省重点实验室
Ecological Security and Protection Key Laboratory of Sichuan Province

所 属 类 别 / 高校智库

主 管 单 位 / 绵阳师范学院

成 立 时 间 / 2011 年 6 月

第一负责人 / 董鸣

合 作 机 构 /

办 公 地 址 / 四川省绵阳市高新区绵兴西路 166 号绵阳师范学院磨家校区（621006）

电话（传真）/ 0816-2579941（0816-2579941）

邮　　箱 / mszxst@ 163. com

网　　址 / http://zdsys. mnu. cn

主要研究领域：

生态安全风险评价；受损生态系统恢复重建；野生动植物保护与资源可持续利用

LM

832 绵阳师范学院四川县域经济发展研究中心

所 属 类 别 / 高校智库
主 管 单 位 / 绵阳师范学院
成 立 时 间 / 2014 年
第一负责人 / 许小君
合 作 机 构 /
办 公 地 址 / 四川省绵阳市高新区绵兴西路 166 号绵阳师范学院磨家校区（621006）
电话(传真) / 0816-2578463
邮　　　箱 / scxyjjyjzx@163.com
网　　　址 /
主要研究领域:
四川县域经济发展

833 民政部一零一研究所

所 属 类 别 / 党政智库—国务院组成部门所属
主 管 单 位 / 民政部
成 立 时 间 / 1989 年
第一负责人 / 刘锋
合 作 机 构 /
办 公 地 址 / 北京市丰台区南四环西路 188 号 10 区 33 号楼（100070）
电话(传真) / 010-63706758/6269
邮　　　箱 /
网　　　址 / http://101.mca.gov.cn
主要研究领域:
殡葬科学技术与基础理论；殡葬建筑；殡葬行业技术标准；殡葬行业环境监测、评价与治理；殡葬政策；殡葬的文化、人文、历史等

834 民政部政策研究中心

所 属 类 别 / 党政智库—国务院组成部门所属
主 管 单 位 / 民政部
成 立 时 间 / 1998 年
第一负责人 / 王杰秀
合 作 机 构 /
办 公 地 址 / 北京市东城区北河沿大街 147 号（100721）
电话(传真) / 010-58123765
邮　　　箱 /
网　　　址 / http://zyzx.mca.gov.cn
主要研究领域:
民政政策；民政理论

835　闽江学院海西财政与金融发展研究中心
Research Center for Fiscal and Financial Development in Haixi，Minjiang University

所 属 类 别／高校智库
主 管 单 位／闽江学院
成 立 时 间／2010 年 3 月
第一负责人／潘长风
合 作 机 构／
办 公 地 址／福建省福州市闽侯县溪源宫路 200 号闽江学院福万楼（350108）
电话(传真)／13799996518
邮　　　箱／hxczyjr@163.com
网　　　址／http://haixi.mju.edu.cn
主要研究领域：
福建自贸实验区财税；金融；产业研究

836　闽江学院互联网创新研究中心
Internet Innovation Research Center，IIRC

所 属 类 别／高校智库
主 管 单 位／闽江学院
成 立 时 间／2014 年 9 月
第一负责人／林中燕
合 作 机 构／福建省电子商务促进会、福建纵腾网络有限公司、闽江学院
办 公 地 址／福建省福州市闽侯县溪源宫路 200 号闽江学院新华都商学院 A212 室
　　　　　　（350108）
电话(传真)／18960866619
邮　　　箱／lzy@mju.edu.cn
网　　　址／http://iirc.mju.edu.cn
主要研究领域：
智慧健康；农村电商；跨境电商

837　闽江学院新媒体传播研究中心

所 属 类 别／高校智库
主 管 单 位／闽江学院
成 立 时 间／
第一负责人／刘建萍
合 作 机 构／
办 公 地 址／福建省福州市闽侯县溪源宫路 200 号（350108）
电话(传真)／0591-87936962（0591-83761877）
邮　　　箱／liujianpingmd@yahoo.com.cn
网　　　址／http://nmcc.mju.edu.cn
主要研究领域：
新媒体传播

M

838 牡丹江师范学院澳大利亚研究中心
Australian Studies Centres

所 属 类 别／高校智库
主 管 单 位／牡丹江师范学院
成 立 时 间／2009 年 8 月
第一负责人／梁中贤
合 作 机 构／
办 公 地 址／黑龙江省牡丹江市爱民区文化街 191 号（157012）
电话(传真)／13766660377
邮　　　箱／liangzxjj@126.com
网　　　址／http://asc.mdjnu.cn
主要研究领域：
澳大利亚问题

839 南昌大学（江西地方）立法研究中心

所 属 类 别／高校智库
主 管 单 位／南昌大学
成 立 时 间／2005 年 4 月
第一负责人／
合 作 机 构／江西省人大常委会法制工作委员会、南昌大学
办 公 地 址／江西省南昌市青山湖区南京东路 235 号（330047）
电话(传真)／
邮　　　箱／
网　　　址／
主要研究领域：
宪法；行政法；经济法；刑事法

840 南昌大学江西发展研究院
Institute of Jiangxi Development Studies, Nanchang University

所 属 类 别／高校智库
主 管 单 位／南昌大学
成 立 时 间／2015 年 5 月
第一负责人／黄细嘉
合 作 机 构／
办 公 地 址／江西省南昌市红谷滩区学府大道 999 号南昌大学前湖校区行政楼 3 层
　　　　　　（330031）
电话(传真)／0791-83968323（0791-83968322）
邮　　　箱／jxfzck@ncu.edu.cn
网　　　址／http://jxfzyjy.ncu.edu.cn
主要研究领域：
江西经济；江西社会发展

**M
N**

841 南昌大学教育发展研究院
Institute of Education Development，Nanchang University

所 属 类 别／高校智库

主 管 单 位／南昌大学

成 立 时 间／2019 年

第 一 负 责 人／李德平

合 作 机 构／

办 公 地 址／江西省南昌市红谷滩区学府大道 999 号南大前湖校区人文楼五楼
（330031）

电话(传真)／0791-83969725（0791-83969725）

邮 　 箱／45925971@ qq. com

网 　 址／http://ied. ncu. edu. cn

主要研究领域：

马克思主义教育理论与实践

842 南昌大学廉政研究中心（江西省党风廉政建设研究中心）
Center for Anti-corruption Studies（Jiangxi Center for Anti-corruption Studies），Nanchang University

所 属 类 别／高校智库

主 管 单 位／南昌大学

成 立 时 间／

第 一 负 责 人／廖晓明

合 作 机 构／中共江西省纪委常委会、南昌大学

办 公 地 址／江西省南昌市红谷滩区学府大道 999 号南昌大学（330031）

电话(传真)／0791-83969236

邮 　 箱／yhp6888@ 126. com

网 　 址／https://cacs. ncu. edu. cn

主要研究领域：

反腐倡廉理论；反腐倡廉建设

843 南昌大学旅游研究院

所 属 类 别／高校智库

主 管 单 位／南昌大学

成 立 时 间／2006 年

第 一 负 责 人／黄细嘉

合 作 机 构／

办 公 地 址／江西省南昌市红谷滩区学府大道 999 号南昌大学（330031）

电话(传真)／0791-3969461（0791-3969463）

邮 　 箱／

网 　 址／http://lygh. ncu. edu. cn

主要研究领域：

旅游规划；旅游策划；旅游咨询

N

844 南昌大学中国乡村振兴研究院（乡村治理与共同富裕研究中心）
Institute of China's Rural Revitalization Research（Research Center of Urban - Rural Governance and Common Prosperity），Nanchang University

所 属 类 别 / 高校智库
主 管 单 位 / 南昌大学
成 立 时 间 / 2016 年 11 月
第一负责人 / 喻晓社
合 作 机 构 /
办 公 地 址 / 江西省南昌市红谷滩区学府大道 999 号南昌大学（330031）
电话(传真) / 0791-83969455
邮　　箱 / liujiansheng99@163.com
网　　址 / http://ipads.ncu.edu.cn
主要研究领域：
中国乡村振兴

845 南昌大学中国中部经济社会发展研究中心
The Research Center of Central China Economic Development，Nanchang University

所 属 类 别 / 高校智库
主 管 单 位 / 南昌大学
成 立 时 间 / 2000 年 6 月
第一负责人 / 况学文
合 作 机 构 /
办 公 地 址 / 江西省南昌市红谷滩区学府大道 999 号南昌大学（330031）
电话(传真) /
邮　　箱 / ly9309@ncu.edu.cn
网　　址 / http://ccced.ncu.edu.cn
主要研究领域：
中部区域经济协调发展；中部产业经济发展；中部自然资源开发与生态经济；中部人力资源开发与新经济

846 南方国际人才研究院
South China Global Talent Institute

所 属 类 别 / 社会智库—民办非企业
主 管 单 位 /
成 立 时 间 / 2012 年 12 月
第一负责人 / 王辉耀
合 作 机 构 /
办 公 地 址 / 广东省广州市番禺区大学城外环东路 232 号国家数字家庭基地 B 栋 214 室（510006）
电话(传真) / 020-31056144（020-31056144）
邮　　箱 / info@scgti.org
网　　址 / http://www.scgti.org
主要研究领域：人才；科技；教育；可持续发展

847 南海区域研究中心（海南省南海政策与法律研究中心）
Research Center for Policy and Law of the South China of Hainan Province

所 属 类 别 / 高校智库
主 管 单 位 / 海南大学
成 立 时 间 / 2011 年 12 月
第一负责人 / 张良福
合 作 机 构 / 海南省社会科学界联合会、海南大学
办 公 地 址 / 海南省海口市美兰区人民大道 58 号海南大学社科大楼 C 栋 718 室（570228）
电话(传真) / 13215720188（0898-66291032）
邮　　箱 / lrcscs@163.com
网　　址 / https://www.hainanu.edu.cn/nhlaw
主要研究领域：
南海安全战略；南海海洋争端解决机制；南海问题的国际法理；南海海上通道安全
法律问题；南海资源开发法律问题；国家海上管辖权和海洋执法法律问题；南海海
洋环境保护机制；南海区域合作制度；海洋经济法律制度

848 南华大学核能经济与管理研究中心

所 属 类 别 / 高校智库
主 管 单 位 / 南华大学
成 立 时 间 / 2004 年
第一负责人 / 肖东生
合 作 机 构 /
办 公 地 址 / 湖南省衡阳市蒸湘区常胜西路 28 号（421001）
电话(传真) / 13317348847
邮　　箱 / 2933854420@qq.com
网　　址 /
主要研究领域：
核能经济与管理

849 南疆教育发展研究中心

所 属 类 别 / 合作智库
主 管 单 位 / 喀什大学、新疆维吾尔自治区教育厅
成 立 时 间 / 2011 年 11 月
第一负责人 / 余鹏
合 作 机 构 / 喀什大学、新疆维吾尔自治区教育厅
办 公 地 址 / 新疆喀什地区喀什市学院路 29 号喀什大学体育馆 2 层（844008）
电话(传真) / 0998-2893063
邮　　箱 / kssynjzx@163.com
网　　址 / http://njjy.ksu.edu.cn
主要研究领域：
南疆双语教育；南疆思想政治教育；南疆教师教育

N

850 南京财经大学创新创业研究院

所 属 类 别 / 高校智库

主 管 单 位 / 南京财经大学

成 立 时 间 / 2019 年 10 月

第一负责人 / 张晓东

合 作 机 构 / 南京财经大学、南京敏捷智库

办 公 地 址 / 江苏省南京市栖霞区仙林大学城文苑路 3 号南京财经大学（210023）

电话(传真) /

邮　　　箱 /

网　　　址 /

主要研究领域：

创新创业；数字化与智能化；认知科学与数据管理；未来管理；中国特色管理

851 南京财经大学江苏产业发展研究院（江苏省产业发展研究基地）

所 属 类 别 / 高校智库

主 管 单 位 / 南京财经大学

成 立 时 间 /

第一负责人 / 宣烨

合 作 机 构 /

办 公 地 址 / 江苏省南京市鼓楼区铁路北街 128 号南京财经大学综合楼 620 室（210003）

电话(传真) / 025-83494731

邮　　　箱 / xuanye2003@163.com

网　　　址 / http://cyyjy.nufe.edu.cn

主要研究领域：

经济发展与区域产业政策；现代服务业与区域经济发展；区域经济发展模式

852 南京财经大学江苏现代服务业研究院
Jiangsu Institute of Modern Service Industry

所 属 类 别 / 高校智库

主 管 单 位 / 南京财经大学

成 立 时 间 / 2010 年 12 月

第一负责人 / 宣烨

合 作 机 构 / 江苏省发展和改革委员会、南京财经大学

办 公 地 址 / 江苏省南京市鼓楼区铁路北街 128 号南京财经大学综合楼 410 室（210046）

电话(传真) / 025-83494746（025-83494746）

邮　　　箱 / jsfuwu@qq.com

网　　　址 / http://msi.nufe.edu.cn

主要研究领域：

现代服务业

N

853 南京财经大学粮食经济研究院
Institute of Food Economics of NJUE

所 属 类 别 / 高校智库

主 管 单 位 / 南京财经大学

成 立 时 间 / 1988 年

第一负责人 / 曹宝明

合 作 机 构 /

办 公 地 址 / 江苏省南京市栖霞区仙林大学城文苑路 3 号南京财经大学 （210023）

电话（传真）/ 025-83495889

邮　　　箱 / cbm20000@163.com

网　　　址 / http://ife.nufe.edu.cn

主要研究领域：

粮食流通；粮食安全；世界粮食

854 南京财经大学绿色经济发展研究院

所 属 类 别 / 高校智库

主 管 单 位 / 南京财经大学

成 立 时 间 /

第一负责人 / 朱红根

合 作 机 构 /

办 公 地 址 / 江苏省南京市栖霞区仙林大学城文苑路 3 号南京财经大学 （210023）

电话（传真）/ 025-86718207

邮　　　箱 / 9120191123@nufe@edu.cn

网　　　址 / http://lsjjfz.nufe.edu.cn

主要研究领域：

环境评估与治理；绿色能源；绿色金融

855 南京大学长江三角洲经济社会发展研究中心
Yangtze River Delta Economics and Social Development Research Center of Nanjing University

所 属 类 别 / 高校智库

主 管 单 位 / 教育部、南京大学

成 立 时 间 / 2001 年 2 月

第一负责人 / 刘志彪

合 作 机 构 / 教育部、南京大学

办 公 地 址 / 江苏省南京市鼓楼区汉口路 22 号南京大学安中（EMBA）大楼 （210093）

电话（传真）/ 025-83595262 （025-83595262）

邮　　　箱 / zbliu@nju.edu.cn

网　　　址 / https://cyd.nju.edu.cn

主要研究领域：

长江三角洲地区经济运行、经济发展；城市发展；区域与产业发展

N

856 南京大学城市科学研究院（江苏省城市现代化研究基地）
Institute of Urban Science, Nanjing University

所 属 类 别 / 高校智库
主 管 单 位 / 南京大学
成 立 时 间 / 2010 年 11 月
第一负责人 / 张鸿雁
合 作 机 构 /
办 公 地 址 / 江苏省南京市栖霞区仙林大道 163 号南京大学仙林校区河仁楼（210046）
电话(传真) / 13705186013
邮　　　箱 / ius@ nju. edu. cn
网　　　址 / http://ius. nju. edu. cn
主要研究领域：
城市现代化与城市战略；城乡一体化规划；区域经济发展；城市文化资本整合与城市整体形象策划；城市产业升级和空间布局；城市应急系统

857 南京大学非洲研究所
Center of African Studies, Nanjing University

所 属 类 别 / 高校智库
主 管 单 位 / 南京大学
成 立 时 间 / 1964 年
第一负责人 / 张振克
合 作 机 构 /
办 公 地 址 / 江苏省南京市栖霞区仙林大道 163 号南京大学仙林校区（210023）
电话(传真) / 025-83686694（025-83595387）
邮　　　箱 / zhangzk@ nju. edu. cn
网　　　址 /
主要研究领域：非洲自然资源与环境；非洲城市化；非洲农业和乡村发展；非洲港口与区域发展；非洲海洋渔业；非洲地缘战略与中非关系；非洲科技教育合作

858 南京大学公共事务与地方治理研究中心

所 属 类 别 / 高校智库
主 管 单 位 / 南京大学
成 立 时 间 / 1997 年
第一负责人 / 肖唐镖
合 作 机 构 /
办 公 地 址 / 江苏省南京市栖霞区仙林大道 163 号南京大学仙林校区政府管理学院圣达楼（210023）
电话(传真) / 025-89680610
邮　　　箱 /
网　　　址 / http://www. shwd. net
主要研究领域：政府管理与政治过程；地方治理与公共政策；社会稳定与危机管理；社会组织与民众行为

N

859　南京大学教育研究院
Institute of Education, Nanjing University

所 属 类 别／高校智库
主 管 单 位／南京大学
成 立 时 间／2009 年 11 月
第 一 负 责 人／王运来
合 作 机 构／
办 公 地 址／江苏省南京市栖霞区仙林大道 163 号南京大学仙林校区潘琦楼 B 座
　　　　　　（210023）
电话(传真)／025-89684940
邮　　　箱／wangyunl@nju.edu.cn
网　　　址／http://edu.nju.edu.cn
主要研究领域：
高等教育；网络化学习与管理；课程与教学；教育经济与管理；教育政策与领导

860　南京大学能源科学研究院
Institute of Energy Sciences, Nanjing University

所 属 类 别／高校智库
主 管 单 位／南京大学
成 立 时 间／2010 年 10 月
第 一 负 责 人／贾承造
合 作 机 构／
办 公 地 址／江苏省南京市鼓楼区汉口路 22 号南京大学科学楼 1205 室 （210093）
电话(传真)／
邮　　　箱／
网　　　址／
主要研究领域：全球能源经济战略宏观评价与预测；能源与经济发展战略的制约关系和规律；能源开发应用过程的制约因素与管理模式

861　南京大学人文地理研究中心
Research Center of Human Geography, Nanjing University

所 属 类 别／高校智库
主 管 单 位／南京大学
成 立 时 间／2012 年
第 一 负 责 人／黄贤金
合 作 机 构／
办 公 地 址／江苏省南京市鼓楼区汉口路 22 号南京大学鼓楼校区东北楼 211 室
　　　　　　（210093）
电话(传真)／025-83595964
邮　　　箱／huge_nju@163.com
网　　　址／
主要研究领域：城镇化战略；区域可持续开发与土地集约利用；城市规划；旅游与文化地理

N

862 南京大学社会风险与公共危机管理研究中心
Center for Societal Risk and Public Crisis Management Studies, Nanjing University

所 属 类 别 / 高校智库
主 管 单 位 / 南京大学
成 立 时 间 / 2005 年
第一负责人 / 童星
合 作 机 构 /
办 公 地 址 / 江苏省南京市鼓楼区汉口路 22 号南京大学政府管理学院（圣达楼）
　　　　　　（210093）
电话(传真) / 025-89681072（025-89681072）
邮　　箱 / gggl@ nju. edu. cn
网　　址 / http: //rdc. nju. edu. cn
主要研究领域：
风险、灾害与危机管理

863 南京大学亚太发展研究中心
Center for Asia-Pacific Development Studies, Nanjing University

所 属 类 别 / 高校智库
主 管 单 位 / 南京大学
成 立 时 间 /
第一负责人 /
合 作 机 构 /
办 公 地 址 / 江苏省南京市栖霞区仙林大道 163 号南京大学仙林校区圣达楼 460 室
　　　　　　（210046）
电话(传真) / 025-89681655（025-89681655）
邮　　箱 / zsforum@ nju. edu. cn
网　　址 / https: //capds. nju. edu. cn
主要研究领域：亚太社会文化；比较国家治理

864 南京大学犹太和以色列研究所
Institute for Jewish and Israel Studies, Nanjing University

所 属 类 别 / 高校智库
主 管 单 位 / 南京大学
成 立 时 间 / 1992 年 5 月
第一负责人 / 徐新
合 作 机 构 /
办 公 地 址 / 江苏省南京市栖霞区仙林大道 163 号南京大学仙林校区（210023）
电话(传真) /
邮　　箱 / ijsnju@ gmail. com
网　　址 / https: //judaic. nju. edu. cn
主要研究领域：
犹太文化

N

865 南京大学中国—北欧文化中心
Chinese-Nordic Cultural Center, Nanjing University

所 属 类 别 / 高校智库
主 管 单 位 / 南京大学
成 立 时 间 /
第 一 负 责 人 /
合 作 机 构 / 南京大学、北欧大学
办 公 地 址 / 江苏省南京市栖霞区仙林大道 163 号南京大学仙林校区（210023）
电话(传真) /
邮　　箱 /
网　　址 / https://cncc.nju.edu.cn
主要研究领域：
南京和奥斯陆的城市流行文化

866 南京大学中国语言战略研究中心
The China Center for Linguistic and Strategic Studies, Nanjing University

所 属 类 别 / 高校智库
主 管 单 位 / 南京大学
成 立 时 间 / 2007 年 11 月
第 一 负 责 人 / 徐大明
合 作 机 构 / 教育部语言文字信息管理司、南京大学
办 公 地 址 / 江苏省南京市鼓楼区汉口路 22 号南京大学（210093）
电话(传真) / 025-83685891
邮　　箱 / xudaming@nju.edu.cn
网　　址 /
主要研究领域：
语言规划；语言战略；语言社区规划；语言交换；城市语言；语言经济；语言就业；语言消费

867 南京大学中国直销研究中心
China Direct Selling Research Center, Nanjing University

所 属 类 别 / 高校智库
主 管 单 位 / 南京大学
成 立 时 间 / 2006 年 2 月
第 一 负 责 人 / 陶鹏德
合 作 机 构 /
办 公 地 址 / 江苏省南京市鼓楼区汉口路 22 号南京大学商学院安中楼 1308 室（210093）
电话(传真) /
邮　　箱 /
网　　址 /
主要研究领域：
直销监管与环境建设；直销企业转型与管理；直销企业国际化经营

N

868 南京大学中国智库研究与评价中心
China Think Tank Research and Evaluation Center at Nanjing University

所 属 类 别／高校智库
主 管 单 位／南京大学
成 立 时 间／2015 年 5 月
第 一 负 责 人／李刚
合 作 机 构／江苏省宣传部、南京大学
办 公 地 址／江苏省南京市栖霞区仙林大道 163 号南京大学仙林校区信息管理学院
潘琦楼 A403 室（210023）
电话(传真)／025-89681397
邮　　箱／ctti@ nju. edu. cn
网　　址／http://cttrec. nju. edu. cn
主要研究领域：智库数据收集处理；智库机构评价管理；智库研究；智库人才培养

869 南京航空航天大学国家文化产业研究中心
National Research Center for Cultural Industry in Nanjing University of Aeronautics and
Astronautics

所 属 类 别／高校智库
主 管 单 位／南京航空航天大学
成 立 时 间／2005 年
第 一 负 责 人／李向民
合 作 机 构／
办 公 地 址／江苏省南京市白下区御道街 29 号南京航空航天大学大学生活动中心西
207 室（210016）
电话(传真)／025-52075805
邮　　箱／
网　　址／
主要研究领域：文化产业

870 南京航空航天大学能源软科学研究中心
Research Center for Soft Energy Science, Nanjing University of Aeronautics and Astronautics

所 属 类 别／高校智库
主 管 单 位／南京航空航天大学
成 立 时 间／2008 年
第 一 负 责 人／周德群
合 作 机 构／
办 公 地 址／江苏省南京市江宁区将军大道 29 号南京航空航天大学经济与管理学院
4 层 0420 室（211100）
电话(传真)／025-84896261
邮　　箱／dqzhou88@ 163. com
网　　址／
主要研究领域：能源效率与节能；碳排放与低碳发展；新能源产业规划与政策；能
源企业管理

871　南京理工大学创新管理与评价研究中心（江苏人才发展战略研究院区域人才研究中心）

所 属 类 别／高校智库

主 管 单 位／南京理工大学

成 立 时 间／

第一负责人／戚湧

合 作 机 构／

办 公 地 址／江苏省南京市栖霞区仙林大道 163 号南京理工大学（210023）

电话(传真)／025-84303198

邮　　　箱／790815561@qq.com

网　　　址／

主要研究领域：

创新管理与评价

872　南京理工大学知识产权学院江苏知识产权研究院

Nanjing University of Science & Technology School of Intellectual Property, Jiangsu Intellectual Property Research Institute

所 属 类 别／高校智库

主 管 单 位／南京理工大学

成 立 时 间／2013 年 9 月

第一负责人／付梦印

合 作 机 构／工业和信息化部、国家知识产权局、江苏省人民政府、南京理工大学

办 公 地 址／江苏省南京市玄武区孝陵卫街 200 号南京理工大学（210094）

电话(传真)／025-84303386

邮　　　箱／zcjw@njust.edu.cn

网　　　址／https://zscq.njust.edu.cn

主要研究领域：

区域知识产权战略实施；国防知识产权；区块链+知识产权

873　南京林业大学城市规划与设计研究所

所 属 类 别／高校智库

主 管 单 位／南京林业大学风景园林学院

成 立 时 间／2008 年

第一负责人／唐晓岚

合 作 机 构／

办 公 地 址／江苏省南京市玄武区龙蟠路 159 号南京林业大学（210037）

电话(传真)／025-85427541

邮　　　箱／xiaolant@njfu.com.cn

网　　　址／

主要研究领域：

城镇规划方向；城市设计；城市景观生态规划

N

874 南京林业大学城市与房地产研究中心

所 属 类 别／高校智库

主 管 单 位／南京林业大学

成 立 时 间／2012 年

第一负责人／孟祥远

合 作 机 构／

办 公 地 址／江苏省南京市玄武区龙蟠路 159 号南京林业大学（210037）

电话(传真)／

邮　　箱／

网　　址／

主要研究领域：

城市发展规律；城乡住房问题；住房社会政策；社会调查研究方法；土地规划策划；生态社区建设

875 南京林业大学传播与乡村振兴研究中心

所 属 类 别／高校智库

主 管 单 位／南京林业大学

成 立 时 间／

第一负责人／冯广圣

合 作 机 构／

办 公 地 址／江苏省南京市玄武区龙蟠路 159 号南京林业大学（210037）

电话(传真)／

邮　　箱／

网　　址／

主要研究领域：

传播与乡村文化振兴；传播与乡村产业振兴；传播与乡村人才振兴；传播与乡村组织振兴；传播与乡村生态振兴；传播与乡村治理

876 南京林业大学高等教育研究所

所 属 类 别／高校智库

主 管 单 位／南京林业大学

成 立 时 间／1984 年 9 月

第一负责人／周统建

合 作 机 构／

办 公 地 址／江苏省南京市玄武区龙蟠路 159 号南京林业大学（210037）

电话(传真)／025-85427991（025-85427991）

邮　　箱／lyl@njfu.edu.cn

网　　址／http://gjs.njfu.edu.cn

主要研究领域：

高等教育

N

877　南京林业大学国家林业局林产品经济贸易研究中心
Research Center for Economics and Trade in Forest Products of the State Forestry Administration,
Nanjing Forestry University

所 属 类 别／高校智库
主 管 单 位／南京林业大学
成 立 时 间／1992 年 11 月
第 一 负 责 人／聂影
合 作 机 构／
办 公 地 址／江苏省南京市玄武区龙蟠路 159 号南京林业大学逸夫科技楼（210037）
电话(传真)／025-85427378
邮　　　箱／sinofortrade@ sina. com
网　　　址／http://www. rcetfor. org
主要研究领域：
林产品贸易与市场

878　南京林业大学江苏环境与发展研究中心

所 属 类 别／高校智库
主 管 单 位／南京林业大学
成 立 时 间／2010 年 4 月
第 一 负 责 人／王国聘
合 作 机 构／
办 公 地 址／江苏省南京市玄武区龙蟠路 159 号南京林业大学（210037）
电话(传真)／025-85427967
邮　　　箱／wgp@ njfu. com. cn
网　　　址／
主要研究领域：
生态伦理与环境保护

879　南京林业大学交通运输研究所

所 属 类 别／高校智库
主 管 单 位／南京林业大学汽车与交通工程学院
成 立 时 间／
第 一 负 责 人／马健霄
合 作 机 构／
办 公 地 址／江苏省南京市玄武区龙蟠路 159 号南京林业大学（210037）
电话(传真)／025-85427652（025-85428646）
邮　　　箱／majx@ njfu. edu. cn
网　　　址／
主要研究领域：
交通规划；交通设计；交通安全；交通调查；内河水运

N

880 南京林业大学企业管理与发展研究中心

所 属 类 别／高校智库
主 管 单 位／南京林业大学经济管理学院
成 立 时 间／
第一负责人／林晓
合 作 机 构／
办 公 地 址／江苏省南京市玄武区龙蟠路 159 号南京林业大学 11 号楼 C 区 219 室
　　　　　　（210037）
电话（传真）／
邮　　　箱／
网　　　址／
主要研究领域：
企业管理与发展

881 南京林业大学森林保护研究所

所 属 类 别／高校智库
主 管 单 位／南京林业大学
成 立 时 间／
第一负责人／叶建仁
合 作 机 构／
办 公 地 址／江苏省南京市玄武区龙蟠路 159 号南京林业大学 （210037）
电话（传真）／
邮　　　箱／jrye@ njfu. com. cn
网　　　址／
主要研究领域：
森林保护

882 南京林业大学森林旅游研究中心

所 属 类 别／高校智库
主 管 单 位／南京林业大学
成 立 时 间／
第一负责人／程南洋
合 作 机 构／
办 公 地 址／江苏省南京市玄武区龙蟠路 159 号南京林业大学 （210037）
电话（传真）／025-85428785
邮　　　箱／nycheng007@ sina. com
网　　　址／
主要研究领域：
森林旅游

N

883 南京林业大学社会生态研究所

所 属 类 别 / 高校智库

主 管 单 位 / 南京林业大学

成 立 时 间 / 2008 年 11 月

第 一 负 责 人 / 王国聘

合 作 机 构 /

办 公 地 址 / 江苏省南京市玄武区龙蟠路 159 号南京林业大学（210037）

电话（传真）/

邮　　　箱 /

网　　　址 /

主要研究领域：

社会生态

884 南京林业大学生态经济研究中心

所 属 类 别 / 高校智库

主 管 单 位 / 南京林业大学经济管理学院

成 立 时 间 / 2008 年 9 月

第 一 负 责 人 / 温作民

合 作 机 构 /

办 公 地 址 / 江苏省南京市玄武区龙蟠路 159 号南京林业大学 11 号楼 C 区 128 室
　　　　　　　（210037）

电话（传真）/ 025-85427806

邮　　　箱 / zmwen@ njfu. edu. cn

网　　　址 / https://rcee. njfu. edu. cn

主要研究领域：

生态经济

885 南京林业大学文旅产业与城市传播研究中心

所 属 类 别 / 高校智库

主 管 单 位 / 南京林业大学

成 立 时 间 /

第 一 负 责 人 / 张伟博

合 作 机 构 / 南京思派森景观工程有限公司、南京大学

办 公 地 址 / 江苏省南京市玄武区龙蟠路 159 号南京林业大学（210037）

电话（传真）/

邮　　　箱 /

网　　　址 /

主要研究领域：

文旅产业发展与品牌传播；城市文化与形象传播；数字城市与媒介空间构建

N

886 南京林业大学现代物流研究中心

所 属 类 别／高校智库
主 管 单 位／南京林业大学经济管理学院
成 立 时 间／
第 一 负 责 人／聂影
合 作 机 构／
办 公 地 址／江苏省南京市玄武区龙蟠路 159 号南京林业大学 11 号楼 C 区 219 室
　　　　　　（210037）
电话(传真)／025-85427208
邮　　　箱／ynieh@jit.edu.cn
网　　　址／
主要研究领域：
现代物流

887 南京林业大学新农村规划建设研究所

所 属 类 别／高校智库
主 管 单 位／南京林业大学风景园林学院
成 立 时 间／2007 年
第 一 负 责 人／丁彦芬
合 作 机 构／
办 公 地 址／江苏省南京市玄武区龙蟠路 159 号南京林业大学风景园林学院逸夫楼 6
　　　　　　层（210037）
电话(传真)／
邮　　　箱／
网　　　址／
主要研究领域：
新农村规划建设

888 南京林业大学沿海资源与环境研发中心

所 属 类 别／高校智库
主 管 单 位／南京林业大学
成 立 时 间／
第 一 负 责 人／张金池
合 作 机 构／
办 公 地 址／江苏省南京市玄武区龙蟠路 159 号南京林业大学（210037）
电话(传真)／
邮　　　箱／
网　　　址／
主要研究领域：
沿海资源与环境

N

889 南京林业大学中国特色生态文明建设与林业发展研究院

所 属 类 别／高校智库
主 管 单 位／南京林业大学
成 立 时 间／
第 一 负 责 人／王浩
合 作 机 构／
办 公 地 址／江苏省南京市玄武区龙蟠路 159 号南京林业大学老图书馆 214 室
　　　　　　（210037）
电话(传真)／025-85428760
邮　　　箱／nlzhiku@njfu.edu.cn
网　　　址／https://nlzk.njfu.edu.cn
主要研究领域：
生态文明与乡村振兴；国家公园与保护地；国家公园与保护地

890 南京农业大学城乡社区治理研究中心

所 属 类 别／高校智库
主 管 单 位／南京农业大学
成 立 时 间／2012 年 9 月
第 一 负 责 人／戚晓明
合 作 机 构／
办 公 地 址／江苏省南京市玄武区卫岗 1 号南京农业大学 （210095）
电话(传真)／
邮　　　箱／
网　　　址／https://xrw.njau.edu.cn/info/1179/3723.htm
主要研究领域：
城乡社区治理

891 南京农业大学大运河文化带建设研究院农业文明分院

所 属 类 别／高校智库
主 管 单 位／南京农业大学
成 立 时 间／2019 年
第 一 负 责 人／陈利根
合 作 机 构／江苏省社会科学院、南京农业大学
办 公 地 址／江苏省南京市玄武区卫岗 1 号南京农业大学 （210095）
电话(传真)／
邮　　　箱／xiaolu1980@sina.com
网　　　址／https://xrw.njau.edu.cn/info/1179/5882.htm
主要研究领域：
大运河文化带建设

N

892　南京农业大学高等教育研究所
Institute for Higher Education of Nanjing Agricultural University

所 属 类 别 / 高校智库
主 管 单 位 / 南京农业大学
成 立 时 间 / 2002 年 3 月
第一负责人 / 刘志民
合 作 机 构 /
办 公 地 址 / 江苏省南京市玄武区卫岗 1 号南京农业大学（210095）
电话(传真) / 025-84396653
邮　　箱 / liuzhimin@ njau. edu. cn
网　　址 / http: //gjs. njau. edu. cn
主要研究领域：
教育经济；教育管理；教育政策；教育发展战略与规划；高等农业教育

893　南京农业大学江苏省法学会农业与农村法治研究会

所 属 类 别 / 高校智库
主 管 单 位 / 南京农业大学
成 立 时 间 / 2015 年 12 月
第一负责人 /
合 作 机 构 /
办 公 地 址 / 江苏省南京市玄武区卫岗 1 号南京农业大学（210095）
电话(传真) /
邮　　箱 /
网　　址 / https: //xrw. njau. edu. cn/info/1179/3730. htm
主要研究领域：
农业与农村立法、执法理论和实践

894　南京农业大学金善宝农业现代化发展研究院
Jin Shanbao Institute for Agriculture & Rural Development, Nanjing Agricultural University

所 属 类 别 / 高校智库
主 管 单 位 / 南京农业大学
成 立 时 间 / 2015 年
第一负责人 / 陈利根
合 作 机 构 / 江苏省农工办、江苏省农委
办 公 地 址 / 江苏省南京市玄武区卫岗 1 号南京农业大学（210095）
电话(传真) / 025-84399902
邮　　箱 /
网　　址 / https: //jiard. njau. edu. cn
主要研究领域：
农村产权制度改革；新型农业经营体系构建；美丽乡村与特色小镇建设；农业产业
组织发展与升级；农村环境整治；苏南集体经济建设

N

895　南京农业大学农村老年保障研究中心

所 属 类 别／高校智库

主 管 单 位／南京农业大学

成 立 时 间／2011 年 6 月

第一负责人／姚兆余

合 作 机 构／南京农业大学、江苏省老龄工作委员会办公室

办 公 地 址／江苏省南京市玄武区卫岗 1 号南京农业大学（210095）

电话(传真)／

邮　　箱／

网　　址／https：//xrw. njau. edu. cn/info/1179/3727. htm

主要研究领域：

农村老龄事业

896　南京农业大学乡村旅游研究中心

所 属 类 别／高校智库

主 管 单 位／南京农业大学

成 立 时 间／2004 年

第一负责人／

合 作 机 构／

办 公 地 址／江苏省南京市玄武区卫岗 1 号南京农业大学（210095）

电话(传真)／

邮　　箱／

网　　址／https：//xrw. njau. edu. cn/info/1179/3728. htm

主要研究领域：

农业历史文化资源及农业文化遗产的保护与利用；休闲农业及乡村旅游规划与开发；特色村镇及美丽乡村建设等理论和实践

897　南京农业大学中国资源环境与发展研究院

所 属 类 别／高校智库

主 管 单 位／南京农业大学

成 立 时 间／

第一负责人／王世元

合 作 机 构／

办 公 地 址／江苏省南京市玄武区卫岗 1 号南京农业大学（210095）

电话(传真)／

邮　　箱／

网　　址／https：//crep. njau. edu. cn

主要研究领域：

土地经济与制度分析；土地利用规划与管理；土地资产管理；土地资源可持续利用；土地行政与法学

N

898　南京审计大学国家监察与审计法治研究院
Institute of National Supervision & Audit Law, NAU

所 属 类 别／高校智库
主 管 单 位／南京审计大学
成 立 时 间／2017 年 4 月
第一负责人／秦前红
合 作 机 构／
办 公 地 址／江苏省南京市浦口区江浦街道雨山西路 86 号南京审计大学（211815）
电话(传真)／
邮　　箱／
网　　址／
主要研究领域:
国家监察与审计法治

899　南京审计大学国家治理与国家审计研究院

所 属 类 别／高校智库
主 管 单 位／南京审计大学
成 立 时 间／2016 年 8 月
第一负责人／金太军
合 作 机 构／
办 公 地 址／江苏省南京市浦口区江浦街道雨山西路 86 号南京审计大学（211815）
电话(传真)／025-58318872
邮　　箱／jtj@ nau. edu. cn
网　　址／
主要研究领域:
国家治理与国家审计

900　南京审计大学经济与金融研究院
Institute of Economics and Finance, Nanjing Audit University

所 属 类 别／高校智库
主 管 单 位／南京审计大学
成 立 时 间／2015 年 10 月
第一负责人／孙杨
合 作 机 构／
办 公 地 址／江苏省南京市浦口区江浦街道雨山西路 86 号南京审计大学（211815）
电话(传真)／025-58318726
邮　　箱／ief@ nau. edu. cn
网　　址／http://ief. nau. edu. cn
主要研究领域:
经济与金融

N

901 南京审计大学社会与经济研究院
Institute for Social and Economic Research（ISER）, Nanjing Audit University

所 属 类 别／高校智库
主 管 单 位／南京审计大学
成 立 时 间／2016 年 9 月
第一负责人／孙宁
合 作 机 构／
办 公 地 址／江苏省南京市浦口区江浦街道雨山西路 86 号南京审计大学（211815）
电话(传真)／025-58312807（025-58312807）
邮 箱／sunning@ nau. edu. cn
网 址／
主要研究领域：
社会与经济

902 南京审计大学自然资源与环境审计研究院

所 属 类 别／高校智库
主 管 单 位／南京审计大学
成 立 时 间／
第一负责人／
合 作 机 构／
办 公 地 址／江苏省南京市浦口区江浦街道雨山西路 86 号南京审计大学（211815）
电话(传真)／
邮 箱／
网 址／
主要研究领域：
自然资源与环境审计

903 南京师范大学道德教育研究所
Research Institute of Moral Education, Nanjing Normal University

所 属 类 别／高校智库
主 管 单 位／南京师范大学
成 立 时 间／1994 年 8 月
第一负责人／冯建军
合 作 机 构／
办 公 地 址／江苏省南京市鼓楼区宁海路 122 号南京师范大学田家炳楼南楼 7 层
（210024）
电话(传真)／025-83598304（025-83721092）
邮 箱／nanjfjj@ 163. com
网 址／http://dys. njnu. edu. cn
主要研究领域：
德育基础理论；德育课程发展；传统文化与道德教育；品德心理；公民教育

N

904　南京师范大学江苏高校东亚国际问题研究中心

所 属 类 别 / 高校智库

主 管 单 位 / 南京师范大学

成 立 时 间 / 2013 年 6 月

第 一 负 责 人 /

合 作 机 构 /

办 公 地 址 / 江苏省南京市栖霞区文苑路 1 号南京师范大学（210023）

电话(传真) /

邮　　箱 /

网　　址 / http://spa.njnu.edu.cn/yjs3

主要研究领域：

东亚国家和地区的政治发展；东亚区域安全与大国关系；东亚经济合作与风险

905　南京师范大学中国法治现代化研究院
Institute for Chinese Legal Modernizations Studies, NANJING NORMAL UNIVERSITY

所 属 类 别 / 高校智库

主 管 单 位 / 南京师范大学

成 立 时 间 / 2015 年 10 月

第 一 负 责 人 / 公丕祥

合 作 机 构 /

办 公 地 址 / 江苏省南京市鼓楼区宁海路 122 号南京师范大学（210097）

电话(传真) / 025-85891703

邮　　箱 / huweijia@sina.com

网　　址 / http://iclms.njnu.edu.cn

主要研究领域：

法治发展战略；立法发展；法治政府；司法改革与现代化；法治社会；区域法治发展；中国法治国情调查

906　南京市社会科学院

所 属 类 别 / 科研院所智库

主 管 单 位 / 南京市人民政府

成 立 时 间 / 1997 年 1 月

第 一 负 责 人 / 曹劲松

合 作 机 构 /

办 公 地 址 / 江苏省南京市玄武区成贤街 43 号（210018）

电话(传真) /

邮　　箱 /

网　　址 / http://ass.nanjing.gov.cn

主要研究领域：

经济发展；社会发展；文化与历史

N

907 南京特殊教育师范学院特殊教育研究院

所 属 类 别 / 高校智库

主 管 单 位 / 南京特殊教育师范学院

成 立 时 间 /

第一负责人 / 史万兵

合 作 机 构 /

办 公 地 址 / 江苏省南京市栖霞区神农路 1 号南京特殊教育师范学院（210038）

电话（传真）/ 025-89668156

邮　　　箱 / tj@njts.edu.cn

网　　　址 / http://ise.njts.edu.cn

主要研究领域：

特殊教育

908 南京特殊教育师范学院中国残疾人数据科学研究院

Chinese Academy of Disability Data Sciences，Nanjing Normal University of Special Education

所 属 类 别 / 高校智库

主 管 单 位 / 南京特殊教育师范学院

成 立 时 间 / 2016 年 3 月

第一负责人 / 白先春

合 作 机 构 /

办 公 地 址 / 江苏省南京市栖霞区神农路 1 号南京特殊教育师范学院（210038）

电话（传真）/ 025-89668166

邮　　　箱 / cadd@njts.edu.cn

网　　　址 / https://cadd.njts.edu.cn

主要研究领域：

残疾人发展统计体系；残疾人发展评价；残疾人公共服务和残疾人发展政策

909 南京信息工程大学江北新区发展研究院

所 属 类 别 / 高校智库

主 管 单 位 / 南京信息工程大学

成 立 时 间 / 2017 年 8 月

第一负责人 / 丁宏

合 作 机 构 / 南京信息工程大学、南京市江北新区管理委员会、中国社科院工业经济研究所、江苏省人民政府研究室、中共江苏省委《群众》杂志社、南京市社会科学院

办 公 地 址 / 江苏省南京市浦口区宁六路 219 号南京信息工程大学（210044）

电话（传真）/ 025-58731173

邮　　　箱 / 003410@nuist.edu.cn

网　　　址 / https://njna.nuist.edu.cn

主要研究领域：

南京江北新区战略发展

N

910 南京信息工程大学气候变化与公共政策研究院
Institute of Climate Change and Public Policy, Nanjing University of Information Science & Technology

所 属 类 别 / 高校智库
主 管 单 位 / 南京信息工程大学
成 立 时 间 / 2007 年 3 月
第一负责人 / 史军
合 作 机 构 /
办 公 地 址 / 江苏省南京市浦口区宁六路 219 号南京信息工程大学（210044）
电话(传真) / 025-5873121
邮　　　箱 / ggx@ nuist. edu. cn
网　　　址 / https://webs. nuist. edu. cn/_s101
主要研究领域：应对气候变化的政策理论基础；气象灾害危机管理；应对气候变化的法律机制；适应气候变化的低碳发展模式

911 南京信息工程大学气候与环境治理研究院
Research Institute of Climatic and Environmental Governance（RICEG），Nanjing University of Information Science & Technology

所 属 类 别 / 高校智库
主 管 单 位 / 南京信息工程大学
成 立 时 间 /
第一负责人 / 李北群
合 作 机 构 /
办 公 地 址 / 江苏省南京市浦口区宁六路 219 号南京信息工程大学（210044）
电话(传真) / 025-58731224/025-58731173
邮　　　箱 / nuist_thinktank@ 163. com
网　　　址 / https://riceg. nuist. edu. cn
主要研究领域：气候变化；环境污染；雾霾治理；低碳发展；气候政策和生态文化

912 南京信息工程大学气候与应用前沿研究院
Institute for Climate and Application Research, Nanjing University of Information Science & Technology

所 属 类 别 / 高校智库
主 管 单 位 / 南京信息工程大学
成 立 时 间 /
第一负责人 / 罗京佳
合 作 机 构 /
办 公 地 址 / 江苏省南京市浦口区宁六路 219 号南京信息工程大学（210044）
电话(传真) / 025-58731101（025-57792648）
邮　　　箱 / icar@ nuist. edu. cn
网　　　址 / https://icar. nuist. edu. cn
主要研究领域：
气候与应用

N

913 **南京信息工程大学生态研究院**
Institute of Ecology，Nanjing University of Information Science & Technology

所 属 类 别／高校智库
主 管 单 位／南京信息工程大学
成 立 时 间／2019 年 1 月
第一负责人／周国逸
合 作 机 构／
办 公 地 址／江苏省南京市浦口区宁六路 219 号南京信息工程大学（210044）
电话(传真)／025-58731193
邮 箱／gyzhou@ nuist. edu. cn
网 址／https：//ecoscience. nuist. edu. cn
主要研究领域：
重大生态理论问题

914 **南京医科大学人口健康与社会发展研究中心**
Center for Population Health and Social Development Studies，Nanjing Medical University

所 属 类 别／高校智库
主 管 单 位／南京医科大学
成 立 时 间／2015 年 6 月
第一负责人／冷明祥
合 作 机 构／
办 公 地 址／江苏省南京市鼓楼区汉中路 140 号南京医科大学（210029）
电话(传真)／
邮 箱／
网 址／
主要研究领域：
人口健康与社会发展

915 **南京医科大学卫生政策研究中心**
Center for Health Polity Studies，Nanjing Medical University

所 属 类 别／高校智库
主 管 单 位／南京医科大学
成 立 时 间／2011 年 11 月
第一负责人／陈家应
合 作 机 构／
办 公 地 址／江苏省南京市江宁区龙眠大道 101 号南京医科大学（211166）
电话(传真)／
邮 箱／jychen@ njmu. edu. cn
网 址／
主要研究领域：
卫生政策

N

916 南京邮电大学大运河研究中心

所 属 类 别 / 高校智库
主 管 单 位 / 南京邮电大学
成 立 时 间 / 2018 年 1 月
第 一 负 责 人 / 王佳宁
合 作 机 构 /
办 公 地 址 / 江苏省南京市栖霞区文苑路 9 号南京邮电大学（210023）
电话(传真) /
邮 箱 / wangjianing@ vip. 163. com
网 址 /
主要研究领域：
国家大运河文化带发展战略

917 南京邮电大学高质量发展评价研究院

所 属 类 别 / 高校智库
主 管 单 位 / 南京邮电大学
成 立 时 间 / 2020 年 11 月
第 一 负 责 人 / 沙勇
合 作 机 构 /
办 公 地 址 / 江苏省南京市玄武区龙蟠路 177 号南京邮电大学锁金村校区教学楼 311 室（210042）
电话(传真) /
邮 箱 /
网 址 /
主要研究领域：
江苏省改革开放、文化建设等

918 南京邮电大学国别与区域研究中心

所 属 类 别 / 高校智库
主 管 单 位 / 南京邮电大学
成 立 时 间 /
第 一 负 责 人 / 袁周敏
合 作 机 构 /
办 公 地 址 / 江苏省南京市栖霞区文苑路 9 号南京邮电大学（210023）
电话(传真) /
邮 箱 /
网 址 / https://fld. njupt. edu. cn/gbyqyyjzx/list. htm
主要研究领域：
国别与区域

919 南京邮电大学国际电联经济和政策问题研究中心

所 属 类 别 / 高校智库
主 管 单 位 / 南京邮电大学管理学院
成 立 时 间 /
第一负责人 / 彭英
合 作 机 构 /
办 公 地 址 / 江苏省南京市鼓楼区新模范马路 66 号南京邮电大学（210003）
电话(传真) /
邮　　　箱 /
网　　　址 /
主要研究领域：
国际问题与产业政策

920 南京邮电大学江苏省统计科学研究基地

所 属 类 别 / 高校智库
主 管 单 位 / 南京邮电大学
成 立 时 间 / 2010 年 6 月
第一负责人 / 凌迎兵
合 作 机 构 /
办 公 地 址 / 江苏省南京市栖霞区文苑路 9 号南京邮电大学（210023）
电话(传真) / 025-85866860
邮　　　箱 /
网　　　址 / http://ssrb.njupt.edu.cn
主要研究领域：
大数据；经济与金融统计；人口统计

921 南京邮电大学江苏现代信息化研究基地

所 属 类 别 / 高校智库
主 管 单 位 / 南京邮电大学
成 立 时 间 / 2011 年 11 月
第一负责人 /
合 作 机 构 /
办 公 地 址 / 江苏省南京市栖霞区文苑路 9 号南京邮电大学（210023）
电话(传真) / 025-85866897
邮　　　箱 /
网　　　址 / http://airb.njupt.edu.cn
主要研究领域：
农业信息化

N

922 南京邮电大学江苏形象互联网国际传播研究中心

所 属 类 别／高校智库

主 管 单 位／南京邮电大学

成 立 时 间／

第一负责人／方宗祥

合 作 机 构／

办 公 地 址／江苏省南京市栖霞区文苑路 9 号南京邮电大学（210023）

电话(传真)／

邮　　箱／

网　　址／https://fld. njupt. edu. cn/_t313/jsxxhlwgjcbyjzx/list. htm

主要研究领域：

江苏形象互联网国际传播

923 南京邮电大学江苏智慧养老研究院

所 属 类 别／高校智库

主 管 单 位／南京邮电大学

成 立 时 间／2017 年 7 月

第一负责人／沙勇

合 作 机 构／南京邮电大学、烽火祥云科技有限公司

办 公 地 址／江苏省南京市栖霞区文苑路 9 号南京邮电大学（210023）

电话(传真)／

邮　　箱／

网　　址／

主要研究领域：

智慧养老

924 南京邮电大学教育历史与文化研究中心

所 属 类 别／高校智库

主 管 单 位／南京邮电大学社会与人口学院

成 立 时 间／

第一负责人／张雪蓉

合 作 机 构／

办 公 地 址／江苏省南京市栖霞区文苑路 9 号南京邮电大学仙林文科楼 206 室
　　　　　　　（210003）

电话(传真)／

邮　　箱／zhangxr@ njupt. edu. cn

网　　址／

主要研究领域：

教育历史与文化

925 南京邮电大学人口研究院

所 属 类 别 / 高校智库

主 管 单 位 / 南京邮电大学

成 立 时 间 / 2013 年 11 月

第 一 负责人 / 沙勇

合 作 机 构 /

办 公 地 址 / 江苏省南京市玄武区龙蟠路 177 号南京邮电大学锁金村校区教学楼 313 室 （210042）

电话(传真) / 025-85483137

邮 箱 / rkyjy@njupt.edu.cn

网 址 / https://ipr.njupt.edu.cn

主要研究领域：

人口老龄化；人口与城市；流动人口；脱贫攻坚民主监督

926 南京邮电大学人口与家庭发展研究中心

所 属 类 别 / 高校智库

主 管 单 位 / 南京邮电大学

成 立 时 间 /

第 一 负责人 / 沙勇

合 作 机 构 /

办 公 地 址 / 江苏省南京市玄武区龙蟠路 177 号南京邮电大学 （210042）

电话(传真) /

邮 箱 /

网 址 / https://ipr.njupt.edu.cn/tdjs/list.htm

主要研究领域：

中低收入人口发展与共同富裕研究；婚姻、生育与家庭发展

927 南京邮电大学人口与健康研究中心

所 属 类 别 / 高校智库

主 管 单 位 / 南京邮电大学社会与人口学院

成 立 时 间 /

第 一 负责人 / 毛京沭

合 作 机 构 /

办 公 地 址 / 江苏省南京市栖霞区文苑路 9 号南京邮电大学仙林文科楼 206 室 （210003）

电话(传真) /

邮 箱 /

网 址 /

主要研究领域：

人口与健康

N

928　南京邮电大学数字城市治理研究院

所 属 类 别 / 高校智库

主 管 单 位 / 南京邮电大学

成 立 时 间 /

第一负责人 / 李程骅

合 作 机 构 /

办 公 地 址 / 江苏省南京市玄武区龙蟠路 177 号南京邮电大学（210042）

电话(传真) /

邮　　箱 /

网　　址 / https://ipr.njupt.edu.cn/tdjs/list.htm

主要研究领域：

人口城镇化；城市数字化系统；都市圈、城市群、经济集聚与人口分布

929　南京邮电大学数字经济研究所

所 属 类 别 / 高校智库

主 管 单 位 / 南京邮电大学管理学院

成 立 时 间 /

第一负责人 / 姚国章

合 作 机 构 / 南京邮电大学经济学院

办 公 地 址 / 江苏省南京市鼓楼区新模范马路 66 号南京邮电大学物联网国家大学科技园大楼 1502-02 室（210003）

电话(传真) / 13951982945

邮　　箱 / yaogz@njupt.edu.cn

网　　址 /

主要研究领域：

数字经济相关理论；数字经济实现技术和发展模式；数字货币；金融科技和财务管理创新；数字经济案例和数字经济教学资源开发

930　南京邮电大学网络话语研究中心

所 属 类 别 / 高校智库

主 管 单 位 / 南京邮电大学

成 立 时 间 /

第一负责人 / 袁周敏

合 作 机 构 /

办 公 地 址 / 江苏省南京市鼓楼区新模范马路 66 号南京邮电大学（210003）

电话(传真) /

邮　　箱 / yuanzhoumin@163.com

网　　址 /

主要研究领域：

网络话语

N

931 南京邮电大学物联网产业发展研究基地

所 属 类 别 / 高校智库

主 管 单 位 / 南京邮电大学

成 立 时 间 / 2009 年

第 一 负 责 人 /

合 作 机 构 /

办 公 地 址 / 江苏省南京市鼓楼区新模范马路 66 号南京邮电大学物联网产业发展研究基地（210003）

电话(传真) /

邮　　箱 /

网　　址 / https://iot. njupt. edu. cn

主要研究领域：

物联网产业发展

932 南京邮电大学现代邮政研究院

School of Modern Posts&Institute of Modern Posts，Nanjing University of Post and Telecommunication

所 属 类 别 / 高校智库

主 管 单 位 / 南京邮电大学

成 立 时 间 / 2016 年 10 月

第 一 负 责 人 / 孙知信

合 作 机 构 / 江苏省人民政府、国家邮政局

办 公 地 址 / 江苏省南京市鼓楼区新模范马路 66 号南京邮电大学（210003）

电话(传真) / 025-83535982（025-83535982）

邮　　箱 / deanofsp@ njupt. edu. cn

网　　址 / http://simp. njupt. edu. cn

主要研究领域：

现代邮政

933 南京邮电大学信息产业发展战略研究院

Institute of China ICT Development and Strategy，Nanjing University of Posts And Telecommunications

所 属 类 别 / 高校智库

主 管 单 位 / 南京邮电大学

成 立 时 间 /

第 一 负 责 人 / 黄卫东

合 作 机 构 /

办 公 地 址 / 江苏省南京市鼓楼区新模范马路 66 号南京邮电大学三牌楼校区图科楼 407 室（210003）

电话(传真) / 025-85866798

邮　　箱 / njuptict@ 163. com

网　　址 / http://iids. njupt. edu. cn

主要研究领域：信息产业

N

934 南京邮电大学信息产业融合创新与应急管理研究中心

所 属 类 别 / 高校智库

主 管 单 位 / 南京邮电大学

成 立 时 间 / 2009 年

第一负责人 / 仲伟俊

合 作 机 构 /

办 公 地 址 / 江苏省南京市鼓楼区新模范马路 66 号南京邮电大学三牌楼校区有线楼 308 室（210003）

电话(传真) / 025-83535869

邮　　　箱 / zhangyihan@njupt. edu. cn

网　　　址 / http://iiism. njupt. edu. cn

主要研究领域：

信息产业链的延伸与创新；信息产业与传统产业的融合创新；信息产业推动的商业模式创新；舆情演化视域下的应急管理和竞争情报

935 南京邮电大学盐城大数据研究院
Yancheng Big Data institue of Nanjing University of Post and Telecommunications

所 属 类 别 / 高校智库

主 管 单 位 / 南京邮电大学

成 立 时 间 / 2015 年 7 月

第一负责人 / 肖甫

合 作 机 构 /

办 公 地 址 / 江苏省盐城市城南新区大数据产业园创新大厦南楼 15 层（224000）

电话(传真) / 0515-86660690（0515-86660690）

邮　　　箱 /

网　　　址 /

主要研究领域：大数据

936 南京中医药大学江苏重大健康风险管理与中医药防控政策研究中心

所 属 类 别 / 高校智库

主 管 单 位 / 南京中医药大学

成 立 时 间 / 2020 年 8 月

第一负责人 /

合 作 机 构 /

办 公 地 址 / 江苏省南京市栖霞区仙林大学城仙林大道 138 号南京中医药大学（210023）

电话(传真) /

邮　　　箱 / jkfxfk@njcum. edu. cn

网　　　址 / https://jkfxfk. njucm. edu. cn

主要研究领域：

中医药防控体系；城市重大健康风险智慧监测；居民中医药防控能力；社区中医药防控能力

N

937 南京中医药大学中医文化研究中心
The Research Center of Chinese Medicine Culture, Nanjing University of Chinese Medicine

所 属 类 别 / 高校智库

主 管 单 位 / 南京中医药大学

成 立 时 间 / 1994 年

第 一 负 责 人 / 张宗明

合 作 机 构 /

办 公 地 址 / 江苏省南京市栖霞区仙林大学城仙林大道 138 号南京中医药大学（210023）

电话(传真) /

邮　　箱 /

网　　址 / https://zywh.njucm.edu.cn

主要研究领域：

中医文化

938 南开大学 21 世纪马克思主义研究院
Research Institute for 21st-Century Marxism, Nankai University

所 属 类 别 / 高校智库

主 管 单 位 / 南开大学

成 立 时 间 / 2019 年 9 月

第 一 负 责 人 / 王伟光

合 作 机 构 / 南开大学、中国社会科学院大学

办 公 地 址 / 天津市南开区卫津路 94 号南开大学（300071）

电话(传真) /

邮　　箱 /

网　　址 / https://21cnmarx.nankai.edu.cn

主要研究领域：

21 世纪马克思主义

939 南开大学 WTO 研究中心

所 属 类 别 / 高校智库

主 管 单 位 / 南开大学

成 立 时 间 / 2001 年 12 月

第 一 负 责 人 /

合 作 机 构 /

办 公 地 址 / 天津市南开区卫津路 94 号南开大学（300071）

电话(传真) /

邮　　箱 /

网　　址 / https://nkiet.nankai.edu.cn/11786/list.htm

主要研究领域：

世界贸易组织

N

940 南开大学澳大利亚研究中心

所 属 类 别 / 高校智库
主 管 单 位 / 南开大学
成 立 时 间 / 1992 年 12 月
第一负责人 /
合 作 机 构 /
办 公 地 址 / 天津市南开区卫津路 94 号南开大学（300071）
电话(传真) /
邮　　箱 /
网　　址 / https://nkiet. nankai. edu. cn/11789/list. htm
主要研究领域：
澳大利亚

941 南开大学滨海开发研究院

所 属 类 别 / 高校智库
主 管 单 位 / 南开大学
成 立 时 间 / 2008 年
第一负责人 / 刘刚
合 作 机 构 /
办 公 地 址 / 天津市南开区卫津路 94 号南开大学文科创新楼 B103 室（300071）
电话(传真) / 022-23505110（022-23505110）
邮　　箱 / peilei@ nankai. edu. cn
网　　址 / http://nkbinhai. nankai. edu. cn
主要研究领域：
高科技产业；滨海金融；生态环境；房地产法律；文化创意产业

942 南开大学当代中国问题研究院
The Institute of Issues in Contemporary China（IICC），Nankai University

所 属 类 别 / 高校智库
主 管 单 位 / 南开大学哲学院
成 立 时 间 / 2011 年 12 月
第一负责人 / 阎孟伟
合 作 机 构 /
办 公 地 址 / 天津市南开区卫津路 94 号南开大学文科创新楼 B209 室（300071）
电话(传真) / 022-23508860
邮　　箱 / ddzgwt@ nankai. edu. cn
网　　址 /
主要研究领域：
当代中国的经济、政治、文化、社会、生态文明建设

N

943 南开大学东北亚研究中心

所 属 类 别 / 高校智库
主 管 单 位 / 南开大学
成 立 时 间 / 1992 年 11 月
第一负责人 / 陈钺
合 作 机 构 /
办 公 地 址 / 天津市南开区卫津路 94 号南开大学（300071）
电话(传真) /
邮　　箱 /
网　　址 / https://nkiet.nankai.edu.cn/11790/list.htm
主要研究领域：
东亚经济发展与环黄渤海区域经济合作

944 南开大学妇女与发展研究中心

所 属 类 别 / 高校智库
主 管 单 位 / 南开大学
成 立 时 间 / 1994 年 6 月
第一负责人 / 乔以钢
合 作 机 构 /
办 公 地 址 / 天津市南开区卫津路 94 号南开大学文学院（300071）
电话(传真) / 086-22-23503860
邮　　箱 / qiaoyigang@nankai.edu.cn
网　　址 /
主要研究领域：
妇女与发展问题

945 南开大学公共卫生与健康研究院
Research Institute of Public Health, Nankai University

所 属 类 别 / 高校智库
主 管 单 位 / 南开大学
成 立 时 间 / 2020 年 5 月
第一负责人 / 徐建国
合 作 机 构 /
办 公 地 址 / 天津市津南区同砚路 38 号南开大学医学院（300350）
电话(传真) / 022-85358730
邮　　箱 / chenze@nankai.edu.cn
网　　址 / https://riph.nankai.edu.cn
主要研究领域：
公共卫生与健康

N

946 南开大学国际经济研究所
Nankai Institute of International Economics, Nankai University

所 属 类 别 / 高校智库
主 管 单 位 / 南开大学
成 立 时 间 / 1987 年 11 月
第一负责人 / 蒋殿春
合 作 机 构 /
办 公 地 址 / 天津市南开区卫津路 94 号南开大学经济学院高层 12 层（300071）
电话(传真) / 022-23508291（022-23502437）
邮　　箱 / yanbing@ nankai. edu. cn
网　　址 / http: //nkiie. nankai. edu. cn
主要研究领域：
国际贸易；国际投资与国际企业；国际金融

947 南开大学国际经济战略研究院
Institute of State Economy, Nankai University

所 属 类 别 / 高校智库
主 管 单 位 / 南开大学
成 立 时 间 /
第一负责人 / 夏斌
合 作 机 构 /
办 公 地 址 / 天津市南开区卫津路 94 号南开大学（300071）
电话(传真) /
邮　　箱 /
网　　址 / https: //nkise. nankai. edu. cn
主要研究领域：
国际经济战略

948 南开大学环境与社会发展研究中心
College of Environmental Science and Engineering, Nankai University

所 属 类 别 / 高校智库
主 管 单 位 / 南开大学
成 立 时 间 / 1998 年
第一负责人 / 李慧明
合 作 机 构 /
办 公 地 址 / 天津市津南区海河教育园区同砚路 38 号（300350）
电话(传真) /
邮　　箱 / valen222@ 126. com
网　　址 /
主要研究领域：
环境科学；环境工程；环境管理与经济；生态学；安全科学与工程

N

949 南开大学金融发展研究院
Institute of Finance and Development，Nankai University

所 属 类 别 / 高校智库
主 管 单 位 / 南开大学
成 立 时 间 /
第 一 负责人 / 田利辉
合 作 机 构 /
办 公 地 址 / 天津市南开区卫津路 94 号南开大学文科创新楼（300071）
电话(传真) / 022-23503316
邮　　　箱 / ifd@nankai.edu.cn
网　　　址 / https://ifd.nankai.edu.cn
主要研究领域：
金融发展

950 南开大学经济与社会发展研究院（京津冀协同发展研究院）
College of Economic and Social Development，Nankai University（College of Beijing-Tianjin-Hebei Collaboration Development）

所 属 类 别 / 高校智库
主 管 单 位 / 南开大学
成 立 时 间 / 1998 年
第 一 负责人 / 刘秉镰
合 作 机 构 /
办 公 地 址 / 天津市南开区卫津路 94 号南开大学文科创新楼 A303 室（300071）
电话(传真) / 022-23503746
邮　　　箱 / liubl@nankai.edu.cn
网　　　址 / http://esd.nankai.edu.cn
主要研究领域：
区域经济；产业经济；物流管理；战略管理

951 南开大学跨国公司研究中心
所 属 类 别 / 高校智库
主 管 单 位 / 南开大学
成 立 时 间 / 1992 年 8 月
第 一 负责人 / 冼国明
合 作 机 构 /
办 公 地 址 / 天津市南开区卫津路 94 号南开大学（300071）
电话(传真) / 022-23508291（022-23502437）
邮　　　箱 / ctsnk@nankai.edu.cn
网　　　址 / https://cts.nankai.edu.cn
主要研究领域：
跨国公司对中国经济发展的作用

N

952　南开大学欧洲研究中心
Center for European Studies, Nankai University

所 属 类 别 / 高校智库

主 管 单 位 / 南开大学

成 立 时 间 / 1997 年

第一负责人 / 佟家栋

合 作 机 构 /

办 公 地 址 / 天津市南开区卫津路 94 号南开大学经济学院 9 层（300071）

电话(传真) /

邮　　箱 / Tong@ public. tpt. tj. cn

网　　址 /

主要研究领域：

欧盟及其成员国的经济、政治、法律、文化、历史、管理、社会环境、教育等

953　南开大学人权研究中心
Center for the Study of Human Rights, Nankai University

所 属 类 别 / 高校智库

主 管 单 位 / 南开大学

成 立 时 间 / 2005 年 4 月

第一负责人 / 常健

合 作 机 构 /

办 公 地 址 / 天津市南开区卫津路 94 号南开大学文科创新楼（300071）

电话(传真) / 022-23501318（022-23501318）

邮　　箱 /

网　　址 / https://humanrights. nankai. edu. cn

主要研究领域：

人权理论；人权政策；人权法律；拉丁美洲人权

954　南开大学日本研究院
Institute of Japan Studies, Nankai University

所 属 类 别 / 高校智库

主 管 单 位 / 南开大学

成 立 时 间 / 2003 年 4 月

第一负责人 / 刘岳兵

合 作 机 构 /

办 公 地 址 / 天津市南开区卫津路 94 号南开大学（300071）

电话(传真) / 022-23505186

邮　　箱 / jyz@ nankai. edu. cn

网　　址 / http://www. riyan. nankai. edu. cn

主要研究领域：

日本经济；日本政治与外交；日本社会

N

955　南开大学深圳研究院
Shenzhen Research Institute，Nankai University

所 属 类 别 / 高校智库
主 管 单 位 / 南开大学
成 立 时 间 / 2000 年 10 月
第 一 负 责 人 / 许京军
合 作 机 构 /
办 公 地 址 / 广东省深圳市盐田区海山街道盐田科技大厦 16 层 （518081）
电话(传真) / 0755-25357229
邮　　　箱 / szyjy@ nankai. edu. cn
网　　　址 / https：//nkszri. nankai. edu. cn
主要研究领域：
深圳及粤港澳大湾区经济社会建设

956　南开大学虚拟经济与管理研究中心

所 属 类 别 / 高校智库
主 管 单 位 / 南开大学
成 立 时 间 / 2000 年 10 月
第 一 负 责 人 / 刘晓欣
合 作 机 构 /
办 公 地 址 / 天津市南开区卫津路 94 号南开大学范孙楼 416 室 （300071）
电话(传真) / 022-23501837
邮　　　箱 / xunijingji_nku@ 126. com
网　　　址 / https：//xnjj. nankai. edu. cn
主要研究领域：
虚拟经济学；金融经济学；马克思主义经济学；产业经济学

957　南开大学亚太经济合作组织研究中心
APEC Study Center of Nankai University

所 属 类 别 / 高校智库
主 管 单 位 / 教育部、南开大学
成 立 时 间 / 1995 年
第 一 负 责 人 / 刘晨阳
合 作 机 构 / 外交部、商务部、教育部、南开大学
办 公 地 址 / 天津市南开区卫津路 94 号南开大学文科创新楼 B301 室 （300071）
电话(传真) / 022-23501573 （022-23500035）
邮　　　箱 / apecnk@ nankai. edu. cn
网　　　址 / http：//apec. nankai. edu. cn
主要研究领域：
亚太经济合作组织；中国与澳大利亚、新西兰、东盟、冰岛、挪威、日本和韩国等
多个国家和地区缔结自由贸易区的可行性研究

N

958 南开大学战略环境评价研究中心
Strategic Environmental Assessment Research Centre, Nankai University

所 属 类 别 / 高校智库
主 管 单 位 / 生态环境部部、南开大学
成 立 时 间 / 2004 年
第一负责人 / 徐鹤
合 作 机 构 / 生态环境部环境工程评估中心、南开大学
办 公 地 址 / 天津市津南区海河教育园区同砚路 38 号南开大学环境科学与工程学院
　　　　　　 B311 室（300350）
电话(传真) / 022-23508348
邮　　　箱 / seacenter@ nankai. edu. cn
网　　　址 / http: //env. nankai. edu. cn/sea
主要研究领域：
规划环境；评价技术与政策；环境系统模拟；低碳与能源评价

959 南开大学政治经济学研究中心
Center for Studies of Political Economy

所 属 类 别 / 高校智库
主 管 单 位 / 南开大学
成 立 时 间 / 2000 年 12 月
第一负责人 / 逄锦聚
合 作 机 构 / 教育部、南开大学
办 公 地 址 / 天津市南开区卫津路 94 号南开大学经院大楼 8 层（300071）
电话(传真) / 022-23498822（022-23503997）
邮　　　箱 /
网　　　址 / http: //ces. nankai. edu. cn
主要研究领域：
建设中国特色社会主义实践中提出的重大理论问题；社会主义经济理论

960 南开大学中国财富经济研究院
China Institute of Wealth and Economics, Nankai University

所 属 类 别 / 高校智库
主 管 单 位 / 南开大学
成 立 时 间 / 2014 年 12 月
第一负责人 / 陈宗胜
合 作 机 构 /
办 公 地 址 / 天津市南开区卫津路 94 号南开大学（300071）
电话(传真) /
邮　　　箱 /
网　　　址 / https: //ciwe. nankai. edu. cn
主要研究领域：
中国经济发展、体制改革、财富分配、金融制度中出现的重大经济社会问题；收入及财富分配问题；脱贫致富问题；增长与结构转换问题

N

961 南开大学中国公司治理研究院

所 属 类 别 / 高校智库
主 管 单 位 / 南开大学
成 立 时 间 / 1997 年 11 月
第 一 负 责 人 / 李维安
合 作 机 构 /
办 公 地 址 / 天津市南开区白堤路 285 号南开大学商学院 B901 室（300192）
电话(传真) / 022-23498746
邮　　　箱 / liweiannankai@ 126. com
网　　　址 / http://www. cg. org. cn
主要研究领域：
公司治理

962 南开大学中国新一代人工智能发展战略研究院

所 属 类 别 / 高校智库
主 管 单 位 / 南开大学
成 立 时 间 / 2017 年
第 一 负 责 人 / 张玉卓
合 作 机 构 / 天津大学、南开大学
办 公 地 址 / 天津市南开区卫津路 94 号南开大学（300071）
电话(传真) / 022-85358522
邮　　　箱 / cingai@ nankai. edu. cn
网　　　址 / https://cingai. nankai. edu. cn
主要研究领域：
网络安全；数字经济；人工智能产业发展规划、标准体系建设和社会治理

963 南开大学中国哲学社会科学管理创新研究中心

所 属 类 别 / 高校智库
主 管 单 位 / 南开大学
成 立 时 间 / 2008 年
第 一 负 责 人 / 盛斌
合 作 机 构 /
办 公 地 址 / 天津市南开区卫津路 94 号南开大学（300071）
电话(传真) / 022-23500531
邮　　　箱 / shengbin@ nankai. edu. cn
网　　　址 / https://www. cmips. cn
主要研究领域：
国内外智库建设与运行；管理创新；高校研究机构评价；高校智库建设评价

N

964　南宁市社会科学院
Nanning Academy of Social Sciences

所 属 类 别／科研院所智库
主 管 单 位／中共南宁市委、南宁市人民政府
成 立 时 间／1998 年 5 月
第 一 负 责 人／胡建华
合 作 机 构／
办 公 地 址／广西南宁市青秀区东宝路 3 号（530022）
电话(传真)／0771-5530722
邮　　　箱／
网　　　址／http://www.nnsky.gx.cn
主要研究领域：
南宁市社会科学研究规划；南宁市改革开放；南宁市经济、社会发展重大理论问题和实践问题

965　南通大学长三角知识产权战略研究院

所 属 类 别／高校智库
主 管 单 位／南通大学
成 立 时 间／2021 年 4 月
第 一 负 责 人／
合 作 机 构／
办 公 地 址／江苏省南通市崇川区啬园路 9 号南通大学（226019）
电话(传真)／
邮　　　箱／
网　　　址／
主要研究领域：
长三角知识产权战略

966　南通大学对外开放研究院

所 属 类 别／高校智库
主 管 单 位／南通大学
成 立 时 间／2020 年 6 月
第 一 负 责 人／张二震
合 作 机 构／
办 公 地 址／江苏省南通市崇川区啬园路 9 号南通大学（226019）
电话(传真)／
邮　　　箱／
网　　　址／
主要研究领域：
南通对外开放城市发展

N

967　南通大学非物质文化遗产研究中心

所 属 类 别／高校智库

主 管 单 位／南通大学

成 立 时 间／

第一负责人／

合 作 机 构／

办 公 地 址／江苏省南通市崇川区啬园路 9 号南通大学（226019）

电话(传真)／

邮　　箱／

网　　址／

主要研究领域：

非物质文化遗产保护理论

968　南通大学海洋文化资源研究院

所 属 类 别／高校智库

主 管 单 位／南通大学

成 立 时 间／2021 年 10 月

第一负责人／刘芝凤

合 作 机 构／

办 公 地 址／江苏省南通市崇川区啬园路 9 号南通大学（226019）

电话(传真)／

邮　　箱／

网　　址／

主要研究领域：

中国东南海洋史

969　南通大学江苏沿海沿江发展研究中心
Jiangsu Coastal and Riverside Development Institute，Nantong University

所 属 类 别／高校智库

主 管 单 位／南通大学

成 立 时 间／

第一负责人／成长春

合 作 机 构／南通大学、启东市人民政府

办 公 地 址／江苏省南通市崇川区啬园路 9 号南通大学（226019）

电话(传真)／0513-85012973

邮　　箱／

网　　址／

主要研究领域：

沿江发展

N

970 南通大学南通廉政研究中心
Nantong Anti-corruption Research Center，Nantong University

所 属 类 别／高校智库
主 管 单 位／南通大学
成 立 时 间／2007 年 4 月
第一负责人／陆国平
合 作 机 构／中共南通市纪委、南通大学
办 公 地 址／江苏省南通市崇川区啬园路 9 号南通大学（226019）
电话(传真)／0513-85012026（0513-85012026）
邮　　箱／lzwh@ntu.edu.cn
网　　址／https://lzwh.ntu.edu.cn
主要研究领域：
廉洁教育；党风廉政；廉政文化和廉洁政治与政府治理

971 南通大学上海都市圈研究院

所 属 类 别／高校智库
主 管 单 位／南通大学
成 立 时 间／2020 年 12 月
第一负责人／左学金
合 作 机 构／
办 公 地 址／江苏省南通市崇川区啬园路 9 号南通大学（226019）
电话(传真)／
邮　　箱／
网　　址／
主要研究领域：
上海都市圈

972 南亚东南亚执法研究中心

所 属 类 别／高校智库
主 管 单 位／云南警官学院
成 立 时 间／2018 年 10 月
第一负责人／
合 作 机 构／
办 公 地 址／云南省昆明市五华区教场北路 249 号云南警官学院（650223）
电话(传真)／
邮　　箱／
网　　址／
主要研究领域：
国际警务执法合作新模式

N

973 南阳师范学院河南省社科院南阳分院（南阳发展战略研究院）
Nanyang Normal University, Nanyang Branch, Henan Academy of Social Sciences; Nanyang Development Strategic Research Institute

所 属 类 别／高校智库
主 管 单 位／南阳师范学院
成 立 时 间／2013 年
第一负责人／王铁红
合 作 机 构／
办 公 地 址／河南省南阳市卧龙区卧龙路 1638 号南阳师范学院西区图书馆 909 室
　　　　　　（473061）
电话(传真)／0377-63523206
邮　　　箱／nyfzzlyjy@126.com
网　　　址／http://www2.nynu.edu.cn/xzbm/fzhzhlyjy
主要研究领域：
南阳发展战略

974 南阳师范学院河南省文化产业发展研究基地

所 属 类 别／高校智库
主 管 单 位／南阳师范学院
成 立 时 间／2014 年 1 月
第一负责人／刘畅
合 作 机 构／
办 公 地 址／河南省南阳市卧龙区卧龙路 1638 号南阳师范学院（473061）
电话(传真)／0377-63523281
邮　　　箱／2982319565@qq.com
网　　　址／https://www2.nynu.edu.cn/kxyj/whcyfzhyjjd
主要研究领域：
区域文化产业

975 内江师范学院沱江流域高质量发展研究中心
Tuojiang River Basin High-Quality Development Research Center, Neijiang Normal University

所 属 类 别／高校智库
主 管 单 位／内江师范学院
成 立 时 间／2018 年 12 月
第一负责人／胡艳
合 作 机 构／
办 公 地 址／四川省内江市东兴区东桐路 1124 号内江师范学院（641112）
电话(传真)／
邮　　　箱／
网　　　址／http://tjgzl.njtc.edu.cn
主要研究领域：
流域绿色发展；流域协调发展

N

976 内蒙古大学城市与房地产研究中心
Inner Mongolia University City and the Real Estate Research Center

所 属 类 别 / 高校智库
主 管 单 位 / 内蒙古大学
成 立 时 间 / 2011 年 5 月
第一负责人 / 梁荣
合 作 机 构 /
办 公 地 址 / 内蒙古呼和浩特市赛罕区大学西街 235 号内蒙古大学（010021）
电话(传真) /
邮 箱 / liangrong@ imu. edu. cn
网 址 /
主要研究领域：
内蒙古城市；内蒙古房地产

977 内蒙古大学民族地区大数据研究中心

所 属 类 别 / 高校智库
主 管 单 位 / 内蒙古大学
成 立 时 间 / 2015 年
第一负责人 / 刘银喜
合 作 机 构 /
办 公 地 址 / 内蒙古呼和浩特市玉泉区锡林郭勒南路 49 号内蒙古大学（010070）
电话(传真) /
邮 箱 /
网 址 / https://spm. imu. edu. cn/kxyj/kypt/mzdqdsjyjzx. htm
主要研究领域：
民族地区大数据

978 内蒙古大学内蒙古地区经济可持续发展研究基地
Inner Mongolia Sustainable Economic Development Research Base , Inner Mongolia University

所 属 类 别 / 高校智库
主 管 单 位 / 内蒙古大学
成 立 时 间 / 2010 年 5 月
第一负责人 / 郭晓川
合 作 机 构 /
办 公 地 址 / 内蒙古呼和浩特市赛罕区大学西街 235 号内蒙古大学经济管理学院 215
室（010021）
电话(传真) / 0471-4995586
邮 箱 / cd0422@ sina. com
网 址 / http://nmgjjkcx. imu. edu. cn
主要研究领域：
产业经济可持续发展；环境与资源价值评估；区域经济发展

N

979 内蒙古大学内蒙古社会治理与创新研究基地

所 属 类 别／高校智库

主 管 单 位／内蒙古大学

成 立 时 间／2014 年

第 一 负 责 人／朱炳文

合 作 机 构／

办 公 地 址／内蒙古呼和浩特市玉泉区锡林郭勒南路 49 号内蒙古大学南校区艺术楼
446 室（010070）

电话(传真)／

邮　　箱／

网　　址／https://spm.imu.edu.cn/kxyj/kypt/nmgshzlycxyjjd.htm

主要研究领域：

内蒙古社会治理与创新

980 内蒙古大学内蒙古土地问题研究中心

所 属 类 别／高校智库

主 管 单 位／内蒙古大学

成 立 时 间／2016 年

第 一 负 责 人／张宇

合 作 机 构／

办 公 地 址／内蒙古呼和浩特市玉泉区锡林郭勒南路 49 号内蒙古大学（010070）

电话(传真)／

邮　　箱／

网　　址／https://spm.imu.edu.cn/kxyj/kypt/nmgtdwtyjzx.htm

主要研究领域：

内蒙古土地问题

981 内蒙古大学内蒙古自治区应急管理研究中心

所 属 类 别／高校智库

主 管 单 位／内蒙古大学

成 立 时 间／2010 年 1 月

第 一 负 责 人／连辑

合 作 机 构／

办 公 地 址／内蒙古呼和浩特市玉泉区锡林郭勒南路 49 号内蒙古大学研究生楼 502
（010070）

电话(传真)／

邮　　箱／

网　　址／https://spm.imu.edu.cn/kxyj/kypt/nmgyjglyjzx.htm

主要研究领域：

经济增长与应急管理

N

982 内蒙古大学社会保障研究中心
Center for Social Security Research，Inner Mongolia University

所 属 类 别 / 高校智库
主 管 单 位 / 内蒙古大学
成 立 时 间 / 2021 年 10 月
第一负责人 / 王晓东
合 作 机 构 /
办 公 地 址 / 内蒙古呼和浩特市玉泉区锡林郭勒南路 49 号内蒙古大学公共管理学院
艺术楼 R450 室（010070）
电话(传真) / 0471-4996401
邮　　箱 / wxdgz07@163.com
网　　址 / https://spm.imu.edu.cn/kxyj/kypt/nmgdxshbzyjzx.htm
主要研究领域：
社会保障治理；风险管理与社会保障；社会保险与经济保障；劳动就业与社会保障

983 内蒙古大学中蒙俄经济研究院
China-Mongolia-Russia Economic Research Institute Inner Mongolia University

所 属 类 别 / 高校智库
主 管 单 位 / 内蒙古大学
成 立 时 间 /
第一负责人 / 杜凤莲
合 作 机 构 /
办 公 地 址 / 内蒙古呼和浩特市赛罕区大学西路 235 号内蒙古大学（010021）
电话(传真) / 0471-4992524
邮　　箱 / xdufenglian@163.com
网　　址 / https://zmejjyjy.imu.edu.cn
主要研究领域：
中蒙俄经济

984 内蒙古师范大学澳大利亚研究中心
Australian Studies Centre，Inner Mongolia Normal University

所 属 类 别 / 高校智库
主 管 单 位 / 内蒙古师范大学
成 立 时 间 / 2015 年
第一负责人 /
合 作 机 构 /
办 公 地 址 / 内蒙古呼和浩特市赛罕区昭乌达路 81 号文史楼 314 内蒙古师范大学澳
研中心（010022）
电话(传真) /
邮　　箱 / asc_imnu@163.com
网　　址 / https://asc.imnu.edu.cn
主要研究领域：
澳大利亚原住民、教育、语言、文学等

N

985　内蒙古自治区发展研究中心（内蒙古自治区经济信息中心）

所 属 类 别 / 党政智库—省/区/市政府所属
主 管 单 位 / 内蒙古自治区发展和改革委员会
成 立 时 间 /
第 一 负 责 人 / 杨臣华
合 作 机 构 /
办 公 地 址 / 内蒙古呼和浩特市赛罕区敕勒川大街发展大厦 C 座（010098）
电话(传真) / 0471-6659186（0471-6964588）
邮　　　箱 /
网　　　址 /
主要研究领域：
内蒙古自治区经济和社会发展热点、难点问题；经济结构调整；科技创新；保障和
改善民生；深化改革

986　内蒙古自治区廉政研究中心

所 属 类 别 / 高校智库
主 管 单 位 / 内蒙古大学
成 立 时 间 / 2014 年 11 月
第 一 负 责 人 / 张志忠
合 作 机 构 / 内蒙古自治区纪委、内蒙古自治区高校工委、内蒙古大学
办 公 地 址 / 内蒙古呼和浩特市赛罕区大学西路 235 号内蒙古大学（010021）
电话(传真) /
邮　　　箱 /
网　　　址 / https://nmglzzx.imu.edu.cn
主要研究领域：
反腐倡廉理论；纪检监察干部教育

987　内蒙古自治区社会科学院
Inner Mongolia Academy of Social Sciences

所 属 类 别 / 科研院所智库
主 管 单 位 / 内蒙古自治区人民政府
成 立 时 间 / 1979 年 11 月
第 一 负 责 人 / 包银山
合 作 机 构 /
办 公 地 址 / 内蒙古呼和浩特市赛罕区大学东街 129 号（010010）
电话(传真) /
邮　　　箱 /
网　　　址 / http://www.nmgass.com.cn
主要研究领域：
草原文化；内蒙古国情调研；中国草原文化；内蒙古草原文化；内蒙古舆情；牧区
发展；俄罗斯与蒙古国；公共管理；城市发展

N

988 宁波大学大健康研究院
Research Academy of Grand Health，Ningbo University

所 属 类 别／高校智库
主 管 单 位／宁波大学
成 立 时 间／
第 一 负 责 人／李建设
合 作 机 构／
办 公 地 址／浙江省宁波市鄞州区钱湖南路 8 号宁波大学（315100）
电话(传真)／
邮　　箱／
网　　址／http://nbugh. nbu. edu. cn
主要研究领域：
大健康产业与工程制造业

989 宁波大学东海战略研究院
Ningbo University Donghai Academy

所 属 类 别／高校智库
主 管 单 位／宁波大学
成 立 时 间／2017 年 11 月
第 一 负 责 人／朱达
合 作 机 构／中国海洋学会、宁波大学
办 公 地 址／浙江省宁波市江北区风华路 818 号宁波大学黄庆苗楼 2 楼（315020）
电话(传真)／0574-87609463
邮　　箱／nddh@ nbu. edu. cn
网　　址／http://dhi. nbu. edu. cn
主要研究领域：
东海经济发展；海洋环境保护；海洋法治建设

990 宁波大学宁波海上丝绸之路研究院（宁波中东欧国家合作研究院）
Ningbo Maritime Silk Road Institute，Ningbo University

所 属 类 别／高校智库
主 管 单 位／宁波大学
成 立 时 间／2015 年
第 一 负 责 人／
合 作 机 构／北京外国语大学、浙江万里学院
办 公 地 址／浙江省宁波市鄞州区钱湖南路 8 号宁波大学（315100）
电话(传真)／0574-88222535（0574-88222535）
邮　　箱／
网　　址／
主要研究领域：
宁波海上丝绸之路

991 宁波大学区域经济与社会发展研究院

所 属 类 别 / 高校智库

主 管 单 位 / 宁波大学

成 立 时 间 / 2011 年 11 月

第 一 负 责 人 / 钟昌标

合 作 机 构 /

办 公 地 址 / 浙江省宁波市江北区风华路 818 号宁波大学包玉书科技楼 11 楼
（315211）

电话(传真) / 0574-87609207

邮 箱 /

网 址 / http://riresd.nbu.edu.cn

主要研究领域：

开放与区域经济增长；开放与区域社会发展；经济与社会物理学

992 宁波大学浙东文化研究院

所 属 类 别 / 高校智库

主 管 单 位 / 宁波大学

成 立 时 间 / 2006 年

第 一 负 责 人 / 朱达

合 作 机 构 /

办 公 地 址 / 浙江省宁波市鄞州区钱湖南路 8 号宁波大学（315100）

电话(传真) / 0574-87600750

邮 箱 /

网 址 /

主要研究领域：

浙东传统文化及其现代转型

993 宁波市海峡两岸融合发展研究院

所 属 类 别 / 高校智库

主 管 单 位 / 中共宁波市委台湾办公室、宁波大学

成 立 时 间 / 2018 年 8 月

第 一 负 责 人 /

合 作 机 构 /

办 公 地 址 / 浙江省宁波市鄞州区钱湖南路 8 号宁波大学（315100）

电话(传真) /

邮 箱 /

网 址 /

主要研究领域：

两岸经济社会文化融合

N

994 宁波市社会科学院

所 属 类 别／科研院所智库
主 管 单 位／中共宁波市委
成 立 时 间／2000 年 12 月
第一负责人／傅晓
合 作 机 构／
办 公 地 址／浙江省宁波市鄞州区宁东路 835 号 B 座 5 层行政中心 9 号楼（315066）
电话(传真)／0574-89183636（0574-89183636）
邮　　　箱／nbsheke@163.com
网　　　址／http://www.nbssa.org.cn
主要研究领域：
宁波经济、社会发展应用对策；具有地方特色的基础理论

995 宁夏大学回族研究院
Institute of Hui Studies, Ningxia University

所 属 类 别／高校智库
主 管 单 位／宁夏大学
成 立 时 间／2004 年
第一负责人／梁向明
合 作 机 构／
办 公 地 址／宁夏银川市西夏区文萃北街 217 号宁夏大学怀远校区（750021）
电话(传真)／0951-2061593
邮　　　箱／nd_hzyjy@163.com
网　　　址／http://hui.nxu.edu.cn
主要研究领域：
民族政策

996 宁夏大学开放战略与区域经济（自治区高等学校人文社科重点）研究基地

所 属 类 别／高校智库
主 管 单 位／宁夏大学
成 立 时 间／2016 年 6 月
第一负责人／高桂英
合 作 机 构／
办 公 地 址／宁夏银川市西夏区贺兰山路 489 号宁夏大学贺兰山校区（750021）
电话(传真)／0951-5093001
邮　　　箱／
网　　　址／
主要研究领域：
开放战略与区域经济自治区

997 宁夏大学宁夏乡村振兴战略研究中心

所 属 类 别／高校智库

主 管 单 位／宁夏大学

成 立 时 间／2018 年 7 月

第 一 负 责 人／黄立军

合 作 机 构／

办 公 地 址／宁夏银川市西夏区贺兰山路 489 号宁夏大学贺兰山校区（750021）

电话(传真)／0951-2061661

邮　　箱／

网　　址／

主要研究领域：

脱贫富民战略实施；农业现代化；小农户和现代农业发展；农村治理体系；农村公共服务体系；农村现代化

998 宁夏大学生态文明建设研究中心

所 属 类 别／高校智库

主 管 单 位／宁夏大学

成 立 时 间／2018 年 7 月

第 一 负 责 人／宋乃平

合 作 机 构／

办 公 地 址／宁夏银川市西夏区贺兰山路 489 号宁夏大学贺兰山校区（750021）

电话(传真)／0951-2062169

邮　　箱／

网　　址／

主要研究领域：

生态政策与生态决策

999 宁夏大学西部地区区域治理与民族发展人文社科研究基地

所 属 类 别／高校智库

主 管 单 位／宁夏大学

成 立 时 间／2016 年 6 月

第 一 负 责 人／任军

合 作 机 构／

办 公 地 址／宁夏银川市西夏区贺兰山路 489 号宁夏大学贺兰山校区（750021）

电话(传真)／0951-5093125

邮　　箱／

网　　址／

主要研究领域：

民族发展与区域治理基础理论；民族发展与伊斯兰教中国化；民族伦理与民族区域治理；民族事务法治化建设

N

1000 **宁夏大学西部发展研究院**
Western Development Research Institute of Ningxia University

所 属 类 别 / 高校智库
主 管 单 位 / 宁夏大学
成 立 时 间 / 2002 年 1 月
第 一 负 责 人 / 杨国涛
合 作 机 构 /
办 公 地 址 / 宁夏银川市西夏区贺兰山路 489 号宁夏大学贺兰山校区（750021）
电话(传真) / 0951-5093152
邮　　　箱 / ygt61@ 126. com
网　　　址 / https: //em. nxu. edu. cn
主要研究领域：
宁夏内陆开放型经济试验区建设；宁夏中南部地区生态移民；沿黄城市带与区域城镇化；生态恢复与重建的管理体制及运行机制；西部特色优势产业发展

1001 **宁夏大学中国阿拉伯国家研究院（宁夏大学阿拉伯研究中心）**

所 属 类 别 / 高校智库
主 管 单 位 / 宁夏大学
成 立 时 间 / 2016 年 5 月
第 一 负 责 人 / 李绍先
合 作 机 构 /
办 公 地 址 / 宁夏银川市西夏区贺兰山路 489 号宁夏大学贺兰山校区（750021）
电话(传真) /
邮　　　箱 / albxy@ nxu. edu. cn
网　　　址 / http: //anri. nxu. edu. cn
主要研究领域：
阿拉伯国家政治、经济、文化政策等

1002 **宁夏社会科学院**
Ningxia Academy of Social Sciences

所 属 类 别 / 科研院所智库
主 管 单 位 / 宁夏回族自治区人民政府
成 立 时 间 / 1964 年 1 月
第 一 负 责 人 / 马文锋
合 作 机 构 /
办 公 地 址 / 宁夏银川市西夏区朔方路景庄巷 134 号（750021）
电话(传真) / 0951-5686211
邮　　　箱 / nxskywz@ 126. com
网　　　址 / http: //www. nxass. com
主要研究领域：
社会保障；户籍管理；内陆开放型经济；农村经济；农业特色优势产业；银鄂榆三角区域经济；宁夏沿黄城市带

N

1003　宁夏师范学院教师教育研究中心

所 属 类 别／高校智库

主 管 单 位／宁夏师范学院

成 立 时 间／2011 年 1 月

第 一 负 责 人／

合 作 机 构／

办 公 地 址／宁夏固原市原州区学院路宁夏师范学院古雁校区（756099）

电话(传真)／0954-2079545

邮　　箱／

网　　址／https：//jyyjzx.nxnu.edu.cn

主要研究领域：

教师教育一体化；地方师范院校特色发展；基础教育理论与实践

1004　盘古智库
The Pangoal Institution

所 属 类 别／社会智库—民办非企业

主 管 单 位／国家发展和改革委员会

成 立 时 间／2013 年 12 月

第 一 负 责 人／易鹏

合 作 机 构／

办 公 地 址／北京市西城区展览馆路葡萄园 1 号（100037）

电话(传真)／010-82597716（010-82593219）

邮　　箱／panguzhiku@pangoal.cn

网　　址／http：//pangoal.cn

主要研究领域：

共建"一带一路"国家国别研究与民间外交；区域高质量发展；老龄社会；数字经济与社会治理；宏观经济与金融

1005　千龙智库

所 属 类 别／社会智库

主 管 单 位／千龙网

成 立 时 间／2015 年 11 月

第 一 负 责 人／

合 作 机 构／

办 公 地 址／北京市东城区白桥大街 22 号工商联大厦 5 层（100061）

电话(传真)／010-84686806

邮　　箱／qlzhiku@qianlong.com

网　　址／http：//thinktank.qianlong.com

主要研究领域：

舆论动向和政治经济社会发展策略

N
P
Q

1006 青岛大学劳动人事研究院
Research Institute for Labor and Human Resources，Qingdao University

所 属 类 别／高校智库
主 管 单 位／青岛大学
成 立 时 间／2018 年 1 月
第 一 负 责 人／
合 作 机 构／
办 公 地 址／山东省青岛市宁夏路 308 号青岛大学（266071）
电话(传真)／15650177192
邮　　　箱／1393006629@ QQ. com
网　　　址／http://lhr. qdu. edu. cn
主要研究领域：
劳动经济与就业创业；中国特色劳动关系；人力资源与领导力

1007 青岛大学齐鲁乡村振兴研究院
Qilu Rural Revitalization Research Institute of Qingdao University

所 属 类 别／高校智库
主 管 单 位／青岛大学
成 立 时 间／2018 年 4 月
第 一 负 责 人／邵彬
合 作 机 构／
办 公 地 址／山东省青岛市宁夏路 308 号青岛大学（266071）
电话(传真)／
邮　　　箱／
网　　　址／http://xczx. qdu. edu. cn
主要研究领域：
齐鲁乡村振兴

1008 青岛大学文化旅游高等研究院
Advanced Institute of Culture and Tourism，Qingdao University

所 属 类 别／高校智库
主 管 单 位／青岛大学
成 立 时 间／
第 一 负 责 人／马达
合 作 机 构／
办 公 地 址／山东省青岛市市北区徐州路 158 号新凯达大厦 12 层（266000）
电话(传真)／0532-85650050
邮　　　箱／aict@ qdu. edu. cn
网　　　址／http://aict. qdu. edu. cn
主要研究领域：
文化旅游

1009　青岛大学一带一路研究院
Institute of Belt and Road，Qingdao University

所 属 类 别／高校智库
主 管 单 位／青岛大学
成 立 时 间／2016 年 4 月
第 一 负 责 人／
合 作 机 构／
办 公 地 址／山东省青岛市宁夏路 308 号青岛大学（266071）
电话(传真)／
邮　　箱／
网　　址／http://ydyl. qdu. edu. cn
主要研究领域：
"一带一路"倡议理论体系；自贸区战略与"一带一路"的关系；"一带一路"海铁多式联运问题

1010　青岛大学知识产权研究院

所 属 类 别／高校智库
主 管 单 位／青岛大学
成 立 时 间／2016 年
第 一 负 责 人／
合 作 机 构／
办 公 地 址／山东省青岛市宁夏路 308 号青岛大学（266071）
电话(传真)／
邮　　箱／
网　　址／http://zscq. qdu. edu. cn
主要研究领域：
知识产权

1011　青岛市社会科学院

所 属 类 别／科研院所智库
主 管 单 位／
成 立 时 间／1979 年
第 一 负 责 人／郑海涛
合 作 机 构／
办 公 地 址／山东省青岛市市南区山东路 12 号甲（266071）
电话(传真)／0532-80798015（0532-80798058）
邮　　箱／qdskybgs@ 163. com
网　　址／http://sky. qingdao. cn/n8543496
主要研究领域：
基础理论；应用对策；城市发展战略

Q

1012　青海大学—清华大学三江源研究院

所 属 类 别／高校智库
主 管 单 位／青海大学
成 立 时 间／2010 年 10 月
第 一 负 责 人／梁曦东
合 作 机 构／青海大学、清华大学
办 公 地 址／青海省西宁市城北区宁大路 251 号青海大学（810016）
电话(传真)／010-62792303
邮　　　箱／lxd-dea@ tsinghua. edu. cn
网　　　址／
主要研究领域：
三江源生态保护；后续产业发展；公共服务体系建设与可持续发展；新能源综合
利用及野外台站建设

1013　青海大学产业发展研究院
Industry Development Research Institute, Qinghai University

所 属 类 别／高校智库
主 管 单 位／青海大学
成 立 时 间／2011 年 9 月
第 一 负 责 人／郭彦宏
合 作 机 构／
办 公 地 址／青海省西宁市城北区宁大路 521 号青海大学行政 B 楼 3 层（810016）
电话(传真)／0971-5312592
邮　　　箱／cyfzyjy@ qhu. edu. cn
网　　　址／
主要研究领域：
青海省特色优势产业、战略新兴产业和循环经济发展

1014　青海大学青海省情研究中心
QingHai Provincial Research Center, Qinghai University

所 属 类 别／高校智库
主 管 单 位／青海大学、青海省委教工委（省教育厅）
成 立 时 间／2008 年
第 一 负 责 人／李臣玲
合 作 机 构／
办 公 地 址／青海省西宁市城北区宁大路 251 号青海大学（810016）
电话(传真)／15500598219
邮　　　箱／lichenl96@ 163. com
网　　　址／https://sqyj. qhu. edu. cn
主要研究领域：
战略研究；公共政策

Q

1015 青海大学新能源光伏产业研究中心
New Energy（Photovoltaic）Industry Research Center, Qinghai University

所 属 类 别／高校智库

主 管 单 位／青海大学

成 立 时 间／2014 年 4 月

第一负责人／梅生伟

合 作 机 构／

办 公 地 址／青海省西宁市城北区宁大路 251 号青海大学（810016）

电话(传真)／0971-5114914

邮　　箱／meishengwei@tsinghua.edu.cn

网　　址／https://gfxy.qhu.edu.cn

主要研究领域：

科研服务；人才培养；技术咨询

1016 青海大学新农村发展研究院

所 属 类 别／高校智库

主 管 单 位／青海大学

成 立 时 间／2013 年 12 月

第一负责人／洒威

合 作 机 构／

办 公 地 址／青海省西宁市城北区宁大路 251 号青海大学新农村发展研究院
　　　　　　（810016）

电话(传真)／0971-5196508

邮　　箱／

网　　址／http://xnc.qhu.edu.cn

主要研究领域：

青海新农村建设和现代农牧业发展

1017 青海省人民政府—北京师范大学高原科学与可持续发展研究院

所 属 类 别／高校智库

主 管 单 位／青海师范大学

成 立 时 间／2018 年 5 月

第一负责人／

合 作 机 构／青海省人民政府、北京师范大学

办 公 地 址／青海省西宁市城北区学院路青海师范大学城北校区图书馆（810008）

电话(传真)／0971-5191105（0971-5191105）

邮　　箱／chnapss@163.com

网　　址／http://apss.qhnu.edu.cn

主要研究领域：

高原科学与可持续发展

Q

1018 青海省社会科学院
Qinghai Academy of Social Sciences

所 属 类 别 / 科研院所智库
主 管 单 位 / 中共青海省委、青海省人民政府
成 立 时 间 / 1978 年 10 月
第 一 负责人 / 索端智
合 作 机 构 /
办 公 地 址 / 青海省西宁市城中区上滨河路 1 号 （810000）
电话(传真) / 0971-8454679
邮　　箱 / qinghaisky@ 126. com
网　　址 / http: //www. qhass. org
主要研究领域：
地方经济；地方历史文化；民族宗教；青藏高原生态环境

1019 清华—卡内基全球政策中心
The Carnegie-Tsinghua Center for Global Policy

所 属 类 别 / 高校智库
主 管 单 位 / 清华大学
成 立 时 间 / 2010 年 4 月
第 一 负责人 / 韩磊
合 作 机 构 / 清华大学、美国卡内基国际和平研究院
办 公 地 址 / 北京市海淀区中关村 1 号清华大学 9 号楼清华科技园 （100083）
电话(传真) /
邮　　箱 / phaenle@ ceip. org
网　　址 /
主要研究领域：
国际经济与贸易；气候变化与能源；核不扩散与核裁军；国际安全挑战

1020 清华大学—北京市组织学习与城市治理创新研究中心

所 属 类 别 / 高校智库
主 管 单 位 / 清华大学
成 立 时 间 /
第 一 负责人 / 蓝志勇
合 作 机 构 /
办 公 地 址 / 北京市海淀区清华园 1 号清华大学 （100084）
电话(传真) /
邮　　箱 /
网　　址 / http: //olugi. tsinghua. edu. cn
主要研究领域：
学习型城市建设理论和政策

Q

1021 清华大学—野村综研中国研究中心

所 属 类 别 / 合作智库—中外合作
主 管 单 位 / 清华大学
成 立 时 间 / 2007 年 4 月
第 一 负 责 人 /
合 作 机 构 /
办 公 地 址 / 北京市海淀区清华园 1 号清华大学（100084）
电话(传真) / 010-62797268
邮　　　箱 / tncpublic@ gmail. com
网　　　址 / http://tnc. tsinghua. edu. cn
主要研究领域：
构建和谐社会的战略；全球视角下的中日关系；产业创新与高等教育

1022 清华大学—中国科学院学部科学与社会协同发展研究中心

所 属 类 别 / 合作智库—研校合作
主 管 单 位 / 清华大学
成 立 时 间 / 2012 年 4 月
第 一 负 责 人 / 李正风
合 作 机 构 / 中国科学院学部、清华大学
办 公 地 址 / 北京市海淀区清华园 1 号清华大学（100084）
电话(传真) /
邮　　　箱 /
网　　　址 /
主要研究领域：
科学发展中的重大社会问题

1023 清华大学 21 世纪发展研究院

所 属 类 别 / 高校智库
主 管 单 位 / 清华大学
成 立 时 间 / 1996 年 3 月
第 一 负 责 人 / 邓国胜
合 作 机 构 /
办 公 地 址 / 北京市海淀区清华园 1 号清华大学明理楼 520 室（100084）
电话(传真) / 010-62797167
邮　　　箱 / dgs@ tsinghua. edu. cn
网　　　址 /
主要研究领域：
中国经济、科技、教育、能源、交通等

Q

1024　清华大学产业创新与金融研究院

所 属 类 别 / 高校智库
主 管 单 位 / 清华大学
成 立 时 间 / 2016 年 4 月
第 一 负 责 人 / 郦金梁
合 作 机 构 /
办 公 地 址 / 北京市海淀区清华园 1 号清华大学 （100084）
电话(传真) / 010-8239 0375
邮　　箱 / iiif@ mail. tsinghua. edu. cn
网　　址 / http://www. iiif. tsinghua. edu. cn
主要研究领域:
产业、创新与金融领域的重大理论、政策与实践问题

1025　清华大学产业发展与环境治理研究中心
Center for Industrial Development and Environmental Governance，Tsinghua University

所 属 类 别 / 高校智库
主 管 单 位 / 清华大学
成 立 时 间 / 2005 年 9 月
第 一 负 责 人 / 陈玲
合 作 机 构 / 清华大学、丰田汽车公司
办 公 地 址 / 北京市海淀区清华园 1 号清华大学公共管理学院 615 室 （100084）
电话(传真) / 010-62772497 （010-62772497）
邮　　箱 / cideg@ tsinghua. edu. cn
网　　址 / http://www. cideg. tsinghua. edu. cn
主要研究领域:
产业组织、监管及政策；资源与能源约束下的可持续发展；制度变革与协调发展

1026　清华大学城市治理与可持续发展研究院
Urban Governance and Sustainable Development Research Center of Tsinghua University

所 属 类 别 / 高校智库
主 管 单 位 / 清华大学
成 立 时 间 / 2016 年
第 一 负 责 人 / 尹稚
合 作 机 构 /
办 公 地 址 / 北京市海淀区双清路 77 号双清大厦 4 号楼 14 层 （100084）
电话(传真) / 010-62790212 （010-83021833-815）
邮　　箱 / iugsd@ tsinghua. edu. cn
网　　址 / http://iugsd. tsinghua. edu. cn
主要研究领域:
联合国可持续发展目标 （SDGs） 整体框架、政策执行和各个具体目标

1027 清华大学创新发展研究院
Institute for Innovation and Development, Tsinghua University

所 属 类 别／高校智库
主 管 单 位／清华大学
成 立 时 间／2014 年 12 月
第一负责人／刘涛雄
合 作 机 构／
办 公 地 址／北京市海淀区清华园 1 号清华大学（100084）
电话(传真)／
邮　　箱／liutx@ tsinghua. edu. cn
网　　址／
主要研究领域:
创新与产业发展

1028 清华大学低碳经济研究院
Institute of Low Carbon Economy, Tsinghua University

所 属 类 别／高校智库
主 管 单 位／清华大学
成 立 时 间／2008 年 6 月
第一负责人／何建坤
合 作 机 构／
办 公 地 址／北京市海淀区清华园 1 号清华大学（100084）
电话(传真)／
邮　　箱／
网　　址／
主要研究领域:
低碳经济、政策和战略

1029 清华大学港澳研究中心
Center for Hong Kong and Macau Studies, Tsinghua University

所 属 类 别／高校智库
主 管 单 位／清华大学
成 立 时 间／2012 年 1 月
第一负责人／林来梵
合 作 机 构／
办 公 地 址／广东省深圳市南山区深圳大学城清华园区 D 楼 4 层（518055）
电话(传真)／0755-26036098（0755-26036098）
邮　　箱／hmt@ sz. tsinghua. edu. cn
网　　址／http://www. hmt. tsinghua. edu. cn
主要研究领域:
港澳战略地位；粤港澳深度合作区域的行政管理体制、城市建设、社会管理、立
法和司法关系；粤港澳（珠三角）区域产业经济新布局；台海两岸良性互动

Q

1030 清华大学高校德育研究中心
Research Center for College Moral Education, Tsinghua University

所 属 类 别 / 高校智库
主 管 单 位 / 清华大学
成 立 时 间 / 1999 年 12 月
第 一 负 责 人 / 艾四林
合 作 机 构 /
办 公 地 址 / 北京市海淀区清华园 1 号清华大学明理楼 422 室 （100084）
电话(传真) / 010-62773393 （010-62793787）
邮 　 箱 / dybase@ tsinghua. edu. cn
网 　 址 / http://moral. tsinghua. edu. cn
主要研究领域：
社会思潮与青年教育；新时期大学生思想政治教育；大学生全面素质教育；思想
政治理论课教育教学

1031 清华大学公共管理学院公共经济、金融与治理研究中心

所 属 类 别 / 高校智库
主 管 单 位 / 清华大学
成 立 时 间 / 2014 年 3 月
第 一 负 责 人 / 俞乔
合 作 机 构 / 清华大学公共管理学院、海通期货有限公司
办 公 地 址 / 北京市海淀区清华园 1 号清华大学公共管理学院 （100084）
电话(传真) / 010-62783475
邮 　 箱 / qiaoyu@ tsinghua. edu. cn
网 　 址 /
主要研究领域：
公共经济、金融和治理

1032 清华大学公共管理学院卫生与发展研究中心
Health and Development Institute, Tsinghua University

所 属 类 别 / 高校智库
主 管 单 位 / 清华大学
成 立 时 间 / 2006 年 12 月
第 一 负 责 人 / 刘远立
合 作 机 构 / 清华大学公共管理学院、美国哈佛大学公共卫生学院
办 公 地 址 / 北京市海淀区清华园 1 号清华大学公共管理学院大楼 505 室
　　　　　　（100084）
电话(传真) /
邮 　 箱 / HADI@ Tsinghua. edu. cn
网 　 址 /
主要研究领域：
健康发展战略；医疗卫生政策

Q

1033 清华大学公益慈善研究院
Institute for Philanthropy，Tsinghua University

所 属 类 别／高校智库
主 管 单 位／清华大学
成 立 时 间／2015 年 4 月
第一负责人／王名
合 作 机 构／民政部、清华大学
办 公 地 址／北京市海淀区清华园 1 号清华大学公共管理学院 429 室（100084）
电话(传真)／010-62797175
邮　　箱／oumei@ mail. tsinghua. edu. cn
网　　址／http://iptu. tsinghua. edu. cn
主要研究领域：社会组织；社会治理；公益慈善；社会政策；社会保障；社会冲突（危机）应对与管理；社会服务；社会发展；政社关系；问责与公信力；社会创新与企业社会责任；社区与基层治理；事业单位改革；国际非政府组织

1034 清华大学国际传播研究中心
Tsinghua University International Center for Communication

所 属 类 别／高校智库
主 管 单 位／清华大学
成 立 时 间／1999 年 7 月
第一负责人／李希光
合 作 机 构／
办 公 地 址／北京市海淀区清华园 1 号清华大学宏盟楼 307 室（100084）
电话(传真)／
邮　　箱／
网　　址／
主要研究领域：
国际传播；丝绸之路文化传播；公共外交策略；危机传播管理；网络信息与社会管理

1035 清华大学国际关系研究院
Institute of International Relations，Tsinghua University

所 属 类 别／高校智库
主 管 单 位／清华大学
成 立 时 间／2010 年
第一负责人／阎学通
合 作 机 构／
办 公 地 址／北京市海淀区清华园 1 号清华大学明斋 304 室（100084）
电话(传真)／010-62798183（010-62798083）
邮　　箱／imir@ mail. tsinghua. edu. cn
网　　址／http://www. tuiir. tsinghua. edu. cn
主要研究领域：国际关系理论创新；国际安全政策

Q

1036　清华大学国际争端解决研究院

所属类别／高校智库
主管单位／清华大学
成立时间／2019 年 10 月
第一负责人／张月姣
合作机构／
办公地址／北京市海淀区清华园 1 号清华大学（100084）
电话(传真)／
邮　箱／
网　址／
主要研究领域：
国际争端解决；全球法治建设

1037　清华大学国家服务外包人力资源研究院
National Human Resources Institute for Service Outsourcing，Tsinghua University

所属类别／高校智库
主管单位／清华大学
成立时间／2009 年 10 月
第一负责人／孙家广
合作机构／
办公地址／北京市海淀区知春路 58 号院中航科技大厦 5 层（100084）
电话(传真)／
邮　箱／
网　址／
主要研究领域：
服务外包人力资源政策

1038　清华大学国家金融研究院

所属类别／高校智库
主管单位／清华大学五道口金融学院
成立时间／2014 年 5 月
第一负责人／廖理
合作机构／中国人民银行研究局、中国证监会研究中心、中国银行保险监督管理
　　　　　委员会、清华大学
办公地址／北京市海淀区成府路 43 号（100083）
电话(传真)／010-62798255（010-62798655）
邮　箱／deansoffice@ pbcsf. tsinghua. edu. cn
网　址／
主要研究领域：多层次资本市场与创业投融资体系的构建；国际货币体系的发展
与演变；国际经济、金融格局以及发展趋势；国家金融普及教育；互联网金融；
中国财政政策与货币政策

1039　清华大学国家文化产业研究中心
National Research Center of Cultural Industries in Tsinghua University

所 属 类 别／高校智库
主 管 单 位／清华大学
成 立 时 间／2004 年 5 月
第一负责人／熊澄宇
合 作 机 构／
办 公 地 址／北京市海淀区清华园 1 号清华大学宏盟楼 318 室（100084）
电话(传真)／
邮　　箱／
网　　址／
主要研究领域：文化及文化产业理论；文化产业经济学；文化产业与社会发展；
文化产业政策法规；技术应用与文化产业创新

1040　清华大学国家形象传播研究中心

所 属 类 别／高校智库
主 管 单 位／清华大学
成 立 时 间／2014 年 12 月
第一负责人／尹鸿
合 作 机 构／
办 公 地 址／北京市海淀区清华园 1 号清华大学（100084）
电话(传真)／
邮　　箱／
网　　址／
主要研究领域：
政治传播与政府形象；企业品牌与形象；城市品牌与形象

1041　清华大学国家战略研究院
National Strategy Institute Tsinghua University

所 属 类 别／合作智库—校企合作
主 管 单 位／清华大学
成 立 时 间／2012 年 9 月
第一负责人／周琪
合 作 机 构／清华大学、天大集团
办 公 地 址／北京市海淀区清华园 1 号清华大学胜因院 25 号（100084）
电话(传真)／010-62797753（010-62794327）
邮　　箱／
网　　址／http://www.nsi.org.cn
主要研究领域：
中国国家发展战略；中国外交政策；国际关系与全球问题

Q

1042　清华大学国家治理研究院

所 属 类 别 / 高校智库
主 管 单 位 / 清华大学
成 立 时 间 / 2014 年 9 月
第 一 负 责 人 / 王振民
合 作 机 构 /
办 公 地 址 / 北京市海淀区清华园 1 号清华大学 （100084）
电话(传真) /
邮　　箱 /
网　　址 /
主要研究领域：
国家治理现代化

1043　清华大学国情研究院
Institute for Contemporary China Studies, Tsinghua University

所 属 类 别 / 高端智库，高校智库
主 管 单 位 / 清华大学
成 立 时 间 / 2012 年 1 月
第 一 负 责 人 / 胡鞍钢
合 作 机 构 /
办 公 地 址 / 北京市海淀区清华园 1 清华大学公共管理学院 219 （100084）
电话(传真) / 010-62772199
邮　　箱 / ccsoffice@tsinghua.edu.cn
网　　址 / http://www.iccs.tsinghua.edu.cn
主要研究领域：
国家发展战略；重大公共政策

1044　清华大学国有资产管理研究院

所 属 类 别 / 高校智库
主 管 单 位 / 清华大学
成 立 时 间 / 2020 年 1 月
第 一 负 责 人 / 焦捷
合 作 机 构 / 财政部、教育部、清华大学
办 公 地 址 / 北京市海淀区清华园 1 号清华大学 （100084）
电话(传真) /
邮　　箱 / isam@sem.tsinghua.edu.cn
网　　址 / https://gzyjy.tsinghua.edu.cn
主要研究领域：
国有资产管理基础理论；国有资产管理理论体系；挖掘国有资产管理情况；国有资产使用效益；国有资产管理重大政策和改革创新问题

1045 清华大学恒隆房地产研究中心
Hang Lung Center for Real Estate，Tsinghua University

所 属 类 别／高校智库
主 管 单 位／清华大学
成 立 时 间／2010 年 4 月
第一负责人／吴璟
合 作 机 构／
办 公 地 址／北京市海淀区清华园 1 号清华大学老 10 号楼 4 层（100084）
电话(传真)／010-62788678
邮　　　箱／hanglung_cre@ tsinghua. edu. cn
网　　　址／http：//www. cre. tsinghua. edu. cn
主要研究领域：
房地产经济学；房地产金融与投资；住房政策；土地管理和城市发展

1046 清华大学互联网产业研究院
Institute of Internet Industry，Tsinghua University

所 属 类 别／高校智库
主 管 单 位／清华大学
成 立 时 间／2016 年 11 月
第一负责人／朱岩
合 作 机 构／
办 公 地 址／北京市海淀区双清路 77 号双清大厦 2 号楼 12 层（100085）
电话(传真)／010-83021220
邮　　　箱／iii@ tsinghua. edu. cn
网　　　址／https：//www. iii. tsinghua. edu. cn
主要研究领域：
数字经济时代的产业创新、产业交叉、产业转型

1047 清华大学互联网治理研究中心
Center for Internet Governance，Tsinghua University

所 属 类 别／高校智库
主 管 单 位／清华大学
成 立 时 间／
第一负责人／李晓东、孟庆国
合 作 机 构／
办 公 地 址／北京市海淀区清华园 1 号清华大学（100084）
电话(传真)／010-62773827
邮　　　箱／meng@ tsinghua. edu. cn
网　　　址／
主要研究领域：
互联网生态治理和文化多样性；互联网基础资源和基础设施；网络服务质量与可持续发展；互联网数据治理与网络安全；第四次工业革命与数字化转型；互联网与公共治理；互联网技术发展与伦理

Q

1048 清华大学华商研究中心
Center for Chinese Entrepreneur Studies，Tsinghua University

所 属 类 别／高校智库

主 管 单 位／清华大学

成 立 时 间／2010 年 7 月

第一负责人／龙登高

合 作 机 构／

办 公 地 址／北京市海淀区清华园 1 号清华大学（100084）

电话(传真)／010-62792621（010-62792621）

邮　　　箱／cces@ tsinghua. edu. cn

网　　　址／http://www. cces. tsinghua. edu. cn

主要研究领域：

华人经济；华商管理；华商政务

1049 清华大学技术创新研究中心
Research Center for Technological Innovation，Tsinghua University

所 属 类 别／高校智库

主 管 单 位／清华大学

成 立 时 间／2000 年 3 月

第一负责人／陈劲

合 作 机 构／

办 公 地 址／北京市海淀区清华园 1 号清华大学伟伦楼（100084）

电话(传真)／010-62772939

邮　　　箱／chenj@ sem. tsinghua. edu. cn

网　　　址／http://www. innovation. tsinghua. edu. cn

主要研究领域：

技术创新理论；科技战略与管理；科技体制与科技政策；创业管理

1050 清华大学建筑与城市研究所
Institute of Architectural and Urban Studies，Tsinghua University

所 属 类 别／高校智库

主 管 单 位／清华大学

成 立 时 间／1984 年

第一负责人／吴良镛

合 作 机 构／

办 公 地 址／北京市海淀区清华园 1 号清华大学（100084）

电话(传真)／010-62784567（010-62783328）

邮　　　箱／wuly@ public. bta. net. cn

网　　　址／

主要研究领域：

城市规划；区域发展规划

1051　清华大学教育研究院
Institute of Education，Tsinghua University

所 属 类 别 / 高校智库
主 管 单 位 / 清华大学
成 立 时 间 / 1979 年 10 月
第一负责人 / 石中英
合 作 机 构 /
办 公 地 址 / 北京市海淀区清华园 1 号清华大学文南楼 4 层（100084）
电话(传真) / 010-62783326
邮　　　箱 / ioe@ tsinghua. edu. cn
网　　　址 / http://www. ioe. tsinghua. edu. cn
主要研究领域：
高等教育；教育政策与管理；教育技术；基础教育；教育经济与管理

1052　清华大学经济学研究所

所 属 类 别 / 高校智库
主 管 单 位 / 清华大学
成 立 时 间 / 1993 年 12 月
第一负责人 / 汤珂
合 作 机 构 /
办 公 地 址 / 北京市海淀区清华园 1 号清华大学（100084）
电话(传真) / 010-62780582
邮　　　箱 / skxy@ tsinghua. edu. cn
网　　　址 / https://www. tioe. tsinghua. edu. cn/xsjs. htm
主要研究领域：
经济学；新经济史

1053　清华大学就业与社会保障研究中心

所 属 类 别 / 高校智库
主 管 单 位 / 清华大学
成 立 时 间 / 2001 年 6 月
第一负责人 / 周绍杰
合 作 机 构 /
办 公 地 址 / 北京市海淀区清华园 1 号清华大学伍舜德楼 424 室、404 室（100084）
电话(传真) / 010-62782555（010-62782555）
邮　　　箱 /
网　　　址 /
主要研究领域：
薪酬理论；服务型政府；社会保障；老龄社会

Q

1054　清华大学科技发展与治理研究中心
Center for Science & Technology Development and Governance, Tsinghua University

所 属 类 别／高校智库

主 管 单 位／清华大学、中国科学技术协会

成 立 时 间／2019 年 1 月

第一负责人／朱旭峰

合 作 机 构／中国科学技术协会、清华大学

办 公 地 址／北京市海淀区清华园 1 号清华大学公共管理学院（100084）

电话(传真)／

邮　　箱／stdg@ mail. tsinghua. edu. cn

网　　址／

主要研究领域：

科学研究；人才培养；学科建设；国际合作

1055　清华大学科教政策研究中心
Center of Science, Technology & Education Policy, Tsinghua University

所 属 类 别／高校智库

主 管 单 位／清华大学

成 立 时 间／2006 年 4 月

第一负责人／苏竣

合 作 机 构／

办 公 地 址／北京市海淀区清华园 1 号清华大学公共管理学院 518 室（100084）

电话(传真)／010-62795573（010-62795573）

邮　　箱／cstep@ tsinghua. edu. cn

网　　址／http: //www. cstep. tsinghua. edu. cn

主要研究领域：

科技政策；教育政策

1056　清华大学科学技术与社会研究所
Study of Science and Technology and Society of Tsinghua University

所 属 类 别／高校智库

主 管 单 位／清华大学

成 立 时 间／1985 年

第一负责人／杨舰

合 作 机 构／

办 公 地 址／北京市海淀区清华园 1 号清华大学明斋 247 室（100084）

电话(传真)／13611193493

邮　　箱／yangjian@ tsinghua. edu. cn

网　　址／

主要研究领域：

科技传播与普及；科技政策与战略；科技与国际（地区）关系；科技创新与政策；
科技哲学与文化

1057　清华大学两岸发展研究院
Institute for Cross-Strait Development, Tsinghua University

所 属 类 别 / 高校智库

主 管 单 位 / 清华大学

成 立 时 间 / 2014 年 9 月

第一负责人 / 顾秉林

合 作 机 构 /

办 公 地 址 / 北京市海淀区清华园 1 号清华大学校史馆 203（100084）

电话(传真) / 010-62797678（010-62797678-608）

邮　　箱 / icsd@ tsinghua. edu. cn

网　　址 /

主要研究领域：

两岸交流与合作

1058　清华大学绿色经济与可持续发展研究中心

所 属 类 别 / 高校智库

主 管 单 位 / 清华大学

成 立 时 间 / 2015 年 3 月

第一负责人 / 钱小军

合 作 机 构 /

办 公 地 址 / 北京市海淀区清华园 1 号清华大学（100084）

电话(传真) / 010-62775858

邮　　箱 /

网　　址 / https://www. gesd. tsinghua. edu. cn

主要研究领域：

绿色经济；低碳发展；可持续社会转型

1059　清华大学马克思主义新闻学与新闻教育改革研究中心

所 属 类 别 / 高校智库

主 管 单 位 / 清华大学

成 立 时 间 / 2007 年 1 月

第一负责人 / 周庆安

合 作 机 构 /

办 公 地 址 / 北京市海淀区清华园 1 号清华大学（100084）

电话(传真) /

邮　　箱 /

网　　址 /

主要研究领域：

新闻学理论与实践领域的重大问题

Q

1060   清华大学民生经济研究院

所 属 类 别 / 合作智库—校企合作

主 管 单 位 / 清华大学

成 立 时 间 / 2014 年 12 月

第 一 负责人 / 王勇

合 作 机 构 / 中国民生银行、清华大学

办 公 地 址 / 北京市海淀区清华园 1 号清华大学 （100084）

电话(传真) /

邮　　　箱 / wang. yong@ tsinghua. edu. cn

网　　　址 /

主要研究领域：

就业与收入分配；人口与教育；互联网经济；普惠金融；民生企业发展和小微企业成长

1061   清华大学能源环境经济研究所
Institute of Energy, Environment and Economy, Tsinghua University

所 属 类 别 / 高校智库

主 管 单 位 / 清华大学

成 立 时 间 / 1980 年

第 一 负责人 / 张希良

合 作 机 构 /

办 公 地 址 / 北京市海淀区清华园 1 号清华大学能科楼 C 座 （100084）

电话(传真) / 010-62797606

邮　　　箱 / 3e@ mail. tsinghua. edu. cn

网　　　址 / http://www. 3e. tsinghua. edu. cn/cn

主要研究领域：

能源与气候；低碳发展理论与机制；国际应对气候变化机制；新能源与可再生能源；能效与节能

1062   清华大学气候变化与可持续发展研究院
Climate Policy Initiative at Tsinghua University

所 属 类 别 / 高校智库

主 管 单 位 / 清华大学

成 立 时 间 / 2017 年 12 月

第 一 负责人 / 李政

合 作 机 构 /

办 公 地 址 / 北京市海淀区清华园 1 号清华大学中央主楼 （100084）

电话(传真) / 010-62786891 （010-62786897）

邮　　　箱 / iccsd@ mail. tsinghua. edu. cn

网　　　址 / http://iccsd. tsinghua. edu. cn

主要研究领域：

气候变化；低碳发展

Q

1063 清华大学区域发展研究院
Institute for Regional Development，Tsinghua University

所 属 类 别／高校智库

主 管 单 位／清华大学

成 立 时 间／2020 年 4 月

第一负责人／杨永恒

合 作 机 构／

办 公 地 址／北京市海淀区清华园 1 号清华大学（100084）

电话(传真)／010-62796946（010-62789463）

邮　　　箱／yhyang@ tsinghua. edu. cn

网　　　址／

主要研究领域：

长三角区域一体化

1064 清华大学全球变化研究院
Global Change Research Institute，Tsinghua University，

所 属 类 别／高校智库

主 管 单 位／清华大学

成 立 时 间／2009 年 3 月

第一负责人／罗勇

合 作 机 构／

办 公 地 址／北京市海淀区清华园 1 号清华大学蒙民伟科技大楼南楼 801 室、803 室、805 室（100084）

电话(传真)／010-62772750（010-62797284）

邮　　　箱／dess@ mail. tsinghau. edu. cn

网　　　址／https：//www. dess. tsinghua. edu. cn

主要研究领域：气候变化与地球系统模式；全球变化经济学

1065 清华大学全球产业研究院
Institution for Global Industry（IGI），Tsinghua University

所 属 类 别／高校智库

主 管 单 位／清华大学

成 立 时 间／2015 年 1 月

第一负责人／彭凯平

合 作 机 构／

办 公 地 址／北京市海淀区清华园 1 号清华大学清华科技园启迪科技大厦 A 座 501 室（100084）

电话(传真)／010-82158936

邮　　　箱／igi@ tsinghua. edu. cn

网　　　址／http：//www. igi. tsinghua. edu. cn

主要研究领域：创新与产业升级；新兴产业培育与全球产业转移；智能制造；数字化转型；产业与企业生态；医疗健康；房产；汽车；新能源；新一代电子信息技术和教育科技

Q

1066　清华大学全球共同发展研究院
Institute for Globle Development, Tsinghua University

所 属 类 别 / 高校智库
主 管 单 位 / 清华大学
成 立 时 间 / 2016 年
第一负责人 / 白重恩
合 作 机 构 /
办 公 地 址 / 北京市海淀区中关村东路 1 号清华科技园创业大厦 1107 室
电话(传真) /
邮　　　箱 / igd@ tsinghua. edu. cn
网　　　址 / http://www. igd. tsinghua. edu. cn
主要研究领域：经济发展和反贫困；国际金融治理；国际经贸关系；数字经济；
全球气候变化

1067　清华大学全球可持续发展研究院
Institute for Sustainable Development Goals, Tsinghua University

所 属 类 别 / 高校智库
主 管 单 位 / 清华大学
成 立 时 间 / 2017 年 5 月
第一负责人 / 朱旭峰
合 作 机 构 /
办 公 地 址 / 北京市海淀区清华园 1 号清华大学公共管理学院 616 室 （100084）
电话(传真) / 010-62797092
邮　　　箱 / tusdg@ mail. tsinghua. edu. cn
网　　　址 / http://thusdg. tsinghua. edu. cn
主要研究领域：联合国可持续发展目标（SDGs）对于全球治理模式的挑战；"联
合国千年发展目标"深度后评估；科技创新在 SDGs 执行过程中的作用；SDGs 本
土化执行面临的挑战；中国的五年规划与落实 SDGs 之间的协调；"一带一路"与
SDGs 的实施；社会组织如何推进"可持续发展目标的实现"；SDGs 实施过程中的
监测、评价和政策反馈

1068　清华大学全球私募股权研究院
Institute for Globle Private Equity, Tsinghua University

所 属 类 别 / 高校智库
主 管 单 位 / 清华大学
成 立 时 间 / 2017 年
第一负责人 / 杨斌
合 作 机 构 /
办 公 地 址 / 北京市海淀区中关村东路 1 号清华科技园科技大厦 C 座 1002 室
电话(传真) / 010-62785449
邮　　　箱 / tuigpe@ sem. tsinghua. edu. cn
网　　　址 / https://www. pe. tsinghua. edu. cn
主要研究领域：私募股权领域的理论、政策和实践；私募股权行业的健康发展

Q

1069　清华大学全球证券市场研究院

所 属 类 别／高校智库
主 管 单 位／清华大学
成 立 时 间／2021 年 9 月
第一负责人／杨之曙
合 作 机 构／
办 公 地 址／北京市海淀区清华园 1 号清华大学（100084）
电话(传真)／010-62782830
邮　　　箱／igsm@ sem. tsinghua. edu. cn
网　　　址／https: //igsm. tsinghua. edu. cn
主要研究领域：
证券市场平稳发展；证券市场风险防控

1070　清华大学日本研究中心
Research Center for Japanese Studies, Tsinghua University

所 属 类 别／高校智库
主 管 单 位／清华大学
成 立 时 间／2008 年 7 月
第一负责人／曲德林
合 作 机 构／
办 公 地 址／北京市海淀区清华园 1 号清华大学（100084）
电话(传真)／
邮　　　箱／
网　　　址／
主要研究领域：
日本的社会历史、国际关系、文化教育、艺术传媒、科技产业、能源环境、经济
金融、经营管理等

1071　清华大学社会治理与发展研究院

所 属 类 别／合作智库—政校合作
主 管 单 位／清华大学
成 立 时 间／2018 年 5 月
第一负责人／张成岗
合 作 机 构／国家发展和改革委员会、清华大学
办 公 地 址／北京市海淀区清华园 1 号清华大学（100084）
电话(传真)／
邮　　　箱／zcgice@ tsinghua. edu. cn
网　　　址／
主要研究领域：
中国特色社会治理理论

Q

1072　清华大学数字经济研究中心

所 属 类 别 / 高校智库
主 管 单 位 / 清华大学
成 立 时 间 /
第 一 负 责 人 / 王勇
合 作 机 构 /
办 公 地 址 / 北京市海淀区清华园 1 号清华大学（100084）
电话(传真) /
邮 　 箱 /
网 　 址 / https://www.tioe.tsinghua.edu.cn/yjjg/szjjyjzx.htm
主要研究领域：
数字经济创新发展；数据要素开发与运用；平台经济运行与监管；人工智能技术与产业发展；数字社会治理

1073　清华大学台湾研究院

所 属 类 别 / 高校智库
主 管 单 位 / 清华大学
成 立 时 间 / 2014 年 11 月
第 一 负 责 人 / 陈德铭
合 作 机 构 /
办 公 地 址 / 北京市海淀区清华园 1 号清华大学（100084）
电话(传真) /
邮 　 箱 /
网 　 址 /
主要研究领域：
两岸贸易投资便利化；两岸产业合作模式；学术文化合作机制；中小企业与基层民众交流

1074　清华大学台资企业研究中心

所 属 类 别 / 高校智库
主 管 单 位 / 清华大学
成 立 时 间 / 2005 年 12 月
第 一 负 责 人 / 李保明
合 作 机 构 /
办 公 地 址 / 北京市海淀区清华园 1 号清华大学第六教学楼 9 层（100084）
电话(传真) / 010-62783772
邮 　 箱 /
网 　 址 / https://www.sppm.tsinghua.edu.cn/yjjg/yjyjzx/tzqyyjzx.htm
主要研究领域：
岸经济政策和台商投资及运营模式

1075　清华大学体育产业发展研究中心

所 属 类 别／高校智库
主 管 单 位／清华大学
成 立 时 间／2016 年 5 月
第一负责人／王雪莉
合 作 机 构／
办 公 地 址／北京市海淀区清华园 1 号清华大学（100084）
电话(传真)／010-62790651
邮　　　箱／tudsi@ sem. tsinghua. edu. cn
网　　　址／
主要研究领域：
体育产业发展

1076　清华大学网络行为研究所
Institute for Internet Behavior, Tsinghua University

所 属 类 别／高校智库
主 管 单 位／清华大学
成 立 时 间／2005 年 1 月
第一负责人／杨斌
合 作 机 构／
办 公 地 址／北京市海淀区清华园 1 号清华大学 FIT 楼 4-515 室（100084）
电话(传真)／010-62798984（010-62782266）
邮　　　箱／
网　　　址／
主要研究领域：
网络文化与网络文明；信息社会的国家治理；网络空间的信任建立；国家信息安全；渗透与反渗透；网络舆情监测与处置；网络犯罪预防与惩治

1077　清华大学未来政府研究中心

所 属 类 别／高校智库
主 管 单 位／清华大学
成 立 时 间／2017 年 10 月
第一负责人／
合 作 机 构／
办 公 地 址／北京市海淀区清华园 1 号清华大学伍舜德楼 325 室（100084）
电话(传真)／010-62792758
邮　　　箱／egov@ tsinghua. edu. cn
网　　　址／https://www. sppm. tsinghua. edu. cn/yjjg/yjyjzx/wlzfyjzx. htm
主要研究领域：
政务数据的挖掘分析与政策；未来政府形态及政府治理的前沿性

Q

1078 清华大学文化创意发展研究院
Institue for Culture Creativity, Tsinghua University

所 属 类 别／高校智库
主 管 单 位／清华大学
成 立 时 间／2016 年 12 月
第 一 负 责 人／柳斌杰
合 作 机 构／
办 公 地 址／北京市海淀区清华园 1 号清华大学（100084）
电话(传真)／
邮　　箱／
网　　址／
主要研究领域：
文化创意；文创产业发展

1079 清华大学文化经济研究院
Institute of Cultural Economy, Tsinghua University

所 属 类 别／高校智库
主 管 单 位／清华大学
成 立 时 间／2017 年 10 月
第 一 负 责 人／魏杰
合 作 机 构／
办 公 地 址／北京市海淀区清华园设计文化园 A-03 室（100084）
电话(传真)／010-62788141
邮　　箱／thuice@ sem. tsinghua. edu. cn
网　　址／http://www. ice. tsinghua. edu. cn
主要研究领域：
运用经济学方法研究中国文化产业的持续发展规律、文化影响中国经济持续发展
的规律

1080 清华大学现代管理研究中心
Research Center for Contemporary Management, Tsinghua University

所 属 类 别／高校智库
主 管 单 位／清华大学
成 立 时 间／2000 年 3 月
第 一 负 责 人／陈剑
合 作 机 构／
办 公 地 址／北京市海淀区清华大学经济管理学院伟伦楼 447 室（100084）
电话(传真)／010-62771663（010-62784555）
邮　　箱／rccm@ mail. tsinghua. edu. cn
网　　址／http://www. rccm. tsinghua. edu. cn
主要研究领域：
决策与管理理论；组织行为与人力资源管理；信息战略与信息管理；资源管理与
可持续发展

1081　清华大学新经济与新产业研究中心

所 属 类 别／高校智库
主 管 单 位／清华大学
成 立 时 间／
第 一 负 责 人／罗贞礼
合 作 机 构／
办 公 地 址／北京市海淀区清华园 1 号清华大学（100084）
电话（传真）／010-62786517
邮　　　箱／xjjxcy@ mail. tsinghua. edu. cn
网　　　址／https://www. tioe. tsinghua. edu. cn/yjjg/xjjyxcyyjzx. htm
主要研究领域：
区域经济；新经济与新产业；文化创意产业

1082　清华大学一带一路战略研究院

所 属 类 别／合作智库—校社合作
主 管 单 位／清华大学
成 立 时 间／2017 年 4 月
第 一 负 责 人／史志钦
合 作 机 构／中华全国归国华侨联合会、清华大学
办 公 地 址／北京市海淀区清华园 1 号清华大学明斋 208 室（100084）
电话（传真）／
邮　　　箱／
网　　　址／
主要研究领域：
"一带一路"倡议实施过程中的全局性、战略性、前瞻性重大问题

1083　清华大学伊斯雷尔爱泼斯坦对外传播研究中心

所 属 类 别／高校智库
主 管 单 位／清华大学
成 立 时 间／2008 年 10 月
第 一 负 责 人／向波涛
合 作 机 构／
办 公 地 址／北京市海淀区清华园 1 号清华大学（100084）
电话（传真）／
邮　　　箱／
网　　　址／
主要研究领域：
国际传播和全球治理

Q

1084 清华大学医院管理研究院
Institute for Hospital Management，Tsinghua University

所 属 类 别／高校智库
主 管 单 位／清华大学
成 立 时 间／2012 年 5 月
第 一 负 责 人／黄洁夫
合 作 机 构／
办 公 地 址／广东省深圳市南山区西丽大学城深圳大学城清华园区（518055）
电话(传真)／0755-26036095（0755-26032492）
邮　　　箱／ihm@ sz. tsinghua. edu. cn
网　　　址／http://www. ihm. tsinghua. edu. cn
主要研究领域：
医院管理

1085 清华大学应急管理研究基地
Center for Crisis Management Research，Tsinghua University

所 属 类 别／高校智库
主 管 单 位／清华大学
成 立 时 间／2004 年
第 一 负 责 人／彭宗超
合 作 机 构／
办 公 地 址／北京市海淀区清华园 1 号清华大学公共管理学院 323 室（100084）
电话(传真)／010-62792421（010-62792421）
邮　　　箱／ccmr@ tsinghua. edu. cn
网　　　址／http://ccmr. sppm. tsinghua. edu. cn
主要研究领域：
应急管理；风险治理

1086 清华大学战略与安全研究中心
Center for International Security and Strategy，Tsinghua University

所 属 类 别／高校智库
主 管 单 位／清华大学
成 立 时 间／2018 年 11 月
第 一 负 责 人／达巍
合 作 机 构／
办 公 地 址／北京市海淀区清华大学明斋 217 室（100084）
电话(传真)／010-62771388
邮　　　箱／ciss@ mail. tsinghua. edu. cn
网　　　址／http://ciss. tsinghua. edu. cn/column/index
主要研究领域：
全球秩序、国际安全治理、人工智能与国家安全等重大战略与安全问题

Q

1087　清华大学政府和社会资本合作研究中心
Center for Public-Private Partnership at Tsinghua University

所 属 类 别 / 高校智库
主 管 单 位 / 清华大学
成 立 时 间 / 2016 年 4 月
第一负责人 / 杨斌、王天义
合 作 机 构 / 国家发展和改革委员会、中国保险监督管理委员会、清华大学
办 公 地 址 / 北京市海淀区清华园 1 号清华大学（100084）
电话(传真) /
邮 　 箱 /
网 　 址 /
主要研究领域：
PPP 领域的重大理论、政策和实践问题

1088　清华大学智库研究中心
Think Tank Research Center, Tsinghua University

所 属 类 别 / 高校智库
主 管 单 位 / 清华大学
成 立 时 间 / 2018 年 4 月
第一负责人 / 朱旭峰
合 作 机 构 /
办 公 地 址 / 北京市海淀区清华园 1 号清华大学（100084）
电话(传真) /
邮 　 箱 /
网 　 址 / https://www.sppm.tsinghua.edu.cn/yjjg/yjyjzx/zkyjzx.htm
主要研究领域：
中国特色新型智库建设；国内外智库发展模式；智库评价与智库理论

1089　清华大学智能法治研究院

所 属 类 别 / 高校智库
主 管 单 位 / 清华大学
成 立 时 间 / 2018 年 12 月
第一负责人 / 申卫星
合 作 机 构 /
办 公 地 址 / 北京市海淀区清华园 1 号清华大学（100084）
电话(传真) /
邮 　 箱 / computational_law@tsinghua.edu.cn
网 　 址 /
主要研究领域：个人信息保护；数据流通利用；网络内容治理；算法规则治理；平台市场秩序；国际网络治理；网络系统安全；新技术新业态治理；法律大数据科研平台和专题知识平台建设；法律推理的计算化；法律知识信息工程；探索司法审判智能辅助平台、在线法律援助平台、民商事索赔计算器等应用

Q

1090　清华大学中俄战略合作研究所

所 属 类 别／高校智库

主 管 单 位／清华大学

成 立 时 间／2011 年 4 月

第 一 负 责 人／王奇

合 作 机 构／

办 公 地 址／北京市海淀区清华园 1 号清华大学伟伦楼 103 室 （100084）

电话(传真)／

邮　　箱／

网　　址／

主要研究领域：

中俄人文社科战略；中俄科技战略；中俄关系

1091　清华大学中国财政税收研究所
National Institute for Fiscal Studies，Tsinghua University

所 属 类 别／高校智库

主 管 单 位／清华大学

成 立 时 间／2008 年 1 月

第 一 负 责 人／白重恩

合 作 机 构／

办 公 地 址／北京市海淀区清华园 1 号清华大学经济管理学院 （100084）

电话(传真)／010-62741492

邮　　箱／baichn@ sem. tsinghua. edu. cn

网　　址／

主要研究领域：

财政税收；财税政策与宏观经济；税收政策实效评估

1092　清华大学中国城市研究院
Tsinghua Urban Institute

所 属 类 别／高校智库

主 管 单 位／清华大学

成 立 时 间／2018 年 11 月

第 一 负 责 人／

合 作 机 构／住房和城乡建设部、清华大学地球系统科学系

办 公 地 址／北京市海淀区清华园 1 号清华大学蒙民伟科技大楼南楼 801 室、803 室、805 室 （100084）

电话(传真)／

邮　　箱／

网　　址／

主要研究领域：

城市发展；城市规划建设

Q

1093 清华大学中国发展规划研究院
China Institute for Development Planning，Tsinghua University

所 属 类 别／高校智库
主 管 单 位／国家发展和改革委员会、清华大学
成 立 时 间／2018 年 10 月
第 一 负 责 人／彭刚
合 作 机 构／国家发展和改革委员会、清华大学
办 公 地 址／北京市海淀区清华园 1 号清华大学公共管理学院（100084）
电话(传真)／010-62789463（010-62789463）
邮　　箱／cidp@tsinghua.edu.cn
网　　址／http://www.cidp.tsinghua.edu.cn
主要研究领域：
经济社会问题

1094 清华大学中国经济社会数据研究中心
Tsinghua China Data Center

所 属 类 别／高校智库
主 管 单 位／清华大学
成 立 时 间／2016 年 7 月
第 一 负 责 人／陆毅
合 作 机 构／国家统计局、清华大学
办 公 地 址／北京市海淀区清华大学舜德楼 224 室（100084）
电话(传真)／010-62794764
邮　　箱／chennan@sem.tsinghua.edu.cn
网　　址／http://www.tcdc.sem.tsinghua.edu.cn
主要研究领域：
微观社会经济调查；政策发展；教育；劳动力市场

1095 清华大学中国经济思想与实践研究院

所 属 类 别／高校智库
主 管 单 位／清华大学
成 立 时 间／2018 年 4 月
第 一 负 责 人／李稻葵
合 作 机 构／
办 公 地 址／北京市海淀区清华园 1 号清华大学经济学院舜德楼 128 室（100084）
电话(传真)／010-62772126
邮　　箱／lidk@sem.tsinghua.edu.cn
网　　址／http://www.accept.tsinghua.edu.cn
主要研究领域：
中国经济实践；政府与市场经济学；具有中国特色的经济学

Q

1096 清华大学中国经济研究中心
National Center for Economic Research at Tsinghua University

所 属 类 别 / 高校智库
主 管 单 位 / 清华大学
成 立 时 间 / 1996 年
第一负责人 / 钟笑寒
合 作 机 构 /
办 公 地 址 / 北京市海淀区清华园 1 号清华大学经济管理学院舜德楼 226 室
　　　　　　（100084）
电话(传真) / 010-62772540
邮　　　箱 / zhongxh@ sem. tsinghua. edu. cn
网　　　址 / http://www. ncer. tsinghua. edu. cn
主要研究领域：
经济增长；经济问题；金融研究；公共财政；人力资源

1097 清华大学中国科技政策研究中心
China Institute for Science and Technology Policy at Tsinghua University

所 属 类 别 / 高校智库
主 管 单 位 / 清华大学
成 立 时 间 / 2003 年
第一负责人 / 薛澜
合 作 机 构 / 科学技术部、清华大学
办 公 地 址 / 北京市海淀区清华园 1 号清华大学公共管理学院 （100084）
电话(传真) / 010-62797212
邮　　　箱 / cistp@ tsinghua. edu. cn
网　　　址 / http://cistp. sppm. tsinghua. edu. cn
主要研究领域：
科技全球化理论与实证；国家创新系统理论与实证；科技政策体系和政策过程；
教育发展战略与高等教育

1098 清华大学中国农村研究院
China Institute for Rural Studies, Tsinghua University

所 属 类 别 / 高校智库
主 管 单 位 / 清华大学
成 立 时 间 / 2011 年 9 月
第一负责人 / 陈锡文
合 作 机 构 /
办 公 地 址 / 北京市海淀区清华园 1 号清华大学公共管理学院 612 室 （100084）
电话(传真) / 010-62773526 （010-62796949）
邮　　　箱 / cirs@ mail. tsinghua. edu. cn
网　　　址 / http://www. cirs. tsinghua. edu. cn
主要研究领域：
"三农" 问题；中国农村改革发展

Q

1099　清华大学中国企业成长与经济安全研究中心
Center for Enterprise Growth and National Economic Security Research, Tsinghua University

所 属 类 别 / 高校智库
主 管 单 位 / 清华大学
成 立 时 间 / 2010 年 4 月
第一负责人 / 雷家骕
合 作 机 构 /
办 公 地 址 / 北京市海淀区清华园 1 号清华大学伟伦楼 377 室（100084）
电话(传真) / 010-62789953
邮　　　箱 / leijs@ sem. tsinghua. edu. cn
网　　　址 /
主要研究领域：
企业成长与产业发展；经济安全；企业成长与创新政策

1100　清华大学中国社会风险评估研究中心

所 属 类 别 / 高校智库
主 管 单 位 / 清华大学
成 立 时 间 / 2016 年 11 月
第一负责人 / 彭宗超、夏诚华
合 作 机 构 /
办 公 地 址 / 北京市海淀区清华园 1 号清华大学公共管理学院（100084）
电话(传真) / 010-62797176
邮　　　箱 / pengzch@ tsinghua. edu. cn
网　　　址 /
主要研究领域：
综合性社会稳定风险评估；重大决策社会稳定风险评估；重点地区或地方社会风险评估；社会风险、冲突与矛盾的预防与治理

1101　清华大学中国现代国有企业研究院
Institute for State-Owned Enterprises, Tsinghua University

所 属 类 别 / 高校智库
主 管 单 位 / 清华大学
成 立 时 间 / 2017 年 12 月
第一负责人 / 白重恩
合 作 机 构 /
办 公 地 址 / 北京市海淀区中关村东路 1 号清华科技园创业大厦 1107A 室（100084）
电话(传真) / 010-62773737
邮　　　箱 /
网　　　址 / http://www. thuisoe. tsinghua. edu. cn
主要研究领域：中国特色社会主义现代国有企业制度理论；中国国资国企改革实践；全面深化国资国企改革

Q

1102 清华大学中国新型城镇化研究院
Institute for China Sustainable Urbanization，Tsinghua University

所 属 类 别 / 高校智库
主 管 单 位 / 清华大学
成 立 时 间 / 2016 年 3 月
第一负责人 / 陈旭
合 作 机 构 / 国家发展改革委、清华大学
办 公 地 址 / 北京市海淀区双清路双清大厦 4 号楼 10 层（100084）
电话(传真) / 010-83021343（010-83021833）
邮　　　箱 / tucsu@ tsinghua. edu. cn
网　　　址 / http: //tucsu. tsinghua. edu. cn
主要研究领域：
中国新型城镇化创新

1103 曲阜师范大学教育科学研究院

所 属 类 别 / 高校智库
主 管 单 位 / 曲阜师范大学
成 立 时 间 / 2013 年 10 月
第一负责人 / 唐爱民
合 作 机 构 /
办 公 地 址 / 山东省曲阜市静轩西路 57 号曲阜师范大学（273165）
电话(传真) /
邮　　　箱 /
网　　　址 / https: //jyxy. qfnu. edu. cn/info/1110/1743. htm
主要研究领域：
教育学

1104 曲阜师范大学中国教育大数据研究院
Chinese Academy of Education Big Data，Qufu Normal University

所 属 类 别 / 高校智库
主 管 单 位 / 曲阜师范大学
成 立 时 间 / 2015 年 9 月
第一负责人 / 戚万学
合 作 机 构 / 中国统计信息服务中心、曲阜师范大学
办 公 地 址 / 山东省曲阜市静轩西路 57 号曲阜师范大学智库楼（273165）
电话(传真) / 0537-4450537（0537-4450537）
邮　　　箱 / jiaoyudashuju@ 126. com
网　　　址 / https: //bigdata. qfnu. edu. cn
主要研究领域：重大教育政策的国民舆情追踪；基础教育质量监测；基于大数据的教育精准扶贫；学校治理与绩效评估；优秀传统文化的国民认同与教育策略；大中小学学生体质健康监测；学生认知倾向与职业专业发展趋势分析；中外中小学生数学、阅读和科学素养及教育教学策略比较

Q

1105 曲阜师范大学中国南海与周边国家关系研究中心
South China Sea and Neighboring Countries Relations Research Center，Qufu Normal University

所 属 类 别／高校智库
主 管 单 位／曲阜师范大学
成 立 时 间／2014 年 7 月
第 一 负 责 人／李兆祥
合 作 机 构／
办 公 地 址／山东省曲阜市静轩西路 57 号曲阜师范大学中国南海与周边国家关系
　　　　　　　研究中心（273165）
电话(传真)／18863762115
邮　　　箱／riyao321@ 126. com
网　　　址／https：//dongyahaiyu. qfnu. edu. cn
主要研究领域：国南海主权历史与法理依据；东亚海域争端问题

1106 全国妇女联合会妇女研究所
Women's Studies Institute of China

所 属 类 别／社会智库—社会团体
主 管 单 位／中华全国妇女联合会
成 立 时 间／1991 年 1 月
第 一 负 责 人／杜洁
合 作 机 构／
办 公 地 址／北京市朝阳区建国门内大街 15 号（100022）
电话(传真)／010-85112147（010-65225396）
邮　　　箱／wsic@ wsic. ac. cn
网　　　址／http：//www. wsic. ac. cn
主要研究领域：女性高层次人才成长状况研究与政策推动；社会性别平等与妇女
发展；先进性别文化；妇女参政；妇女生育健康；西部妇女人力资源开发对策

1107 全球化智库
Center for China and Globalization

所 属 类 别／社会智库—民办非企业
主 管 单 位／中国人才研究会
成 立 时 间／2008 年
第 一 负 责 人／王辉耀
合 作 机 构／
办 公 地 址／北京市朝阳区光华路 7 号汉威大厦西区 15 层 15B5 室、15B6 室
　　　　　　　（100004）
电话(传真)／010-65611038（010-65611040）
邮　　　箱／contact@ ccg. org. cn
网　　　址／http：//www. ccg. org. cn
主要研究领域：
国际人才；企业国际化；华侨华商；创新创业；国际移民；国际关系

Q

1108　泉州师范学院福建省体育产业研究中心

所 属 类 别 / 高校智库

主 管 单 位 / 泉州师范学院

成 立 时 间 /

第 一 负 责 人 / 许月云

合 作 机 构 /

办 公 地 址 / 福建省泉州市丰泽区东海大街 398 号泉州师范学院（362000）

电话(传真) / 13505027879（0595-22919529）

邮　　　箱 / 1293630340@ qq. com

网　　　址 /

主要研究领域：

体育用品产业转型升级

1109　泉州师范学院民营经济发展研究院

所 属 类 别 / 高校智库

主 管 单 位 / 泉州师范学院

成 立 时 间 /

第 一 负 责 人 / 刘义圣

合 作 机 构 /

办 公 地 址 / 福建省泉州市丰泽区东海大街 398 号泉州师范学院文科楼 B 栋
（362000）

电话(传真) /

邮　　　箱 /

网　　　址 / https://www. qztc. edu. cn/tsbit/2018/1217/c1437a230586/page. htm

主要研究领域：

民营企业投融资；企业家精神；品牌建设

1110　人民网研究院
Institute of People's Daily Online

所 属 类 别 / 社会智库—企业

主 管 单 位 / 人民网股份有限公司

成 立 时 间 / 2011 年 4 月

第 一 负 责 人 / 唐维红

合 作 机 构 /

办 公 地 址 / 北京市朝阳区金台西路 2 号人民日报社 12 号楼（100733）

电话(传真) /

邮　　　箱 /

网　　　址 / http://yjy. people. com. cn

主要研究领域：

媒介、媒体发展；新媒体传播；信息技术；信息经济

1111 人民智库
People Think Tank

所 属 类 别 / 社会智库

主 管 单 位 / 人民日报社

成 立 时 间 /

第一负责人 / 李雪林

合 作 机 构 /

办 公 地 址 / 北京市朝阳区金台西路 2 号人民日报新媒体大楼 11 层（100733）

电话（传真）/ 010-65363730

邮　　　箱 /

网　　　址 / http://rmlt.com.cn/thinktank

主要研究领域：

经济、科技、教育、文化和健康等社会问题；治国理政重大现实问题和重大理论问题

1112 三江学院发展战略与规划研究院

所 属 类 别 / 高校智库

主 管 单 位 / 三江学院

成 立 时 间 / 2019 年 8 月

第一负责人 / 李建启

合 作 机 构 /

办 公 地 址 / 江苏省南京市雨花台区铁心桥龙西路 310 号五教楼 5720-2 室（210012）

电话（传真）/ 025-52897083

邮　　　箱 / faguiyuan@sju.edu.cn

网　　　址 / https://www.sju.edu.cn/fzghyjy

主要研究领域：发展战略与规划

1113 三峡大学湖北省三峡地区生态保护与治理国际联合研究中心
Hubei International Scientific and Technological Cooperation Center of Ecological Conservation and Management in Three Gorges Area, China Three Gorges University

所 属 类 别 / 高校智库

主 管 单 位 / 三峡大学

成 立 时 间 / 2014 年

第一负责人 / 陈芳清

合 作 机 构 / 美国佛罗里达大学热带研究与教育中心、日本名城大学农学部、三峡大学

办 公 地 址 / 湖北省宜昌市西陵区大学路 8 号三峡大学（443002）

电话（传真）/ 13972568521

邮　　　箱 / fqchen@ctgu.edu.cn

网　　　址 /

主要研究领域：

退化生态系统修复；森林生态系统健康管理；点面源污染检测；环境风险评价

R
S

1114　三峡大学区域社会管理创新与发展研究中心

Research Center for Regional Social Management Innovation and Development, China Three Gorges University

所 属 类 别 / 高校智库

主 管 单 位 / 三峡大学

成 立 时 间 / 2013 年 1 月

第 一 负 责 人 / 谭志松

合 作 机 构 /

办 公 地 址 / 湖北省宜昌市西陵区大学路 8 号三峡大学（443002）

电话(传真) / 0717-6397606

邮　　箱 / yyshxyjs@ 126. com

网　　址 / http://qyshgl. ctgu. edu. cn

主要研究领域：政治建设与三峡区域社会发展；教育与三峡区域社会发展；文化建设与三峡区域社会发展；三峡区域社会发展的战略和对策

1115　三峡大学三峡文化与经济社会发展研究中心

The Development Research Center of the Three Gorges Culture and Economic Society, China Three Gorges University

所 属 类 别 / 高校智库

主 管 单 位 / 三峡大学

成 立 时 间 / 1992 年

第 一 负 责 人 / 王祖龙

合 作 机 构 / 湖北省教育厅、三峡大学

办 公 地 址 / 湖北省宜昌市西陵区大学路 8 号三峡大学（443002）

电话(传真) / 0717-6395356 （0717-6392209）

邮　　箱 /

网　　址 / http://sxwh. ctgu. edu. cn

主要研究领域：三峡文化与经济、社会发展

1116　三峡大学水库移民研究中心

Research Center for Reservoir Resettlement, China Three Gorges University

所 属 类 别 / 高校智库

主 管 单 位 / 三峡大学

成 立 时 间 / 2005 年

第 一 负 责 人 / 段跃芳

合 作 机 构 /

办 公 地 址 / 湖北省宜昌市西陵区大学路 8 号三峡大学经济与管理学院楼内 6 楼 G1602 室（443002）

电话(传真) / 0717-6399458

邮　　箱 / ymyjs@ ctgu. edu. cn

网　　址 / http://ymzx. ctgu. edu. cn

主要研究领域：

水库移民理论政策与规划；水库移民与和谐社会建设

1117　三峡大学影视文化与产业发展研究中心

所 属 类 别 / 高校智库

主 管 单 位 / 三峡大学

成 立 时 间 / 2014 年

第一负责人 / 吴卫华

合 作 机 构 / 三峡大学、湖北省文联

办 公 地 址 / 湖北省宜昌市西陵区大学路 8 号三峡大学（443002）

电话(传真) / 0717-6395368

邮　　　箱 / yswgzx2017@163.com

网　　　址 / http://yszx.ctgu.edu.cn

主要研究领域：

影视文化理论与批评；影视创作；影视教育；影视产业

1118　山东大学城市文化研究院

所 属 类 别 / 高校智库

主 管 单 位 / 山东大学

成 立 时 间 / 2017 年 9 月

第一负责人 /

合 作 机 构 / 山东大学、青岛市

办 公 地 址 / 山东省青岛市市北区洛阳路街道商城支路 1 号（250001）

电话(传真) / 0531-88362618（0531-88362618）

邮　　　箱 / icisdu@163.com

网　　　址 / https://uci.sdu.edu.cn

主要研究领域：

城乡融合规划；品牌策划

1119　山东大学传播与媒介研究中心
Communication and Media Center, Shandong University

所 属 类 别 / 高校智库

主 管 单 位 / 山东大学

成 立 时 间 / 2015 年 3 月

第一负责人 / 刘明洋

合 作 机 构 /

办 公 地 址 / 山东省济南市历城区山大南路 27 号山东大学（250100）

电话(传真) / 0531-88361065

邮　　　箱 /

网　　　址 /

主要研究领域：

媒介与社会发展；媒介战略

S

1120　山东大学当代社会主义研究所

所 属 类 别 / 高校智库
主 管 单 位 / 山东大学
成 立 时 间 / 1983 年
第一负责人 / 崔桂田
合 作 机 构 /
办 公 地 址 / 山东省济南市历城区洪家楼 5 号（250100）
电话(传真) / 0531-88375471（0531-88375471）
邮　　　箱 / krics@ sdu. edu. cn
网　　　址 / http://www. krics. sdu. edu. cn
主要研究领域：
21 世纪世界社会主义与当代中国发展；国际中共学与世界社会主义比较研究

1121　山东大学地方政府管理研究所
Institute of Local Government Management, Shandong University

所 属 类 别 / 高校智库
主 管 单 位 / 山东大学
成 立 时 间 / 2008 年 5 月
第一负责人 / 方雷
合 作 机 构 /
办 公 地 址 / 山东省青岛市即墨区滨海路 72 号山东大学青岛校区（233237）
电话(传真) /
邮　　　箱 /
网　　　址 / https://dfzfgl. qd. sdu. edu. cn
主要研究领域：
地方政府创新发展

S

1122　山东大学风险治理和应急管理研究中心
Center for Emergency Management, Shandong University

所 属 类 别 / 高校智库
主 管 单 位 / 山东大学
成 立 时 间 /
第一负责人 / 马奔
合 作 机 构 /
办 公 地 址 / 山东省青岛市即墨区鳌山卫街道滨海路 72 号（266200）
电话(传真) / 0532-58630301
邮　　　箱 /
网　　　址 / https://cem. qd. sdu. edu. cn
主要研究领域：
风险治理与应急管理

1123　山东大学公共文化研究中心
Public Cultural Research Center，Shandong University

所 属 类 别／高校智库
主 管 单 位／山东大学
成 立 时 间／2017 年 11 月
第一负责人／高迎刚
合 作 机 构／
办 公 地 址／山东省济南市历城区山大南路 27 号山东大学（250100）
电话(传真)／0531-66777888
邮　　　箱／ggwhsdu@ 163. com
网　　　址／http: //ggwh. sdu. edu. cn
主要研究领域:
现代公共文化服务体系

1124　山东大学公共治理研究院
Institute of Governance，Shandong University

所 属 类 别／高校智库
主 管 单 位／山东大学
成 立 时 间／2017 年 7 月
第一负责人／杨大利
合 作 机 构／
办 公 地 址／山东省青岛市即墨区鳌山卫街道滨海路 72 号山东大学（青岛）华岗
　　　　　　苑南楼（266237）
电话(传真)／0532-58630309
邮　　　箱／iog@ sdu. edu. cn
网　　　址／http: //www. iog. sdu. edu. cn
主要研究领域:
公共治理领域政策

1125　山东大学公司治理研究中心

所 属 类 别／高校智库
主 管 单 位／山东大学
成 立 时 间／2009 年 12 月
第一负责人／徐向艺
合 作 机 构／
办 公 地 址／山东省济南市历城区山大南路 27 号山东大学（250100）
电话(传真)／
邮　　　箱／
网　　　址／https: //www. glxy. sdu. edu. cn/info/1153/4515. htm
主要研究领域: 公司治理与制度创新; 公司财务管理与治理; 集团公司治理; 商
业银行公司治理; 公司董事会效率与业绩评价; 公司股东权益保护机制; 高管激
励机制; 公司控制权; 公司社会责任

1126　山东大学国际问题研究院
Institute of International Studies, Shandong University

所 属 类 别 / 高校智库
主 管 单 位 / 山东大学
成 立 时 间 / 2019 年 3 月
第 一 负 责 人 / 张蕴岭
合 作 机 构 /
办 公 地 址 / 山东省威海市环翠区文化西路 180 号山东大学国际问题研究院（264209）
电话（传真）/ 0631-5685565
邮　　　箱 / iissdu@ sdu. edu. cn
网　　　址 / https://iis. wh. sdu. edu. cn
主要研究领域：
东北亚问题；南亚问题；海洋战略与发展；世界经济发展与合作；国际服务贸易；
国际公共安全

1127　山东大学国家治理研究院
Institute of State Governance, Shandong University

所 属 类 别 / 高校智库
主 管 单 位 / 山东大学
成 立 时 间 / 2019 年
第 一 负 责 人 / 樊丽明
合 作 机 构 /
办 公 地 址 / 山东省济南市历城区山大南路 27 号山东大学（250100）
电话（传真）/ 0531-88361958
邮　　　箱 / sdu_gzy@ 163. com
网　　　址 / https://isg. qd. sdu. edu. cn
主要研究领域：国家治理

1128　山东大学黄河国家战略研究院

所 属 类 别 / 高校智库
主 管 单 位 / 山东大学
成 立 时 间 /
第 一 负 责 人 /
合 作 机 构 / 中国科学技术协会、山东省人民政府、山东大学
办 公 地 址 / 山东省济南市历城区山大南路 27 号山东大学（250100）
电话（传真）/ 0531-88361736
邮　　　箱 /
网　　　址 / http://www. hhzlyjy. sdu. edu. cn
主要研究领域：
黄河国家战略

1129 山东大学经济研究院
Center for Economic Research，Shandong University

所 属 类 别／高校智库

主 管 单 位／山东大学

成 立 时 间／2001 年 6 月

第 一 负 责 人／黄少安

合 作 机 构／

办 公 地 址／山东省济南市历城区山大南路 27 号山东大学经济研究院（250100）

电话(传真)／0531-88364000

邮　　箱／cer@ sdu. edu. cn

网　　址／http://www. cer. sdu. edu. cn

主要研究领域：

产权；法经济学；就业与社会保障；国际经济；经济周期与经济增长理论；"三农"问题；语言经济；教育经济

1130 山东大学可持续制造研究中心
Research Center for Sustainable Manufacturing，Shandong University

所 属 类 别／高校智库

主 管 单 位／山东大学

成 立 时 间／2003 年

第 一 负 责 人／李剑峰

合 作 机 构／

办 公 地 址／山东省济南市历下区经十路 17923 号山东大学千佛山校区（250100）

电话(传真)／0531-88392003

邮　　箱／rcsmsdu@ 163. com

网　　址／http://rcsm. sdu. edu. cn

主要研究领域：

绿色制造、高效制造等基础理论和应用技术

1131 山东大学欧洲研究中心（德国研究中心）
Shandong University Center for European Studies（Center for German Studies）

所 属 类 别／高校智库

主 管 单 位／山东大学

成 立 时 间／1994 年 9 月

第 一 负 责 人／王学玉

合 作 机 构／

办 公 地 址／山东省青岛市即墨区滨海路 72 号山东大学青岛校区（233237）

电话(传真)／

邮　　箱／xueyuw@ 163. com

网　　址／http://www. europe. qd. sdu. edu. cn

主要研究领域：

欧洲政治、外交、经济、社会、法律、公共管理、历史、文化等

S

1132 山东大学日本研究中心
Shandong University Centre of Japanese Studies

所 属 类 别 / 高校智库
主 管 单 位 / 山东大学
成 立 时 间 / 1986 年 9 月
第一负责人 / 邢永凤
合 作 机 构 /
办 公 地 址 / 山东省济南市历城区山大南路 27 号山东大学（250100）
电话(传真) /
邮　　箱 / xingyf@ sdu. edu. cn
网　　址 /
主要研究领域：
日本政治、经济、哲学、文学、语言、历史、社会、法律、文化、教育等

1133 山东大学山东发展研究院
Development Research Institute in Shandong University

所 属 类 别 / 高校智库
主 管 单 位 / 山东大学
成 立 时 间 / 2010 年 7 月
第一负责人 / 韩寓群
合 作 机 构 /
办 公 地 址 / 山东省济南市历城区山大南路 27 号山东大学（250100）
电话(传真) / 0531-88363377（0531-88363377）
邮　　箱 / ssd@ sdu. edu. cn
网　　址 / http://www. ssd. sdu. edu. cn
主要研究领域：
区域经济；民营经济；"三农"问题；产业经济；公共政策；公共服务体系；社会发展与社会治理

1134 山东大学山东省反垄断与规制经济学重点研究基地
Antitrust and Regulation Research Center, Shandong University

所 属 类 别 / 高校智库
主 管 单 位 / 山东大学
成 立 时 间 / 2009 年 5 月
第一负责人 / 于良春
合 作 机 构 /
办 公 地 址 / 山东省济南市历城区山大南路 27 号山东大学（250100）
电话(传真) / 0531-88363658（0531-88363658）
邮　　箱 / regulationcentersd@ 163. com
网　　址 / http://www. arrc. sdu. edu. cn
主要研究领域：
反垄断法律与案例；产业组织与竞争政策；市场设计与模拟

1135　山东大学山东省公共经济与公共政策研究基地
Center for Public Economy and Policy Research of Shandong Province, Sandong University

所 属 类 别 / 高校智库

主 管 单 位 / 山东大学

成 立 时 间 / 2007 年 11 月

第 一 负 责 人 / 樊丽明

合 作 机 构 /

办 公 地 址 / 山东省济南市历城区山大南路 27 号山东大学（250100）

电话(传真) / 0531-88363688（0531-88363688）

邮　　箱 / cpepr@ sdu. edu. cn

网　　址 / http://www. cpepr. sdu. edu. cn

主要研究领域：

公共经济（财政税收）；公共卫生政策；公共管理与公民自治；社会福利政策；生态环境政策；公共经济与政策计量

1136　山东大学山东省文化发展战略高端智库

所 属 类 别 / 高校智库

主 管 单 位 / 山东大学

成 立 时 间 / 2016 年

第 一 负 责 人 / 王学典

合 作 机 构 /

办 公 地 址 / 山东省济南市历城区山大南路 27 号山东大学（250100）

电话(传真) /

邮　　箱 /

网　　址 / https://www. rxgdyjy. sdu. edu. cn/kypt/sdswhfzzlgdzk1. htm

主要研究领域：

儒家文化与世界文化对话；山东文化强省战略对策；山东文化遗产发掘保护与整理

1137　山东大学山东省应用金融理论与政策研究基地（山东区域金融改革与发展研究中心）

所 属 类 别 / 高校智库

主 管 单 位 / 山东大学

成 立 时 间 / 2009 年 6 月

第 一 负 责 人 / 胡金焱

合 作 机 构 /

办 公 地 址 / 山东省济南市历城区山大南路 27 号山东大学经济学院（250100）

电话(传真) / 0531-88364625（0531-88364625）

邮　　箱 / hwx@ sdu. edu. cn

网　　址 / http://www. hmzk. sdu. edu. cn

主要研究领域：

金融投资与金融工程；金融制度与金融政策；国际金融；银行公司治理

S

1138　山东大学生活质量与公共政策研究中心

所 属 类 别／高校智库

主 管 单 位／山东大学

成 立 时 间／2009 年

第一负责人／邢占军

合 作 机 构／

办 公 地 址／山东省青岛市即墨区滨海路 72 号山东大学青岛校区（233237）

电话(传真)／0532-58630326

邮　　　箱／webmaster@sdu.edu.cn

网　　　址／http://www.shzlyj.qd.sdu.edu.cn

主要研究领域：

民生统计与公共政策

1139　山东大学卫生管理与政策研究中心
Health Management and Policy Research Center of Shandong University

所 属 类 别／高校智库

主 管 单 位／山东大学

成 立 时 间／2002 年 6 月

第一负责人／李士雪

合 作 机 构／

办 公 地 址／山东省济南市历下区文化西路 44 号（250012）

电话(传真)／0531-88382142（0531-88382693）

邮　　　箱／shixueli@sdu.edu.cn

网　　　址／https://chmp.sdu.edu.cn

主要研究领域：

卫生经济；卫生管理；卫生政策

1140　山东大学县域发展研究院
Institute for Studies in County Development, Shandong University

所 属 类 别／高校智库

主 管 单 位／山东大学

成 立 时 间／2014 年 7 月

第一负责人／黄凯南

合 作 机 构／山东大学、即墨市人民政府

办 公 地 址／山东省即墨市振华街 49 号（266200）

电话(传真)／0532-83582599（0532-83582599）

邮　　　箱／iscd@sdu.edu.cn

网　　　址／http://xyfz.sdu.edu.cn

主要研究领域：

县域发展

S

1141 山东大学亚太研究所
Institute of Asia-Pacific Studies, Shandong University

所 属 类 别 / 高校智库
主 管 单 位 / 山东大学
成 立 时 间 / 1994 年 5 月
第一负责人 / 杨鲁慧
合 作 机 构 /
办 公 地 址 / 山东省济南市历城区山大南路 27 号山东大学邵逸夫科学馆（250100）
电话(传真) / 0531-88377001（0531-88377001）
邮　　箱 / ylh@ sdu. edu. cn
网　　址 / http://www. iaps. sdu. edu. cn
主要研究领域：
亚太政治；东亚安全；亚太经济；亚太法律；亚太文化；比较政治；民族冲突；
中国周边外交

1142 山东大学犹太教与跨宗教研究中心
Center for Judaic and Inter-religious Studies of Shandong University

所 属 类 别 / 高校智库
主 管 单 位 / 山东大学
成 立 时 间 / 2003 年 4 月
第一负责人 / 傅有德
合 作 机 构 /
办 公 地 址 / 山东省济南市历城区山大南路 27 号山东大学（250100）
电话(传真) / 0531-88377938
邮　　箱 / ydfu@ sdu. edu. cn
网　　址 / http://www. cjs. sdu. edu. cn
主要研究领域：
犹太学；犹太宗教与哲学；世界各大宗教和比较宗教

1143 山东大学中日韩合作研究中心
Trilateral Cooperation Studies Center, Shandong University

所 属 类 别 / 高校智库
主 管 单 位 / 山东大学
成 立 时 间 / 2014 年
第一负责人 / 牛林杰
合 作 机 构 /
办 公 地 址 / 山东省济南市历城区洪家楼 5 号（250100）
电话(传真) / 0531-88375186
邮　　箱 /
网　　址 / http://tcsc. sdu. edu. cn
主要研究领域：
中日韩合作

S

1144　山东大学中泰证券金融研究院
Zhongtai Securities Institute for Financial Studies，Shandong University

所 属 类 别 / 高校智库

主 管 单 位 / 山东大学、齐鲁证券有限公司

成 立 时 间 / 2008 年 5 月

第一负责人 / 陈增敬

合 作 机 构 / 山东大学、齐鲁证券有限公司

办 公 地 址 / 山东省济南市历城区山大南路 27 号山东大学（250100）

电话(传真) / 0531-88364100

邮　　箱 / sxyuanzhang@ sdu. edu. cn

网　　址 / http://mathfinance. sdu. edu. cn

主要研究领域：

金融数学；现代经济；金融领域

1145　山东社会科学院
Shandong Academy of Social Sciences

所 属 类 别 / 科研院所智库

主 管 单 位 / 中共山东省委、山东省人民政府

成 立 时 间 / 1980 年 12 月

第一负责人 / 袁红英

合 作 机 构 /

办 公 地 址 / 山东省济南市市中区舜耕路 56 号（250002）

电话(传真) / 0531-82704698

邮　　箱 /

网　　址 / http://www. sdass. net. cn

主要研究领域：

生态经济；区域经济；农村发展；对外经济；海洋经济战略；财政金融；社会发展；公共政策；中国特色社会主义民主政策；人口管理

1146　山东省宏观经济研究院
Shandong Academy of Macroeconomic Research

所 属 类 别 / 党政智库—省/区/市政府所属

主 管 单 位 / 山东省发展改革委员会

成 立 时 间 / 2010 年 6 月

第一负责人 / 张中英

合 作 机 构 /

办 公 地 址 / 山东省济南市历下区千佛山南路 9 号（250003）

电话(传真) / 0531-82623788（0531-82623556）

邮　　箱 / sdshgybgs@ 126. com

网　　址 / http://www. sdshgy. cn

主要研究领域：

国民经济；社会发展；改革问题

1147 山东省艺术研究院
Shandong Academy of Arts

所 属 类 别 / 党政智库

主 管 单 位 / 山东省文化和旅游厅

成 立 时 间 / 2014 年 3 月

第 一 负 责 人 / 林凡军

合 作 机 构 /

办 公 地 址 / 山东省济南市历城区山大北路 27-2 号 （250100）

电话(传真) / 0531-69957293

邮　　　箱 / sdsysyjy@ 126. com

网　　　址 / http://www. sdsysyjy. com

主要研究领域：

数字化时代文化艺术新业态；文化艺术发展新阶段的治理

1148 山西财经大学资源型经济研究中心

所 属 类 别 / 高校智库

主 管 单 位 / 山西财经大学

成 立 时 间 / 2011 年

第 一 负 责 人 / 郭泽光

合 作 机 构 /

办 公 地 址 / 山西省太原市坞城路 140 号山西财经大学 （030006）

电话(传真) /

邮　　　箱 / guosf@ sxufe. edu. cn

网　　　址 /

主要研究领域：

资源型企业与产业转型；资源型城市转型发展；煤炭资源开发与生态环境治理；
经济转型中的社会问题；资源型经济转型中的体制改革

1149 山西财经大学资源型经济转型发展研究院

所 属 类 别 / 高校智库

主 管 单 位 / 山西财经大学

成 立 时 间 / 2011 年

第 一 负 责 人 / 孟勇

合 作 机 构 /

办 公 地 址 / 山西省太原市坞城路 140 号山西财经大学 （030006）

电话(传真) / 0351-7666327

邮　　　箱 / zyzx@ sxufe. edu. cn

网　　　址 / http://zyzx. sxufe. edu. cn

主要研究领域：

区域经济学

S

1150　山西大学高等教育研究所
Higher Education Research Institute, Shanxi University

所 属 类 别 / 高校智库
主 管 单 位 / 山西大学
成 立 时 间 /
第一负责人 / 侯怀银
合 作 机 构 /
办 公 地 址 / 山西省太原市小店区南中环东街 63 号山西大学东山校区 （030031）
电话(传真) / 0351-7010973
邮　　　箱 / huaiyin8@ 163. com
网　　　址 /
主要研究领域：
高等教育

1151　山西大学管理与决策研究所（山西大学管理与决策研究中心）
Institute of Management and Decision, Shanxi University

所 属 类 别 / 高校智库
主 管 单 位 / 山西大学
成 立 时 间 / 1988 年
第一负责人 / 刘维奇
合 作 机 构 /
办 公 地 址 / 山西省太原市小店区坞城路 92 号山西大学 （030006）
电话(传真) / 0351-7011949
邮　　　箱 / imd@ sxu. edu. cn
网　　　址 / http://gljc. sxu. edu. cn
主要研究领域：
山西资源型经济转型发展中的管理与决策问题；企业经营管理中遇到的现实问题

1152　山西大学马克思主义哲学研究所

所 属 类 别 / 高校智库
主 管 单 位 / 山西大学
成 立 时 间 / 2007 年
第一负责人 / 乔瑞金
合 作 机 构 /
办 公 地 址 / 山西省太原市小店区坞城路 92 号山西大学 （030006）
电话(传真) /
邮　　　箱 /
网　　　址 / http://mzs. sxu. edu. cn
主要研究领域：
马克思主义中国化的重大理论与实践问题

1153 山西大学社会哲学与城乡发展研究中心
Research Center For Social Philosophy and Urban-rural Development

所 属 类 别 / 高校智库

主 管 单 位 / 山西大学

成 立 时 间 / 2014 年 6 月

第一负责人 / 马华

合 作 机 构 /

办 公 地 址 / 山西省太原市小店区坞城路 92 号山西大学（030006）

电话（传真）/ 0351-7018221

邮　　　箱 / 13797077887@163.com

网　　　址 / http://curdi.sxu.edu.cn

主要研究领域：

乡村振兴与城乡融合发展；精准扶贫与乡村持续发展；乡村转型与基层治理创新；特色农-文旅产业发展模式；资源型地区转型发展路径；三晋文化现代性转换路径；当代中国农村发展道路；城乡中国的现代性构建；城乡发展指数评价体系

1154 山西大学中国社会史研究中心
Research Center For Chinese Social History, Shanxi University

所 属 类 别 / 高校智库

主 管 单 位 / 山西大学

成 立 时 间 / 1992 年

第一负责人 / 张俊峰

合 作 机 构 /

办 公 地 址 / 山西省太原市小店区坞城路 92 号山西大学（030006）

电话（传真）/ 0351-7011488

邮　　　箱 / rcsh@sxu.edu.cn

网　　　址 / http://rccsh.sxu.edu.cn

主要研究领域：

区域社会史

S

1155 山西省社会科学院（山西省人民政府发展研究中心）

所 属 类 别 / 科研院所智库

主 管 单 位 / 山西省人民政府

成 立 时 间 / 1983 年 5 月

第一负责人 / 张峻

合 作 机 构 /

办 公 地 址 / 山西省太原市小店区大昌南路 14 号（030032）

电话（传真）/ 0351-7850200

邮　　　箱 /

网　　　址 / http://www.sass.sx.cn

主要研究领域：能源经济；党的建设；思维科学；晋商文化；旅游经济；山西安全文化；山西学习科学与家庭教育；人文资源开发

1156　陕西理工大学陕南绿色发展与生态补偿研究中心

所 属 类 别／高校智库
主 管 单 位／陕西理工大学
成 立 时 间／
第一负责人／刘保民
合 作 机 构／
办 公 地 址／陕西省汉中市汉台区东一环路 1 号陕西理工大学（723001）
电话(传真)／
邮　　　箱／
网　　　址／ https://lsfz.snut.edu.cn
主要研究领域：
全球生态环境问题；南水北调中线工程汉江水源保护；秦巴集中连片特困区脱贫发展

1157　陕西省社会科学院
Shaanxi Academy of Social Sciences

所 属 类 别／科研院所智库
主 管 单 位／陕西省人民政府
成 立 时 间／1979 年
第一负责人／程宁博
合 作 机 构／
办 公 地 址／陕西省西安市雁塔区含光南路 177 号（710065）
电话(传真)／029-85254007（029-85254007）
邮　　　箱／ sassweb@126.com
网　　　址／ http://www.sxsky.org.cn
主要研究领域：
区域经济；产业经济；党的建设；民主法治建设；公共管理；公共政策；区域社会；陕西人口；社会舆情调查；宗教政策；文化体制改革

1158　陕西师范大学"一带一路"建设与中亚研究协同创新研究中心（乌兹别克斯坦研究中心、阿富汗研究中心、中亚研究所）

所 属 类 别／高校智库
主 管 单 位／陕西师范大学
成 立 时 间／
第一负责人／李琪
合 作 机 构／
办 公 地 址／陕西省西安市长安区西长安街 620 号陕西师范大学长安校区（710119）
电话(传真)／029-85308888
邮　　　箱／
网　　　址／ http://zys.snnu.edu.cn
主要研究领域：中亚国家安全风险评估与"一带一路"建设；中亚国家与中国陕西省"一带一路"的区域合作；中亚与中国西北地区非传统安全

1159 陕西师范大学"一带一路"文化研究院

所 属 类 别／高校智库
主 管 单 位／陕西师范大学
成 立 时 间／2018 年 1 月
第一负责人／甘晖
合 作 机 构／
办 公 地 址／陕西省西安市长安区西长安街 620 号陕西师范大学长安校区（710119）
电话(传真)／029-85319086
邮　　箱／ydylu@snnu.edu.cn
网　　址／http://ydyl.snnu.edu.cn
主要研究领域：
丝绸之路沿线国家民族交流、文化互通

1160 陕西师范大学扶贫政策与评估研究中心

所 属 类 别／高校智库
主 管 单 位／陕西师范大学
成 立 时 间／2018 年 12 月
第一负责人／雷宏振
合 作 机 构／
办 公 地 址／陕西省西安市长安区西长安街 620 号陕西师范大学长安校区（710119）
电话(传真)／029-85308114
邮　　箱／
网　　址／
主要研究领域：
扶贫政策

1161 陕西师范大学公共治理与政策创新研究中心

所 属 类 别／高校智库
主 管 单 位／陕西师范大学
成 立 时 间／2019 年 4 月
第一负责人／袁祖社
合 作 机 构／
办 公 地 址／陕西省西安市长安区西长安街 620 号陕西师范大学长安校区（710119）
电话(传真)／029-85308114
邮　　箱／zushe@snnu.edu.cn
网　　址／
主要研究领域：
公共治理与政策创新

S

1162　陕西师范大学教育实验经济研究所
Center for Experimental Economics in Education at Shaanxi Normal University

所 属 类 别 / 高校智库
主 管 单 位 / 陕西师范大学
成 立 时 间 / 2014 年 3 月
第 一 负 责 人 / 史耀疆
合 作 机 构 /
办 公 地 址 / 陕西省西安市长安区西长安街 620 号陕西师范大学长安校区教育博物
　　　　　　 馆副楼（710119）
电话(传真) / 029-81530873（029-81530873）
邮　　　箱 / ceee@snnu.edu.cn
网　　　址 / http://ceee.snnu.edu.cn
主要研究领域：
营养、健康及教育；信息技术与人力资本；教师与教学

1163　陕西师范大学体育人文社会科学研究中心

所 属 类 别 / 高校智库
主 管 单 位 / 陕西师范大学
成 立 时 间 / 2003 年 11 月
第 一 负 责 人 / 游旭群
合 作 机 构 /
办 公 地 址 / 陕西省西安市长安区西长安街 620 号陕西师范大学长安校区文津楼一
　　　　　　 段（710119）
电话(传真) / 029-85310171
邮　　　箱 / 123456789@snnu.edu.cn
网　　　址 / http://tyrwzx.snnu.edu.cn
主要研究领域：
体育地理；西北地区社会体育；体育社会认知心理

1164　陕西师范大学土耳其研究中心（环黑海研究中心）
Center for Turkish Studies（The Black Sea Region Research Centre），SNNU

所 属 类 别 / 高校智库
主 管 单 位 / 陕西师范大学
成 立 时 间 / 2016 年 9 月
第 一 负 责 人 / 李秉忠
合 作 机 构 /
办 公 地 址 / 陕西省西安市长安区西长安街 620 号陕西师范大学长安校区文汇楼
　　　　　　 516 室（710119）
电话(传真) / 029-85310578
邮　　　箱 / tscsnu@163.com
网　　　址 / http://turkey.snnu.edu.cn
主要研究领域：中亚国家宗教；民族问题

1165　陕西师范大学文化产业研究中心（陕西省非物质文化遗产研究基地、陕西文化资源开发协同创新中心）

所 属 类 别 / 高校智库

主 管 单 位 / 陕西师范大学

成 立 时 间 / 2018 年 1 月

第一负责人 /

合 作 机 构 /

办 公 地 址 / 陕西省西安市长安区西长安街 620 号陕西师范大学长安校区教育博物
馆西副楼（710119）

电话(传真) / 029-85310671

邮　　　箱 / xietong2011@126.com

网　　　址 / http://xt.snnu.edu.cn

主要研究领域：文化产业

**1166　陕西师范大学西北国土资源研究中心（全球区域与城市研究院、自然资源
与国土空间研究院）**

所 属 类 别 / 高校智库

主 管 单 位 / 陕西师范大学

成 立 时 间 / 2007 年

第一负责人 / 曹小曙

合 作 机 构 /

办 公 地 址 / 陕西省西安市长安区西长安街 620 号陕西师范大学长安校区教育博物
馆科研楼（710119）

电话(传真) / 029-85310659（029-85310659）

邮　　　箱 / gtzyzx@snnu.edu.cn

网　　　址 / http://gtzy.snnu.edu.cn

主要研究领域：西北国土资源与生态环境；土地利用与土地资源保护；水土资源
评价与规划；土地开发史与土地制度政策

1167　陕西师范大学西北跨境民族与边疆安全研究中心

所 属 类 别 / 高校智库

主 管 单 位 / 陕西师范大学

成 立 时 间 / 2017 年 10 月

第一负责人 / 冯旭东

合 作 机 构 /

办 公 地 址 / 陕西省西安市长安区西长安街 620 号陕西师范大学长安校区文科科研
楼（710119）

电话(传真) / 029-85318785

邮　　　箱 / rlxmzxxanh@126.com

网　　　址 / http://kjmz.snnu.edu.cn

主要研究领域：西北民族走廊；民族主义和族群理论跨国比较研究；海外民族志
调查；海外华侨华人；跨境民族与非传统安全

S

1168 陕西师范大学西北历史环境与经济社会发展研究院
Northwest Institute of Historical Environment and Socio-Economic Development, Shaanxi Normal University

所 属 类 别 / 高校智库
主 管 单 位 / 陕西师范大学
成 立 时 间 / 2000 年 3 月
第一负责人 / 王社教
合 作 机 构 /
办 公 地 址 / 陕西省西安市长安区西长安街 620 号陕西师范大学博物馆西副楼
　　　　　　（710119）
电话（传真）/ 029-85318752
邮　　　箱 / xbyjy@ snnu. edu. cn
网　　　址 / http://heshan. snnu. edu. cn
主要研究领域：
西北地区地理环境变迁；经济社会发展和治理方略

1169 陕西师范大学中国旅游研究院西部旅游发展研究基地

所 属 类 别 / 高校智库
主 管 单 位 / 陕西师范大学
成 立 时 间 / 2011 年 4 月
第一负责人 / 李君轶
合 作 机 构 / 中国旅游研究院
办 公 地 址 / 陕西省西安市长安区西长安街 620 号陕西师范大学长安校区 （710119）
电话（传真）/
邮　　　箱 / lijunyi9@ snnu. edu. cn
网　　　址 /
主要研究领域：
旅游空间理论；西部旅游资源开发；管理与保育问题

1170 陕西师范大学中国西部边疆研究院
Institute for the West Frontier Regions of China , Shaanxi Normal University

所 属 类 别 / 高校智库
主 管 单 位 / 陕西师范大学
成 立 时 间 / 2001 年 9 月
第一负责人 / 王欣
合 作 机 构 /
办 公 地 址 / 陕西省西安市雁塔区长安南路 199 号陕西师范大学 （710062）
电话（传真）/ 029-85300914
邮　　　箱 / myzxbg@ snnu. edu. cn
网　　　址 / http://nec. snnu. edu. cn
主要研究领域：
西北民族历史、文化、宗教；西北地区环境与社会经济发展

S

1171 陕西师范大学中亚研究所（乌兹别克斯坦研究中心、阿富汗研究中心、一带一路建设与中亚研究所协同创新中心）

Institute of Central Asia of Shaanxi Normal University

所 属 类 别／高校智库

主 管 单 位／陕西师范大学

成 立 时 间／

第一负责人／李琪

合 作 机 构／

办 公 地 址／陕西省西安市长安区长安南路 199 号陕西师范大学（710062）

电话(传真)／029-85308888

邮　　箱／

网　　址／http://zys.snnu.edu.cn

主要研究领域：中亚国家安全风险评估与"一带一路"建设；中亚国家与中国陕西省"一带一路"的区域合作

1172 陕西中经发展改革研究院

所 属 类 别／社会智库—民办非企业

主 管 单 位／国家发展和改革委员会

成 立 时 间／2011 年 9 月

第一负责人／李称阳

合 作 机 构／

办 公 地 址／陕西省西安市莲湖区许士庙街 4 号节能大厦 1013 室（710003）

电话(传真)／13152153566（029-68785027）

邮　　箱／sxzjfzgg@163.com

网　　址／

主要研究领域：宏观经济政策；社会发展规划与政策；产业发展；可持续发展；国际贸易与金融；能源发展；综合运输体系发展；信息化战略；城镇化发展和工业新区

1173 陕西中医药大学"一带一路"中医药健康发展研究中心

所 属 类 别／高校智库

主 管 单 位／陕西中医药大学

成 立 时 间／2019 年 3 月

第一负责人／唐志书

合 作 机 构／

办 公 地 址／陕西省西安市西咸新区西咸大道（712046）

电话(传真)／029-38185000

邮　　箱／

网　　址／

主要研究领域：

中医药健康发展

S

1174 汕头大学地方政府发展研究所
Local Goverment Development Research Institute of Shantou University

所 属 类 别 / 高校智库
主 管 单 位 / 汕头大学
成 立 时 间 / 2004 年
第一负责人 / 汪文新
合 作 机 构 /
办 公 地 址 / 广东省汕头市金平区大学路 243 号汕头大学法学院 4 层（515063）
电话(传真) / 0754-86503918
邮　　箱 / wxwang@ stu. edu. cn
网　　址 / http://lgdr. stu. edu. cn
主要研究领域：
地方政府发展

1175 汕头大学东南亚研究中心
Shantou University Centre for Southeast Asia Studies

所 属 类 别 / 高校智库
主 管 单 位 / 汕头大学
成 立 时 间 / 1991 年 6 月
第一负责人 / 郑慕强
合 作 机 构 /
办 公 地 址 / 广东省汕头市金平区大学路 243 号汕头大学行政中心东 321 东南亚研
　　　　　　 究中心（515063）
电话(传真) / 0754-86502263
邮　　箱 / STU_dnyyj@ 163. com
网　　址 / https://biz. stu. edu. cn/dny
主要研究领域：
东南亚经济（东南亚潮商）；东南亚华文教育；泰国国别问题

1176 汕头大学高等教育研究所
Higher Education Research Institute, Shantou University

所 属 类 别 / 高校智库
主 管 单 位 / 汕头大学
成 立 时 间 / 1986 年
第一负责人 /
合 作 机 构 /
办 公 地 址 / 广东省汕头市金平区大学路 243 号汕头大学（515063）
电话(传真) /
邮　　箱 /
网　　址 / http://gjs. stu. edu. cn
主要研究领域：
高等教育

S

1177　汕头大学华商经济研究所

所 属 类 别 / 高校智库

主 管 单 位 / 汕头大学

成 立 时 间 / 2000 年

第 一 负 责 人 /

合 作 机 构 /

办 公 地 址 / 广东省汕头市金平区大学路 243 号汕头大学（515063）

电话(传真) /

邮　　箱 /

网　　址 / http://english. stu. edu. cn/hss

主要研究领域：

华人企业成长的产业经济理论与政策

1178　汕头大学全球研究中心
Shantou University Center for Global Studies（CGS）

所 属 类 别 / 高校智库

主 管 单 位 / 汕头大学

成 立 时 间 /

第 一 负 责 人 / 赵无名

合 作 机 构 /

办 公 地 址 / 广东省汕头市金平区大学路 243 号汕头大学（515063）

电话(传真) / 0754 86504481

邮　　箱 / cgs@ stu. edu. cn

网　　址 / http://www. wxy. stu. edu. cn/cgs

主要研究领域：

文化人类学；历史；媒体与文化研究；哲学；政治学；心理学；社会学；数字人文

1179　商务部国际贸易经济合作研究院
Chinese Academy of International Trade and Economic Cooperation

所 属 类 别 / 高端智库，党政智库

主 管 单 位 / 商务部

成 立 时 间 / 1997 年

第 一 负 责 人 / 顾学明

合 作 机 构 /

办 公 地 址 / 北京市东城区安定门外东后巷 28 号（100710）

电话(传真) / 010-64245741（010-64212175）

邮　　箱 / yuanban@ caitec. org. cn

网　　址 / http://www. caitec. org. cn

主要研究领域：

世界经济及政治；国际关系；国际贸易；对外经济合作；地区经济；国内贸易；市场研究；信用与电子商务；贸易安全

S

1180　上海财经大学—赫尔辛基大学联合跨文化研究中心

所 属 类 别 / 高校智库
主 管 单 位 / 上海财经大学
成 立 时 间 / 2018 年 6 月
第 一 负 责 人 / 赵珂
合 作 机 构 /
办 公 地 址 / 上海市杨浦区国定路 777 号上海财经大学（200433）
电话(传真) /
邮　　　箱 /
网　　　址 / https://sfs.sufe.edu.cn/shcjdxwhexjdxlhkwhyjzx/list.htm
主要研究领域：
跨文化能力的重新界定和问题发现；商务与教育中的跨文化沟通教学

1181　上海财经大学 500 强企业研究中心（中国企业创新发展研究基地）
Top 500 Enterprises Research Center, Shanghai University of Finance and Economics

所 属 类 别 / 高校智库
主 管 单 位 / 上海财经大学
成 立 时 间 /
第 一 负 责 人 / 江若尘
合 作 机 构 /
办 公 地 址 / 上海市杨浦区国定路 777 号上海财经大学（200433）
电话(传真) / 021-65903440
邮　　　箱 / wxb@ mail.shufe.edu.cn
网　　　址 / http://top500.shufe.edu.cn
主要研究领域：
500 强企业的经营战略；跨国并购策略；全球供应链管理；国际市场营销；公司治理；人力资源管理；跨文化管理

1182　上海财经大学长三角与长江经济带发展研究院
Institute for Yangtze River Delta and Yangtze River Economic Belt Development, SUFE

所 属 类 别 / 高校智库
主 管 单 位 / 上海财经大学
成 立 时 间 / 2019 年 4 月
第 一 负 责 人 / 许涛
合 作 机 构 /
办 公 地 址 / 上海市杨浦区国定路 777 号上海财经大学红瓦楼（200433）
电话(传真) / 021-6590-3058
邮　　　箱 /
网　　　址 / http://iyrs.shufe.edu.cn
主要研究领域：
长三角区域一体化发展；长江经济带国家战略的重大和前瞻性问题

1183　上海财经大学城市与区域科学学院/财经研究所

所 属 类 别／高校智库

主 管 单 位／上海财经大学

成 立 时 间／1984 年 12 月

第一负责人／张学良

合 作 机 构／

办 公 地 址／上海市杨浦区国定路 777 号上海财经大学（200433）

电话(传真)／

邮　　　箱／wxb@ mail. shufe. edu. cn

网　　　址／http://ife. shufe. edu. cn

主要研究领域：

区域经济；城市及房地产经济；都市农业经济；国防经济；宏观经济；经济安全；
企业竞争力；能源战略

1184　上海财经大学城乡发展研究院
Institute for Urban-Rural Development,

所 属 类 别／高校智库

主 管 单 位／上海财经大学

成 立 时 间／

第一负责人／吴方卫

合 作 机 构／

办 公 地 址／上海市杨浦区国定路 777 号上海财经大学（200433）

电话(传真)／

邮　　　箱／

网　　　址／https://riafr. sufe. edu. cn

主要研究领域：

新型城乡关系

1185　上海财经大学高等教育研究所

所 属 类 别／高校智库

主 管 单 位／上海财经大学

成 立 时 间／2015 年

第一负责人／张锦华

合 作 机 构／

办 公 地 址／上海市杨浦区国定路 777 号上海财经大学行政楼 510 室（200433）

电话(传真)／021-65903473

邮　　　箱／fzgh@ sufe. edu. cn

网　　　址／https://fzghc. sufe. edu. cn

主要研究领域：

学科建设与评估；国际比较教育；教育经济管理；财经高教

S

1186 上海财经大学高等研究院
Institute for Advanced Research of SUFE

所 属 类 别 / 高校智库
主 管 单 位 / 上海财经大学
成 立 时 间 / 2006 年 7 月
第一负责人 / 周亚虹
合 作 机 构 /
办 公 地 址 / 上海市杨浦区武川路 111 号上海财经大学经济学院高等研究院综合办
　　　　　　公楼 （200433）
电话(传真) / 021-65904389 （021-65903188）
邮　　箱 /
网　　址 / http://iar. shufe. edu. cn
主要研究领域：
中国教育改革与发展；社会发展与稳定；环境与自然资源；农业与城乡协调发展；
卫生经济；公共政策评估；中国宏观经济；市场机制设计与信息经济

1187 上海财经大学公共政策与治理研究院
Institute of Public Policy & Governance, Shanghai University of Finance and Economics

所 属 类 别 / 高校智库
主 管 单 位 / 上海财经大学
成 立 时 间 / 2013 年 9 月
第一负责人 / 胡怡建
合 作 机 构 /
办 公 地 址 / 上海市杨浦区国定路 777 号上海财经大学 （200433）
电话(传真) / 021-65903686 （021-65904294）
邮　　箱 / ippg@ mail. shufe. edu. cn
网　　址 / http://ippg. shufe. edu. cn
主要研究领域：卫生政策与管理；社会保障；公共政策；资产评估；资源环境政
策与管理；不动产；公共治理

1188 上海财经大学会计与财务研究院
The Institute of Accounting and Finance, Shanghai University of Finance and Economics

所 属 类 别 / 高校智库
主 管 单 位 / 上海财经大学
成 立 时 间 / 1996 年 1 月
第一负责人 / 陈信元
合 作 机 构 /
办 公 地 址 / 上海市杨浦区武川路 111 号 （200433）
电话(传真) / 021-65904360 （021-65112195）
邮　　箱 / pan. xue@ mail. shufe. edu. cn
网　　址 / http://iaf. shufe. edu. cn
主要研究领域：
政府管制与盈余管理；会计准则制定；财务监控制度

1189　上海财经大学上海发展研究院（上海财经大学自由贸易区研究院）

所 属 类 别 / 高校智库

主 管 单 位 / 上海财经大学

成 立 时 间 / 2013 年 10 月

第 一 负 责 人 / 赵晓雷

合 作 机 构 /

办 公 地 址 / 上海市杨浦区国定路 777 号上海财经大学（200433）

电话(传真) /

邮　　　箱 / zxl@ mail. shufe. edu. cn

网　　　址 /

主要研究领域：

上海发展；现代服务经济；城市经济规划

1190　上海财经大学上海国际金融中心研究院

Shanghai Institute of International Finance Center, Shanghai University of Finance and Economics

所 属 类 别 / 高校智库

主 管 单 位 / 上海财经大学

成 立 时 间 /

第 一 负 责 人 / 马文杰

合 作 机 构 /

办 公 地 址 / 上海市杨浦区武东路 100 号同德楼（200433）

电话(传真) / 021-65901266（021-65901497）

邮　　　箱 / siifc163@ 163. com

网　　　址 / https://siifc. sufe. edu. cn

主要研究领域：

人民币国际化；自由贸易区资本市场创新；金融集聚效应与风险防范；境内外自动化交易监管；金融争端解决机制；信用体系制度保障

1191　上海财经大学上海国际组织与全球治理研究院

所 属 类 别 / 高校智库

主 管 单 位 / 上海财经大学

成 立 时 间 /

第 一 负 责 人 / 杨剑

合 作 机 构 / 上海财经大学、上海国际问题研究院

办 公 地 址 / 上海市杨浦区国定路 777 号上海财经大学（200433）

电话(传真) /

邮　　　箱 /

网　　　址 / https://law. sufe. edu. cn/f5/fb/c11717a194043/page. htm

主要研究领域：

全球治理理论；国际组织与谈判；"一带一路"建设

S

1192　上海财经大学现代金融研究中心
Research Center for Modern Finance, Shanghai University of Finance and Economics

所 属 类 别／高校智库
主 管 单 位／上海财经大学
成 立 时 间／
第一负责人／丁剑平
合 作 机 构／
办 公 地 址／上海市杨浦区国定路 777 号上海财经大学（200433）
电话(传真)／
邮　　　箱／yiqiao71@ mail. shufe. edu. cn
网　　　址／
主要研究领域：
金融市场改革；开发性金融；农村金融；金融稳定；人民币汇率；金融中心建设

1193　上海财经大学中国产业发展研究院
China Industrial Development Institute, Shanghai University of Finance and Economics

所 属 类 别／高校智库
主 管 单 位／上海财经大学
成 立 时 间／
第一负责人／干春晖
合 作 机 构／
办 公 地 址／上海市杨浦区国定路 777 号上海财经大学科研实验大楼 1402 室
　　　　　　（200433）
电话(传真)／021-65908714
邮　　　箱／cidi@ mail. shufe. edu. cn
网　　　址／http://cidi. shufe. edu. cn
主要研究领域：
产业结构转型与升级；文化产业；商业经济；反垄断与规制

1194　上海财经大学中国公共财政研究院
China Public Finance Institute, Shanghai University of Finance and Economics

所 属 类 别／高校智库
主 管 单 位／上海财经大学
成 立 时 间／2012 年 8 月
第一负责人／刘小川
合 作 机 构／
办 公 地 址／上海市杨浦区武川路 111 号（200433）
电话(传真)／021-65908960（021-65104294）
邮　　　箱／cipf@ mail. shufe. edu. cn
网　　　址／https://cpfi. sufe. edu. cn
主要研究领域：
公共财政理论；发展财政；民生财政；法制财政；绩效财政

S

1195　上海春秋发展战略研究院

所 属 类 别 ∕ 社会智库—民办非企业

主 管 单 位 ∕ 上海市民政局

成 立 时 间 ∕ 2014 年 9 月

第一负责人 ∕ 金仲伟

合 作 机 构 ∕

办 公 地 址 ∕ 上海市长宁区番禺路 300 弄 3 号（200052）

电话（传真）∕ 021–62802030

邮　　　箱 ∕

网　　　址 ∕

主要研究领域：

社会建设；中国经济发展模式；国际关系战略

1196　上海大学毒品与国家安全研究中心
Center for Drugs and National Security Studies，Shanghai University

所 属 类 别 ∕ 高校智库

主 管 单 位 ∕ 上海大学

成 立 时 间 ∕ 2010 年 10 月

第一负责人 ∕ 张勇安

合 作 机 构 ∕

办 公 地 址 ∕ 上海市宝山区上大路 99 号上海大学（200444）

电话（传真）∕

邮　　　箱 ∕ zhangyongan@ shu. edu. cn

网　　　址 ∕

主要研究领域：

国际禁毒政策；中国毒品管制战略；毒品与国家安全；毒品、药品、酒精、香烟
等问题

1197　上海大学基层治理创新研究中心
Research Center for Local Governance，Shanghai University

所 属 类 别 ∕ 高校智库

主 管 单 位 ∕ 上海大学

成 立 时 间 ∕ 2013 年 9 月

第一负责人 ∕ 李友梅

合 作 机 构 ∕

办 公 地 址 ∕ 上海市宝山区上大路 99 号上海大学（200444）

电话（传真）∕

邮　　　箱 ∕ liyoumei@ mail. shu. edu. cn

网　　　址 ∕

主要研究领域：

基层治理体制与机制创新；社区自治与共治；社会组织发展

S

1198 上海大学经济社会学与跨国企业研究中心
Institute of Economic Sociology and Multinationals, Shanghai University

所 属 类 别 / 高校智库
主 管 单 位 / 上海大学
成 立 时 间 / 2019 年 7 月
第 一 负 责 人 / 刘玉照
合 作 机 构 /
办 公 地 址 / 上海市宝山区上大路 99 号上海大学（200444）
电话(传真) / 18302105017
邮　　箱 / IESMSHU@ 163. com
网　　址 / https://sociology. shu. edu. cn/info/1211/9746. htm
主要研究领域:
经济社会学

1199 上海大学全球问题研究院
The Institute of Global Studies, Shanghai University

所 属 类 别 / 高校智库
主 管 单 位 / 上海大学
成 立 时 间 /
第 一 负 责 人 / 郭长刚
合 作 机 构 /
办 公 地 址 / 上海市宝山区上大路 99 号上海大学（200444）
电话(传真) /
邮　　箱 / info@ shu. edu. cn
网　　址 / https://igs. shu. edu. cn
主要研究领域:
全球化及全球学理论；全球化与区域社会发展；西亚北非问题；南亚问题；拉美
问题；非洲问题；全球问题；宗教与全球政治；毒品走私与全球禁毒政策；环境
与粮食安全

1200 上海大学土耳其研究中心
Center for Turkish Studies, Shanghai University

所 属 类 别 / 高校智库
主 管 单 位 / 上海大学
成 立 时 间 / 2012 年 4 月
第 一 负 责 人 / 郭长刚
合 作 机 构 / 土耳其海峡大学
办 公 地 址 / 上海市宝山区上大路 99 号上海大学行政楼 412 室（200444）
电话(传真) / 021-66135630
邮　　箱 / gchgang@ staff. shu. edu. cn
网　　址 /
主要研究领域:
当代土耳其政治与社会；土耳其历史、文化与宗教综合；中土关系；大中东问题

1201 上海大学智库产业研究中心
Think Tank Industry Research Center of Shanghai University

所 属 类 别／高校智库
主 管 单 位／上海大学
成 立 时 间／2014 年 6 月
第一负责人／于今
合 作 机 构／
办 公 地 址／上海市宝山区上大路 99 号上海大学（200444）
电话(传真)／
邮　　箱／yuj@ shu. edu. cn
网　　址／
主要研究领域：
国际关系；国家发展战略；智库产业

1202 上海大学中国社会转型与社会组织研究中心

所 属 类 别／高校智库
主 管 单 位／上海市教育委员会
成 立 时 间／2007 年
第一负责人／李友梅
合 作 机 构／
办 公 地 址／上海市宝山区上大路 99 号上海大学（200444）
电话(传真)／
邮　　箱／liyoumei@ mail. shu. edu. cn
网　　址／
主要研究领域：
社会管理体制改革；党政组织的运作机制；国家和民间组织的关系；社会阶层流动和组织认同；社区治理及其自组织构建；虚拟社会与虚拟组织的发展和治理

1203 上海对外经贸大学"一带一路"国家经贸关系与合作高等研究院
An Introduction to the Academy of Economics and Trade Relationship and Cooperation for the Belt and Road Countries, Shanghai University of International Business and Economics

所 属 类 别／高校智库
主 管 单 位／上海对外经贸大学
成 立 时 间／2018 年 5 月
第一负责人／朱国宏
合 作 机 构／
办 公 地 址／上海市松江区文翔路 1900 号上海对外经贸大学（201620）
电话(传真)／021-67702013
邮　　箱／
网　　址／https://www. suibe. edu. cn/ccees/zxgk/list. htm
主要研究领域：中国与共建"一带一路"国家双边经贸关系与合作；共建"一带一路"国家区域经贸关系与合作；中国企业在共建"一带一路"国家投资战略；共建"一带一路"国家经济社会发展；上海建设"一带一路"桥头堡战略

S

1204 上海国际问题研究院
Shanghai Institutes for International Studies

所 属 类 别 / 党政智库—省/区/市政府所属
主 管 单 位 / 上海市人民政府
成 立 时 间 / 1960 年
第一负责人 / 陈东晓
合 作 机 构 /
办 公 地 址 / 上海市徐汇区田林路 195 弄 15 号 （200233）
电话(传真) / 021-54614900 （021-64850100）
邮　　箱 / external@ siis. org. cn
网　　址 / http://www. siis. org. cn
主要研究领域：
政治与安全；能源与环境；全球治理；对外政策；上海经济、社会发展

1205 上海国有资本运营研究院
Shanghai State-owned Capital Operation Research Institute

所 属 类 别 / 合作智库—研企合作
主 管 单 位 / 上海市国有资产监督管理委员会
成 立 时 间 / 2010 年 7 月
第一负责人 / 罗新宇
合 作 机 构 / 上海国盛（集团）有限公司、上海社会科学院
办 公 地 址 / 上海市浦东新区长清北路 1 号国新控股大厦 （200126）
电话(传真) / 021-24227079
邮　　箱 /
网　　址 / http://www. myguozi. com
主要研究领域：国有资本运营与管理

1206 上海海事大学国际海事（中国）研究中心
China Insternational Maritime Research Center，Shanghai Maritime University

所 属 类 别 / 高校智库
主 管 单 位 / 上海海事大学
成 立 时 间 /
第一负责人 /
合 作 机 构 /
办 公 地 址 / 上海市浦东新区海港大道 1550 号上海海事大学 （201306）
电话(传真) / 021-38283056 （021-38283056）
邮　　箱 / cjqian@ shmtu. edu. cn
网　　址 / https://cimrc. shmtu. edu. cn
主要研究领域：
国际海事事务

1207 上海海事大学海商法研究中心

所 属 类 别 / 高校智库

主 管 单 位 / 上海海事大学

成 立 时 间 / 2000 年 11 月

第 一 负 责 人 / 胡正良

合 作 机 构 /

办 公 地 址 / 上海市浦东新区海港大道 1550 号上海海事大学 （201306）

电话(传真) /

邮　　箱 / zlhu@ shmtu. edu. cn

网　　址 / https://law. shmtu. edu. cn/5548/list. htm

主要研究领域：

海商法；国际航运政策与管理法；海事国际私法

1208 上海海洋大学海洋产业发展战略研究中心

所 属 类 别 / 高校智库

主 管 单 位 / 上海海洋大学

成 立 时 间 / 2016 年 1 月

第 一 负 责 人 / 平瑛

合 作 机 构 /

办 公 地 址 / 上海市浦东新区沪城环路 999 号上海海洋大学 （201306）

电话(传真) /

邮　　箱 /

网　　址 / https://jmxy. shou. edu. cn/842/list. htm

主要研究领域：

长三角区域海洋产业协同发展战略；海洋产业与生态环境和谐发展战略；海洋产业国际合作战略

S

1209 上海华夏社会发展研究院

Shanghai Huaxia Social Development Research Institute

所 属 类 别 / 社会智库—社会团体

主 管 单 位 /

成 立 时 间 / 1994 年 12 月

第 一 负 责 人 / 鲍宗豪

合 作 机 构 /

办 公 地 址 / 上海市闵行区新骏环路 588 号 （201114）

电话(传真) / 021-50454706

邮　　箱 / HXYJY@ online. sh. cn

网　　址 / http://www. huaxia. org. cn

主要研究领域：

城市现代化；城市文化；城市发展与评估

1210　上海交大—联合国工业发展绿色增长联合研究院

所 属 类 别／高校智库

主 管 单 位／上海交通大学

成 立 时 间／

第 一 负 责 人／耿涌、赵晓蕾

合 作 机 构／上海交通大学、联合国

办 公 地 址／上海市徐汇区华山路 1954 号上海交通大学徐汇校区包兆龙图书馆东
　　　　　　　侧一楼（200030）

电话（传真）／010-32260843

邮　　　箱／aprilsliu@sjtu.edu.cn

网　　　址／http://www.isid.sjtu.edu.cn

主要研究领域：

绿色增长；循环经济；资源效率和环境管理及政策分析

1211　上海交通大学澳大利亚研究中心

所 属 类 别／高校智库

主 管 单 位／上海交通大学

成 立 时 间／2017 年 10 月

第 一 负 责 人／

合 作 机 构／

办 公 地 址／上海市闵行区东川路 800 号上海交通大学闵行校区（200240）

电话（传真）／

邮　　　箱／

网　　　址／https://sfl.sjtu.edu.cn/Data/View/2223

主要研究领域：澳大利亚问题

1212　上海交通大学城市科学研究院

所 属 类 别／高校智库

主 管 单 位／上海交通大学

成 立 时 间／2010 年

第 一 负 责 人／刘士林

合 作 机 构／上海交通大学，国家发展改革委员会地区经济司、中国城市和小城镇
　　　　　　　改革发展中心，国务院发展研究中心社会发展研究部、信息中心，教
　　　　　　　育部社会科学司

办 公 地 址／上海市闵行区东川路 800 号上海交通大学闵行校区媒体与设计学院
　　　　　　　A302 室（200240）

电话（传真）／021-34208611

邮　　　箱／wxj1210@139.com

网　　　址／

主要研究领域：都市化进程；中国式城市化；人文型智慧城市；文化城市；文化
型传统村落

1213 上海交通大学第三部门研究中心
Center for the Third Sector, Shanghai Jiao Tong University

所 属 类 别／高校智库

主 管 单 位／上海交通大学

成 立 时 间／2006 年 5 月

第一负责人／徐家良

合 作 机 构／

办 公 地 址／上海市徐汇区华山路 1954 号上海交通大学徐汇校区新建楼 2002 室
（200030）

电话(传真)／021-62932258（021-62932258）

邮　　箱／xujial@ sjtu. edu. cn

网　　址／

主要研究领域：

公民社会与第三部门

1214 上海交通大学国家文化产业创新与发展研究基地

所 属 类 别／高校智库

主 管 单 位／上海交通大学

成 立 时 间／1999 年

第一负责人／李源潮、谢绳武

合 作 机 构／文化部、上海交通大学

办 公 地 址／上海市徐汇区华山路 1954 号上海交通大学徐汇校区（200030）

电话(传真)／

邮　　箱／

网　　址／https://smd. sjtu. edu. cn/article/d/id/19

主要研究领域：国家文化产业创新与发展

1215 上海交通大学国家战略研究中心
Center for National Strategic Studies, Shanghai Jiao Tong University

所 属 类 别／高校智库

主 管 单 位／上海交通大学

成 立 时 间／2005 年 9 月

第一负责人／叶取源

合 作 机 构／

办 公 地 址／上海市闵行区东川路 800 号上海交通大学闵行校区（200240）

电话(传真)／

邮　　箱／

网　　址／

主要研究领域：

国家战略；政治发展战略；经济发展战略

S

1216 上海交通大学海洋法治研究中心（极地与深海发展战略研究中心、国家海洋战略与权益研究基地）

所 属 类 别 / 高校智库
主 管 单 位 / 上海交通大学
成 立 时 间 /
第 一 负 责 人 / 季卫东
合 作 机 构 /
办 公 地 址 / 上海市闵行区东川路 800 号上海交通大学闵行校区（200240）
电话(传真) / 021-34207499
邮 箱 /
网 址 / https://colp. sjtu. edu. cn/CN/Default. aspx
主要研究领域：
海洋法治

1217 上海交通大学健康长三角研究院
Shanghai Jiao Tong University Institute of Healthy Yangtze River Delta

所 属 类 别 / 高校智库
主 管 单 位 / 上海交通大学
成 立 时 间 / 2019 年 5 月
第 一 负 责 人 / 张录法
合 作 机 构 /
办 公 地 址 / 上海市徐汇区华山路 1954 号上海交通大学徐汇校区中院 217 室（200030）
电话(传真) / 021-62932616
邮 箱 / fangbiao@ sjtu. edu. cn
网 址 / http://www. ioh. sjtu. edu. cn
主要研究领域：
健康中国；长三角区域一体化

1218 上海交通大学教育领导力与政策研究中心
Center for Educational Leadership and Policy, Shanghai Jiao Tong University

所 属 类 别 / 高校智库
主 管 单 位 / 上海交通大学
成 立 时 间 /
第 一 负 责 人 / 赵文华
合 作 机 构 /
办 公 地 址 / 上海市闵行区东川路 800 号上海交通大学闵行校区陈瑞球楼 239 室（200240）
电话(传真) /
邮 箱 /
网 址 / https://soe. sjtu. edu. cn/Web/Content/134
主要研究领域：
教育领导力与政策

1219　上海交通大学教育学院
Graduate School of Education, Shanghai Jiao Tong University

所 属 类 别 / 高校智库

主 管 单 位 / 上海交通大学

成 立 时 间 / 2007 年 12 月

第一负责人 / 刘念才

合 作 机 构 /

办 公 地 址 / 上海市闵行区东川路 800 号上海交通大学闵行校区陈瑞球楼南楼 2 层
　　　　　　（200240）

电话(传真) / 021-34204551

邮　　　箱 / soe_office@ sjtu. edu. cn

网　　　址 / http://gse. sjtu. edu. cn

主要研究领域：

公共管理；高等教育；比较教育；科技与教育管理；教育经济与管理

1220　上海交通大学竞争法律与政策研究中心

所 属 类 别 / 高校智库

主 管 单 位 / 上海交通大学

成 立 时 间 / 2010 年

第一负责人 / 王先林

合 作 机 构 /

办 公 地 址 / 上海市徐汇区华山路 1954 号上海交通大学徐汇校区法学院 （200030）

电话(传真) /

邮　　　箱 / sjtucclp@ 126. com

网　　　址 /

主要研究领域：

竞争法律与政策

1221　上海交通大学欧洲文化高等研究院
Institute for Advanced Study in European Culture

所 属 类 别 / 高校智库

主 管 单 位 / 上海交通大学

成 立 时 间 / 2011 年 9 月

第一负责人 / 高宣扬

合 作 机 构 /

办 公 地 址 / 上海市闵行区东川路 800 号上海交通大学闵行校区人文学院 305A
　　　　　　（200240）

电话(传真) / 021-34207438 （021-34205391）

邮　　　箱 / elvinlee0603@ 163. com

网　　　址 / https://iasec. sjtu. edu. cn/CN/Default. aspx

主要研究领域：

欧洲思想文化的整体性；欧洲文化的思想基础和精神核心的深度

S

1222 上海交通大学日本研究中心
Shanghai Jiao Tong University Center for Japanese Studies

所 属 类 别 / 高校智库
主 管 单 位 / 上海交通大学
成 立 时 间 / 2018 年
第 一 负 责 人 / 季卫东
合 作 机 构 /
办 公 地 址 / 上海市徐汇区淮海西路 125 号上海交通大学徐汇校区北四楼
　　　　　　（200030）
电话（传真）/ 021-62932659
邮　　　箱 / sjtucjs@ sjtu. edu. cn
网　　　址 / https://cjs. sjtu. edu. cn
主要研究领域：
海派日本；东亚公共外交；中日经济知识交流

1223 上海交通大学台湾研究中心
Shanghai Jiao Tong University Center for Taiwan Studies

所 属 类 别 / 高校智库
主 管 单 位 / 上海交通大学
成 立 时 间 / 2008 年 10 月
第 一 负 责 人 / 林冈
合 作 机 构 / 中共中央台湾工作办公室、国务院台湾事务办公室
办 公 地 址 / 上海市徐汇区华山路 1954 号上海交通大学徐汇校区新建楼 1015 室
　　　　　　（200030）
电话（传真）/ 021-62932781 （021-62933095）
邮　　　箱 / taiwanstudies@ sjtu. edu. cn
网　　　址 / https://taiwan. sjtu. edu. cn
主要研究领域：台湾的岛内政治与涉外关系

1224 上海交通大学碳中和发展研究院
Research Institute of Carbon Neutrality, Shanghai Jiao Tong University

所 属 类 别 / 高校智库
主 管 单 位 / 上海交通大学
成 立 时 间 /
第 一 负 责 人 / 黄震
合 作 机 构 /
办 公 地 址 / 上海市徐汇区华山路 1954 号上海交通大学徐汇校区慧谷科技楼 4 层
　　　　　　（200030）
电话（传真）/
邮　　　箱 / ricn@ sjtu. edu. cn
网　　　址 / https://ricn. sjtu. edu. cn
主要研究领域：
碳中和发展

S

1225 上海交通大学未来教育研究中心

所 属 类 别 / 高校智库

主 管 单 位 / 上海交通大学

成 立 时 间 /

第一负责人 / 江丰光

合 作 机 构 /

办 公 地 址 / 上海市闵行区东川路 800 号上海交通大学闵行校区陈瑞球楼 243 室
（200240）

电话(传真) /

邮　　箱 /

网　　址 / https://soe.sjtu.edu.cn/Web/Content/236

主要研究领域：

尖未来教育

1226 上海交通大学文化创新与青年发展研究院

所 属 类 别 / 高校智库

主 管 单 位 / 上海交通大学

成 立 时 间 / 2019 年

第一负责人 / 顾锋

合 作 机 构 /

办 公 地 址 / 上海市闵行区东川路 800 号上海交通大学闵行校区 （200240）

电话(传真) /

邮　　箱 /

网　　址 /

主要研究领域：

城市文化；网络文化；青年文化

1227 上海交通大学新媒体与社会研究中心
Public Opinion Research Laboratory, Shanghai Jiao Tong University

所 属 类 别 / 高校智库

主 管 单 位 / 上海交通大学

成 立 时 间 / 2011 年

第一负责人 /

合 作 机 构 /

办 公 地 址 / 上海市闵行区东川路 800 号上海交通大学闵行校区 （200240）

电话(传真) / 021-34204837

邮　　箱 / yuqingsjtu@163.com

网　　址 /

主要研究领域：

新媒体；大数据挖掘；公共舆论；社会治理

S

1228　上海交通大学新农村发展研究院
Institute of New Rural Development, Shanghai Jiao Tong University

所 属 类 别／高校智库

主 管 单 位／上海交通大学

成 立 时 间／2006 年 7 月

第一负责人／林忠钦

合 作 机 构／

办 公 地 址／上海市闵行区东川路 800 号上海交通大学闵行校区（200240）

电话(传真)／021-34207060

邮　　　箱／geosjtu@sjtu.edu.cn

网　　　址／http://www.inrd.sjtu.edu.cn

主要研究领域：

都市农产品安全供给保障；都市农村民生改善；西部农村扶贫开发

1229　上海交通大学行业研究院

所 属 类 别／高校智库

主 管 单 位／上海交通大学

成 立 时 间／2018 年 12 月

第一负责人／陈方若

合 作 机 构／

办 公 地 址／上海市徐汇区华山路 1954 号上海交通大学徐汇校区安泰经济与管理
　　　　　　学院 19 楼行业研究院办公室（200030）

电话(传真)／021-62933369

邮　　　箱／IIR@sjtu.edu.cn

网　　　址／https://www.iir.sjtu.edu.cn

主要研究领域：

学科研究；行业研究

1230　上海交通大学政治经济研究院
Shanghai Jiao Tong University Institution of Politics and Economics

所 属 类 别／高校智库

主 管 单 位／上海交通大学

成 立 时 间／2020 年 9 月

第一负责人／郑永年

合 作 机 构／

办 公 地 址／上海市徐汇区淮海西路 125 号上海交通大学徐汇校区（200030）

电话(传真)／

邮　　　箱／

网　　　址／http://www.ipe.sjtu.edu.cn

主要研究领域：

全球政治经济事务；发展政治经济学的理论体系

1231　上海交通大学知识竞争力与区域发展研究中心

所 属 类 别／高校智库
主 管 单 位／上海交通大学
成 立 时 间／2012 年
第 一 负 责 人／罗守贵、Robert Huggins
合 作 机 构／
办 公 地 址／上海市徐汇区华山路 1954 号上海交通大学徐汇校区（200030）
电话(传真)／
邮　　　箱／
网　　　址／https://www.acem.sjtu.edu.cn/faculty/61435.html
主要研究领域：
产业经济、区域经济和科技创新管理理论研究

1232　上海交通大学中国城市治理研究院
Shanghai Jiao Tong University China Institute for Urban Governance

所 属 类 别／高校智库
主 管 单 位／上海交通大学
成 立 时 间／2016 年 10 月
第 一 负 责 人／杨振斌
合 作 机 构／上海市人民政府发展研究中心
办 公 地 址／上海市徐汇区华山路 1954 号上海交通大学徐汇校区新建楼（200030）
电话(传真)／021-62934788
邮　　　箱／ciug@sjtu.edu.cn
网　　　址／https://ciug.sjtu.edu.cn/Cn/Home
主要研究领域：
城市创新与高质量发展；城乡融合与区域协同；城市生态与环境治理；城市形象
与网络传播；城市安全与社会治理

1233　上海交通大学中国发展研究院
Shanghai Institute for National Economy

所 属 类 别／高校智库
主 管 单 位／上海交通大学
成 立 时 间／2013 年 12 月
第 一 负 责 人／陆铭
合 作 机 构／
办 公 地 址／上海市徐汇区华山路 1954 号上海交通大学徐汇校区（200030）
电话(传真)／021-52301219
邮　　　箱／luming1973@sjtu.edu.cn
网　　　址／http://www.shine.sjtu.edu.cn
主要研究领域：
国际金融；服务经济与贸易；发展的政治经济学；城市与区域发展；环境和能源
政策；产业发展；城乡统筹发展；开放型经济的理论与政策

S

1234 上海交通大学中国法与社会研究院
China Institute for Social-Legal Studies, Shanghai Jiao Tong University

所 属 类 别 / 高校智库
主 管 单 位 / 上海交通大学
成 立 时 间 /
第 一 负 责 人 / 季卫东
合 作 机 构 /
办 公 地 址 / 上海市徐汇区淮海西路 125 号上海交通大学正谊楼北四楼（200030）
电话(传真) /
邮　　箱 / sjtu. cisls@ outlook. com
网　　址 / http://www. socio-legal. sjtu. edu. cn
主要研究领域：
中国法与社会

1235 上海交通大学中国公益发展研究院
Institute for Philanthropy Development, Shanghai Jiao Tong University

所 属 类 别 / 高校智库
主 管 单 位 / 上海交通大学
成 立 时 间 / 2006 年
第 一 负 责 人 / 徐家良
合 作 机 构 /
办 公 地 址 / 上海市徐汇区华山路 1954 号上海交通大学徐汇校区新建楼 123 室
　　　　　　（200030）
电话(传真) / 021-62932258
邮　　箱 / cts@ sjtu. edu. cn
网　　址 / https://ipd. sjtu. edu. cn
主要研究领域：
中国慈善事业发展的法律制度创新

1236 上海交通大学中国金融研究院
China Academy of Financial Research, Shanghai Jiao Tong University

所 属 类 别 / 高校智库
主 管 单 位 / 上海交通大学
成 立 时 间 / 2009 年
第 一 负 责 人 / 王江
合 作 机 构 / 上海高级金融学院
办 公 地 址 / 上海市徐汇区淮海西路 211 号达通广场 12 楼上海交通大学徐汇校区
　　　　　　（200030）
电话(传真) / 021-62934691（021-62932422）
邮　　箱 / cafr@ saif. sjtu. edu. cn
网　　址 / http://www. cafr. cn
主要研究领域：
金融市场建设；金融服务产品开发

1237　上海交通大学中国质量发展研究院
Chinese Institute for Quality Research, Shanghai Jiao Tong University

所 属 类 别 / 高校智库
主 管 单 位 / 上海交通大学
成 立 时 间 / 2016 年 11 月
第一负责人 / 林忠钦
合 作 机 构 / 上海市人民政府、国家质检总局
办 公 地 址 / 上海市闵行区东川路 800 号上海交通大学闵行校区机械 A 楼
　　　　　　　（200240）
电话(传真) / 021-34208589 （021-34208589）
邮　　　箱 / ciqr@ sjtu. edu. cn
网　　　址 / https://ciq. sjtu. edu. cn
主要研究领域：
质量管理模式和质量管理方法

1238　上海金融与法律研究院
Shanghai Institute of Finance and Law

所 属 类 别 / 社会智库—民办非企业
主 管 单 位 / 上海市社会科学界联合会
成 立 时 间 / 2002 年 10 月
第一负责人 / 傅蔚冈
合 作 机 构 /
办 公 地 址 / 上海市浦东新区民生路 1299 号丁香国际商业中心西塔 702 室 （200135）
电话(传真) / 021-68545701
邮　　　箱 / office@ sifl. org. cn
网　　　址 / http://www. sifl. org. cn
主要研究领域：
城市化与地方政府债务风险；金融法律规制；世界城市法治；金融与法律

1239　上海科学技术政策研究所
Shanghai Institute of Science and Technology Policy

所 属 类 别 / 党政智库—省/区/市政府所属
主 管 单 位 / 上海市科学技术委员会
成 立 时 间 / 1987 年
第一负责人 / 杨耀武
合 作 机 构 /
办 公 地 址 / 上海市嘉定区城中路 37 号 （201800）
电话(传真) / 021-39188056 （021-39188055）
邮　　　箱 / kyb@ sistm. edu. cn
网　　　址 / http://www. sistp. org. cn
主要研究领域：
创新管理；科技人才；区域科技

S

1240 上海社会科学院
Shanghai Academy of Social Sciences

所 属 类 别／高端智库，科研院所智库
主 管 单 位／上海市政府
成 立 时 间／1958 年
第 一 负 责 人／王德忠
合 作 机 构／
办 公 地 址／上海市卢湾区淮海中路 622 弄 7 号（200020）
电话(传真)／021-53060606
邮　　　箱／xxzx@ sass. org. cn
网　　　址／https：//www. sass. org. cn
主要研究领域：
世界经济；国际关系；公共管理；城市与人口；上海汽车战略；生态经济与可持续发展；智库研究；港澳问题；俄罗斯问题；中印比较

1241 上海师范大学城市发展研究院
Institute of Urban Studies, Shanghai Normal University

所 属 类 别／高校智库
主 管 单 位／上海师范大学
成 立 时 间／2013 年 7 月
第 一 负 责 人／程国栋
合 作 机 构／
办 公 地 址／上海市徐汇区桂林路 100 号上海师范大学徐汇校区 12 号楼 507 室
　　　　　　（200234）
电话(传真)／021-64322753
邮　　　箱／cloffice@ shnu. edu. cn
网　　　址／http：//ius. shnu. edu. cn
主要研究领域：
城市遥感与环境模拟；城市生态与景观过程；城市可持续发展评估

1242 上海师范大学都市文化研究中心（上海高校都市文化 E—研究院）

所 属 类 别／高校智库
主 管 单 位／上海师范大学
成 立 时 间／
第 一 负 责 人／苏智良
合 作 机 构／
办 公 地 址／上海市徐汇区桂林路 100 号上海师范大学徐汇校区（200234）
电话(传真)／
邮　　　箱／
网　　　址／http：//www. ucs. org. cn
主要研究领域：
都市文化

S

1243　上海师范大学儿童发展与家庭研究中心

Center for Child Development and Family Studies，Shanghai Normal University

所 属 类 别 / 高校智库
主 管 单 位 / 上海师范大学
成 立 时 间 / 1987 年
第一负责人 / 李丹
合 作 机 构 /
办 公 地 址 / 上海市徐汇区桂林路 100 号上海师范大学徐汇校区（200234）
电话(传真) / 021-64323907
邮　　　箱 / shnuchildfamily@ 163. com
网　　　址 / http://web. shnu. edu. cn/psy
主要研究领域：
儿童发展与家庭关系

1244　上海师范大学法治与人权研究所

所 属 类 别 / 高校智库
主 管 单 位 / 上海师范大学
成 立 时 间 / 2016 年 12 月
第一负责人 / 刘作翔
合 作 机 构 /
办 公 地 址 / 上海市徐汇区桂林路 100 号上海师范大学徐汇校区（200234）
电话(传真) /
邮　　　箱 /
网　　　址 /
主要研究领域：
当代中国的法治发展与人权建设

1245　上海师范大学房地产与城市发展研究中心

所 属 类 别 / 高校智库
主 管 单 位 / 上海师范大学
成 立 时 间 / 2012 年 9 月
第一负责人 /
合 作 机 构 /
办 公 地 址 / 上海市徐汇区桂林路 100 号上海师范大学徐汇校区（200234）
电话(传真) /
邮　　　箱 /
网　　　址 / https://fb. shnu. edu. cn/15672/list. htm
主要研究领域：
住房政策；房地产管理；城市投资

S

1246 上海师范大学非洲研究中心
Center for African Studies, Shanghai Normal University

所 属 类 别 / 高校智库
主 管 单 位 / 上海师范大学
成 立 时 间 / 1998 年
第一负责人 / 张忠祥
合 作 机 构 /
办 公 地 址 / 上海市徐汇区桂林路 100 号上海师范大学徐汇校区 （200234）
电话(传真) /
邮　　箱 / liuweicai@ shnu. edu. cn
网　　址 / http://shcas. shnu. edu. cn
主要研究领域：
非洲经济、非洲历史和中非关系及其他领域；中非经贸合作与国家对外战略

1247 上海师范大学高等教育研究所
Institute of Higher Education Research, Shanghai Normal University

所 属 类 别 / 高校智库
主 管 单 位 / 上海师范大学
成 立 时 间 / 1987 年
第一负责人 /
合 作 机 构 /
办 公 地 址 / 上海市徐汇区桂林路 100 号上海师范大学徐汇校区西部综合楼 4 楼
　　　　　　（200234）
电话(传真) / 021-64322157
邮　　箱 /
网　　址 / http://nhb. shnu. edu. cn
主要研究领域：
高等教育

1248 上海师范大学全球创新资本研究院
Global Innovation Capital Research Institute, Shanghai Normal University

所 属 类 别 / 高校智库
主 管 单 位 / 上海师范大学
成 立 时 间 /
第一负责人 / 茆训诚
合 作 机 构 /
办 公 地 址 / 上海市徐汇区桂林路 100 号上海师范大学徐汇校区 （200234）
电话(传真) /
邮　　箱 /
网　　址 /
主要研究领域：
创新创业管理与政策；知识产权保护与布局

S

1249　上海市发展改革研究院
Shanghai Academy of Development and Reform

所 属 类 别 / 党政智库
主 管 单 位 / 上海市发展和改革委员会
成 立 时 间 / 2007 年 12 月
第一负责人 / 阮青
合 作 机 构 /
办 公 地 址 / 上海市徐汇区肇嘉浜路 301 号 19 层（200032）
电话(传真) / 021-54236227
邮　　箱 /
网　　址 / https://www.shadr.org.cn
主要研究领域：
上海经济社会发展和改革领域的战略性、全局性问题

1250　上海市教育科学研究院
Shanghai Academy of Educational Sciences

所 属 类 别 / 党政智库—省/区/市政府所属
主 管 单 位 / 上海市教育委员会
成 立 时 间 / 1995 年
第一负责人 / 桑标
合 作 机 构 /
办 公 地 址 / 上海市徐汇区茶陵北路 21 号（200032）
电话(传真) / 021-64167677
邮　　箱 /
网　　址 / http://www.cnsaes.org.cn
主要研究领域：
人力资源与教育规划；教育财政；教育管理；教育政策法规；教育心理；教育评价与国际比较

1251　上海市流通经济研究所

所 属 类 别 / 合作智库—政研合作
主 管 单 位 / 上海市人民政府发展研究中心
成 立 时 间 / 1999 年 8 月
第一负责人 / 王志明
合 作 机 构 / 上海市商务委员会、上海社会科学院
办 公 地 址 / 上海市静安区武定路 458 号洪安大厦 10 层（200041）
电话(传真) / 021-51029011（021-62959521）
邮　　箱 / liutong365@126.com
网　　址 / http://www.liutong.org.cn
主要研究领域：
流通经济

S

1252 上海市浦东改革与发展研究院〔中国（上海）自由贸易试验区研究院〕

所 属 类 别／党政智库—省/区/市政府所属
主 管 单 位／上海市浦东新区人民政府
成 立 时 间／1993 年 10 月
第 一 负 责 人／徐建
合 作 机 构／
办 公 地 址／上海市浦东新区东方路 1616 号（200120）
电话(传真)／
邮　　箱／
网　　址／
主要研究领域：
财政政策；金融政策；市场政策；就业政策；社会保障政策；产业政策；对外贸
易政策；城乡建设政策；高端制造业政策；服务业政策

1253 上海市人民政府发展研究中心
The Development Research Centre of Shanghai Municipal People's Government

所 属 类 别／党政智库—省/区/市政府所属
主 管 单 位／上海市人民政府
成 立 时 间／1980 年 12 月
第 一 负 责 人／祁彦
合 作 机 构／
办 公 地 址／上海市黄浦区大沽路 100 号 18 层（200003）
电话(传真)／021-23111111
邮　　箱／
网　　址／http://www.fzzx.sh.gov.cn
主要研究领域：
上海市发展战略；上海市社会文化；上海市 WTO 事务；上海市流通经济

1254 上海外国语大学巴西研究中心

所 属 类 别／高校智库
主 管 单 位／上海外国语大学
成 立 时 间／
第 一 负 责 人／张维琪
合 作 机 构／
办 公 地 址／上海市虹口区大连西路 550 号上海外国语大学虹口校区（200083）
电话(传真)／
邮　　箱／
网　　址／
主要研究领域：
巴西政治、经济、文化、社会等

S

1255 上海外国语大学俄罗斯研究中心
Center for Russian Studies of Shanghai International Studies University

所 属 类 别 / 高校智库
主 管 单 位 / 上海外国语大学
成 立 时 间 / 2011 年 12 月
第一负责人 / 汪宁
合 作 机 构 /
办 公 地 址 / 上海市虹口区大连西路 550 号上海外国语大学虹口校区 6 号楼 611 室
（200083）
电话（传真）/
邮　　箱 / crs@ shisu. edu. cn
网　　址 / http://www. crs. shisu. edu. cn
主要研究领域：俄罗斯文化；语言与文学；中俄关系史；俄罗斯思想

1256 上海外国语大学加拿大研究中心
Centre for Canadian Studies, Shanghai International Studies University

所 属 类 别 / 高校智库
主 管 单 位 / 上海外国语大学
成 立 时 间 /
第一负责人 / 钱皓
合 作 机 构 /
办 公 地 址 / 上海市虹口区大连西路 550 号上海外国语大学虹口校区科研楼 603 室
（200083）
电话（传真）/ 021-35372916
邮　　箱 /
网　　址 / http://www. sirpa. shisu. edu. cn/jndyjzx
主要研究领域：加拿大政治、经济、文化、社会等

1257 上海外国语大学跨文化研究中心
SISU Intercultural Institute

所 属 类 别 / 高校智库
主 管 单 位 / 上海外国语大学
成 立 时 间 / 2006 年
第一负责人 / 张红玲
合 作 机 构 /
办 公 地 址 / 上海市虹口区大连西路 550 号上海外国语大学虹口校区 5 号楼 604 室
（200083）
电话（传真）/ 021-35372200 （021-35373162）
邮　　箱 / icinstitute@ shisu. edu. cn
网　　址 / http://sii. shisu. edu. cn
主要研究领域：跨文化交际与传播学理论；价值观与身份认同；跨文化适应与冲突管理；跨文化教育与培训；跨文化大众传播；符号、话语与媒体影响；跨文化商务沟通；公共关系与人力资源管理

1258　上海外国语大学南亚东南亚研究所

所 属 类 别／高校智库
主 管 单 位／上海外国语大学
成 立 时 间／2014 年 4 月
第 一 负 责 人／廖育人
合 作 机 构／
办 公 地 址／上海市虹口区大连西路 550 号上海外国语大学虹口校区（200083）
电话(传真)／
邮　　　箱／
网　　　址／
主要研究领域：南亚、东南亚的经济、政治、社会、文化等

1259　上海外国语大学欧盟研究中心
Center for European Union Studies, Shanghai International Studies University

所 属 类 别／高校智库
主 管 单 位／上海外国语大学
成 立 时 间／2012 年
第 一 负 责 人／曹德明
合 作 机 构／
办 公 地 址／上海市虹口区大连西路 550 号上海外国语大学虹口校区 5 号楼 517 室
　　　　　　（200083）
电话(传真)／
邮　　　箱／ eucenter@ shisu. edu. cn
网　　　址／ http://ceus. shisu. edu. cn
主要研究领域：文化视角下的欧盟及其成员国；欧盟与国际组织；欧洲智库

1260　上海外国语大学全球教育研究中心
Center for Comparative Study of Global Education, Shanghai International Studies University

所 属 类 别／高校智库
主 管 单 位／上海外国语大学
成 立 时 间／2019 年 4 月
第 一 负 责 人／
合 作 机 构／
办 公 地 址／上海市松江区文翔路 1550 号上海外国语大学松江校区（261620）
电话(传真)／
邮　　　箱／
网　　　址／ http://www. soe. shisu. edu. cn/qqjyyjzx
主要研究领域：
教育比较研究

1261 上海外国语大学日本研究中心

所 属 类 别／高校智库
主 管 单 位／上海外国语大学
成 立 时 间／1994 年 2 月
第一负责人／廉德瑰
合 作 机 构／
办 公 地 址／上海市虹口区大连西路 550 号上海外国语大学虹口校区（200083）
电话（传真）／021-35372517
邮　　　箱／liandeguim@126.com
网　　　址／http://www.sjs.shisu.edu.cn
主要研究领域：
日本语言、文学、政治、经济、文化、社会、教育等

1262 上海外国语大学上海全球治理与区域国别研究院

Shanghai Academy of Global Governance & Area Studies, Shanghai International Studies University

所 属 类 别／高校智库
主 管 单 位／上海外国语大学
成 立 时 间／2018 年 9 月
第一负责人／杨成
合 作 机 构／
办 公 地 址／上海市松江区文翔路 1550 号上海外国语大学松江校区小别墅 23 号
　　　　　　（201620）
电话（传真）／021-67701560
邮　　　箱／sisu_saggas@vip.163.com
网　　　址／http://www.saggas.shisu.edu.cn
主要研究领域：
全球治理与区域国别问题

1263 上海外国语大学丝路战略研究所

Institute of Silk Road Strategy Studies of Shanghai International Studies University

所 属 类 别／高校智库
主 管 单 位／上海外国语大学
成 立 时 间／2015 年 9 月
第一负责人／马丽蓉
合 作 机 构／
办 公 地 址／上海市虹口区大连西路 550 号上海外国语大学虹口校区 1 号楼 5 楼丝
　　　　　　路战略研究所（200083）
电话（传真）／021-35376267
邮　　　箱／silkroadsisu@163.com
网　　　址／http://www.isrss.shisu.edu.cn
主要研究领域：
丝路学；中国与世界关系

S

1264 上海外国语大学希腊研究中心

所 属 类 别／高校智库

主 管 单 位／上海外国语大学

成 立 时 间／2014 年

第 一 负 责 人／胡晶晶

合 作 机 构／

办 公 地 址／上海市虹口区大连西路 550 号上海外国语大学虹口校区（200083）

电话(传真)／

邮　　箱／

网　　址／

主要研究领域：

希腊经济、政治、社会、文化等

1265 上海外国语大学伊朗研究中心

所 属 类 别／高校智库

主 管 单 位／上海外国语大学

成 立 时 间／

第 一 负 责 人／程彤

合 作 机 构／

办 公 地 址／上海市虹口区大连西路 550 号上海外国语大学虹口校区（200083）

电话(传真)／021-35373278

邮　　箱／mideastweb@ 126. com

网　　址／

主要研究领域：

伊朗政治、经济、文化、语言、社会等

1266 上海外国语大学印度研究中心

所 属 类 别／高校智库

主 管 单 位／上海外国语大学

成 立 时 间／

第 一 负 责 人／陈金英

合 作 机 构／

办 公 地 址／上海市虹口区大连西路 550 号上海外国语大学虹口校区（200083）

电话(传真)／021-35372918

邮　　箱／chenjinying@ shisu. edu. cn

网　　址／

主要研究领域：

印度经济、政治、社会、文化等

1267 上海外国语大学英国研究中心
Center for British Studies, Shanghai International Studies University

所 属 类 别 / 高校智库
主 管 单 位 / 上海外国语大学
成 立 时 间 /
第 一 负 责 人 / 查明建
合 作 机 构 /
办 公 地 址 / 上海市虹口区大连西路 550 号上海外国语大学虹口校区 (200083)
电话(传真) / 021-35372804
邮　　　箱 / britishstudies@ shisu. edu. cn
网　　　址 / http://www. cbs. shisu. edu. cn
主要研究领域:
中英人文交流与文化外交；中英高层政治、经济、人权对话机制；中英文化产业
政策合作；英国社会文化；中英教育合作；中英国际发展；英国涉华舆情；中国
企业英国本土化策略；中英网络安全领域合作

1268 上海外国语大学中东研究所
The Middle East Studies Institute, Shanghai International Studies University

所 属 类 别 / 高校智库
主 管 单 位 / 上海外国语大学
成 立 时 间 / 1980 年 9 月
第 一 负 责 人 / 刘中民
合 作 机 构 /
办 公 地 址 / 上海市虹口区大连西路 550 号上海外国语大学虹口校区科研楼 (200083)
电话(传真) / 021-35373278
邮　　　箱 / mideastweb@ 126. com
网　　　址 / http://mideast. shisu. edu. cn
主要研究领域:
中东政治；中东安全；中国中东外交；中东能源；中东经济

1269 上海外国语大学中国国际舆情研究中心
Center for Global Public Opinion of China, Shanghai International Studies University

所 属 类 别 / 高校智库
主 管 单 位 / 上海外国语大学
成 立 时 间 / 2008 年 6 月
第 一 负 责 人 / 郭可
合 作 机 构 /
办 公 地 址 / 上海市虹口区大连西路 550 号上海外国语大学虹口校区 1 号楼 920 室
　　　　　　(200083)
电话(传真) / 021-35372559
邮　　　箱 / globalpubopinion@ gmail. com
网　　　址 / http://www. gpo. shisu. edu. cn
主要研究领域: 国际媒体舆情分析；国际传播

S

1270　上海外国语大学中国外语战略研究中心
China Center for Language Planning and Policy Studies, Shanghai International Studies University

所 属 类 别 / 高校智库
主 管 单 位 / 上海外国语大学
成 立 时 间 / 2007 年 12 月
第 一 负 责 人 / 曹德明
合 作 机 构 /
办 公 地 址 / 上海市松江区文翔路 1550 号上海外国语大学松江校区 5 号楼 1 层
　　　　　　（200083）
电话(传真) / 021-67705180
邮　　　箱 /
网　　　址 / http://www.rcfls.shisu.edu.cn
主要研究领域：语言战略；语言政策

1271　上海外国语大学中亚研究中心
Centre for Central Asia Studies, Shanghai International Studies University

所 属 类 别 / 高校智库
主 管 单 位 / 上海外国语大学
成 立 时 间 / 2010 年 6 月
第 一 负 责 人 / 赵伟明
合 作 机 构 /
办 公 地 址 / 上海市虹口区大连西路 550 号上海外国语大学虹口校区科研楼 510 室
　　　　　　（200083）
电话(传真) / 021-35372933
邮　　　箱 / xiechao@shisu.edu.cn
网　　　址 / http://www.ccas.shisu.edu.cn
主要研究领域：中亚政治和外交；中国与中亚关系；中亚经济转型；中亚各国法
律与社会文化

1272　上海新金融研究院
Shanghai Finance Institute

所 属 类 别 / 社会智库
主 管 单 位 / 上海市金融服务办公室
成 立 时 间 / 2011 年 7 月
第 一 负 责 人 / 屠光绍
合 作 机 构 / 中国金融四十人论坛、上海市黄浦区人民政府
办 公 地 址 / 上海市黄浦区北京东路 280 号 7 层 701 室（200001）
电话(传真) / 021-33023250
邮　　　箱 / sfi@188.com
网　　　址 / http://www.sfi.org.cn
主要研究领域：
国际金融发展新趋势；国内金融发展新问题

1273　深圳创新发展研究院
Innovation and Development Institute

所 属 类 别 / 社会智库—民办非企业
主 管 单 位 / 深圳市民政局
成 立 时 间 / 2013 年 7 月
第一负责人 / 张思平
合 作 机 构 /
办 公 地 址 / 广东省深圳市福田保税区桃花路 1 号国际互联网金融创业中心 7 层
　　　　　　（518038）
电话(传真) / 0755-88302511（0755-88308875）
邮 　 箱 /
网 　 址 / http://www.cxsz.org
主要研究领域：
改革创新

1274　深圳大学城市文化研究所

所 属 类 别 / 高校智库
主 管 单 位 / 深圳大学
成 立 时 间 / 2006 年
第一负责人 /
合 作 机 构 /
办 公 地 址 / 广东省深圳市南山区白石路深圳大学南校区（518060）
电话(传真) /
邮 　 箱 /
网 　 址 / https://szu-iuc.shenchuang.com
主要研究领域：
移民城市；深圳特区文化创新功能；城市空间与文化认同

1275　深圳大学传媒与文化发展研究中心
The Center for Media&Social Changes, Shenzhen University

所 属 类 别 / 高校智库
主 管 单 位 / 深圳大学
成 立 时 间 / 2004 年
第一负责人 /
合 作 机 构 /
办 公 地 址 / 广东省深圳市南山区南海大道 3688 号深圳大学（518060）
电话(传真) / 0755-26535086
邮 　 箱 /
网 　 址 / https://it.szu.edu.cn/cmywh
主要研究领域：
传播理论与文化；媒介化社会；新闻理论与实务；广告与品牌传播；创意城市与
文化产业；影视与视觉传播

1276 深圳大学大湾区—东盟研究中心

所 属 类 别 / 高校智库

主 管 单 位 / 深圳大学

成 立 时 间 / 2021 年 8 月

第 一 负 责 人 / 吕元礼

合 作 机 构 /

办 公 地 址 / 广东省深圳市南山区南海大道 3688 号深圳大学（518060）

电话(传真) /

邮　　箱 /

网　　址 / http://www.szass.com/szskzk/kycg/zdyjjd/jdml/content/post_816659.html

主要研究领域：

东盟国家和粤港澳大湾区的政治、经济、商贸等

1277 深圳大学当代中国政治研究所

所 属 类 别 / 高校智库

主 管 单 位 / 深圳大学

成 立 时 间 / 1999 年 12 月

第 一 负 责 人 / 黄卫平

合 作 机 构 /

办 公 地 址 / 广东省深圳市南山区南海大道 3688 号深圳大学（518060）

电话(传真) / 0755-26958062

邮　　箱 /

网　　址 / http://www.ccpri.com/ccpri

主要研究领域：

中国政治改革与基层民主；中国政府管理与行政改革；政治文明与中国政治文化；
中国特区政治与行政发展

1278 深圳大学港澳基本法研究中心
Center for Basic Laws of HongKong and Macau Special Administrative Region, Shenzhen University

所 属 类 别 / 高校智库

主 管 单 位 / 深圳大学

成 立 时 间 / 2009 年 7 月

第 一 负 责 人 / 邹平学

合 作 机 构 /

办 公 地 址 / 广东省深圳市南山区南海大道 3688 号深圳大学（518060）

电话(传真) / 0755-26733093（0755-26733054）

邮　　箱 / cbl@szu.edu.cn

网　　址 / https://cbl.szu.edu.cn

主要研究领域：

港澳基本法理论

S

1279　深圳大学港澳及国际问题研究中心

Center for Basic Laws of Hongkong and Macau Special Adinistrative Region, Shenzhen University

所 属 类 别 / 高校智库

主 管 单 位 / 深圳大学

成 立 时 间 /

第一负责人 / 邹平学

合 作 机 构 /

办 公 地 址 / 广东省深圳市南山区深圳大学粤海校区汇星楼科技楼 12 层 （518060）

电话(传真) / 0755-26733093 （0755-26733054）

邮　　箱 / cbl@ szu. edu. cn

网　　址 / http://cbl. szu. edu. cn/info/1024/2113. htm

主要研究领域：

港澳基本法

1280　深圳大学荷兰研究中心

The Netherlands Studies Center, Shenzhen University

所 属 类 别 / 高校智库

主 管 单 位 / 深圳大学

成 立 时 间 /

第一负责人 / 张晓红

合 作 机 构 /

办 公 地 址 / 广东省深圳市南山区南海大道 3688 号深圳大学 （518060）

电话(传真) /

邮　　箱 /

网　　址 / https://sfl. szu. edu. cn/info/1136/3002. htm

主要研究领域：

荷兰治理；荷兰汉学；中荷语言文化对比；“一带一路”与中荷外交

1281　深圳大学廉政研究院

所 属 类 别 / 高校智库

主 管 单 位 / 深圳大学

成 立 时 间 / 2019 年 5 月

第一负责人 / 卢成燕

合 作 机 构 / 深圳市纪委监委与、深圳大学

办 公 地 址 / 广东省深圳市南山区南海大道 3688 号深圳大学 （518060）

电话(传真) /

邮　　箱 /

网　　址 /

主要研究领域：

粤港澳大湾区廉政

S

1282　深圳大学媒体融合与国际传播研究中心
Center for Convergent Global Communication, Shenzhen University

所 属 类 别 / 高校智库
主 管 单 位 / 深圳大学
成 立 时 间 / Center for Convergent Global Communication
第 一 负 责 人 / 常江
合 作 机 构 /
办 公 地 址 / 广东省深圳市南山区南海大道 3688 号深圳大学（518060）
电话（传真）/ 0755-26910884
邮　　　箱 / CCGC_SZU@163.com
网　　　址 / https://www.ccgc-szu.com
主要研究领域：
全球传播；媒体融合理论与实践

1283　深圳大学深圳国际化发展战略研究中心

所 属 类 别 / 高校智库
主 管 单 位 / 深圳大学
成 立 时 间 /
第 一 负 责 人 / 姜安
合 作 机 构 /
办 公 地 址 / 广东省深圳市南山区南海大道 3688 号深圳大学（518060）
电话（传真）/
邮　　　箱 /
网　　　址 / http://www.szass.com/szskzk/kycg/zdyjjd/jdml/content/post_715506.html
主要研究领域：
国际关系与城市外交；"一带一路"与深圳城市国际化；先行示范区与国际化城市
文明比较

1284　深圳大学生态文明与绿色发展研究中心

所 属 类 别 / 高校智库
主 管 单 位 / 深圳大学
成 立 时 间 /
第 一 负 责 人 / 田启波
合 作 机 构 /
办 公 地 址 / 广东省深圳市南山区南海大道 3688 号深圳大学（518060）
电话（传真）/
邮　　　箱 /
网　　　址 / http://www.szass.com/szskzk/kycg/zdyjjd/jdml/content/post_716176.html
主要研究领域：
生态文明建设与可持续发展

S

1285　深圳大学文化产业研究院
Institute for Cultural Industries, Shenzhen University

所 属 类 别／高校智库
主 管 单 位／深圳大学
成 立 时 间／2009 年 5 月
第 一 负 责 人／周建新
合 作 机 构／
办 公 地 址／广东省深圳市南山区南海大道 3688 号深圳大学粤海门广场 B 栋 1 层
　　　　　　（518060）
电话(传真)／0755-26767835
邮　　　箱／whcyyjy@ szu. edu. cn
网　　　址／http://ici. szu. edu. cn
主要研究领域：
文化产业新兴业态；区域文化产业发展；文化产业政策与知识产权

1286　深圳大学移民文化研究所
Immigration Culture Research Center, Shenzhen University

所 属 类 别／高校智库
主 管 单 位／深圳大学
成 立 时 间／
第 一 负 责 人／章必功
合 作 机 构／
办 公 地 址／广东省深圳市南山区南海大道 3688 号深圳大学（518060）
电话(传真)／0755-26557448（0755-26557448）
邮　　　箱／
网　　　址／http://ymwh. szu. edu. cn
主要研究领域：
移民文化与城市发展；移民文化与市民伦理

1287　深圳大学印度研究中心
Center for Indian Studies of Shenzhen University

所 属 类 别／高校智库
主 管 单 位／深圳大学
成 立 时 间／2005 年
第 一 负 责 人／郁龙余
合 作 机 构／
办 公 地 址／广东省深圳市南山区南海大道 3688 号深圳大学（518060）
电话(传真)／0755-26557020（0755-26557020）
邮　　　箱／szucis@ szu. edu. cn
网　　　址／
主要研究领域：
印度学

S

1288 深圳大学中国海外利益研究院
Shenzhen University the Institute for China's Overseas Interests

所 属 类 别 / 高校智库
主 管 单 位 / 深圳大学
成 立 时 间 / 2013 年 12 月
第 一 负 责 人 / 丁学良
合 作 机 构 /
办 公 地 址 / 广东省深圳市南山区南海大道 3688 号深圳大学科技楼 1202 - 3
　　　　　　（518060）
电话(传真) / 0755-26958159
邮　　　箱 / pengli1005@ szu. edu. cn
网　　　址 / https: ∥icoi. szu. edu. cn
主要研究领域：
海外投资和国际关系问题

1289 深圳大学中国经济特区研究中心
China Center for Special Economic Zone Research, Shenzhen University

所 属 类 别 / 高校智库
主 管 单 位 / 深圳大学
成 立 时 间 / 2000 年
第 一 负 责 人 / 陶一桃
合 作 机 构 /
办 公 地 址 / 广东省深圳市南山区南海大道 3688 号深圳大学文科楼 7 层（518060）
电话(传真) / 0755-26536213（0755-26536213）
邮　　　箱 / sez@ szu. edu. cn
网　　　址 / http: ∥www. ccsezr. org. cn
主要研究领域：
经济特区；自由贸易区

1290 深圳大学中国质量经济发展研究院
China Institute of Quality and Economic Development, Shenzhen University

所 属 类 别 / 高校智库
主 管 单 位 / 深圳大学
成 立 时 间 / 2018 年 3 月
第 一 负 责 人 /
合 作 机 构 / 国家质检总局、深圳大学
办 公 地 址 / 广东省深圳市南山区南海大道 3688 号深圳大学（518060）
电话(传真) / 0755-26754669
邮　　　箱 / iqed@ szu. edu. cn
网　　　址 / http: ∥ciqed. szu. edu. cn
主要研究领域：
中国质量经济发展

1291　深圳市社会科学院

所 属 类 别 / 科研院所智库
主 管 单 位 / 中共深圳市委、深圳市人民政府
成 立 时 间 / 1997 年 11 月
第一负责人 / 吴定海
合 作 机 构 /
办 公 地 址 / 广东省深圳市福田区上步中路 1023 号 （518028）
电话(传真) / 0775-82104900 （0755-82099335）
邮　　　箱 /
网　　　址 / http://www.szass.com
主要研究领域：
外向型经济；经济特区；现代公共治理；人口；城市文化

1292　深圳市卫生健康发展研究和数据管理中心
Shenzhen Health Development Research and Data Management Center

所 属 类 别 / 党政智库
主 管 单 位 / 深圳市卫生健康委员会
成 立 时 间 /
第一负责人 / 和晓峰
合 作 机 构 /
办 公 地 址 / 广东省深圳市福田区园岭五街 8 号 （518028）
电话(传真) /
邮　　　箱 /
网　　　址 / http://wjw.sz.gov.cn/jyzx
主要研究领域：
卫生健康战略；健康政策与发展规划；人口和家庭发展

1293　生态环境部环境与经济政策研究中心
Policy Research Center for Environment and Economy，Ministry of Ecology and Environmental

所 属 类 别 / 党政智库—国务院组成部门所属
主 管 单 位 / 生态环境部
成 立 时 间 / 1989 年
第一负责人 / 钱勇
合 作 机 构 /
办 公 地 址 / 北京市朝阳区育慧南路 1 号中日友好环境保护中心院内 （100029）
电话(传真) / 010-84665771 （010-84634063）
邮　　　箱 /
网　　　址 / http://www.prcee.org
主要研究领域：
环境战略与理论；环境法规和体制；环境经济与管理政策；环境与社会管理；国际环境政策；环境与健康；城市环境管理；气候变化政策

S

1294 石河子大学兵团屯垦经济研究中心

所属类别／高校智库

主管单位／石河子大学

成立时间／2005 年

第一负责人／龚新蜀

合作机构／

办公地址／新疆石河子市北四路 39 号石河子大学东校区（832000）

电话(传真)／0993-2058555

邮　　箱／gxsh-xb@163.com

网　　址／http://sem.shzu.edu.cn/tkjj

主要研究领域：

新疆"三化"建设理论与实践；对外经济合作与发展；绿洲生态经济可持续发展

1295 石河子大学棉花经济研究中心

所属类别／高校智库

主管单位／石河子大学

成立时间／2011 年 9 月

第一负责人／张杰

合作机构／

办公地址／新疆石河子市北四路 39 号石河子大学东校区经济与管理学院 406 室
　　　　　（832003）

电话(传真)／0993-2058972（0993-2058972）

邮　　箱／mhjjyj@163.com

网　　址／http://sem.shzu.edu.cn/mhyjzx

主要研究领域：

棉花及棉制品市场；棉花和棉纺产业；棉花和棉纺产业发展战略规划

1296 石河子大学农业现代化研究中心
Research Center of Agricultural Modernization, Shihezi University

所属类别／高校智库

主管单位／石河子大学

成立时间／2010 年 10 月

第一负责人／张红丽

合作机构／

办公地址／新疆石河子市北四路 39 号石河子大学东校区经济与管理学院 304 室
　　　　　（832003）

电话(传真)／0993-2058117

邮　　箱／amrc304@126.com

网　　址／http://sem.shzu.edu.cn/amrc

主要研究领域：

绿洲农业资源与环境；农业技术经济与管理；农业特色经济与产业组织

S

1297 石河子大学中亚教育及人文交流研究中心
Research Center for Central Asian Education and Humanities Exchange，Shihezi University

所 属 类 别 / 高校智库
主 管 单 位 / 石河子大学
成 立 时 间 / 2020 年 8 月
第一负责人 / 王玉括
合 作 机 构 /
办 公 地 址 / 新疆石河子市北四路 39 号石河子大学东校区（832003）
电话(传真) /
邮　　箱 /
网　　址 / https://caehe.shzu.edu.cn
主要研究领域：
中亚国家国际交流与合作

1298 石家庄市社会科学院

所 属 类 别 / 科研院所智库
主 管 单 位 / 石家庄市人民政府
成 立 时 间 /
第一负责人 /
合 作 机 构 /
办 公 地 址 / 河北省石家庄市新华区兴凯路 219 号（050055）
电话(传真) / 0311-87044529
邮　　箱 / sjzssky@yahoo.com.cn
网　　址 / http://www.sjzsk.com
主要研究领域：
中国特色社会主义理论体系；马克思主义基本理论

1299 首都经济贸易大学不动产研究所
Institute of Real Estate，Capital University of Economics and Business

所 属 类 别 / 高校智库
主 管 单 位 / 首都经济贸易大学
成 立 时 间 / 1993 年
第一负责人 / 洪亚敏
合 作 机 构 /
办 公 地 址 / 北京市丰台区花乡张家路口 121 号首都经济贸易大学（100070）
电话(传真) / 010-83952270
邮　　箱 /
网　　址 / https://bdc.cueb.edu.cn
主要研究领域：
土地政策；住房制度；不动产估价

S

1300　首都经济贸易大学大数据与统计科学研究院

所属类别／高校智库
主管单位／首都经济贸易大学
成立时间／2015 年 10 月
第一负责人／纪宏
合作机构／
办公地址／北京市丰台区花乡张家路口 121 号首都经济贸易大学（100070）
电话(传真)／
邮　　箱／jihong@ cueb. edu. cn
网　　址／
主要研究领域：
数据科学与大数据

1301　首都经济贸易大学国际问题研究所
Institute of International Studies, Capital University of Economics and Business

所属类别／高校智库
主管单位／首都经济贸易大学
成立时间／
第一负责人／段霞
合作机构／
办公地址／北京市丰台区花乡张家路口 121 号首都经济贸易大学（100070）
电话(传真)／
邮　　箱／
网　　址／https://iis. cueb. edu. cn
主要研究领域：
全球化；全球治理；国际政治经济学；全球性城市；跨国公司和经济外交的理论
与实践

1302　首都经济贸易大学国家税收法律研究基地
National Tax Law Research Base, Capital University of Economics and Business

所属类别／高校智库
主管单位／首都经济贸易大学
成立时间／2017 年 3 月
第一负责人／曹静韬
合作机构／国家法官学院、国家税务总局科研所
办公地址／北京市丰台区花乡张家路口 121 号首都经济贸易大学（100070）
电话(传真)／010-83617085
邮　　箱／
网　　址／https://gsf. cueb. edu. cn
主要研究领域：
税收立法、执法和司法三位一体的综合性研究

S

1303 首都经济贸易大学数量经济研究中心
Capital University of Economics and Business Institute of Quantitative Economics

所 属 类 别／高校智库
主 管 单 位／首都经济贸易大学
成 立 时 间／
第一负责人／王文举
合 作 机 构／
办 公 地 址／北京市丰台区花乡张家路口 121 号首都经济贸易大学（100070）
电话(传真)／010-83951011（010-83952368）
邮　　箱／
网　　址／https://sljj.cueb.edu.cn
主要研究领域：博弈论与经济计量；计量经济学理论与方法；金融工程与金融计量；经济系统分析与仿真

1304 首都经济贸易大学中国 ESG 研究院

所 属 类 别／高校智库
主 管 单 位／首都经济贸易大学
成 立 时 间／2020 年 7 月
第一负责人／柳学信
合 作 机 构／第一创业证券股份有限公司、盈富泰克创业投资有限公司
办 公 地 址／北京市丰台区花乡张家路口 121 号首都经济贸易大学（100070）
电话(传真)／010-83951795
邮　　箱／liuxuexin@cueb.edu.cn
网　　址／
主要研究领域：
ESG 前沿和关键问题

1305 首都经济贸易大学中国黄金研究中心

所 属 类 别／高校智库
主 管 单 位／首都经济贸易大学
成 立 时 间／2010 年 10 月
第一负责人／祝合良
合 作 机 构／
办 公 地 址／北京市丰台区花乡张家路口 121 号首都经济贸易大学（100070）
电话(传真)／010-83951508
邮　　箱／zhubrand@163.com
网　　址／https://cgc.cueb.edu.cn
主要研究领域：
黄金研究和咨询

S

1306   首都经济贸易大学中国流通研究院
China Academy of Circulation, Capital University of Economics and Business

所 属 类 别 / 高校智库
主 管 单 位 / 首都经济贸易大学
成 立 时 间 / 2014 年 6 月
第 一 负 责 人 / 祝合良
合 作 机 构 /
办 公 地 址 / 北京市丰台区花乡张家路口 121 号首都经济贸易大学 （100070）
电话(传真) /
邮   箱 / zhubrand@ 163. com
网   址 / https: //acc. cueb. edu. cn
主要研究领域：
中国流通；中国品牌；中国黄金市场

1307   首都经济贸易大学中国品牌研究中心
China Brand Research Centre, Capital University of Economics and Business

所 属 类 别 / 高校智库
主 管 单 位 / 首都经济贸易大学
成 立 时 间 / 2005 年 10 月
第 一 负 责 人 / 祝合良
合 作 机 构 /
办 公 地 址 / 北京市丰台区花乡张家路口 121 号首都经济贸易大学 （100070）
电话(传真) /
邮   箱 / zhubrand@ 163. com
网   址 / https: //cbc. cueb. edu. cn
主要研究领域：
品牌管理；行业品牌；城市品牌；奢侈品品牌；品牌与创意产业；公益品牌；品牌与易学

1308   首都经济贸易大学中国消费大数据研究院
China Academy of Consumer Big Data, Capital University of Economics and Business

所 属 类 别 / 高校智库
主 管 单 位 / 首都经济贸易大学
成 立 时 间 / 2019 年 5 月
第 一 负 责 人 / 陈立平
合 作 机 构 / 蚂蚁商业联盟
办 公 地 址 / 北京市丰台区花乡张家路口 121 号首都经济贸易大学 （100070）
电话(传真) /
邮   箱 /
网   址 / https: //cicbd. cueb. edu. cn
主要研究领域：
零售商品（生鲜）标准制定；自有品牌；企业（零售商/供应商/生产商）咨询与
服务；零售相关指数开发

1309　首都经贸大学税收研究所
Institute of Taxation，Capital University of Economics and Business

所 属 类 别／高校智库
主 管 单 位／首都经济贸易大学
成 立 时 间／2007 年
第一负责人／丁芸
合 作 机 构／
办 公 地 址／北京市丰台区花乡张家路口 121 号首都经济贸易大学（100070）
电话(传真)／010-83952158
邮　　箱／
网　　址／https://swyjy.cueb.edu.cn
主要研究领域：
税收理论；优化税制税收政策；国外税制和税收理论；中国税史

1310　首都科技发展战略研究院
Capital Institute of Science and Technology Development Strategy

所 属 类 别／党政智库
主 管 单 位／首都科技大学
成 立 时 间／
第一负责人／关成华
合 作 机 构／科学技术部、中国科学院、中国工程院、北京市人民政府、北京市科
　　　　　　　学技术委员会、北京师范大学、北京市科学技术研究院
办 公 地 址／北京市朝阳区朝阳公园路 19 号（100124）
电话(传真)／010-65005300（010-65005300）
邮　　箱／cistds@cistds.org.cn
网　　址／http://www.cistds.org
主要研究领域：
首都科技发展战略

1311　首都师范大学北京城市创新与发展研究中心
Beijing Research Center For Urban Innovation and Development，Capital Normal University

所 属 类 别／高校智库
主 管 单 位／首都师范大学
成 立 时 间／
第一负责人／吕拉昌
合 作 机 构／
办 公 地 址／北京市海淀区西三环北路 105 号（100048）
电话(传真)／010-68980456
邮　　箱／
网　　址／https://cxpt.cnu.edu.cn
主要研究领域：
低碳城市发展规划与研究；创新城市；城市产业发展与规划；城市总部经济研究
与规划

S

1312 首都师范大学文化研究院
Institute for Cultural Studies, Capital Normal University

所 属 类 别／高校智库
主 管 单 位／首都师范大学
成 立 时 间／2012 年
第 一 负责人／刘新成
合 作 机 构／中国民主促进会北京市委员会
办 公 地 址／北京市海淀区西三环北路 83 号国际文化大厦南楼 2 层东（100089）
电话(传真)／010-68903449
邮　　箱／wenhuazhanlue@gmail.com
网　　址／http://bjcs.cnu.edu.cn
主要研究领域：
首都文化建设；国家文化中心建设

1313 首都卫生管理与政策研究基地

所 属 类 别／高校智库
主 管 单 位／首都医科大学
成 立 时 间／2005 年 12 月
第 一 负责人／管仲军
合 作 机 构／
办 公 地 址／北京市丰台区右安门外西头条 10 号（100069）
电话(传真)／010-83911601
邮　　箱／
网　　址／https://chmp.ccmu.edu.cn
主要研究领域：
卫生管理；管理心理；卫生政策

1314 首都文化创新与文化传播工程研究院
Beijing Institute of Culture Innovation and Communication

所 属 类 别／高校智库
主 管 单 位／北京师范大学
成 立 时 间／2012 年 6 月
第 一 负责人／于丹
合 作 机 构／
办 公 地 址／北京市海淀区新街口外大街 19 号京师大厦 9812A 室（100875）
电话(传真)／010-58802133
邮　　箱／
网　　址／https://bicic.bnu.edu.cn
主要研究领域：
文化创新；文化传播

S

1315 首都学习型社会研究院
Beijing Institute for the Learning Society

所 属 类 别／合作智库—政校合作

主 管 单 位／北京师范大学

成 立 时 间／2011 年 10 月

第一负责人／张伟远

合 作 机 构／北京市教育委员会、北京师范大学

办 公 地 址／北京市海淀区新街口外大街 19 号京师大厦 11 层 1112 室（100875）

电话(传真)／

邮　　箱／

网　　址／

主要研究领域：

城市居民终身学习素养调查；学习型社区、学习型城市建设评价

1316 首都医科大学国家医疗保障研究院

所 属 类 别／高校智库

主 管 单 位／首都医科大学

成 立 时 间／2019 年 8 月

第一负责人／娄洪

合 作 机 构／国家医疗保障局

办 公 地 址／北京市西城区阜外大街甲 28 号京润大厦 12 层（100000）

电话(传真)／010-81139308

邮　　箱／kzjp_ybyjy@126.com

网　　址／

主要研究领域：

医保改革发展；医保政策

1317 水利部发展研究中心
Development Research Center of the Ministry of Water Resources

所 属 类 别／党政智库—国务院组成部门所属

主 管 单 位／水利部

成 立 时 间／

第一负责人／陈茂山

合 作 机 构／

办 公 地 址／北京市海淀区玉渊潭南路 3 号 C 座（100038）

电话(传真)／010-63204286

邮　　箱／

网　　址／http://www.waterinfo.com.cn

主要研究领域：

水利体制机制；水利法制；节水型社会建设；水权；水价；水市场；水利投融资；

可持续水利发展；农村水利；国外水利

S

1318 司法部预防犯罪研究所
Ministry of Justice Crime Prevention Research Institute

所 属 类 别／党政智库—国务院组成部门所属
主 管 单 位／司法部
成 立 时 间／1984 年 9 月
第一负责人／高贞
合 作 机 构／
办 公 地 址／北京市朝阳区朝阳门南大街 6 号 （100020）
电话(传真)／
邮 箱／
网 址／
主要研究领域：
犯罪原因、趋势与对策；罪犯矫治；监狱管理；国外刑事司法；人权公约

1319 丝路规划研究中心

所 属 类 别／合作智库
主 管 单 位／全国政协办公厅
成 立 时 间／2016 年 3 月
第一负责人／刘颖冰
合 作 机 构／国家开发银行、清华大学、丝路基金、中国开发性金融促进会、中国
　　　　　　金融四十人论坛
办 公 地 址／北京市丰台区南四环西路 186 号一区 1 号楼 7 层 01-16 室 （100160）
电话(传真)／
邮 箱／
网 址／
主要研究领域：
"一带一路"倡议

1320 四川大学波兰与中东欧问题研究中心
Center for Polish, Central and Eastern European Studies, Sichuan University

所 属 类 别／高校智库
主 管 单 位／四川大学
成 立 时 间／2016 年
第一负责人／
合 作 机 构／
办 公 地 址／四川省成都市武侯区望江路 29 号四川大学文科楼 （610064）
电话(传真)／028-85470660
邮 箱／zhangyufang@ scu. edu. cn
网 址／https://cpcees. scu. edu. cn
主要研究领域：
波兰和中东欧问题

1321　四川大学道教与宗教文化研究所

所 属 类 别／高校智库
主 管 单 位／四川大学
成 立 时 间／1980 年 9 月
第一负责人／盖建民
合 作 机 构／
办 公 地 址／四川省成都市武侯区环路南一段 24 号（610065）
电话(传真)／028-85412533
邮　　　箱／scdxzjs@163.com
网　　　址／
主要研究领域：
道教与宗教文化

1322　四川大学经济发展研究院
Institute of Economic Development of Sichuan University

所 属 类 别／高校智库
主 管 单 位／四川大学
成 立 时 间／2009 年 10 月
第一负责人／
合 作 机 构／
办 公 地 址／四川省成都市武侯区望江路 29 号四川大学（610064）
电话(传真)／
邮　　　箱／
网　　　址／
主要研究领域：
西部经济发展；区域经济改革与发展

1323　四川大学美国研究中心
American Studies Center, Sichuan University

所 属 类 别／高校智库
主 管 单 位／四川大学
成 立 时 间／1985 年 10 月
第一负责人／陈长宁
合 作 机 构／
办 公 地 址／四川省成都市武侯区望江路 29 号四川大学国际关系学院（文科楼）
　　　　　　 128 室（610042 ）
电话(传真)／028-85418176
邮　　　箱／asc@scu.edu.cn
网　　　址／http://ascscu.scu.edu.cn
主要研究领域：
美国政治、经济、社会、文化、历史、文学等；美国外交政策；中美关系

S

1324　四川大学南亚研究所
Institute of South Asian Studies, Sichuan University

所 属 类 别 / 高校智库
主 管 单 位 / 四川大学
成 立 时 间 / 1978 年
第 一 负责人 / 宋志辉
合 作 机 构 /
办 公 地 址 / 四川省成都市武侯区九眼桥四川大学文科楼 5 层（610064）
电话(传真) / 028-85412638（028-85417102）
邮　　　箱 /
网　　　址 / https://isas.scu.edu.cn
主要研究领域：
南亚经济发展；南亚社会政治；南亚军事安全；南亚与中国西南发展

1325　四川大学欧洲问题研究中心
Centre for European Studies, Sichuan University

所 属 类 别 / 高校智库
主 管 单 位 / 四川大学
成 立 时 间 / 1996 年 5 月
第 一 负责人 / 石坚
合 作 机 构 /
办 公 地 址 / 四川省成都市武侯区望江路 29 号四川大学（610064）
电话(传真) / 028-85412400
邮　　　箱 / escentre@scu.edu.cn
网　　　址 / http://esc.scu.edu.cn
主要研究领域：
欧盟文化政策与发展战略；欧盟区域政策；欧盟经济金融；欧盟环境政策；欧盟高等教育；欧盟社会发展；欧盟宗教治理；中欧关系

1326　四川大学人口研究所

所 属 类 别 / 高校智库
主 管 单 位 / 四川大学
成 立 时 间 / 1979 年 11 月
第 一 负责人 /
合 作 机 构 /
办 公 地 址 / 四川省成都市武侯区科华北路 133 号（610062）
电话(传真) / 028-85412416
邮　　　箱 / scurks@163.com
网　　　址 /
主要研究领域：
区域人口研究；民族人口学；人力资源开发；人口地理学；计算机与人口信息管理；历史人口学；南亚、西亚人口

1327　四川大学社会发展与社会风险控制研究中心

所属类别／高校智库

主管单位／四川大学

成立时间／2011 年 11 月

第一负责人／姜晓萍

合作机构／

办公地址／四川省成都市武侯区望江路 29 号四川大学公共管理学院大楼 211 室
　　　　　（610064）

电话（传真）／18088366661

邮　　箱／spasdsr@ 126. com

网　　址／https：//scusdsr. scu. edu. cn

主要研究领域：城乡协调发展与社会管理创新；社会舆情与政府应对；公共危机
与信息资源管理；西部民族地区社会发展与社会稳定

1328　四川大学文化产业研究中心
Cultural Industry Research Center, Sichuan University

所属类别／高校智库

主管单位／四川大学

成立时间／2004 年

第一负责人／蔡尚伟

合作机构／

办公地址／四川省成都市武侯区望江路 29 号四川大学（610064）

电话（传真）／

邮　　箱／caishangw@ vip. sina. com

网　　址／

主要研究领域：

文化产业

1329　四川大学中国南亚研究中心
China Center For South Asian Studies, Sichuan University

所属类别／高校智库

主管单位／四川大学

成立时间／2017 年 9 月

第一负责人／姚乐野

合作机构／

办公地址／四川省成都市武侯区环路南一段 24 号四川大学文科楼 326 室（610065）

电话（传真）／028-85416543（028-85416543）

邮　　箱／ccsas@ scu. edu. cn

网　　址／http：//ccsas. scu. edu. cn

主要研究领域：

国际关系与战略；政党与政治；社会与文化；经济与经济合作

S

1330 四川农业大学德国研究中心

所 属 类 别 / 高校智库
主 管 单 位 / 四川农业大学
成 立 时 间 /
第 一 负 责 人 / 蒋远胜
合 作 机 构 /
办 公 地 址 / 四川省成都市温江区惠民路 211 号四川农业大学成都校区 （611130）
电话(传真) / 028-86293161
邮　　　箱 / ZDF_sicau@ 163. com
网　　　址 / https: //sdf. sicau. edu. cn
主要研究领域:
中德政府管理比较研究；中德执政党政策比较研究；中德社会治理比较研究；德国政治教育政策

1331 四川农业大学四川省农村发展研究中心
Sichuan Center for Rural Development Research, Sichuan Agricultural University

所 属 类 别 / 高校智库
主 管 单 位 / 四川农业大学
成 立 时 间 / 2003 年 11 月
第 一 负 责 人 / 蓝红星
合 作 机 构 /
办 公 地 址 / 四川省成都市温江区惠民路 211 号四川农业大学成都校区 （611130）
电话(传真) / 028-86290892
邮　　　箱 / scnfzx@ 163. com
网　　　址 / http: //scrdr. sicau. edu. cn
主要研究领域:
山地特色农业发展；成渝城乡统筹；长江上游生态文明建设；西南民族及贫困地区跨越发展

1332 四川农业大学西部乡村振兴研究中心
Western Rural Revitalization Research Center, Sichuan Agricultural University

所 属 类 别 / 高校智库
主 管 单 位 / 四川农业大学
成 立 时 间 / 2021 年 12 月
第 一 负 责 人 / 曾维忠
合 作 机 构 /
办 公 地 址 / 四川省成都市温江区惠民路 211 号四川农业大学成都校区 （611130）
电话(传真) / 028-86293160
邮　　　箱 / xnjp2015@ 163. com
网　　　址 / https: //xnjp. sicau. edu. cn/sy
主要研究领域:
农村共同富裕；乡村振兴理论与政策

1333 四川农业大学西南减贫与发展研究中心
Southwest Research Center for Poverty Alleviation and Development, Sichuan Agricultural University

所 属 类 别 / 高校智库
主 管 单 位 / 四川农业大学
成 立 时 间 /
第 一 负 责 人 /
合 作 机 构 /
办 公 地 址 / 四川省成都市温江区惠民路 211 号四川农业大学成都校区（611130）
电话(传真) /
邮　　箱 /
网　　址 /
主要研究领域：
农村反贫困

1334 四川农业大学新农村发展研究院
Institute for New Rural Development, Sichuan Agricultural University

所 属 类 别 / 高校智库
主 管 单 位 / 四川农业大学
成 立 时 间 / 2012 年 4 月
第 一 负 责 人 / 周伦理
合 作 机 构 /
办 公 地 址 / 四川省成都市温江区惠民路 211 号四川农业大学成都校区（611130）
电话(传真) / 0835-2883119（0835-2883119）
邮　　箱 / scaunfy@ 163. com
网　　址 / http://nfy. sicau. edu. cn
主要研究领域：
农村科技和综合服务体系；创业与孵化服务体系；多元化科技服务体系；现代农村科技创新体系；新农村建设理论创新与政策研究

1335 四川轻化工大学成渝地区双城经济圈川南发展研究院

所 属 类 别 / 高校智库
主 管 单 位 / 四川轻化工大学
成 立 时 间 /
第 一 负 责 人 /
合 作 机 构 /
办 公 地 址 / 四川省自贡市自流井区学院街 519 号四川轻化工大学（643000）
电话(传真) /
邮　　箱 /
网　　址 / https://cnyjy. suse. edu. cn
主要研究领域：
成渝地区双城经济圈川南发展

S

1336 四川省经济和社会发展研究院
Sichuan Economic Development Research Institute

所 属 类 别 / 党政智库—省/区/市政府所属
主 管 单 位 /
成 立 时 间 / 1998 年 7 月
第 一 负 责 人 / 罗飞龙
合 作 机 构 /
办 公 地 址 / 四川省成都市锦江区滨江东路 156 号发展大厦 14 层（610021）
电话（传真）/ 028-86705675
邮　　箱 / 120600316@ qq. com
网　　址 / http://www. scjyy. org
主要研究领域：
产业发展；区域和社会发展；投融资；企业发展

1337 四川省社会科学院
Sichuan Academy of Social Sciences

所 属 类 别 / 科研院所智库
主 管 单 位 / 四川省政府
成 立 时 间 / 1978 年 6 月
第 一 负 责 人 / 杨颖
合 作 机 构 /
办 公 地 址 / 四川省成都市青羊区一环路西一段 155 号（610071）
电话（传真）/ 028-86266824（028-87019971）
邮　　箱 /
网　　址 / http://www. sass. cn
主要研究领域：
产业经济；民族与宗教；文化创意产业；新闻传播；青少年犯罪；农村发展；区
域经济；四川震灾；印度问题

1338 四川师范大学巴蜀文化研究中心

所 属 类 别 / 高校智库
主 管 单 位 / 四川师范大学
成 立 时 间 /
第 一 负 责 人 / 王川
合 作 机 构 /
办 公 地 址 / 四川省成都市锦江区静安路 5 号四川师范大学狮子山校区（610066）
电话（传真）/ 028-84760567
邮　　箱 / webmaster@ bswh. net
网　　址 /
主要研究领域：
巴蜀历史与考古；巴蜀文学与文献

1339 四川师范大学韩国研究中心

所 属 类 别 / 高校智库

主 管 单 位 / 四川师范大学

成 立 时 间 / 2013 年 9 月

第一负责人 / 钟仕伦

合 作 机 构 /

办 公 地 址 / 四川省成都市锦江区静安路 5 号四川师范大学狮子山校区（610066）

电话(传真) /

邮　　箱 /

网　　址 /

主要研究领域：

韩国问题

1340 四川师范大学全球治理与区域国别研究院
Academy of Global Governance and Area Studies，Sichuan Normal University

所 属 类 别 / 高校智库

主 管 单 位 / 四川师范大学

成 立 时 间 / 2019 年 12 月

第一负责人 / 张海东

合 作 机 构 /

办 公 地 址 / 四川省成都市锦江区静安路 5 号四川师范大学狮子山校区（610066）

电话(传真) /

邮　　箱 /

网　　址 / http://gby.sicnu.edu.cn

主要研究领域：

区域国别问题；东南亚问题；日韩问题

1341 四川师范大学日本研究中心

所 属 类 别 / 高校智库

主 管 单 位 / 四川师范大学

成 立 时 间 /

第一负责人 / 张健

合 作 机 构 /

办 公 地 址 / 四川省成都市锦江区静安路 5 号四川师范大学狮子山校区（610066）

电话(传真) /

邮　　箱 /

网　　址 /

主要研究领域：

日本综合性研究；日本语言文化；日本艺术

S

1342　四川师范大学四川多元文化研究中心

所 属 类 别 / 高校智库
主 管 单 位 / 四川师范大学
成 立 时 间 / 2009 年
第一负责人 / 巴登尼玛
合 作 机 构 /
办 公 地 址 / 四川省成都市锦江区静安路 5 号四川师范大学狮子山校区物理实验楼
　　　　　　　3 层（610066）
电话(传真) / 028-84765625
邮　　　箱 / dywhzhx@ 163. com
网　　　址 / http://dywh. sicnu. edu. cn
主要研究领域:
多元文化文明成果的梳理与研究;多元文化的交融与传承;多元文化与和谐社会
建设

1343　四川师范大学四川文化教育高等研究院
Sichuan Institute for Advanced study on Culture and Education, Sichuan Normal University

所 属 类 别 / 高校智库
主 管 单 位 / 四川师范大学
成 立 时 间 / 2017 年
第一负责人 / 杜学元
合 作 机 构 /
办 公 地 址 / 四川省成都市锦江区静安路 5 号四川师范大学狮子山校区（610066）
电话(传真) /
邮　　　箱 /
网　　　址 / https://gyy. sicnu. edu. cn
主要研究领域:
高等教育与人类命运共同体;伦理学;华西边疆

1344　四川师范大学中国近现代西南区域政治与社会研究中心

所 属 类 别 / 高校智库
主 管 单 位 / 四川师范大学
成 立 时 间 / 2018 年 12 月
第一负责人 / 汪洪亮
合 作 机 构 /
办 公 地 址 / 四川省成都市锦江区静安路 5 号四川师范大学狮子山校区（610066）
电话(传真) /
邮　　　箱 /
网　　　址 /
主要研究领域:
中国近现代区域社会与文化

1345　四川师范大学中国乡村振兴研究院

所 属 类 别 / 高校智库

主 管 单 位 / 四川师范大学

成 立 时 间 / 2019 年 11 月

第 一 负 责 人 /

合 作 机 构 /

办 公 地 址 / 四川省成都市锦江区静安路 5 号四川师范大学狮子山校区（610066）

电话(传真) /

邮　　箱 /

网　　址 /

主要研究领域：

中国乡村振兴

1346　四川外国语大学德国研究中心

所 属 类 别 / 高校智库

主 管 单 位 / 四川外国语大学

成 立 时 间 /

第 一 负 责 人 / 李大雪

合 作 机 构 /

办 公 地 址 / 重庆市沙坪坝区烈士墓壮志路 33 号四川外国语大学（400031）

电话(传真) / 023-65385696（023-65385696）

邮　　箱 /

网　　址 / http://dgyj.sisu.edu.cn

主要研究领域：

德国法律；德国教育；德国文化

1347　四川外国语大学国别经济与国际商务研究中心
Research Center for International Business and Economy, Sichuan International Studies University

所 属 类 别 / 高校智库

主 管 单 位 / 四川外国语大学

成 立 时 间 / 2007 年 9 月

第 一 负 责 人 / 杨柏

合 作 机 构 /

办 公 地 址 / 重庆市沙坪坝区烈士墓壮志路 33 号四川外国语大学博文楼 8 层
（400031）

电话(传真) / 023-65385751（023-65385751）

邮　　箱 / ibesisu@163.com

网　　址 / http://ibe.sisu.edu.cn

主要研究领域：

国别政治；国际贸易投资；国别产业；国际商务及国际企业管理

S

1348　四川外国语大学金砖国家研究院

所 属 类 别 / 高校智库

主 管 单 位 / 四川外国语大学

成 立 时 间 / 2013 年 9 月

第 一 负 责 人 / 朱天祥

合 作 机 构 /

办 公 地 址 / 重庆市沙坪坝区烈士墓壮志路 33 号四川外国语大学 （400031）

电话(传真) /

邮　　箱 /

网　　址 /

主要研究领域：

金砖国家国别与区域；"一带一路"背景下的金砖国家合作；金砖国家与全球治理
的关系；金砖国家人文交流机制

1349　四川外国语大学区域国别研究院（重庆国际战略研究院）
Academy of International and Regional Studies, Sichuan International Studies University

所 属 类 别 / 高校智库

主 管 单 位 / 四川外国语大学

成 立 时 间 / 2022 年 3 月

第 一 负 责 人 /

合 作 机 构 /

办 公 地 址 / 重庆市沙坪坝区烈士墓壮志路 33 号四川外国语大学博文楼 A 栋 3 层
301 室 （400031）

电话(传真) /

邮　　箱 / QYGBYJY@ sisu. edu. cn

网　　址 / https://ciis. sisu. edu. cn

主要研究领域：

区域国别

1350　四川外国语大学以色列研究中心
Center for Israel Studies, SISU

所 属 类 别 / 高校智库

主 管 单 位 / 四川外国语大学

成 立 时 间 / 2011 年 6 月

第 一 负 责 人 / 陈广猛

合 作 机 构 /

办 公 地 址 / 重庆市沙坪坝区烈士墓壮志路 33 号四川外国语大学博文楼 3 层国关
综合实验中心 （400031）

电话(传真) /

邮　　箱 / CIS_SISU@ 163. com

网　　址 / http://column. sisu. edu. cn/cis

主要研究领域：以色列问题

1351 四川外国语大学中犹文化研究所
The Center of Judaic and Chinese Studies, Sichuan International Studies University

所 属 类 别／高校智库
主 管 单 位／四川外国语大学
成 立 时 间／2006 年 10 月
第一负责人／傅晓微
合 作 机 构／
办 公 地 址／重庆市沙坪坝区烈士墓壮志路 33 号四川外国语大学（400031）
电话(传真)／
邮　　箱／
网　　址／http://column.sisu.edu.cn/cjis
主要研究领域：
犹太问题；以色列问题

1352 四川文理学院四川革命老区发展研究中心

所 属 类 别／高校智库
主 管 单 位／四川文理学院
成 立 时 间／2008 年 1 月
第一负责人／杜松柏
合 作 机 构／
办 公 地 址／四川省达州市通川区塔石路中段 519 号（635000）
电话(传真)／0818-2790070
邮　　箱／lqyj2010@163.com
网　　址／http://cgl.sasu.edu.cn
主要研究领域：
四川革命老区相关问题的跨学科研究；跨专业的开放性学术研究

1353 四川西部教育研究院

所 属 类 别／社会智库
主 管 单 位／四川省社会科学界联合会
成 立 时 间／2010 年
第一负责人／陈大伟
合 作 机 构／
办 公 地 址／四川省成都市金牛区一环路西三段 3 号教育宾馆 2 层（610000）
电话(传真)／028-87785231（028-87785231）
邮　　箱／2983618166@qq.com
网　　址／http://www.xbjyyj.com
主要研究领域：
学校教育教学管理；区域教育及学校发展规划设计；创新教育

S

1354 苏州城乡一体化改革发展研究院（苏州乡村振兴研究院）

所 属 类 别／高校智库
主 管 单 位／苏州科技大学
成 立 时 间／2018 年
第一负责人／张庆奎
合 作 机 构／
办 公 地 址／江苏省苏州市高新区滨河路 1701 号苏州科技大学（215011）
电话(传真)／0512-68085673
邮 箱／
网 址／https://szyth.usts.edu.cn
主要研究领域：
苏州乡村振兴；城市一体化改革发展

1355 苏州大学长三角绿色供应链研究院

所 属 类 别／高校智库
主 管 单 位／苏州大学
成 立 时 间／2014 年
第一负责人／
合 作 机 构／
办 公 地 址／江苏省苏州市工业园区仁爱路 199 号苏州大学独墅湖校区（215123）
电话(传真)／
邮 箱／
网 址／http://pac.suda.edu.cn/29/f6/c3088a403958/page.htm
主要研究领域：
长三角绿色供应链

1356 苏州大学地方政府与社会管理研究中心

所 属 类 别／高校智库
主 管 单 位／苏州大学
成 立 时 间／2011 年 12 月
第一负责人／金太军
合 作 机 构／
办 公 地 址／江苏省苏州市工业园区仁爱路 199 号苏州大学独墅湖校区（215123）
电话(传真)／
邮 箱／
网 址／http://pac.suda.edu.cn/8e/89/c3088a36489/page.htm
主要研究领域：
地方服务型政府与危机管理；地方政府城乡社区治理与生态建设；地方政府体育公
共服务与公民健康管理

S

1357　苏州大学社会公共文明研究所

所 属 类 别／高校智库

主 管 单 位／苏州大学

成 立 时 间／2009 年 6 月

第一负责人／缪学为

合 作 机 构／

办 公 地 址／江苏省苏州市姑苏区十梓街 1 号苏州大学（215006）

电话(传真)／

邮　　箱／

网　　址／

主要研究领域：

社会公共文明

1358　苏州大学苏南发展研究院
Institute for Sunan Development, Soochow University

所 属 类 别／高校智库

主 管 单 位／苏州大学

成 立 时 间／1999 年 10 月

第一负责人／田晓明

合 作 机 构／江苏省哲学社会科学规划办公室

办 公 地 址／江苏省苏州市沧浪区东环路 50 号苏州大学东校区（215021）

电话(传真)／

邮　　箱／

网　　址／

主要研究领域：

公共治理；人力资源；人口；社会心理；公共文明；文化和教育发展；社会发展；
经济发展

1359　苏州大学台商投资与发展研究所

所 属 类 别／高校智库

主 管 单 位／苏州大学

成 立 时 间／2010 年 6 月

第一负责人／张明

合 作 机 构／

办 公 地 址／江苏省苏州市工业园区仁爱路 199 号苏州大学独墅湖校区（215123）

电话(传真)／0512-65884523

邮　　箱／sdty@ suda. edu. cn

网　　址／http://sdty. suda. edu. cn

主要研究领域：

台商投资；产业合作；台商社会生活；两岸关系；和平发展

S

1360 苏州大学中国特色城镇化研究中心
Centre for Chinese Urbanization Studies, Soochow University

所 属 类 别 / 高校智库
主 管 单 位 / 苏州大学
成 立 时 间 / 2002 年 12 月
第一负责人 / 钱振明
合 作 机 构 /
办 公 地 址 / 江苏省苏州市沧浪区东环路 50 号苏州大学东校区（215021）
电话(传真) / 0512-67160103
邮　　　箱 /
网　　　址 / http://rurc.suda.edu.cn
主要研究领域:
城乡规划与产业结构；苏南模式；社会稳定；创新与区域发展；城镇化法制保障；心理与文化支持

1361 苏州科技大学城市发展智库
USTS Think Tank for Urban Development, Suzhou University of Science and Technology

所 属 类 别 / 高校智库
主 管 单 位 / 苏州科技大学
成 立 时 间 / 2017 年
第一负责人 / 张庆奎
合 作 机 构 /
办 公 地 址 / 江苏省苏州市虎丘区学府路 99 号苏州科技大学（215009）
电话(传真) / 0512-68782141（0512-68782141）
邮　　　箱 / ttud@usts.edu.cn
网　　　址 / http://ttud.usts.edu.cn
主要研究领域:
城市乡村规划与建设；城市生态建设与管理；城市文化建设与传播；智库建设与研究；城市经济管理与发展

1362 苏州科技大学苏州国家历史文化名城保护研究院
Suzhou Institute for the Conservation of National Historical Cities

所 属 类 别 / 高校智库
主 管 单 位 / 苏州科技大学、研究院共建管理委员会
成 立 时 间 / 2014 年 3 月
第一负责人 / 徐刚
合 作 机 构 / 苏州市姑苏区人民政府、苏州国家历史文化名城保护区管委会、苏州科技大学
办 公 地 址 / 江苏省苏州市高新区滨河路 1701 号计算中心 3 层（215011）
电话(传真) / 0512-69379339（0512-69379338）
邮　　　箱 / sihc@mail.usts.edu.cn
网　　　址 / http://sihc.usts.edu.cn
主要研究领域: 苏州国家历史文化名城保护

1363 塔里木大学非传统安全与边疆民族发展研究中心

所 属 类 别／高校智库

主 管 单 位／塔里木大学

成 立 时 间／2009 年 5 月

第 一 负 责 人／安晓平

合 作 机 构／

办 公 地 址／新疆阿拉尔市军垦大道 1188 号塔里木大学（843300）

电话(传真)／

邮　　箱／

网　　址／

主要研究领域：

环塔里木多民族文化传承与保护；非传统安全与边疆和谐；新疆宗教民族关系；
民族教育

1364 太原科技大学企业社会责任研究中心

所 属 类 别／高校智库

主 管 单 位／太原科技大学

成 立 时 间／

第 一 负 责 人／刘传俊

合 作 机 构／

办 公 地 址／山西省太原市万柏林区窊流路 66 号太原科技大学（030024）

电话(传真)／

邮　　箱／chuanjlkd@ tyust. edu. cn

网　　址／

主要研究领域：

企业社会责任

1365 太原科技大学装备制造业创新发展研究中心

所 属 类 别／高校智库

主 管 单 位／太原科技大学

成 立 时 间／

第 一 负 责 人／

合 作 机 构／

办 公 地 址／山西省太原市万柏林区窊流路 66 号太原科技大学（030024）

电话(传真)／

邮　　箱／

网　　址／

主要研究领域：

装备制造业创新发展

T

1366　太原理工大学华北农村调查与研究中心

所 属 类 别／高校智库

主 管 单 位／太原理工大学

成 立 时 间／

第 一 负 责 人／渠桂萍

合 作 机 构／

办 公 地 址／山西省晋中市榆次区大学街 209 号太原理工大学明向校区（030600）

电话(传真)／

邮　　箱／blxqgp@ hotmail. com

网　　址／

主要研究领域：

农村问题

1367　太原理工大学基层社会治理研究中心

所 属 类 别／高校智库

主 管 单 位／太原理工大学

成 立 时 间／

第 一 负 责 人／梁丽萍

合 作 机 构／

办 公 地 址／山西省太原市万柏林区迎泽西大街 79 号太原理工大学明向校区（030024）

电话(传真)／

邮　　箱／

网　　址／

主要研究领域：

山西省各级地方政府基层社会治理

1368　太原理工大学煤炭产业科学发展研究中心

所 属 类 别／高校智库

主 管 单 位／太原理工大学

成 立 时 间／2012 年

第 一 负 责 人／栗继祖

合 作 机 构／

办 公 地 址／山西省太原市万柏林区迎泽西大街 79 号太原理工大学明向校区（030024）

电话(传真)／

邮　　箱／lijizu@ tyut. edu. cn

网　　址／

主要研究领域：

煤炭产业

1369　天津大学滨海工业研究院

所 属 类 别／高校智库

主 管 单 位／天津大学

成 立 时 间／2008 年

第一负责人／

合 作 机 构／教育部、天津市、滨海新区、天津港保税区（临港）、天津大学

办 公 地 址／天津市滨海新区临港经济区嘉陵江道 48 号（300452）

电话(传真)／

邮　　　箱／

网　　　址／http://www.tju.edu.cn/info/1063/4417.htm

主要研究领域：

滨海工业

1370　天津大学公共资源管理研究中心

所 属 类 别／高校智库

主 管 单 位／天津大学

成 立 时 间／2004 年

第一负责人／陈通

合 作 机 构／

办 公 地 址／天津市南开区卫津路 92 号天津大学（300072）

电话(传真)／

邮　　　箱／

网　　　址／http://www.tju.edu.cn/info/1331/3357.htm

主要研究领域：

资源环境与低碳发展；社会治理与公共服务；创新管理与科技政策

1371　天津大学国家知识产权战略实施研究基地
Research Base for the Implementation of National Intellecture Property Stragegy of Tianjin University

所 属 类 别／高校智库

主 管 单 位／天津大学

成 立 时 间／2013 年 4 月

第一负责人／张维

合 作 机 构／

办 公 地 址／天津市南开区卫津路 92 号天津大学（300072）

电话(传真)／

邮　　　箱／

网　　　址／http://sip.cme.tju.edu.cn

主要研究领域：

知识产权政策与知识产权保护；企业知识产权战略；高校技术转移与成果转化

T

1372 天津大学合肥创新发展研究院
The Academy of Tianjin University, Hefei

所 属 类 别 / 高校智库
主 管 单 位 / 天津大学
成 立 时 间 / 2022 年
第一负责人 /
合 作 机 构 / 天津大学、合肥市人民政府、合肥经济技术开发区管理委员会
办 公 地 址 / 安徽省合肥市经济技术开发区紫蓬路与清潭路交口中德合作创新园
　　　　　　　10 号楼（230091）
电话(传真) / 0551-62572290
邮　　　箱 /
网　　　址 / http://hfy.tju.edu.cn
主要研究领域：
合肥创新发展

1373 天津大学教育科学研究中心

所 属 类 别 / 高校智库
主 管 单 位 / 天津大学
成 立 时 间 / 2010 年 10 月
第一负责人 / 闫广芬
合 作 机 构 /
办 公 地 址 / 天津市南开区卫津路 92 号天津大学（300072）
电话(传真) / 022-27407682
邮　　　箱 / tjygf99@163.com
网　　　址 / http://www.tju.edu.cn/info/1331/3352.htm
主要研究领域：
职业技术教育学；高等工程教育；研究生教育；认知科学与技术

1374 天津大学津南创新研究院

所 属 类 别 / 高校智库
主 管 单 位 / 天津大学、天津市津南区人民政府
成 立 时 间 /
第一负责人 / 翟京生
合 作 机 构 /
办 公 地 址 / 天津市津南区建设一支路（300000）
电话(传真) / 022-83612796
邮　　　箱 /
网　　　址 / http://www.tju.edu.cn/info/1063/4419.htm
主要研究领域：
国家"海洋强国"战略；新时代海洋科学与技术的创新发展

1375 天津大学科学技术发展研究院
Office of Science and Technology, Tianjin University

所 属 类 别 / 高校智库
主 管 单 位 / 天津大学
成 立 时 间 / 2012 年 7 月
第一负责人 / 崔振铎
合 作 机 构 /
办 公 地 址 / 天津市津南区海河教育园区雅观路 135 号（300350）
电话(传真) / 022-27401772
邮　　箱 / kjc@ tju. edu. cn
网　　址 / http://kj. tju. edu. cn
主要研究领域：
科技前沿；国家重大战略需求

1376 天津大学区域发展研究院
Institute of Regional R&D Cooperation, Tianjin University

所 属 类 别 / 高校智库
主 管 单 位 / 天津大学
成 立 时 间 / 2017 年
第一负责人 / 杨明海
合 作 机 构 /
办 公 地 址 / 天津市南开区卫津路 92 号天津大学第十四教学楼（300072）
电话(传真) / 022-87371383
邮　　箱 /
网　　址 /
主要研究领域：
区域协同发展

1377 天津大学山东研究院

所 属 类 别 / 高校智库
主 管 单 位 / 淄博高新区管委会、天津大学
成 立 时 间 / 2010 年 12 月
第一负责人 / 那平
合 作 机 构 /
办 公 地 址 / 山东省淄博市张店区鲁泰大道 51 号高分子材料创新园 B 座 404 室
　　　　　　（255000）
电话(传真) / 13602019800
邮　　箱 / naping@ tju. edu. cn
网　　址 / http://www. tju-sd. com
主要研究领域：
公共技术服务平台的建设和运营；高校技术成果在地方的转化；工程化研究和地方实用人才培养

1378 天津大学四川创新研究院

所属类别／高校智库
主管单位／天津大学
成立时间／2021 年 4 月
第一负责人／何明霞
合作机构／
办公地址／四川省成都市双流区天府新经济产业园 B6 号楼 13 层（611137）
电话(传真)／028-81199393
邮　　箱／tjdxscyjy@163.com
网　　址／
主要研究领域：
5G；人工智能；工业 4.0；智能制造；大健康

1379 天津大学中国传统村落保护与发展研究中心
China's Traditional Village Protection and Development Research Center, Tianjin University

所属类别／高校智库
主管单位／天津大学
成立时间／2013 年 6 月
第一负责人／冯骥才
合作机构／
办公地址／天津市南开区卫津路 92 号天津大学（300072）
电话(传真)／022-27400263（022-27407360）
邮　　箱／chuantongcunluo@126.com
网　　址／
主要研究领域：
传统村落的基础理论

1380 天津大学中国绿色发展研究院
Research Institute of China Green Development of Tianjin University

所属类别／高校智库
主管单位／天津大学
成立时间／2015 年 12 月
第一负责人／李家俊
合作机构／
办公地址／天津市南开区卫津路 92 号天津大学（300072）
电话(传真)／022-87370809
邮　　箱／wangwenjie9125@163.com
网　　址／http://lsfz.tju.edu.cn
主要研究领域：
污染防治政策与法治；生态保护政策与法治；资源、能源政策与法治

T

1381　天津大学中国智慧法治研究院

　　所 属 类 别 / 高校智库
　　主 管 单 位 / 天津大学
　　成 立 时 间 / 2018 年 4 月
　　第 一 负 责 人 / 孙佑海
　　合 作 机 构 /
　　办 公 地 址 / 天津市南开区卫津路 92 号天津大学（300072）
　　电话(传真) / 022-87371077
　　邮　　　箱 / madiananhua@126.com
　　网　　　址 /
　　主要研究领域：
　　计算法学学科建设；智慧司法交叉；人工智能政策；智慧教学理论实践

1382　天津工业大学现代纺织产业创新研究中心

　　所 属 类 别 / 高校智库
　　主 管 单 位 / 天津工业大学
　　成 立 时 间 /
　　第 一 负 责 人 /
　　合 作 机 构 /
　　办 公 地 址 / 天津市西青区宾水西道 399 号（300387）
　　电话(传真) /
　　邮　　　箱 /
　　网　　　址 /
　　主要研究领域：
　　现代纺织业自主创新；现代纺织业产业安全与竞争力；现代纺织业自主品牌的国际化经营

1383　天津社会科学院
Tianjin Academy of Social Sciences

　　所 属 类 别 / 科研院所智库
　　主 管 单 位 / 天津市政府
　　成 立 时 间 / 1979 年 3 月
　　第 一 负 责 人 / 钟会兵
　　合 作 机 构 /
　　办 公 地 址 / 天津市南开区迎水道 7 号（300191）
　　电话(传真) / 022-23368739（022-23362739）
　　邮　　　箱 /
　　网　　　址 / http://www.tass-tj.org.cn
　　主要研究领域：
　　城市经济；现代企业；舆情；经济社会预测；经济社会发展；东北亚问题

T

1384 天津师范大学京津冀生态文明发展研究院
Academy of Eco-civilization Development for Jing-Jin-Ji Megalopolis, Tianjin Normal University

所 属 类 别 / 高校智库
主 管 单 位 / 天津师范大学
成 立 时 间 / 2021 年 4 月
第一负责人 / 钟英华
合 作 机 构 / 天津师范大学、北京师范大学
办 公 地 址 / 天津市西青区宾水西道 393 号（300387）
电话(传真) / 022-23766312
邮　　箱 /
网　　址 / https://3jeco.tjnu.edu.cn
主要研究领域：
京津冀生态文明发展

1385 天津外国语大学"一带一路"天津战略发展研究院

所 属 类 别 / 高校智库
主 管 单 位 / 天津外国语大学
成 立 时 间 / 2010 年 5 月
第一负责人 / 冯雷鸣
合 作 机 构 /
办 公 地 址 / 天津市河西区马场道 117 号留学生公寓 B 座 201 室（300204）
电话(传真) / 022-23244815（022-23244979）
邮　　箱 / tjgjfz@126.com
网　　址 / http://ydylyjy.tjfsu.edu.cn
主要研究领域：
共建"一带一路"国家国别研究；投资风险分析；天津及区域国际化发展

1386 天津外国语大学拉丁美洲研究中心

所 属 类 别 / 高校智库
主 管 单 位 / 天津外国语大学
成 立 时 间 / 2012 年 7 月
第一负责人 / 张鹏
合 作 机 构 /
办 公 地 址 / 天津市和平区湖北路 57 号 A202（300040）
电话(传真) / 022-23282681
邮　　箱 / tianwailamei@126.com
网　　址 / http://lamei.tjfsu.edu.cn
主要研究领域：
拉美政治、经济、社会问题；国际关系；文化教育

T

1387 同济大学财经研究所

National Social Foundation Consulting Point Institute of Finance and Economics, Tongji University

所 属 类 别／高校智库

主 管 单 位／同济大学

成 立 时 间／

第一负责人／石建勋

合 作 机 构／

办 公 地 址／上海市杨浦区四平路 1239 号同济大学四平校区财经研究所（200092）

电话(传真)／021-65984191

邮　　箱／ife_tongji@ 163. com

网　　址／https://ife. tongji. edu. cn

主要研究领域：

世界经济与贸易；国际金融；自贸区金融创新；资本市场改革与发展、中国金融改革开放与金融安全；中国特色政治经济学创新研究；供给侧改革与财税金融改革

1388 同济大学德国研究中心

German Studies Center, Tongji University

所 属 类 别／高校智库

主 管 单 位／同济大学

成 立 时 间／2013 年

第一负责人／郑春荣

合 作 机 构／

办 公 地 址／上海市杨浦区四平路 1239 号同济大学四平校区中德大楼 9 层（200092）

电话(传真)／021-65980918（021-65987800）

邮　　箱／gso@ tongji. edu. cn

网　　址／http://german-studies-online. tongji. edu. cn

主要研究领域：

德国政治、外交、经济、社会、文化、教育；中德关系

1389 同济大学高等教育研究所

Institute of Higher Education, Tongji University

所 属 类 别／高校智库

主 管 单 位／同济大学

成 立 时 间／1986 年

第一负责人／蔡三发

合 作 机 构／

办 公 地 址／上海市杨浦区四平路 1239 号同济大学四平校区衷和楼 805（200092）

电话(传真)／021-65983128

邮　　箱／fzgh@ tongji. edu. cn

网　　址／https://ihe. tongji. edu. cn/main. htm

主要研究领域：

高等教育

T

1390 同济大学韩国研究中心

所 属 类 别 / 高校智库

主 管 单 位 / 同济大学

成 立 时 间 / 2016 年 12 月

第一负责人 / 门洪华

合 作 机 构 /

办 公 地 址 / 上海市杨浦区四平路 1239 号同济大学四平校区（200092）

电话(传真) /

邮　　箱 /

网　　址 / https://spsir.tongji.edu.cn/da/3a/c18762a186938/page.htm

主要研究领域：

韩国问题；朝鲜半岛；东北亚国际关系

1391 同济大学极地与海洋国际问题研究中心
Center for Polar and Oceanic Studies，Tongji University

所 属 类 别 / 高校智库

主 管 单 位 / 同济大学

成 立 时 间 / 2009 年 9 月

第一负责人 / 夏立平

合 作 机 构 /

办 公 地 址 / 上海市杨浦区四平路 1239 号同济大学四平校区综合楼 1401 室
　　　　　　（200092）

电话(传真) / 021-65982200

邮　　箱 / webmaster@tongji.edu.cn

网　　址 / https://cpos.tongji.edu.cn

主要研究领域：

北极地区和南极地区国际政治；中国极地战略和政策

1392 同济大学可持续发展与新型城镇化智库
Tongji University Sustainable Development and New-Type Urbanization Think-Tank

所 属 类 别 / 高校智库

主 管 单 位 / 同济大学

成 立 时 间 / 2014 年 12 月

第一负责人 / 韩传峰

合 作 机 构 /

办 公 地 址 / 上海市杨浦区四平路 1239 号同济大学四平校区（200092）

电话(传真) / 021-65986777

邮　　箱 / hancf@tongji.edu.cn

网　　址 / http://urbanization-think-tank.tongji.edu.cn

主要研究领域：

可持续发展；城市规划；经济与管理；环境科学

1393 同济大学欧洲思想文化研究院

所 属 类 别 / 高校智库
主 管 单 位 / 同济大学
成 立 时 间 / 2007 年
第一负责人 / 孙周兴
合 作 机 构 /
办 公 地 址 / 上海市杨浦区四平路 1239 号同济大学四平校区 （200092）
电话(传真) /
邮 箱 /
网 址 / https://sal. tongji. edu. cn/info/1020/2896. htm
主要研究领域：
欧洲思想文化与中欧文明交流

1394 同济大学欧洲研究中心

所 属 类 别 / 高校智库
主 管 单 位 / 同济大学
成 立 时 间 /
第一负责人 / 郑春荣
合 作 机 构 /
办 公 地 址 / 上海市杨浦区四平路 1239 号同济大学四平校区 （200092）
电话(传真) /
邮 箱 /
网 址 / https://spsir. tongji. edu. cn/15220/list. htm
主要研究领域：
欧盟政治与经济；中欧关系；当代欧洲政治与对外关系

1395 同济大学全球治理与发展研究院

所 属 类 别 / 高校智库
主 管 单 位 / 同济大学
成 立 时 间 / 2019 年 3 月
第一负责人 / 周琪
合 作 机 构 /
办 公 地 址 / 上海市杨浦区四平路 1239 号同济大学四平校区 （200092）
电话(传真) / 021-65982689
邮 箱 / zhouqi@ tongji. edu. cn
网 址 / http://www. iggd. org. cn
主要研究领域：
中国对外关系；全球治理；国家发展改革战略；世界经济与金融；创新科技发展

T

1396 同济大学日本学研究所
The Japanese Studies Institute of Tongji University

所 属 类 别 / 高校智库
主 管 单 位 / 同济大学
成 立 时 间 / 1986 年 10 月
第一负责人 /
合 作 机 构 /
办 公 地 址 / 上海市杨浦区四平路 1239 号同济大学四平校区 （200092）
电话(传真) /
邮　　箱 /
网　　址 / https://sfl. tongji. edu. cn/11265/list. htm
主要研究领域：
东亚问题；日本的国家、社会、文化发展

1397 同济大学新农村发展研究院
Institute of New Rural Development, Tongji University

所 属 类 别 / 高校智库
主 管 单 位 / 同济大学
成 立 时 间 / 2013 年 10 月
第一负责人 / 方守恩
合 作 机 构 /
办 公 地 址 / 上海市杨浦区赤峰路 67 号同济大学科技园 2 号楼 302A 室 （200092）
电话(传真) / 021-65980149 （021-65980149）
邮　　箱 / agri@ tongji. edu. cn
网　　址 / http: //agri. tongji. edu. cn
主要研究领域：
农村政策和经济；设施农业与农业园区规划；村镇规划与建筑；农村生态环境；
农村新能源；中国传统村落保护发展；农村防灾减灾

1398 同济大学亚洲太平洋研究中心

所 属 类 别 / 高校智库
主 管 单 位 / 同济大学
成 立 时 间 / 2001 年 5 月
第一负责人 / 钟振明
合 作 机 构 /
办 公 地 址 / 上海市杨浦区四平路 1239 号同济大学四平校区 （200092）
电话(传真) /
邮　　箱 /
网　　址 / https://spsir. tongji. edu. cn/da/3d/c18762a186941/page. htm
主要研究领域：
亚洲太平洋地区国际关系

1399 同济大学中德人文交流研究中心

所 属 类 别 / 高校智库
主 管 单 位 / 同济大学
成 立 时 间 / 2017 年 3 月
第 一 负 责 人 / 董琦
合 作 机 构 /
办 公 地 址 / 上海市杨浦区赤峰路 50 号中德大楼 9 层 （200092）
电话(传真) / 021-65981310
邮　　箱 / gso@ tongji. edu. cn
网　　址 / https://sino-german-dialogue. tongji. edu. cn
主要研究领域：
中德人文交流

1400 同济大学中国科技管理研究院
Chinese Academy of Science and Technology Management, Tongji University

所 属 类 别 / 高校智库
主 管 单 位 / 同济大学
成 立 时 间 /
第 一 负 责 人 / 徐冠华
合 作 机 构 /
办 公 地 址 / 上海市杨浦区四平路 1239 号同济大学四平校区综合楼 20 层
　　　　　　（200092）
电话(传真) / 021-65985664
邮　　箱 / castm@ tongji. edu. cn
网　　址 / http://castm. tongji. edu. cn
主要研究领域：
创新政策；创新体制与管理；创新人才；区域创新与产业集群；绿色经济与可持续发展；自主创新的国际环境

1401 同济大学中国战略研究院

所 属 类 别 / 高校智库
主 管 单 位 / 同济大学
成 立 时 间 / 2015 年 5 月
第 一 负 责 人 / 门洪华
合 作 机 构 /
办 公 地 址 / 上海市杨浦区四平路 1239 号同济大学四平校区 （200092）
电话(传真) / 021-65982671
邮　　箱 / menhonghua@ tongji. edu. cn
网　　址 /
主要研究领域：
战略研究；国际关系；政治学理论

1402 铜陵学院区域经济研究所（皖江经济发展研究中心）

所 属 类 别／高校智库
主 管 单 位／铜陵学院
成 立 时 间／2008 年
第一负责人／马克和
合 作 机 构／
办 公 地 址／安徽省铜陵市铜官区北京中路 297 号铜陵学院（244000）
电话(传真)／
邮　　箱／
网　　址／https://qyjjyjs.tlu.edu.cn
主要研究领域：
皖江城市带承接产业转移；区域创新环境与企业成长；皖江城市带产业集群；皖江区域经济发展

1403 外交学院北京对外交流与外事管理研究基地
Research Center for Beijing International Exchanges and Foreign Affairs Administration, China Foreign Affairs University

所 属 类 别／高校智库
主 管 单 位／外交学院
成 立 时 间／2005 年 12 月
第一负责人／徐坚
合 作 机 构／
办 公 地 址／北京市西城区展览馆路 24 号外交学院（100037）
电话(传真)／
邮　　箱／
网　　址／http://wsjd.cfau.edu.cn
主要研究领域：
国际关系、外交学及外事管理等涉外领域

1404 外交学院当代中国外交研究中心

所 属 类 别／高校智库
主 管 单 位／外交学院
成 立 时 间／
第一负责人／张历历
合 作 机 构／
办 公 地 址／北京市西城区展览馆路 24 号外交学院（100037）
电话(传真)／13910573013
邮　　箱／13910573013@139.com
网　　址／
主要研究领域：
当代中国外交、外交学、世界各国外交史及国际问题

1405 外交学院法国与法语国家研究中心

所 属 类 别／高校智库

主 管 单 位／外交学院

成 立 时 间／2009 年 12 月

第 一 负 责 人／王晓侠

合 作 机 构／

办 公 地 址／北京市西城区展览馆路 24 号外交学院（100037）

电话(传真)／

邮　　箱／

网　　址／

主要研究领域：

法国与法语国家问题

1406 外交学院非洲研究中心

所 属 类 别／高校智库

主 管 单 位／外交学院

成 立 时 间／2009 年

第 一 负 责 人／王晓侠

合 作 机 构／

办 公 地 址／北京市西城区展览馆路 24 号外交学院（100037）

电话(传真)／

邮　　箱／

网　　址／

主要研究领域：

非洲问题

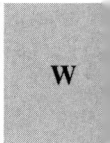

W

1407 外交学院国际法研究所

所 属 类 别／高校智库

主 管 单 位／外交学院

成 立 时 间／1955 年

第 一 负 责 人／许军珂

合 作 机 构／

办 公 地 址／北京市西城区展览馆路 24 号外交学院（100037）

电话(传真)／

邮　　箱／

网　　址／

主要研究领域：

国际法

1408   外交学院国际关系研究所
The Institute of International Relations，China Foreign Affairs University

所 属 类 别 / 高校智库
主 管 单 位 / 外交学院
成 立 时 间 / 1984 年
第一负责人 / 曲博
合 作 机 构 /
办 公 地 址 / 北京市西城区展览馆路 24 号外交学院（100037）
电话(传真) /
邮　　箱 /
网　　址 / http://iir.cfau.edu.cn
主要研究领域：
中国国际关系理论；全球治理与世界秩序；国际安全与大国战略

1409   外交学院国际金融研究中心

所 属 类 别 / 高校智库
主 管 单 位 / 外交学院
成 立 时 间 /
第一负责人 / 欧明刚
合 作 机 构 /
办 公 地 址 / 北京市西城区展览馆路 24 号外交学院（100037）
电话(传真) /
邮　　箱 /
网　　址 /
主要研究领域：
国际金融

1410   外交学院国家软实力研究中心

所 属 类 别 / 高校智库
主 管 单 位 / 外交学院
成 立 时 间 /
第一负责人 / 姚遥
合 作 机 构 /
办 公 地 址 / 北京市西城区展览馆路 24 号外交学院（100037）
电话(传真) /
邮　　箱 /
网　　址 / https://softpower.cfau.edu.cn
主要研究领域：
国家软实力

1411　外交学院海外利益保护研究中心

所 属 类 别／高校智库

主 管 单 位／外交学院

成 立 时 间／

第一负责人／夏莉萍

合 作 机 构／

办 公 地 址／北京市西城区展览馆路 24 号外交学院（100037）

电话(传真)／

邮　　箱／

网　　址／

主要研究领域：

海外利益保护

1412　外交学院经济外交研究中心

Economic Diplomacy Studies Center，China Foreign Affairs University

所 属 类 别／高校智库

主 管 单 位／外交学院

成 立 时 间／2007 年

第一负责人／江瑞平

合 作 机 构／

办 公 地 址／北京市西城区展览馆路 24 号外交学院（100037）

电话(传真)／010-68322939

邮　　箱／

网　　址／http://jjwj.cfau.edu.cn

主要研究领域：

经济外交

1413　外交学院拉美研究中心

所 属 类 别／高校智库

主 管 单 位／外交学院

成 立 时 间／

第一负责人／左晓园

合 作 机 构／

办 公 地 址／北京市西城区展览馆路 24 号外交学院（100037）

电话(传真)／

邮　　箱／zuoxy@cfau.edu.cn

网　　址／

主要研究领域：

拉丁美洲问题

W

1414 外交学院联合国研究中心

所 属 类 别／高校智库
主 管 单 位／外交学院
成 立 时 间／
第 一 负 责 人／江国青
合 作 机 构／
办 公 地 址／北京市西城区展览馆路 24 号外交学院 （100037）
电话(传真)／
邮 箱／
网 址／
主要研究领域：
联合国事务以及与联合国有关的国际机制的发展动向和趋势

1415 外交学院美国社会文化研究中心

所 属 类 别／高校智库
主 管 单 位／外交学院
成 立 时 间／
第 一 负 责 人／孙吉胜
合 作 机 构／
办 公 地 址／北京市西城区展览馆路 24 号外交学院 （100037）
电话(传真)／
邮 箱／
网 址／
主要研究领域：
亚裔美国文学；美国社会、文化、历史、政治等；英美概况

1416 外交学院欧洲研究中心

所 属 类 别／高校智库
主 管 单 位／外交学院
成 立 时 间／1994 年 2 月
第 一 负 责 人／赵怀普
合 作 机 构／
办 公 地 址／北京市西城区展览馆路 24 号外交学院 （100037）
电话(传真)／
邮 箱／
网 址／
主要研究领域：
欧洲问题的研究和教学活动

1417 外交学院人权研究中心

所 属 类 别／高校智库

主 管 单 位／外交学院

成 立 时 间／2011 年

第一负责人／张爱宁

合 作 机 构／

办 公 地 址／北京市西城区展览馆路 24 号外交学院 （100037）

电话(传真)／

邮　　箱／

网　　址／

主要研究领域：

国际人权公约及其实施机制；国内人权法律制度；人权哲学

1418 外交学院日本研究中心

所 属 类 别／高校智库

主 管 单 位／外交学院

成 立 时 间／2008 年

第一负责人／周萍萍

合 作 机 构／

办 公 地 址／北京市西城区展览馆路 24 号外交学院 （100037）

电话(传真)／

邮　　箱／

网　　址／

主要研究领域：

日本问题

1419 外交学院世界政治研究中心

所 属 类 别／高校智库

主 管 单 位／外交学院

成 立 时 间／

第一负责人／施展

合 作 机 构／

办 公 地 址／北京市西城区展览馆路 24 号外交学院 （100037）

电话(传真)／

邮　　箱／

网　　址／

主要研究领域：

世界政治

1420 外交学院西语国家研究中心

所 属 类 别 / 高校智库
主 管 单 位 / 外交学院
成 立 时 间 / 2019 年 4 月
第 一 负 责 人 / 孟夏韵
合 作 机 构 /
办 公 地 址 / 北京市西城区展览馆路 24 号外交学院 （100037）
电话(传真) /
邮　　　箱 / 137879025@ qq. com
网　　　址 /
主要研究领域：
西语国家问题

1421 外交学院亚太研究中心

所 属 类 别 / 高校智库
主 管 单 位 / 外交学院
成 立 时 间 / 1994 年
第 一 负 责 人 / 苏浩
合 作 机 构 /
办 公 地 址 / 北京市西城区展览馆路 24 号外交学院 （100037）
电话(传真) /
邮　　　箱 / suhao@ cfau. edu. cn
网　　　址 /
主要研究领域：
亚太合作进展和未来发展方向

1422 外交学院亚洲研究所
Institute of Asian Studies, China Foreign Affairs University

所 属 类 别 / 高校智库
主 管 单 位 / 外交学院
成 立 时 间 / 2004 年
第 一 负 责 人 / 郭延军
合 作 机 构 /
办 公 地 址 / 北京市西城区展览馆路 24 号外交学院 （100037）
电话(传真) / 010-68322939 （010-68322939）
邮　　　箱 / ias@ cfau. edu. cn
网　　　址 / http://ias. cfau. edu. cn
主要研究领域：
亚洲问题

1423 外交学院战略与和平研究中心

所 属 类 别／高校智库
主 管 单 位／外交学院
成 立 时 间／
第一负责人／苏浩
合 作 机 构／
办 公 地 址／北京市西城区展览馆路 24 号外交学院（100037）
电话(传真)／
邮　　箱／suhao@cfau.edu.cn
网　　址／
主要研究领域：
战略与和平

1424 外交学院政党外交研究中心
Party Diplomacy Center, China Foreign Affairs University

所 属 类 别／高校智库
主 管 单 位／外交学院
成 立 时 间／2012 年 3 月
第一负责人／余科杰
合 作 机 构／
办 公 地 址／北京市西城区展览馆路 24 号外交学院（100037）
电话(传真)／
邮　　箱／
网　　址／
主要研究领域：
政党外交理论

1425 外交学院中国国际法实践研究中心

所 属 类 别／高校智库
主 管 单 位／外交学院
成 立 时 间／
第一负责人／秦晓程
合 作 机 构／
办 公 地 址／北京市西城区展览馆路 24 号外交学院（100037）
电话(传真)／
邮　　箱／
网　　址／
主要研究领域：
国际法

W

W

1426　万博新经济研究院
Wanb Institute

所 属 类 别／社会智库—民办非企业
主 管 单 位／北京市民政局
成 立 时 间／2014 年
第一负责人／滕泰
合 作 机 构／
办 公 地 址／北京市西城区月坛北街 26 号恒华国际商务中心 A 座（100036）
电话(传真)／010-58565691
邮　　箱／wanb@ wanb. org. cn
网　　址／http://www. wanb. org. cn
主要研究领域：
新供给经济学；软价值战略；宏观经济；金融

1427　武汉大学财政金融研究中心
The Center of Financ Research，Wuhan University

所 属 类 别／高校智库
主 管 单 位／武汉大学
成 立 时 间／2009 年 3 月
第一负责人／
合 作 机 构／
办 公 地 址／湖北省武汉市武昌区珞珈山 16 号武汉大学（430072）
电话(传真)／027-68775117（027-68773700）
邮　　箱／cfr@ whu. edu. cn
网　　址／http://cfr. whu. edu. cn
主要研究领域：
财政金融问题

1428　武汉大学发展研究院（湖北发展问题研究中心）

所 属 类 别／高校智库
主 管 单 位／武汉大学
成 立 时 间／2002 年 4 月
第一负责人／曾国安
合 作 机 构／
办 公 地 址／湖北省武汉市洪山区珞珈山路 16 号信息学部教学实验大楼 4 层（430072）
电话(传真)／027-68778818
邮　　箱／fzyjy@ whu. edu. cn
网　　址／http://fzyjy. whu. edu. cn
主要研究领域：
国民经济建设；社会可持续发展

1429　武汉大学法国研究中心

所 属 类 别／高校智库
主 管 单 位／武汉大学
成 立 时 间／2012 年
第 一 负 责 人／王战
合 作 机 构／
办 公 地 址／湖北省武汉市武昌区珞珈山 16 号武汉大学（430072）
电话(传真)／
邮　　　箱／
网　　　址／
主要研究领域：
法国经济、政治、法律、文学、文化等

1430　武汉大学国际法研究所
Wuhan University Institute of International Law

所 属 类 别／高端智库，高校智库
主 管 单 位／武汉大学
成 立 时 间／1980 年
第 一 负 责 人／肖永平
合 作 机 构／
办 公 地 址／湖北省武汉市武昌区珞珈山 16 号武汉大学（430072）
电话(传真)／027-68753621（027-68754154）
邮　　　箱／ypxiao@ vip. sina. com
网　　　址／http://translaw. whu. edu. cn
主要研究领域：
国际公法；国际私法；国际经济法

1431　武汉大学国际法治研究院
Wuhan University Academy of International Law and Global Gavernance

所 属 类 别／高校智库
主 管 单 位／武汉大学
成 立 时 间／2020 年 11 月
第 一 负 责 人／肖永平
合 作 机 构／
办 公 地 址／湖北省武汉市武昌区珞珈山 16 号武汉大学（430072）
电话(传真)／027-68754154（027-68753621）
邮　　　箱／ypxiao@ vip. sina. com
网　　　址／http://gjf. whu. edu. cn
主要研究领域：
国际法

W

1432 武汉大学国际问题研究院
Wuhan University Institute for International Studies

所 属 类 别 / 高校智库
主 管 单 位 / 武汉大学
成 立 时 间 / 2006 年
第一负责人 / 余敏友
合 作 机 构 /
办 公 地 址 / 湖北省武汉市武昌区珞珈山 16 号武汉大学国际问题研究院（430072）
电话(传真) / 027-68756726（027-68755912）
邮　　　箱 / whuiis@ whu. edu. cn
网　　　址 / http://www. iis. whu. edu. cn
主要研究领域：
中国国际战略、外交、外贸、对外文化交流；反恐；国际贸易摩擦；国际冲突

1433 武汉大学国家文化发展研究院
Institute of National Culture Development, Wuhan University

所 属 类 别 / 高校智库
主 管 单 位 / 武汉大学、文化和旅游部
成 立 时 间 / 2015 年
第一负责人 / 傅才武
合 作 机 构 / 文化和旅游部、武汉大学
办 公 地 址 / 湖北省武汉市武昌区珞珈山 16 号武汉大学别墅区 12 栋（430072）
电话(传真) / 027-68766957
邮　　　箱 / nccirwhu@ 126. com
网　　　址 / http://nccc. whu. edu. cn
主要研究领域：
公共文化政策；文化体制改革；文化产业

1434 武汉大学环境法研究所
The Research Institute of Environmental Law of Wuhan University

所 属 类 别 / 高校智库
主 管 单 位 / 生态环境部、武汉大学
成 立 时 间 / 1981 年 6 月
第一负责人 / 秦天宝
合 作 机 构 / 生态环境部、武汉大学
办 公 地 址 / 湖北省武汉市武昌区八一路 299 号武汉大学法学院（430072）
电话(传真) / 027-68752091（027-68752091）
邮　　　箱 / RIEL2@ whu. edu. cn
网　　　址 / http://www. riel. whu. edu. cn
主要研究领域：
国际环境资源法学与比较环境资源法；中国环境资源法；环境资源管理与政策

W

1435 武汉大学经济发展研究中心
The Center for Economic Development Research，Wuhan University

所 属 类 别／高校智库

主 管 单 位／武汉大学

成 立 时 间／1990 年

第一负责人／叶初升

合 作 机 构／

办 公 地 址／湖北省武汉市武昌区八一路 299 号武汉大学（430072）

电话（传真）／027-68752310（027-68754916）

邮　　箱／cedr@ whu. edu. cn

网　　址／http://cedr. whu. edu. cn

主要研究领域：

经济发展；中国工业化与城市化；新兴工业化经济

1436 武汉大学经济法研究所

所 属 类 别／高校智库

主 管 单 位／武汉大学

成 立 时 间／2004 年

第一负责人／冯果

合 作 机 构／

办 公 地 址／湖北省武汉市武昌区珞珈山 16 号武汉大学（430072）

电话（传真）／027-68753675

邮　　箱／wudajingjifa@ 126. com

网　　址／http://economiclaw. whu. edu. cn

主要研究领域：

经济法基础理论；企业公司法；金融法；知识产权与竞争法；财政税收法；劳动与社会保障法

1437 武汉大学经济外交研究中心
Wuhan University Center of Economic Diplomacy

所 属 类 别／高校智库

主 管 单 位／武汉大学

成 立 时 间／2013 年 2 月

第一负责人／严双伍

合 作 机 构／

办 公 地 址／湖北省武汉市武昌区八一路 299 号武汉大学政治与公共管理学院 315室（430072）

电话（传真）／027-68754659

邮　　箱／xtzhang@ whu. edu. cn

网　　址／http://ced. whu. edu. cn

主要研究领域：

经济外交问题；多双边经贸关系；全球治理

W

1438 武汉大学媒体发展研究中心
Center for Studies of Media Development, Wuhan University

所 属 类 别 / 高校智库
主 管 单 位 / 武汉大学
成 立 时 间 / 2002 年 7 月
第一负责人 / 单波
合 作 机 构 /
办 公 地 址 / 湖北省武汉市武昌区珞珈山 16 号武汉大学 （430072）
电话(传真) / 027-68756616
邮　　箱 / whucsmd@ 163. com
网　　址 / http://media. whu. edu. cn
主要研究领域：
媒介理论；媒介战略；媒介经济

1439 武汉大学全球健康研究中心
Wuhan University Global Health Institute

所 属 类 别 / 高校智库
主 管 单 位 / 武汉大学
成 立 时 间 / 2011 年
第一负责人 / 毛宗福
合 作 机 构 /
办 公 地 址 / 湖北省武汉市武昌区八一路 299 号工学部明珠园办公楼 （130000）
电话(传真) / 027-68776936 （027-6877693671）
邮　　箱 / qqjkzx@ whu. edu. cn
网　　址 / http://ghi. whu. edu. cn
主要研究领域：
全球健康；老龄科学；公共卫生

1440 武汉大学人口·资源·环境经济研究中心

所 属 类 别 / 高校智库
主 管 单 位 / 武汉大学
成 立 时 间 / 2004 年
第一负责人 / 简新华
合 作 机 构 /
办 公 地 址 / 湖北省武汉市武昌区八一路 299 号武汉大学经济与管理学院大楼 A 区
　　　　　　　5 层 （430072）
电话(传真) / 027-68752611 （027-68752611）
邮　　箱 / rks@ whu. wdu. cn
网　　址 / http://cpree. whu. edu. cn
主要研究领域：
中国城乡人口流动；工业化；城镇化；人口发展与计划生育；人口与经济发展；
工程性移民安置；中国经济发展；可持续发展理论与战略

1441　武汉大学人文社会科学研究院
Academy of Humanities and Social Sciences, Wuhan University

所 属 类 别 / 高校智库
主 管 单 位 / 武汉大学
成 立 时 间 / 2010 年 1 月
第一负责人 / 方卿
合 作 机 构 /
办 公 地 址 / 湖北省武汉市武昌区八一路 299 号武汉大学（430072）
电话(传真) / 027-87882011（027-87882011）
邮　　　箱 /
网　　　址 / http://ssroff.whu.edu.cn
主要研究领域：
中国传统文化；国际问题；国家边界；质量发展战略；中部发展；国家文化创新

1442　武汉大学社会保障研究中心
Center for Social Security Studies, Wuhan University

所 属 类 别 / 高校智库
主 管 单 位 / 武汉大学
成 立 时 间 / 1993 年
第一负责人 / 向运华
合 作 机 构 /
办 公 地 址 / 湖北省武汉市武昌区八一路 299 号武汉大学（430072）
电话(传真) / 027-68752238
邮　　　箱 / csss@whu.edu.cn
网　　　址 / http://csss.whu.edu.cn
主要研究领域：
社会保障

1443　武汉大学信息资源研究中心
Center for the Studies of Information Resources of Wuhan University

所 属 类 别 / 高校智库
主 管 单 位 / 武汉大学
成 立 时 间 / 1999 年 2 月
第一负责人 / 李纲
合 作 机 构 /
办 公 地 址 / 湖北省武汉市武昌区八一路 299 号武汉大学（430072）
电话(传真) / 027-68754541
邮　　　箱 / imiswhu@aliyun.com
网　　　址 / http://csir.whu.edu.cn
主要研究领域：
信息经济；电子商务；信息组织与检索；信息资源管理

W

1444　武汉大学知识产权高级研究中心
Advanced Study Center for Intellectual Property Rights of Wuhan University

所 属 类 别 / 高校智库
主 管 单 位 / 武汉大学
成 立 时 间 / 2003 年 3 月
第 一 负 责 人 / 陈传夫
合 作 机 构 /
办 公 地 址 / 湖北省武汉市武昌区八一路 299 号武汉大学（430072）
电话(传真) /
邮　　箱 / cfchen@ whu. edu. cn
网　　址 /
主要研究领域：
数字时代知识产权制度创新与理论发展；电子商务与政务；国家科技基础平台与国家信息化；知识产权

1445　武汉大学质量发展战略研究院
Wuhan University Institute of Quality Development Strategy

所 属 类 别 / 高校智库
主 管 单 位 / 武汉大学
成 立 时 间 / 2007 年 12 月
第 一 负 责 人 / 程虹
合 作 机 构 / 国家市场监督管理总局、武汉大学、湖北省人民政府
办 公 地 址 / 湖北省武汉市武昌区武汉大学文理学部樱顶老外文楼 2 层（430072）
电话(传真) / 027-68752131（027-68755057）
邮　　箱 / iqds@ whu. edu. cn
网　　址 / http: //www. iqds. whu. edu. cn
主要研究领域：
宏观质量管理

1446　武汉大学智慧城市研究中心
Smart City Research Center of Wuhan University

所 属 类 别 / 高校智库
主 管 单 位 / 武汉大学
成 立 时 间 / 2013 年 6 月
第 一 负 责 人 / 李纲
合 作 机 构 /
办 公 地 址 / 湖北省武汉市武昌区珞珈山武汉大学信息管理学院 304（430072）
电话(传真) / 027-68754541
邮　　箱 / imiswhu@ aliyun. com
网　　址 / http: //scity. whu. edu. cn
主要研究领域：
智慧城市、智能化信息化领域大数据及知识库

1447　武汉大学中国边界与海洋研究院
Wuhan University China Institute of Boundary and Ocean Studies

所 属 类 别 / 高校智库
主 管 单 位 / 武汉大学
成 立 时 间 / 2007 年 4 月
第 一 负 责 人 / 余敏友
合 作 机 构 /
办 公 地 址 / 湖北省武汉市武昌区八一路 299 号武汉大学（430072）
电话(传真) / 027-68756726（027-68755912）
邮　　箱 / cibos@ whu. edu. cn
网　　址 / http://www. cibos. whu. edu. cn
主要研究领域:
边界理论与实践；边界与国际关系；中外边界与海洋政策；国际河流管理与开发

1448　武汉大学中国产学研合作问题研究中心
Research Center for China Industry-University-Research Institute Collaboration of Wuhan University

所 属 类 别 / 高校智库
主 管 单 位 / 武汉大学
成 立 时 间 /
第 一 负 责 人 / 梁桂
合 作 机 构 / 武汉大学、科技部高新技术发展及产业化司、科技部政策法规与体制
　　　　　　　改革司等
办 公 地 址 / 湖北省武汉市武昌区珞珈山武汉大学经济与管理学院 A505（430072）
电话(传真) / 027-68753010（027-68753010）
邮　　箱 / iurchina@ whu. edu. cn
网　　址 / https://iurchina. whu. edu. cn
主要研究领域:
中国产学研合作问题

1449　武汉大学中国发展战略与规划研究院
China Institute of Development Strategy and Planning, Wuhan University

所 属 类 别 / 高校智库
主 管 单 位 / 武汉大学
成 立 时 间 / 2017 年 4 月
第 一 负 责 人 / 李建成
合 作 机 构 /
办 公 地 址 / 湖北省武汉市洪山区珞喻路 129 号（430079）
电话(传真) / 027-68775899
邮　　箱 / cidsp@ whu. edu. cn
网　　址 / http://cidsp. whu. edu. cn
主要研究领域: 空间格局优化；长江经济带发展；城市综合治理；乡村振兴战略；
地方高质量发展和生态环境保护

W

1450　武汉大学中国金融工程与风险管理研究中心

所 属 类 别 / 高校智库

主 管 单 位 / 武汉大学

成 立 时 间 /

第 一 负 责 人 / 叶永刚

合 作 机 构 /

办 公 地 址 / 湖北省武汉市武昌区珞珈山 16 号武汉大学（430072）

电话(传真) /

邮　　箱 /

网　　址 / https: //ferm. whu. edu. cn

主要研究领域:

中国金融工程与风险管理

1451　武汉大学中国语情与社会发展研究中心
National Institute of Chinese Language Matters and Social Development, Wuhan University

所 属 类 别 / 高校智库

主 管 单 位 / 武汉大学

成 立 时 间 / 2014 年 7 月

第 一 负 责 人 / 赵世举

合 作 机 构 / 教育部语言文字信息管理司

办 公 地 址 / 湖北省武汉市武昌区珞珈山 16 号武汉大学振华楼文学院 604 室
（430072）

电话(传真) / 027-68752425

邮　　箱 / zgyq@ whu. edu. cn

网　　址 / http: //ling. whu. edu. cn

主要研究领域:

语言生活监测分析；新语言现象；中国语情监测与研究；国家语言文字发展战略

1452　武汉大学中国中部发展研究院（区域与城乡发展研究院）
Institute for the Development of Central China, Wuhan University (The Institute for the Regional, Urban and Rural Development, Wuhan University)

所 属 类 别 / 高校智库

主 管 单 位 / 国家发展和改革委员会、武汉大学

成 立 时 间 / 2007 年 4 月（2018 年 6 月）

第 一 负 责 人 / 张建清

合 作 机 构 / 国家发展和改革委员会、武汉大学

办 公 地 址 / 湖北省武汉市武昌区珞珈山 16 号武汉大学文理学部别墅区 5 号楼
（430072）

电话(传真) / 027-68763901（027-68763901）

邮　　箱 / central@ whu. edu. cn

网　　址 / http: //idcc. whu. edu. cn

主要研究领域:

中部崛起战略；对外开放与区域合作；利益平衡机制

1453 武汉科技大学湖北非营利组织研究中心
Hubei NPO Research Center, Wuhan University of Science and Technology

所 属 类 别 / 高校智库
主 管 单 位 / 武汉科技大学
成 立 时 间 / 2010 年
第一负责人 / 李莉
合 作 机 构 /
办 公 地 址 / 湖北省武汉市洪山区黄家湖西路武汉科技大学黄家湖校区（430070）
电话(传真) /
邮　　箱 / gkm-wh@ hotmail.com
网　　址 / https://www.jiashizixun.com/index55.html
主要研究领域：
基金会；公益慈善；社区与社会工作；音乐治疗

1454 武汉科技大学湖北省意识形态建设研究院
New Think Tank Platform, Wuhan University of Science and Technology

所 属 类 别 / 高校智库
主 管 单 位 / 武汉科技大学
成 立 时 间 / 2018 年 3 月
第一负责人 / 唐忠义
合 作 机 构 /
办 公 地 址 / 湖北省武汉市青山区和平大道 947 号（430081）
电话(传真) / 027-87329652
邮　　箱 / jcyxx_tg@ qq.com
网　　址 / http://www.hbxxzkpt.com/zw/tank/93
主要研究领域：
意识形态建设

1455 武汉科技大学新农村建设研究中心
New Rural Construction Research Center, Wuhan University of Science and Technology

所 属 类 别 / 高校智库
主 管 单 位 / 武汉科技大学
成 立 时 间 / 2017 年
第一负责人 /
合 作 机 构 /
办 公 地 址 / 湖北省武汉市洪山区黄家湖大学城特 1 号（430081）
电话(传真) /
邮　　箱 /
网　　址 / https://xlc.wust.edu.cn
主要研究领域：
新农村建设规划与设计；新农村建筑与景观设计；乡村治理；乡村旅游发展；乡村生态治理；传统聚落文化遗产保护；新农村品牌建设与推广；乡村绿色平台；乡村文创

W

1456 武汉理工大学中国应急管理研究中心

所 属 类 别／高校智库

主 管 单 位／武汉理工大学

成 立 时 间／

第 一 负 责 人／宋英华

合 作 机 构／

办 公 地 址／湖北省武汉市洪山区珞狮路 205 号武汉理工大学东院 83 栋（430070）

电话(传真)／027-87850110

邮 箱／song6688c@163.com

网 址／

主要研究领域：

危机与灾害应急管理；能源安全与应急管理；安全预警与灾害应急管理

1457 武汉市社会科学院
Wuhan Academy of Social Sciences

所 属 类 别／科研院所智库

主 管 单 位／中共武汉市委

成 立 时 间／1986 年 7 月

第 一 负 责 人／樊志宏

合 作 机 构／

办 公 地 址／湖北省武汉市江岸区发展大道 495 号（430019）

电话(传真)／027-82630092（027-82630092）

邮 箱／

网 址／http://www.wuhanass.org.cn

主要研究领域：

基础理论研究和应用对策研究

1458 西安电子科技大学科学数据管理与区域政策研究中心

所 属 类 别／高校智库

主 管 单 位／西安电子科技大学

成 立 时 间／

第 一 负 责 人／窦永香

合 作 机 构／

办 公 地 址／陕西省西安市雁塔区太白南路 2 号（710071）

电话(传真)／029-81891360

邮 箱／yxdou@xidian.edu.cn

网 址／

主要研究领域：

科学数据管理与区域政策

1459　西安电子科技大学陕西智慧社会发展战略研究中心

所 属 类 别／高校智库

主 管 单 位／西安电子科技大学人文学院

成 立 时 间／2019 年 1 月

第一负责人／赵卫国

合 作 机 构／

办 公 地 址／陕西省西安市雁塔区太白南路 2 号西安电子科技大学南校区信远二区
117 室（710071）

电话(传真)／029-81891388

邮　　箱／sxzhsh@xidian.edu.cn

网　　址／

主要研究领域：

陕西智慧社会建设和国家战略需求

1460　西安电子科技大学丝绸之路经济带发展研究院

所 属 类 别／高校智库

主 管 单 位／西安电子科技大学、陕西省社会科学院

成 立 时 间／2013 年 12 月

第一负责人／刘延平

合 作 机 构／西安电子科技大学、陕西省社会科学院

办 公 地 址／陕西省西安市雁塔区太白南路 2 号西安电子科技大学（710071）

电话(传真)／029-81891807

邮　　箱／liuyp@xidian.edu.cn

网　　址／

主要研究领域：

丝绸之路经济带区域社会问题、经济发展问题

1461　西安工程大学"一带一路"纺织发展创新研究院

所 属 类 别／高校智库

主 管 单 位／西安工程大学

成 立 时 间／

第一负责人／张克英

合 作 机 构／

办 公 地 址／陕西省西安市碑林区金花南路 19 号西安工程大学（710048）

电话(传真)／029-82330199

邮　　箱／keerbin@163.com

网　　址／

主要研究领域：

纺织经济发展态势与重大问题研判；区域与产业发展规划及创新管理；大数据与
纺织智能制造

1462 西安建筑科技大学陕西省房地产业绿色发展与机制创新研究基地
ResearchCenterof Green Development and Mechanism Innovation of Real Estate Industry in
Shaanxi Province, Xi'an University of Architecture and Technology

所 属 类 别 / 高校智库
主 管 单 位 / 西安建筑科技大学
成 立 时 间 /
第 一 负 责 人 / 兰峰
合 作 机 构 /
办 公 地 址 / 陕西省西安市碑林区雁塔路 13 号西安建筑科技大学（710055）
电话(传真) /
邮　　箱 /
网　　址 / https://som. xauat. edu. cn/info/1108/2608. htm
主要研究领域：
商品住房价格机制与城市空间治理；大数据背景下的房地产供应体系升级与供需
匹配机制；房地产业绿色发展的新规律和新模式探索

1463 西安交大—香港中大人口迁移联合研究中心

所 属 类 别 / 高校智库
主 管 单 位 / 西安交通大学、香港中文大学
成 立 时 间 / 2018 年 9 月
第 一 负 责 人 / 李树茁、方伟晶
合 作 机 构 / 香港中文大学
办 公 地 址 / 陕西省西安市碑林区咸宁西路 28 号西安交通大学（710049）
电话(传真) / 029-82668384
邮　　箱 / shzhli@ xjtu. edu. cn
网　　址 /
主要研究领域：
人口迁移问题

1464 西安交通大学"一带一路"自由贸易试验区研究院
"The Belt and The Road" Pilot Free Trade Zone, Xi'an Jiaotong University

所 属 类 别 / 高校智库
主 管 单 位 / 西安交通大学
成 立 时 间 / 2017 年
第 一 负 责 人 / 席光
合 作 机 构 / 西安交通大学、中国（陕西）自由贸易试验区工作办公室、西安市
　　　　　　　自由贸易试验区工作办公室
办 公 地 址 / 陕西省西安市碑林区咸宁西路 28 号西安交通大学（710049）
电话(传真) / 029-82663967
邮　　箱 / xiguang@ mail. xjtu. edu. cn
网　　址 / http://skc-zm. xjtu. edu. cn
主要研究领域：
自由贸易试验区

1465 西安交通大学金禾经济研究中心
Jinhe Center for Economic Research，Xi'an Jiaotong University

所 属 类 别／高校智库

主 管 单 位／西安交通大学

成 立 时 间／1997 年 6 月

第一负责人／郭誉森

合 作 机 构／

办 公 地 址／陕西省西安市碑林区咸宁西路 28 号西安交通大学文管大楼（710049）

电话(传真)／029-82667879

邮 箱／

网 址／http://jinhe.xjtu.edu.cn

主要研究领域：

中国现代经济学

1466 西安交通大学经济金融研究院

所 属 类 别／高校智库

主 管 单 位／西安交通大学

成 立 时 间／

第一负责人／

合 作 机 构／

办 公 地 址／陕西省西安市碑林区咸宁西路 28 号西安交通大学（710049）

电话(传真)／029-82656851

邮 箱／luokang@mail.xjtu.edu.cn

网 址／https://www.xjtu.edu.cn/info/2017/2066294.htm

主要研究领域：

金融与财政；产业经济；国际贸易与区域经济；经济学

1467 西安交通大学民政部政策理论研究基地

所 属 类 别／高校智库

主 管 单 位／西安交通大学公管学院

成 立 时 间／2019 年 9 月

第一负责人／张思锋

合 作 机 构／民政部

办 公 地 址／陕西省西安市碑林区咸宁西路 28 号西安交通大学（710049）

电话(传真)／029-82665858

邮 箱／zhangf@mail.xjtu.edu.cn

网 址／

主要研究领域：

民生政策和民政事业发展

1468 西安交通大学欧亚经济论坛研究院

所 属 类 别／高校智库

主 管 单 位／西安交通大学

成 立 时 间／2011 年 9 月

第一负责人／冯宗宪

合 作 机 构／欧亚经济论坛执委办

办 公 地 址／陕西省西安市碑林区咸宁西路 28 号西安交通大学 （710049）

电话(传真)／

邮　　箱／zxfeng @ mail. xjtu. edu. cn

网　　址／

主要研究领域：

欧亚经济问题

1469 西安交通大学人口与发展政策研究中心

所 属 类 别／高校智库

主 管 单 位／西安交通大学公管学院

成 立 时 间／2019 年 2 月

第一负责人／杨雪燕

合 作 机 构／

办 公 地 址／陕西省西安市碑林区咸宁西路 28 号西安交通大学 （710049）

电话(传真)／029-82668384 （029-82668384）

邮　　箱／ipds@ mail. xjtu. edu. cn

网　　址／http://ipds. xjtu. edu. cn

主要研究领域：

人口与发展政策

1470 西安交通大学陕西省民政事业发展研究基地

所 属 类 别／高校智库

主 管 单 位／西安交通大学公管学院

成 立 时 间／2016 年 11 月

第一负责人／

合 作 机 构／陕西省民政厅

办 公 地 址／陕西省西安市碑林区咸宁西路 28 号西安交通大学 （710049）

电话(传真)／

邮　　箱／

网　　址／

主要研究领域：

民政事业发展

1471　西安交通大学陕西易地扶贫搬迁研究基地

所 属 类 别／高校智库

主 管 单 位／西安交通大学公管学院

成 立 时 间／2017 年 12 月

第一负责人／邹顺生、李树苗

合 作 机 构／陕西省国土资源厅、西安交通大学、延安市人民政府、渭南市人民政
　　　　　　府、安康市人民政府、商洛市人民政府

办 公 地 址／陕西省西安市碑林区咸宁西路 28 号西安交通大学（710049）

电话(传真)／029-82668384

邮　　　箱／shzhli@ mail. xjtu. edu. cn

网　　　址／

主要研究领域：

移民搬迁公共政策；社会发展；民生保障

1472　西安交通大学丝绸之路国际法与比较法研究所
Silk Road Institute for International and Comparative Law，Xi'an Jiaotong University

所 属 类 别／高校智库

主 管 单 位／西安交通大学

成 立 时 间／2006 年

第一负责人／单文华

合 作 机 构／

办 公 地 址／陕西省西安市碑林区咸宁西路 28 号西安交通大学（710049）

电话(传真)／029-82664484（029-82664484）

邮　　　箱／sriicl@ xjtu. edu. cn

网　　　址／http：//sriicl. xjtu. edu. cn

主要研究领域：

丝绸之路国际法与比较法

1473　西安交通大学新媒体与社会治理研究中心

所 属 类 别／高校智库

主 管 单 位／西安交通大学

成 立 时 间／2019 年 5 月

第一负责人／吴锋

合 作 机 构／

办 公 地 址／陕西省西安市碑林区咸宁西路 28 号西安交通大学（710049）

电话(传真)／029-88963886

邮　　　箱／wufeng8@ xjtu. edu. cn

网　　　址／

主要研究领域：

新媒体与社会治理

1474　西安交通大学新闻与新媒体研究院

所 属 类 别 / 高校智库

主 管 单 位 / 西安交通大学

成 立 时 间 / 2015 年 6 月

第一负责人 / 李明德

合 作 机 构 / 中共陕西省委宣传部、西安交通大学

办 公 地 址 / 陕西省西安市碑林区咸宁西路 28 号西安交通大学 （710049）

电话(传真) /

邮 箱 /

网 址 / https://www. xjtu. edu. cn/info/2017/2066429. htm

主要研究领域：

新闻与新媒体；新媒体信息传播与风险治理

1475　西安交通大学亚欧研究中心
Center for Asia-Europe Studies, Xi'an Jiaotong University

所 属 类 别 / 高校智库

主 管 单 位 / 西安交通大学

成 立 时 间 / 2020 年 9 月

第一负责人 / 李树茁

合 作 机 构 /

办 公 地 址 / 陕西省西安市长安区高桥街道中国西部科技创新港涵英楼 （712099）

电话(传真) / 029-82668320

邮 箱 /

网 址 / http://caes. xjtu. edu. cn

主要研究领域：

国别与区域

1476　西安交通大学知识产权研究中心

所 属 类 别 / 高校智库

主 管 单 位 / 西安交通大学

成 立 时 间 / 2004 年 12 月

第一负责人 / 马治国

合 作 机 构 /

办 公 地 址 / 陕西省西安市碑林区咸宁西路 28 号西安交通大学 （710049）

电话(传真) / 029-82668972

邮 箱 / xjtuiprc@ 126. com

网 址 / http://ip. xjtu. edu. cn

主要研究领域：

陕西省知识产权

1477 西安交通大学中国（陕西）广播电视媒体融合发展创新中心

所 属 类 别／高校智库
主 管 单 位／西安交通大学新闻学院
成 立 时 间／2020 年
第一负责人／
合 作 机 构／陕西广电融媒体集团、西安交通大学
办 公 地 址／陕西省西安市碑林区咸宁西路 28 号西安交通大学（710049）
电话(传真)／
邮　　箱／
网　　址／
主要研究领域：
融媒体发展

1478 西安交通大学中国（西安）数字经济发展监测预警基地

所 属 类 别／高校智库
主 管 单 位／西安交通大学管理学院
成 立 时 间／2017 年
第一负责人／冯耕中
合 作 机 构／陕西省委网信办基地
办 公 地 址／陕西省西安市碑林区咸宁西路 28 号西安交通大学（710049）
电话(传真)／
邮　　箱／gzfeng@ mail. xjtu. edu. cn
网　　址／
主要研究领域：
数字经济发展

1479 西安交通大学中国西部科技创新港管理研究院

所 属 类 别／高校智库
主 管 单 位／西安交通大学
成 立 时 间／
第一负责人／
合 作 机 构／
办 公 地 址／陕西省西安市碑林区咸宁西路 28 号西安交通大学（710049）
电话(传真)／
邮　　箱／
网　　址／http://www. xjtu. edu. cn/info/2017/2066295. htm
主要研究领域：
中国西部科技创新港管理

X

1480   西安科技大学陕西省能源经济与管理研究中心

所 属 类 别 / 高校智库

主 管 单 位 / 西安科技大学

成 立 时 间 /

第一负责人 / 邹绍辉

合 作 机 构 /

办 公 地 址 / 陕西省西安市雁塔区雁塔路 58 号西安科技大学（710054）

电话(传真) / 029-83858118

邮　　箱 / guanlixy@ xust. edu. cn

网　　址 / https://nyjj. xust. edu. cn

主要研究领域：

能源可持续开发利用战略

1481   西安理工大学陕西城市战略研究院

所 属 类 别 / 高校智库

主 管 单 位 / 西安理工大学

成 立 时 间 / 1996 年

第一负责人 /

合 作 机 构 /

办 公 地 址 / 陕西省西安市碑林区金花南路 5 号西安理工大学（710048）

电话(传真) /

邮　　箱 /

网　　址 / https://kjc. xaut. edu. cn/info/1155/3402. htm

主要研究领域：

陕西城市战略

1482   西安理工大学生态水利与可持续发展研究中心
Ecological Water Conservancy and Sustainable Development Think Tanks, Xi'an University of Technology

所 属 类 别 / 高校智库

主 管 单 位 / 西安理工大学

成 立 时 间 /

第一负责人 / 朱记伟

合 作 机 构 /

办 公 地 址 / 陕西省西安市碑林区金花南路 5 号西安理工大学土木建筑工程学院（710048）

电话(传真) / 029-82312826

邮　　箱 / zhujiwei@ xaut. edu. cn

网　　址 / http://www. jiweizhu. cn

主要研究领域：

水利发展战略与规划；水资源管理与可持续利用；智慧水利与水利现代化

1483　西安市社会科学院

所属类别／科研院所智库

主管单位／中共西安市委

成立时间／1984 年 4 月

第一负责人／高东新

合作机构／

办公地址／陕西省西安市雁塔区西影路 74 号（710054）

电话(传真)／029-85525011（029-85525011）

邮　箱／

网　址／http://www.xass.org.cn

主要研究领域：

经济、政治、历史文化、社会和旅游规划与创意设计；西安市社会科学发展规划和计划；丝绸之路经济带政治、经济、社会、文化、生态建设和能源安全保障

1484　西安外国语大学国际舆情与国际传播研究院

Institute of Communication and Global Public Opinion, Xi'an International Studies University

所属类别／高校智库

主管单位／西安外国语大学

成立时间／

第一负责人／

合作机构／

办公地址／陕西省西安市长安南路 437 号西安外国语大学（710061）

电话(传真)／

邮　箱／

网　址／https://icgpo.xisu.edu.cn/index.htm

主要研究领域：国际舆情与国际传播

1485　西安医学院陕西省公共安全医学防控研究中心

Research Center for Medical Prevention and Control of Public Safety of Shaanxi Province, Xi'an Medical University

所属类别／高校智库

主管单位／西安医学院

成立时间／2020 年 5 月

第一负责人／门可

合作机构／

办公地址／陕西省西安市未央区辛王路 1 号西安医学院（710021）

电话(传真)／029-86177494（029-86177362）

邮　箱／

网　址／http://ggaqfk.xiyi.edu.cn

主要研究领域：

突发公共卫生事件现代化应急管理

1486 西安邮电大学陕西省信息产业知识产权发展研究中心

所 属 类 别 / 高校智库

主 管 单 位 / 西安邮电大学

成 立 时 间 /

第一负责人 /

合 作 机 构 /

办 公 地 址 / 陕西省西安市长安区西长安街 618 号西安邮电大学长安校区（710121）

电话(传真) /

邮　　箱 /

网　　址 / http://kjc. xupt. edu. cn/info/1021/1419. htm

主要研究领域:

信息产业知识产权

1487 西安邮电大学陕西省信息化与工业化融合创新研究中心

所 属 类 别 / 高校智库

主 管 单 位 / 西安邮电大学

成 立 时 间 / 2010 年 7 月

第一负责人 / 朱志祥

合 作 机 构 /

办 公 地 址 / 陕西省西安市长安区西长安街 618 号西安邮电大学长安校区（710121）

电话(传真) /

邮　　箱 /

网　　址 / http://kjc. xupt. edu. cn/info/1021/1407. htm

主要研究领域:

国民经济与社会信息化、两化融合发展战略及规划

1488 西安邮电大学数字经济与产业融合创新研究中心

所 属 类 别 / 高校智库

主 管 单 位 / 西安邮电大学

成 立 时 间 / 2019 年

第一负责人 / 李永红

合 作 机 构 /

办 公 地 址 / 陕西省西安市雁塔区长安南路 563 号（710000）

电话(传真) / 029-85383249

邮　　箱 / sxliyh@ 126. com

网　　址 /

主要研究领域:

数字经济与产业融合创新

1489　西安邮电大学西部数字经济研究院

所 属 类 别／高校智库

主 管 单 位／西安邮电大学

成 立 时 间／2017 年 10 月

第 一 负 责 人／

合 作 机 构／

办 公 地 址／陕西省西安市长安区韦郭路（710121）

电话(传真)／

邮　　箱／

网　　址／http://jgy. xupt. edu. cn/a/kexueyanjiu/keyanjigou/2022/1019/1574. html

主要研究领域：

数据应用；区块链

1490　西安邮电大学信息产业发展研究中心

所 属 类 别／高校智库

主 管 单 位／西安邮电大学

成 立 时 间／

第 一 负 责 人／温小郑

合 作 机 构／

办 公 地 址／陕西省西安市长安区西长安街 618 号西安邮电大学长安校区（710121）

电话(传真)／

邮　　箱／

网　　址／http://kjc. xupt. edu. cn/info/1021/1414. htm

主要研究领域：

信息产业发展战略与政策设计；信息通信企业运营与监管；信息产业价值链与商务模式创新；消费者网络黏性行为评价及干预机制

1491　西北大学高等教育研究中心（陕西省高等教育研究与评估中心）

Research Center of Northwest University（Higher education Research and Evaluation Center of Shanxi Province）, Higher Education

所 属 类 别／高校智库

主 管 单 位／西北大学

成 立 时 间／2011 年 6 月

第 一 负 责 人／姚聪莉

合 作 机 构／

办 公 地 址／陕西省西安市长安区学府大道 1 号西北大学长安校区 7 号楼 406 东室（710127）

电话(传真)／029-88308864

邮　　箱／gjzx@ nwu. edu. cn

网　　址／http://gjzx. nwu. edu. cn

主要研究领域：

高等教育发展；政策法规；教育管理

1492　西北大学陕西省宏观经济研究院
Shaanxi Academy of Macroeconomic Research, Northwest University

所 属 类 别 / 高校智库
主 管 单 位 / 西北大学
成 立 时 间 / 2016 年 1 月
第一负责人 /
合 作 机 构 / 陕西省发展和改革委员会、西北大学
办 公 地 址 / 陕西省西安市长安区郭杜教育科技产业区学府大道 1 号 （710127）
电话(传真) / 029-88308227
邮　　箱 / lh0424@ 126. com
网　　址 / https://samr. nwu. edu. cn
主要研究领域：
陕西省宏观经济

1493　西北大学丝绸之路研究院
Institute of Silk Road Studies, Northwest University

所 属 类 别 / 高校智库
主 管 单 位 / 西北大学
成 立 时 间 / 2014 年 1 月
第一负责人 / 卢山冰
合 作 机 构 /
办 公 地 址 / 陕西省西安市碑林区太白北路 229 号西北大学太白校区 （710069）
电话(传真) /
邮　　箱 / isrs@ nwu. edu. cn
网　　址 / http://isrs. nwu. edu. cn
主要研究领域：丝绸之路经济带战略；丝绸之路文化遗产；丝绸之路社会经济发展；丝绸之路国际关系；丝绸之路文明交往；丝绸之路数字化

1494　西北大学叙利亚研究中心

所 属 类 别 / 高校智库
主 管 单 位 / 西北大学历史学院
成 立 时 间 / 2017 年 10 月
第一负责人 / 王新刚
合 作 机 构 /
办 公 地 址 / 陕西省西安市碑林区太白北路 229 号西北大学太白校区 （710069）
电话(传真) /
邮　　箱 / xgwang@ nwu. edu. cn
网　　址 / https://css. nwu. edu. cn
主要研究领域：
中东及中亚地区的历史；当代国际关系；宗教问题

1495　西北大学中东研究所
The Institute of Middle Eastern Studies, Northwest University

所 属 类 别 / 高校智库
主 管 单 位 / 西北大学
成 立 时 间 / 1964 年 11 月
第一负责人 / 韩志斌
合 作 机 构 /
办 公 地 址 / 陕西省西安市长安区学府大道 1 号西北大学长安校区 （710127）
电话(传真) / 029-88302834 （029-88302829）
邮　　　箱 / Support@ nwuimes. com
网　　　址 / https://imes. nwu. edu. cn
主要研究领域：
中东政治、经济、社会、文化、宗教、军事、国际问题等

1496　西北大学中国文化研究中心

所 属 类 别 / 高校智库
主 管 单 位 / 西北大学
成 立 时 间 / 2016 年 7 月
第一负责人 / 李浩
合 作 机 构 /
办 公 地 址 / 陕西省西安市长安区学府大道 1 号西北大学长安校区 （710127）
电话(传真) / 029-88308337
邮　　　箱 / xbdxzgwyyjzx@ 163. com
网　　　址 / https://whyjzx. nwu. edu. cn/zxgk/zxjj1. htm
主要研究领域：
国家和地方的文化战略

1497　西北大学中国西部经济发展研究中心
Institute of Western China Economic Development in Northwest University

所 属 类 别 / 高校智库
主 管 单 位 / 西北大学
成 立 时 间 /
第一负责人 / 任保平
合 作 机 构 /
办 公 地 址 / 陕西省西安市长安区学府大道 1 号西北大学长安校区 （710127）
电话(传真) / 029-88308069 （029-88308069）
邮　　　箱 / westjj@ nwu. edu. cn
网　　　址 / http://westjj. nwu. edu. cn
主要研究领域：
中国发展经济；西部企业发展；省域经济发展竞争力评价；西部县域经济发展与
新农村建设；西部资源环境与可持续发展；西部企业成长与发展战略；欧洲问题

X

1498 西北大学中国优秀文化传承创新智库

所 属 类 别 / 高校智库
主 管 单 位 / 西北大学
成 立 时 间 / 2017 年 3 月
第 一 负 责 人 / 郭立宏
合 作 机 构 /
办 公 地 址 / 陕西省西安市碑林区太白北路 229 号西北大学太白校区（710069）
电话(传真) /
邮　　箱 / lihongxida@163. com
网　　址 /
主要研究领域：
中华文化

1499 西北工业大学海洋研究院
Ocean Institute of Northwestern Polytechnical University

所 属 类 别 / 高校智库
主 管 单 位 / 西北工业大学
成 立 时 间 / 2022 年 4 月
第 一 负 责 人 / 杨坤德
合 作 机 构 /
办 公 地 址 / 江苏省苏州市太仓市太仓大道 127 号（215400）
电话(传真) / 0512-53331590（0512-53331594）
邮　　箱 / haiyang2022@ nwpu. edu. cn
网　　址 / https://haiyang. nwpu. edu. cn
主要研究领域：
绿色智能船舶；海洋工程平台；海洋新能源；海洋动力工程；海洋信息；智慧海洋

1500 西北工业大学军民融合发展战略研究中心

所 属 类 别 / 高校智库
主 管 单 位 / 西北工业大学
成 立 时 间 / 2016 年 11 月
第 一 负 责 人 / 侯成义
合 作 机 构 /
办 公 地 址 / 陕西省西安市碑林区友谊西路 127 号西北工业大学（710000）
电话(传真) /
邮　　箱 /
网　　址 /
主要研究领域：
国防科技工业；中美比较；国防知识产权

1501 西北工业大学西部国防科技工业发展研究中心

所 属 类 别 / 高校智库
主 管 单 位 / 西北工业大学
成 立 时 间 / 2004 年
第一负责人 / 张近乐
合 作 机 构 /
办 公 地 址 / 陕西省西安市碑林区友谊西路 127 号西北工业大学（710000）
电话(传真) /
邮　　箱 /
网　　址 /
主要研究领域：
西部国防科技工业与西部经济发展；西部国防科技工业发展的法律对策和法制环境；西部资源环境与区域科学发展

1502 西北民族大学西北民族教育重点研究基地

所 属 类 别 / 高校智库
主 管 单 位 / 西北民族大学
成 立 时 间 / 2016 年 4 月
第一负责人 / 万明刚
合 作 机 构 /
办 公 地 址 / 甘肃省兰州市薇乐大道 4 号西北民族大学（730101）
电话(传真) / 0931-2927800
邮　　箱 / mds@ xbmu. edu. cn
网　　址 /
主要研究领域：
民族高等教育；双语教育；民族教育信息化；民族地区和民族院校教学改革

1503 西北农林科技大学科学技术发展研究院

所 属 类 别 / 高校智库
主 管 单 位 / 西北农林科技大学
成 立 时 间 /
第一负责人 / 房玉林
合 作 机 构 /
办 公 地 址 / 陕西省咸阳市杨凌区邰城路 3 号西北农林科技大学（712100）
电话(传真) / 029-87082962
邮　　箱 /
网　　址 / https://kyy. nwsuaf. edu. cn
主要研究领域：
科学技术发展

1504 西北农林科技大学农村金融研究所

所 属 类 别 / 高校智库

主 管 单 位 / 西北农林科技大学

成 立 时 间 / 2004 年 10 月

第一负责人 / 罗剑朝

合 作 机 构 /

办 公 地 址 / 陕西省咸阳市杨凌区邰城路 3 号西北农林科技大学经济管理学院
（712100）

电话(传真) / 029-87081401（029-87081401）

邮　　箱 / jchluo@ nwsuaf. edu. cn

网　　址 / https://cem. nwsuaf. edu. cn/ncjryjs/jryjsgk/243816. htm

主要研究领域：

农村金融；农村财政；农村保险与保障

1505 西北农林科技大学陕西省乡村振兴发展智库

所 属 类 别 / 高校智库

主 管 单 位 / 西北农林科技大学

成 立 时 间 /

第一负责人 / 夏显力

合 作 机 构 /

办 公 地 址 / 陕西省咸阳市杨凌区邰城路 3 号西北农林科技大学（712100）

电话(传真) /

邮　　箱 / xnxxli@ 163. com

网　　址 /

主要研究领域：

农业经济理论与政策；农业经营与管理；区域经济与产业发展

1506 西北农林科技大学未来农业研究院
Institute of Future Agriculture，Northwest A&F University

所 属 类 别 / 高校智库

主 管 单 位 / 西北农林科技大学

成 立 时 间 /

第一负责人 / 房玉林

合 作 机 构 /

办 公 地 址 / 陕西省咸阳市杨凌区农业高新技术产业示范区（712100）

电话(传真) / 029-87082288

邮　　箱 / ifa@ nwafu. edu. cn

网　　址 / https://ifa. nwafu. edu. cn/index. htm

主要研究领域：

未来农业

1507 西北农林科技大学西部发展研究院

所 属 类 别 / 高校智库
主 管 单 位 / 西北农林科技大学
成 立 时 间 / 2014 年 9 月
第一负责人 / 陈宗兴
合 作 机 构 / 杨凌国家农业高新技术产业示范区
办 公 地 址 / 陕西省咸阳市杨凌区邰城路 3 号西北农林科技大学（712100）
电话（传真）/ 029-87082961
邮 　 箱 /
网 　 址 / https://xbfzyjy.nwsuaf.edu.cn
主要研究领域：
区域发展；西部发展；公共政策

1508 西北农林科技大学西部农村发展研究中心
The Western Rural Development Research Center, Northwest A&F University

所 属 类 别 / 高校智库
主 管 单 位 / 西北农林科技大学
成 立 时 间 / 2004 年 4 月
第一负责人 / 霍学喜
合 作 机 构 /
办 公 地 址 / 陕西省咸阳市杨凌区邰城路 3 号西北农林科技大学经济管理学院
　 　 　 　 　 （712100）
电话（传真）/ 029-87081157
邮 　 箱 / dxhxx1988@yahoo.com.cn
网 　 址 / http://cem.nwsuaf.edu.cn/ncfzyjzx
主要研究领域：
农业经济理论与政策；农业经营与管理；农业资源经济与环境管理

1509 西北农林科技大学乡村振兴战略研究院
Rural Revitalization Strategy Institute, Northwest A&F University

所 属 类 别 / 高校智库
主 管 单 位 / 西北农林科技大学
成 立 时 间 /
第一负责人 / 吴普特
合 作 机 构 /
办 公 地 址 / 陕西省咸阳市杨凌区农业高新技术产业示范区（712100）
电话（传真）/ 029-87082083（029-87082083）
邮 　 箱 /
网 　 址 / https://xczx.nwafu.edu.cn
主要研究领域：
乡村振兴战略

X

X

1510　西北师范大学河西走廊研究院

所 属 类 别 / 高校智库

主 管 单 位 / 西北师范大学

成 立 时 间 / 2019 年 9 月

第一负责人 / 张俊宗

合 作 机 构 / 复旦大学、兰州大学、西北农林科技大学、中国科学院寒区旱区环境
　　　　　　与工程研究所、甘肃省农业科学院、甘肃农业大学

办 公 地 址 / 甘肃省兰州市安宁区安宁东路 642 号西北师范大学 （730070）

电话(传真) /

邮　　　箱 /

网　　　址 /

主要研究领域：

祁连山生态保护；河西走廊特色农业产业；河西走廊历史文化与旅游资源；河西
走廊文化遗产

1511　西北师范大学西北少数民族教育发展研究中心

所 属 类 别 / 高校智库

主 管 单 位 / 西北师范大学

成 立 时 间 / 1999 年 5 月

第一负责人 / 张俊宗

合 作 机 构 /

办 公 地 址 / 甘肃省兰州市安宁区安宁东路 642 号西北师范大学 （730070）

电话(传真) /

邮　　　箱 /

网　　　址 / https://mzzx.nwnu.edu.cn

主要研究领域：

国家通用语言文字普及下的双语教育政策变革；筑牢中华民族共同体意识；民族
教育政策；民族地区高等教育发展

1512　西北师范大学新农村发展研究院

所 属 类 别 / 高校智库

主 管 单 位 / 西北师范大学

成 立 时 间 / 2013 年 12 月

第一负责人 / 吴建平

合 作 机 构 /

办 公 地 址 / 甘肃省兰州市安宁区安宁东路 642 号西北师范大学 （730070）

电话(传真) / 0931-7970208

邮　　　箱 / xcb@ nwnu.edu.cn

网　　　址 / http://xny.nwnu.edu.cn

主要研究领域：

提供现代实用农业技术“一站式”集成服务；脱贫攻坚；产业发展规划与转型升
级；乡村治理、法律咨询与服务等

1513 西北政法大学高等教育研究所

所 属 类 别／高校智库

主 管 单 位／西北政法大学

成 立 时 间／1984 年

第 一 负 责 人／闫亚林

合 作 机 构／

办 公 地 址／陕西省西安市长安区西长安街 558 号西北政法大学长安校区（710122）

电话(传真)／0512-88161729

邮　　　箱／

网　　　址／https://gjs. nwupl. edu. cn

主要研究领域：

高等教育

1514 西北政法大学民族宗教研究院

所 属 类 别／高校智库

主 管 单 位／西北政法大学

成 立 时 间／2014 年 12 月

第 一 负 责 人／穆兴天

合 作 机 构／

办 公 地 址／陕西省西安市雁塔区长安南路 300 号西北政法大学雁塔校区（710061）

电话(传真)／029-12345678

邮　　　箱／nwears@ 163. com

网　　　址／https://mzzj. nwupl. edu. cn

主要研究领域：

民族、宗教问题

1515 西北政法大学人权研究中心

所 属 类 别／高校智库

主 管 单 位／西北政法大学

成 立 时 间／2019 年 12 月

第 一 负 责 人／常安

合 作 机 构／

办 公 地 址／陕西省西安市雁塔区长安南路 300 号西北政法大学雁塔校区 2 号教学
　　　　　　楼（710063）

电话(传真)／029-85388016

邮　　　箱／nwuplrqyjy@ 163. com

网　　　址／https://rqyjy. nwupl. edu. cn

主要研究领域：

人权理论；国家治理现代化与人权法治；国际人权保护与合作

X

1516   西财智库
SWEFU Institution

所 属 类 别 / 高校智库
主 管 单 位 / 西南财经大学
成 立 时 间 / 2015 年 11 月
第 一 负 责 人 / 汤继强
合 作 机 构 /
办 公 地 址 / 四川省成都市青羊区光华村街 55 号西南财经大学光华楼 19 层 （610074）
电话(传真) / 028-87354886
邮   箱 /
网   址 / https://swufeinstitution. swufe. edu. cn
主要研究领域:
国家经济金融发展；税务体制改革；全面创新改革

1517   西交利物浦大学城市与环境校级研究中心

所 属 类 别 / 高校智库
主 管 单 位 / 西交利物浦大学
成 立 时 间 /
第 一 负 责 人 / 徐蕴清
合 作 机 构 /
办 公 地 址 / 江苏省苏州市工业园区独墅湖科教创新区崇文路 8 号西交利物浦大学
                    南校区新兴科学楼 （215123）
电话(传真) /
邮   箱 / Yunqing. Xu@ xjtlu. edu. cn
网   址 / https://www. xjtlu. edu. cn/zh/research/research-centre/ues
主要研究领域:
中国地方发展和城市化

1518   西交利物浦大学大数据分析研究院

所 属 类 别 / 高校智库
主 管 单 位 / 西交利物浦大学
成 立 时 间 /
第 一 负 责 人 / 关圣威
合 作 机 构 / IBM 中国公司、苏州国科数据中心
办 公 地 址 / 江苏省苏州市工业园区独墅湖科教创新区仁爱路 111 号西交利物浦大
                    学 （215123）
电话(传真) /
邮   箱 /
网   址 /
主要研究领域:
经济发展战略

1519　西交利物浦大学西浦数量金融研究院

所 属 类 别／高校智库

主 管 单 位／西交利物浦大学

成 立 时 间／2014 年

第一负责人／洪毅

合 作 机 构／

办 公 地 址／江苏省苏州市工业园区独墅湖科教创新区仁爱路 111 号西交利物浦大学（215123）

电话(传真)／0512-88161521

邮　　　箱／Yi. Hong@ xjtlu. edu. cn

网　　　址／https://www. xjtlu. edu. cn/zh/research/research-institute-of-quantitative-finance

主要研究领域：

数量金融

1520　西交利物浦大学西浦智库

所 属 类 别／高校智库

主 管 单 位／西交利物浦大学

成 立 时 间／2017 年 10 月

第一负责人／宋瑜

合 作 机 构／苏州市人民政府、苏州工业园区

办 公 地 址／江苏省苏州市工业园区独墅湖科教创新区仁爱路 111 号西交利物浦大学（215123）

电话(传真)／0512-81884728

邮　　　箱／XIPUI@ xjtlu. edu. cn

网　　　址／https://www. xjtlu. edu. cn/zh/research/institutes-centres-and-labs/xipu-institution

主要研究领域：政府决策和政策制定

1521　西南财经大学发展研究院
Institute Development Studies, Southwestern University of Finance and Economics

所 属 类 别／高校智库

主 管 单 位／西南财经大学

成 立 时 间／2009 年 9 月

第一负责人／王辉耀

合 作 机 构／

办 公 地 址／四川省成都市温江区柳台大道 555 号西南财经大学柳林校区（611130）

电话(传真)／028-87092562（028-87092562）

邮　　　箱／fzyjy@ swufe. edu. cn

网　　　址／http://fzyjy. swufe. edu. cn

主要研究领域：

绿色发展；绿色经济与经济可持续发展

1522 西南财经大学金融研究院
Institute of Financial Studies, Southwestern University of Finance and Economics

所 属 类 别 / 高校智库

主 管 单 位 / 西南财经大学

成 立 时 间 / 2010 年 7 月

第 一 负 责 人 / 王擎

合 作 机 构 /

办 公 地 址 / 四川省成都市青羊区光华村街 55 号西南财经大学光华校区 （610074）

电话(传真) / 028-87099046 （028-87099047）

邮　　　箱 / ifs. swufe@ gmail. com

网　　　址 / https://ifs. swufe. edu. cn

主要研究领域:

国际金融前沿；中国金融发展

1523 西南财经大学老龄化与社会保障研究中心
Aging and Social Security Research Center, South Western University of Finance and Economics

所 属 类 别 / 高校智库

主 管 单 位 / 西南财经大学

成 立 时 间 / 2014 年 11 月

第 一 负 责 人 / 林义

合 作 机 构 /

办 公 地 址 / 四川省成都市青羊区光华村街 55 号西南财经大学光华校区光华楼
　　　　　　604 室 （610074）

电话(传真) / 028-87092431

邮　　　箱 / assrc@ swufe. edu. cn

网　　　址 / https://assrc. swufe. edu. cn

主要研究领域:

老龄化与社会保障

1524 西南财经大学社会发展研究院
Research Institute of Social Development, Southwestern University of Finance and Economics

所 属 类 别 / 高校智库

主 管 单 位 / 西南财经大学

成 立 时 间 / 2017 年

第 一 负 责 人 / 杨海洋

合 作 机 构 /

办 公 地 址 / 四川省成都市温江区柳台大道 555 号西南财经大学柳林校区通博楼
　　　　　　（611130）

电话(传真) / 028-87092257

邮　　　箱 /

网　　　址 / https://sfy. swufe. edu. cn

主要研究领域: 人口发展与西部地区现代化建设；成渝地区双城经济圈经济社会
文化高质量发展；数字社会治理和服务

1525 西南财经大学中国（四川）自由贸易试验区综合研究院
Sichuan Institute for Free Trade Zone Research, Southwestern University of Finance and Economics

所 属 类 别 ／ 高校智库
主 管 单 位 ／ 西南财经大学
成 立 时 间 ／ 2017 年 4 月
第 一 负 责 人 ／ 姜玉梅
合 作 机 构 ／
办 公 地 址 ／ 四川省成都市温江区柳台大道 555 号西南财经大学柳林校区通博楼
　　　　　　　B231 室（611130）
电话(传真) ／ 028-87092832（028-87092832）
邮　　　箱 ／ siftz@ swufe. edu. cn
网　　　址 ／ https: //siftz. swufe. edu. cn
主要研究领域：四川自贸试验区

1526 西南财经大学中国家庭金融调查与研究中心
Survey and Research Center for China Household Finance, Southwestern University of Finance and Economics

所 属 类 别 ／ 高校智库
主 管 单 位 ／ 西南财经大学
成 立 时 间 ／ 2010 年
第 一 负 责 人 ／ 甘犁
合 作 机 构 ／
办 公 地 址 ／ 四川省成都市青羊区光华村街 55 号西南财经大学光华校区北三门经
　　　　　　　济与管理研究院（610074）
电话(传真) ／ 028-87352095（028-87352095）
邮　　　箱 ／ contactus@ chfs. cn
网　　　址 ／ http: //chfs. swufe. edu. cn
主要研究领域：住房资产和金融财富；负债和信贷约束；收入和支出；社会保障
和保险；代际转移支付；人口特征和就业、支付习惯

1527 西南财经大学中国金融研究中心
The Chinese Finance Research Institute of Southwestern University of Finance and Economics

所 属 类 别 ／ 高校智库
主 管 单 位 ／ 西南财经大学
成 立 时 间 ／ 2000 年
第 一 负 责 人 ／ 王擎
合 作 机 构 ／
办 公 地 址 ／ 四川省成都市青羊区清江中路 35 号西南财经大学光华楼 18 层 1801
　　　　　　　室（610074）
电话(传真) ／ 028-87352781（028-87352784）
邮　　　箱 ／ icfs@ swufe. edu. cn
网　　　址 ／ http: //icfs. swufe. edu. cn
主要研究领域：中国金融改革与发展

X

X

1528   西南财经大学中国区块链研究中心
Blockchain Research Center of China, Southwestern University of Finance and Economic

所 属 类 别 / 高校智库
主 管 单 位 / 西南财经大学
成 立 时 间 / 2018 年 3 月
第 一 负 责 人 / 段江
合 作 机 构 /
办 公 地 址 / 四川省成都市温江区柳台大道 555 号西南财经大学柳林校区（611130）
电话(传真) /
邮　　箱 / duanj_t@ swufe. edu. cn
网　　址 / https: //it. swufe. edu. cn/xssz/ptjd/zgqklyjzx. htm
主要研究领域:
区块链相关理论与应用的中国实践

1529   西南财经大学中国西部经济研究中心
West Center for Economic Research, Southwestern University of Finance and Economic

所 属 类 别 / 高校智库
主 管 单 位 / 西南财经大学
成 立 时 间 /
第 一 负 责 人 / 毛中根
合 作 机 构 /
办 公 地 址 / 四川省成都市温江区柳台大道 555 号西南财经大学柳林校区格致楼
　　　　　　　1123 室（610074）
电话(传真) / 028-87081630
邮　　箱 / maogen@ swufe. edu. cn
网　　址 / https: //zgxbjjyjy. swufe. edu. cn
主要研究领域:
农业农村经济理论；人口、资源、环境协调可持续发展

1530   西南财经大学中国行为经济与行为金融研究中心
China Center for Behavioral Economics and Finance, Southwestern University of Finance and Economics

所 属 类 别 / 高校智库
主 管 单 位 / 西南财经大学
成 立 时 间 / 2018 年 4 月
第 一 负 责 人 / 雷震
合 作 机 构 /
办 公 地 址 / 四川省成都市温江区柳台大道 555 号西南财经大学柳林校区
　　　　　　　（611130）
电话(传真) / 028-87098046
邮　　箱 / ccbef@ swufe. edu. cn
网　　址 / http: //ccbef. swufe. edu. cn
主要研究领域：实验经济；行为经济和行为金融

1531 西南大学公共文化研究中心

所 属 类 别／高校智库

主 管 单 位／西南大学

成 立 时 间／2015 年

第一负责人／吴江

合 作 机 构／

办 公 地 址／重庆市北碚区天生路 2 号西南大学（400715）

电话(传真)／

邮 箱／

网 址／http://ggwh.swu.edu.cn

主要研究领域：

公共文化

1532 西南大学教育政策研究所
Center for Education Policy of SWU

所 属 类 别／高校智库

主 管 单 位／西南大学

成 立 时 间／2014 年 4 月

第一负责人／李玲

合 作 机 构／

办 公 地 址／重庆市北碚区天生路 2 号西南大学（400715）

电话(传真)／

邮 箱／

网 址／http://cep.swu.edu.cn/s/jyzcyjs

主要研究领域：

人口变动与教育发展；教育体制改革与区域教育发展；教育政策的国际比较研究

1533 西南大学统筹城乡发展研究院

所 属 类 别／高校智库

主 管 单 位／西南大学

成 立 时 间／2009 年 10 月

第一负责人／肖亚成

合 作 机 构／

办 公 地 址／重庆市北碚区天生路 2 号西南大学（400715）

电话(传真)／023-68251230（023-68250762）

邮 箱／xiaoyc@swu.edu.cn

网 址／

主要研究领域：

统筹城乡发展政策与法规；农村教育；文化产业；旅游产业；区域经济与发展战略；山地农业；都市农业；生态农业；国土资源开发

X

1534　西南大学西南发展与人才资源研究院

所 属 类 别 / 高校智库
主 管 单 位 / 西南大学
成 立 时 间 / 1999 年 6 月
第 一 负 责 人 / 黄希庭
合 作 机 构 /
办 公 地 址 / 重庆市北碚区天生路 2 号西南大学文化与社会发展学院（400715）
电话(传真) /
邮　　　箱 / xthuang@ swu. edu. cn
网　　　址 /
主要研究领域：
西南发展；人格与教育；基础教育；西南民族教育；三峡库区社会发展

1535　西南大学西南民族教育与心理研究中心
Center for Studies of Education and Psychology of Minorities in Southwest China of Southwest University

所 属 类 别 / 高校智库
主 管 单 位 / 西南大学
成 立 时 间 / 1984 年
第 一 负 责 人 / 张学敏
合 作 机 构 /
办 公 地 址 / 重庆市北碚区天生路 2 号西南大学（400715）
电话(传真) / 023-68253900（023-68253901）
邮　　　箱 / 125366930@ qq. com
网　　　址 / http: //epc. swu. edu. cn
主要研究领域：
西南民族文化变迁中的教育发展；民族科技教育与现代课程改革；民族心理；民族基础教育发展；民族教育信息化

1536　西南大学希腊研究中心
Center for Hellenic Studies, Southwest University

所 属 类 别 / 高校智库
主 管 单 位 / 西南大学
成 立 时 间 / 2017 年
第 一 负 责 人 / 徐松岩
合 作 机 构 /
办 公 地 址 / 重庆市北碚区天生路 2 号西南大学历史文化学院希腊研究中心（400715）
电话(传真) /
邮　　　箱 / chs_swu@ 163. com
网　　　址 /
主要研究领域：
希腊历史文化；希腊外交关系

1537　西南大学乡村振兴战略研究院

所 属 类 别／高校智库

主 管 单 位／西南大学

成 立 时 间／

第一负责人／张卫国

合 作 机 构／

办 公 地 址／重庆市北碚区天生路 2 号西南大学（400715）

电话(传真)／023-68254012

邮　　箱／

网　　址／

主要研究领域：

新农村发展

1538　西南大学心理学与社会管理研究中心
Research Center of Psychology and Social Development，Southwest University

所 属 类 别／高校智库

主 管 单 位／西南大学

成 立 时 间／

第一负责人／

合 作 机 构／

办 公 地 址／重庆市北碚区天生路 2 号西南大学（400715）

电话(传真)／

邮　　箱／

网　　址／http://psdrc.swu.edu.cn

主要研究领域：

心理学与社会管理

1539　西南大学伊朗研究中心
Center for Iranian Studies，Southwest University

所 属 类 别／高校智库

主 管 单 位／西南大学

成 立 时 间／2008 年 4 月

第一负责人／冀开运

合 作 机 构／

办 公 地 址／重庆市北碚区天生路 2 号西南大学（400715）

电话(传真)／023-68253879（023-68252320）

邮　　箱／kaiyun@swu.edu.cn

网　　址／

主要研究领域：

伊朗历史；伊朗经济与地理；伊朗对外关系；中伊关系

1540　西南交通大学西部交通战略与区域发展研究中心

所 属 类 别／高校智库
主 管 单 位／西南交通大学
成 立 时 间／2011 年
第 一 负 责 人／戴宾
合 作 机 构／
办 公 地 址／四川省成都市高新区西部园区犀安路 999 号西南交通大学（611700）
电话(传真)／
邮　　箱／dbswjtu@qq.com
网　　址／
主要研究领域：
交通运输与区域经济；不同运输方式与区域发展；交通布局与区域布局；交通枢纽与枢纽经济；交通通道与通道经济；城市群与城市群交通体系

1541　西南科技大学成都创新研究院（四川天府新区创新研究院）

所 属 类 别／高校智库
主 管 单 位／西南科技大学
成 立 时 间／2022 年 1 月
第 一 负 责 人／蒋道平
合 作 机 构／
办 公 地 址／四川省成都市双流区梓州大道路东天府海创园 2 号地块 1 号楼 14 层、
　　　　　　15 层（621010）
电话(传真)／028-6089999
邮　　箱／
网　　址／http://tiri. swust. edu. cn
主要研究领域：
四川区域社会经济发展创新创造；产业升级；科技与产业融合；科技成果转移转化

1542　西南科技大学拉美研究中心
Center for Latin-America and the Caribbean Studies, SWFU

所 属 类 别／高校智库
主 管 单 位／西南科技大学
成 立 时 间／
第 一 负 责 人／范波
合 作 机 构／
办 公 地 址／四川省绵阳市涪城区青龙大道中段 59 号西南科技大学（621010）
电话(传真)／0816-6089396
邮　　箱／ilacs@ swust. edu. cn
网　　址／http://ilacs. swust. edu. cn
主要研究领域：
拉美经济、拉美政治和中拉人文交流

1543 西南林业大学西南绿色发展研究院

所 属 类 别 / 高校智库

主 管 单 位 / 西南林业大学

成 立 时 间 / 2016 年 1 月

第一负责人 / 蓝增全

合 作 机 构 /

办 公 地 址 / 云南省昆明市盘龙区白龙寺 300 号西南林业大学（650224）

电话(传真) / 0871-63862070

邮　　　箱 /

网　　　址 / http://lsfz.swfu.edu.cn

主要研究领域：

林业经济与林业政策体系；环境友好型林产加工、生物质能源产业发展与社会服务；
森林植物资源培育与推广；生物多样性保护与健康云南；林业碳汇与精准扶贫

1544 西南林业大学云南林业经济研究智库

所 属 类 别 / 高校智库

主 管 单 位 / 西南林业大学

成 立 时 间 / 2015 年 3 月

第一负责人 / 罗明灿

合 作 机 构 /

办 公 地 址 / 云南省昆明市盘龙区白龙寺 300 号西南林业大学（650224）

电话(传真) /

邮　　　箱 / xl@swfu.edu.cn

网　　　址 /

主要研究领域：

林业经济

1545 西南民族大学青藏高原经济社会与文化发展研究中心

所 属 类 别 / 高校智库

主 管 单 位 / 西南民族大学

成 立 时 间 / 2013 年 10 月

第一负责人 / 刘勇

合 作 机 构 /

办 公 地 址 / 四川省成都市武侯区一环路南四段 16 号西南民族大学武侯校区
　　　　　　（610041）

电话(传真) / 028-85524368

邮　　　箱 / qzgyyj@163.com

网　　　址 /

主要研究领域：

青藏高原牧区社会管理与经济发展；青藏高原多元民族宗教与和谐社会发展；青
藏高原文化遗产保护与文化产业发展

1546 西南政法大学安全治理与社会秩序维护研究院

所 属 类 别 / 高校智库
主 管 单 位 / 西南政法大学
成 立 时 间 / 2012 年 12 月
第 一 负 责 人 /
合 作 机 构 /
办 公 地 址 / 重庆市渝北区宝圣大道 301 号西南政法大学渝北校区（401120）
电话(传真) /
邮　　箱 /
网　　址 /
主要研究领域：
安全治理与社会秩序维护

1547 西南政法大学俄罗斯法研究中心
Russian Law Research Center, Southwest University of Political Science & Law

所 属 类 别 / 高校智库
主 管 单 位 / 西南政法大学
成 立 时 间 / 2007 年 11 月
第 一 负 责 人 / 张建文
合 作 机 构 /
办 公 地 址 / 重庆市渝北区宝圣大道 301 号西南政法大学渝北校区（401120）
电话(传真) /
邮　　箱 / 519948480@ qq. com
网　　址 / http://russian. swupl. edu. cn
主要研究领域：十月革命前和苏联解体后的俄罗斯私法理论与实践；俄罗斯联邦民法典编纂工作；俄罗斯联邦民法典完善计划；俄罗斯信息法学；独联体示范（民）法典运动；独联体示范信息法典

1548 西南政法大学高等研究院
Southwest University of Politcal Science and Law Advanced Research Institute

所 属 类 别 / 高校智库
主 管 单 位 / 西南政法大学
成 立 时 间 / 2016 年 7 月
第 一 负 责 人 / 侯东德
合 作 机 构 /
办 公 地 址 / 重庆市渝北区宝圣大道 301 号西南政法大学渝北校区（401120）
电话(传真) / 023-67258286
邮　　箱 / gdyjy@ swupl. edu. cn
网　　址 / https://gdyjy. swupl. edu. cn
主要研究领域：
人工智能法律；网络空间安全法治；国家安全

1549　西南政法大学人权研究院

所 属 类 别 ／ 高校智库
主 管 单 位 ／ 西南政法大学
成 立 时 间 ／
第一负责人 ／ 付子堂
合 作 机 构 ／
办 公 地 址 ／ 重庆市渝北区宝圣大道 301 号西南政法大学渝北校区致雅楼 3 层
　　　　　　（401120）
电话(传真) ／ 023-67258917（023-67258917）
邮　　　箱 ／ hri@ swupl. edu. cn
网　　　址 ／ http://hri. swupl. edu. cn
主要研究领域：
人权咨政；人权理论；人权实践调研；人权教育培训；人权对外宣传

1550　西南政法大学市场交易法律制度研究基地

所 属 类 别 ／ 高校智库
主 管 单 位 ／ 西南政法大学
成 立 时 间 ／ 2002 年 4 月
第一负责人 ／ 汪青松
合 作 机 构 ／
办 公 地 址 ／ 重庆市沙坪坝区壮志路 2 号西南政法大学沙坪坝校区（400031）
电话(传真) ／
邮　　　箱 ／ wqs5555@ 163. com
网　　　址 ／
主要研究领域：
市场交易法律制度

1551　西南政法大学诉讼法与司法改革研究中心

所 属 类 别 ／ 高校智库
主 管 单 位 ／ 西南政法大学
成 立 时 间 ／ 2004 年 9 月
第一负责人 ／ 李昌盛
合 作 机 构 ／
办 公 地 址 ／ 重庆市渝北区宝圣大道 301 号西南政法大学渝北校区（401120）
电话(传真) ／
邮　　　箱 ／
网　　　址 ／ http://sssf. swupl. edu. cn
主要研究领域：
诉讼法与司法改革

1552　西南政法大学特殊群体权利保护与犯罪预防研究中心

所 属 类 别／高校智库

主 管 单 位／西南政法大学

成 立 时 间／2012 年 10 月

第一负责人／袁林

合 作 机 构／

办 公 地 址／重庆市渝北区宝圣大道 301 号西南政法大学渝北校区（401120）

电话(传真)／

邮　　箱／tsqtbhyfzyfyjw@163.com

网　　址／http://vgrpacp.swupl.edu.cn

主要研究领域：

未成年人及其特定群体（留守儿童、闲散儿童、孤儿、残疾儿童、违法犯罪未成年人等）、刑事被害人、吸毒人员、违法犯罪人员等的权利保护与犯罪预防

1553　西南政法大学智能司法研究院

所 属 类 别／高校智库

主 管 单 位／西南政法大学

成 立 时 间／2020 年 4 月

第一负责人／唐力

合 作 机 构／重庆市高级人民法院、大陆云盾电子认证服务有限公司、科大讯飞股份有限公司、安徽富驰信息技术有限公司

办 公 地 址／重庆市渝北区宝圣大道 301 号西南政法大学渝北校区（401120）

电话(传真)／023-67258677

邮　　箱／znsfyjy@163.com

网　　址／https://legalai.swupl.edu.cn

主要研究领域：

人工智能政策与伦理；人工智能司法应用；数据法学；网络法学

1554　西南政法大学中国—东盟法律研究中心
China-ASEAN Legal Research Center, Southwest University of Political Science & Law

所 属 类 别／高校智库

主 管 单 位／西南政法大学

成 立 时 间／2010 年 11 月

第一负责人／张晓君

合 作 机 构／

办 公 地 址／重庆市渝北区宝圣大道 301 号西南政法大学渝北校区（401120）

电话(传真)／

邮　　箱／

网　　址／http://calc.swupl.edu.cn

主要研究领域：

中国—东盟法律

1555 西南政法大学中国金融法治研究中心

China Financial Rule of Law Research Center, Southwest University of Political Science & Law

所 属 类 别 / 高校智库

主 管 单 位 / 西南政法大学

成 立 时 间 /

第一负责人 / 王煜宇

合 作 机 构 /

办 公 地 址 / 重庆市渝北区宝圣大道 301 号西南政法大学渝北校区（401120）

电话(传真) /

邮　　　箱 / jrfzyj1@ 163. com

网　　　址 / http: //cfr. swupl. edu. cn

主要研究领域：

金融法治

1556 西南政法大学中国农村经济法制创新研究中心

China Research Center for Agroeconomy – Related Laws and Innovations, Southwest University of Political Science & Law

所 属 类 别 / 高校智库

主 管 单 位 / 西南政法大学

成 立 时 间 / 2000 年

第一负责人 / 肖顺武

合 作 机 构 /

办 公 地 址 / 重庆市渝北区宝圣大道 301 号西南政法大学渝北校区（401120）

电话(传真) /

邮　　　箱 / xiaoshunwu1977@ 163. com

网　　　址 / http: //cali. swupl. edu. cn

主要研究领域：农业法基本理论；农产品质量法律制度；WTO 农业规则与农产品贸易制度；城乡改革发展成果公平分享法律制度；社会保障法律制度

1557 西南政法大学中国社会稳定与危机管理研究中心

所 属 类 别 / 高校智库

主 管 单 位 / 西南政法大学

成 立 时 间 / 2004 年

第一负责人 / 邹东升

合 作 机 构 /

办 公 地 址 / 重庆市渝北区宝圣大道 301 号西南政法大学渝北校区（401120）

电话(传真) /

邮　　　箱 /

网　　　址 / http: //scmc. swupl. edu. cn

主要研究领域：

社会稳定；群体性事件治理；信访法治与社会治理；边疆安全治理

1558　西藏大学边疆治理与跨界民族问题研究中心

所 属 类 别／高校智库
主 管 单 位／西藏大学
成 立 时 间／2015 年
第一负责人／张兴堂、高大洪
合 作 机 构／
办 公 地 址／西藏拉萨市城关区江苏路 36 号西藏大学（850000）
电话(传真)／
邮　　箱／
网　　址／http://kyc.utibet.edu.cn/info/1015/1122.htm
主要研究领域：
边疆治理和跨界民族

1559　西藏大学民族法学研究所

所 属 类 别／高校智库
主 管 单 位／西藏大学
成 立 时 间／2009 年
第一负责人／高大洪
合 作 机 构／
办 公 地 址／西藏拉萨市城关区江苏路 36 号西藏大学（850000）
电话(传真)／
邮　　箱／
网　　址／http://kyc.utibet.edu.cn/info/1015/1126.htm
主要研究领域：
民族地方司法制度；中国少数民族法制史；法律人类学

1560　西藏大学尼泊尔与不丹研究中心

所 属 类 别／高校智库
主 管 单 位／西藏大学
成 立 时 间／2021 年 3 月
第一负责人／久毛措
合 作 机 构／
办 公 地 址／西藏拉萨市城关区江苏路 36 号西藏大学（850000）
电话(传真)／
邮　　箱／
网　　址／http://kyc.utibet.edu.cn/info/1015/1044.htm
主要研究领域：
尼泊尔问题；不丹问题

1561 西藏大学西藏经济研究所

所 属 类 别／高校智库

主 管 单 位／西藏大学

成 立 时 间／2012 年

第一负责人／杨斌

合 作 机 构／

办 公 地 址／西藏拉萨市城关区江苏路 36 号西藏大学（850000）

电话(传真)／

邮 箱／

网 址／

主要研究领域：

西藏区域经济发展；西藏农牧民脱贫致富；西藏产业结构调整；西藏国有企业改革探索；西藏新农村建设；西藏民营企业发展；西藏支柱产业发展

1562 西藏大学珠峰研究院
Everest Research Institute of Tibet University

所 属 类 别／高校智库

主 管 单 位／西藏大学

成 立 时 间／2017 年 9 月

第一负责人／杨丹

合 作 机 构／西藏大学、西南财经大学

办 公 地 址／西藏拉萨市城关区江苏路 36 号西藏大学（850000）

电话(传真)／

邮 箱／

网 址／http://kyc.utibet.edu.cn/info/1015/1120.htm

主要研究领域：

环喜马拉雅人类活动与区域发展

1563 西藏民族大学民族研究院

所 属 类 别／高校智库

主 管 单 位／西藏民族大学

成 立 时 间／

第一负责人／胡永禄

合 作 机 构／

办 公 地 址／陕西省咸阳市渭城区文汇东路 6 号西藏民族大学（712082）

电话(传真)／

邮 箱／

网 址／https://www1.xzmu.edu.cn/myy

主要研究领域：

民族理论

1564　西藏自治区社会科学院

所 属 类 别 / 科研院所智库

主 管 单 位 / 西藏自治区人民政府

成 立 时 间 / 1985 年 8 月

第一负责人 / 索林

合 作 机 构 /

办 公 地 址 / 西藏拉萨市城关区色拉路 4 号（850000）

电话(传真) / 0891-6903114（0891-6324914）

邮　　　箱 / tass_net@ 126. com

网　　　址 / http://xzass. org

主要研究领域：

民族与宗教；农村经济；经济战略；西藏经济社会发展

1565　厦门大学东南亚研究中心
Center for Southeast Asian Studies, Xiamen University

所 属 类 别 / 高校智库

主 管 单 位 / 厦门大学

成 立 时 间 / 2000 年 9 月

第一负责人 / 范宏伟

合 作 机 构 /

办 公 地 址 / 福建省厦门市思明区思明南路 422 号厦门大学南安楼（361005）

电话(传真) / 0592-2186414（0592-2186414）

邮　　　箱 / fhw@ xmu. edu. cn

网　　　址 / http://ny. xmu. edu. cn

主要研究领域：

东南亚政治经济；国际关系；华侨华人；历史宗教文化

1566　厦门大学高等教育发展研究中心
The Research Center of Higher Education Development, Xiamen University

所 属 类 别 / 高校智库

主 管 单 位 / 厦门大学

成 立 时 间 / 2000 年 1 月

第一负责人 / 刘振天

合 作 机 构 /

办 公 地 址 / 福建省厦门市思明区思明南路 422 号厦门大学南光路一号（361005）

电话(传真) / 0592-2187552（0592-2189065）

邮　　　箱 / xmdxgjzx@ xmu. edu. cn

网　　　址 / http://che. xmu. edu. cn

主要研究领域：

高等教育理论与政策；高等教育管理；高等教育考试

1567 厦门大学高等教育质量与评估研究所（中国教育智库联盟教育智库发展研究中心）

所 属 类 别 / 高校智库
主 管 单 位 / 厦门大学
成 立 时 间 / 2009 年 3 月
第 一 负责人 / 史秋衡
合 作 机 构 /
办 公 地 址 / 福建省厦门市思明区思明南路 422 号厦门大学（361005）
电话（传真） / 0592-2189226
邮　　　箱 / qhshi@ xmu. edu. cn
网　　　址 / https://iheqa. xmu. edu. cn
主要研究领域：
高等教育学；教育经济与管理；职业技术教育学；比较教育学

1568 厦门大学公共政策研究院
School of Public Policy, Xiamen University

所 属 类 别 / 高校智库
主 管 单 位 / 厦门大学
成 立 时 间 / 2011 年 11 月
第 一 负责人 / 陈振明
合 作 机 构 /
办 公 地 址 / 福建省厦门市思明区思明南路 422 号厦门大学成智楼（361005）
电话（传真） / 0592-2182783（0592-2183191）
邮　　　箱 / spp@ xmu. edu. cn
网　　　址 / http://spp. xmu. edu. cn
主要研究领域：
人口与生态；区域发展；公共资源；公共服务；社会政策；地方治理

1569 厦门大学宏观经济研究中心
Center for Macroeconomic Research of Xiamen University

所 属 类 别 / 高校智库
主 管 单 位 / 厦门大学
成 立 时 间 / 2001 年 9 月
第 一 负责人 / 洪永淼
合 作 机 构 /
办 公 地 址 / 福建省厦门市思明区思明南路 422 号厦门大学（361005）
电话（传真） / 0592-2185109（0592-2182029）
邮　　　箱 / ymhong@ amss. ac. cn
网　　　址 / https://cmr. xmu. edu. cn
主要研究领域：
宏观经济理论与政策；宏观经济数量分析；中国宏观经济分析与预测；转型期宏观经济问题；区域经济发展理论与实践

X

1570 厦门大学会计发展研究中心
Center for Accounting Studies，Xiamen University

所 属 类 别 / 高校智库
主 管 单 位 / 厦门大学
成 立 时 间 / 2000 年 1 月
第一负责人 / 刘峰
合 作 机 构 /
办 公 地 址 / 福建省厦门市思明区思明南路 422 号厦门大学嘉庚二号楼（361005）
电话(传真) / 0592-2181523（0592-2181520）
邮　　箱 / cas@ xmu. edu. cn
网　　址 / https://acccen. xmu. edu. cn
主要研究领域：
会计发展

1571 厦门大学教育研究院（厦门大学高等教育科学研究所）
Institute of Education，Xiamen University（Research Institute of Higher Education Science，Xiamen University）

所 属 类 别 / 高校智库
主 管 单 位 / 厦门大学
成 立 时 间 / 1978 年 5 月
第一负责人 / 别敦荣
合 作 机 构 /
办 公 地 址 / 福建省厦门市思明区思明南路 422 号厦门大学（361005）
电话(传真) / 0592-2186413（0592-2189065）
邮　　箱 / gjs@ xmu. edu. cn
网　　址 / http://ihe. xmu. edu. cn
主要研究领域：
教育经济与管理；比较教育；教育心理；高等教育；课程与教学

1572 厦门大学经济研究所

所 属 类 别 / 高校智库
主 管 单 位 / 厦门大学
成 立 时 间 / 1950 年
第一负责人 / 蔡熙乾
合 作 机 构 /
办 公 地 址 / 福建省厦门市思明区思明南路 422 号厦门大学（361005）
电话(传真) / 0592-2183588
邮　　箱 / wqmxmu@ xmu. edu. cn
网　　址 / https://jys. xmu. edu. cn
主要研究领域：
马克思主义产权理论；社会主义市场经济理论；产业经济理论

1573 厦门大学历史研究所

所 属 类 别 / 高校智库

主 管 单 位 / 厦门大学

成 立 时 间 / 1978 年 5 月

第一负责人 / 林枫

合 作 机 构 /

办 公 地 址 / 福建省厦门市思明区思明南路 422 号厦门大学（361005）

电话(传真) /

邮 箱 /

网 址 / https://history. xmu. edu. cn/info/1001/14861. htm

主要研究领域：

中国经济史；民族学考古学；东南亚史

1574 厦门大学马来西亚研究所

所 属 类 别 / 高校智库

主 管 单 位 / 厦门大学

成 立 时 间 / 2005 年 4 月

第一负责人 / 庄国土

合 作 机 构 /

办 公 地 址 / 福建省厦门市思明区思明南路 422 号厦门大学（361005）

电话(传真) /

邮 箱 / gtzhuang@ xmu. edu. cn

网 址 / https://ny. xmu. edu. cn/mlxyyjs. htm

主要研究领域：

马来西亚经济、政治、文化、语言、宗教、历史等；中马关系

1575 厦门大学欧洲研究中心

所 属 类 别 / 高校智库

主 管 单 位 / 厦门大学

成 立 时 间 / 2005 年 9 月

第一负责人 / 吴建平

合 作 机 构 /

办 公 地 址 / 福建省厦门市思明区思明南路 422 号厦门大学外文学院（361005）

电话(传真) / 0592-2186655 （0592-2188070）

邮 箱 / esc@ xmu. edu. cn

网 址 /

主要研究领域：

欧洲的社会文化、国际关系、法律、经济管理、高等教育

1576　厦门大学日本研究所

所 属 类 别／高校智库
主 管 单 位／厦门大学
成 立 时 间／2005 年 12 月
第 一 负 责 人／王虹
合 作 机 构／
办 公 地 址／福建省厦门市思明区思明南路 422 号厦门大学海外教育学院办公楼 3
　　　　　　层（361005）
电话(传真)／
邮　　箱／
网　　址／
主要研究领域：
日本语言与文化；日本文学与教育；日本经济管理；国际关系；日本政策与法律

1577　厦门大学世界经济研究中心

所 属 类 别／高校智库
主 管 单 位／厦门大学
成 立 时 间／
第 一 负 责 人／庄宗明
合 作 机 构／
办 公 地 址／福建省厦门市思明区思明南路 422 号厦门大学（361005）
电话(传真)／
邮　　箱／
网　　址／
主要研究领域：
经济全球化与国际经济关系；国际贸易理论与政策；东南亚经济与区域经济合作；
世界经济与台海两岸经济关系

1578　厦门大学台湾研究院
Graduate Institute for Taiwan Studies of Xiamen University

所 属 类 别／高校智库
主 管 单 位／厦门大学
成 立 时 间／2004 年 2 月
第 一 负 责 人／李鹏
合 作 机 构／
办 公 地 址／福建省厦门市思明区思明南路 422 号厦门大学嘉庚 3 号楼 929 室
　　　　　　（361005）
电话(传真)／0592-2186415（0592-2183538）
邮　　箱／
网　　址／http://twri.xmu.edu.cn
主要研究领域：
台湾政治、社会、经济、历史、文学、法律、文化教育等；台海两岸关系

1579 厦门大学王亚南经济研究院
Wang Yanan Institute for Studies in Economics, Xiamen University

所 属 类 别 / 高校智库

主 管 单 位 / 厦门大学

成 立 时 间 / 2005 年 6 月

第一负责人 /

合 作 机 构 /

办 公 地 址 / 福建省厦门市思明区思明南路 422 号厦门大学经济楼 A 座（361005）

电话(传真) / 0592-2188827（0592-2187708）

邮　　箱 / aileenyu. wise@ gmail. com

网　　址 / http://www. wise. xmu. edu. cn

主要研究领域:

金融经济理论与政策；宏观经济理论与政策；微观经济理论与政策；区域经济理论与政策

1580 厦门大学新加坡研究中心

所 属 类 别 / 高校智库

主 管 单 位 / 厦门大学

成 立 时 间 /

第一负责人 / 许可

合 作 机 构 /

办 公 地 址 / 福建省厦门市思明区思明南路 422 号厦门大学（361005）

电话(传真) /

邮　　箱 / xuke@ xmu. edu. cn

网　　址 /

主要研究领域:

新加坡国别问题

1581 厦门大学新西兰研究中心
New Zealand Research Centre, Xiamen University

所 属 类 别 / 高校智库

主 管 单 位 / 厦门大学

成 立 时 间 / 2009 年 12 月

第一负责人 / 余章宝

合 作 机 构 / 厦门大学、新西兰维多利亚大学

办 公 地 址 / 福建省厦门市思明区思明南路 422 号厦门大学嘉庚二号楼（361005）

电话(传真) / 0592-2181948（0592-2183191）

邮　　箱 / 249429752@ qq. com

网　　址 / https://nzc. xmu. edu. cn

主要研究领域:

新西兰的政治、经济、法律等

1582　厦门大学印度尼西亚研究中心

所 属 类 别／高校智库

主 管 单 位／厦门大学

成 立 时 间／

第一负责人／沈燕清

合 作 机 构／

办 公 地 址／福建省厦门市思明区思明南路 422 号厦门大学（361005）

电话(传真)／

邮　　　箱／yqshen1975@ xmu. edu. cn

网　　　址／

主要研究领域：

印度尼西亚国别问题

1583　厦门大学中国能源政策研究院
China Institute for Studies in Energy Policy, Xiamen University

所 属 类 别／高校智库

主 管 单 位／厦门大学管理学院

成 立 时 间／2013 年

第一负责人／林伯强

合 作 机 构／

办 公 地 址／福建省厦门市思明区思明南路 422 号厦门大学大南 8 号（361005）

电话(传真)／0592-2186076（0592-2186075）

邮　　　箱／cceer@ xmu. edu. cn

网　　　址／http://cicep. xmu. edu. cn

主要研究领域：

能源政策

1584　厦门大学中国特色社会主义研究中心

所 属 类 别／高校智库

主 管 单 位／厦门大学

成 立 时 间／2014 年 7 月

第一负责人／徐进功

合 作 机 构／

办 公 地 址／福建省厦门市思明区思明南路 422 号厦门大学囊萤楼（361005）

电话(传真)／0592-2189618（0592-2188396）

邮　　　箱／chenshuping2015@ qq. com

网　　　址／http://sccmarx. xmu. edu. cn

主要研究领域：

中国特色社会主义道路；当代中国马克思主义基础理论；中国梦

1585 厦门大学邹至庄经济研究院
Paula and Gregory Chow Institute for Studies in Economics, Xiamen University

所 属 类 别 / 高校智库
主 管 单 位 / 厦门大学
成 立 时 间 / 2022 年 5 月
第 一 负 责 人 /
合 作 机 构 /
办 公 地 址 / 福建省厦门市思明区思明南路 422 号厦门大学（361005）
电话(传真) / 0592-2188827
邮 箱 / chow@ xmu. edu. cn
网 址 / https://chowcenter. xmu. edu. cn
主要研究领域：
计量建模与经济政策；宏观经济

1586 厦门市社会科学院

所 属 类 别 / 科研院所智库
主 管 单 位 / 厦门市委宣传部
成 立 时 间 / 2008 年 12 月
第 一 负 责 人 / 潘少銮
合 作 机 构 /
办 公 地 址 / 福建省厦门市思明区大连兴馆巷 1 号社会科学大楼（361003）
电话(传真) / 0592-2023296
邮 箱 /
网 址 / http://www. xmsk. cn
主要研究领域：
区域经济；社会发展

1587 新华社研究院
Xinhua Institute

所 属 类 别 / 党政智库
主 管 单 位 / 新华通讯社
成 立 时 间 / 2021 年 10 月 28 日
第 一 负 责 人 / 刘刚
合 作 机 构 /
办 公 地 址 /
电话(传真) / 010-88053623
邮 箱 /
网 址 / https://xhinst. net
主要研究领域：
新闻理论和新闻业务；媒体融合发展

1588 新华通讯社
Xinhua News Agency

所 属 类 别／高端智库，党政智库

主 管 单 位／国务院

成 立 时 间／1937 年 1 月

第 一 负 责 人／傅华

合 作 机 构／

办 公 地 址／北京市西城区宣武门西大街 57 号（100803）

电话(传真)／010-63071114（010-63075134）

邮　　　箱／xwrx@xinhua. org

网　　　址／http://www. news. cn/xinhuashe

主要研究领域：决策信息

1589 新疆财经大学新疆企业发展研究中心

所 属 类 别／高校智库

主 管 单 位／新疆财经大学

成 立 时 间／

第 一 负 责 人／张晟义

合 作 机 构／

办 公 地 址／新疆乌鲁木齐市新市区北京中路 449 号新疆财经大学至善楼 4 层
（830012）

电话(传真)／0991-7843394

邮　　　箱／

网　　　址／

主要研究领域：

企业内部控制与审计；新疆企业市场营销；新疆本土企业成长

1590 新疆财经大学新疆社会经济统计研究中心

所 属 类 别／高校智库

主 管 单 位／新疆财经大学

成 立 时 间／

第 一 负 责 人／

合 作 机 构／

办 公 地 址／新疆乌鲁木齐市新市区北京中路 449 号新疆财经大学（830012）

电话(传真)／

邮　　　箱／

网　　　址／https://www. xjufe. edu. cn/kxyj/kyjg/40859. htm

主要研究领域：

新疆社会经济统计决策与政策

1591 新疆财经大学中国新疆与中亚区域经济合作研究中心

所 属 类 别／高校智库
主 管 单 位／新疆财经大学
成 立 时 间／2011 年 11 月
第一负责人／段秀芳
合 作 机 构／
办 公 地 址／新疆乌鲁木齐市新市区北京中路 449 号新疆财经大学（830012）
电话(传真)／
邮　　　箱／894732057@qq.com
网　　　址／
主要研究领域：
中国新疆与中亚经贸合作；新疆区域发展与外向型经济；中亚国别经济

1592 新疆大学西域文明发展研究基地

所 属 类 别／高校智库
主 管 单 位／新疆大学
成 立 时 间／2011 年 11 月
第一负责人／
合 作 机 构／
办 公 地 址／新疆乌鲁木齐市天山区胜利路 14 号新疆大学（830046）
电话(传真)／
邮　　　箱／
网　　　址／
主要研究领域：
西域民族与民族关系；西域文化变迁；历代边政

1593 新疆大学新疆创新管理研究中心
Center for Innovation Management Research of Xinjiang, Xinjiang University

所 属 类 别／高校智库
主 管 单 位／新疆大学
成 立 时 间／2011 年 6 月
第一负责人／孙慧
合 作 机 构／
办 公 地 址／新疆乌鲁木齐市天山区胜利路 14 号新疆大学（830046）
电话(传真)／0991-8583698
邮　　　箱／
网　　　址／http://cim.xju.edu.cn/jdkw.htm
主要研究领域：
战略与人力资源管理；运营与创新管理；资源与环境管理；能源管理

1594 新疆大学新疆宏观经济高质量发展研究中心

所 属 类 别／高校智库
主 管 单 位／新疆大学
成 立 时 间／2011 年 4 月
第 一 负 责 人／陈晓
合 作 机 构／
办 公 地 址／新疆乌鲁木齐市天山区胜利路 14 号新疆大学科技楼 6 层 609 室
　　　　　　（830046）
电话(传真)／0991-8582464
邮　　　箱／
网　　　址／http://jys.xju.edu.cn
主要研究领域:
新疆宏观经济发展和经济改革

1595 新疆大学新疆民俗文化研究中心

所 属 类 别／高校智库
主 管 单 位／新疆大学
成 立 时 间／2007 年 12 月
第 一 负 责 人／热依拉·达吾提
合 作 机 构／
办 公 地 址／新疆乌鲁木齐市天山区胜利路 14 号新疆大学 （830046）
电话(传真)／
邮　　　箱／
网　　　址／
主要研究领域:
新疆民俗文化；民间艺术；民间文学；新疆非物质文化遗产

1596 新疆大学新疆稳定与地区经济发展法制保障研究基地

所 属 类 别／高校智库
主 管 单 位／新疆大学
成 立 时 间／
第 一 负 责 人／白京兰
合 作 机 构／
办 公 地 址／新疆乌鲁木齐市天山区胜利路 14 号新疆大学科技楼 616 室 （830046）
电话(传真)／
邮　　　箱／baijinglan72@126.com
网　　　址／
主要研究领域:
地方经济法律制度；反恐法律制度；中亚国家法律制度；新疆民族与宗教法律制度

1597　新疆大学中亚地缘政治研究中心
Research Center for Geopolitics of Central Asia, Xinjiang University

所 属 类 别 / 高校智库

主 管 单 位 / 新疆大学

成 立 时 间 / 2011 年 11 月

第一负责人 / 韩隽

合 作 机 构 /

办 公 地 址 / 新疆乌鲁木齐市天山区胜利路 14 号新疆大学（830046）

电话(传真) /

邮　　箱 /

网　　址 / http://rcgca.xju.edu.cn

主要研究领域：

中亚国际关系；中亚与新疆社会治理

1598　新疆大学中亚研究院（新疆大学—清华大学中亚发展研究中心）

所 属 类 别 / 高校智库

主 管 单 位 / 新疆大学、清华大学

成 立 时 间 / 2012 年 9 月

第一负责人 / 孟楠

合 作 机 构 / 新疆大学、清华大学

办 公 地 址 / 新疆乌鲁木齐市天山区胜利路 14 号新疆大学（830046）

电话(传真) /

邮　　箱 / 1157675995@qq.com

网　　址 /

主要研究领域：

中亚及中国周边国家地缘政治、经济、文化、教育、外交、安全等

1599　新疆农业大学干旱区农村发展研究中心
Center for Arid Region Rural Development Research of Xinjiang Agricultural University

所 属 类 别 / 高校智库

主 管 单 位 / 新疆农业大学

成 立 时 间 / 1986 年

第一负责人 /

合 作 机 构 /

办 公 地 址 / 新疆乌鲁木齐市沙依巴克区农大东路 311 号新疆农业大学（830052）

电话(传真) /

邮　　箱 /

网　　址 /

主要研究领域：

新疆乡村振兴和农牧业现代化

X

1600　新疆师范大学人权研究中心

所 属 类 别 / 高校智库

主 管 单 位 / 新疆师范大学

成 立 时 间 /

第一负责人 /

合 作 机 构 /

办 公 地 址 / 新疆乌鲁木齐市水磨沟区观景路 100 号新疆师范大学温泉校区
　　　　　　（830017）

电话(传真) /

邮　　　箱 /

网　　　址 / https：//rqyj. xjnu. edu. cn

主要研究领域：

人权问题

1601　新疆师范大学中亚与中国西北边疆政治经济研究中心

Central Asia and Northwest Frontier China Political Economy Research Center，Xinjiang
Normal University

所 属 类 别 / 高校智库

主 管 单 位 / 新疆师范大学

成 立 时 间 / 2008 年 6 月

第一负责人 / 马凤强

合 作 机 构 /

办 公 地 址 / 新疆乌鲁木齐市沙依巴克区新医路 102 号新疆师范大学昆仑校区
　　　　　　（830054）

电话(传真) /

邮　　　箱 / 1309593087@ qq. com

网　　　址 / https：//bjzz. xjnu. edu. cn

主要研究领域：

中亚政治经济；中国西北边疆政治经济

1602　新疆维吾尔自治区社会科学院

Xinjiang Academy of Social Sciences

所 属 类 别 / 科研院所智库

主 管 单 位 / 中共新疆维吾尔自治区委员会

成 立 时 间 / 1981 年 3 月

第一负责人 / 侯菊凤

合 作 机 构 /

办 公 地 址 / 新疆乌鲁木齐市新市区北京南路 246 号 （830011）

电话(传真) / 0991-3824404

邮　　　箱 /

网　　　址 / http：//ass. xjass. cn

主要研究领域：党的建设；新农村建设；现代农牧业；民族理论与政策；非物质
文化遗产；新疆经济发展战略；西域研究；新疆文化发展；中亚研究

1603　徐州医科大学卫生政策与健康保障研究基地

所 属 类 别／高校智库

主 管 单 位／徐州医科大学

成 立 时 间／2017 年

第一负责人／赵世鸿

合 作 机 构／

办 公 地 址／江苏省徐州市云龙区铜山路 209 号徐州医科大学行政楼 431 室
　　　　　　　（221004）

电话(传真)／

邮　　　箱／xzhmuskc@126.com

网　　　址／

主要研究领域：卫生政策与健康保障

1604　徐州医科大学卫生政策与健康管理研究中心
Health Policy Research Institute, Xuzhou Medical University

所 属 类 别／高校智库

主 管 单 位／徐州医科大学

成 立 时 间／2021 年 6 月

第一负责人／

合 作 机 构／

办 公 地 址／江苏省徐州市泉山区淮海西路 84 号徐州医科大学西校区（221006）

电话(传真)／0516-85586865

邮　　　箱／HPRI@xzhmu.edu.cn

网　　　址／https://hpri.xzhmu.edu.cn

主要研究领域：

养老；医学人文；卫生政策与健康管理

1605　徐州医科大学医疗卫生应急救援政策研究中心（江苏省卫生应急研究所）

所 属 类 别／高校智库

主 管 单 位／徐州医科大学

成 立 时 间／2019 年 10 月

第一负责人／覃朝晖

合 作 机 构／

办 公 地 址／江苏省徐州市云龙区铜山路 209 号徐州医科大学（221004）

电话(传真)／

邮　　　箱／

网　　　址／https://wsyj.xzhmu.edu.cn

主要研究领域：

卫生应急管理理论与政策；公共卫生危机预防与应对；公共卫生危机心理干预

X

Y

1606　烟台大学经济研究所
Economic Research Institute, Yantai University

所 属 类 别 / 高校智库
主 管 单 位 / 烟台大学
成 立 时 间 / 1999 年
第一负责人 / 崔占峰
合 作 机 构 /
办 公 地 址 / 山东省烟台市莱山区清泉路 30 号烟台大学（264005）
电话(传真) /
邮　　箱 /
网　　址 / https://econ. ytu. edu. cn/info/1033/1463. htm
主要研究领域:
中国、山东省、烟台市进入经济发展新常态时期出现的新情况、新问题

1607　烟台大学农村与农业发展研究所
Rural and Agricultural Research Institute, Yantai University

所 属 类 别 / 高校智库
主 管 单 位 / 烟台大学
成 立 时 间 / 2017 年
第一负责人 / 李海廷
合 作 机 构 /
办 公 地 址 / 山东省烟台市莱山区清泉路 30 号烟台大学（264005）
电话(传真) /
邮　　箱 /
网　　址 / https://econ. ytu. edu. cn/info/1033/1464. htm
主要研究领域:
农村与农业发展

1608　延安大学乡村发展研究院

所 属 类 别 / 高校智库
主 管 单 位 / 延安大学
成 立 时 间 / 2019 年 9 月
第一负责人 / 海闻
合 作 机 构 / 延安大学、西安市乡村发展公益慈善基金会
办 公 地 址 / 陕西省延安市宝塔区圣地路 580 号延安大学（716000）
电话(传真) /
邮　　箱 /
网　　址 / https://rdi. yau. edu. cn
主要研究领域:
农村创新创业；乡村企业管理；农业生产技术；农村经济社会管理提升

1609 延安大学中国共产党革命精神与文化资源研究中心

所 属 类 别／高校智库

主 管 单 位／延安大学

成 立 时 间／2013 年 6 月

第一负责人／张金锁

合 作 机 构／教育部、中央党史研究室、延安大学

办 公 地 址／陕西省延安市宝塔区圣地路与杨家岭路交叉口（716000）

电话(传真)／0911-2333003（0911-2333003）

邮　　箱／tadxyjj@163.com

网　　址／https://yajs.yau.edu.cn

主要研究领域：

中共党史与延安学

1610 延边大学朝鲜半岛研究院

所 属 类 别／高校智库

主 管 单 位／延边大学

成 立 时 间／2014 年 11 月

第一负责人／朴灿奎

合 作 机 构／

办 公 地 址／吉林省延边朝鲜族自治州延吉市公园路 977 号延边大学（133002）

电话(传真)／

邮　　箱／ckpiao@ybu.edu.cn

网　　址／

主要研究领域：

朝鲜半岛

1611 延边大学朝鲜韩国研究中心
Center for North and South Korea Studies of Yanbian University

所 属 类 别／高校智库

主 管 单 位／延边大学

成 立 时 间／2012 年 5 月

第一负责人／朴灿奎

合 作 机 构／南开大学、中国国际问题研究院、中国社会科学院亚太与全球战略研究院

办 公 地 址／吉林省延边朝鲜族自治州延吉市公园路 977 号延边大学（133002）

电话(传真)／0433-2436571

邮　　箱／ybuchyjzx@163.com

网　　址／http://cnsk.ybu.edu.cn

主要研究领域：

朝鲜半岛历史与文化；朝鲜半岛国家政治、经济、社会；朝鲜半岛与周边大国关系；中国与朝鲜半岛关系；"一带一路"倡议下的中国与朝鲜半岛经济合作

1612 延边大学城市与环境生态研究所

所 属 类 别／高校智库
主 管 单 位／延边大学
成 立 时 间／
第 一 负 责 人／南颖
合 作 机 构／
办 公 地 址／吉林省延边朝鲜族自治州延吉市公园路 977 号延边大学（133002）
电话(传真)／
邮　　箱／
网　　址／
主要研究领域：
城市空间结构与资源可持续利用；东北亚区域经济地理

1613 延边大学东北亚地球环境研究所

所 属 类 别／高校智库
主 管 单 位／延边大学
成 立 时 间／
第 一 负 责 人／李东浩
合 作 机 构／
办 公 地 址／吉林省延边朝鲜族自治州延吉市公园路 977 号延边大学（133002）
电话(传真)／
邮　　箱／
网　　址／
主要研究领域：
大气污染物的变化规律

1614 延边大学农业经济研究所

所 属 类 别／高校智库
主 管 单 位／延边大学
成 立 时 间／
第 一 负 责 人／金龙勋
合 作 机 构／
办 公 地 址／吉林省延边朝鲜族自治州延吉市公园路 977 号延边大学（133002）
电话(传真)／
邮　　箱／
网　　址／
主要研究领域：
东北亚区域农产品贸易；区域农业合作经济

1615 盐城师范学院江苏农村教育发展研究中心

所 属 类 别 / 高校智库

主 管 单 位 / 盐城师范学院

成 立 时 间 / 2007 年 5 月

第 一 负 责 人 / 乔晖

合 作 机 构 /

办 公 地 址 / 江苏省盐城市亭湖区开放大道 50 号盐城师范学院 （224002）

电话（传真）/ 0515-88233110

邮 箱 /

网 址 / https://njs. yctu. edu. cn

主要研究领域：

江苏农村教育发展

1616 盐城师范学院江苏沿海开发研究院
Think Tank of Coastal Development, Yancheng Teachers University

所 属 类 别 / 高校智库

主 管 单 位 / 盐城师范学院

成 立 时 间 / 2007 年 4 月

第 一 负 责 人 / 刘振亚

合 作 机 构 /

办 公 地 址 / 江苏省盐城市亭湖区开放大道 50 号盐城师范学院 （224002）

电话（传真）/ 0515-88334240

邮 箱 /

网 址 / https://yhkf. yctu. edu. cn

主要研究领域：

江苏沿海开发

1617 盐城师范学院沿海发展智库
Think Tank of Coastal Development, Yancheng Normal University

所 属 类 别 / 高校智库

主 管 单 位 / 盐城师范学院

成 立 时 间 /

第 一 负 责 人 / 钱正英

合 作 机 构 /

办 公 地 址 / 江苏省盐城市亭湖区开放大道 50 号盐城师范学院 （224002）

电话（传真）/ 0515-88213020

邮 箱 /

网 址 / https://yhfzzk. yctu. edu. cn

主要研究领域：

沿海港产城与园区规划；海洋经济与沿海产业集群发展

1618　冶金工业经济发展研究中心
China Steel Development Research Institute

所 属 类 别／党政智库—国务院直属特设机构所属
主 管 单 位／国务院国有资产监督管理委员会
成 立 时 间／1979 年 9 月
第一负责人／李拥军
合 作 机 构／
办 公 地 址／北京市东城区隆福寺街 95 号隆福文创园 5 号楼（100010）
电话(传真)／010-65133819（010-65261130）
邮　　箱／csdri@ csdri. com. cn
网　　址／http://www. csdri. com. cn
主要研究领域：
钢铁产业；钢铁企业发展战略

1619　伊犁师范学院一带一路发展研究院
The Belt and Road Development Research Institute，Yili Normal University

所 属 类 别／高校智库
主 管 单 位／伊犁师范学院
成 立 时 间／2014 年
第一负责人／刘国胜
合 作 机 构／
办 公 地 址／新疆伊犁哈萨克自治州伊宁市解放西路 448 号伊犁师范学院
　　　　　　（835000）
电话(传真)／0999-8127267
邮　　箱／
网　　址／https://ydyl. ylnu. edu. cn
主要研究领域：国际经济与贸易发展；国际社会治理与政策法律；语言历史教育；
文旅融合与生态保护

1620　伊犁师范学院中国新疆与周边国家合作发展研究中心

所 属 类 别／高校智库
主 管 单 位／伊犁师范大学
成 立 时 间／2013 年 10 月
第一负责人／刘国胜
合 作 机 构／
办 公 地 址／新疆伊犁哈萨克自治州伊宁市解放西路 448 号伊犁师范学院
　　　　　　（835000）
电话(传真)／
邮　　箱／
网　　址／
主要研究领域：中国新疆与周边国家经济合作与发展；中国新疆与周边国家社会
文化发展；中国新疆与周边国家安全与社会稳定；中国新疆与周边国家法律法规

1621 宜宾学院南亚东南亚研究院

所 属 类 别／高校智库

主 管 单 位／宜宾学院

成 立 时 间／2019 年 3 月

第一负责人／蔡乐才

合 作 机 构／

办 公 地 址／四川省宜宾市翠屏区五粮液大道东段酒圣路 8 号（644000）

电话(传真)／0831-3531612

邮 　 箱／ybuisasas@163.com

网 　 址／http://isaseas.yibinu.edu.cn

主要研究领域：南亚问题；东南亚合作与发展

1622 宜春学院赣西区域经济社会发展研究中心

所 属 类 别／高校智库

主 管 单 位／宜春学院

成 立 时 间／

第一负责人／李雪南

合 作 机 构／

办 公 地 址／江西省宜春市袁州区学府路 576 号宜春学院（336000）

电话(传真)／13607059175

邮 　 箱／

网 　 址／http://kyc.jxycu.edu.cn/2022/0406/c3652a113453/page.htm

主要研究领域：

地方治理与生态文明建设；赣西区域形象传播

1623 宜春学院江西省法治乡村建设研究中心

所 属 类 别／高校智库

主 管 单 位／宜春学院

成 立 时 间／

第一负责人／罗许生

合 作 机 构／

办 公 地 址／江西省宜春市袁州区学府路 576 号宜春学院（336000）

电话(传真)／15279873215

邮 　 箱／

网 　 址／http://kyc.jxycu.edu.cn/2022/0406/c3652a113447/page.htm

主要研究领域：

法治乡村建设与乡村振兴；行政法治

1624　宜春学院江西宗教历史文化研究中心（江西宗教问题研究中心）

所 属 类 别 / 高校智库
主 管 单 位 / 宜春学院
成 立 时 间 / 2005 年 11 月
第一负责人 / 杨永俊
合 作 机 构 /
办 公 地 址 / 江西省宜春市袁州区学府路 576 号宜春学院（336000）
电话(传真) / 0795-3200550
邮　　箱 /
网　　址 / http://jxzj.jxycu.edu.cn
主要研究领域：
江湖禅宗与江西佛教；江西道教与民间宗教；宗教经济与宗教传播

1625　宜春学院农村社会建设研究中心

所 属 类 别 / 高校智库
主 管 单 位 / 宜春学院
成 立 时 间 /
第一负责人 / 聂火云
合 作 机 构 /
办 公 地 址 / 江西省宜春市袁州区学府路 576 号宜春学院（336000）
电话(传真) / 13970566221
邮　　箱 /
网　　址 / http://kyc.jxycu.edu.cn/2022/0406/c3652a113448/page.htm
主要研究领域：
农村基层党组织建设；农村生产力发展与民生问题；农村社会事业发展

1626　应急管理部信息研究院（煤炭信息研究院）

所 属 类 别 / 党政智库—国务院直属机构所属
主 管 单 位 / 应急管理部
成 立 时 间 / 1959 年
第一负责人 / 张勇
合 作 机 构 /
办 公 地 址 / 北京市朝阳区芍药居 35 号中煤信息大厦（100029）
电话(传真) / 010-84657848（010-84612550）
邮　　箱 / info@coalinfo.net.cn
网　　址 / http://www.iiem.ac.cn
主要研究领域：
安全生产；煤炭行业方针、政策、规划；煤炭企业发展战略

1627 应急管理部研究中心（中国煤炭工业发展研究中心）

所 属 类 别／党政智库—国务院直属机构所属

主 管 单 位／应急管理部

成 立 时 间／2004 年 7 月

第一负责人／李传贵

合 作 机 构／

办 公 地 址／北京市东城区和平里北街 21 号（100713）

电话(传真)／010-64463482（010-64463480）

邮　　　箱／service@ ctcci. org

网　　　址／http：//www. ccsr. cn

主要研究领域：

安全生产；煤炭；能源；环境；信息技术；法律

1628 云南财经大学公共政策研究中心
Center for Advanced Study of Public Policy，Yunnan University of Finance and Economics

所 属 类 别／高校智库

主 管 单 位／云南财经大学

成 立 时 间／2007 年 3 月

第一负责人／缪小林

合 作 机 构／

办 公 地 址／云南省昆明市五华区龙泉路 237 号云南财经大学（650221）

电话(传真)／0871-8888888

邮　　　箱／caspp@ ynufe. edu. cn

网　　　址／http：//www. ynufe. edu. cn/pub/ggzc

主要研究领域：

财税和统计

1629 云南财经大学国土资源与持续发展研究所
Institute of Land & Resources and Sustainable Development，Yunnan University of Finance and Economics

所 属 类 别／高校智库

主 管 单 位／云南财经大学

成 立 时 间／2004 年 1 月

第一负责人／杨子生

合 作 机 构／

办 公 地 址／云南省昆明市五华区龙泉路 237 号云南财经大学（650221）

电话(传真)／0871-5023648（0871-5023648）

邮　　　箱／

网　　　址／https：//www. ynufe. edu. cn/pub/gtzys

主要研究领域：

土地资源与土地利用规划；水土保持与土地生态整治；土地经济与土地政策；土地资源管理信息系统；国土安全与可持续发展

Y

1630　云南财经大学经济研究院
Economic Research Institute of Yunnan University of Finance and Economics

所 属 类 别 / 高校智库
主 管 单 位 / 云南财经大学
成 立 时 间 / 1986 年
第一负责人 / 朱立
合 作 机 构 /
办 公 地 址 / 云南省昆明市五华区龙泉路 237 号云南财经大学（650221）
电话(传真) / 0871-65125553
邮　　箱 /
网　　址 / https://www.ynufe.edu.cn/pub/yncjdxjjyjy
主要研究领域：
中国与东南亚经贸合作；中缅印孟经济走廊建设；空间经济学

1631　云南财经大学巨灾风险管理研究中心（云南省防灾减灾智库）
Catastrophic Risk Management Research Center, Yunnan University of Finance and Economics

所 属 类 别 / 高校智库
主 管 单 位 / 云南财经大学
成 立 时 间 / 2016 年 11 月
第一负责人 / 钱振伟
合 作 机 构 /
办 公 地 址 / 云南省昆明市五华区龙泉路 237 号云南财经大学（650221）
电话(传真) / 0871-65168034（0871-65168034）
邮　　箱 / 1049721277@qq.com
网　　址 / https://www.ynufe.edu.cn/pub/jzfx
主要研究领域：
防灾减灾问题

1632　云南财经大学旅游文化产业研究院

所 属 类 别 / 高校智库
主 管 单 位 / 云南财经大学
成 立 时 间 / 2012 年 7 月
第一负责人 / 明庆忠
合 作 机 构 /
办 公 地 址 / 云南省昆明市五华区龙泉路 237 号云南财经大学（650221）
电话(传真) / 0871-65192465
邮　　箱 /
网　　址 / https://www.ynufe.edu.cn/pub/lywh
主要研究领域：
地方社会经济发展；文旅融合；高质量发展；旅游扶贫；乡村旅游；红色旅游

1633 云南财经大学印度洋地区研究中心
Research Institute for Indian Ocean Economics, Yunnan University of Finance and Economics

所 属 类 别 / 高校智库

主 管 单 位 / 云南财经大学

成 立 时 间 / 2011 年 8 月

第一负责人 / 朱翠萍

合 作 机 构 /

办 公 地 址 / 云南省昆明市五华区龙泉路 237 号云南财经大学（650221）

电话(传真) / 0871-5149631

邮　　　箱 / riio@ ynufe. edu. cn

网　　　址 / https://www. ynufe. edu. cn/pub/ydy

主要研究领域：

印度洋地区政治、经济、文化、法律、贸易、教育、旅游等

1634 云南大学"一带一路"研究院

所 属 类 别 / 高校智库

主 管 单 位 / 云南大学

成 立 时 间 / 2016 年 1 月

第一负责人 /

合 作 机 构 / 清华大学、鑫桥联合控股（香港）有限公司

办 公 地 址 / 云南省昆明市呈贡新区大学城东外环南路云南大学呈贡校区明远楼
549 室（650500）

电话(传真) / 0871-65933418

邮　　　箱 / beltandroad549@ yeah. net

网　　　址 / https://www. beltandroadstudies. cn

主要研究领域：

"一带一路"倡议的重大理论和现实问题

1635 云南大学地方政府治理研究中心

所 属 类 别 / 高校智库

主 管 单 位 / 云南大学

成 立 时 间 /

第一负责人 / 崔运武

合 作 机 构 /

办 公 地 址 / 云南省昆明市五华区翠湖北路 2 号云南大学东陆校区（650091）

电话(传真) /

邮　　　箱 /

网　　　址 /

主要研究领域：

地方政府治理

1636　云南大学滇西发展研究中心

所 属 类 别 / 高校智库
主 管 单 位 / 云南大学
成 立 时 间 / 2012 年 4 月
第 一 负 责 人 / 林文勋
合 作 机 构 /
办 公 地 址 / 云南省昆明市五华区翠湖北路 2 号云南大学东陆校区 （650091）
电话(传真) /
邮　　箱 /
网　　址 /
主要研究领域：
边疆稳定；国家安全；民族团结；扶贫开发；跨境、跨国民族问题；高原山地与
生态

1637　云南大学发展研究院
Development Institute Yunnan University

所 属 类 别 / 高校智库
主 管 单 位 / 云南大学
成 立 时 间 / 1998 年
第 一 负 责 人 / 杨先明
合 作 机 构 /
办 公 地 址 / 云南省昆明市五华区一二一大街 182 号云南大学莲华校区科学馆 4 层
　　　　　　（650091）
电话(传真) /
邮　　箱 / xxxx@ ynu. edu. cn
网　　址 / http://www. sds. ynu. edu. cn
主要研究领域：区域能力结构理论和应用方法；人口制度；西部发展失衡与西部
发展；空间经济学与应用；宗教与社会发展；产业经济、能源经济与城市化

1638　云南大学非洲研究中心（教育部中国—南非人文交流研究中心）
Center for African Studies, Yunnan University

所 属 类 别 / 高校智库
主 管 单 位 / 云南大学
成 立 时 间 / 2007 年
第 一 负 责 人 /
合 作 机 构 /
办 公 地 址 / 云南省昆明市五华区翠湖北路 2 号云南大学东陆校区映秋楼 3 楼
　　　　　　（650091）
电话(传真) / 0871-65039175 （0871-65033776）
邮　　箱 / africanstudies07@ gmail. com
网　　址 / http://www. cas. ynu. edu. cn
主要研究领域：非洲问题

1639　云南大学高等教育研究院
The Research Institute of Higher Education, Yunnan University

所 属 类 别 / 高校智库

主 管 单 位 / 云南大学

成 立 时 间 / 2002 年

第一负责人 / 王菊

合 作 机 构 /

办 公 地 址 / 云南省昆明市五华区一二一大街 182 号云南大学莲华校区文津楼 501
　　　　　　室（650091）

电话(传真) / 0871-65033950

邮　　　箱 /

网　　　址 / http://www.hie.ynu.edu.cn

主要研究领域：

高等教育管理；高等教育评价；比较高等教育；民族高等教育

1640　云南大学国际关系研究院
Institute of International Studies, Yunnan University

所 属 类 别 / 高校智库

主 管 单 位 / 云南大学

成 立 时 间 / 2005 年 12 月

第一负责人 / 卢光盛

合 作 机 构 /

办 公 地 址 / 云南省昆明市五华区翠湖北路 2 号云南大学东陆校区映秋院（650091）

电话(传真) /

邮　　　箱 /

网　　　址 / http://www.gjgxxy.ynu.edu.cn

主要研究领域：西亚非洲问题；东南亚、南亚问题；周边问题和能源安全；国际
政治；国际经济与贸易；国际法律；国际教育；国际河流与跨境生态安全

1641　云南大学缅甸研究院
Center for Myanmar Studies, Yunnan University

所 属 类 别 / 高校智库

主 管 单 位 / 云南大学

成 立 时 间 / 2011 年 12 月

第一负责人 / 李晨阳

合 作 机 构 /

办 公 地 址 / 云南省昆明市五华区翠湖北路 2 号云南大学东陆校区映秋院（650091）

电话(传真) / 0871-65032027

邮　　　箱 / ims@ynu.edu.cn

网　　　址 /

主要研究领域：

当代缅甸政治、经济

1642 云南大学民族文化建设与文化产业发展智库

所属类别／高校智库
主管单位／云南大学
成立时间／2015 年 6 月
第一负责人／李炎
合作机构／
办公地址／云南省昆明市五华区翠湖北路 2 号云南大学东陆校区（650091）
电话(传真)／
邮　　箱／13211730650@ 126. com
网　　址／
主要研究领域：
民族文化建设与文化产业发展

1643 云南大学民族政治研究院
Institute of National Politics，Yunnan University

所属类别／高校智库
主管单位／云南大学
成立时间／2013 年 12 月
第一负责人／李娟
合作机构／
办公地址／云南省昆明市五华区翠湖北路 2 号云南大学东陆校区（650091）
电话(传真)／0871-65032679
邮　　箱／mzzzyjy@ 163. com
网　　址／http：//www. inpfg. ynu. edu. cn
主要研究领域：
民族政治学基本理论的深化和拓展；中国民族问题的政治学；中外民族政治比较；
中华民族理论

1644 云南大学文化发展研究院
Culture Development Institute of Yunnan University

所属类别／高校智库
主管单位／云南大学
成立时间／2006 年
第一负责人／李炎
合作机构／
办公地址／云南省昆明市五华区翠湖北路 2 号云南大学东陆校区（650091）
电话(传真)／0871-65033791（0871-65033791）
邮　　箱／whfzyjy8899@ 163. com
网　　址／http：//www. whcy. ynu. edu. cn
主要研究领域：
文化产业；产业理论

1645　云南大学西南周边环境与周边外交智库

所 属 类 别 / 高校智库

主 管 单 位 / 云南大学

成 立 时 间 / 2015 年 6 月

第一负责人 / 卢光盛

合 作 机 构 /

办 公 地 址 / 云南省昆明市五华区翠湖北路 2 号云南大学东陆校区 （650091）

电话(传真) /

邮　　箱 /

网　　址 /

主要研究领域：

周边外交

1646　云南大学沿边开放与经济发展智库

所 属 类 别 / 高校智库

主 管 单 位 / 云南大学

成 立 时 间 / 2015 年 6 月

第一负责人 / 梁双陆

合 作 机 构 /

办 公 地 址 / 云南省昆明市呈贡新区大学城东外环南路云南大学呈贡校区 （650500）

电话(传真) / 0871-5033577

邮　　箱 / shlliang@ ynu. edu. cn

网　　址 /

主要研究领域：

沿边开放与经济发展问题

1647　云南大学云南生态文明建设智库

所 属 类 别 / 高校智库

主 管 单 位 / 云南大学

成 立 时 间 / 2016 年

第一负责人 / 段昌群

合 作 机 构 /

办 公 地 址 / 云南省昆明市五华区翠湖北路 2 号云南大学东陆校区 （650091）

电话(传真) / 0871-65033629

邮　　箱 / chqduan@ ynu. edu. cn

网　　址 /

主要研究领域：

云南省环境保护；生态建设；绿色发展

Y

1648　云南大学云南省民族研究院
School for the Study of the Minorities at Yunnan University

所 属 类 别 / 高校智库

主 管 单 位 / 云南大学

成 立 时 间 /

第 一 负 责 人 / 李晓斌

合 作 机 构 /

办 公 地 址 / 云南省昆明市五华区翠湖北路 2 号云南大学东陆校区（650091）

电话(传真) / 0871-65031748（0871-65031748）

邮 　 箱 /

网 　 址 / http://www.msxy.ynu.edu.cn

主要研究领域：

人类学；民族学；宗教文化；边疆学

1649　云南大学政府治理与公共政策研究中心

所 属 类 别 / 高校智库

主 管 单 位 / 云南大学

成 立 时 间 /

第 一 负 责 人 / 崔运武

合 作 机 构 /

办 公 地 址 / 云南省昆明市五华区翠湖北路 2 号云南大学东陆校区（650091）

电话(传真) /

邮 　 箱 /

网 　 址 /

主要研究领域：

政府治理与公共政策

1650　云南民族大学云南扶贫开发研究院暨云南扶贫开发大数据中心

所 属 类 别 / 高校智库

主 管 单 位 / 云南民族大学

成 立 时 间 / 2016 年 4 月

第 一 负 责 人 /

合 作 机 构 /

办 公 地 址 / 云南省昆明市五华区一二一大街 134 号云南民族大学（650031）

电话(传真) /

邮 　 箱 /

网 　 址 /

主要研究领域：

扶贫开发的理论创新；贫困对象的精准识别；贫困趋势与反贫困战略走向动态调整；扶贫效率与效益的科学评价；政策投放的合理化评测；多部门扶贫数据的有机整合

1651 云南民族大学云南廉政研究中心

所 属 类 别／高校智库

主 管 单 位／云南民族大学

成 立 时 间／2019 年 5 月

第一负责人／

合 作 机 构／云南省纪检监察学会

办 公 地 址／云南省昆明市五华区一二一大街 134 号云南民族大学（650031）

电话(传真)／

邮 箱／

网 址／

主要研究领域：

纪检监察理论与实践

1652 云南民族大学云南省民族研究所

所 属 类 别／高校智库

主 管 单 位／云南民族大学

成 立 时 间／2019 年

第一负责人／黄彩文

合 作 机 构／

办 公 地 址／云南省昆明市呈贡区月华街 2929 号云南民族大学呈贡校区（650504）

电话(传真)／

邮 箱／

网 址／

主要研究领域：

民族文化；民族团结进步；云南跨境民族文化

1653 云南农业大学云南农村发展智库

所 属 类 别／高校智库

主 管 单 位／云南农业大学

成 立 时 间／2015 年 4 月

第一负责人／赵鸭桥

合 作 机 构／

办 公 地 址／云南省昆明市盘龙区金黑公路 95 号云南农业大学（650225）

电话(传真)／

邮 箱／

网 址／

主要研究领域：

云南农业农村发展与管理；云南农村生态；农村社会问题；国际农业合作

Y

1654 云南省法治政府研究院

所 属 类 别／高校智库

主 管 单 位／云南大学

成 立 时 间／2017 年 10 月

第一负责人／杨临宏

合 作 机 构／云南省人民政府发展研究中心、云南省人民政府法制办公室

办 公 地 址／云南省昆明市五华区翠湖北路 2 号云南大学东陆校区（650091）

电话(传真)／

邮　　箱／

网　　址／

主要研究领域：

云南省地方政府建设及地方经济社会发展

1655 云南省公共政策研究院

所 属 类 别／高校智库

主 管 单 位／云南大学

成 立 时 间／2017 年 10 月

第一负责人／邓崧

合 作 机 构／云南省人民政府发展研究中心、云南省人民政府法制办公室

办 公 地 址／云南省昆明市五华区翠湖北路 2 号云南大学东陆校区（650091）

电话(传真)／

邮　　箱／dengsong@ 126. com

网　　址／

主要研究领域：

公共政策；政府治理能力和治理体系

1656 云南省经济社会大数据研究院

所 属 类 别／高校智库

主 管 单 位／云南财经大学

成 立 时 间／2016 年 3 月

第一负责人／李兴绪

合 作 机 构／

办 公 地 址／云南省昆明市五华区龙泉路 237 号云南财经大学（650221）

电话(传真)／

邮　　箱／

网　　址／

主要研究领域：

经济社会大数据的理论、方法和应用

1657 云南省社会科学院（中国昆明南亚东南亚研究院）
Yunnan Academy of Social Sciences

所 属 类 别／科研院所智库

主 管 单 位／云南省人民政府

成 立 时 间／1980 年

第一负责人／杨正权

合 作 机 构／

办 公 地 址／云南省昆明市西山区环城西路 577 号（650034）

电话(传真)／

邮　　　箱／information_yass@163.com

网　　　址／http://www.sky.yn.gov.cn

主要研究领域：

民族文化；农村社区；文化产业；妇女研究；东南亚问题；南亚问题

1658 云南省医疗保障改革发展研究中心

所 属 类 别／高校智库

主 管 单 位／昆明医科大学

成 立 时 间／2020 年 4 月

第一负责人／

合 作 机 构／云南省医疗保障局

办 公 地 址／云南省昆明市官渡区环城南路 439 号（650011）

电话(传真)／

邮　　　箱／

网　　　址／

主要研究领域：

医保领域大数据和政策

1659 云南师范大学云南教育决策咨询研究中心

所 属 类 别／高校智库

主 管 单 位／云南师范大学

成 立 时 间／2015 年 3 月

第一负责人／刘坚

合 作 机 构／

办 公 地 址／云南省昆明市呈贡区呈贡新区雨花片区 1 号云南师范大学呈贡校区
　　　　　　　（650500）

电话(传真)／

邮　　　箱／

网　　　址／

主要研究领域：

云南教育决策咨询

Y

1660 云南师范大学中国西南对外开放与边疆安全研究中心

所 属 类 别／高校智库

主 管 单 位／云南师范大学

成 立 时 间／2009 年 7 月

第 一 负 责 人／饶卫

合 作 机 构／

办 公 地 址／云南省昆明市呈贡区聚贤街 768 号云南师范大学（650500）

电话(传真)／0871-65902560

邮　　箱／

网　　址／https://xbzx.ynnu.edu.cn

主要研究领域：

中国西南对外开放与边疆安全

1661 云南师范大学中国西南周边地缘环境与"一带一路"建设研究智库

所 属 类 别／高校智库

主 管 单 位／云南师范大学

成 立 时 间／

第 一 负 责 人／

合 作 机 构／

办 公 地 址／云南省昆明市呈贡区呈贡新区雨花片区 1 号云南师范大学呈贡校区
　　　　　　　（650500）

电话(传真)／

邮　　箱／

网　　址／

主要研究领域：

中国西南周边地缘环境与"一带一路"倡议

1662 云南乡村振兴发展研究院

所 属 类 别／高校智库

主 管 单 位／云南农业大学

成 立 时 间／2017 年 11 月

第 一 负 责 人／

合 作 机 构／云南省高原特色农业产业研究院

办 公 地 址／云南省昆明市盘龙区金黑公路 95 号云南农业大学（650225）

电话(传真)／0871-65229803（0871-66509805）

邮　　箱／inrd@ynau.edu.cn

网　　址／https://inrd.ynau.edu.cn

主要研究领域：

美丽乡村与宜居乡村；生态产业与乡村经济；康养旅游与乡村综合体；民族文化
与乡村创意农业；职业农民与农业现代化；"新三农"科技人才与乡村科技产业

1663　浙江财经大学经济行为与决策研究中心
Center for Economic Behavior and Decision-making

所 属 类 别 / 高校智库
主 管 单 位 / 浙江财经大学
成 立 时 间 / 2016 年 3 月
第 一 负 责 人 / 卢新波
合 作 机 构 /
办 公 地 址 / 浙江省杭州市钱塘新区学源街 18 号浙江财经大学 （310018）
电话(传真) / 0571-86732822
邮　　箱 /
网　　址 / https://cebd. zufe. edu. cn
主要研究领域：经济学；实验经济学

1664　浙江财经大学中国政府管制研究院（中国政府监管与公共政策研究院）
China Institute of Regulation Research （China Institute of Regulation and Public Policy Research）, ZUFE

所 属 类 别 / 高校智库
主 管 单 位 / 浙江财经大学
成 立 时 间 / 2010 年 6 月
第 一 负 责 人 / 王俊豪
合 作 机 构 /
办 公 地 址 / 浙江省杭州市钱塘新区学源街 18 号浙江财经大学 （310018）
电话(传真) / 0571-87557343 （0571-87557343）
邮　　箱 / irrwork@ 163. com
网　　址 / http://irr. zufe. edu. cn
主要研究领域：
政府管制基础理论；城市公用事业政府管制理论与政策；垄断性行业、能源、环境、食品与药品安全管制理论与政策研究；管制绩效评价理论与政策

1665　浙江大学创新管理与持续竞争力研究中心
National Institute for Innovation Management at Zhejiang University

所 属 类 别 / 高校智库
主 管 单 位 / 浙江大学
成 立 时 间 /
第 一 负 责 人 / 吴晓波
合 作 机 构 /
办 公 地 址 / 浙江省杭州市西湖区余杭塘路 866 号浙江大学紫金港校区管理大楼 11 层 （310058）
电话(传真) / 0571-88206889 （0571-88206892）
邮　　箱 / niim@ zju. edu. cn
网　　址 / http://niim. zju. edu. cn
主要研究领域：
全球化制造与创新；服务创新与发展战略；知识产权与知识管理；科学技术创新政策

Z

1666　浙江大学地方政府与社会治理研究中心

所 属 类 别 / 高校智库
主 管 单 位 / 浙江大学
成 立 时 间 /
第 一 负 责 人 / 毛丹
合 作 机 构 /
办 公 地 址 / 浙江省杭州市西湖区浙大路 38 号浙江大学玉泉校区邵逸夫工商管理
　　　　　　　楼 2 层（310058）
电话(传真) / 0571-87951267
邮　　　箱 / maodo@ zju. edu. cn
网　　　址 /
主要研究领域：地方政府管理；社会组织与城市发展；浙江村庄民主治理与建设

1667　浙江大学房地产研究中心
The Center for Real Estate Study, Zhejiang University

所 属 类 别 / 高校智库
主 管 单 位 / 浙江大学
成 立 时 间 /
第 一 负 责 人 / 贾生华
合 作 机 构 /
办 公 地 址 / 浙江省杭州市西湖区天目山路 148 号浙江大学西溪校区教学主楼 401
　　　　　　　室（310028）
电话(传真) / 0571-88206827
邮　　　箱 / jsh@ zju. edu. cn
网　　　址 /
主要研究领域：房地产市场；房地产企业；城市住房；土地；房地产金融

1668　浙江大学非传统安全与和平发展研究中心
Center for Non-Traditional Security and Peaceful Development Studies, Zhejiang University

所 属 类 别 / 高校智库
主 管 单 位 / 浙江大学
成 立 时 间 / 2006 年 11 月
第 一 负 责 人 / 余潇枫
合 作 机 构 /
办 公 地 址 / 浙江省杭州市西湖区余杭塘路 866 号浙江大学紫金港校区西一 409-
　　　　　　　411 室（310058）
电话(传真) / 0571-88208518（0571-88208518）
邮　　　箱 / ntszju@ 163. com
网　　　址 / http://www. nts. zju. edu. cn
主要研究领域：
安全理论；公共危机管理；人口安全与仿真；公共卫生与安全；能源安全；信息安全

1669 浙江大学公共政策研究院（浙江省公共政策研究院）
Institute for Public Policy, Zhejiang University（Institute for Public Policy Zhejiang Province）

所 属 类 别／高校智库

主 管 单 位／浙江大学、浙江省民政厅

成 立 时 间／2008 年 9 月

第一负责人／姚先国

合 作 机 构／浙江省民政厅、浙江大学

办 公 地 址／浙江省杭州市西湖区余杭塘路 866 号浙江大学紫金港校区蒙民伟楼
　　　　　　　322 室（310058）

电话(传真)／0571-88206853

邮　　箱／ggzcyjy@126.com

网　　址／http://www.ggzc.zju.edu.cn

主要研究领域：公共政策

1670 浙江大学金融科技研究院
Academy of Internet Finance, Zhejiang University

所 属 类 别／高校智库

主 管 单 位／浙江大学

成 立 时 间／2015 年 4 月

第一负责人／贲圣林

合 作 机 构／

办 公 地 址／浙江省杭州市西湖区余杭塘路 866 号浙江大学紫金港校区行政楼 705
　　　　　　　室（310058）

电话(传真)／0571-88208901（0571-88208901）

邮　　箱／zjuaif@zju.edu.cn

网　　址／http://www.aif.zju.edu.cn

主要研究领域：互联网与金融创新；互联网发展；互联网金融法律；互联网金融
技术及互联网金融数学

1671 浙江大学金融研究院
Academy of Financial Research, Zhejiang University

所 属 类 别／高校智库

主 管 单 位／浙江大学

成 立 时 间／2010 年

第一负责人／史晋川

合 作 机 构／

办 公 地 址／浙江省杭州市西湖区余杭塘路 866 号浙江大学紫金港校区西区经济学
　　　　　　　院 532-534 室（310058）

电话(传真)／0571-87953210（0571-87953337）

邮　　箱／

网　　址／http://www.afr.zju.edu.cn

主要研究领域：
区域金融发展

1672 浙江大学科教发展战略研究中心
Research Center for Science, Technology and Education Policy, Zhejiang University

所 属 类 别 / 高校智库
主 管 单 位 / 浙江大学
成 立 时 间 / 2006 年 5 月
第 一 负 责 人 / 魏江
合 作 机 构 /
办 公 地 址 / 浙江省杭州市西湖区余杭塘路 866 号浙江大学紫金港校区 （310058）
电话(传真) / 0571-88981232 （0571-88981232）
邮　　　箱 / icstep@ zju. edu. cn
网　　　址 /
主要研究领域：
科技政策；教育政策

1673 浙江大学民生保障与公共治理研究中心
Center of Social Welfare and Governance, Zhejiang University

所 属 类 别 / 高校智库
主 管 单 位 / 浙江大学
成 立 时 间 / 2005 年 4 月
第 一 负 责 人 / 何文炯
合 作 机 构 /
办 公 地 址 / 浙江省杭州市西湖区余杭塘路 866 号浙江大学紫金港校区 （310058）
电话(传真) / 0571-56662086 （0571-56662086）
邮　　　箱 / swg@ zju. edu. cn
网　　　址 / http://www. swg. zju. edu. cn
主要研究领域：
劳动经济学；社会保障；公共治理

1674 浙江大学民营经济研究中心
Center for Research of Private Economy, Zhejiang University

所 属 类 别 / 高校智库
主 管 单 位 / 浙江大学
成 立 时 间 / 2002 年
第 一 负 责 人 / 史晋川
合 作 机 构 /
办 公 地 址 / 浙江省杭州市西湖区余杭塘路 866 号浙江大学紫金港校区经济学院大
　　　　　　 楼四层 （310058）
电话(传真) / 0571-87952835 （0571-87952835）
邮　　　箱 / crpe@ zju. edu. cn
网　　　址 / http://crpe. zju. edu. cn
主要研究领域：
民营经济；民营企业与政府关系

1675 浙江大学农业现代化与农村发展研究中心（浙江大学中国农村发展研究院）
Center for Agricultural and Rural Development, Zhejiang University（China Academy for Rural Development, Zhejiang University）

所 属 类 别／高校智库

主 管 单 位／浙江大学

成 立 时 间／1999 年（2005 年）

第 一 负 责 人／钱文荣

合 作 机 构／

办 公 地 址／浙江省杭州市西湖区余杭塘路 866 号浙江大学紫金港校区创意大楼 A 座 7 楼北侧（310058）

电话(传真)／0571–88981520（0571–88981522）

邮　　箱／cardzu@zju.edu.cn

网　　址／http://www.card.zju.edu.cn

主要研究领域：农业现代化与农村发展

1676 浙江大学欧洲研究中心
Center for European Studies, Zhejiang University

所 属 类 别／高校智库

主 管 单 位／浙江大学

成 立 时 间／2003 年 10 月

第 一 负 责 人／李金珊

合 作 机 构／

办 公 地 址／浙江省杭州市西湖区余杭塘路 866 号浙江大学紫金港校区蒙民伟楼 221 室（310058）

电话(传真)／0571–88206991

邮　　箱／lijinshan@zju.edu.cn

网　　址／

主要研究领域：欧洲问题

1677 浙江大学区域经济开放与发展研究中心
Center for research in Regional Economic Opening and Development

所 属 类 别／高校智库

主 管 单 位／浙江大学

成 立 时 间／2005 年 9 月

第 一 负 责 人／黄先海

合 作 机 构／

办 公 地 址／浙江省杭州市西湖区余杭塘路 866 号浙江大学紫金港西区经济学院 830 室（310058）

电话(传真)／0571–87953738（0571–87953738）

邮　　箱／reodzj@126.com

网　　址／http://www.reod.zju.edu.cn

主要研究领域：

区域经济转型与升级；区域金融创新与发展

Z

1678 浙江大学区域协调发展研究中心
Research Center for Regional Coordinated Development, Zhejiang University

所 属 类 别 / 高校智库

主 管 单 位 / 浙江大学

成 立 时 间 / 2014 年 12 月

第一负责人 / 任少波

合 作 机 构 /

办 公 地 址 / 浙江省杭州市西湖区余杭塘路 866 号浙江大学紫金港校区中国西部发展研究院大楼 14-15 层（310058）

电话(传真) / 0571-88981422

邮　　箱 / cawd@ zju. edu. cn

网　　址 / http://www. crcd. zju. edu. cn

主要研究领域：区域经济；社会民生；生态文明建设

1679 浙江大学区域与城市发展研究中心
Center for Urban and Regional Development Studies, Zhejiang University

所 属 类 别 / 高校智库

主 管 单 位 / 浙江大学

成 立 时 间 / 2002 年 10 月

第一负责人 / 刘亭

合 作 机 构 /

办 公 地 址 / 浙江省杭州市西湖区余杭塘路 866 号浙江大学紫金港校区公共管理学院（310058）

电话(传真) /

邮　　箱 /

网　　址 /

主要研究领域：区域一体化与协同发展；城市化、城市群和城市圈发展与建设；区域与城市产业发展规划；循环经济与可持续发展

1680 浙江大学全球浙商研究院
Academy of Global Zheshang Entrepreneurship, Zhejiang University

所 属 类 别 / 高校智库

主 管 单 位 / 浙江大学

成 立 时 间 / 2011 年

第一负责人 / 魏江

合 作 机 构 /

办 公 地 址 / 浙江省杭州市西湖区余杭塘路 866 号浙江大学紫金港校区（310058）

电话(传真) / 0571-88981557（0571-88981557）

邮　　箱 / lilliana-v@ 163. com

网　　址 / http://zheshang. zju. edu. cn

主要研究领域：

全球浙商；现代服务；高端制造与品牌发展；浙商指数

1681 浙江大学人力资源与战略发展研究中心
Center Human Resources & Strategic Development, Zhejiang University

所 属 类 别／高校智库

主 管 单 位／浙江大学

成 立 时 间／2008 年

第 一 负 责 人／王重鸣

合 作 机 构／

办 公 地 址／浙江省杭州市西湖区余杭塘路 866 号浙江大学紫金港校区西区文科组
团成均苑 3 幢南面 7 层（310058）

电话(传真)／0571-88237012

邮　　箱／zmwang@ zju. edu. cn

网　　址／

主要研究领域：创业人才与全球领导；创业资源与创新战略；组织学习与创业变革

1682 浙江大学社会组织与社会治理研究中心
Institute for Civil Society Development, Zhejiang University

所 属 类 别／高校智库

主 管 单 位／浙江大学

成 立 时 间／2006 年

第 一 负 责 人／郁建兴

合 作 机 构／

办 公 地 址／浙江省杭州市西湖区余杭塘路 866 号浙江大学紫金港校区公共管理学
院蒙民伟楼 251 室（310058）

电话(传真)／0571-56662100

邮　　箱／yujianxing@ zju. edu. cn

网　　址／

主要研究领域：

行业协会治理结构；政府对行业协会管理体制；行业协会与政府、企业之间互动关系

1683 浙江大学土地与国家发展研究院
Land Academy for National Development, Zhejiang University

所 属 类 别／高校智库

主 管 单 位／浙江大学

成 立 时 间／2014 年

第 一 负 责 人／吴次芳

合 作 机 构／

办 公 地 址／浙江省杭州市西湖区余杭塘路 866 号浙江大学紫金港校区蒙民伟楼
128 室（310058）

电话(传真)／0571-56662127

邮　　箱／songlu@ zju. edu. cn

网　　址／http://www. land. zju. edu. cn

主要研究领域：土地政策；土地制度；土地规划；土地整治；土地生态；土地信
息；不动产估价；不动产经济及管理；土地工程技术以及区域和城市发展

1684　浙江大学新农村发展研究院
The Rural Development Academy, Zhejiang University

所 属 类 别 / 高校智库
主 管 单 位 / 浙江大学
成 立 时 间 / 2012 年 7 月
第 一 负 责 人 / 金德水
合 作 机 构 /
办 公 地 址 / 浙江省杭州市西湖区余杭塘路 866 号浙江大学紫金港校区西区农科创
　　　　　　 大楼（310058）
电话(传真) / 0571-88982767（0571-88982767）
邮　　　箱 / xnc@ zju. edu. cn
网　　　址 / http://xncfzyjy. zju. edu. cn/xncchinese
主要研究领域：新时代农业农村经济发展；区域农村经济创新发展

1685　浙江大学质量管理研究中心
Center for Quality Management Research, Zhejiang University

所 属 类 别 / 高校智库
主 管 单 位 / 浙江大学
成 立 时 间 / 2014 年 1 月
第 一 负 责 人 / 熊伟
合 作 机 构 /
办 公 地 址 / 浙江省杭州市西湖区余杭塘路 866 号浙江大学紫金港校区主楼 705-
　　　　　　 706 室（310058）
电话(传真) / 0571-88236275（0571-85358548）
邮　　　箱 / zjumquality@ 163. com
网　　　址 / http://www. zjuqm. org
主要研究领域：质量创新；生态质量；食品质量安全；医疗质量；供应链质量

1686　浙江大学中国数字贸易研究院
China Academy of Digital Trade, Zhejiang University

所 属 类 别 / 高校智库
主 管 单 位 / 浙江大学
成 立 时 间 / 2015 年 6 月
第 一 负 责 人 / 马述忠
合 作 机 构 /
办 公 地 址 / 浙江省杭州市西湖区余杭塘路 866 号浙江大学紫金港校区（310058）
电话(传真) /
邮　　　箱 / yuxichai@ zju. edu. cn
网　　　址 / http://cace. zju. edu. cn
主要研究领域：
跨境电商；数字贸易；人工智能；数据科学

1687 浙江大学中国西部发展研究院
China Academy of West Region Development, Zhejiang University

所 属 类 别／高校智库
主 管 单 位／浙江大学
成 立 时 间／2006 年 10 月
第一负责人／周谷平
合 作 机 构／
办 公 地 址／浙江省杭州市西湖区余杭塘路 866 号浙江大学紫金港校区中国西部发
　　　　　　展研究院大楼 14 层、15 层（310058）
电话(传真)／0571-88981422（0571-88981422）
邮　　　箱／cawd@zju.edu.cn
网　　　址／http://www.cawd.zju.edu.cn
主要研究领域：
西部大开发中全局性、综合性、战略性重大问题的理论和应用

1688 浙江大学中国新型城镇化研究院

所 属 类 别／高校智库
主 管 单 位／
成 立 时 间／2016 年 12 月
第一负责人／王立忠
合 作 机 构／
办 公 地 址／浙江省杭州市西湖区余杭塘路 866 号浙江大学紫金港校区（310058）
电话(传真)／0571-88206621
邮　　　箱／ciu_zju@zju.edu.cn
网　　　址／http://www.ciu.zju.edu.cn
主要研究领域：
长三角地区城镇化发展

1689 浙江大学中原研究院
Zhouyuan Institute, Zhejiang University

所 属 类 别／高校智库
主 管 单 位／
成 立 时 间／2019 年 1 月
第一负责人／
合 作 机 构／浙江大学、郑州市人民政府
办 公 地 址／河南省郑州市高新技术产业开发区长椿路 6 号西美大厦 B 座（450000）
电话(传真)／0371-55553231
邮　　　箱／zdzyy@zjdxzyyjy.cn
网　　　址／http://www.zjdxzyyjy.cn
主要研究领域：
食品加工；现代物流；生物医药

1690 浙江大学舟山海洋研究中心
Ocean Research Center of Zhoushan, Zhejiang University

所 属 类 别 / 高校智库

主 管 单 位 / 舟山市人民政府、浙江大学

成 立 时 间 / 2010 年 2 月

第 一 负 责 人 / 王瑞飞

合 作 机 构 / 舟山市人民政府、浙江大学

办 公 地 址 / 浙江省舟山市定海区临城体育路 10 号海洋科学城 A16 幢 5-7 层
（316021）

电话(传真) / 0580-2186309 (0580-2186317)

邮　　箱 / wrf@zju.edu.cn

网　　址 / http://zoceanc.zju.edu.cn

主要研究领域：

海洋经济与社会发展战略；新兴海洋产业培育；传统海洋产业升级改造

1691 浙江工商大学日本研究中心

所 属 类 别 / 高校智库

主 管 单 位 / 浙江工商大学

成 立 时 间 /

第 一 负 责 人 /

合 作 机 构 /

办 公 地 址 / 浙江省杭州市钱塘新区学正街 18 号浙江工商大学（310018）

电话(传真) /

邮　　箱 /

网　　址 / https://ryxy.zjgsu.edu.cn/622/list.htm

主要研究领域：

东亚研究；日本的国家、社会、文化发展

1692 浙江工商大学现代商贸研究中心

所 属 类 别 / 高校智库

主 管 单 位 / 浙江工商大学

成 立 时 间 / 2004 年

第 一 负 责 人 /

合 作 机 构 / 浙江工商大学、商务部政策研究室、浙江省商务厅等

办 公 地 址 / 浙江省杭州市钱塘新区学正街 18 号浙江工商大学（310018）

电话(传真) /

邮　　箱 /

网　　址 / https://gsgl.zjgsu.edu.cn/2020/1202/c53a2431/page.htm

主要研究领域：

互联网背景下流通业转型创新模式与升级路径；基于商务大数据的流通管理科学
决策

1693　浙江工业大学浙江碳中和创新研究院

所 属 类 别 / 高校智库

主 管 单 位 / 浙江工业大学

成 立 时 间 / 2021 年 6 月

第 一 负 责 人 / 方双喜

合 作 机 构 /

办 公 地 址 / 浙江省杭州市拱墅区潮王路 18 号浙江工业大学（310014）

电话(传真) / 0571-88320057

邮　　　箱 / zcnii@ zjut. edu. cn

网　　　址 / http://www. zcnii. zjut. edu. cn

主要研究领域：

长三角绿色低碳循环发展经济

1694　浙江工业大学中国中小企业研究院

所 属 类 别 / 高校智库

主 管 单 位 /

成 立 时 间 / 2012 年 6 月

第 一 负 责 人 / 池仁勇

合 作 机 构 /

办 公 地 址 / 浙江省杭州市西湖区留和路 288 号博易楼 B105 室（310023）

电话(传真) / 0571-85290693

邮　　　箱 /

网　　　址 /

主要研究领域：

中小企业创业创新与民营经济发展；中小企业转型发展与供给侧结构性改革；中
小企业政策体系与营商环境

1695　浙江农林大学浙江省乡村振兴研究院（中国农民发展研究中心、浙江三农发展智库）

所 属 类 别 / 高校智库

主 管 单 位 / 浙江农林大学

成 立 时 间 / 2018 年 9 月

第 一 负 责 人 / 沈月琴

合 作 机 构 /

办 公 地 址 / 浙江省临安区衣锦街 252 号浙江农林大学衣锦校区西大楼 205 室
　　　　　　　（311300）

电话(传真) / 0571-63741296

邮　　　箱 / ccfd@ foxmail. com

网　　　址 / http://ccfd. zafu. edu. cn

主要研究领域：

农民的全面发展和现代化

1696 浙江清华长三角研究院
Yangtze Delta Region Institute of Tsinghua University，Zhejiang

所 属 类 别 / 合作智库—政校合作
主 管 单 位 / 浙江省人民政府、清华大学
成 立 时 间 / 2003 年
第 一 负 责 人 / 黄开胜
合 作 机 构 / 浙江省人民政府、清华大学
办 公 地 址 / 浙江省嘉兴市南湖区亚太路 705 号创新大厦 9 层（314006）
电话(传真) / 0573-82582702（0573-82570020）
邮　　　箱 / office@ tsinghua-zj. edu. cn
网　　　址 / http://www. tsinghua-zj. edu. cn
主要研究领域：
长三角地区经济社会发展方式转变；生态环境；食品安全风险评估

1697 浙江省城市治理研究中心

所 属 类 别 / 党政智库—省/区/市政府所属
主 管 单 位 /
成 立 时 间 / 2014 年
第 一 负 责 人 / 王国平
合 作 机 构 /
办 公 地 址 / 浙江省杭州市余杭区仓前街道余杭塘路 2318 号（311100）
电话(传真) / 0571-85250952
邮　　　箱 / zjcugs@ 126. com
网　　　址 / http://www. urbanchina. org
主要研究领域：
城市发展与治理理论；城市历史文脉与文化遗产保护

1698 浙江省传播与文化产业研究中心

所 属 类 别 / 高校智库
主 管 单 位 / 浙江大学、浙江传媒学院
成 立 时 间 / 2006 年 6 月
第 一 负 责 人 / 李文冰
合 作 机 构 / 浙江大学传播研究所、浙江传媒学院
办 公 地 址 / 浙江省杭州市江干区学源街 998 号（310018）
电话(传真) / 0571-86832636
邮　　　箱 / zjcwzx998@ 163. com
网　　　址 /
主要研究领域：
媒介经济与管理；数字娱乐产业；广播电视内容产业

1699　浙江省发展规划研究院

所 属 类 别 / 党政智库—省/区/市政府所属

主 管 单 位 / 浙江省人民政府

成 立 时 间 / 1985 年 11 月

第一负责人 / 吴红梅

合 作 机 构 /

办 公 地 址 / 浙江省杭州市西湖区莫干山路 425 号（310012）

电话(传真) / 0571-87061835（0571-87061330）

邮　　　箱 / ghy@ zdpri. cn

网　　　址 / https://www. zdpi. org. cn

主要研究领域：

浙江省海洋发展规划；区域发展；产业发展；能源与环境；城乡建设；社会发展

1700　浙江省金融研究院
Academy of Financial Research，Zhejiang Province

所 属 类 别 / 合作智库—政校合作

主 管 单 位 / 浙江省社会科学界联合会

成 立 时 间 / 2010 年 7 月

第一负责人 / 汪炜

合 作 机 构 / 浙江省人民政府、浙江大学、浙江省社会科学界联合会

办 公 地 址 / 浙江省杭州市西湖区浙大路 38 号浙江大学玉泉校区外经贸楼 238 室
　　　　　　　（310000）

电话(传真) / 0571-87953210（0571-87953337）

邮　　　箱 / afrzju@ 163. com

网　　　址 /

主要研究领域：

区域金融发展；地方金融；资本市场；民间金融；创业金融

1701　浙江省民营经济研究中心
Zhejiang Provate Economy Research Center

所 属 类 别 / 社会智库

主 管 单 位 /

成 立 时 间 / 1995 年

第一负责人 / 单东

合 作 机 构 /

办 公 地 址 / 浙江省杭州市西湖区文一西路 1380 号金之源大厦 10 层（310012）

电话(传真) / 0571-88585800（0571-85385821 ）

邮　　　箱 / msc@ myjjzx. cn

网　　　址 / http://www. myjjzx. cn

主要研究领域：

民营经济

1702 浙江省求是经济与管理科学研究院

所 属 类 别／社会智库
主 管 单 位／
成 立 时 间／2009 年
第一负责人／金雪军
合 作 机 构／
办 公 地 址／浙江省杭州市余杭塘路 69 号省委党校文欣校区（310012）
电话(传真)／0571-88360966
邮　　　箱／wdhl29@ 163. com
网　　　址／http://www. qiushi. zj. cn
主要研究领域：
经济与管理的理论与实践；区域经济发展的战略规划；决策咨询与管理咨询

1703 浙江省人才发展研究院
Zhejiang Institution of Talent Development

所 属 类 别／合作智库—政校合作
主 管 单 位／浙江省社会科学界联合会
成 立 时 间／2010 年 9 月
第一负责人／陈丽君
合 作 机 构／中共浙江省委组织部、浙江大学
办 公 地 址／浙江省杭州市西湖区天目山路 148 号浙江大学西溪校区教学主楼 407
　　　　　　室、409 室（310028）
电话(传真)／0571-88273037（0571-88273037）
邮　　　箱／zjsrcfz@ 163. com
网　　　址／http://www. zjrcfz. com
主要研究领域：
人才理论与政策

1704 浙江省社会科学院
Zhejiang Academy of Social Sciences

所 属 类 别／科研院所智库
主 管 单 位／浙江省人民政府
成 立 时 间／1984 年
第一负责人／查志强
合 作 机 构／
办 公 地 址／浙江省杭州市西湖区凤起路 620 号省行政中心 11 号楼（310007）
电话(传真)／0571-87057582
邮　　　箱／zjssky@ zj. gov. cn
网　　　址／https://sky. zj. gov. cn
主要研究领域：
区域经济；产业经济；公共政策；人文浙江建设；公法与公共政策；地方法治与
法治浙江建设；浙江经济社会发展；妇女与家庭；软科学

1705　浙江省文化产业创新发展研究院

所 属 类 别 / 合作智库
主 管 单 位 / 浙江省文化产业促进会、浙江工商大学
成 立 时 间 / 2019 年 5 月
第一负责人 / 李军
合 作 机 构 / 浙江省文化产业促进会、浙江工商大学
办 公 地 址 / 浙江省杭州市钱塘新区学正街 18 号浙江工商大学（310018）
电话(传真) / 0571-28008623
邮　　箱 / azciid@163.com
网　　址 / https://wcy.zjgsu.edu.cn
主要研究领域：
数字文化产业；文旅融合发展；地方特色文化

1706　浙江省文化和旅游发展研究院
Zhejiang Academy of Culture and Tourism Development

所 属 类 别 / 党政智库
主 管 单 位 / 浙江省文化和旅游厅
成 立 时 间 / 2019 年 5 月
第一负责人 / 杜兰晓
合 作 机 构 / 浙江旅游职业学院
办 公 地 址 / 浙江省杭州市萧山高教园区浙江旅游职业学院校内和礼楼 1 层（311231）
电话(传真) / 0571-82171759
邮　　箱 /
网　　址 /
主要研究领域：
文化和旅游；文旅数据分析；应对文旅融合发展战略政策

1707　浙江师范大学边疆研究院
Institute of China's Borderland Studies, Zhejiang Normal University

所 属 类 别 / 高校智库
主 管 单 位 / 浙江师范大学
成 立 时 间 / 2012 年
第一负责人 / 于逢春
合 作 机 构 /
办 公 地 址 / 浙江省金华市婺城区迎宾大道 688 号浙江师范大学（321004）
电话(传真) /
邮　　箱 / ibs@zjnu.cn
网　　址 / http://ibs.zjnu.edu.cn
主要研究领域：
海洋战略与区域合作；海洋开发与社会发展；海洋文明与文化传统；边海疆管理与安全

1708 浙江师范大学非洲研究院
Institute of African Studies, Zhejiang Normal University

所 属 类 别 / 高校智库
主 管 单 位 / 浙江师范大学
成 立 时 间 / 2007 年
第 一 负 责 人 / 刘鸿武
合 作 机 构 /
办 公 地 址 / 浙江省金华市婺城区迎宾大道 688 号浙江师范大学 （321004）
电话(传真) / 0579-82286091 （0579-82286091）
邮　　箱 / ias@ zjnu. cn
网　　址 / http://ias. zjnu. cn
主要研究领域:
非洲政治与国际关系；非洲经济；非洲教育；非洲历史文化

1709 郑州大学埃及研究中心

所 属 类 别 / 高校智库
主 管 单 位 / 郑州大学
成 立 时 间 / 2013 年
第 一 负 责 人 / 陈天社
合 作 机 构 /
办 公 地 址 / 河南省郑州市高新区科学大道 100 号郑州大学 （450001）
电话(传真) /
邮　　箱 /
网　　址 /
主要研究领域:
埃及历史、政治、宗教及对外关系；埃及政治与社会；埃及与"一带一路"倡议

1710 郑州大学城市发展研究中心

所 属 类 别 / 高校智库
主 管 单 位 /
成 立 时 间 /
第 一 负 责 人 / 丁成日
合 作 机 构 /
办 公 地 址 / 河南省郑州市高新区科学大道 100 号郑州大学综合管理中心 638 室
　　　　　　（450001）
电话(传真) / 0371-67785611
邮　　箱 / udrc@ zzu. edu. cn
网　　址 / http://www7. zzu. edu. cn/udrc
主要研究领域:
区域与产业发展；城市发展与城市化；城市交通

1711　郑州大学公共管理研究中心

所 属 类 别／高校智库

主 管 单 位／郑州大学

成 立 时 间／

第 一 负 责 人／

合 作 机 构／

办 公 地 址／河南省郑州市高新区科学大道 100 号郑州大学（450001）

电话(传真)／

邮　　箱／

网　　址／

主要研究领域：

公共管理制度；公共管理绩效评估研究和公共政策分析

1712　郑州大学河南电子商务与物流协同发展研究院
Henan Institute of E-business and Logistics, Zhengzhou University

所 属 类 别／高校智库

主 管 单 位／郑州大学

成 立 时 间／

第 一 负 责 人／赵亮

合 作 机 构／河南省商务厅

办 公 地 址／河南省郑州市高新区科学大道 100 号郑州大学（450001）

电话(传真)／0371-67781582（0371-67781582）

邮　　箱／

网　　址／http://www5.zzu.edu.cn/dswlyjy

主要研究领域：

河南电子商务与物流协同发展

1713　郑州大学能源—环境—经济研究中心
Center for Energy, Environment and Economy Research, Zhengzhou University

所 属 类 别／高校智库

主 管 单 位／

成 立 时 间／2018 年

第 一 负 责 人／李金铠

合 作 机 构／

办 公 地 址／河南省郑州市高新区科学大道 100 号行政楼 640 室（450001）

电话(传真)／0371-67739793

邮　　箱／EEEgroup@163.com

网　　址／http://ceee.zzu.edu.cn

主要研究领域：

能源—环境–经济系统与建模；能源转型与新能源；可再生能源发展

1714　郑州大学私法研究中心

所 属 类 别／高校智库
主 管 单 位／郑州大学
成 立 时 间／2003 年
第一负责人／田土城
合 作 机 构／
办 公 地 址／河南省郑州市高新区科学大道 100 号郑州大学（450001）
电话(传真)／
邮　　箱／
网　　址／
主要研究领域：
民事法律；商事法律；知识产权与竞争法

1715　郑州大学现代产业与企业发展战略研究中心

所 属 类 别／高校智库
主 管 单 位／郑州大学
成 立 时 间／
第一负责人／孙学敏
合 作 机 构／
办 公 地 址／河南省郑州市高新区科学大道 100 号郑州大学（450001）
电话(传真)／
邮　　箱／
网　　址／
主要研究领域：
系统经济

1716　郑州大学宪法与行政法研究中心

所 属 类 别／高校智库
主 管 单 位／郑州大学
成 立 时 间／1992 年 10 月
第一负责人／刘向文
合 作 机 构／
办 公 地 址／河南省郑州市高新区科学大道 100 号郑州大学（450001）
电话(传真)／
邮　　箱／
网　　址／
主要研究领域：
宪法与行政法

1717 郑州大学亚洲研究院

所 属 类 别／高校智库
主 管 单 位／
成 立 时 间／2019 年
第一负责人／张倩红
合 作 机 构／
办 公 地 址／河南省郑州市高新区科学大道 100 号郑州大学（450001）
电话(传真)／
邮　　箱／
网　　址／http://www5. zzu. edu. cn/fld/info/1039/3691. htm
主要研究领域：
东南亚问题；中东问题；东亚问题；南亚问题；中外关系史

1718 郑州大学越南研究所

所 属 类 别／高校智库
主 管 单 位／郑州大学
成 立 时 间／1980 年代初
第一负责人／于向东
合 作 机 构／复旦大学、中国政法大学、外交学院、中国社会科学院中国边疆史地
　　　　　　研究中心、水利部国际经济技术合作交流中心
办 公 地 址／河南省郑州市高新区科学大道 100 号郑州大学（450001）
电话(传真)／0371-67781939
邮　　箱／cictsmr_zzub@ 163. com
网　　址／http://www7. zzu. edu. cn/cictsmr_zzub
主要研究领域：
越南历史与现实；中越关系；南海问题；西南边疆问题

1719 郑州大学中国司法案例研究中心

所 属 类 别／高校智库
主 管 单 位／
成 立 时 间／
第一负责人／张嘉军
合 作 机 构／郑州大学、河南省高级人民法院
办 公 地 址／河南省郑州市高新区科学大道 100 号郑州大学法学院（450001）
电话(传真)／0371-67739535（0371-67739535）
邮　　箱／zhongguosfal@ 126. com
网　　址／http://www5. zzu. edu. cn/fxyzx
主要研究领域：
中国司法案例

1720　郑州大学中国外交话语研究院
The Center for Chinese Diplomatic Discourse Studies（CCDDS），Zhengzhou University

所 属 类 别／高校智库
主 管 单 位／郑州大学
成 立 时 间／2016 年 9 月
第 一 负 责 人／杨明星
合 作 机 构／
办 公 地 址／河南省郑州市高新区科学大道 100 号郑州大学（450001）
电话(传真)／0371-67739810
邮　　箱／Staryang66@ aliyun. com
网　　址／http: //www5. zzu. edu. cn/cdd
主要研究领域：
中国外交话语

1721　郑州大学中原教育发展研究中心

所 属 类 别／高校智库
主 管 单 位／
成 立 时 间／
第 一 负 责 人／李荣安
合 作 机 构／
办 公 地 址／河南省郑州市高新区科学大道 100 号郑州大学（450001）
电话(传真)／
邮　　箱／
网　　址／
主要研究领域：
中原教育发展

1722　郑州大学中原文化资源与发展研究中心

所 属 类 别／高校智库
主 管 单 位／郑州大学
成 立 时 间／2001 年 12 月
第 一 负 责 人／王允亮
合 作 机 构／
办 公 地 址／河南省郑州市高新区科学大道 100 号郑州大学（450001）
电话(传真)／
邮　　箱／
网　　址／
主要研究领域：
中原思想学术；中原考古与文献；中原文化与现代

1723 郑州商学院旅游发展研究中心

所 属 类 别 / 高校智库
主 管 单 位 /
成 立 时 间 / 2019 年 5 月
第一负责人 / 邓爱民
合 作 机 构 /
办 公 地 址 / 河南省郑州市巩义市紫荆路 136 号郑州商学院（451200）
电话(传真) / 0371-61070795
邮　　箱 /
网　　址 / https://www.zbu.edu.cn/lyfzzx
主要研究领域：
文化旅游圈体制创新；文化旅游圈旅游资源规划与开发；文化旅游圈文化品牌建设

1724 郑州商学院区域经济发展研究中心

所 属 类 别 / 高校智库
主 管 单 位 / 郑州商学院
成 立 时 间 / 2017 年 12 月
第一负责人 / 乔家君
合 作 机 构 /
办 公 地 址 / 河南省郑州市巩义市紫荆路 136 号郑州商学院广恩楼一层 115 室
　　　　　　（451200）
电话(传真) / 0370-64561389
邮　　箱 /
网　　址 / https://www.zbu.edu.cn/qyfz
主要研究领域：
区域经济发展

1725 郑州市社会科学院

所 属 类 别 / 科研院所智库
主 管 单 位 / 郑州市人民政府
成 立 时 间 / 2006 年 8 月
第一负责人 / 叶光林
合 作 机 构 /
办 公 地 址 / 河南省郑州市二七区嵩山南路南段 1 号（450015）
电话(传真) / 0371-68810685（0371-68810685）
邮　　箱 /
网　　址 / http://www.zzskl.cn
主要研究领域：
郑州工业、农业、商贸、金融、城建、交通、物流、会展、旅游、非公有制经济
等；和谐社会建设；法制建设；公民道德建设；教育；人口；社会保障；中国特
色社会主义文化、历史传统文化与现代文化的融合；城市文化发展战略

1726 中阿改革发展研究中心
China-Arab Research Center on Reform and Development

所 属 类 别 / 高校智库
主 管 单 位 / 上海外国语大学
成 立 时 间 / 2017 年 4 月
第 一 负 责 人 / 李岩松
合 作 机 构 / 外交部、教育部、上海市人民政府
办 公 地 址 / 上海市松江区文翔路 1550 上海外国语大学松江校区（201620）
电话（传真）/ 021-67703905（021-67701565）
邮　　　箱 / zhazhx1@ shisu. edu. cn
网　　　址 / http://carc. shisu. edu. cn
主要研究领域：
中阿改革发展和治国理政经验交流

1727 中共安徽省委党校（安徽行政学院）
Party School of Anhui Provincial Committee of C. P. C（Anhui Academy of Governance）

所 属 类 别 / 党政智库—中共省/区/市委党校
主 管 单 位 / 中共安徽省委、安徽省人民政府
成 立 时 间 / 1978 年 5 月（1991 年）
第 一 负 责 人 / 陈爱军
合 作 机 构 /
办 公 地 址 / 安徽省合肥市包河区屯溪路 301 号（230022）
电话（传真）/ 0551-62173017
邮　　　箱 / ahdxb1985@ 163. com
网　　　址 / http://www. ahdx. gov. cn
主要研究领域：
安徽省情；科学社会主义；科学文化；政府管理

1728 中共北京市委党校（北京行政学院）

所 属 类 别 / 党政智库—中共省/区/市委党校
主 管 单 位 / 中共北京市委、北京市人民政府
成 立 时 间 / 1978 年（1993 年 3 月）
第 一 负 责 人 / 沈洁
合 作 机 构 /
办 公 地 址 / 北京市西城区车公庄大街 6 号（100044）
电话（传真）/ 010-68007014
邮　　　箱 / bac_info@ 126. com
网　　　址 / http://www. bac. gov. cn
主要研究领域：
党的建设；公共管理；工商管理

1729 中共重庆市委党校（重庆行政学院）

所 属 类 别／党政智库—中共省/区/市委党校

主 管 单 位／中共重庆市委、重庆市政府

成 立 时 间／1997 年

第一负责人／谢金峰

合 作 机 构／

办 公 地 址／重庆市九龙坡区渝州路 160 号（400041）

电话(传真)／023-68590584

邮　　箱／

网　　址／http://www.cqdx.gov.cn

主要研究领域：

科学社会主义；党的建设；公共管理；经济管理；经济社会发展；应急管理

1730 中共大连市委党校（大连行政学院）

所 属 类 别／党政智库—中共省/区/市委党校

主 管 单 位／中共大连市委、大连市人民政府

成 立 时 间／1947 年 5 月（1996 年）

第一负责人／崔秀萌

合 作 机 构／

办 公 地 址／辽宁省大连市西岗区滨海西路 75 号（116013）

电话(传真)／0411-82403307（0411-82400493）

邮　　箱／

网　　址／http://www.swdx.dl.gov.cn

主要研究领域：

党的哲学社会科学

1731 中共福建省委党校（福建行政学院）

所 属 类 别／党政智库—中共省/区/市委党校

主 管 单 位／中共福建省委、福建省人民政府

成 立 时 间／1950 年 6 月（1995 年 11 月）

第一负责人／金敏

合 作 机 构／

办 公 地 址／福建省福州市闽侯县上街镇侯官大道 1 号（350108）

电话(传真)／0591-22853456（0591-83705345）

邮　　箱／

网　　址／http://www.fjdx.gov.cn

主要研究领域：

党的建设；社会与文化；公共管理；应急管理；经济管理科学

1732 中共甘肃省委党校（甘肃行政学院）

所 属 类 别／党政智库—中共省/区/市委党校
主 管 单 位／中共甘肃省委、甘肃省人民政府
成 立 时 间／1952 年 11 月（1990 年）
第一负责人／唐矴
合 作 机 构／
办 公 地 址／甘肃省兰州市安宁区北滨河西路 456 号（730071）
电话(传真)／0931-7768663（0931-7768666）
邮　　　箱／gsdxwz@163.com
网　　　址／http://www.gsdx.gov.cn
主要研究领域：
党的建设；经济社会发展；文化发展战略

1733 中共广东省委党校（广东行政学院）
Party School of the Guangdong Provincial Committee of C. P. C（Guangdong Institute of Public Administration）

所 属 类 别／党政智库—中共省/区/市委党校
主 管 单 位／中共广东省委、广东省人民政府
成 立 时 间／1972 年 2 月（1990 年 1 月）
第一负责人／张广宁
合 作 机 构／
办 公 地 址／广东省广州市越秀区建设大马路 3 号（510053）
电话(传真)／020-83122800
邮　　　箱／web@gddx.gov.cn
网　　　址／http://www.gddx.gov.cn
主要研究领域：
公共管理；公共政策；人口、资源与环境；经济管理；国际经济与贸易；市场营销；电子商务

1734 中共广西区委党校（广西行政学院）

所 属 类 别／党政智库—中共省/区/市委党校
主 管 单 位／中共广西壮族自治区党委、广西壮族自治区人民政府
成 立 时 间／1972 年 5 月（1994 年 3 月）
第一负责人／崔晓麟
合 作 机 构／
办 公 地 址／广西南宁市青秀区荔滨大道 18 号（530021）
电话(传真)／0771-5576680
邮　　　箱／bangongshi@gxdx.gov.cn
网　　　址／http://www.gxdx.gov.cn
主要研究领域：
公共管理；领导力拓展；广西人口；经济管理；文化管理；行政法；应急管理

1735　中共贵州省委党校（贵州行政学院）
Party School of the Guizhou Provincial Committee of C. P. C（Guizhou Institute of Public Administration）

所 属 类 别 / 党政智库—中共省/区/市委党校
主 管 单 位 / 中共贵州省委、贵州省人民政府
成 立 时 间 / 1950 年 7 月（1997 年 7 月）
第 一 负 责 人 / 吴刚平
合 作 机 构 /
办 公 地 址 / 贵州省贵阳市清溪路（550025）
电话(传真) / 0851-3602382
邮　　　箱 / gzswdx2010@ 126. com
网　　　址 / http://www. gzdx. gov. cn
主要研究领域：
科学社会主义；经济管理；行政管理；贵州省经济、社会发展战略

1736　中共海南省委党校（海南省行政学院）

所 属 类 别 / 党政智库—中共省/区/市委党校
主 管 单 位 / 中共海南省委、海南省人民政府
成 立 时 间 / 1953 年 9 月（1994 年）
第 一 负 责 人 / 王和平
合 作 机 构 /
办 公 地 址 / 海南省海口市美兰区东营西路 27 号（571126）
电话(传真) / 0898-65802966
邮　　　箱 / hnwebmaster@ hainan. net
网　　　址 / http://www. dx. hainan. gov. cn
主要研究领域：
海南发展战略；公共管理；工商管理

1737　中共河北省委党校（河北行政学院）
Party School of Hebei Provincial Committee of C. P. C（Hebei Academy of Governance）

所 属 类 别 / 党政智库—中共省/区/市委党校
主 管 单 位 / 中共河北省委、河北省人民政府
成 立 时 间 / 1971 年（1987 年）
第 一 负 责 人 / 赵士锋
合 作 机 构 /
办 公 地 址 / 河北省石家庄市长安区学府路 9-1 号（050064）
电话(传真) / 0311-85931966
邮　　　箱 / hbdxdt@ 163. com
网　　　址 / http://www. hebdx. com
主要研究领域：
哲学社会学；科学社会主义；经济管理学；科技文化；政策法律；河北省发展战略；公共服务；社会管理

1738 中共河南省委党校（河南行政学院）

所 属 类 别／党政智库—中共省/区/市委党校
主 管 单 位／中共河南省委、河南省人民政府
成 立 时 间／1949 年 7 月（1996 年 3 月）
第一负责人／张涛
合 作 机 构／
办 公 地 址／河南省郑州市郑东新区郑开大道 36 号（450000）
电话(传真)／0371–69686904
邮　　箱／
网　　址／http://www.dangxiao.ha.cn
主要研究领域：
中国特色社会主义；科学决策

1739 中共黑龙江省委党校（黑龙江行政学院）
Party School of Heilongjiang Provincial Committee of C. P. C（Heilongjiang Academy of Governance）

所 属 类 别／党政智库—中共省/区/市委党校
主 管 单 位／中共黑龙江省委、黑龙江省人民政府
成 立 时 间／1948 年（1990 年）
第一负责人／周英东
合 作 机 构／
办 公 地 址／黑龙江省哈尔滨市南岗区延兴路 49 号（150080）
电话(传真)／0451–86358822（0451–86301805）
邮　　箱／
网　　址／http://www.hljswdx.org.cn
主要研究领域：
领导科学；社会与文化；公共管理；经济社会发展战略

1740 中共湖北省委党校（湖北行政学院）

所 属 类 别／党政智库—中共省/区/市委党校
主 管 单 位／中共湖北省委、湖北省人民政府
成 立 时 间／1950 年（1993 年 9 月）
第一负责人／赵斌
合 作 机 构／
办 公 地 址／湖北省武汉市黄陂区盘龙城经济开发区汤云海路 21 号（432200）
电话(传真)／027–85306788
邮　　箱／
网　　址／http://www.hbdx.gov.cn
主要研究领域：
中外政治制度；创新思维与科学决策；社会发展战略；领导与人才；经济管理；
公共管理

1741 中共湖南省委党校（湖南行政学院）

所属类别／党政智库—中共省/区/市委党校
主管单位／中共湖南省委、湖南省人民政府
成立时间／1951年8月（1953年）
第一负责人／赵凯明
合作机构／
办公地址／湖南省长沙市岳麓区白云路386号（410006）
电话(传真)／0731-82780016（0731-82780006）
邮　　箱／bgs@hnswdx.gov.cn
网　　址／http://www.hnswdx.gov.cn
主要研究领域：
党的建设与党的学说；公共管理；工商管理；文化与社会管理；现代科技；共青团理论；妇女理论；湖南经济社会发展；应急管理

1742 中共吉林省委党校（吉林省行政学院）

所属类别／党政智库—中共省/区/市委党校
主管单位／中共吉林省委、吉林省人民政府
成立时间／1948年5月
第一负责人／董维仁
合作机构／
办公地址／吉林省长春市朝阳区前进大街1299号（130012）
电话(传真)／0431-81760777
邮　　箱／jlswdx@163.com
网　　址／http://www.jlswdx.gov.cn
主要研究领域：
党的建设；公共管理；工商管理；经济与社会发展战略；吉林省行政科学

1743 中共江苏省委党校（江苏行政学院）

所属类别／党政智库—中共省/区/市委党校
主管单位／中共江苏省委、江苏省人民政府
成立时间／1953年1月（1992年12月）
第一负责人／杨明
合作机构／
办公地址／江苏省南京市鼓楼区水佐岗49号（210009）
电话(传真)／025-83380000
邮　　箱／
网　　址／http://www.sdx.js.cn
主要研究领域：
党的理论创新与江苏实践；江苏经济、社会发展；中国国际战略；廉政教育理论与实践；行政体制改革理论与实践；党的建设；公共管理

1744 中共江西省委党校（江西行政学院）

所 属 类 别／党政智库—中共省/区/市委党校
主 管 单 位／中共江西省委、江西省人民政府
成 立 时 间／1950 年 4 月（1981 年 12 月）
第一负责人／李能
合 作 机 构／
办 公 地 址／江西省南昌市红谷滩新区龙虎山大道 1866 号（330108）
电话(传真)／0791-86858000
邮　　箱／
网　　址／http://www.jxdx.gov.cn
主要研究领域：
党的建设；公共管理；工商管理；文化历史；江西经济、社会发展战略

1745 中共辽宁省委党校（辽宁行政学院）
Party School of Liaoning Provincial Committee（Liaoning Academy of Governance）

所 属 类 别／党政智库—中共省/区/市委党校
主 管 单 位／中共辽宁省委、辽宁省人民政府
成 立 时 间／1959 年（1990 年）
第一负责人／邓泉国
合 作 机 构／
办 公 地 址／辽宁省沈阳市和平区五里河街 18 号（110004）
电话(传真)／
邮　　箱／webmaster@lndx.gov.cn
网　　址／http://www.lnswdx.cn
主要研究领域：
党的建设；经济法；公共管理；危机管理；地方政府治理；东北区域经济

1746 中共内蒙古区委党校（内蒙古自治区行政学院）

所 属 类 别／党政智库—中共省/区/市委党校
主 管 单 位／中共内蒙古自治区党委、内蒙古自治区人民政府
成 立 时 间／1948 年 9 月（1995 年）
第一负责人／刘子强
合 作 机 构／
办 公 地 址／内蒙古呼和浩特市赛罕区银河南街 66 号（010070）
电话(传真)／0471-4631884
邮　　箱／
网　　址／http://www.nmgdx.cn
主要研究领域：
党的建设；公共管理；民族理论；社会管理；民族政策；内蒙古社会发展；内蒙古区情

1747 中共宁波市委党校（宁波行政学院）

所 属 类 别 / 党政智库—中共省/区/市委党校

主 管 单 位 / 中共宁波市委、宁波市人民政府

成 立 时 间 / 1949 年 12 月 （1994 年）

第一负责人 / 沈红屹

合 作 机 构 /

办 公 地 址 / 浙江省宁波市江北区慈水东街 328 号 （315031）

电话(传真) /

邮　　箱 /

网　　址 / http://www.nbdx.cn

主要研究领域：

理论教育和党性教育；党史党建；公共管理

1748 中共宁夏区委党校（宁夏行政学院）

所 属 类 别 / 党政智库—中共省/区/市委党校

主 管 单 位 / 中共宁夏回族自治区党委、宁夏回族自治区人民政府

成 立 时 间 /

第一负责人 / 郝彤

合 作 机 构 /

办 公 地 址 / 宁夏银川市西夏区怀远西路 155 号 （750021）

电话(传真) / 0951-6660109 （0951-2082542）

邮　　箱 / nxdx@nxdx.org.cn

网　　址 / http://www.nxdx.org.cn

主要研究领域：

马克思主义中国化；党的建设；经济管理；社会与文化；公共管理

1749 中共青岛市委党校（青岛行政学院）

所 属 类 别 / 党政智库—中共省/区/市委党校

主 管 单 位 / 中共青岛市委、青岛市人民政府

成 立 时 间 / 1955 年 （1994 年）

第一负责人 / 王涛

合 作 机 构 /

办 公 地 址 / 山东省青岛市崂山区宁德路 18 号 （266071）

电话(传真) / 0532-85908716

邮　　箱 /

网　　址 / http://www.qddx.gov.cn

主要研究领域：

党史党建；公共管理；法学；经济学；马克思主义研究

1750　中共青海省委党校（青海省行政学院）

所 属 类 别／党政智库—中共省/区/市委党校
主 管 单 位／中共青海省委、青海省人民政府
成 立 时 间／1956 年 7 月（1991 年 10 月）
第一负责人／吕先华
合 作 机 构／
办 公 地 址／青海省西宁市城西区黄河路 2 号（810001）
电话(传真)／0971-4396560
邮　　　箱／
网　　　址／http://www.qhswdx.com
主要研究领域：
党的建设；公共管理、民族宗教；现代科技

1751　中共厦门市委党校（厦门行政学院）

所 属 类 别／党政智库—中共省/区/市委党校
主 管 单 位／中共厦门市委、厦门市人民政府
成 立 时 间／1973 年 4 月（1995 年 9 月）
第一负责人／张谷
合 作 机 构／
办 公 地 址／福建省厦门市海沧区天竺山西路 71 号（361027）
电话(传真)／0592-5302008
邮　　　箱／bgsh@ xmdx. gov. cn
网　　　址／http://www. xmdx. gov. cn
主要研究领域：
社会科学研究和理论宣传；党史党建；公共管理；政治学；经济学

1752　中共山东省委党校（山东行政学院）

所 属 类 别／党政智库—中共省/区/市委党校
主 管 单 位／中共山东省委、山东省人民政府
成 立 时 间／1972 年 6 月（1949 年 10 月）
第一负责人／白皓
合 作 机 构／
办 公 地 址／山东省济南市历城区旅游路 3888 号（250103）
电话(传真)／
邮　　　箱／
网　　　址／http://www. sddx. gov. cn
主要研究领域：
党的建设；县域经济创新发展；劳动关系；人民调解；环渤海区域发展；公共管理；社会和文化

1753 中共山西省委党校（山西行政学院）

所 属 类 别 / 党政智库—中共省/区/市委党校
主 管 单 位 / 中共山西省委、山西省人民政府
成 立 时 间 / 1977 年 5 月（1994 年 11 月）
第一负责人 / 宋惠民
合 作 机 构 /
办 公 地 址 / 山西省太原市小店区学府街 96 号（030006）
电话(传真) / 0351-7986219
邮　　箱 / sxswdx@126.com
网　　址 / http://www.sxswdx.gov.cn
主要研究领域：
国民教育；党的建设；经济管理；公共管理；现代科技；山西省情与发展；现代
领导能力

1754 中共陕西省委党校（陕西行政学院）
Party School of Shaanxi Provincial Committee of C. P. C（Shaanxi Academy of Governance）

所 属 类 别 / 党政智库—中共省/区/市委党校
主 管 单 位 / 中共陕西省委、陕西省人民政府
成 立 时 间 / 1934 年
第一负责人 / 范永斌
合 作 机 构 /
办 公 地 址 / 陕西省西安市雁塔区小寨西路 119 号（710061）
电话(传真) / 029-85378022
邮　　箱 / shxswdx@163.com
网　　址 / http://www.shxdx.com
主要研究领域：
党的建设；陕西经济社会发展；经济管理

1755 中共上海市委党校（上海行政学院）

所 属 类 别 / 党政智库—中共省/区/市委党校
主 管 单 位 / 中共上海市委、上海市人民政府
成 立 时 间 / 1977 年 11 月（1986 年）
第一负责人 / 曾峻
合 作 机 构 /
办 公 地 址 / 上海市徐汇区虹漕南路 200 号（200233）
电话(传真) / 021-22880000
邮　　箱 / swdx308@126.com
网　　址 / http://www.sdx.sh.cn
主要研究领域：
行政管理；党的领导与执政方式；党的建设；文化发展战略；经济政策；产权经
济；中国特色社会主义民主政治；国际战略；城市社会

Z

1756　中共深圳市委党校（深圳行政学院）

所 属 类 别／党政智库—中共省/区/市委党校
主 管 单 位／中共深圳市委、深圳市人民政府
成 立 时 间／1979 年（1989 年 3 月）
第一负责人／齐志清
合 作 机 构／
办 公 地 址／广东省深圳市福田区香蜜湖路 3008 号（518034）
电话(传真)／0755-82768888（0755-82768997）
邮　　箱／
网　　址／http://www.szps.gov.cn
主要研究领域：
社会科学研究和理论宣传；党史党建；公共管理；经济、社会发展

1757　中共四川省委党校（四川行政学院）

所 属 类 别／党政智库—中共省/区/市委党校
主 管 单 位／中共四川省委、四川省人民政府
成 立 时 间／1952 年 10 月（1997 年 4 月）
第一负责人／李新
合 作 机 构／
办 公 地 址／四川省成都市青羊区光华村街 43 号（610072）
电话(传真)／028-87351112
邮　　箱／
网　　址／http://www.scge.gov.cn
主要研究领域：
党的建设；区域经济；工商管理；公共管理；地震灾害应对

1758　中共天津市委党校（天津行政学院）

所 属 类 别／党政智库—中共省/区/市委党校
主 管 单 位／中共天津市委、天津市人民政府
成 立 时 间／1953 年
第一负责人／徐瑛
合 作 机 构／
办 公 地 址／天津市南开区水上公园西路 38 号（300191）
电话(传真)／
邮　　箱／tjdx@tjdx.gov.cn
网　　址／http://www.tjdx.gov.cn
主要研究领域：
政府管理；依法行政；党的建设；公共管理；经济发展战略

1759　中共西藏区委党校（西藏自治区行政学院）

所 属 类 别／党政智库—中共省/区/市委党校

主 管 单 位／中共西藏自治区党委、西藏自治区人民政府

成 立 时 间／1961 年（1991 年）

第 一 负 责 人／崔禄春

合 作 机 构／

办 公 地 址／西藏拉萨市城关区鲁定北路 9 号（850000）

电话(传真)／

邮　　　箱／

网　　　址／http://www.xzqwdx.gov.cn

主要研究领域：

行政管理；中国特色社会主义；西藏民族宗教；西藏党建；西藏经济、社会发展战略；西藏公共管理；县域经济与农牧民增收问题；南亚研究

1760　中共新疆区委党校（新疆维吾尔自治区行政学院）

所 属 类 别／党政智库—中共省/区/市委党校

主 管 单 位／中共新疆维吾尔自治区党委、新疆维吾尔自治区人民政府

成 立 时 间／1950 年（2000 年）

第 一 负 责 人／刘宝东

合 作 机 构／

办 公 地 址／新疆乌鲁木齐市天山区西后街 55 号（830002）

电话(传真)／0991-2658273

邮　　　箱／dxwlzx2125@163.com

网　　　址／http://www.xjdx.gov.cn

主要研究领域：

民族宗教；党的建设；新疆经济、社会发展

1761　中共云南省委党校（云南行政学院）
Party School of Yunnan Provincial Committee of C. P. C（Yunnan Academy of Governance）

所 属 类 别／党政智库—中共省/区/市委党校

主 管 单 位／中共云南省委、云南省人民政府

成 立 时 间／1950 年（1990 年）

第 一 负 责 人／杨季

合 作 机 构／

办 公 地 址／云南省昆明市西山区西山下草海边（650034）

电话(传真)／0871-68426211

邮　　　箱／

网　　　址／http://www.yndx.gov.cn

主要研究领域：党的建设；经济管理；公共管理；云南经济、社会发展

Z

1762　中共浙江省委党校（浙江行政学院）

所 属 类 别／党政智库—中共省/区/市委党校
主 管 单 位／中共浙江省委、浙江省人民政府
成 立 时 间／1949 年 9 月（1988 年 12 月）
第一负责人／陈柳裕
合 作 机 构／
办 公 地 址／浙江省杭州市西湖区文一西路 1000 号（310012）
电话(传真)／0571-89085168
邮　　　箱／
网　　　址／http://www.zjdx.gov.cn
主要研究领域：党的建设；公共管理；工商管理；浙江省舆情；浙江省经济、社会发展

1763　中共中央编译局①

所 属 类 别／高端智库，党政智库
主 管 单 位／中国共产党中央委员会
成 立 时 间／1953 年
第一负责人／柴方国
合 作 机 构／
办 公 地 址／北京市西城区西斜街 36 号（100000）
电话(传真)／
邮　　　箱／
网　　　址／
主要研究领域：世界社会主义和政党政治

1764　中共中央党史和文献研究院

所 属 类 别／高端智库，党政智库
主 管 单 位／中国共产党中央委员会
成 立 时 间／2018 年 3 月
第一负责人／曲青山
合 作 机 构／
办 公 地 址／北京市西城区前毛家湾 1 号（100017）
电话(传真)／
邮　　　箱／
网　　　址／http://www.dswxyjy.org.cn
主要研究领域：世界社会主义和政党政治

---

① 2018 年 3 月 21 日，中共中央印发的《深化党和国家机构改革方案》指出：党史和文献工作是党的事业的重要组成部分，在党和国家工作大局中具有不可替代的重要地位和作用。为加强党的历史和理论研究，统筹党史研究、文献编辑和著作编译资源力量，构建党的理论研究综合体系，促进党的理论研究和党的实践相结合，打造党的历史和理论研究高端平台，将中央党史研究室、中央文献研究室和中央编译局职责整合，组建中央党史和文献研究院，对外保留中央编译局牌子。故本名录将中共中央编译局单列。

1765　中共中央党校（国家行政学院）
Party School of the Central Committee of C. P. C（National Academy of Governance）

所 属 类 别／高端智库，党政智库
主 管 单 位／中国共产党中央委员会（国务院）
成 立 时 间／1935 年（1994 年）
第一负责人／陈希
合 作 机 构／
办 公 地 址／北京市海淀区长春桥路 6 号和厂洼街 19 号中共中央党校（国家行政
　　　　　　学院）南校区（100089）
电话(传真)／
邮　　　箱／
网　　　址／http://www.ccps.gov.cn
主要研究领域：
当代世界经济、科技、法制、军事及民族宗教；党的建设；国际关系；公共行政；
政府管理创新；领导科学；应急管理

1766　中共中央党校（国家行政学院）党的建设教研部

所 属 类 别／党政智库
主 管 单 位／中共中央党校（国家行政学院）
成 立 时 间／
第一负责人／张志明
合 作 机 构／
办 公 地 址／北京市海淀区大有庄 100 号（100091）
电话(传真)／
邮　　　箱／
网　　　址／
主要研究领域：
党史党建；党的领导与领导科学；政党制度；世界政党比较

1767　中共中央党校（国家行政学院）公共管理教研部

所 属 类 别／党政智库
主 管 单 位／中共中央党校（国家行政学院）
成 立 时 间／
第一负责人／王满传
合 作 机 构／
办 公 地 址／北京市海淀区长春桥路 6 号（100089）
电话(传真)／010-68929068
邮　　　箱／
网　　　址／
主要研究领域：
国家战略；政府治理；行政改革；公共政策；公共服务；绩效管理；干部人事制
度改革与公务员管理；网络社会治理与电子政务；冲突管理

Z

Z

1768　中共中央党校（国家行政学院）国际战略研究院
The Institute for International Studies of the Central Party School of the Communist Party of China

所 属 类 别／党政智库—中国共产党中央直属事业单位所属
主 管 单 位／中共中央党校（国家行政学院）
成 立 时 间／2000 年 4 月
第 一 负 责 人／
合 作 机 构／
办 公 地 址／北京市海淀区大有庄 100 号（100091）
电话(传真)／
邮　　箱／
网　　址／
主要研究领域：
中国外交；中美关系；中国周边安全；台海局势；能源安全；环境与气候变化；
中俄关系；中非关系；国际非政府组织；中国与联合国关系

1769　中共中央党校（国家行政学院）经济学教研部

所 属 类 别／党政智库
主 管 单 位／中共中央党校（国家行政学院）
成 立 时 间／
第 一 负 责 人／赵振华
合 作 机 构／
办 公 地 址／北京市海淀区大有庄 100 号（100091）
电话(传真)／
邮　　箱／
网　　址／
主要研究领域：
社会主义市场经济理论；宏观经济管理；产业与区域经济；财政金融；生态文明

1770　中共中央党校（国家行政学院）科学社会主义教研部

所 属 类 别／党政智库
主 管 单 位／中共中央党校（国家行政学院）
成 立 时 间／
第 一 负 责 人／曹普
合 作 机 构／
办 公 地 址／北京市海淀区大有庄 100 号（100091）
电话(传真)／
邮　　箱／
网　　址／
主要研究领域：
科学社会主义原理；中国特色社会主义；社会主义发展史；国际共产主义运动史；
当代世界社会主义；国外社会制度

1771　中共中央党校（国家行政学院）马克思主义学院

所 属 类 别／党政智库

主 管 单 位／中共中央党校（国家行政学院）

成 立 时 间／2015 年 12 月

第一负责人／牛先锋

合 作 机 构／

办 公 地 址／北京市海淀区大有庄 100 号（100091）

电话(传真)／

邮　　箱／

网　　址／

主要研究领域：

马克思主义基本原理与经典著作；马克思主义发展史；马克思主义中国化；21 世纪马克思主义；国外马克思主义

1772　中共中央党校（国家行政学院）社会和生态文明教研部

所 属 类 别／党政智库

主 管 单 位／中共中央党校（国家行政学院）

成 立 时 间／2009 年 2 月

第一负责人／褚松燕

合 作 机 构／

办 公 地 址／北京市海淀区长春桥路 6 号（100089）

电话(传真)／

邮　　箱／

网　　址／

主要研究领域：

社会建设；社会管理；社会政策；社会结构转型；社会组织发展；社区管理；社会保障；宗教管理；教育政策等

1773　中共中央党校（国家行政学院）文史教研部

所 属 类 别／党政智库

主 管 单 位／中共中央党校（国家行政学院）

成 立 时 间／

第一负责人／李文堂

合 作 机 构／

办 公 地 址／北京市海淀区大有庄 100 号（100091）

电话(传真)／

邮　　箱／

网　　址／

主要研究领域：

马克思主义文化学；文化传播；文化政策与管理；文化产业管理；公共文化；文学；中国史；世界史；外国语言与文化

Z

1774　中共中央党校（国家行政学院）哲学教研部

所 属 类 别／党政智库

主 管 单 位／中共中央党校（国家行政学院）

成 立 时 间／

第一负责人／董振华

合 作 机 构／

办 公 地 址／北京市海淀区大有庄 100 号（100091）

电话(传真)／

邮　　箱／

网　　址／

主要研究领域：

马克思主义哲学；马克思主义哲学史；战略哲学；伦理学；中国哲学；外国哲学；
科技哲学与现代科技

1775　中共中央党校（国家行政学院）政治和法律教研部

所 属 类 别／党政智库

主 管 单 位／中共中央党校（国家行政学院）

成 立 时 间／

第一负责人／封丽霞

合 作 机 构／

办 公 地 址／北京市海淀区大有庄 100 号（100091）

电话(传真)／

邮　　箱／

网　　址／

主要研究领域：

马克思主义政治理论；邓小平理论；中外政治制度；国际政治；政治学；领导科学

1776　中共中央党校（国家行政学院）中共党史教研部

所 属 类 别／党政智库

主 管 单 位／中共中央党校（国家行政学院）

成 立 时 间／

第一负责人／

合 作 机 构／

办 公 地 址／北京市海淀区大有庄 100 号（100091）

电话(传真)／

邮　　箱／

网　　址／

主要研究领域：

中共党史；毛泽东思想基本问题；中国现代政党史

1777 中共中央对外联络部当代世界研究中心
China Center for Contemporary World Studies

所 属 类 别 / 党政智库—中国共产党中央各部门所属
主 管 单 位 / 中共中央对外联络部
成 立 时 间 / 2010 年 8 月
第 一 负 责 人 / 岳阳花
合 作 机 构 /
办 公 地 址 / 北京市海淀区复兴路 4 号（100860）
电话（传真）/ 010-83909039（010-83909359）
邮 箱 / cccwsmailbox@126.com
网 址 / http://www.cccws.org.cn
主要研究领域：
国际形势；世界政党政治；国外政治制度；中国对外战略；社会政治思潮；各国发展模式比较

1778 中共中央组织部党建研究所

所 属 类 别 / 党政智库—中国共产党中央各部门所属
主 管 单 位 / 中共中央组织部
成 立 时 间 /
第 一 负 责 人 /
合 作 机 构 /
办 公 地 址 / 北京市西城区西长安街 80 号（100052）
电话（传真）/
邮 箱 /
网 址 /
主要研究领域：
党的建设；党建动态；党建科研；世界政党

1779 中国（海南）改革发展研究院
China（Hainan）Institute for Reform and Development

所 属 类 别 / 社会智库—民办非企业
主 管 单 位 /
成 立 时 间 / 1991 年 11 月
第 一 负 责 人 / 迟福林
合 作 机 构 /
办 公 地 址 / 海南省海口市秀英区长滨路东四街 1 号（570311）
电话（传真）/ 0898-66189209（0898-66258777）
邮 箱 / cird@cird.org.cn
网 址 / http://www.cird.org.cn
主要研究领域：
中国经济社会改革；政府管理

1780 中国（新疆）边境贸易研究中心

所 属 类 别／高校智库

主 管 单 位／对外经济贸易大学、石河子大学

成 立 时 间／2011 年 10 月

第 一 负 责 人／程中海

合 作 机 构／对外经济贸易大学、石河子大学

办 公 地 址／新疆石河子市北四路 221 号（832003）

电话(传真)／

邮　　箱／

网　　址／

主要研究领域：

中亚边贸；东北亚边贸；东南亚边贸

1781 中国 21 世纪议程管理中心
The Administrative Center for China's Agenda 21

所 属 类 别／党政智库—国务院组成部门所属

主 管 单 位／科学技术部

成 立 时 间／1994 年 3 月

第 一 负 责 人／黄晶

合 作 机 构／

办 公 地 址／北京市海淀区玉渊潭南路 8 号（100038）

电话(传真)／010-58884818（010-58884850）

邮　　箱／web@ acca21. org. cn

网　　址／http://www. acca21. org. cn

主要研究领域：

可持续发展

1782 中国标准化研究院
China National Institute of Standardization

所 属 类 别／党政智库—国务院直属机构所属

主 管 单 位／国家市场监督管理总局

成 立 时 间／1963 年

第 一 负 责 人／刘洪生

合 作 机 构／

办 公 地 址／北京市海淀区知春路 4 号（100191）

电话(传真)／010-58811517

邮　　箱／yuanban@ cnis. gov. cn

网　　址／https://www. cnis. ac. cn/pcindex

主要研究领域：

标准化发展战略；标准化基础理论；标准化原理方法；标准体系

1783　中国财政科学研究院
Chinese Academy of Fiscal Sciences

所 属 类 别 / 高端智库，党政智库—国务院组成部门所属

主 管 单 位 / 财政部

成 立 时 间 / 1956 年 6 月

第一负责人 / 刘尚希

合 作 机 构 /

办 公 地 址 / 北京市海淀区阜成路甲 28 号新知大厦（100142）

电话(传真) / 010-88191138

邮　　箱 / ckykzc@163.com

网　　址 / http://www.chineseafs.org

主要研究领域：

财政与国家治理；资源环境；政府人力资源；财政政策与货币政策协调；社会保障

1784　中国城市发展研究院
China City Development Academy

所 属 类 别 / 社会智库—企业

主 管 单 位 / 住房和城乡建设部

成 立 时 间 /

第一负责人 / 严奉天

合 作 机 构 /

办 公 地 址 / 北京市西城区鼓楼西大街 150 号（100009）

电话(传真) /

邮　　箱 /

网　　址 / http://www.ccda.org.cn

主要研究领域：

城乡统筹；城市更新；社会治理；农业发展；生态及文化建设；智慧城市建设；
城乡一体化发展；新兴技术产业应用；低碳生态城市规划

1785　中国城市规划设计研究院
China Academy of Urban Planning & Design

所 属 类 别 / 党政智库—国务院组成部门所属

主 管 单 位 / 住房和城乡建设部

成 立 时 间 / 1954 年

第一负责人 / 王凯

合 作 机 构 /

办 公 地 址 / 北京市西城区车公庄西路 5 号（100044）

电话(传真) / 010-58322222（010-58322000）

邮　　箱 / caupd@caupd.com

网　　址 / http://www.caupd.com

主要研究领域：

城市规划；城市设计；城乡规划；城镇化

Z

1786 中国城市和小城镇改革发展中心
China Center for Urban Development

所 属 类 别／党政智库—国务院组成部门所属
主 管 单 位／国家发展和改革委员会
成 立 时 间／1998 年
第 一 负 责 人／高国力
合 作 机 构／
办 公 地 址／北京市西城区木樨地北里甲 11 号国宏大厦 C 座（100038）
电话(传真)／010-63906701
邮　　　箱／contact@ ccud. org. cn
网　　　址／http://www. ccud. org. cn
主要研究领域：
城镇化发展政策；城市和小城镇改革与发展；农业和农村改革政策

1787 中国城乡建设与文化传承研究院（陕西省新型城镇化和人居环境研究院）
China Academy of Urban-Rural Development &Cultural Heritage（The Research Institute of New Urbanization and Human Settlement in Shaanxi Province）

所 属 类 别／合作智库
主 管 单 位／西安省发展和改革委员会、西安省住房和城乡建设厅、西安建筑科技大学
成 立 时 间／2019 年 3 月
第 一 负 责 人／苏三庆
合 作 机 构／西安省发展和改革委员会、西安省住房和城乡建设厅、西安建筑科技大学
办 公 地 址／陕西省西安市碑林区雁塔路中段 13 号逸夫楼 4 层（710055）
电话(传真)／029-82202540
邮　　　箱／xxczh@ xauat. edu. cn
网　　　址／http://czh. xauat. edu. cn
主要研究领域：新型城镇化建设的全局性；综合性；战略性重大问题

1788 中国传媒大学巴基斯坦研究中心

所 属 类 别／高校智库
主 管 单 位／
成 立 时 间／2017 年
第 一 负 责 人／
合 作 机 构／
办 公 地 址／北京市朝阳区定福庄东街 1 号中国传媒大学（100024）
电话(传真)／
邮　　　箱／
网　　　址／https://sis. cuc. edu. cn/zgcmdxbjstyjzx/list. htm
主要研究领域：
巴基斯坦问题

1789 中国传媒大学传播研究院

所 属 类 别／高校智库

主 管 单 位／中国传媒大学

成 立 时 间／2010 年 4 月

第一负责人／李舒

合 作 机 构／

办 公 地 址／北京市朝阳区定福庄东街 1 号中国传媒大学（100024）

电话（传真）／010-65783687

邮　　　箱／

网　　　址／http://ics.cuc.edu.cn

主要研究领域：

亚洲传媒；媒介与女性；国际传播；欧洲传媒；国际新闻；受众研究；传媒教育；民族文化传播与发展；网络舆情

1790 中国传媒大学国家传播创新研究中心
The National Centre for Communication Innovation Studies, Communication University of China

所 属 类 别／高校智库

主 管 单 位／中国传媒大学

成 立 时 间／2000 年

第一负责人／龙耘

合 作 机 构／

办 公 地 址／北京市朝阳区定福庄东街 1 号中国传媒大学（100024）

电话（传真）／010-65779313（010-65779313）

邮　　　箱／rirt@cuc.edu.cn

网　　　址／http://rirt.cuc.edu.cn

主要研究领域：

广播电视；新闻传播；国家传播

1791 中国传媒大学互联网信息研究院

所 属 类 别／高校智库

主 管 单 位／

成 立 时 间／2013 年

第一负责人／

合 作 机 构／

办 公 地 址／北京市朝阳区定福庄东街 1 号中国传媒大学（100024）

电话（传真）／

邮　　　箱／

网　　　址／https://iiri.cuc.edu.cn

主要研究领域：

网络与未来社会；移动互联与社会化媒体；网络空间治理

1792 中国传媒大学首都传媒经济研究基地

所 属 类 别 / 高校智库
主 管 单 位 / 中国传媒大学
成 立 时 间 / 2004 年 9 月
第 一 负 责 人 / 丁俊杰
合 作 机 构 /
办 公 地 址 / 北京市朝阳区定福庄东街 1 号中国传媒大学 45 号楼 509 室（100024）
电话（传真）/ 010-65783987
邮　　　箱 /
网　　　址 /
主要研究领域：
媒体融合；内容产业；广告产业

1793 中国传媒大学数字经济发展研究中心
Research Center for Digital Economy, Communication University of China

所 属 类 别 / 高校智库
主 管 单 位 /
成 立 时 间 / 2020 年 1 月
第 一 负 责 人 / 孙道军
合 作 机 构 /
办 公 地 址 / 北京市朝阳区定福庄东街 1 号 32 号楼 113 室（100024）
电话（传真）/ 010-65783086
邮　　　箱 / sundaojun@ cuc. edu. cn
网　　　址 / https://sem. cuc. edu. cn/2020/1106/c4707a175212/page. htm
主要研究领域：
多层融媒体传播；共享经济中的数据所有权和治理问题

1794 中国传媒大学文化发展研究院

所 属 类 别 / 高校智库
主 管 单 位 / 中国传媒大学
成 立 时 间 / 2006 年
第 一 负 责 人 / 范周
合 作 机 构 /
办 公 地 址 / 北京市朝阳区定福庄东街 1 号中国传媒大学 2 号楼 12 层（100024）
电话（传真）/ 010-65783925
邮　　　箱 /
网　　　址 /
主要研究领域：
区域文化产业发展；文化产业市场；文化产业投融资管理；文化产业项目策划；
文化市场

1795 中国传媒大学亚洲传媒研究中心

The Asia Media Research Centre，Communication University of China

所 属 类 别 / 高校智库
主 管 单 位 /
成 立 时 间 /
第 一 负 责 人 /
合 作 机 构 /
办 公 地 址 / 北京市朝阳区定福庄东街 1 号中国传媒大学综合楼 903 南院 27 号信
　　　　　　箱 （100024）
电话(传真) / 010-65999492
邮　　　箱 / amc@cuc.edu.cn
网　　　址 / https://amrc.cuc.edu.cn
主要研究领域：
亚洲传媒；区域品牌

1796 中国传媒大学政治传播研究所

所 属 类 别 / 高校智库
主 管 单 位 /
成 立 时 间 / 2008 年
第 一 负 责 人 / 荆学民
合 作 机 构 /
办 公 地 址 / 北京市朝阳区定福庄东街 1 号中国传媒大学 （100024）
电话(传真) /
邮　　　箱 /
网　　　址 / https://sgpa.cuc.edu.cn/2019/1230/c5761a164609/page.htm
主要研究领域：
自媒体时代中国政治传播新秩序及转型

1797 中国传媒大学中国传媒大学国家治理研究院

所 属 类 别 / 高校智库
主 管 单 位 /
成 立 时 间 / 2019 年 7 月
第 一 负 责 人 / 周惠
合 作 机 构 /
办 公 地 址 / 北京市朝阳区定福庄东街 1 号中国传媒大学 （100024）
电话(传真) /
邮　　　箱 /
网　　　址 / https://sgpa.cuc.edu.cn/2020/0831/c5761a172591/page.htm
主要研究领域：
国家治理

1798　中国创意产业研究中心

所 属 类 别／科研院所智库
主 管 单 位／北京市科学技术研究院
成 立 时 间／2005 年 7 月
第一负责人／张京成
合 作 机 构／
办 公 地 址／北京市海淀区西三环北路 27 号北科大厦（100089）
电话(传真)／
邮　　箱／
网　　址／
主要研究领域：
文化创意产业政策、规划与发展战略；产业融合发展与科技创新

1799　中国地质大学（武汉）资源环境经济研究中心
Research Center of Resource and Economics, China University of Geosciences（Wuhan）

所 属 类 别／高校智库
主 管 单 位／
成 立 时 间／
第一负责人／
合 作 机 构／
办 公 地 址／湖北省武汉市洪山区鲁磨路 388 号中国地质大学（武汉）（430074）
电话(传真)／
邮　　箱／
网　　址／https://zhzx.cug.edu.cn/sy.htm
主要研究领域：
矿产资源经济；生态经济；石油经济

1800　中国地质大学（武汉）资源环境经济研究中心（矿产资源战略与政策研究中心）

所 属 类 别／高校智库
主 管 单 位／中国地质大学（武汉）
成 立 时 间／1997 年
第一负责人／成金华
合 作 机 构／
办 公 地 址／湖北省武汉市洪山区鲁磨路 388 号中国地质大学（武汉）北五楼 1-3
　　　　　　层（430074）
电话(传真)／027-67883182（027-67883578）
邮　　箱／zyhjjj@cug.edu.cn
网　　址／http://zhzx.cug.edu.cn
主要研究领域：
矿产资源战略评价；矿产资源安全与政策；可持续发展；地质灾害风险评估；土地经济；资源能源法和生态环境法

1801 中国地质大学教育研究院

所 属 类 别 / 高校智库

主 管 单 位 /

成 立 时 间 / 2001 年

第一负责人 / 柯佑祥

合 作 机 构 /

办 公 地 址 / 湖北省武汉市洪山区鲁磨路 388 号中国地质大学（武汉）（430074）

电话(传真) / 027-67886266

邮　　箱 / jyy@ cug. edu. cn

网　　址 / https://jyyjy. cug. edu. cn

主要研究领域：高等教育

1802 中国电子信息产业发展研究院（赛迪工业和信息化研究院）
China Center for Information Industry Development（CCID Academy for Industry and Information Technology）

所 属 类 别 / 党政智库—国务院组成部门所属

主 管 单 位 / 工业和信息化部

成 立 时 间 / 2000 年 10 月

第一负责人 / 张立

合 作 机 构 /

办 公 地 址 / 北京市海淀区紫竹院路 66 号赛迪大厦 15 层（100048）

电话(传真) / 010-88558855（010-88558833）

邮　　箱 / ccid@ ccidgroup. com

网　　址 / http://www. ccidgroup. com

主要研究领域：工业和信息化经济政策；发展战略；产业政策；产业科技；产业经济与中小企业

1803 中国法学会
China Law Society

所 属 类 别 / 社会智库—社会团体

主 管 单 位 /

成 立 时 间 / 1982 年 7 月

第一负责人 / 王晨

合 作 机 构 /

办 公 地 址 / 北京市海淀区皂君庙 4 号院（100081）

电话(传真) /

邮　　箱 /

网　　址 / http://www. chinalaw. org. cn

主要研究领域：

社会主义民主法制建设；国家和地方立法总体规划；国际规则

Z

Z

1804 中国非洲研究院
China–African Institute

所 属 类 别 / 科研院所智库
主 管 单 位 / 中国社会科学院
成 立 时 间 / 2019 年 4 月
第一负责人 / 李新烽
合 作 机 构 /
办 公 地 址 / 北京市朝阳区国家体育场北路 1 号院 3 号楼（100101）
电话(传真) / 010-87421043（010-87421046）
邮　　箱 /
网　　址 / http://cai. cssn. cn
主要研究领域：
中非基础设施建设及经贸合作；减贫惠民；生态环保；和平安全；文明互鉴

1805 中国服务外包研究中心
China Outsourcing Institute

所 属 类 别 / 党政智库—国务院组成部门所属
主 管 单 位 / 商务部
成 立 时 间 / 2007 年 3 月
第一负责人 / 蔡裕东
合 作 机 构 /
办 公 地 址 / 上海市浦东新区新金桥路 27 号金桥现代产业园 13 号楼 1 层（201206）
电话(传真) / 021-58998731（021-50302838）
邮　　箱 /
网　　址 / http://www. coi. org. cn
主要研究领域：
服务外包产业

1806 中国工程院
Chinese Academy of Engineering

所 属 类 别 / 高端智库，科研院所智库
主 管 单 位 / 国务院
成 立 时 间 / 1994 年 6 月
第一负责人 / 李晓红
合 作 机 构 /
办 公 地 址 / 北京市西城区冰窖口胡同 2 号（100088）
电话(传真) / 010-59300000（010-59300001）
邮　　箱 / bgt@ cae. cn
网　　址 / http://www. cae. cn
主要研究领域：
工程科学技术发展战略与应用

1807　中国国际电子商务中心
China International Electronic Commerce Center

所 属 类 别／党政智库—国务院组成部门所属
主 管 单 位／商务部
成 立 时 间／1996 年 2 月
第一负责人／王开前
合 作 机 构／
办 公 地 址／北京市大兴区荣华中路 11 号北京经济技术开发区（100176）
电话(传真)／010-67870108
邮　　　箱／
网　　　址／https://ciecc.ec.com.cn
主要研究领域：
电子商务标准；电子商务规则；电子政务；商务信用

1808　中国国际经济交流中心
China Center for International Economic Exchanges

所 属 类 别／高端智库，社会智库
主 管 单 位／国家发展和改革委员会
成 立 时 间／2009 年 3 月
第一负责人／毕井泉
合 作 机 构／
办 公 地 址／北京市西城区永定门内大街 5 号（100050）
电话(传真)／010-83362119（010-83362119）
邮　　　箱／
网　　　址／http://www.cciee.org.cn
主要研究领域：
世界经济发展趋势；国际金融；国际贸易；跨国投资；国家宏观经济；财政金融；
外资外贸；区域经济；产业发展；经营管理

1809　中国国际问题研究院
China Institute of International Studies

所 属 类 别／高端智库，党政智库—国务院组成部门所属
主 管 单 位／外交部
成 立 时 间／2014 年 6 月
第一负责人／徐步
合 作 机 构／
办 公 地 址／北京市东城区台基厂头条 3 号（100005）
电话(传真)／010-85119547（010-65123744）
邮　　　箱／
网　　　址／http://www.ciis.org.cn
主要研究领域：
国际政治；国际关系；中国外交；世界经济；军控与国际安全；地区问题

1810 中国海洋大学国际文化和旅游研究基地

所 属 类 别 / 高校智库

主 管 单 位 / 中国海洋大学

成 立 时 间 / 2019 年 12 月

第 一 负 责 人 / 卜键

合 作 机 构 /

办 公 地 址 / 山东省青岛市崂山区松岭路 238 号中国海洋大学崂山校区文新楼 130
（266071）

电话(传真) / 0532-66787165 （0532-66787063）

邮　　箱 / zhaochengguo@ ouc. edu. cn

网　　址 / https://clajc. ouc. edu. cn/cicc

主要研究领域：

文物与博物馆；文旅规划；文化创意

1811 中国海洋大学海洋发展研究院
Institute of Marine Development, Ocean University of China

所 属 类 别 / 高校智库

主 管 单 位 / 中国海洋大学

成 立 时 间 / 2004 年 11 月

第 一 负 责 人 / 庞中英

合 作 机 构 /

办 公 地 址 / 山东省青岛市崂山区松岭路 238 号中国海洋大学海洋发展研究院
（266100）

电话(传真) / 0532-66783727

邮　　箱 / hyfz@ ouc. edu. cn

网　　址 / http://hyfzyjy. ouc. edu. cn

主要研究领域：

海洋发展；海洋经济；海洋管理；海洋法；海洋政策；海洋文化

1812 中国海洋大学韩国研究中心

所 属 类 别 / 高校智库

主 管 单 位 /

成 立 时 间 / 2007 年 11 月

第 一 负 责 人 /

合 作 机 构 /

办 公 地 址 / 山东省青岛市崂山区松岭路 238 号 （266100）

电话(传真) / 0532-66787200 （0532-66787200）

邮　　箱 / haidakorean@ 163. com

网　　址 / http://flc. ouc. edu. cn/hgyjzx

主要研究领域：

海洋文化交流与韩国学知识的产生；殖民地记忆与文化交流的实际情况

1813 中国海洋大学区域国别研究中心

所 属 类 别／高校智库
主 管 单 位／
成 立 时 间／2018 年 1 月
第一负责人／任东升
合 作 机 构／
办 公 地 址／山东省青岛市崂山区松岭路 238 号（266100）
电话(传真)／
邮　　　箱／
网　　　址／http://flc.ouc.edu.cn/2018/0417/c12417a190575/page.htm
主要研究领域：
韩国问题；海洋发展

1814 中国海洋大学中国混合所有制与资本管理研究院
China Academy of Mixed Ownership and Capital Management，Qcean University of China

所 属 类 别／高校智库
主 管 单 位／
成 立 时 间／2014 年 11 月
第一负责人／王竹泉
合 作 机 构／中国企业财务管理协会、中国海洋大学
办 公 地 址／山东省青岛市崂山区松岭路 238 号（266100）
电话(传真)／0532-66782150
邮　　　箱／bwcmcenter@163.com
网　　　址／http://ibs.ouc.edu.cn/cmttc
主要研究领域：
中国混合所有制与资本管理

1815 中国海油集团能源经济研究院

所 属 类 别／社会智库
主 管 单 位／中国海洋石油集团有限公司
成 立 时 间／2020 年 12 月
第一负责人／王震
合 作 机 构／
办 公 地 址／北京市东城区和平里七区乙 16 号（100013）
电话(传真)／
邮　　　箱／
网　　　址／https://eei.cnooc.com.cn
主要研究领域：
能源与石油工业健康可持续发展

Z

1816 中国宏观经济研究院（国家发展和改革委员会宏观经济研究院）
Academy of Macroeconomic Research（National Development and Reform Commission）

所 属 类 别／高端智库，党政智库
主 管 单 位／国家发展和改革委员会
成 立 时 间／1995 年
第 一 负 责 人／黄汉权
合 作 机 构／
办 公 地 址／北京市西城区木樨地北里甲 11 号国宏大厦 B 座（100038）
电话(传真)／
邮　　箱／
网　　址／
主要研究领域：
农村发展；产业发展；科技进步；投资消费；地区经济；收入分配；社会保障；
市场价格；能源战略；气候变化；综合运输；体制改革

1817 中国黄河文化经济发展研究会

所 属 类 别／党政智库
主 管 单 位／水利部
成 立 时 间／1993 年 10 月
第 一 负 责 人／何光暐
合 作 机 构／
办 公 地 址／北京市海淀区火器营路 1 号院 1 号楼（100195）
电话(传真)／010-84477295（010-84477295）
邮　　箱／zghhwh060@ yahoo. com. cn
网　　址／http://www.chinahuanghe.org
主要研究领域：
黄河流域生态环境；黄河文化经济发展

1818 中国计量科学研究院
National Institute of Metrology, China

所 属 类 别／党政智库—国务院直属机构所属
主 管 单 位／国家市场监督管理总局
成 立 时 间／1955 年
第 一 负 责 人／方向
合 作 机 构／
办 公 地 址／北京市朝阳区北三环东路 18 号（100029）
电话(传真)／010-64525678
邮　　箱／yb@ nim. ac. cn
网　　址／http://www. nim. ac. cn
主要研究领域：
计量科学基础；计量科学发展战略；国家计量标准；国家测量体系

1819　中国教育科学研究院
China National Academy of Education Sciences

所 属 类 别／党政智库—国务院组成部门所属
主 管 单 位／教育部
成 立 时 间／1978 年 7 月
第一负责人／李永智
合 作 机 构／
办 公 地 址／北京市海淀区北三环中路 46 号（100088）
电话(传真)／010-62003408（010-62003408）
邮　　　箱／
网　　　址／http://www.nies.edu.cn
主要研究领域：
马克思主义教育理论；教育改革与发展；科研管理

1820　中国教育政策研究院
China Institute of Education Policy

所 属 类 别／合作智库—校党合作
主 管 单 位／北京师范大学
成 立 时 间／2010 年 1 月
第一负责人／张志勇
合 作 机 构／中国民主促进会中央委员会
办 公 地 址／北京市海淀区新街口外大街 19 号北京师范大学后主楼 2113 室
　　　　　　（100875）
电话(传真)／
邮　　　箱／
网　　　址／
主要研究领域：
国家教育发展总体战略；区域教育政策；国民教育体系各学段教育政策；中国教育政策的重点与热点专题；国际教育政策比较；教育政策的基本理论

1821　中国经济 50 人论坛
Chinese Economists 50 Forum

所 属 类 别／社会智库—民办非企业
主 管 单 位／
成 立 时 间／1998 年 6 月
第一负责人／徐剑
合 作 机 构／
办 公 地 址／北京市西城区木樨地北里甲 11 号国宏大厦 C 座 507 室（100038）
电话(传真)／010-63906540（010-63906545）
邮　　　箱／zhuli_50ren@vip.sina.com
网　　　址／http://www.50forum.org.cn
主要研究领域：
中国经济发展；改革理论与政策

1822 中国科协—清华大学科技传播与普及研究中心
Center for Science Communication and Popularization of CAST and Tsinghua University

所 属 类 别／合作智库—校社合作

主 管 单 位／清华大学

成 立 时 间／2005 年 8 月

第 一 负责人／曾国屏

合 作 机 构／中国科学技术协会

办 公 地 址／北京市海淀区清华园 1 号清华大学人文社会科学学院（100084）

电话(传真)／

邮　　箱／

网　　址／

主要研究领域：

科技传播与普及

1823 中国科协创新战略研究院
National Academy of Innovation Strategy

所 属 类 别／社会智库

主 管 单 位／中国科学技术协会

成 立 时 间／2015 年 8 月

第 一 负责人／申金升

合 作 机 构／

办 公 地 址／北京市海淀区玉渊潭南路 3 号（100038）

电话(传真)／010-68781437

邮　　箱／

网　　址／https://www.cnais.org.cn

主要研究领域：

科技政策；科技发展战略；创新文化；科技人物

1824 中国科学技术大学科学传播研究与发展中心
Center for Science Communication Research and Development, University of Science and Technology of China

所 属 类 别／高校智库

主 管 单 位／中国科学技术大学

成 立 时 间／

第 一 负责人／汤书昆

合 作 机 构／

办 公 地 址／安徽省合肥市包河区金寨路 96 号中国科学技术大学（230026）

电话(传真)／0551-63600491

邮　　箱／sktang@ustc.edu.cn

网　　址／http://scicomm.ustc.edu.cn

主要研究领域：

科学传播创新理论与方法；国家创新能力监测研究；科学传播社会服务体系建设与应用推广

1825 中国科学院
Chinese Academy of Sciences

所 属 类 别／高端智库，科研院所智库
主 管 单 位／国务院
成 立 时 间／1949 年
第一负责人／侯建国
合 作 机 构／
办 公 地 址／北京市西城区三里河路 52 号（100864）
电话(传真)／010-68597114
邮　　　箱／casweb@cashq.ac.cn
网　　　址／http://www.cas.cn
主要研究领域：
国家安全；科技发展战略；科技政策

1826 中国科学院城市环境研究所
Institute of Urban Environment, Chinese Academy of Sciences

所 属 类 别／科研院所智库
主 管 单 位／中国科学院
成 立 时 间／2006 年 7 月
第一负责人／贺泓
合 作 机 构／
办 公 地 址／福建省厦门市集美区集美大道 1799 号（361021）
电话(传真)／0592-6190979
邮　　　箱／zbwei@iue.ac.cn
网　　　址／http://www.iue.cas.cn
主要研究领域：
城市生态健康与环境安全；城市环境污染控制与资源化技术；城市环境工程与循环经济；城市生态环境规划与管理

1827 中国科学院创新发展研究中心
Center for Innovation and Development, Chinese Academy of Sciences

所 属 类 别／科研院所智库
主 管 单 位／中国科学院
成 立 时 间／2006 年 11 月 1 日
第一负责人／穆荣平
合 作 机 构／国家发展和改革委员会、中国科学院
办 公 地 址／北京市海淀区中关村北一条 15 号（100190）
电话(传真)／010-59358702
邮　　　箱／
网　　　址／https://www.cid.ac.cn
主要研究领域：
国内外创新发展基本理论、创新战略与政策、创新管理与方法等

Z

1828 中国科学院大学创新方法研究中心
Research Center for Innovation Method, UCAS

所 属 类 别 / 高校智库

主 管 单 位 / 中国科学院大学公共政策与管理学院

成 立 时 间 /

第 一 负 责 人 / 王海燕

合 作 机 构 /

办 公 地 址 / 北京市石景山区玉泉路19号（甲）中国科学院大学创新方法研究中心（100049）

电话(传真) / 010-88256712

邮　　　箱 / lianghongli@ucas.ac.cn

网　　　址 / https://rcim.ucas.ac.cn

主要研究领域：

创新方法研究与教学；科技体制改革与科技政策；国家创新体系和区域创新

1829 中国科学院大学环境经济研究中心
Center for Environmental Economics, University of Chinese Academy of Sciences

所 属 类 别 / 高校智库

主 管 单 位 / 中国科学院大学

成 立 时 间 / 2017年6月

第 一 负 责 人 / 吴德胜

合 作 机 构 /

办 公 地 址 / 北京市海淀区中关村东路80号中国科学院大学中关村校区（100190）

电话(传真) /

邮　　　箱 / rcee@ucas.ac.cn

网　　　址 / https://rcee.ucas.ac.cn

主要研究领域：

生态环境绿色技术金融安全；发展战略和技术路线

1830 中国科学院大学中国政府和社会资本合作（PPP）研究中心

所 属 类 别 / 高校智库

主 管 单 位 / 中国科学院大学

成 立 时 间 /

第 一 负 责 人 / 汪寿阳、孟春

合 作 机 构 / 中国科学院、财政部、国务院发展研究中心

办 公 地 址 / 北京市海淀区中关村东路80号中国科学院大学中关村校区（100190）

电话(传真) /

邮　　　箱 /

网　　　址 / https://tc.ucas.ac.cn/indexphp/pxzx/zhengfu

主要研究领域：

PPP研究

1831　中国科学院地理科学与资源研究所
Institute of Geographic Sciences and Natural Resources Research，Chinese Academy of Sciences

所 属 类 别 / 科研院所智库

主 管 单 位 / 中国科学院

成 立 时 间 / 1999 年 9 月

第一负责人 / 孙福宝

合 作 机 构 /

办 公 地 址 / 北京市朝阳区大屯路甲 11 号（100101）

电话(传真) / 010-64889276（010-64854230）

邮　　　箱 / weboffice@ igsnrr. ac. cn

网　　　址 / http: //www. igsnrr. ac. cn

主要研究领域：

区域发展；资源利用；环境整治；生态建设

1832　中国科学院管理创新与评估研究中心
Research Center of Management Innovation and Evaluation，Chinese Academy of Science

所 属 类 别 / 科研院所智库

主 管 单 位 / 中国科学院

成 立 时 间 / 2000 年

第一负责人 / 李晓轩

合 作 机 构 /

办 公 地 址 / 北京市海淀区中关村北一条 15 号（100190）

电话(传真) / 010-59358414（010-59358608）

邮　　　箱 / evaluation@ casipm. ac. cn

网　　　址 /

主要研究领域：

宏观科技管理与决策机制；科技资源配置与管理；科研机构管理与评价；科技人
力资源管理；科技项目管理与评价

1833　中国科学院能源与环境政策研究中心
Center for Energy & Environmental Policy Research

所 属 类 别 / 合作智库—研企合作

主 管 单 位 / 中国科学院

成 立 时 间 /

第一负责人 / 范英

合 作 机 构 / 北京航空航天大学、中国石油安全环保技术研究院、中国石油集团经
　　　　　　　济技术研究院

办 公 地 址 / 北京市海淀区学院路 37 号北京航空航天大学经管学院（100083）

电话(传真) / 010-59358825

邮　　　箱 /

网　　　址 / http: //www. ceep. cas. cn

主要研究领域：能源与经济增长；能源效率与节能；能源市场；能源环境与气候
变化；能源安全；能源政策建模与理论工具

1834 中国科学院农业政策研究中心
Center for Chinese Agricultural Policy, Chinese Academy of Sciences

所 属 类 别 / 科研院所智库
主 管 单 位 / 中国科学院
成 立 时 间 / 1995 年
第 一 负 责 人 /
合 作 机 构 /
办 公 地 址 / 北京市朝阳区安外大屯路甲 11 号（100101）
电话(传真) / 010-62765603
邮　　　箱 / jkhuang. ccap@ pku. edu. cn
网　　　址 /
主要研究领域：农业科技政策；资源环境政策；城乡协调发展与反贫困；农产品政策分析与决策支持系统

1835 中国科学院气候变化研究中心
Climate Change Research Center, Chinese Academy of Sciences

所 属 类 别 / 科研院所智库
主 管 单 位 / 中国科学院
成 立 时 间 / 2009 年 7 月
第 一 负 责 人 / 王会军
合 作 机 构 /
办 公 地 址 / 北京市朝阳区德外祁家豁子华严里 40 号（100029）
电话(传真) / 010-82995275
邮　　　箱 / ccrc-iap@ mail. iap. ac. cn
网　　　址 / http://ccrc. iap. ac. cn
主要研究领域：
国际气候谈判；应对气候变化决策；气候变化基础科学

1836 中国科学院水资源研究中心
Center for Water Resources Research, Chinese Academy of Sciences

所 属 类 别 / 科研院所智库
主 管 单 位 / 中国科学院
成 立 时 间 / 2006 年 12 月
第 一 负 责 人 / 夏军
合 作 机 构 /
办 公 地 址 / 北京市朝阳区大屯路甲 11 号（100101）
电话(传真) / 010-64889312
邮　　　箱 / xiaj@ igsnrr. ac. cn
网　　　址 /
主要研究领域：
重大水资源问题；国家水资源战略

1837　中国科学院雄安创新研究院
Xiongan Institute of Innovation, Chinese Academy of Sciences

所 属 类 别 / 科研院所智库
主 管 单 位 / 中国科学院
成 立 时 间 /
第一负责人 / 祝宁华
合 作 机 构 / 中国科学院、河北省人民政府
办 公 地 址 / 河北省雄安新区雄县（071899）
电话(传真) / 0312-5779233
邮　　　箱 /
网　　　址 / http://www.xii.ac.cn
主要研究领域：
雄安新区高新技术产业发展

1838　中国科学院虚拟经济与数据科学研究中心
Chinese Academy of Sciences Research Center on Fictitious Economy & Data Science

所 属 类 别 / 科研院所智库
主 管 单 位 / 中国科学院
成 立 时 间 / 2007 年 4 月
第一负责人 / 石勇
合 作 机 构 /
办 公 地 址 / 北京市海淀区中关村东路 80 号（100190）
电话(传真) / 010-82680697
邮　　　箱 / wujiazhang@gucas.ac.cn
网　　　址 / http://www.feds.ac.cn
主要研究领域：
虚拟经济；绿色经济

1839　中国科学院预测科学研究中心

所 属 类 别 / 科研院所智库
主 管 单 位 / 中国科学院
成 立 时 间 / 2006 年 2 月
第一负责人 / 汪寿阳
合 作 机 构 /
办 公 地 址 / 北京市海淀区中关村东路 55 号（100080）
电话(传真) / 010-82541846
邮　　　箱 / yangzhou@amss.ac.cn
网　　　址 /
主要研究领域：
经济与社会发展预测

1840 中国科学院战略研究中心

所 属 类 别／科研院所智库
主 管 单 位／中国科学院
成 立 时 间／2005 年 12 月
第一负责人／曹效业
合 作 机 构／
办 公 地 址／北京市海淀区北四环西路 33 号（100190）
电话(传真)／
邮　　箱／
网　　址／
主要研究领域：
科技战略；科技伦理；管理创新与评估

1841 中国科学院中国现代化研究中心
China Center for Modernization Research，Chinese Academy of Sciences

所 属 类 别／科研院所智库
主 管 单 位／中国科学院
成 立 时 间／2002 年 6 月
第一负责人／梁昊光
合 作 机 构／
办 公 地 址／北京市海淀区北四环西路 33 号（100190）
电话(传真)／010-62539187（010-62539103）
邮　　箱／ccmr@ mail. las. ac. cn
网　　址／http://www. modernization. ac. cn
主要研究领域：
现代化理论；现代化评价；现代化战略；经济现代化；社会现代化；生态现代化；
国际现代化；地区现代化

1842 中国科学院自然与社会交叉科学研究中心
Intercross – Science Research Centre for Natural Science and Social Science，Chinese
Academy of Sciences

所 属 类 别／科研院所智库
主 管 单 位／中国科学院
成 立 时 间／2000 年 9 月
第一负责人／穆荣平
合 作 机 构／
办 公 地 址／北京市海淀区北四环西路 33 号（100190）
电话(传真)／010-59358601（010-59358808）
邮　　箱／
网　　址／
主要研究领域：
国情与公共政策；金融与管理科学；创新政策

1843 中国矿业大学澳大利亚研究中心
Center for Australian Studies, China University of Mining and Technology

所 属 类 别 / 高校智库
主 管 单 位 /
成 立 时 间 / 2017 年 3 月
第一负责人 / 吴格非
合 作 机 构 /
办 公 地 址 / 江苏省徐州市铜山区大学路 1 号中国矿业大学（221116）
电话(传真) / 0516-83591601
邮　　　箱 /
网　　　址 / https://cas.cumt.edu.cn
主要研究领域:
中澳能源政策、能源经济和能源高等教育

1844 中国矿业大学经济与管理复杂性研究所

所 属 类 别 / 高校智库
主 管 单 位 / 中国矿业大学
成 立 时 间 / 2000 年
第一负责人 / 宋学锋
合 作 机 构 /
办 公 地 址 / 江苏省徐州市铜山区大学路 1 号中国矿业大学（221116）
电话(传真) /
邮　　　箱 /
网　　　址 /
主要研究领域:
管理复杂系统；金融复杂性；企业安全管理；煤矿安全管理模式和安全监管体系

1845 中国矿业大学可持续发展与能源政策研究中心
Center for Sustainable Development and Energy Policy Research, China University of Mining and Technology

所 属 类 别 / 高校智库
主 管 单 位 /
成 立 时 间 / 2019 年
第一负责人 /
合 作 机 构 /
办 公 地 址 / 北京市海淀区学院路丁 11 号能源与矿业学院（100083）
电话(传真) / 15201158446
邮　　　箱 / sdep_cumtb@163.com
网　　　址 / https://nyxy.cumtb.edu.cn/info/1061/1912.htm
主要研究领域:
可持续发展评价理论与应用

Z

1846　中国矿业大学能源经济与管理研究所

所 属 类 别 / 高校智库
主 管 单 位 /
成 立 时 间 / 2006 年
第一负责人 /
合 作 机 构 /
办 公 地 址 / 江苏省徐州市铜山区大学路 1 号中国矿业大学（221116）
电话(传真) /
邮　　箱 /
网　　址 / https://sm.cumt.edu.cn/5541/list.htm
主要研究领域：
国际能源政策

1847　中国矿业大学碳中和研究院
Carbon Neutrality Institute, China University of Mining and Technology

所 属 类 别 / 高校智库
主 管 单 位 / 中国矿业大学
成 立 时 间 / 2009 年 12 月
第一负责人 / 桑树勋
合 作 机 构 /
办 公 地 址 / 江苏省徐州市泉山区金山东路 1 号中国矿业大学文昌校区教三楼
　　　　　　（221000）
电话(传真) / 0516-83883501
邮　　箱 / lcei@cumt.edu.cn
网　　址 / http://lcei.cumt.edu.cn
主要研究领域：
煤基二氧化碳捕集、利用与封存（CCUS）；煤矿区甲烷减排与煤层气（瓦斯）开
发利用；碳监测、管理与碳交易；煤转化与洁净利用；可再生能源开发利用

1848　中国矿业大学徐州市生态文明建设研究院（中德能源与矿区生态环境研究中心）
Xuzhou Institute of Ecological Civilization Construction（Sino-German Center for Energy
and Ecological Environment In Mining Areas），China University of Mining and Technology

所 属 类 别 / 高校智库
主 管 单 位 /
成 立 时 间 / 2009 年
第一负责人 /
合 作 机 构 / 徐州市人民政府、中国矿业大学
办 公 地 址 / 江苏省徐州市泉山区解放南路国家大学软件园 C 区 2 栋 B 座 7-8 楼
电话(传真) /
邮　　箱 /
网　　址 / https://sty.cumt.edu.cn
主要研究领域：
生态理论与战略；生态植物；生态修复

1849 中国矿业大学应急治理与国家安全研究院（江苏省公共安全创新研究中心）

所 属 类 别／高校智库

主 管 单 位／

成 立 时 间／2014 年

第 一 负 责 人／

合 作 机 构／

办 公 地 址／江苏省徐州市铜山区大学路 1 号中国矿业大学（221116）

电话(传真)／0516-83591468

邮　　　箱／

网　　　址／https://ccps.cumt.edu.cn

主要研究领域：

安全战略；能源资源安全；应急管理

1850 中国劳动关系学院劳动关系与工会研究中心

所 属 类 别／高校智库

主 管 单 位／中国劳动关系学院

成 立 时 间／2016 年 12 月

第 一 负 责 人／刘向兵

合 作 机 构／

办 公 地 址／北京市海淀区增光路 45 号（100048）

电话(传真)／

邮　　　箱／

网　　　址／

主要研究领域：

和谐劳动关系构建；产业工人队伍建设改革；工会改革创新

1851 中国劳动和社会保障科学研究院
Chinese Academy of Labour and Social Security

所 属 类 别／党政智库—国务院组成部门所属

主 管 单 位／人力资源和社会保障部

成 立 时 间／2017 年 10 月

第 一 负 责 人／莫荣

合 作 机 构／

办 公 地 址／北京市朝阳区惠新西街 17 号（100029）

电话(传真)／

邮　　　箱／

网　　　址／http://www.calss.net.cn

主要研究领域：

劳动和社会保障领域基础理论；决策支持和应用技术开发

Z

1852　中国老龄科学研究中心
China Research Center on Aging

所 属 类 别／党政智库—国务院议事协调机构所属
主 管 单 位／全国老龄工作委员会办公室
成 立 时 间／1989 年 3 月
第一负责人／高成运
合 作 机 构／
办 公 地 址／北京市西城区新街口外大街 28 号（100088）
电话(传真)／
邮　　　箱／crca2021@ 163. com
网　　　址／http://www. crca. cn
主要研究领域：
老龄战略；老龄社会文化；老龄健康与宜居环境；老龄经济与产业；老龄心理；
老龄统计；老龄信息科技

1853　中国历史研究院
Chinese Academy of History

所 属 类 别／科研院所智库
主 管 单 位／中国社会科学院
成 立 时 间／2019 年 1 月
第一负责人／高翔
合 作 机 构／
办 公 地 址／北京市朝阳区国家体育场北路 1 号院 1 号楼（100101）
电话(传真)／
邮　　　箱／
网　　　址／http://hrczh. cass. cn
主要研究领域：
中国特色历史学学科体系；学术体系和话语体系建设

1854　中国林业科学研究院
Chinese Academy of Forestry

所 属 类 别／党政智库—国务院直属机构所属
主 管 单 位／国家林业和草原局
成 立 时 间／1978 年 4 月
第一负责人／储富祥
合 作 机 构／
办 公 地 址／北京市海淀区香山路东小府 1 号（100091）
电话(传真)／010-62889091（010-62884229）
邮　　　箱／office@ caf. ac. cn
网　　　址／http://www. caf. ac. cn
主要研究领域：
林业应用基础；战略高技术；技术开发；软科学；生态环境；生态安全

1855 中国旅游研究院（文化和旅游部数据中心）
China Tourism Academy（Data Center of the Ministry of Culture and Tourism）

所 属 类 别 / 党政智库—国务院直属机构所属
主 管 单 位 / 文化和旅游部
成 立 时 间 / 2008 年 6 月
第一负责人 / 戴斌
合 作 机 构 /
办 公 地 址 / 北京市东城区建国门内大街甲 9 号 2 号楼 10 层、11 层（100005）
电话(传真) / 010-85166009（010-85166055）
邮　　　箱 /
网　　　址 / http://www.ctaweb.org.cn
主要研究领域：
旅游产业发展；旅游发展规划

1856 中国美术学院人文与艺术教育研究中心

所 属 类 别 / 高校智库
主 管 单 位 / 中国美术学院
成 立 时 间 / 2007 年
第一负责人 / 葛加锋
合 作 机 构 /
办 公 地 址 / 浙江省杭州市上城区南山路 218 号（310002）
电话(传真) /
邮　　　箱 /
网　　　址 /
主要研究领域：
人文与艺术教育

1857 中国美术学院文化遗产研究中心

所 属 类 别 / 高校智库
主 管 单 位 / 中国美术学院
成 立 时 间 / 2009 年
第一负责人 / 郑巨欣
合 作 机 构 /
办 公 地 址 / 浙江省杭州市上城区南山路 218 号（310002）
电话(传真) /
邮　　　箱 /
网　　　址 /
主要研究领域：
文化遗产

1858 中国南海研究院
National Institute for South China Sea Studies

所 属 类 别 / 党政智库—省/区/市政府所属
主 管 单 位 / 海南省人民政府
成 立 时 间 / 2004 年 7 月
第 一 负 责 人 / 王胜
合 作 机 构 /
办 公 地 址 / 海南省海口市美兰区江东一横路 5 号（571100）
电话(传真) / 0898-65342360（0898-65333304）
邮　　箱 / nanhai@ naihai. org. cn
网　　址 / http://www. nanhai. org. cn
主要研究领域：
南海战略；南海资源开发利用与环境保护；海洋经济发展战略；21 世纪"海上丝绸之路"建设

1859 中国农业大学北京食品安全政策与战略研究基地
Beijing Food Safety Policy and Strategy Research Base, China Agricultural University

所 属 类 别 / 高校智库
主 管 单 位 /
成 立 时 间 /
第 一 负 责 人 / 辛贤
合 作 机 构 / 北京市社会科学界联合会、北京市哲学社会科学规划办公室、北京市教育委员会、中国农业大学
办 公 地 址 / 北京市海淀区学清路 38 号金码大厦 B902（100083）
电话(传真) /
邮　　箱 / bjfsp@ cau. edu. cn
网　　址 / http://fsp. cau. edu. cn
主要研究领域：食品安全风险源头管控；农产品产后安全风险与危机管控

1860 中国农业大学国际发展研究中心
Research Center for International Development at China Agricultural University

所 属 类 别 / 高校智库
主 管 单 位 / 中国农业大学
成 立 时 间 / 1994 年
第 一 负 责 人 / 张传红
合 作 机 构 /
办 公 地 址 / 北京市海淀区清华东路 17 号中国农业大学（东区）民主楼 241 室（100083）
电话(传真) / 010-62737745
邮　　箱 / wangyanlei@ cau. edu. cn
网　　址 / http://rcid. cau. edu. cn
主要研究领域：中国转型的国际意义；中国的国际发展合作；中国与非洲发展；改变发展援助角色：从干预者到相互学习

1861　中国农业大学国家农业农村发展研究院

National Agricultural and Rural Development Research Institute，China Agricultural University

所 属 类 别 / 高校智库

主 管 单 位 / 中国农业大学

成 立 时 间 / 2016 年 12 月

第一负责人 / 陈锡文

合 作 机 构 /

办 公 地 址 / 北京市海淀区圆明园西路 2 号 （100094）

电话(传真) /

邮　　箱 /

网　　址 /

主要研究领域：农业农村发展；农业供给侧结构性改革

1862　中国农业大学农民问题研究所

China Agricultural University Institute of Peasant Problem

所 属 类 别 / 高校智库

主 管 单 位 / 中国农业大学

成 立 时 间 / 1997 年

第一负责人 / 朱启臻

合 作 机 构 /

办 公 地 址 / 北京市海淀区清华东路 17 号 （100083）

电话(传真) / 010-62737735

邮　　箱 /

网　　址 / http://nmwt. cau. edu. cn

主要研究领域：

农民教育；农村规划与生态建设；农民社会保障；农村土地；农民组织；农业政策

1863　中国农业大学新农村发展研究院

所 属 类 别 / 高校智库

主 管 单 位 / 中国农业大学

成 立 时 间 / 2011 年 11 月

第一负责人 / 杜金昆

合 作 机 构 /

办 公 地 址 / 北京市海淀区圆明园西路 2 号 （100094）

电话(传真) / 010-62734939

邮　　箱 / causs@ cau. edu. cn

网　　址 / http://xncfz. cau. edu. cn

主要研究领域：

区域新农村建设与发展；新农村信息；新农村建设政策创新；文化传承与创新

Z

1864　中国农业大学中国土地政策与法律研究中心
Center for Land Policy and Law, China Agricultural University

所 属 类 别／高校智库
主 管 单 位／中国农业大学
成 立 时 间／2014 年 9 月
第 一 负 责 人／朱道林
合 作 机 构／
办 公 地 址／北京市海淀区圆明园西路 2 号中国农业大学（西区）资源与环境学
　　　　　　院（五区）（100094）
电话(传真)／010-62732950
邮　　箱／010-62732950
网　　址／
主要研究领域：
土地与法律；土地与经济；土地与资源；土地规划；土地与不动产；城镇化与土
地利用

1865　中国农业科学院
Chinese Academy of Agricultural Sciences

所 属 类 别／党政智库—国务院组成部门所属
主 管 单 位／农业农村部
成 立 时 间／1957 年
第 一 负 责 人／吴孔明
合 作 机 构／
办 公 地 址／北京市海淀区中关村南大街 12 号（100081）
电话(传真)／010-82109398
邮　　箱／
网　　址／http://www.caas.net.cn
主要研究领域：粮食与经济作物发展；粮食产需区域平衡；食物发展战略；气候
变化对农业影响评价；现代化发展模式；农业区划；农业科技创新体系建设

1866　中国农业科学院农业经济与发展研究所
Institute of Agricultural Economics and Development

所 属 类 别／高校智库
主 管 单 位／中国农业科学院
成 立 时 间／2005 年 1 月
第 一 负 责 人／袁龙江
合 作 机 构／
办 公 地 址／北京市海淀区中关村南大街 12 号（100081）
电话(传真)／010-82109801（010-62187545）
邮　　箱／iae@caas.cn
网　　址／https://iaed.caas.cn
主要研究领域：粮食安全与畜牧经济；技术经济与科技政策；农业农村现代化理
论与政策

1867 中国企业营运资金管理研究中心

所 属 类 别／高校智库

主 管 单 位／中国海洋大学

成 立 时 间／2009 年 8 月

第一负责人／王竹泉

合 作 机 构／中国会计学会

办 公 地 址／山东省青岛市崂山区松岭路 238 号中国海洋大学（266100）

电话(传真)／0532-66782890

邮　　　箱／zhuquanw@ouc.edu.cn

网　　　址／http://ibs.ouc.edu.cn/cmttc/zgqyyyzjglyjzx/list.htm

主要研究领域：

企业营运资金管理；金融政策；产业政策；财政政策

1868 中国青少年研究中心
China Youth & Children Research Center

所 属 类 别／党政智库—中国共产党中央直属事业单位所属

主 管 单 位／共青团中央

成 立 时 间／1991 年 9 月

第一负责人／王学坤

合 作 机 构／

办 公 地 址／北京市海淀区西三环北路 25 号（100089）

电话(传真)／010-68466893（010-68466893）

邮　　　箱／

网　　　址／http://www.cycs.org

主要研究领域：

青少年现状与发展趋势；青少年工作与政策

1869 中国热带农业科学院
Chinese Academy of Tropical Agricultural Sciences

所 属 类 别／党政智库—国务院组成部门所属

主 管 单 位／农业农村部

成 立 时 间／1954 年

第一负责人／黄三文

合 作 机 构／

办 公 地 址／海南省海口市龙华区城西学院路 4 号（571101）

电话(传真)／0898-66962965

邮　　　箱／catasbgs@126.com

网　　　址／http://www.catas.cn

主要研究领域：

农业科技创新；农业科技管理；成果转化及技术支持

1870 中国人口与发展研究中心
China Population and Development Research Center

所 属 类 别／党政智库—国务院组成部门所属

主 管 单 位／国家卫生健康委员会

成 立 时 间／1980 年 5 月

第 一 负责人／贺丹

合 作 机 构／

办 公 地 址／北京市海淀区大慧寺 12 号（100081）

电话(传真)／010-62173516（010-62172101）

邮　　　箱／info@ cpdrc. org. cn

网　　　址／http://www. cpdrc. org. cn

主要研究领域：

人口与发展政策；人口与发展信息化建设；人口与发展数据收集、调查评估；人口与发展信息咨询和传播；人口与发展国家交流和合作

1871 中国人民大学北京社会建设研究院
School of Social Construction Studies Renmin University of China

所 属 类 别／高校智库

主 管 单 位／中国人民大学

成 立 时 间／2008 年 4 月

第 一 负责人／张建明

合 作 机 构／北京市教育委员会

办 公 地 址／北京市海淀区中关村大街 59 号（100872）

电话(传真)／010-62514984

邮　　　箱／shrk@ ruc. edu. cn

网　　　址／http://www. bjsci. ruc. edu. cn

主要研究领域：

社会建设理论；人口管理；社会保障；社区建设；社会工作；社会组织

1872 中国人民大学财税研究所
Institute of Public Finance and Taxation，Renmin University of China

所 属 类 别／高校智库

主 管 单 位／

成 立 时 间／

第 一 负责人／郭庆旺

合 作 机 构／

办 公 地 址／北京市海淀区中关村大街 59 号文化大厦 603（100872）

电话(传真)／

邮　　　箱／ipft@ ruc. edu. cn

网　　　址／http://ipft. ruc. edu. cn

主要研究领域：

中国财税实践与历史变迁规律

1873 中国人民大学残疾人事业发展研究院
China Disability Institute at Renmin University of China

所 属 类 别 / 高校智库

主 管 单 位 / 中国人民大学

成 立 时 间 / 2007 年 6 月

第 一 负责人 / 郑功成

合 作 机 构 / 中国残疾人联合会

办 公 地 址 / 北京市海淀区中关村大街 59 号（100872）

电话(传真) /

邮　　箱 / cdiruc@ hotmail. com

网　　址 / https: // cdi. ruc. edu. cn

主要研究领域：

残疾人事业

1874 中国人民大学城市与房地产研究中心

所 属 类 别 / 高校智库

主 管 单 位 /

成 立 时 间 /

第 一 负责人 / 况伟大

合 作 机 构 /

办 公 地 址 / 北京市海淀区中关村大街 59 号（100872）

电话(传真) /

邮　　箱 /

网　　址 / http: // nads. ruc. edu. cn/jgsz/yjzx/csyfdcyjzx

主要研究领域：

城市与房地产

1875 中国人民大学创意产业技术研究院

所 属 类 别 / 高校智库

主 管 单 位 / 中国人民大学

成 立 时 间 /

第 一 负责人 / 叶康涛

合 作 机 构 / 北京市人民政府

办 公 地 址 / 北京市海淀区中关村大街甲 59 号文化大厦 403（1）室（100872）

电话(传真) / 010-62519147（010-62519147）

邮　　箱 / icit@ vip. 163. com

网　　址 / http: // icit. ruc. edu. cn

主要研究领域：

文化产业理论和政策

Z

1876 中国人民大学俄罗斯研究中心

所 属 类 别／高校智库
主 管 单 位／
成 立 时 间／2015 年 9 月
第一负责人／关雪凌
合 作 机 构／中国人民大学、圣彼得堡国立大学
办 公 地 址／北京市海淀区中关村大街 59 号中国人民大学（100872）
电话(传真)／010-62516802
邮　　箱／ruc. spbu. crs@ gmail. com
网　　址／http://rus. ruc. edu. cn
主要研究领域：
人文社会科学

1877 中国人民大学反垄断与竞争政策研究中心
Antitrust and Competition Policy Center，Renmin University of China

所 属 类 别／高校智库
主 管 单 位／
成 立 时 间／
第一负责人／叶光亮
合 作 机 构／
办 公 地 址／北京市海淀区中关村大街 59 号（100872）
电话(传真)／
邮　　箱／
网　　址／http://nads. ruc. edu. cn/jgsz/yjzx/fldyjzzcyjzx
主要研究领域：
反垄断与竞争政策

1878 中国人民大学公共外交研究院

所 属 类 别／高校智库
主 管 单 位／中国人民大学
成 立 时 间／2014 年 2 月
第一负责人／赵启正
合 作 机 构／
办 公 地 址／北京市海淀区中关村大街 59 号中国人民大学明德新闻楼（100872）
电话(传真)／
邮　　箱／
网　　址／
主要研究领域：
公共外交

1879 中国人民大学公共政策研究院
Academy of Public Policy, Renmin University of China

所 属 类 别 / 高校智库

主 管 单 位 / 中国人民大学

成 立 时 间 / 2007 年

第一负责人 / 毛寿龙

合 作 机 构 /

办 公 地 址 / 北京市海淀区中关村大街 59 号中国人民大学求是楼（100872）

电话(传真) / 010-62515062

邮　　箱 / maoshoulong@ruc.edu.cn

网　　址 /

主要研究领域：

公共政策的理论创新；中国重大公共政策的倡导、检测和评估；公共管理与治道
变革；自主治理；NGO 与公共服务

1880 中国人民大学公共治理研究院
Institute for Public Governance, Renmin University of China

所 属 类 别 / 高校智库

主 管 单 位 / 中国人民大学

成 立 时 间 / 2012 年

第一负责人 / 程天权

合 作 机 构 /

办 公 地 址 / 北京市海淀区中关村大街 59 号（100872）

电话(传真) / 010-82509979

邮　　箱 / gpi@ruc.edu.cn

网　　址 / http://pgi.ruc.edu.cn

主要研究领域：

全球治理；国家争端；地区战争；民族纠纷；宗教冲突；金融货币；环境保护等
宏观战略；中观部署和微观实务

1881 中国人民大学国际货币研究所
International Monetary Institute, Renmin University of China

所 属 类 别 / 高校智库

主 管 单 位 / 中国人民大学

成 立 时 间 / 2009 年 12 月

第一负责人 / 张杰

合 作 机 构 /

办 公 地 址 / 北京市海淀区中关村大街 59 号（100872）

电话(传真) / 010-82509288

邮　　箱 / zhangjieruc@ruc.edu.cn

网　　址 / http://www.imi.ruc.edu.cn

主要研究领域：

国际金融；宏观经济理论与政策；金融科技；金融监管；金融国际化；两岸金融

1882 中国人民大学国家发展与战略研究院
National Academy of Development and Strategy, Renmin University of China

所 属 类 别 / 高端智库，高校智库
主 管 单 位 / 中国人民大学
成 立 时 间 / 2013 年 6 月
第 一 负 责 人 / 林尚立
合 作 机 构 /
办 公 地 址 / 北京市海淀区中关村大街 59 号中国人民大学崇德西楼（原科研楼 A 座）8 层（100872）
电话(传真) / 010-62511246（010-62511246）
邮　　　箱 / rucnads@ ruc. edu. cn
网　　　址 / http://nads. ruc. edu. cn
主要研究领域：宏观经济；国家治理；城镇化；新政治经济学与中国改革；能源与资源战略；社会转型与治理；世界经济与国际政治；反垄断与竞争政策

1883 中国人民大学国有经济研究院
Research Institute of State-Owned Economy, Renmin University of China

所 属 类 别 / 高校智库
主 管 单 位 /
成 立 时 间 /
第 一 负 责 人 / 杨瑞龙
合 作 机 构 / 中国人民大学、中信证券
办 公 地 址 / 北京市海淀区中关村大街 59 号中国人民大学立德楼 11 层（100872）
电话(传真) / 010-62511246
邮　　　箱 /
网　　　址 / http://rise. ruc. edu. cn
主要研究领域：
企业现代治理结构建设；国有资本监管体系构建

1884 中国人民大学经济研究所
Institute of Economics of Renmin University of China

所 属 类 别 / 高校智库
主 管 单 位 / 中国人民大学
成 立 时 间 /
第 一 负 责 人 / 杨瑞龙、毛振华、朱科敏
合 作 机 构 / 东海证券有限公司、中国诚信信用管理有限公司
办 公 地 址 / 北京市海淀区中关村大街 59 号（100872 ）
电话(传真) /
邮　　　箱 /
网　　　址 /
主要研究领域：
中国宏观经济

1885 中国人民大学民商事法律科学研究中心
The Research Center of Civil and Commercial Jurisprudence of Renmin University of China

所 属 类 别／高校智库
主 管 单 位／中国人民大学
成 立 时 间／2000 年 9 月
第一负责人／杨立新
合 作 机 构／
办 公 地 址／北京市海淀区中关村大街 59 号中国人民大学明德法学楼（100872）
电话(传真)／010-82509219（010-82509219）
邮　　箱／civillawruc@163.com
网　　址／http://old.civillaw.com.cn/mfjd
主要研究领域：
民商事法律科学；知识产权法；国际经济法；司法政策

1886 中国人民大学欧盟研究中心
Center for EU Studies，Renmin University of China

所 属 类 别／高校智库
主 管 单 位／
成 立 时 间／1996 年
第一负责人／罗天虹
合 作 机 构／
办 公 地 址／北京市海淀区中关村大街 59 号（100872）
电话(传真)／
邮　　箱／luo_th@263.net
网　　址／http://cesruc.ruc.edu.cn
主要研究领域：
欧盟问题

1887 中国人民大学欧洲问题研究中心（中欧人文交流研究中心）
Centre for European Studies（Centre for China-EU people-to-people Exchange Studies），
Renmin University of China

所 属 类 别／高校智库
主 管 单 位／中国人民大学
成 立 时 间／1994 年 9 月
第一负责人／杨慧林
合 作 机 构／
办 公 地 址／北京市海淀区中关村大街 59 号明德国际楼 703 室（100872）
电话(传真)／
邮　　箱／cesruc@ruc.edu.cn
网　　址／http://cesruc.ruc.edu.cn
主要研究领域：
欧洲政治与外交；欧洲社会政策；欧洲经济与货币联盟

1888 中国人民大学人口与发展研究中心
Population development studies center, Renmin University of China

所 属 类 别 / 高校智库
主 管 单 位 / 中国人民大学
成 立 时 间 / 2000 年 1 月
第 一 负责人 / 翟振武
合 作 机 构 /
办 公 地 址 / 北京市海淀区中关村大街 59 号（100872）
电话(传真) / 010-62514984
邮　　箱 / shrk@ruc.edu.cn
网　　址 / http://pdsc.ruc.edu.cn
主要研究领域:
人口学理论与方法；中国人口问题与政策；老龄化与社会经济发展

1889 中国人民大学人权研究中心

所 属 类 别 / 高校智库
主 管 单 位 /
成 立 时 间 / 1991 年 10 月
第 一 负责人 / 韩大元
合 作 机 构 /
办 公 地 址 / 北京市海淀区中关村大街 59 号（100872）
电话(传真) /
邮　　箱 / hrc_ruc@163.com
网　　址 / http://humanrights.ruc.edu.cn
主要研究领域:
全球南方发展中国家的人权状况、人权问题和人权道路

1890 中国人民大学深圳研究院
Shenzhen Research Institute of Renmin University of China

所 属 类 别 / 高校智库
主 管 单 位 / 中国人民大学
成 立 时 间 / 2002 年 5 月
第 一 负责人 / 朱信凯
合 作 机 构 /
办 公 地 址 / 广东省深圳市南山区高新南四道 19 号虚拟大学园 A505 室（518057）
电话(传真) / 0775-26926276（0755-26548553）
邮　　箱 / szruc@szruc.net
网　　址 / http://sz.ruc.edu.cn
主要研究领域:
深圳市科技、金融、经贸、物流、法律、新闻等发展战略

1891　中国人民大学世界经济与政治研究中心

所 属 类 别 / 高校智库

主 管 单 位 /

成 立 时 间 /

第一负责人 / 雷达

合 作 机 构 /

办 公 地 址 / 北京市海淀区中关村大街 59 号（100872）

电话(传真) /

邮　　箱 /

网　　址 / http://nads.ruc.edu.cn

主要研究领域：

世界经济与政治

1892　中国人民大学首都发展与战略研究院

Beijing Academy of Development and Strategy, Renmin University of China

所 属 类 别 / 高校智库

主 管 单 位 / 中国人民大学

成 立 时 间 / 2016 年 10 月

第一负责人 / 靳诺

合 作 机 构 /

办 公 地 址 / 北京市海淀区中关村大街 59 号中国人民大学崇德西楼 9 层

电话(传真) / 010-62519962（010-62559562）

邮　　箱 / bjads@ruc.edu.cn

网　　址 / http://bjads.ruc.edu.cn

主要研究领域：

首都功能强化；首都城市治理

1893　中国人民大学危机管理研究中心

The Institute of Emergency Management, Renmin University of China

所 属 类 别 / 高校智库

主 管 单 位 / 中国人民大学

成 立 时 间 / 2004 年

第一负责人 / 唐钧

合 作 机 构 /

办 公 地 址 / 北京市海淀区中关村大街 59 号中国人民大学危机管理研究中心
　　　　　　　　（100872）

电话(传真) / 010-82502314

邮　　箱 / tangjun@263.net

网　　址 /

主要研究领域：

风险评估；应急管理；危机公关

Z

1894 中国人民大学未来法治研究院

所 属 类 别 / 高校智库
主 管 单 位 /
成 立 时 间 /
第一负责人 / 王轶
合 作 机 构 /
办 公 地 址 / 北京市海淀区中关村大街 59 号中国人民大学明德法学楼（100871）
电话(传真) /
邮　　箱 / lti@ruc.edu.cn
网　　址 / http://lti.ruc.edu.cn
主要研究领域：
个人信息保护与数据治理；网络犯罪与网络安全

1895 中国人民大学文化产业研究院
Renmin University of China Cultural Industries Institute of RUC

所 属 类 别 / 高校智库
主 管 单 位 / 中国人民大学
成 立 时 间 / 2009 年
第一负责人 / 牛维麟
合 作 机 构 /
办 公 地 址 / 北京市海淀区中关村大街 59 号中国人民大学文化大厦 2104 室
　　　　　　（100872）
电话(传真) / 010-82509536
邮　　箱 / cncciruc@126.com
网　　址 / http:/cncci.ruc.edu.cn
主要研究领域：
文化产业

1896 中国人民大学新闻与社会发展研究中心
Research Center of Journalism and Social Development, Renmin University of China

所 属 类 别 / 高校智库
主 管 单 位 / 中国人民大学
成 立 时 间 / 1986 年 10 月
第一负责人 / 蔡雯
合 作 机 构 /
办 公 地 址 / 北京市海淀区中关村大街 59 号中国人民大学明德新闻楼 6 层
　　　　　　（100872）
电话(传真) / 010-62513022（010-62513022）
邮　　箱 / xwjd2007@vip.sina.com
网　　址 / http://xwjd.ruc.edu.cn
主要研究领域：
新闻传播；舆论研究；媒介经济

1897 中国人民大学刑事法律科学研究中心
Research Center for Criminal Justice of Renmin University of China

所 属 类 别／高校智库
主 管 单 位／中国人民大学
成 立 时 间／1999 年 11 月
第一负责人／时延安
合 作 机 构／
办 公 地 址／北京市海淀区中关村大街 59 号中国人民大学明德法学楼 9 楼刑事法律中心（100872）
电话(传真)／010-82509256
邮　　箱／RCCJ@ruc.edu.cn
网　　址／http://www.criminallaw.com.cn
主要研究领域：
刑事实体法；刑事程序与刑事证据法；刑事侦查与刑事物证技术

1898 中国人民大学亚太法学研究院
Asia-Pacific Institute of Law, Renmin University of China

所 属 类 别／高校智库
主 管 单 位／
成 立 时 间／
第一负责人／韩大元
合 作 机 构／
办 公 地 址／北京市海淀区中关村大街 59 号（100872）
电话(传真)／010-62513525（010-62513525）
邮　　箱／rucapil@163.com
网　　址／http://apil.ruc.edu.cn
主要研究领域：
东亚共通法；亚洲共通法

1899 中国人民大学亚洲研究中心
Asia Research Center, Renmin University of China

所 属 类 别／高校智库
主 管 单 位／中国人民大学
成 立 时 间／2003 年 3 月
第一负责人／冯俊
合 作 机 构／中国人民大学、韩国高等教育财团
办 公 地 址／北京市海淀区中关村大街 59 号中国人民大学明德楼 11 层（100872）
电话(传真)／010-82509513（010-62515329）
邮　　箱／international@ruc.edu.cn
网　　址／http://arc.ruc.edu.cn
主要研究领域：
亚洲问题

Z

1900 中国人民大学中国财政金融政策研究中心
China Financial Policy Research Center, Renmin University of China

所 属 类 别 / 高校智库
主 管 单 位 / 中国人民大学
成 立 时 间 / 1999 年
第一负责人 / 翟强
合 作 机 构 /
办 公 地 址 / 北京市海淀区中关村大街 59 号明德主楼 816 室（100872）
电话(传真) / 010-82509289（010-82509290）
邮　　箱 / caijinjidi@ ruc. edu. cn
网　　址 / http://frc. ruc. edu. cn
主要研究领域：
财政金融理论与政策

1901 中国人民大学中国扶贫研究院
China Anti-Poverty Research Institute, Renmin University of China

所 属 类 别 / 高校智库
主 管 单 位 /
成 立 时 间 / 2016 年 11 月
第一负责人 /
合 作 机 构 /
办 公 地 址 / 北京市海淀区中关村大街 59 号（100872）
电话(传真) / 010-62570882
邮　　箱 / capriofruc@ 163. com
网　　址 / http://capri. ruc. edu. cn
主要研究领域：
重大扶贫政策的实施方式及其效果

1902 中国人民大学中国合作社研究院
China Cooperative Academy, Renmin University of China

所 属 类 别 / 高校智库
主 管 单 位 / 中国人民大学
成 立 时 间 / 2008 年 3 月
第一负责人 / 孔祥智
合 作 机 构 /
办 公 地 址 / 北京市海淀区中关村大街 59 号中国人民大学明德楼（100872）
电话(传真) / 010-82509112
邮　　箱 / kongxz@ ruc. edu. cn
网　　址 /
主要研究领域：
农业合作社

1903 中国人民大学中国经济改革与发展研究院
Institute of China's Economic Reform & Development，Renmin University of China

所 属 类 别 / 高校智库
主 管 单 位 / 中国宏观经济研究院、中国人民大学
成 立 时 间 / 1996 年 1 月
第 一 负 责 人 / 刘守英
合 作 机 构 / 国家发展和改革委员会宏观经济研究院、中国人民大学
办 公 地 址 / 北京市海淀区中关村大街 59 号中国人民大学明德主楼 752-754 室
　　　　　　（100872）
电话(传真) / 010-82500279 （010-82509079）
邮　　　箱 / ruc82500280@ sina. com
网　　　址 / http://yjy. ruc. edu. cn
主要研究领域：
经济形势分析与对策；企业治理与结构优化；财政货币政策；产业与区域经济

1904 中国人民大学中国民营企业研究中心
Research Center of China's Private Enterprises of Renmin University

所 属 类 别 / 高校智库
主 管 单 位 /
成 立 时 间 / 2004 年
第 一 负 责 人 / 黄泰岩、秦志辉、付文革
合 作 机 构 / 中国中小企业发展促进中心、希望集团、中国人民大学
办 公 地 址 / 北京市海淀区中关村大街 59 号 （100872）
电话(传真) / 010-82509079 （010-82509079）
邮　　　箱 / minyingqiyeruc@ 126. com
网　　　址 / http://rcpec. ruc. edu. cn
主要研究领域：
中国民营企业

1905 中国人民大学中国普惠金融研究院
Chinese Academy of Financial Inclusion，Renmin University of China

所 属 类 别 / 高校智库
主 管 单 位 /
成 立 时 间 /
第 一 负 责 人 / 贝多广
合 作 机 构 /
办 公 地 址 / 北京市海淀区中关村大街 59 号文化大厦 1101 室 （100872）
电话(传真) / 010-82502588
邮　　　箱 / info@ cafi. org. cn
网　　　址 / http://www. cafi. org. cn
主要研究领域：
普惠金融

Z

1906　中国人民大学中国特色社会主义理论体系研究中心

所 属 类 别 / 高校智库
主 管 单 位 /
成 立 时 间 / 2002 年 11 月
第 一 负 责 人 /
合 作 机 构 /
办 公 地 址 / 北京市海淀区中关村大街 59 号（100872）
电话(传真) /
邮　　箱 /
网　　址 /
主要研究领域：
中国特色社会主义理论体系

1907　中国人民大学中国乡村振兴研究院
China Academy of Rural Vitalization, Renmin University of China

所 属 类 别 / 高校智库
主 管 单 位 /
成 立 时 间 / 2021 年 6 月
第 一 负 责 人 / 朱信凯
合 作 机 构 /
办 公 地 址 / 北京市海淀区中关村大街 59 号（100872）
电话(传真) / 010-62511063
邮　　箱 / carvoffice@ ruc. edu. cn
网　　址 / http://www. carv. ruc. edu. cn
主要研究领域：
乡村振兴理论；乡村振兴思想

1908　中国人民大学重阳金融研究院
Chongyang Institute for Financial Studies, Renmin University of China

所 属 类 别 / 高校智库
主 管 单 位 / 中国人民大学
成 立 时 间 / 2013 年 1 月
第 一 负 责 人 / 庄毓敏
合 作 机 构 / 重阳投资
办 公 地 址 / 北京市海淀区中关村大街 59 号中国人民大学文化大厦 6 层（100872）
电话(传真) / 010-62516805（010-62516305）
邮　　箱 / rdcy-info@ ruc. edu. cn
网　　址 / http://rdcy. ruc. edu. cn
主要研究领域：
宏观经济；金融投资；G20；丝绸之路经济带

1909　中国人民公安大学城市安全研究中心

所 属 类 别／高校智库

主 管 单 位／中国人民公安大学

成 立 时 间／2013 年

第一负责人／张小兵

合 作 机 构／

办 公 地 址／北京市西城区木樨地南里 1 号（100038）

电话(传真)／

邮　　　箱／webmaster@ ppsuc. edu. cn

网　　　址／https://www. ppsuc. edu. cn

主要研究领域：

城市社会公共安全

1910　中国人民公安大学公安部公安发展战略研究所

所 属 类 别／高校智库

主 管 单 位／中国人民公安大学

成 立 时 间／

第一负责人／曹诗权

合 作 机 构／

办 公 地 址／北京市西城区木樨地南里 1 号（100038）

电话(传真)／010-83903438

邮　　　箱／20050177@ ppsuc. edu. cn

网　　　址／

主要研究领域：

事关公安工作和公安队伍建设的战略性、全局性、基础性问题

1911　中国人民公安大学首都社会安全研究基地

所 属 类 别／高校智库

主 管 单 位／中国人民公安大学

成 立 时 间／2004 年

第一负责人／宫志刚

合 作 机 构／

办 公 地 址／北京市西城区木樨地南里 1 号（100038）

电话(传真)／

邮　　　箱／

网　　　址／

主要研究领域：

平安建设；社会治安防控体系建设；首都安全；反恐防暴；校园安全；城市安全；
基础设施安全；社区治安治理；地铁安全防护；低空安全防护；地下空间安全

1912　中国人民银行金融研究所

所 属 类 别 / 党政智库—国务院组成部门所属
主 管 单 位 / 中国人民银行
成 立 时 间 / 1978 年
第 一 负 责 人 / 周诚君
合 作 机 构 /
办 公 地 址 / 北京市西城区成方街 33 号 2 号楼 （100800）
电话(传真) /
邮　　箱 /
网　　址 /
主要研究领域：
货币政策理论；金融及经济发展战略；金融科学；金融监管；宏观经济运行

1913　中国商务发展研究院 （北京）

所 属 类 别 / 高校智库
主 管 单 位 / 辽宁大学
成 立 时 间 /
第 一 负 责 人 / 顾学明
合 作 机 构 / 辽宁大学、商务部国际贸易经济合作研究院
办 公 地 址 / 北京市东城区西打磨厂街 206 号 （100051）
电话(传真) /
邮　　箱 / zgswfzyjy@163.com
网　　址 / https://cbdri.lnu.edu.cn
主要研究领域：
中国商务发展

1914　中国社会科学评价研究院
Chinese Academy of Social Sciences Evaluation Studies

所 属 类 别 / 智库研究与评价机构，科研院所智库
主 管 单 位 / 中国社会科学院
成 立 时 间 / 2017 年 7 月
第 一 负 责 人 / 荆林波
合 作 机 构 /
办 公 地 址 / 北京市东城区建国门内大街 5 号 （100732）
电话(传真) / 010-85195172
邮　　箱 / casspingjia@163.com
网　　址 / http://casses.cssn.cn
主要研究领域：
中国哲学社会科学评价；期刊评价；智库评价

1915　中国社会科学院
Chinese Academy of Social Sciences

所 属 类 别／高端智库，科研院所智库
主 管 单 位／国务院
成 立 时 间／1977 年 5 月
第一负责人／高翔
合 作 机 构／
办 公 地 址／北京市东城区建国门内大街 5 号（100732）
电话(传真)／010-85195999
邮　　箱／
网　　址／http://www.cass.cn
主要研究领域：
哲学社会科学；国家发展战略

1916　中国社会科学院—上海市人民政府上海研究院
Shanghai Academy, Chinese Academy of Social Sciences

所 属 类 别／合作智库—政研合作
主 管 单 位／中国社会科学院、上海市人民政府
成 立 时 间／2015 年 6 月
第一负责人／李培林
合 作 机 构／中国社会科学院、上海市人民政府
办 公 地 址／上海市静安区延长路 149 号上海大学延长校区北大楼（200072）
电话(传真)／021-56337217（021-56332012）
邮　　箱／shyjy@oa.shu.edu.cn
网　　址／https://shanghaiacademy.shu.edu.cn
主要研究领域：
国际金融贸易；城市可持续发展；社会治理创新；核心价值观传播

1917　中国社会科学院财经战略研究院
National Academy of Economic Strategy, Chinese Academy of Social Sciences

所 属 类 别／科研院所智库
主 管 单 位／中国社会科学院
成 立 时 间／1978 年 6 月
第一负责人／何德旭
合 作 机 构／
办 公 地 址／北京市东城区东厂胡同 1 号（100006）
电话(传真)／010-65268519（010-65265008）
邮　　箱／hedexu@vip.sina.com
网　　址／http://naes.cssn.cn
主要研究领域：
财政经济；贸易经济；服务经济；综合经济战略

Z

1918 中国社会科学院产业与区域发展智库

所 属 类 别／科研院所智库
主 管 单 位／中国社会科学院
成 立 时 间／2016 年 1 月
第一负责人／史丹
合 作 机 构／
办 公 地 址／北京市西城区月坛北小街 2 号院 2 号楼（100045）
电话(传真)／
邮　　箱／
网　　址／
主要研究领域：
京津冀协同发展重大战略问题

1919 中国社会科学院城乡发展一体化智库

所 属 类 别／科研院所智库
主 管 单 位／中国社会科学院
成 立 时 间／2016 年 9 月
第一负责人／蔡昉
合 作 机 构／
办 公 地 址／北京市东城区建国门内大街 5 号（100732）
电话(传真)／
邮　　箱／
网　　址／
主要研究领域：
农村发展；"三农"问题

1920 中国社会科学院当代中国马克思主义政治经济学创新智库

所 属 类 别／科研院所智库
主 管 单 位／中国社会科学院
成 立 时 间／2016 年 8 月
第一负责人／蔡昉
合 作 机 构／
办 公 地 址／北京市西城区月坛北小街 2 号院 2 号楼（100045）
电话(传真)／
邮　　箱／
网　　址／
主要研究领域：
当代中国马克思主义政治经济学

1921　中国社会科学院当代中国研究所
The Institute of Contemporary China Studies

所 属 类 别 / 科研院所智库
主 管 单 位 / 中国社会科学院
成 立 时 间 / 1990 年 6 月
第一负责人 / 李正华
合 作 机 构 /
办 公 地 址 / 北京市西城区地安门西大街旌勇里 8 号 （100009）
电话（传真）/
邮　　　箱 / iccs@ cass. org. cn
网　　　址 / http://iccs. cssn. cn
主要研究领域：
国史

1922　中国社会科学院俄罗斯东欧中亚研究所
Institute of Russian, Eastern European & Central Asian Studies, CASS

所 属 类 别 / 科研院所智库
主 管 单 位 / 中国社会科学院
成 立 时 间 / 1965 年 6 月
第一负责人 / 孙壮志
合 作 机 构 /
办 公 地 址 / 北京市东城区张自忠路 3 号 （100007）
电话（传真）/ 010-64014006 （010-64014008）
邮　　　箱 / Web-oys@ cass. org. cn
网　　　址 / http://euroasia. cssn. cn
主要研究领域：
俄罗斯东欧中亚国家政治、经济、外交等

1923　中国社会科学院法学研究所
Institute of Law, Chinese Academy of Social Sciences

所 属 类 别 / 科研院所智库
主 管 单 位 / 中国社会科学院
成 立 时 间 / 1958 年
第一负责人 / 莫纪宏
合 作 机 构 /
办 公 地 址 / 北京市东城区沙滩北街 15 号 （100720）
电话（传真）/
邮　　　箱 /
网　　　址 / http://www. iolaw. org. cn
主要研究领域：
法理；法制史；宪法；行政法；民法；商法；经济法；知识产权；刑法；诉讼法；
传媒法；信息法；社会法；法治国情

Z

1924　中国社会科学院工业经济研究所
Institute of Industrial Economics of Chinese Academy of Social Sciences

所 属 类 别／科研院所智库
主 管 单 位／中国社会科学院
成 立 时 间／1978 年 4 月
第一负责人／史丹
合 作 机 构／
办 公 地 址／北京市东城区东厂胡同 1 号（100006）
电话(传真)／010-68030205（010-68030205）
邮　　　箱／gjsbgs@ cass. org. cn
网　　　址／http：//gjs. cssn. cn
主要研究领域：
产业经济；工业经济；区域经济；企业管理

1925　中国社会科学院国际法研究所
Institute of International Law, Chinese Academy of Social Sciences

所 属 类 别／科研院所智库
主 管 单 位／中国社会科学院
成 立 时 间／2009 年 9 月
第一负责人／莫纪宏
合 作 机 构／
办 公 地 址／北京市东城区沙滩北街 15 号（100720）
电话(传真)／010-64010742（010-64010742）
邮　　　箱／
网　　　址／http：//iolaw. cssn. cn/xxsz/201907/t20190701_4927843. shtml
主要研究领域：
国际私法；国际公法；国际经济法；国际人权法

1926　中国社会科学院国家全球战略智库

所 属 类 别／高端智库，科研院所智库
主 管 单 位／中国社会科学院
成 立 时 间／2015 年 5 月
第一负责人／张宇燕
合 作 机 构／
办 公 地 址／北京市东城区建国门内大街 5 号 15 层 1503 室（100732）
电话(传真)／010-85195792（010-85196105）
邮　　　箱／nigs@ cass. org. cn
网　　　址／http：//nigscass. cssn. cn
主要研究领域：
国际战略；"一带一路"倡议

1927 中国社会科学院国家治理研究智库

所 属 类 别／科研院所智库

主 管 单 位／中国社会科学院

成 立 时 间／2015 年 5 月

第一负责人／李培林

合 作 机 构／

办 公 地 址／北京市东城区建国门内大街 5 号（100732）

电话(传真)／

邮　　　箱／lipl@ cass. org. cn

网　　　址／

主要研究领域：

重大社会政法问题；国家治理问题

1928 中国社会科学院国有经济研究智库

所 属 类 别／科研院所智库

主 管 单 位／中国社会科学院

成 立 时 间／2020 年 11 月

第一负责人／高培勇、翁杰明

合 作 机 构／国务院国有资产监督管理委员会、中国社会科学院

办 公 地 址／北京市西城区月坛北小街 2 号院 2 号楼（100836）

电话(传真)／

邮　　　箱／

网　　　址／

主要研究领域：

国有经济；国资国企改革发展重大问题

1929 中国社会科学院和平发展研究所
Institute of Peaceful Development, CASS

所 属 类 别／科研院所智库

主 管 单 位／中国社会科学院

成 立 时 间／2013 年 9 月

第一负责人／廖峥嵘

合 作 机 构／

办 公 地 址／北京市海淀区北洼西里颐安嘉园 11 号楼（100089）

电话(传真)／010-88515503

邮　　　箱／hpfzs@ cass. org. cn

网　　　址／http://ipd. cssn. cn

主要研究领域：

国际政治；国内外安全、经济问题

1930 中国社会科学院金融研究所
Institute of Finance and Banking，Chinese Academy of Social Sciences

所 属 类 别／科研院所智库
主 管 单 位／中国社会科学院
成 立 时 间／2002 年
第 一 负 责 人／张晓晶
合 作 机 构／
办 公 地 址／北京市东城区王府井大街 27 号综合楼 5-7 层（100710）
电话(传真)／010-65265190
邮 箱／
网 址／http://ifb. cass. cn
主要研究领域：
金融理论；金融政策；金融法规；金融监管；金融市场；金融机构；金融产品；
金融服务

1931 中国社会科学院经济研究所
Institute of Economics Chinese Academy of Social Sciences

所 属 类 别／科研院所智库
主 管 单 位／中国社会科学院
成 立 时 间／1934 年
第 一 负 责 人／黄群慧
合 作 机 构／
办 公 地 址／北京市西城区月坛北小街 2 号院 2 号楼（100045）
电话(传真)／
邮 箱／rsc-jjs@ cass. org. cn
网 址／http://ie. cass. cn
主要研究领域：
产业结构调整；城乡居民收入分配；宏观调控；政策实施；中国近现代经济史；
中外经济思想史

1932 中国社会科学院拉丁美洲研究所

所 属 类 别／科研院所智库
主 管 单 位／中国社会科学院
成 立 时 间／1976 年 4 月
第 一 负 责 人／柴瑜
合 作 机 构／
办 公 地 址／北京市东城区张自忠路 3 号（100007）
电话(传真)／010-64039010（010-64014011）
邮 箱／ilas@ cass. org. cn
网 址／http://ilas. cass. cn
主要研究领域：
拉美地区经济、政治、国际关系、社会、文化综合研究

1933 中国社会科学院马克思主义研究院

所 属 类 别／科研院所智库
主 管 单 位／中国社会科学院
成 立 时 间／2005 年 12 月
第一负责人／辛向阳
合 作 机 构／
办 公 地 址／北京市东城区建国门内大街 5 号 （100732）
电话(传真)／
邮 　 箱／myywlbjs@ 163. com
网 　 址／http：//myy. cssn. cn
主要研究领域：
马克思主义理论创新

1934 中国社会科学院美国研究所
Institute of American Studies，Chinese Academy of Social Sciences

所 属 类 别／科研院所智库
主 管 单 位／中国社会科学院
成 立 时 间／1981 年 5 月
第一负责人／倪峰
合 作 机 构／
办 公 地 址／北京市东城区张自忠路 3 号美国研究所 （100007）
电话(传真)／010-64000072 （010-64000021）
邮 　 箱／lihui@ cass. org. cn
网 　 址／http：//ias. cass. cn
主要研究领域：
美国政治制度、社会思潮；美国经济体制、对外经贸战略；美国外交决策、国家
安全战略、军控政策；美国社会保障制度；中美经贸关系

1935 中国社会科学院民族学与人类学研究所
The Institute of Ethnology and Anthropology，Chinese Academy of Social Sciences

所 属 类 别／科研院所智库
主 管 单 位／中国社会科学院
成 立 时 间／1962 年
第一负责人／王延中
合 作 机 构／
办 公 地 址／北京市海淀区中关村南大街 27 号院 6 号楼 （100081）
电话(传真)／010-68421864 （010-68421864）
邮 　 箱／kyc-mz@ cass. org. cn
网 　 址／http：//iea. cssn. cn
主要研究领域：
中国民族历史；中国民族语言；中国民族政治；中国民族经济；中国民族社会；
中国民族生态；中国民族文化；中国民族宗教；世界民族问题

1936 中国社会科学院农村发展研究所
Rural Development Institute，Chinese Academy of Social Sciences

所 属 类 别 / 科研院所智库
主 管 单 位 / 中国社会科学院
成 立 时 间 / 1978 年 5 月
第 一 负 责 人 / 魏后凯
合 作 机 构 /
办 公 地 址 / 北京市东城区建国门内大街 5 号科研大楼西段 13 层（100732）
电话(传真) / 010-85195646（010-65137559）
邮　　　箱 / office-rdi@ cass. org. cn
网　　　址 / http://rdi. cass. cn
主要研究领域：农村经济形势分析与预测；农村公共政策；农村经济组织与制度；农村产业结构与区域经济；农村生态、环境和资源；农村贫困问题和发展策略

1937 中国社会科学院欧洲研究所
Institute of European studies of Chinese Academy of Social Sciences

所 属 类 别 / 科研院所智库
主 管 单 位 / 中国社会科学院
成 立 时 间 / 1981 年 5 月
第 一 负 责 人 / 冯仲平
合 作 机 构 /
办 公 地 址 / 北京市东城区建国门内大街 5 号（100732）
电话(传真) / 010-85195736
邮　　　箱 / gongzuo@ cass. org. cn
网　　　址 / http://ies. cass. cn
主要研究领域：
欧洲地区及国家的政治、经济、法律、社会、文化、国际关系等

1938 中国社会科学院人口与劳动经济研究所
Institute of Population and Labor Economics，Chinese Academy of Social Sciences

所 属 类 别 / 科研院所智库
主 管 单 位 / 中国社会科学院
成 立 时 间 / 1980 年
第 一 负 责 人 / 都阳
合 作 机 构 /
办 公 地 址 / 北京市东城区王府井大街 27 号（100006）
电话(传真) / 010-65263995（010-65263822）
邮　　　箱 / iple@ cass. org. cn
网　　　址 / http://iple. cass. cn
主要研究领域：
人口政策；人口经济；劳动经济；劳动与社会保障；就业与人力资源；人口与社会发展；人口统计；人口过程及老龄化；人口迁移与城市化

1939 中国社会科学院日本研究所
Institute of Japanese Studies，Chinese Academy of Social Sciences

所 属 类 别／科研院所智库
主 管 单 位／中国社会科学院
成 立 时 间／1981 年 5 月
第 一 负 责 人／杨伯江
合 作 机 构／
办 公 地 址／北京市东城区张自忠路 3 号东院（100007）
电话(传真)／010-64014021（010-64014022）
邮　　　箱／ijs@cass.org.cn
网　　　址／http://ijs.cass.cn
主要研究领域：
日本政治、经济、社会、文化、外交及安全问题等

1940 中国社会科学院社会发展战略研究院
National Institute of Social development，Chinese Academy of Social Sciences

所 属 类 别／科研院所智库
主 管 单 位／中国社会科学院
成 立 时 间／2011 年 12 月
第 一 负 责 人／张翼
合 作 机 构／
办 公 地 址／北京市东城区建国门内大街 5 号（100732）
电话(传真)／
邮　　　箱／
网　　　址／http://nisd.cssn.cn
主要研究领域：
发展战略与政策；社会建设与管理；组织机制与制度变迁；公共服务与社会责任

1941 中国社会科学院社会学研究所
Institute of Sociology，Chinese Academy of Social Sciences

所 属 类 别／科研院所智库
主 管 单 位／中国社会科学院
成 立 时 间／1980 年 1 月
第 一 负 责 人／陈光金
合 作 机 构／
办 公 地 址／北京市东城区建国门内大街 5 号（100732）
电话(传真)／
邮　　　箱／ios@cass.org.cn
网　　　址／http://sociology.cssn.cn/swz
主要研究领域：
家庭与性别；组织与社区；农村及产业社会学；社会政策；社会心理学；青少年
与社会问题；社会调查和方法；社会人类学；社会发展

Z

1942　中国社会科学院生态文明研究所
Research Institute for Eco-civilization，CASS

所 属 类 别 / 科研院所智库

主 管 单 位 / 中国社会科学院

成 立 时 间 / 1997 年

第一负责人 / 张永生

合 作 机 构 /

办 公 地 址 / 北京市东城区王府井大街 27 号（100710）

电话(传真) / 010-59868170（010-59868199）

邮　　箱 /

网　　址 / http://rieco.cssn.cn

主要研究领域：

城市与区域经济；环境与可持续发展；城市发展战略与规划；气候变化经济

1943　中国社会科学院生态文明研究智库
CASS Thinktank for Eco-civilization Studies

所 属 类 别 / 科研院所智库

主 管 单 位 / 中国社会科学院

成 立 时 间 / 2015 年 5 月

第一负责人 / 蔡昉

合 作 机 构 /

办 公 地 址 / 北京市东城区王府井大街 27 号（100710）

电话(传真) /

邮　　箱 /

网　　址 /

主要研究领域：

低碳排放；生态文明

1944　中国社会科学院世界经济与政治研究所
Institute of World Economics and Politics Chinese Academy of Social Sciences

所 属 类 别 / 科研院所智库

主 管 单 位 / 中国社会科学院

成 立 时 间 / 1964 年

第一负责人 / 王镭

合 作 机 构 /

办 公 地 址 / 北京市东城区建国门内大街 5 号中国社会科学院科研大楼 15 层（100732）

电话(传真) / 010-85196063（010-65126180）

邮　　箱 /

网　　址 / http://iwep.cssn.cn

主要研究领域：

宏观经济；国际金融；国际贸易；国际投资；发展经济学；产业经济学；国际政治理论；国际战略；国际政治经济学；全球治理和世界能源

1945 中国社会科学院世界宗教研究所

所 属 类 别／科研院所智库

主 管 单 位／中国社会科学院

成 立 时 间／1964 年

第 一 负 责 人／郑筱筠

合 作 机 构／

办 公 地 址／北京市东城区建国门内大街 5 号 859 室（100732）

电话(传真)／010-85195476（010-65138521）

邮　　　箱／kyc-zjs@ cass. org. cn

网　　　址／http://iwr. cass. cn

主要研究领域：

马克思主义宗教观；佛教；基督教；儒教；道教；伊斯兰教；当代宗教；宗教与
政策；宗教与民族；宗教与经济；宗教与国际关系

1946 中国社会科学院数量经济与技术经济研究所
Institute of Quantitative & Technical Economics，Chinese Academy of Social Sciences

所 属 类 别／科研院所智库

主 管 单 位／中国社会科学院

成 立 时 间／1982 年 1 月

第 一 负 责 人／李雪松

合 作 机 构／

办 公 地 址／北京市东城区建国门内大街 5 号科研大楼 14 层（100732）

电话(传真)／010-85195706

邮　　　箱／bgs-iqte@ cass. org. cn

网　　　址／http://iqte. cssn. cn

主要研究领域：

经济系统分析；经济模型；环境技术经济；资源技术经济；技术经济理论与方法；
信息化与网络经济；数量金融；产业经济

1947 中国社会科学院台湾研究所
Institute of Taiwan Studies Chinese Academy of Social Sciences

所 属 类 别／科研院所智库

主 管 单 位／中国社会科学院

成 立 时 间／1984 年 9 月

第 一 负 责 人／朱卫东

合 作 机 构／

办 公 地 址／北京市海淀区中关村东路 21 号（100083）

电话(传真)／010-82864900（010-82864998）

邮　　　箱／

网　　　址／http://its. taiwan. cssn. cn

主要研究领域：台湾政治、经济、对外关系、法律、社会历史、文化教育综合研
究；两岸关系；对台方针政策

Z

1948 中国社会科学院西藏智库

所 属 类 别／科研院所智库
主 管 单 位／中国社会科学院
成 立 时 间／2016 年 7 月
第 一 负 责 人／赵奇
合 作 机 构／
办 公 地 址／北京市海淀区中关村南大街 27 号院 6 号楼 （100081）
电话(传真)／
邮 箱／
网 址／
主要研究领域:
西藏问题

1949 中国社会科学院西亚非洲研究所
Institute of West-Asian and African Studies，Chinese Academy of Social Sciences

所 属 类 别／科研院所智库
主 管 单 位／中国社会科学院
成 立 时 间／1961 年 7 月
第 一 负 责 人／李新烽
合 作 机 构／
办 公 地 址／北京市朝阳区国家体育场北路 1 号院 （100101）
电话(传真)／010-87421043
邮 箱／
网 址／http://iwaas.cass.cn
主要研究领域:
西亚非洲地区及国家的政治、经济、国际关系、历史、社会、文化、民族、宗教、
法律等

1950 中国社会科学院新疆智库

所 属 类 别／科研院所智库
主 管 单 位／中国社会科学院
成 立 时 间／2015 年 2 月
第 一 负 责 人／高翔
合 作 机 构／
办 公 地 址／北京市朝阳区国家体育场北路 1 号院 （100101）
电话(传真)／010-87420814
邮 箱／
网 址／
主要研究领域:
新疆经济、社会、人口、民族、宗教、周边关系、考古、生态环境等

1951　中国社会科学院新闻与传播研究所
Institute of Journalism and Communication Studies，Chinese Academy of Social Sciences

所 属 类 别／科研院所智库
主 管 单 位／中国社会科学院
成 立 时 间／1978 年 8 月
第 一 负 责 人／胡正荣
合 作 机 构／
办 公 地 址／北京市朝阳区潘家园东里 9 号国家方志馆 2 层（100021）
电话(传真)／
邮　　　箱／web@ cass. net. cn
网　　　址／http：//xinwen. cass. cn
主要研究领域：

新闻理论；新闻史；新闻业务；新闻教育；传播理论；传播史；传播技术；媒介
政策；媒介经济；媒介管理；移动媒体；互联网；新媒体

1952　中国社会科学院信息情报研究院

所 属 类 别／科研院所智库
主 管 单 位／中国社会科学院
成 立 时 间／2011 年 9 月
第 一 负 责 人／张冠梓
合 作 机 构／
办 公 地 址／北京市东城区建国门内大街 5 号（100732）
电话(传真)／
邮　　　箱／
网　　　址／http：//iis. cssn. cn
主要研究领域：

重要经济社会科研成果信息；重要思想理论观点信息；重要战略要情和动向信息；
重大事件与热点问题信息

1953　中国社会科学院亚太与全球战略研究院
National Institute of International Strategy，Chinese Academy of Social Sciences

所 属 类 别／科研院所智库
主 管 单 位／中国社会科学院
成 立 时 间／2011 年 12 月
第 一 负 责 人／李向阳
合 作 机 构／
办 公 地 址／北京市东城区张自忠路 3 号东院（100007）
电话(传真)／010-64063922
邮　　　箱／niis@ cass. org. cn
网　　　址／http：//niis. cass. cn
主要研究领域：世界经济、政治与社会发展；全球治理机制；国际热点和难点问
题；国际战略理论与思潮；中国周边环境与战略；中国对外战略的综合性问题

Z

1954 中国社会科学院政治学研究所
Institute of Political Science, Chinese Academy of Social Sciences

所 属 类 别 / 科研院所智库
主 管 单 位 / 中国社会科学院
成 立 时 间 / 1985 年 7 月
第 一 负 责 人 / 张树华
合 作 机 构 /
办 公 地 址 / 北京市东城区建国门内大街 5 号 12 层（100732）
电话(传真) / 010-85195802（010-85195802）
邮　　　箱 /
网　　　址 / http://chinaps. cass. cn
主要研究领域：
政治体制改革和社会主义民主发展战略；中外政党政治；中外选举；中国基层民
主政治建设；中国公共政策；美国对华政策；外国地方政府

1955 中国社会科学院中俄战略协作高端合作智库

所 属 类 别 / 科研院所智库
主 管 单 位 / 中国社会科学院
成 立 时 间 / 2017 年 2 月
第 一 负 责 人 / 谢伏瞻
合 作 机 构 /
办 公 地 址 / 北京市东城区张自忠路 3 号（100007）
电话(传真) /
邮　　　箱 /
网　　　址 / http://euroasia. cssn. cn/xhzk/zgskyzezlxzgdhzzk
主要研究领域：
中俄战略协作

1956 中国社会科学院中国边疆研究所
Institute of Chinese Borderland Studies, Chinese Academy of Social Sciences

所 属 类 别 / 科研院所智库
主 管 单 位 / 中国社会科学院
成 立 时 间 / 1983 年
第 一 负 责 人 / 邢广程
合 作 机 构 /
办 公 地 址 / 北京市朝阳区国家体育场北路 1 号院 1 号楼（100101）
电话(传真) / 010-87420816
邮　　　箱 /
网　　　址 / http://bjs. cssn. cn
主要研究领域：
中国近代边界；中国古代疆域；中国边疆研究史

1957 中国社会科学院中国廉政研究中心
China Anti-corruption Research Center of Chinese Academy of Social Sciences

所 属 类 别／科研院所智库
主 管 单 位／中国社会科学院
成 立 时 间／2009 年 12 月
第 一 负责 人／
合 作 机 构／
办 公 地 址／北京市东城区建国门内大街 5 号（100732）
电话(传真)／010-85195127（010-85195127）
邮　　　箱／
网　　　址／http://cacrc.cssn.cn
主要研究领域：
党风廉政建设和反腐败

1958 中国石油大学（北京）中国能源战略研究院
Academy of Chinese Energy Strategy，China University of Petroleum，Beijing

所 属 类 别／高校智库
主 管 单 位／中国石油大学（北京）
成 立 时 间／2012 年 6 月
第 一 负责 人／张奇
合 作 机 构／
办 公 地 址／北京市昌平区府学路 18 号新综合楼 314 室（102249）
电话(传真)／010-89731752（010-89731752）
邮　　　箱／cesri@cup.edu.cn
网　　　址／https://www.cup.edu.cn/aces
主要研究领域：
能源经济与信息预测；能源国际政治；能源系统规划与决策；能源金融

1959 中国石油大学（华东）能源经济与政策研究院
Institute for Energy Economics and Policy，UPC

所 属 类 别／高校智库
主 管 单 位／中国石油大学（华东）
成 立 时 间／2018 年 8 月
第 一 负责 人／郝芳
合 作 机 构／
办 公 地 址／山东省青岛市黄岛区长江西路 66 号（266580）
电话(传真)／0532-86983298
邮　　　箱／ieep@upc.edu.cn
网　　　址／http://ieep.upc.edu.cn
主要研究领域：
能源经济；能源金融；能源与环境；新能源政策与产业发展；油气经济与战略

1960　中国石油经济技术研究院
CNPC Economics and Technology Research Institute

所 属 类 别 / 高端智库，社会智库

主 管 单 位 / 中国石油天然气集团公司

成 立 时 间 / 1993 年

第一负责人 / 余国

合 作 机 构 /

办 公 地 址 / 北京市西城区六铺炕街 6 号 （100724）

电话(传真) / 010-62065270

邮　　箱 /

网　　址 / http://etri.cnpc.com.cn

主要研究领域：

石油工业发展；石油科技；石油经济；石油市场；海外投资环境；政策法规

1961　中国铁道科学研究院集团有限公司
China Academy of Railway Sciences Corporation Limited

所 属 类 别 / 社会智库—企业

主 管 单 位 / 中国铁路总公司

成 立 时 间 / 1950 年 3 月

第一负责人 / 蒋辉

合 作 机 构 /

办 公 地 址 / 北京市海淀区大柳树 2 号 （100081）

电话(传真) / 010-51849150 （010-51849080）

邮　　箱 /

网　　址 / http://www.rails.cn

主要研究领域：

铁路建设与运输；城市轨道交通建设与政策

1962　中国铁路经济规划研究院有限公司
China Railway Economic and Planning Research Institute

所 属 类 别 / 党政智库—国务院组成部门所属

主 管 单 位 / 中国铁路总公司

成 立 时 间 / 2002 年 1 月

第一负责人 / 杨忠民

合 作 机 构 /

办 公 地 址 / 北京市海淀区北蜂窝路乙 29 号 （100038）

电话(传真) / 010-51845653

邮　　箱 /

网　　址 / http://www.crecc.com.cn

主要研究领域：

铁路运输经济；城市轨道交通；通信信息；工程地质；环境影响评价；市政公用工程

1963 中国文化遗产研究院
Chinese Academy of Cultural Heritage

所 属 类 别／党政智库—国务院部委管理的国家局所属
主 管 单 位／国家文物局
成 立 时 间／1973 年
第一负责人／李六三
合 作 机 构／
办 公 地 址／北京市朝阳区北四环东路高原街 2 号（100029）
电话(传真)／010-84642221（010-84659724）
邮　　箱／bgs@ cach. org. cn
网　　址／http://www. cach. org. cn
主要研究领域：
文化遗产发展战略、管理体制、政策法规、学科体系、标准化体系等

1964 中国西部研究与发展促进会
The Association for Promotion of West China Research and Development

所 属 类 别／社会智库—社会团体
主 管 单 位／国家民族事务委员会
成 立 时 间／1995 年 10 月
第一负责人／程路
合 作 机 构／
办 公 地 址／北京市西城区永安路 106 号北楼 6 层（100050）
电话(传真)／010-83161688（010-83161688）
邮　　箱／
网　　址／http://www. chinawestern. org. cn
主要研究领域：
西部改革与发展；西部与东中部区域协调发展

1965 中国现代国际关系研究院
China Institutes of Contemporary International Relations

所 属 类 别／高端智库，党政智库
主 管 单 位／
成 立 时 间／1980 年
第一负责人／袁鹏
合 作 机 构／
办 公 地 址／北京市海淀区万寿寺甲 2 号（100081）
电话(传真)／010-68418631（010-68418641）
邮　　箱／cicir@ cicir. ac. cn
网　　址／http://www. cicir. ac. cn
主要研究领域：
世界各国、地区的政治、经济、外交、军事和社会问题；台港澳问题；国际战略；
世界政治；世界经济；全球和地区安全

1966 中国新闻出版研究院
Chinese Academy of Press And Publication

所 属 类 别／党政智库—国务院直属机构所属

主 管 单 位／国家新闻出版广电总局

成 立 时 间／1989 年 8 月

第一负责人／魏玉山

合 作 机 构／

办 公 地 址／北京市丰台区三路居路 97 号（100073）

电话(传真)／010-52257011（010-52257299）

邮　　箱／chinapublish@163.com

网　　址／http://www.chuban.cc

主要研究领域：

新闻出版；出版产业；数字出版；出版标准；出版政策；出版法规

1967 中国信访与社会稳定研究中心

所 属 类 别／合作智库—政校合作

主 管 单 位／北京市信访办信访矛盾分析研究中心、中南财经政法大学

成 立 时 间／2011 年 1 月

第一负责人／陈小君、张宗林

合 作 机 构／北京市信访办信访矛盾分析研究中心、中南财经政法大学

办 公 地 址／湖北省武汉市洪山区南湖南路 1 号中南财经政法大学文治楼 1002 室
（430073）

电话(传真)／

邮　　箱／

网　　址／

主要研究领域：

信访与社会稳定

1968 中国信息通信研究院
China Academy of Information and Communications Technology（China Academy of
Telecommunication Research of Ministry of Industry and Information Technology）

所 属 类 别／党政智库—国务院组成部门所属

主 管 单 位／工业和信息化部

成 立 时 间／1957 年

第一负责人／余晓晖

合 作 机 构／

办 公 地 址／北京市海淀区花园北路 52 号中国信息通信研究院（100191）

电话(传真)／010-62301618（010-62304364）

邮　　箱／

网　　址／http://www.caict.ac.cn

主要研究领域：

互联网；网络与信息安全；产业与政策；行业发展；通信监管；法律法规

1969 中国药科大学国家药物政策与医药产业经济研究中心
The Research Center of National Drug Policy&Ecosystem, NDPE

所 属 类 别 / 高校智库
主 管 单 位 / 中国药科大学
成 立 时 间 / 2013 年 4 月
第 一 负 责 人 / 桑国卫
合 作 机 构 / 中国药学会、中国医药创新促进会
办 公 地 址 / 江苏省南京市江宁区龙眠大道 639 号（211198）
电话(传真)/
邮　　　箱 /
网　　　址 / http://ndpe.cpu.edu.cn
主要研究领域：
国内外医药领域的重大理论与实践问题

1970 中国艺术产业研究院
China's Academy for Art Industries

所 属 类 别 / 合作智库—政校合作
主 管 单 位 / 上海大学
成 立 时 间 / 2011 年 10 月
第 一 负 责 人 / 罗杨
合 作 机 构 / 文化和旅游部、中国文学艺术界联合会
办 公 地 址 / 上海市宝山区上大路 99 号（201900）
电话(传真)/
邮　　　箱 /
网　　　址 /
主要研究领域：
艺术产业标准制定；艺术产业理论与产业拓展

1971 中国艺术研究院（中国非物质文化遗产保护中心）
Chinese National Academy of Arts

所 属 类 别 / 党政智库—国务院组成部门所属
主 管 单 位 / 文化和旅游部
成 立 时 间 / 1980 年 10 月
第 一 负 责 人 / 周庆富（王福洲）
合 作 机 构 /
办 公 地 址 / 北京市朝阳区来广营西路 81 号（100012）
电话(传真)/
邮　　　箱 /
网　　　址 / http://www.zgysyjy.org.cn
主要研究领域：
非物质文化遗产保护；非物质文化遗产数字化保护；文化发展战略；文化理论与
政策

1972　中国政法大学法与经济学研究院
School of Law and Economics, China University of Political Science and Law

所 属 类 别 / 高校智库
主 管 单 位 / 中国政法大学
成 立 时 间 / 2005 年 3 月
第 一 负 责 人 / 李曙光
合 作 机 构 /
办 公 地 址 / 北京市海淀区西土城路 25 号 （100088）
电话(传真) /
邮　　箱 /
网　　址 / http://sle.cupl.edu.cn
主要研究领域：
法与经济学

1973　中国政法大学法治政府研究院
Research Center for Government by Law, China University of Political Science and Law

所 属 类 别 / 高校智库
主 管 单 位 / 中国政法大学
成 立 时 间 /
第 一 负 责 人 / 赵鹏
合 作 机 构 /
办 公 地 址 / 北京市海淀区西土城 25 号 （100088）
电话(传真) / 010-58908371
邮　　箱 / fazhizhengfu@163.com
网　　址 / http://fzzfyjy.cupl.edu.cn
主要研究领域：
宪法；行政法

1974　中国政法大学公正司法研究中心
Centre for Notary Law of China University of Political Science and Law

所 属 类 别 / 高校智库
主 管 单 位 / 中国政法大学
成 立 时 间 / 2016 年 1 月
第 一 负 责 人 / 卞修全
合 作 机 构 /
办 公 地 址 / 北京市昌平区府学路 27 号 （102249）
电话(传真) / 13521368138
邮　　箱 / bianxiuquan@163.com
网　　址 /
主要研究领域：
公证法学；公证制度；中国公证改革与发展

1975 中国政法大学全球化与全球问题研究所
Globalization and Global Issues Institute, China University of Political Science and Law

所 属 类 别 / 高校智库
主 管 单 位 / 中国政法大学
成 立 时 间 / 2007 年 4 月
第一负责人 / 蔡拓
合 作 机 构 /
办 公 地 址 / 北京市海淀区西土城路 25 号（100088）
电话（传真）/ 010-58908000（010-58908000）
邮　　　箱 / cggi@ cupl. edu. cn
网　　　址 / http://qqhyjs. cupl. edu. cn
主要研究领域：
全球化与全球问题

1976 中国政法大学人权研究院
Institution for Human Rights at China University of Political Science and Law

所 属 类 别 / 高校智库
主 管 单 位 / 中国政法大学
成 立 时 间 / 2011 年 12 月
第一负责人 / 马怀德
合 作 机 构 / 教育部、中央对外宣传办公室
办 公 地 址 / 北京市海淀区西土城路 25 号中国政法大学研究生院科研楼（100088）
电话（传真）/ 010-58908276（010-58908277）
邮　　　箱 / ihr@ cupl. edu. cn
网　　　址 / http://rqyjy. cupl. edu. cn
主要研究领域：
国际人权法；人权国内保障；刑事司法与人权；宪政与人权；国家人权机构

1977 中国政法大学诉讼法学研究院
Procedural Law Research Institute, China University of Political Science and Law

所 属 类 别 / 高校智库
主 管 单 位 / 中国政法大学
成 立 时 间 / 1999 年 10 月
第一负责人 / 熊秋红
合 作 机 构 /
办 公 地 址 / 北京市海淀区西土城路 25 号（100088）
电话（传真）/ 010-58908270（010-58908370）
邮　　　箱 /
网　　　址 / http://www. procedurallaw. cn
主要研究领域：
刑事诉讼法；民事诉讼法；行政诉讼法；证据法

Z

1978　中国政法大学特许经营研究中心

所 属 类 别／高校智库
主 管 单 位／中国政法大学
成 立 时 间／2004 年
第 一 负 责 人／李维华
合 作 机 构／
办 公 地 址／北京市海淀区西土城路 25 号中国政法大学商学院（100088）
电话(传真)／
邮　　箱／
网　　址／
主要研究领域：
特许经营

1979　中国政法大学知识产权研究中心
Center for Intellectual Property Rights Studies, China University of Political Science and Law

所 属 类 别／高校智库
主 管 单 位／中国政法大学
成 立 时 间／2005 年 7 月
第 一 负 责 人／张楚
合 作 机 构／
办 公 地 址／北京市海淀区西土城路 25 号中国政法大学新科研楼 A 段（100088）
电话(传真)／
邮　　箱／chuzh@ cupl. edu. cn
网　　址／http://ipr. cupl. edu. cn
主要研究领域：
知识产权

1980　中国政法大学中国政府改革和发展研究中心
Research Center for the Chinese Government Reform and Development, China University of Political Science and Law

所 属 类 别／高校智库
主 管 单 位／中国政法大学
成 立 时 间／2013 年 9 月
第 一 负 责 人／石亚军
合 作 机 构／
办 公 地 址／北京市海淀区西土城路 25 号（100088）
电话(传真)／010-58908113
邮　　箱／CUPL58908113@ 126. com
网　　址／
主要研究领域：
中国政府机构设置和人员编制；中国政府府际关系和运行机制；政府制度建设

1981　中国自然资源经济研究院
Chinese Academy of Land & Resource Economics

所 属 类 别 / 党政智库—国务院组成部门所属
主 管 单 位 / 自然资源部
成 立 时 间 / 1976 年
第一负责人 / 张新安
合 作 机 构 /
办 公 地 址 / 河北省廊坊市三河市燕郊技术开发区京榆大街 689 号（101149）
电话(传真) / 010-61595915（010-61592117）
邮　　箱 /
网　　址 / http://www.canre.org.cn
主要研究领域：
国土资源政策法规；资源战略；规划管理；产权市场；环境经济；产业经济；预算价格；标准体系；可持续发展

1982　中南财经政法大学 WTO 与湖北发展研究中心

所 属 类 别 / 高校智库
主 管 单 位 / 中南财经政法大学
成 立 时 间 / 2002 年 12 月
第一负责人 / 陈池波
合 作 机 构 /
办 公 地 址 / 湖北省武汉市洪山区南湖大道 182 号中南财经政法大学南湖校区（430073）
电话(传真) / 027-88386114
邮　　箱 /
网　　址 / http://wto.zuel.edu.cn
主要研究领域：
WTO 与湖北产业发展；WTO 与湖北企业发展；WTO 与湖北地方法制建设；湖北乡村振兴

1983　中南财经政法大学法律文化研究院

所 属 类 别 / 高校智库
主 管 单 位 / 中南财经政法大学
成 立 时 间 / 2006 年
第一负责人 / 陈景良
合 作 机 构 /
办 公 地 址 / 湖北省武汉市洪山区南湖大道 182 号中南财经政法大学南湖校区（430073）
电话(传真) /
邮　　箱 /
网　　址 / https://flwh.zuel.edu.cn
主要研究领域：
中国法律文化传统；外国法律文化传统；中西法律文化传统比较

Z

1984 中南财经政法大学法治发展与司法改革研究中心（湖北法治发展战略研究院）

所 属 类 别／高校智库
主 管 单 位／中南财经政法大学
成 立 时 间／2012 年 7 月
第一负责人／徐汉明
合 作 机 构／
办 公 地 址／湖北省武汉市洪山区南湖大道特 1 号（430071）
电话(传真)／027-87107128（027-87108590）
邮　　　箱／fazhihubei@qq.com
网　　　址／https://fa-ce.zuel.edu.cn
主要研究领域：
司法政策

1985 中南财经政法大学反恐怖主义研究中心
Center for Counter-terrorism Studies, Zhongnan University of Economics and Law

所 属 类 别／高校智库
主 管 单 位／中南财经政法大学
成 立 时 间／2016 年
第一负责人／康均心
合 作 机 构／
办 公 地 址／湖北省武汉市洪山区南湖大道 182 号中南财经政法大学南湖校区（430073）
电话(传真)／027-88386932（027-88386932）
邮　　　箱／hbcriminallaw@163.com
网　　　址／https://fkzx.zuel.edu.cn
主要研究领域：
反恐法治问题；反恐国际合作；反恐情报

1986 中南财经政法大学湖北金融研究中心

所 属 类 别／高校智库
主 管 单 位／中南财经政法大学
成 立 时 间／2000 年
第一负责人／朱新蓉
合 作 机 构／
办 公 地 址／湖北省武汉市洪山区南湖大道 182 号中南财经政法大学南湖校区（430073）
电话(传真)／
邮　　　箱／xinrong666@sina.com
网　　　址／
主要研究领域：
湖北金融发展

1987　中南财经政法大学劳动法和社会保障法研究中心

所 属 类 别／高校智库

主 管 单 位／中南财经政法大学

成 立 时 间／2010 年 11 月

第一负责人／徐智华

合 作 机 构／

办 公 地 址／湖北省武汉市洪山区南湖大道 182 号中南财经政法大学南湖校区 （430073）

电话(传真)／027-88386932 （02788386932）

邮　　　箱／shfxyjw@ 163. com

网　　　址／https://shfxyjw. zuel. edu. cn

主要研究领域：

劳动法理论；社会保障法理论；社会法理论

1988　中南财经政法大学人口与健康研究中心

Population and Health Research Center, Zhongnan University of Economics and Law

所 属 类 别／高校智库

主 管 单 位／

成 立 时 间／2013 年

第一负责人／石智雷

合 作 机 构／

办 公 地 址／湖北省武汉市洪山区南湖大道 182 号中南财经政法大学南湖校区文泉
　　　　　　楼北楼 334 室 （430073）

电话(传真)／

邮　　　箱／shizhilei2004@ 126. com

网　　　址／https://phcenter. zuel. edu. cn

主要研究领域：

人口与健康研究

1989　中南财经政法大学人口与区域研究中心

所 属 类 别／高校智库

主 管 单 位／中南财经政法大学

成 立 时 间／

第一负责人／

合 作 机 构／

办 公 地 址／湖北省武汉市洪山区南湖大道 182 号中南财经政法大学南湖校区公共
　　　　　　管理学院 （430073）

电话(传真)／

邮　　　箱／

网　　　址／

主要研究领域：

人口迁移与城市化；区域经济政策与管理；区域经济与可持续发展；城市经济与
管理；劳动就业与社会保障；人口经济信息开发与应用

Z

1990 中南财经政法大学收入分配与现代财政研究院
Innovation and Talent Base for Income Distribution and Public Finance, Zhongnan University of Economics and Law

所 属 类 别 / 高校智库

主 管 单 位 /

成 立 时 间 / 2010 年

第一负责人 / 杨灿明

合 作 机 构 /

办 公 地 址 / 湖北省武汉市东湖新科技开发区南湖大道 182 号中南财经政法大学南湖校区（430073）

电话(传真) / 027-88385549

邮 箱 /

网 址 / https://iidpf. zuel. edu. cn

主要研究领域：

收入分配与现代财政创新研究

1991 中南财经政法大学现代产业经济研究中心
Center for Industrial Economic Research, Zhongnan University of Economics and Law

所 属 类 别 / 高校智库

主 管 单 位 / 中南财经政法大学

成 立 时 间 / 2002 年

第一负责人 / 石军伟

合 作 机 构 /

办 公 地 址 / 湖北省武汉市洪山区南湖大道 182 号中南财经政法大学南湖校区（430073）

电话(传真) / 027-88386757

邮 箱 / cier@ znufe. edu. cn

网 址 / https://cier. zuel. edu. cn

主要研究领域：

企业理论与战略转型；产业组织与产业竞争；产业结构与经济政策

1992 中南财经政法大学政府会计研究所

所 属 类 别 / 高校智库

主 管 单 位 / 中南财经政法大学

成 立 时 间 / 2009 年 5 月

第一负责人 / 张琦

合 作 机 构 /

办 公 地 址 / 湖北省武汉市洪山区南湖大道 182 号中南财经政法大学南湖校区（430073）

电话(传真) /

邮 箱 / govacc@ 163. com

网 址 / https://zfkj. zuel. edu. cn

主要研究领域：政府会计政策；政府财务和审计问题

1993　中南财经政法大学知识产权研究中心

所属类别 / 高校智库

主管单位 / 中南财经政法大学

成立时间 / 2000 年

第一负责人 / 彭学龙

合作机构 /

办公地址 / 湖北省武汉市洪山区南湖大道 182 号中南财经政法大学南湖校区
　　　　　　（430073）

电话(传真) /

邮　　箱 /

网　　址 / http://xkb.zuel.edu.cn/2016/0509/c2061a40373/page.htm

主要研究领域：

知识产权国际保护；知识产权实务；知识产权比较

1994　中南财经政法大学中国经济与会计监管研究中心

所属类别 / 高校智库

主管单位 / 中南财经政法大学

成立时间 / 2000 年

第一负责人 / 赵纯祥

合作机构 /

办公地址 / 湖北省武汉市洪山区南湖大道 182 号中南财经政法大学南湖校区 （430073）

电话(传真) /

邮　　箱 / zncjzfzcx@sina.com

网　　址 /

主要研究领域：

监管法规；会计监督与资本市场；国有资本监管

1995　中南财经政法大学中国政府采购研究所
China Government Procurement Research Institute，ZUEL

所属类别 / 高校智库

主管单位 / 中南财经政法大学

成立时间 / 2010 年 3 月

第一负责人 / 杨灿明

合作机构 / 湖北省财政厅

办公地址 / 湖北省武汉市洪山区南湖大道 182 号中南财经政法大学南湖校区文沁
　　　　　　楼 （430073）

电话(传真) / 027-87286896

邮　　箱 /

网　　址 / https://xkw.zuel.edu.cn/zgzfcgyjs

主要研究领域：

政府采购理论与实践

1996　中南大学产业发展战略研究中心（"三高四新"战略研究院）

所 属 类 别／高校智库

主 管 单 位／

成 立 时 间／

第一负责人／王昶

合 作 机 构／

办 公 地 址／湖南省长沙市岳麓区玉带路中南大学新校区江湾楼 343 室（410083）

电话(传真)／0731-88879391

邮　　箱／csucidsr@163.com

网　　址／https://ccegr.csu.edu.cn

主要研究领域：

中国新兴产业发展战略研究

1997　中南大学地方治理研究院
Institute of Local Governance, Central South University

所 属 类 别／高校智库

主 管 单 位／中南大学

成 立 时 间／2015 年 10 月

第一负责人／彭忠益

合 作 机 构／

办 公 地 址／湖南省长沙市岳麓区麓山南路 932 号中南大学公共管理学院（410083）

电话(传真)／0731-82656611（0731-82656611）

邮　　箱／hsrlab@163.com

网　　址／http://ilg.csu.edu.cn

主要研究领域：

城市治理；乡村治理；区域政策

1998　中南大学高等教育研究所
Academy of Education Studies, Central South University

所 属 类 别／高校智库

主 管 单 位／中南大学

成 立 时 间／2001 年

第一负责人／曾鉴

合 作 机 构／

办 公 地 址／湖南省长沙市岳麓区麓山南路 932 号中南大学（410083）

电话(传真)／0731-88877797

邮　　箱／gjsb@mail.csu.edu.cn

网　　址／

主要研究领域：

课程与教学；学科课程与教学；高等教育；高等教育管理；学位与研究生教育

1999 中南大学湖南 PPP 研究中心
Hunan PPP Development Research Center，Zhongnan University

所 属 类 别／高校智库
主 管 单 位／中南大学
成 立 时 间／
第一负责人／
合 作 机 构／
办 公 地 址／湖南省长沙市岳麓区麓山南路 932 号中南大学（410082）
电话(传真)／0731-88830520（0731-88830520）
邮　　　箱／ipcreator@163.com
网　　　址／http://www.hnppp.org.cn
主要研究领域：
湖南省国民经济、社会发展和改革开放研究

2000 中南大学金属资源战略研究院
Institute of Metal Resources Strategy，CSU

所 属 类 别／高校智库
主 管 单 位／中南大学
成 立 时 间／2012 年 11 月
第一负责人／朱学红
合 作 机 构／
办 公 地 址／湖南省长沙市岳麓区麓山南路 932 号中南大学米塔尔楼 227 室（410083）
电话(传真)／0731-88830228
邮　　　箱／IMRS@bs.csu.edu.cn
网　　　址／http://imrs.csu.edu.cn
主要研究领域：
金属资源情报与科技战略；金属资源安全战略与产业政策；金属资源节约与环境保护

2001 中南大学社会稳定风险研究评估中心
Center for Social Stability Risk Assessment，Central South University

所 属 类 别／高校智库
主 管 单 位／中南大学
成 立 时 间／2013 年 3 月
第一负责人／张桂蓉
合 作 机 构／
办 公 地 址／湖南省长沙市麓山南路 932 号中南大学升华南楼 304 室（410083）
电话(传真)／13574102008
邮　　　箱／csuwcnping@163.com
网　　　址／https://cssra.csu.edu.cn
主要研究领域：
公共安全与应急管理研究；重大决策社会稳定风险评估与治理研究

Z

2002 中南大学知识产权研究院（湖南省知识产权研究院）
Central South University Institute of Intellectual Property（Hunan Institute of Intellectual Property）

所 属 类 别 / 高校智库
主 管 单 位 / 中南大学
成 立 时 间 / 2011 年 4 月
第一负责人 / 蒋建湘
合 作 机 构 /
办 公 地 址 / 湖南省长沙市岳麓区麓山南路 605 号中南大学法学院（410083）
电话(传真) / 0731-88660219（0731-88660219）
邮　　箱 / csuips@ csu. edu. cn
网　　址 / https: //law. csu. edu. cn/zscq. htm
主要研究领域：
知识产权

2003 中南大学中国城市竞争力研究所
Institute for Urban Competitiveness of China, Central South University

所 属 类 别 / 高校智库
主 管 单 位 / 中南大学
成 立 时 间 /
第一负责人 /
合 作 机 构 /
办 公 地 址 / 湖南省长沙市岳麓区麓山南路 932 号中南大学（410006）
电话(传真) /
邮　　箱 /
网　　址 /
主要研究领域：
城市管理；城市发展；城市竞争力战略

2004 中南大学中国村落文化研究中心
Research Center of Chinese Village Culture, Central South University

所 属 类 别 / 高校智库
主 管 单 位 / 中南大学
成 立 时 间 / 2014 年 6 月
第一负责人 / 胡彬彬
合 作 机 构 /
办 公 地 址 / 湖南省长沙市岳麓区麓山南路 932 号中南大学（410006）
电话(传真) / 0731-88877670（0731-88877027）
邮　　箱 / csuvillage@ 163. com
网　　址 / https: //village. csu. edu. cn/wzsy. htm
主要研究领域：
文化教育与道德教化；宗法礼制与村落治理；民族民俗与宗教信仰；氏族文献与新见民族史料

2005　中南大学中国文化法研究中心

所 属 类 别／高校智库
主 管 单 位／中南大学
成 立 时 间／2016 年 4 月
第 一 负 责 人／易玲
合 作 机 构／
办 公 地 址／湖南省长沙市岳麓区麓山南路 605 号中南大学法学院（410083）
电话(传真)／15974291490
邮　　　箱／1921187435@ qq. com
网　　　址／
主要研究领域：
文化法律基础理论；文化遗产法；公共文化服务法

2006　中南民族大学高校风险预警防控研究中心

所 属 类 别／高校智库
主 管 单 位／中南民族大学
成 立 时 间／2011 年
第 一 负 责 人／常一青
合 作 机 构／
办 公 地 址／湖北省武汉市洪山区民族大道 182 号中南民族大学 5 号教学楼
　　　　　　（430074）
电话(传真)／027-67844676
邮　　　箱／zhaihuayun@ aliyun. com
网　　　址／http://www. scuec. edu. cn/gxfxfk
主要研究领域：
高校风险预警防范理论研究与政策分析；高校风险评估与预警机制；高校内部控制与制度保障

2007　中南民族大学湖北民族地区经济社会发展研究中心

所 属 类 别／高校智库
主 管 单 位／中南民族大学、湖北省民族宗教事务委员会
成 立 时 间／2011 年 10 月
第 一 负 责 人／苏祖勤
合 作 机 构／湖北省民族宗教事务委员会
办 公 地 址／湖北省武汉市洪山区民族大道 182 号中南民族大学（430074）
电话(传真)／
邮　　　箱／
网　　　址／
主要研究领域：
湖北民族地区经济、社会发展

Z

2008　中南民族大学民族政策与社会发展研究中心

所 属 类 别 / 高校智库

主 管 单 位 / 中南民族大学

成 立 时 间 / 2009 年

第一负责人 / 李资源

合 作 机 构 /

办 公 地 址 / 湖北省武汉市洪山区民族大道 182 号中南民族大学（430074）

电话(传真) / 027-888886666

邮　　箱 / server@ scuec. edu. cn

网　　址 / http://www. scuec. edu. cn/mzzcyjzx

主要研究领域：

中国共产党与少数民族文化；教育及经济发展

2009　中南民族大学中南民族大学科学研究发展院

所 属 类 别 / 高校智库

主 管 单 位 / 中南民族大学

成 立 时 间 /

第一负责人 / 覃瑞

合 作 机 构 /

办 公 地 址 / 湖北省武汉市洪山区民族大道 182 号中南民族大学（430074）

电话(传真) / 027-67841887

邮　　箱 /

网　　址 / http://www. scuec. edu. cn/kfy

主要研究领域：

科学研究发展

2010　中欧陆家嘴国际金融研究院
CEIBS Lujiazui International Finance Research Center

所 属 类 别 / 合作智库—校企合作

主 管 单 位 / 中欧国际工商学院、上海陆家嘴（集团）有限公司

成 立 时 间 / 2007 年 10 月

第一负责人 / 姜建清

合 作 机 构 / 中欧国际工商学院、上海陆家嘴（集团）有限公司

办 公 地 址 / 上海市浦东陆家嘴滨江大道 2525 弄 15 号（B 栋别墅）（200120）

电话(传真) / 021-68882460（021-68882459）

邮　　箱 / lujiazui_center@ ceibs. edu

网　　址 / https://cliif. ceibs. edu

主要研究领域：

国际金融中心建设；中国金融体系现代化

2011　中山大学城市社会研究中心

所 属 类 别／高校智库
主 管 单 位／中山大学
成 立 时 间／2006 年 5 月
第 一 负 责 人／蔡禾
合 作 机 构／
办 公 地 址／广东省广州市海珠区新港西路 135 号中山大学（510275）
电话(传真)／020-84113169（020-84113169）
邮　　　箱／lpsch@mail.sysu.edu.cn
网　　　址／
主要研究领域：
城市社区发展；城市非营利组织发展；城市管理制度创新；城市化；城市群和城
市圈建设；城市问题与公共政策

2012　中山大学大洋洲研究中心
Center for Oceanian Studies，Sun Yat-Sen University

所 属 类 别／高校智库
主 管 单 位／
成 立 时 间／2008 年
第 一 负 责 人／
合 作 机 构／中山大学、澳大利亚格里菲斯大学、南昆士兰大学
办 公 地 址／广东省广州市海珠区新港西路 135 号中山大学广州校区南校园文科大
　　　　　　楼 825 室（510275）
电话(传真)／020-84110617（020-84110617）
邮　　　箱／cossysu@mail.sysu.edu.cn
网　　　址／https://obor.sysu.edu.cn/cos
主要研究领域：大洋洲国家政治与法律制度；大洋洲经济发展；大洋洲国家对外
关系；大洋洲社会、历史与文化

2013　中山大学地球环境与地球资源研究中心
Center for Earth Environment & Resources，Sun Yat-sen University

所 属 类 别／高校智库
主 管 单 位／中山大学
成 立 时 间／2003 年 7 月
第 一 负 责 人／沈文杰
合 作 机 构／
办 公 地 址／广东省广州市海珠区新港西路 135 号中山大学（510275）
电话(传真)／0756-3668086
邮　　　箱／353593465@qq.com
网　　　址／
主要研究领域：区域发展与可持续发展；地球环境应对策略与低碳发展；环境资
源经济学与环境资源政策；人居环境与可持续发展；环境地球化学与健康

2014 中山大学港澳台研究中心
Center for Studies of the Hong Kong Macao and Taiwan, Sun Yat-Sen University

所 属 类 别 / 高校智库
主 管 单 位 /
成 立 时 间 /
第一负责人 /
合 作 机 构 /
办 公 地 址 / 广东省广州市海珠区新港西路 135 号中山大学（510275）
电话(传真) /
邮　　箱 /
网　　址 / https://hkmac.sysu.edu.cn/cn/cn01/hkmt
主要研究领域：
港澳台经济；港澳台政治；港澳台社会、历史与文化；港澳台法律；港澳与台湾
关系

2015 中山大学港澳珠江三角洲研究中心
The Center for Studies of Hong Kong, Macao and Pearl River Delta, Sun Yat-Sen University

所 属 类 别 / 高校智库
主 管 单 位 /
成 立 时 间 / 2000 年 9 月
第一负责人 / 何俊志
合 作 机 构 /
办 公 地 址 / 广东省广州市海珠区新港西路 135 号中山大学文科楼 6 楼（510275）
电话(传真) / 020-84113279（020-84036749）
邮　　箱 / puhkmac@mail.sysu.edu.cn
网　　址 / https://hkmac.sysu.edu.cn
主要研究领域：
港澳区域理论

2016 中山大学高级金融研究院
Advanced Institute of Finance, Sun Yat-Sen University

所 属 类 别 / 高校智库
主 管 单 位 /
成 立 时 间 / 2016 年 11 月
第一负责人 / 李善民
合 作 机 构 / 中山大学、深圳市
办 公 地 址 / 广东省广州市海珠区新港西路 135 号中山大学 261 栋 101 室（510275）
电话(传真) / 020-84113816
邮　　箱 /
网　　址 / https://aif.sysu.edu.cn
主要研究领域：
高级金融

2017 中山大学国家治理研究院
Institute of State Governance, Sun Yat-sen University

所 属 类 别／高校智库
主 管 单 位／中山大学
成 立 时 间／2014 年 2 月
第一负责人／李善民
合 作 机 构／
办 公 地 址／广东省广州市海珠区新港西路 135 号中山大学文科楼 506 室（510275）
电话(传真)／020-84112310
邮　　 箱／
网　　 址／http://isg.sysu.edu.cn
主要研究领域：
公共管理；廉政与治理；互联网与治理；地方立法；司法体制改革；社会保障

2018 中山大学华南农村研究中心
South China Rural Research Center, Sun Yat-sen University

所 属 类 别／高校智库
主 管 单 位／中山大学
成 立 时 间／2004 年 7 月
第一负责人／吴重庆
合 作 机 构／
办 公 地 址／广东省广州市海珠区新港西路 135 号中山大学（510275）
电话(传真)／020-84110252（020-84110252）
邮　　 箱／
网　　 址／
主要研究领域：
城乡协调与统筹发展；农村自身可持续发展；乡村资源空间整合

2019 中山大学教育现代化研究中心
Education Modernization Research Center, Sun Yat-sen University

所 属 类 别／高校智库
主 管 单 位／中山大学
成 立 时 间／2005 年
第一负责人／冯增俊
合 作 机 构／
办 公 地 址／广东省广州市海珠区新港西路 135 号中山大学文科大楼 7 层（510275）
电话(传真)／
邮　　 箱／
网　　 址／
主要研究领域：
中国教育现代化；名校发展与品牌战略；学校现代化；儿童双语教育；教师发展

Z

2020 中山大学金融工程与风险管理研究中心
Center for Financial Engineering and Risk Management，Sun Yat-sen University

所 属 类 别 / 高校智库
主 管 单 位 / 中山大学
成 立 时 间 / 2003 年 6 月
第 一 负 责 人 / 李仲飞
合 作 机 构 /
办 公 地 址 / 广东省广州市海珠区新港西路 135 号中山大学东北区 388 号楼 （510275）
电话(传真) / 020-84110050 （020-84116924）
邮　　箱 / cferm@ mail. sysu. edu. cn
网　　址 / http://bus. sysu. edu. cn/cferm
主要研究领域：
资源配置；资产定价；金融市场；风险管理；公司金融；行为金融；供应链金融；
保险；精算；社会保障；决策与对策

2021 中山大学廉政与治理研究中心
Center for Anti-Corruption Studies of Sun Yat-sen University

所 属 类 别 / 高校智库
主 管 单 位 / 中山大学
成 立 时 间 / 2008 年 12 月
第 一 负 责 人 / 谭安奎
合 作 机 构 / 中共广东省纪委
办 公 地 址 / 广东省广州市海珠区新港西路 135 号中山大学 （510275）
电话(传真) /
邮　　箱 /
网　　址 /
主要研究领域：
政治文明与廉政建设；政府改革与廉政创新；地方治理与廉政文化

2022 中山大学流动人口卫生政策研究中心
Sun Yat-sen Center For Migrant Health Policy

所 属 类 别 / 高校智库
主 管 单 位 / 中山大学
成 立 时 间 / 2009 年 11 月
第 一 负 责 人 / 凌莉
合 作 机 构 /
办 公 地 址 / 广东省广州市越秀区中山二路 74 号中山大学北校区 （510080）
电话(传真) / 020-87335524 （020-87335524）
邮　　箱 / cmhp@ mail. sysu. edu. cn
网　　址 /
主要研究领域：
流动人口的卫生服务；医疗保险及救助体系；卫生政策评估

2023 中山大学旅游发展与规划研究中心
Center for Tourism Planning & Research, Sun Yat-sen University

所 属 类 别 / 高校智库
主 管 单 位 / 中山大学
成 立 时 间 / 2000 年
第一负责人 / 保继刚
合 作 机 构 /
办 公 地 址 / 广东省广州市海珠区新港西路 135 号中山大学（510275）
电话(传真) /
邮　　箱 / eesbjg@ mail. sysu. edu. cn
网　　址 /
主要研究领域：
社区旅游；事件旅游；旅游影响；城市旅游；遗产旅游；会展旅游；乡村旅游；
温泉旅游

2024 中山大学马克思主义哲学与中国现代化研究所

所 属 类 别 / 高校智库
主 管 单 位 /
成 立 时 间 /
第一负责人 /
合 作 机 构 /
办 公 地 址 / 广东省广州市海珠区新港西路中山大学锡昌堂（510275）
电话(传真) / 020-84038337
邮　　箱 /
网　　址 / https://mphilosophy. sysu. edu. cn
主要研究领域：
中国马克思主义解释史

2025 中山大学南一带一路研究院（南海战略研究院）
Institue of Belt and Road Studies, Sun Yat-sen University

所 属 类 别 / 高校智库
主 管 单 位 / 中山大学
成 立 时 间 / 2015 年 6 月
第一负责人 / 陈建洪
合 作 机 构 /
办 公 地 址 / 广东省珠海市唐家湾镇中山大学珠海校区海琴六号（519082）
电话(传真) / 0756-3668994
邮　　箱 / chenjianhong@ mail. sysu. edu. cn
网　　址 / https://obor. sysu. edu. cn
主要研究领域：
东南亚问题；大洋洲问题；华侨华人问题；美国问题

Z

Z

2026 中山大学企业管理研究所
Business Management Research，Sun Yat-Sen University

所 属 类 别 / 高校智库
主 管 单 位 /
成 立 时 间 / 1992 年
第 一 负 责 人 / 吴能全
合 作 机 构 /
办 公 地 址 / 广东省广州市海珠区新港西路 135 号中山大学（510275）
电话(传真) / 020-84115700（020-84113599）
邮　　箱 /
网　　址 / http://www.mp168.org
主要研究领域：
企业管理

2027 中山大学税收与财税法研究中心

所 属 类 别 / 高校智库
主 管 单 位 / 中山大学
成 立 时 间 / 2003 年 6 月
第 一 负 责 人 / 杨小强
合 作 机 构 /
办 公 地 址 / 广东省广州市海珠区新港西路 135 号中山大学岭南行政中心 3 层
　　　　　　（510275）
电话(传真) /
邮　　箱 / taxvalue@hotmail.com
网　　址 /
主要研究领域：
税收理论与政策；税收法律；税收管理、纳税评估与纳税服务；国际税收

2028 中山大学信息经济与政策研究中心

所 属 类 别 / 高校智库
主 管 单 位 / 中山大学
成 立 时 间 / 1999 年
第 一 负 责 人 / 谢康
合 作 机 构 /
办 公 地 址 / 广东省广州市海珠区新港西路 135 号中山大学管理学院（510275）
电话(传真) / 020-84113829
邮　　箱 / mnsxk@mail.sysu.edu.cn
网　　址 /
主要研究领域：
信息经济；电子商务经济

2029 中山大学粤港澳发展研究院
Institute of Guangdong, Hong Kong and Macao Development Studies, Sun Yat-sen University

所 属 类 别／高端智库，高校智库

主 管 单 位／中山大学

成 立 时 间／2015 年

第一负责人／何俊志

合 作 机 构／

办 公 地 址／广东省广州市海珠区新港西路 135 号中山大学文科楼（510275）

电话（传真）／020-84110605

邮　　箱／

网　　址／http://ygafz.sysu.edu.cn

主要研究领域：

"一国两制"与港澳基本法；港澳政治与公共治理；港澳经济；港澳社会；港澳与内地合作；海上丝绸之路与粤港澳国际合作

2030 中山大学中国第三产业研究中心
China Center for Service Sector Research, Sun Yat-sen University

所 属 类 别／高校智库

主 管 单 位／中山大学

成 立 时 间／2001 年

第一负责人／李江帆

合 作 机 构／

办 公 地 址／广东省广州市海珠区新港西路 135 号中山大学善衡堂（510275）

电话（传真）／020-84038476（020-84038476）

邮　　箱／drljf@163.com

网　　址／http://www.ccssr.org

主要研究领域：

第三产业经济学理论与实践；第三产业发展战略规划；服务业经济分析与发展规划

2031 中山大学中国非物质文化遗产研究中心
China Intangible Cultural Heritage Research Center, Sun Yat-sen University

所 属 类 别／高校智库

主 管 单 位／中山大学

成 立 时 间／2002 年

第一负责人／宋俊华

合 作 机 构／

办 公 地 址／广东省广州市海珠区新港西路 135 号中山大学中文堂（510275）

电话（传真）／020-84115905（020-84115906）

邮　　箱／feiwuzhi@mail.sysu.edu.cn

网　　址／http://cich.sysu.edu.cn

主要研究领域：

非物质文化遗产保护；口传文艺与民俗

Z

2032 中山大学中国公共管理研究中心
Center for Chinese Public Administration Research, Sun Yat-sen University

所 属 类 别 / 高校智库
主 管 单 位 / 中山大学
成 立 时 间 / 2000 年 12 月
第一负责人 / 谭安奎
合 作 机 构 /
办 公 地 址 / 广东省广州市海珠区新港西路 135 号中山大学 507 栋（510275）
电话（传真）/ 020-84111422
邮 箱 / ccpar@ mail. sysu. edu. cn
网 址 / http: //ccpar. sysu. edu. cn
主要研究领域：
公共预算；社会保障与社会政策；城市治理与城市发展；区域公共管理；NGO 与
公民社会；社会管制；公共管理认知与决策实验

2033 中山大学中国家族企业研究中心
Center for Chinese Family Business, Sun Yat-Sen University

所 属 类 别 / 高校智库
主 管 单 位 /
成 立 时 间 / 1999 年
第一负责人 / 李新春
合 作 机 构 /
办 公 地 址 / 广东省广州市海珠区新港西路 135 号中山大学（510275）
电话（传真）/
邮 箱 /
网 址 / https: //bus. sysu. edu. cn/ccfb
主要研究领域：
中国家族企业

2034 中山大学中国区域协调发展与乡村建设研究院

所 属 类 别 / 高校智库
主 管 单 位 /
成 立 时 间 /
第一负责人 / 李郇
合 作 机 构 /
办 公 地 址 / 广东省广州市海珠区新港西路 135 号中山大学（510275）
电话（传真）/ 020-84113320
邮 箱 / uisysu@ 163. com
网 址 / https: //rrlab. sysu. edu. cn
主要研究领域：
区域协调和乡村振兴

2035 中山大学中国转型与开放经济研究所
China Institute of Economic Transformation and Opening, Sun Yat-sen University

所 属 类 别 / 高校智库
主 管 单 位 / 中山大学
成 立 时 间 / 1989 年
第 一 负 责 人 / 王曦
合 作 机 构 /
办 公 地 址 / 广东省广州市海珠区新港西路 135 号中山大学（510275）
电话(传真) / 020-84115551（020-84115553）
邮　　　箱 / ife@ sysu. edu. cn
网　　　址 / https://lingnan. sysu. edu. cn/ife
主要研究领域：
开放经济与全球治理；经济增长与政府行为；产业组织与转型

2036 中山大学自贸区综合研究院
Institute of Free Trade Zone, Sun Yat-sen University

所 属 类 别 / 高校智库
主 管 单 位 / 中山大学粤港澳发展研究院
成 立 时 间 / 2015 年 1 月
第 一 负 责 人 / 符正平
合 作 机 构 /
办 公 地 址 / 广东省广州市海珠区新港西路 135 号中山大学文科楼（510275）
电话(传真) / 020-84111721（020-84111722）
邮　　　箱 / iftzr@ mail. sysu. edu. cn
网　　　址 / http://iftzr. sysu. edu. cn
主要研究领域：
投资贸易；服务贸易；营商环境；金融创新

2037 中央财经大学财经研究院
Institute for Finance and Economics, Central University of Finance and Economics

所 属 类 别 / 高校智库
主 管 单 位 / 中央财经大学
成 立 时 间 / 1978 年
第 一 负 责 人 / 曹明星
合 作 机 构 /
办 公 地 址 / 北京市海淀区学院南路 39 号中央财经大学（100081）
电话(传真) / 010-62288369
邮　　　箱 / cjyjyggyx@ 163. com
网　　　址 / http://ifer. cufe. edu. cn
主要研究领域：
公共财政与政府预算；金融理论与证券市场；资源环境与人口；宏观经济管理；
俄罗斯财政经济与贸易；台湾经济；区域经济

2038　中央财经大学财政税收研究所

所 属 类 别 / 高校智库

主 管 单 位 / 中央财经大学

成 立 时 间 /

第 一 负 责 人 / 任强

合 作 机 构 /

办 公 地 址 / 北京市海淀区学院南路 39 号中央财经大学 （100081）

电话（传真）/

邮　　　箱 / renqiang@ cufe. edu. cn

网　　　址 / http: //cfr. cufe. edu. cn

主要研究领域：

财政管理体制国别比较；税收制度国别比较；中国财政税收管理体制及改革；各
级政府财政绩效评估；区域基本公共服务均等化；转移支付

2039　中央财经大学俄罗斯东欧中亚研究中心
The Research Center of Russia and Countries in Eastern Europe and Central Asia, Central
University of Finance and Economics

所 属 类 别 / 高校智库

主 管 单 位 /

成 立 时 间 / 1988 年

第 一 负 责 人 /

合 作 机 构 /

办 公 地 址 / 北京市海淀区学院南路 39 号中央财经大学 （100081）

电话（传真）/

邮　　　箱 /

网　　　址 / http: //ifer. cufe. edu. cn/info/1005/1502. htm

主要研究领域：

俄罗斯东欧中亚国家政治经济理论

2040　中央财经大学国防经济与管理研究院
Institute of Defense Economics and Management, Central University of Finance and Economics

所 属 类 别 / 高校智库

主 管 单 位 / 中央财经大学

成 立 时 间 /

第 一 负 责 人 / 陈波

合 作 机 构 /

办 公 地 址 / 北京市海淀区学院南路 39 号中央财经大学 （100081）

电话（传真）/ 010-62288950 （010-62288950）

邮　　　箱 / guofangjingji@ 126. com

网　　　址 / http: //idem. cufe. edu. cn

主要研究领域：

国防经济；国防战略与预算评估；军队财务与审计；军事物流与采办；国防工业；
国防教育；国防安全战略与管理

2041 中央财经大学国际金融研究中心
Center for International Financial Studies, Central University of Finance and Economics

所 属 类 别 / 高校智库

主 管 单 位 / 中央财经大学

成 立 时 间 / 2003 年 9 月

第 一 负 责 人 / 张礼卿

合 作 机 构 /

办 公 地 址 / 北京市海淀区学院南路 39 号中央财经大学金融学院 （100081）

电话(传真) / 010-62288607 （010-62288607）

邮 箱 / cifs@ cufe. edu. cn

网 址 / http://cifs. cufe. edu. cn

主要研究领域：

人民币汇率；全球经济失衡；资本流动；资本账户；开放条件下的宏观经济政策

2042 中央财经大学环境经济研究所
The Institute of Environmental Economics, Central University of Finance and Economics

所 属 类 别 / 高校智库

主 管 单 位 /

成 立 时 间 / 2008 年 11 月

第 一 负 责 人 / 王卉彤

合 作 机 构 /

办 公 地 址 / 北京市海淀区学院南路 39 号中央财经大学 （100081）

电话(传真) /

邮 箱 / huitongw@ vip. sina. com

网 址 / http://ifer. cufe. edu. cn/info/1005/1504. htm

主要研究领域：

绿色金融

2043 中央财经大学绿色金融国际研究院
Internation Institute of Green Finance, Central University of Finance and Economics

所 属 类 别 / 高校智库

主 管 单 位 / 中央财经大学

成 立 时 间 / 2016 年 9 月

第 一 负 责 人 / 王遥

合 作 机 构 /

办 公 地 址 / 北京市海淀区学院南路 39 号中央财经大学 （100081）

电话(传真) / 010-62288768

邮 箱 / iigf@ rccef. com. cn

网 址 / http://iigf. cufe. edu. cn

主要研究领域：

绿色金融；气候金融；能源金融；养老金融

Z

2044 中央财经大学气候与能源金融研究中心
The Research Center for Climate and Energy Finance, Central University of Finance and Economics

所 属 类 别 / 高校智库

主 管 单 位 / 中央财经大学

成 立 时 间 / 2011 年 9 月

第 一 负 责 人 / 王遥

合 作 机 构 /

办 公 地 址 / 北京市海淀区学院南路 39 号中央财经大学 （100081）

电话(传真) / 010-62288768

邮　　箱 / rccef@ cufe. edu. cn

网　　址 / http: //rccef. cufe. edu. cn

主要研究领域：

气候金融；环境经济与绿色金融；能源金融及可持续经济；社会发展模拟与预测

2045 中央财经大学全球经济与可持续发展研究中心
Center for Global Economy and Sustainable Development, Central University of Finance and Economics

所 属 类 别 / 高校智库

主 管 单 位 / 中央财经大学

成 立 时 间 / 2017 年 9 月

第 一 负 责 人 / 李桂君

合 作 机 构 /

办 公 地 址 / 北京市海淀区学院南路 39 号中央财经大学 （100081）

电话(传真) /

邮　　箱 /

网　　址 / http: //gesd. cufe. edu. cn

主要研究领域：

全球经济与可持续发展

2046 中央财经大学台湾经济研究所
The Institute of Taiwan Economics, Central University of Finance and Economics

所 属 类 别 / 高校智库

主 管 单 位 /

成 立 时 间 / 1998 年 11 月

第 一 负 责 人 / 王沙骋

合 作 机 构 /

办 公 地 址 / 北京市海淀区学院南路 39 号中央财经大学 （100081）

电话(传真) /

邮　　箱 / wsc@ pku. edu. cn

网　　址 / http: //ifer. cufe. edu. cn/info/1005/1501. htm

主要研究领域：

台湾经济前沿；台湾军事经济

2047 中央财经大学文化经济研究院（国家文化创新研究中心）

所 属 类 别／高校智库

主 管 单 位／中央财经大学

成 立 时 间／2006 年 11 月（2012 年 5 月）

第一负责人／魏鹏举

合 作 机 构／

办 公 地 址／北京市海淀区学院南路 39 号中央财经大学（100081）

电话(传真)／

邮　　箱／

网　　址／http://whjj.cufe.edu.cn

主要研究领域：

文化经济前沿理论

2048 中央财经大学政府与社会资本合作治理研究院
Chinese Academy of PPP Governance，Central University of Finance and Economics

所 属 类 别／高校智库

主 管 单 位／

成 立 时 间／

第一负责人／曹富国

合 作 机 构／中华人民共和国财政部、中央财经大学、中信集团

办 公 地 址／北京市海淀区学院南路 39 号中央财经大学（100081）

电话(传真)／

邮　　箱／cufeppp@163.com

网　　址／http://ppp.cufe.edu.cn

主要研究领域：

中国 PPP 改革实践

2049 中央财经大学政府预算管理研究所
Government Budget Management Institute，Central University of Finance and Economics

所 属 类 别／高校智库

主 管 单 位／中央财经大学

成 立 时 间／2011 年 10 月

第一负责人／李燕

合 作 机 构／

办 公 地 址／北京市海淀区学院南路 39 号中央财经大学主楼 1106 室（100081）

电话(传真)／010-62288075

邮　　箱／

网　　址／http://gb.cufe.edu.cn

主要研究领域：

公共预算理论；财政透明度；预算法治化；人大预算监督；政府会计；政府财务
报告

2050　中央财经大学中国公共财政与政策研究院
China Academy of Public Finance and Public Policy, Central University of Finance and Economics

所 属 类 别 / 高校智库
主 管 单 位 / 中央财经大学
成 立 时 间 / 2006 年
第一负责人 / 乔宝云
合 作 机 构 /
办 公 地 址 / 北京市海淀区学院南路 39 号中央财经大学学术会堂（100081）
电话(传真) /
邮　　箱 /
网　　址 / http://capfpp.cufe.edu.cn
主要研究领域：
公共财政；公共政策

2051　中央财经大学中国互联网经济研究院
China Center for Internet Economy Research, Central University of Finance and Economics

所 属 类 别 / 高校智库
主 管 单 位 / 中央财经大学
成 立 时 间 / 2013 年
第一负责人 / 孙宝文
合 作 机 构 /
办 公 地 址 / 北京市海淀区学院南路 39 号中央财经大学（100081）
电话(传真) / 010-62289263（010-62289263）
邮　　箱 / ccie@cufe.edu.cn
网　　址 / http://ccie.cufe.edu.cn
主要研究领域：
互联网经济理论；电子商务；互联网金融；大数据

2052　中央财经大学中国金融发展研究院
Chinese Academy of Finance and Development, Central University of Finance and Economics

所 属 类 别 / 高校智库
主 管 单 位 / 中央财经大学
成 立 时 间 / 2006 年
第一负责人 / 吴仰儒
合 作 机 构 /
办 公 地 址 / 北京市海淀区学院南路 39 号中央财经大学（100081）
电话(传真) / 010-62288266（010-62288779）
邮　　箱 / cafd@cufe.edu.cn
网　　址 / http://cafd.cufe.edu.cn
主要研究领域：
金融研究；金融学教育改革

2053 中央财经大学中国经济与管理研究院
China Economics and Management Academy, Central University of Finance and Economics

所 属 类 别 / 高校智库
主 管 单 位 /
成 立 时 间 / 2005 年
第 一 负 责 人 / 张定胜
合 作 机 构 /
办 公 地 址 / 北京市海淀区学院南路 39 号中央财经大学（100081）
电话(传真) / 010-62288376
邮　　箱 /
网　　址 / https://cema.cufe.edu.cn
主要研究领域：
中国经济与管理

2054 中央财经大学中国煤炭经济研究院

所 属 类 别 / 高校智库
主 管 单 位 / 中央财经大学
成 立 时 间 / 2007 年 6 月
第 一 负 责 人 /
合 作 机 构 /
办 公 地 址 / 北京市海淀区学院南路 39 号中央财经大学（100081）
电话(传真) /
邮　　箱 /
网　　址 /
主要研究领域：
煤炭产业政策、制度安排、发展规划；企业发展战略、改制、投融资、精细化管理

2055 中央财经大学中国人力资本与劳动经济研究中心
China Center for Human Capital and Labor Market Research, Central University of Finance and Economics

所 属 类 别 / 高校智库
主 管 单 位 / 中央财经大学
成 立 时 间 / 2008 年
第 一 负 责 人 /
合 作 机 构 /
办 公 地 址 / 北京市海淀区学院南路 39 号中央财经大学学术会堂南楼 612 室
　　　　　　（100081）
电话(传真) / 010-62288298（010-62288298）
邮　　箱 / cufechlr@gmail.com
网　　址 / http://humancapital.cufe.edu.cn
主要研究领域：
人力资本及技能的度量；人力资本的投资及效益；人力资本的流动及国际化；人力资本与创新；健康与人力资本

Z

2056　中央财经大学中国银行业研究中心

所 属 类 别／高校智库
主 管 单 位／中央财经大学
成 立 时 间／2005 年 9 月
第一负责人／郭田勇
合 作 机 构／
办 公 地 址／北京市海淀区学院南路 39 号中央财经大学（100081）
电话(传真)／010-62288715
邮　　箱／
网　　址／
主要研究领域：
银行改革；宏观经济；货币政策；房地产；资本市场

2057　中央民族大学法治政府与地方制度研究中心

所 属 类 别／高校智库
主 管 单 位／中央民族大学
成 立 时 间／
第一负责人／熊文钊
合 作 机 构／
办 公 地 址／北京市海淀区中关村南大街 27 号中央民族大学（100081）
电话(传真)／
邮　　箱／
网　　址／
主要研究领域：
法治政府；地方制度

2058　中央民族大学国家安全研究院
Institute of Natioal Security, Minzu University of China

所 属 类 别／高校智库
主 管 单 位／中央民族大学
成 立 时 间／2021 年 12 月
第一负责人／
合 作 机 构／
办 公 地 址／北京市海淀区中关村南大街 27 号中央民族大学（100081）
电话(传真)／
邮　　箱／
网　　址／https://gjaqyjy.muc.edu.cn
主要研究领域：
全球性议题治理体系与治理能力现代化

2059　中央民族大学中国少数民族研究中心
Center of Ethnic Minority Studies in China，Minzu University of China

所 属 类 别／高校智库
主 管 单 位／中央民族大学
成 立 时 间／2000 年
第一负责人／丁宏
合 作 机 构／
办 公 地 址／北京市海淀区中关村南大街 27 号中央民族大学（100081）
电话（传真）／010-68932290
邮　　　箱／zymdxccx@163.com
网　　　址／http://myzx.muc.edu.cn
主要研究领域：
民族理论与政策；民族文化遗产；民族地区生态；民族教育

2060　中央民族大学中国兴边富民战略研究院
China Institute for Vitalizing Borader Areas and Enriching the People，Minzu University of China

所 属 类 别／高校智库
主 管 单 位／
成 立 时 间／2019 年 4 月
第一负责人／黄泰岩
合 作 机 构／国家民委经济发展司、教育科技司，中央民族大学
办 公 地 址／北京市海淀区中关村南大街 27 号中央民族大学（100081）
电话（传真）／
邮　　　箱／
网　　　址／https://vbep.muc.edu.cn
主要研究领域：
国家"兴边富民行动"

2061　中央音乐学院国家非物质文化遗产（音乐类）保护与研究中心

所 属 类 别／高校智库
主 管 单 位／中央音乐学院
成 立 时 间／2015 年
第一负责人／章红艳
合 作 机 构／
办 公 地 址／北京市西城区鲍家街 43 号中央音乐学院（100031）
电话（传真）／
邮　　　箱／
网　　　址／http://www.ccom.edu.cn/szc/yjjg/ycbhzx/bmjj
主要研究领域：
非物质文化遗产（音乐类）保护与研究

Z

2062 中原发展研究院

所 属 类 别 / 高校智库

主 管 单 位 / 河南大学

成 立 时 间 / 2009 年 10 月

第 一 负 责 人 / 耿明斋

合 作 机 构 / 河南省人民政府研究室、河南省发展和改革委员会

办 公 地 址 / 河南省开封市龙亭区河南大学金明校区图书馆 8 层（475004）

电话(传真) / 0371-23881986

邮　　　箱 /

网　　　址 / http://zyzk.henu.edu.cn

主要研究领域：

城镇化；工业化；农业现代化；现代服务业；金融；社会保障；人口、资源与环境

2063 中证金融研究院

China Institute of Finance and Capital Markets

所 属 类 别 / 社会智库—民办非企业

主 管 单 位 / 中国证券监督管理委员会

成 立 时 间 / 2012 年 6 月

第 一 负 责 人 / 毛寒松

合 作 机 构 /

办 公 地 址 / 北京市西城区金融大街 26 号金阳大厦 8 层（100033）

电话(传真) / 010-85578300（010-56088544）

邮　　　箱 / contact@ cifcm. com

网　　　址 / http://www. cifcm. cn

主要研究领域：

中国资本市场、经济、金融领域的改革发展

2064 中智科学技术评价研究中心

China Institute of Science and Technology

所 属 类 别 / 社会智库—民办非企业

主 管 单 位 / 民政部

成 立 时 间 / 2015 年 12 月

第 一 负 责 人 / 李闽榕

合 作 机 构 /

办 公 地 址 / 北京市海淀区万寿庄宾馆二号楼 2 层（100036）

电话(传真) / 010-68156377

邮　　　箱 / 571369744@ 139. com

网　　　址 / http://ciste. cn

主要研究领域：

科技创新；科技评价；社会科学评价

2065　珠三角改革发展研究院
Pearl River Delta Reform and Development Institute

所 属 类 别／合作智库—政校合作
主 管 单 位／广东省人民政府办公厅、中山大学
成 立 时 间／2011 年 8 月
第一负责人／
合 作 机 构／
办 公 地 址／广东省广州市海珠区新港西路 135 号中山大学南校区 260 号楼（510000）
电话(传真)／
邮　　　箱／
网　　　址／
主要研究领域：
珠三角改革发展

2066　住房和城乡建设部政策研究中心（中国城乡建设经济研究所）

所 属 类 别／党政智库—国务院组成部门所属
主 管 单 位／住房和城乡建设部
成 立 时 间／
第一负责人／张强
合 作 机 构／
办 公 地 址／北京市海淀区三里河路 9 号（100835）
电话(传真)／010-58933439
邮　　　箱／
网　　　址／
主要研究领域：
房地产；城乡建设；公用事业

2067　紫金传媒智库
Zijin Media Think Tank

所 属 类 别／合作智库—多方合作
主 管 单 位／中共江苏省委宣传部
成 立 时 间／2015 年 4 月
第一负责人／张红军
合 作 机 构／南京大学、江苏广电集团、新华报业传媒集团、凤凰出版传媒集团、
　　　　　　江苏有线
办 公 地 址／江苏省南京市栖霞区仙林大道 163 号南京大学仙林校区新闻传播学院
　　　　　　（紫金楼）（210023）
电话(传真)／025-89681258
邮　　　箱／zijin@nju.edu.cn
网　　　址／https://zijinmtt.cn
主要研究领域：舆论与社会心态；互联网与传媒发展；风险与公共政策；信访与
社会矛盾；大数据与社会计算

Z

2068 自然资源部海洋发展战略研究所
China Institute for Marine Affairs（CIMA）

所 属 类 别／党政智库—国务院部委管理的国家局所属
主 管 单 位／自然资源部
成 立 时 间／1987 年
第 一 负责人／张海文
合 作 机 构／
办 公 地 址／北京市西城区复兴门外大街 1 号（100860）
电话(传真)／010-68047757（010-68030767）
邮　　　箱／
网　　　址／http://www.cimamnr.org.cn
主要研究领域：海洋权益；海洋安全；国际海洋法；海洋经济；海洋科技；海洋管理；海洋资源开发；海洋生态环境保护；海洋灾害防治政策

2069 综合开发研究院（中国—深圳）
China Development Institute

所 属 类 别／高端智库，社会智库
主 管 单 位／
成 立 时 间／1989 年 2 月
第 一 负责人／樊钢
合 作 机 构／
办 公 地 址／广东省深圳市罗湖区银湖路金湖一街 CDI 大厦（518029）
电话(传真)／0755-82487878（0755-82410997）
邮　　　箱／zhengjx@cdi.com.cn
网　　　址／http://www.cdi.com.cn
主要研究领域：
国家宏观战略；区域经济；城市化；产业发展和政策；企业战略与投资

2070 最高人民检察院检察理论研究所

所 属 类 别／党政智库
主 管 单 位／最高人民检察院
成 立 时 间／
第 一 负责人／谢鹏程
合 作 机 构／
办 公 地 址／北京市石景山区鲁谷东街 5 号西区 1 号楼（100000）
电话(传真)／
邮　　　箱／
网　　　址／
主要研究领域：
检察理论

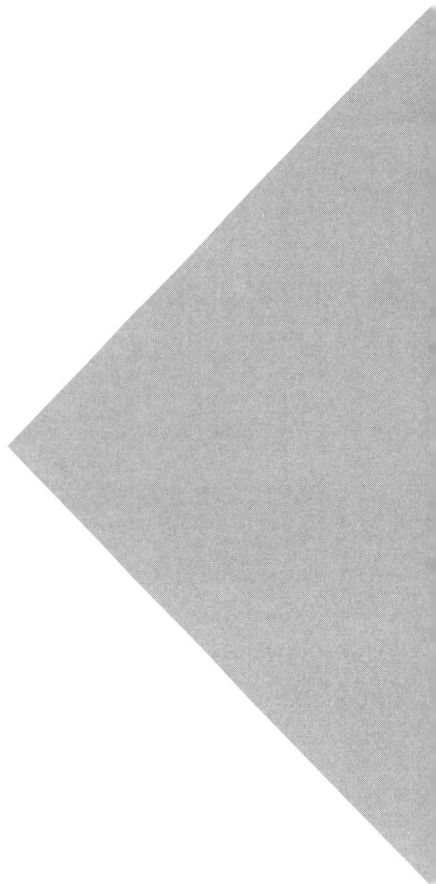

类别索引

党政智库

党
政

科研院所智库

科
研

高校智库

高校

高校

高校

高校

高校

社会智库

合作智库

合作 高端

※ ※ ※ ※ ※ ※

高端智库①

① 本名录未收录涉及科技、国防安全的智库，故高端智库中中国人民解放军国防大学、中国人民解放军军事科学院未收录。中国科学院、中国工程院收录其中，是因其所属单位中有多家经济、社会等领域的智库。

智库研究与评价机构

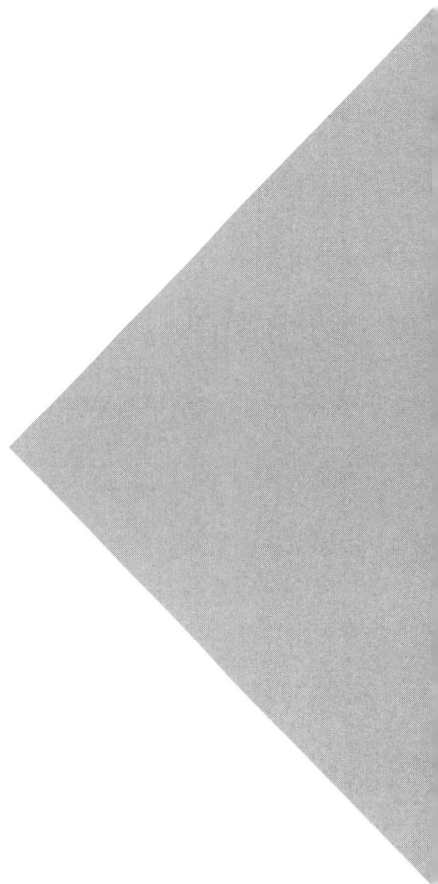

地区索引

北京地区智库[①]

---

① 各地区智库含中央和国家部委所属单位注册地（办公地）在所在地区的智库。

京

京

上海地区智库

天津地区智库

重庆地区智库

沪津渝

安徽地区智库

福建地区智库

甘肃地区智库

广东地区智库

粤

粤

广西地区智库

贵州地区智库

海南地区智库

河北地区智库

河南地区智库

黑龙江地区智库

湖北地区智库

鄂湘

湖南地区智库

吉林地区智库

江苏地区智库

苏

苏

苏赣

江西地区智库

辽宁地区智库

内蒙古地区智库

宁夏地区智库

青海地区智库

山东地区智库

山西地区智库

陕西地区智库

陕

四川地区智库

西藏地区智库

新疆地区智库

云南地区智库

浙江地区智库

浙

图书在版编目（CIP）数据

中国智库名录. No.7 / 冀祥德，蔡继辉主编；陈青，张铭晏副主编. --北京：社会科学文献出版社，2024.7
ISBN 978-7-5228-3184-8

Ⅰ.①中⋯　Ⅱ.①冀⋯　②蔡⋯　③陈⋯　④张⋯　Ⅲ.①咨询机构-中国-名录　Ⅳ.①C932.82-62

中国国家版本馆 CIP 数据核字（2024）第 023667 号

中国智库名录 No.7

主　　编 / 冀祥德　蔡继辉
副 主 编 / 陈　青　张铭晏

出 版 人 / 冀祥德
责任编辑 / 路　红
责任印制 / 王京美

出　　版 / 社会科学文献出版社（010）59366421
　　　　　地址：北京市北三环中路甲 29 号院华龙大厦　邮编：100029
　　　　　网址：www. ssap. com. cn
发　　行 / 社会科学文献出版社（010）59367028
印　　装 / 三河市东方印刷有限公司

规　　格 / 开　本：787mm×1092mm　1/16
　　　　　印　张：48.5　字　数：1025 千字
版　　次 / 2024 年 7 月第 1 版　2024 年 7 月第 1 次印刷
书　　号 / ISBN 978-7-5228-3184-8
定　　价 / 498.00 元

读者服务电话：4008918866